나는 어떤 사람인가
: 선인들의 자서전

선인들의 자서전
나는 어떤 사람인가

심경호 지음

이가서
Leegaseo publishing

책을 엮으며

1.

실현하지 못할 희망, 갈 곳 잃은 동경을 지니고 살아가는 것이 인간이다. 우리는 그 사실을 남에게 털어놓고 싶을 때가 있다. 외곬의 사람조차도 처음 만나는 사람에게 자기 이야기를 말로 표현하고 얼굴도 모르는 미래의 사람들에게 자기 이야기를 글로 남긴다. 선인들도 그랬다. 죽은 뒤 잊혀질지 모른다는 불안감 때문에 자신의 이야기를 글로 남겼다.

자기가 살아온 이야기를 글로 적는 것을 자서전이라고 한다. 자서전은 자기 삶의 궤적을 고백하고 자기 인성의 형성과정을 성찰하는 문학이다.

서구에서는 자서전을 "자신의 인성의 역사를 중점적으로 말하는, 산문으로 쓴 과거 회상형의 이야기"※라고 정의한다. 자신의 인성의 역사를 중점적으로 말한다든가, 과거회상형이라든가 하는 지적은 대체로 적절하다. 하지만 회상형의 이야기를 산문으로만 쓸 이유는 없다. 운문이어도 좋다. 한문고전을 예로 든다면 굴원의 《이소》는 자서전적 시이다. 근대 이후의 서구에서는 자서전이 대개 산문으로 지어졌으므로 자서전은 산

※ 필립 르죈, 윤진 옮김, 《자서전의 규약》, 문학과 지성사, 1998, 17면.

문문학이라고 간주하게 된 것이 아닐까? 한자문화권의 동아시아에서는 사정이 다르다.

　서구에서는 18세기 말의 근대 이후로 자서전적 글쓰기가 발달했다. 그런데 서구에서 자서전을 표방한 산문들은 자신의 삶을 고백하거나 천재성을 드러내려는 의도를 지녀왔다. 그러면서도 대개는 자신의 성격적 결함, 털어놓기 거북한 일화, 부도덕한 습관을 감추고는 했다. 또 스스로의 천재성을 드러내기보다는 한 인간의 삶의 궤적과 인성 형성의 과정을 기록하는 것에 중점을 두기도 했다. 천재성이라는 것도 한 인간이 지닌 개별적 특성의 하나일 따름이다.

　근대 이후의 서구에서만 자서전적 글쓰기가 발달한 것은 아니다. 근대 이전의 한자문화권에서도 자신의 삶을 되돌아보고 자신의 삶을 그려 보이는 글쓰기가 놀랄 만큼 발달했다. 산문으로만 작성한 것도 아니다. 운문과 산문의 중간 양식인 명銘, 운문의 양식이면서 서술성이 강한 시로도 작성했다.

　자시진이 자기 싦의 궤적을 고백한나서나 사기 인성의 형성 과정을 성찰한다고 할 때, 그 고백과 성찰의 대상이 되는 기간은 태어나면서부터 죽기까지의 전 생애를 포괄할 필요는 없다. 실제로 서구에서 나온 자서전들 가운데는 삶의 일정 기간이나 특정 단계만을 대상으로 한 것이 많다. 한자문화권에서 자기 삶을 회고한 시나 산문도 그러하다.

　그렇다면 자서전이란 양식을 이렇게 정의하면 어떨까? 자서전이란 한 사람이 자신의 일생 가운데 일정한 기간을 단위로 삼아 자기가 겪은 일들을 서술해서 자신의 삶의 궤적을 고백하고 자신의 인성 형성의 과정을 성찰하는 시와 산문을 말한다.

2.

서구에서 자서전은 18세기 후반, 19세기 전반에 이르러 널리 나타났다. 하지만 한자문화권에서는 자서전이란 말의 근원에 해당하는 '자전'이란 용어가 중당의 시기인 9세기에 이미 널리 사용되었다. 바로 그 시기에 인간에 대한 새로운 인식이 발생했기 때문이다.

한자문화권에서 자기 삶을 고백하고 인성을 성찰하는 글쓰기는, 실은 당나라보다도 더 소급하여 한나라 때 출현하였다. 곧 사마천은 《사기》에 〈자서自序〉를 적으면서 자기 인생을 개괄했다. 그 이후 당나라에 이르러 자전自傳·자지自誌·자표自表 등의 명칭으로 스스로의 일생을 개괄하는 문체가 독립된 양식으로 굳어졌다. 그리고 서적의 서발문이 아니라 자신의 삶을 서술한다는 의미의 자서自敍라는 문체도 발달했다.

운문의 형식으로 자신의 삶을 고백하고 인성을 성찰하는 방식은 산문의 경우보다 더 일찍 나타났다. 이미 굴원의 《이소》가 자서전적 시로서 높은 문학성을 지녔다. 진나라의 도연명과 송나라의 진소유秦少游에 이르러서는 스스로 만장輓章을 지어 자기 삶을 개괄했다.

이후 한자문화권의 지식인들은 삶을 고백하고 인성을 성찰할 때, 자전 이외에도 탁전托傳·자서自敍·자술自述 등 생애의 사실을 주로 기록하는 문체뿐만 아니라, 자지自誌·자명自銘·자만自挽·自輓 등 스스로의 죽음을 예상하고 자신의 생애를 평가하는 문체까지 두루 이용하였다.

우리나라에서도 자서전적인 시와 산문이 고백과 성찰의 계보를 이루어 왔다. 그것은 대개 다음과 같은 명칭과 양식들을 사용했다.

첫째, 자전自傳 계열에 자전自傳, 자서전自敍傳·자서전自序傳·자서문自敍

文, 자서自敍, 자서自序. 산문, 자서설自敍說, 자보自譜, 자기自紀, 자술연기自述年紀 등이 있다.

둘째, 운문 술회述懷 계열에 장편 술회述懷, 단편 술회, 자술自述, 자서自序. 운문 등이 있다.

셋째, 탁전託傳. 託傳의 계열이 있다.

넷째, 자찬 묘도문자 계열에 자지自誌, 자명自銘, 자표自表 등이 있다.

다섯째, 자만自挽 계열에 자만自挽, 자작뇌문自作誄文, 유장遺狀 등이 있다.

여섯째, 위의 양식들을 변형한 자해自解, 자찬自讚, 육가六歌, 칠가七歌, 서간書簡 및 상표上表속의 자서전적 글쓰기 등이 있다.

이러한 자서전적 글쓰기들을 편의상 '중세적 자서전'이라 부를 수 있을 것이다.

자서전을 적는다는 것은 자기 삶의 일정한 시간 그리고 공간을 스스로 구획하며 그 의미를 스스로 분석하고, 그것을 바탕으로 바로 지금의 삶을 새로 기획하는 것을 뜻한다. 자기의 행적을 현재의 시점에서 해부하기 위해서는 구획된 과거의 삶을 일정 기간만큼 회고해야 할 것이다.

그런데 한자문화권의 지식인들은 자기의 과거를 되도록 간단하게 개괄했으며, 삶의 세부를 서술하면서 자의식을 강하게 드러내는 방식은 꺼렸다. 따라서 한자문화권의 자서전적 시문은 현대의 자서전이나 서구의 자서전과 상당히 다른 느낌을 준다. 우리 선인들이 남긴 자서전적인 시와 산문도 대체로 그와 같다. 곧 선인들의 자서전적 시문은, 때때로 연차별 행적을 세세하게 기록한 예가 있기는 하지만, 삶의 궤적이나 인성 형성 과정의 구체적 사실들을 해부적 관점에서 제시한 예는 극히 드물다.

게다가 선인들은 자서전적 시문 속에서 어두운 자아와 밝은 자아의 대립과 같은 내면의 모순을 직접적으로 반추하는 일이 드물었다. 마음 깊은 곳에서 우러나는 웃음, 허무에 대한 인식, 비애의 감정을 분석해서 표면에 드러내려 하지 않았다. 오히려 삶의 궤적을 스케치하거나 연표 형식으로 제시하면서 자기 삶을 응시하는 관점을 가탁해두고, 자기 삶을 몇 마디 말이나 문장으로 개괄하기도 했다. 따라서 그 문체는 대단히 정제되어 있고 그 의미는 무척 함축적이다.

하지만 근대 이전에 주체가 확립되어 있지 않았다고 본다면 그것은 서구 근대주의의 편견이라고 하지 않을 수 없다. 근대적 주체가 확립되기 이전에도 주체는 존재했다. 한자문화권의 개인은 가문과 국가 속으로 녹아들어갔지만, 홀로 깨어 있음의 독성獨醒은 주체를 고고하고 독자적인 개체로서 부각시켜 왔다. 그러한 독성의 의식이 자서전적 시문 속에 담겨 있다.

한편, 서구의 이론가는 자서전의 요소로 저자, 화자, 주인공의 동일성에 주목한다. 하지만 한자문화권의 자서전적 시문에서는 이야기의 화자와 이야기 주인공의 이름이 저자의 이름과 동일하지 않을 수도 있다. 이른바 탁전이 그것이다. 탁전도 자서전적 시문의 한 양식이다. 탁전의 저자는 서두에서 가계, 자신의 이름과 자, 호를 밝힘으로써 주인공의 정체성을 확인시킬 수도 있고, 그렇지 않고 글 전체에서 암시할 수도 있다.

3.

 선인들은 자서전적 시문에서 아내나 다른 사람을 강렬하게 사랑한 사실을 밝히지 않았다. 글의 양식성이 그러한 반추를 억제한 듯하다. 글의 양식성이 삶의 특정한 국면을 바라보는 자유와 자율을 앗아갔다고 할 수 있다.

 하지만 선인들의 자서전적 시문에 대해 현대의 관점에서 완전성을 기대한다는 것은 무의미하다. 타인에게 전인全人이기를 요구할 수 없듯이, 선인에 대해 전인이기를 요구할 수 없다. 타인에게 그 내면을 온전하게 표출해 보이는 문체를 기대할 수 없듯이, 선인들의 글쓰기에 대해 내면을 보다 완전하게 표출하는 문체를 요구할 수가 없다. 글쓰기의 도구와 책략은 역사적 제약을 쉽게 뛰어넘을 수 없기 때문이다.

 더구나 한자문화권의 지식인들은 관습적으로 기성의 인물을 전형으로서 설정하고 그 기준에 맞추어 자신을 인식하고 형상화하고는 했다. 자기 자신이 형성되어 나온 과정을 세세하게 추적하기보다는 형성되어 있는 자기 자신을 과거의 인물전형과 비교하면서 서술하거나, 자신이 바람직하다고 싱징한 삶을 서술하는 일이 더 많았다. 득히 우리의 선인들은 타사가 보는 '나'의 모습과 내가 보는 '나'의 모습이 일치하지는 않는다는 사실을 일찌감치 간파하고, 내 모습을 이상적인 인물에 맞추어 그려내어 스스로를 꾸짖거나 조롱했으며, 때로는 그러한 방법을 통해 자신에 대한 비난을 비껴가려고 했다.

 그렇다고 선인들이 개별자의 삶을 전형의 틀에 부합시키는 것으로 만족하는 것은 아니다. 전형을 통해 보편적 윤곽을 그려내야 한다는 문화적 관습과 함께, 자기 삶을 고백하고 인성을 성찰해야 한다는 개별화의 요구가 동시에 작용하여, 그 두 축의 긴장 속에서 자서전적 시문이 이루어졌다.

한자문화권 내에서도 우리 선인들은 특히 자서전적 시문을 많이 남겼다. 그 주요한 시문에 대해서는 그동안 여러 연구자들이 여러 형태로 소개해왔다. 특히 탁전과 가전 등의 자료를 개괄한 업적으로는 조수학 님이 저술한 《한국의 탁전과 가전》영남대학교 출판부, 1987이 있고, 고려시대의 자서전을 분석한 업적으로는 이은식님이 박사학위논문으로 작성한 《고려시대 자서전 연구》가 있으며, 불교의 자서전을 검토한 업적으로 김승호 님이 발표한 일련의 논문들이 있다.◈

이 책은 한문고전 가운데 자서전적 시문의 계보를 고찰하려는 학문적 목표를 지닌다. 그와 동시에, 선인들이 글쓰기를 통해 자기의 삶을 고백하고 자기의 인성을 성찰한 방식을 이해함으로써, 현대인들에게 자기 자신을 고백하고 성찰하는 방법을 제시하려는 실용적 목표도 지닌다.

자서전적 시문의 한 계보이되 자기 죽음을 미리 경험하는 양식인 자찬묘비명자찬묘비와 자찬묘지을 대상으로 나는 이미 2004년부터 근대 이전의 '주체'에 관해 탐색하려고 계획하여, 2008년에는 상당한 분량의 원고를 이루었다. 2009년에 이르러 '죽음'을 다룬 글들을 독립시키는 것이 좋겠다고 생각했다. 그래서 우선 《내면기행 : 선인들, 스스로 묘비명을 쓰다》를 엮어 단행單行하였다. 그리고 이번에 자서전적 시문들만을 묶어서 이

◈ 중국의 자전 문학에 대하여 전문적으로 연구한 성과로는 가와이 고조[川合康三]의 《중국의 자전(自傳)문학》(심경호역, 소명출판, 2002년 7월)이 있다. 일본에서는 1970대 말부터 동서양의 자전 문학에 대해 본격적으로 연구한 연구논저가 나왔다. 한편 한국고전문학의 자서전적 글쓰기와 관련된 기왕의 논저를 들면 아래와 같다. 여증동, 〈최졸옹과 예산은자전고〉, 《행정 이상헌선생회갑기념논문집》(진주교대, 1968). ; 조수학, 《한국의 가전과 탁전》(영남대출판부, 1987). ; 이은식, 《고려시대 자서전 연구》(경상대 박사학위논문, 1997). ; 김경남, 〈자서전으로서의 한듕록 연구〉(동국대 석사학위논문). ; 김승호, 〈고려 불가의 자전적 글쓰기와 그 양상〉, 《고전문학연구》 23집(한국고전문학회, 2003). ; 김승호, 〈불가 자전의 성격과 서술유형의 고찰-유일, 초암, 범해의 자전을 중심으로-〉, 《한국문학연구》 35(동국대학교 문화학술원 한국문학연구소, 2008. 12). ; 안대회, 〈조선후기 자찬묘지명 연구〉, 《한국한문학》 31, 한국한문학회, 2003.; 심경호, 《내면기행》, 이가서, 2009.

렇게 상자上梓하기로 한다.

　자료를 번역하고 비평할 때는 기준 연구성과를 참고하고, 각 인물의 행적을 살필 때는 한국고전번역원의 해제를 활용했다. 참고한 연구논저는 가능한 한 밝혔으나 미처 언급하지 못한 예도 있을 것이다. 또한 한국고전번역원의 해제는 참조한 사실을 일일히 밝히지 못했다. 지면으로 관련 연구자분들의 노고에 감사드릴 따름이다.

　이 책을 이루기까지 많은 사람의 도움을 받았다. 아내와 딸, 아들은 처음의 기획부터 집필에 이르기까지, 나의 구상에 대해 그때그때 의문점을 짚어주어 각 인물에 대한 나의 시각을 교정해주었다. 연구실의 송호빈·노요한·이영준·오보라 군은 자료 수집과 원고 교정에 많은 도움을 주었다. 이 자리를 빌려 감사의 뜻을 표한다.

　청운의 꿈을 꾸며 기쁨이 충만하던 시절을 추억하는 분, 나를 배반하는 많은 것들 때문에 망망함을 느끼는 분, 그분들에게 이 책을 바친다. 그리고 이 책을 읽는 분들에게, 자서전을 작성해보시라고 권한다. 자서전을 쓰는 일은 지기의 존재의의를 확인하는 가장 유력한 기획이기 때문이다.

2010년 3월 20일
회기동 단풍나무 집에서
심경호

차례

• 책을 엮으며 · 4

1부 뼈는 썩어도 영원히 남는 것이 마음이다

1 박제가朴齊家, 〈소전小傳〉 21
　뼈는 썩어도 영원히 남는 것이 마음이다

2 권익창權益昌, 〈호양자자전湖陽子自傳〉 30
　내면은 바보가 아니다

3 조임도趙任道, 〈자전自傳〉 39
　내가 좋아하는 바를 따른다

4 유한준兪漢雋, 〈자전自傳〉 50
　글을 쓰며 스스로 즐겼다

5 조수삼趙秀三, 〈경원선생자전經畹先生自傳〉 61
　조선의 미친 선비

6 황오黃五, 〈자전自傳〉 70
　동해의 물가에서 늙어간다

7 연담유일蓮潭有一, 〈자보행업自譜行業〉 84
　어리석음과 교활함이 반반이다

2부 이 사람은 어떤 사람인가

1 영조英祖, 〈어제자성옹자서御製自醒翁自敍〉 109
　이 사람은 어떤 사람인가

2 이자李耔, 〈자서自敍〉 124
　악을 미워할 용기가 없었다

3 김정국金正國, 〈팔여거사자서八餘居士自序〉 135
　즐거움이 남아돈다

4 천만리千萬里, 〈사암자서思庵自敍〉 147
　나라를 떠나 고향 그리는 마음을 드러낸다

5 정윤해鄭允諧, 〈자서自序〉 161
　스스로 자적하고 스스로 즐길 따름이다

6 신흠申欽, 〈자서自敍〉 172
　조화의 큰길을 가리라

7 이시발李時發, 〈자서自敍〉 184
　만언소를 진술했다

8 신익성申翊聖, 〈낙전거사자서樂全居士自敍〉 200
　뜻을 잃은 것이 나의 반생이다

9 이홍인李弘仁, 〈월호자서月湖自敍〉 208
　위태로움을 보고 물러났다

10 권섭權燮, 〈자술년기自述年紀〉 ·· 224
　 슬픈 일이 반, 웃을 일이 반이다

11 황윤석黃胤錫, 〈자서설自敍說〉 ·· 234
　 눈은 더욱 어둡고, 마음은 더욱 두려워졌다

12 정종로鄭宗魯, 〈무적공자서無適公自敍〉 ···································· 243
　 어디든 유유자적하노라

13 이서구李書九, 〈강산자술薑山自述〉 ·· 256
　 사람이 시기하고 귀신이 성낸다

3부 내 삶을 웃어본다

1 이규보李奎報, 〈백운거사전白雲居士傳〉 ···································· 279
　 하늘과 땅도 그를 얽매지 못하리라

2 최해崔瀣, 〈예산은자전猊山隱者傳〉 ·· 290
　 입안에 감추어둘 줄 몰랐다

3 성간成侃, 〈용부전慵夫傳〉 ·· 298
　 인생 백년에 마음과 몸이 모두 수고롭기만 하다니!

3 성현成俔, 〈부휴자전浮休子傳〉 ·· 305
　 나는 우활하지 않다

4 최충성崔忠成, 〈산당서객전山堂書客傳〉 ···································· 316
　 여기에서 노닐고, 여기에서 즐기노라

5 유홍兪泓, 〈용은거사전慵隱居士傳〉 ·· 327
　 천성이 게을러서 독서를 좋아하지 않는다

6 이여빈李汝馪,〈취사노옹전炊沙老翁傳〉 ······ 332
  고생만 하고 아무 성취가 없다

7 최기남崔奇男,〈졸옹전拙翁傳〉 ······ 337
  귀신도 꾸짖지 않고, 사람도 비난하지 않는다

8 이시선李時善,〈송월자전松月子傳〉 ······ 347
  본성이 미쳤으니, 내가 본성을 어찌 하랴

9 양거안梁居安,〈육화옹전六化翁傳〉 ······ 359
  평생의 일 가운데 남에게 말 못 할 것은 하나도 없다

10 강석경姜碩慶,〈끽면거사전喫眠居士傳〉 ······ 367
   밥 먹고 나면 잠을 자고, 잠 자고 나면 밥을 먹을 뿐이다

11 이덕무李德懋,〈간서치전看書痴傳〉 ······ 374
   책 보는 것으로 즐거움을 삼았다

12 이익李瀷,〈동방일사전東方一士傳〉 ······ 382
   동방에 한 선비가 있다

13 정식鄭栻,〈명암전明菴傳〉 ······ 387
   늘그막에 두류산으로 들어갔다

14 안정복安鼎福,〈영장산객전靈長山客傳〉 ······ 396
   요긴하지도 않은 저술이 분량만 많다

15 조면호趙冕鎬,〈자지자부지선생전自知自不知先生傳〉 ······ 404
   이 병은 종잡을 수가 없다

16 초암草广,〈삼화전三花傳〉 ······ 413
   가고 머무는 것이 고정됨이 없었다

4부 나의 속내를 노래로 풀어본다

1 이수광李睟光, 〈술회오백칠십언述懷五百七十言〉 ……………… 431
  천지는 하나의 여관일 뿐이다

2 고경명高敬命, 〈자술自述〉 ……………………………………… 441
  누가 구곡간장을 숯과 얼음 싸우듯 하게 만드나

3 권필權韠, 〈술회述懷〉 …………………………………………… 450
  좋은 만남은 기약하기 어려워라

4 이경여李敬輿,
  〈합차공부술회북양정시운合次工部述懷北征兩詩韻〉 ……… 460
  늘그막에는 사마광의 졸렬함을 좋아한다

5 이민구李敏求, 〈술회일백운述懷一百韻〉 ……………………… 472
  하늘은 옥관玉棺을 더디 내려보내네

6 남용익南龍翼, 〈자서시自敍詩〉 ………………………………… 481
  도성문을 나서면서 저절로 북받쳐 눈물을 흘렸다

7 신유한申維翰,
  〈야성에 객이 되어 수심이 맺혀 풀리지 않기에 내 일생을 스스로
  적어 본다. 60운이다 野城作客 牢愁鬱結 自敍平生 六十韻〉 … 495
  어디 간들 유랑민이 아니랴

8 조관빈趙觀彬, 〈자술효고체自述效古體〉 ……………………… 509
  하늘이 나를 낳으신 것은 어떤 뜻인가

9 장혼張混, 〈자술自述〉 …………………………………………… 516
  편안하게 쉬겠다고는 엄두도 내지 못하겠다

5부 내 삶을 이런 식으로 말할 수도 있다

1 최치원崔致遠, 〈계원필경서桂苑筆耕序〉 531
  여기서 된 죽도 먹고, 여기서 묽은 죽도 먹었습니다

2 천책天頙, 〈답운대아감민호서答芸臺亞監閔昊書〉 542
  몽환의 세상에서 몽환에 젖어 살고 있다

3 휴정休靜, 〈상완산노부윤서上完山盧府尹書〉 562
  문자법사가 되지 않았다

4 박인로朴仁老, 〈무하옹전無何翁傳〉 583
  꽃이 붉으니 눈물이 옷깃을 적시네

5 유희柳僖, 〈비옹칠가庀翁七歌〉 594
  내 삶의 행복과 운명은 농포에 있구나

여적餘滴
전근대 시기의 자서전적 글쓰기

1 자서전과 자서전적 글쓰기 617
2 전근대 시기 자서전적 글쓰기의 종류 622

◈ 참고문헌 · 650
◈ 본서에 다룬 자서전적 시문 · 661
◈ 본서에 수록된 도판 목록 · 663

나는 자기 자신을 모른다, 그래서 한밤에 그 점을 생각하면 때때로 마음이 괴로워진다.
나는 선한 사람일까, 악한 사람일까? 재능 있는 사람일까, 어리석은 자일까?

— 발자크, 《에고티즘의 회상》 —

1부

뼈는 썩어도 영원히 남는 것이 마음이다

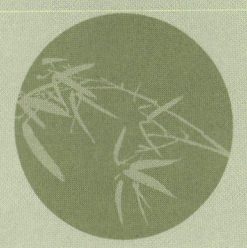

성성자惺惺子
《남명집》등의 기록을 토대로 복원

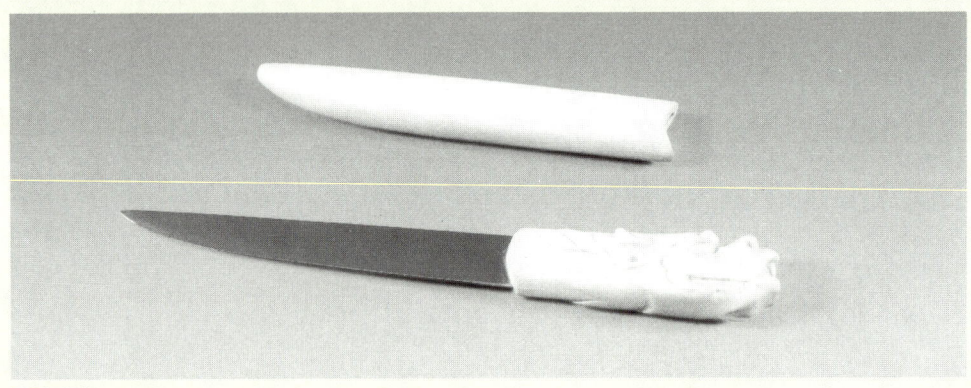

경의검敬義劍
《남명집》등의 기록을 토대로 복원

박제가朴齊家, 〈소전小傳〉　　1

뼈는 썩어도 영원히 남는 것이 마음이다
骨朽而存者心也 골후이존자심야

정조 연간에 한 시대를 울렸던 인물인 박제가朴齊家, 1750~1805는 26세 되던 1776년에 지은 자서전에서 스스로의 외모가 물소 이마에 칼날 같은 눈썹을 하고 눈동자는 검고 귀는 희다고 적었다. 곧 〈소전小傳〉이라는 제목의 그 글을 보면, 몸이 다부지고 눈빛이 강렬한 젊은이의 모습이 되살아날 듯하다.

박제가는 북학사상을 담은 《북학의》의 저자로 저명하다. 서얼출신이어서 성공할 수는 없었지만 시·서·화에 뛰어나서 당대 명사들과 두루 교유했다. 1778년에는 사은사의 수행원으로 북경에 가서 청나라 학자들과 토론했고, 1779년에는 규장각 검서관으로 임명되어 13년간 규장각의 내·외직에 근무했다. 세상을 경영하는 일에도 뜻을 두어, 1786년의 〈구폐책〉에서는 신분차별을 타파하고 상공업을 장려할 것을 주장했다.

박제가는 영구히 흘러가는 정신과 영원히 남을 마음을 몸뚱이나 뼈보다 소중하다고 생각했다. 그렇기에 〈소전〉을 지어, 생사와 이름을 초월한 곳에서 자기를 알아줄 사람을 만나고자 했다.

조선이 개국한 지 384년, 압록강에서 동쪽으로 1천여 리 떨어진 곳이 그가 태어난 곳이다. 신라의 옛 땅 출신으로 밀양을 관향으로 하는 집안이 그가 태어난 가계다. 《대학》에서 제가齊家, 집안을 가지런히 함를 강조하는 본뜻을 취하여 제가齊家라고 이름을 지었고, 《이소離騷》라는 초나라 노래에 뜻을 가탁하여 초정楚亭이라고 호를 지었다.

그는 물소 이마에 칼날 같은 눈썹을 하고 있으며, 눈동자는 검푸르고 귀는 하얗다. 홀로 우뚝한데다가 고매한 사람만 골라서 친밀하게 사귀고, 번잡하고 화려한 상황은 멀리서 보기만 해도 더욱 멀리했다. 그러므로 세상과 뜻 맞는 일이 거의 없어서 늘 가난했다.

어려서는 글귀를 아로새기는 문장가의 말글을 배웠다. 자라서는 나라를 경영하고 백성을 제도할 수 있는 학문을 좋아해서, 서너 달 동안 집에 돌아가지 않을 정도로 노력했다. 하지만 지금 사람 가운데는 알아주는 이가 아무도 없다.

그래서 고명한 분이 남긴 서적을 마음으로 즐겨 세간의 잡무는 떨어내 버리고, 명분과 이치를 얽어 종합하여서 깊고 오묘한 도에 침잠했으며, 백 세대 이전의 인물을 옳다고 허여하고, 일만 리 너머 아득한 곳에서 활개 쳐서 비상했다. 구름과 안개가 이루어내는 색다른 모습을 관찰하고 갖가지 새들의 신기한 소리를 들어 알며, 멀리 떨어져 있는 산천과 일월성신, 극히 미세한 초목과 벌레·물고기·서리·이슬 등, 날마다 변화하여 어째서 그런지 알 수 없는 것들까지도 또렷하게 가슴속에 터득했다.

다만 언어로는 그 실정을 이루 다 표현할 수가 없고 입과 혀로는 그 맛을 온전히 설명할 수 없기에, 혼자서 터득한 것이라고 여기고 있다. 그래서 세상사람 가운데 어느 누구도 그 즐거움을 알지 못한다.

아아, 몸뚱이는 남아도 영구히 흘러가는 것이 정신이다. 뼈는 썩어도 영원히 남는 것이 마음이다. 그의 말을 알아듣는 사람은 아마도 생사와 이름을 초월한 곳에서 그 사람을 발견하게 될 것이다.

찬贊은 이러하다.

죽간과 비단에 기록하고 단청으로 모사해도
세월이 도도하여 그 사람은 멀어지는 법
하물며 본래의 정화精華를 버리고
남들과 똑같은 진부한 말을 주워 서술한다면
어찌 그 사람을 불후하게 하랴
전傳이란 전해주는 것이니
조예를 극도로 드러내거나 인품을 곡진히 드러낼 수 없다 해도
완연히 그 사람이어서 천명 만명과는 다름을 알게 하여야
천애의 곳이나 아득한 세월 뒤에도
사람마다 나를 만나게 할 수 있으리라.

竹帛紀而丹靑摸 죽백기이단청모
日月滔滔 일월도도   其人遠矣 기인원의
而況遺精華於自然 이황유정화어자연   拾陳言之所同 습진언지소동
惡在其不朽也 오재기불후야
夫傳者傳也 부전자전야

雖未可謂極其詣而盡其品乎 수미가위극기예이진기품호
而猶宛然知爲一人 이유완연지위일인　而匪千萬人 이비천만인
然後其必有天涯曠世而往 연후기필유천애광세이왕
人人而遇我者乎 인인이우아자호

박제가는 시와 산문에서 세밀한 관찰력과 생동감 넘치는 필치를 드러내었다. 그러면서 동시에, 현실의 장벽 안에서 고통을 겪는 자신의 심경을 드러내거나 사회의 부조리를 비판했다. 회화적인 장면 묘사, 내면 정서의 솔직한 토로, 독특한 정감은 마치 현대문학을 읽는 듯한 착각이 들게 한다.

인물의 일생을 기록하는 전傳이라는 문체는 한 사람의 생생한 본모습을 전해주어야 한다. 〈소전〉에서 박제가는 그렇게 말했다. 그리고 그 스스로 정신활동을 가능한 한 생생하게 그려보였다. 삶의 디테일을 묘사하지는 않았으나, 일천 명, 일만 명과는 다른 그 한 사람의 개성은 어느 정도 잘 드러내었다. 그렇기에 이 글을 읽으면 작은 초상화인 소조小照를 들여다보는 느낌을 갖게 한다.

"홀로 우뚝한데다가 고매한 사람만 골라서 친밀하게 사귀고, 번잡하고 화려한 상황은 멀리서 보기만 해도 더욱 멀리했다. 그러므로 세상과 뜻 맞는 일이 거의 없어서 늘 가난했다." 이 부분에서 박제가는 두 가지를 말하였다. 하나는 친하게 지내는 사람, 또 하나는 자신을 소외시키는 현실. 사람의 문제와 현실의 실상을 얽어서 쓴 교묘한 문체다. 이런 형식을 호문互文이라고 한다.

세상과 뜻 맞는 일이 거의 없어서 가난하다는 뜻의 '과합이상빈寡合而

常貧'다섯 글자는 그 자신의 지향과 현실이 어긋나 있음을 간명하게 개괄한 말이다. '과합'은 사마천이 《사기》에서 맹자의 일생을 서술하면서, 왕도정치를 역설하는 맹자의 뜻이 당시 부국강병을 바라던 제후들의 뜻과 부합하지 않았던 사실을 지적한 말에서 따온 것이다. 박제가는 그 말을 끌어와 스스로의 이상이 속류의 통념과 부합하지 못하였음을 말했다.

박제가는 나라를 경영하고 백성을 제도할 학문을 하느라 서너 달 동안 집에 돌아가지 않고 노력했다고 말했다. 집으로 돌아가지 않았다는 말은 옛날 우임금이 9년 홍수를 다스리기 위해 집에도 들르지 않았다는 고사를 의식한 표현으로, 사적 생활을 버리고 공적 활동에 매진했다는 뜻이다. 박제가는 규장각의 검서관으로서 직분을 다하면서 자기 이상을 학문적으로 뒷받침하기 위해 가정의 일을 잊었노라고 말한 것이다.

그런데 그러한 발분의 노력을 사람들은 알아주지 않았다. 그 점에 대해서 섭섭하다고 하지는 않겠다고 했다. 왜냐하면 그는 우주의 이치에서부터 조수초목의 미세한 사실에 이르기까지 홀로 터득한 것이 있다고 믿었기 때문이다. 박제가는 기쁨을 느꼈다. 언어로는 그 기쁨의 실정을 이루 다 표현할 수 없고 입과 혀로는 그 맛을 온전히 설명할 수 없다. 그렇기에 더욱, 공자의 제자 안연顏淵이 누추한 골목에 가난하게 살면서도 자기만의 즐거움을 바꾸지 않았던 그런 즐거움을 나는 누리고 있다고 자부한 것이다.

박제가는 세상에서의 구체적인 행사보다도, 자신의 정신을 담아둔 시문에 더욱 가치를 두었다. 그렇기에 "말을 알아듣는 사람은 아마도 생사와 이름을 초월한 곳에서 그 사람을 발견하게 될 것이다"라고, 미래의 독자를 기대했다.

언젠가 박제가는 종손인 박윤사朴胤思의 시에 화운해서 〈자술自述〉 시를 지어, 자신이 젊은 날의 포부를 이루지 못하고 검서관으로서 궁중에서 숙직하게 된 경위를 그 전반부에서 말했다. 젊은 시절의 포부는 과연 '나라를 경영하고 백성을 제도할 학문을 하느라 서너 달 동안 집에 돌아가지 않았다'고 스스로 밝힌 것과 부합한다.

평생 벼슬하기는 바라지 않아
입과 배의 욕망을 따르지 않겠다고 맹세했다.
복파장군 마원馬援은 문관을 제수받자
북쪽 변방에서 농사일을 시험했고
전국시대 소진蘇秦이 한바탕 웃으며 천금을 흩고
짐짓 녹록碌碌한 이들을 비웃었던 일을 흠모했으니
비록 세상 경영할 자질은 부족해도
한 집안에서 쓴다면 넉넉했기에
거처를 강가 죽림으로 옮겼으니
깊이 송아지 끌어안고 산속에 숨을 필요 없었다.
일만 권의 서적을 쌓아두고
한 마을 열 집이 서로 빌려보고
가마꾼 힘들게 하지 않고 수레 운행하고
벽돌을 구워서 담장과 집을 튼튼히 하고서
참마 뿌리를 옮겨다가 남북에 두루 심으니
흉년에 대비해서 저축할 만했다.
밭갈고 누에 치고 우물 긷고 절구질해서

품은 덜고 효과는 더욱 신속하였으니

장차 몸소 나의 어리석음을 깨우쳐서

하나하나 풍속을 중화의 풍속으로 돌리고

의창義倉제도를 자세하게 밝혀

대대로 우리 종족을 풍족하게 하고자 했다.

중년에는 가계의 문제를 잊고

고요하게 온갖 욕망을 끊었으나

시절의 운명이 한사코 어긋나

어물쩡 벼슬에 얽매이고 말았으니

소금수레 매던 천리마가 백락을 만난 격이어서

군주께서 돌아보아주시는 바람에 뜻을 꺾고 말았다.

하물며 군주와 어버이의 은혜는

윤리로 보면 둘 다 천륜에 속하기에

구구하게 여덟 해 동안

벼슬 않던 초심을 차마 지키지 못하여

가족들과는 갈수록 소원해지고

늘 궁궐에서 숙직을 해왔다.

한나라 복파장군 마원馬援은 문관의 벼슬에 얽매이는 것이 싫어서 북쪽 변방에서 농사일을 했고 전국시대 소진蘇秦이 여섯 나라의 재상이 되어 인끈을 차고 천하를 주유하면서 녹록하게 범상한 삶을 살아가던 이들을 비웃었다. 박제가는 그런 인물을 본받고자 했다. 나른한 일상에 젖어 지내려 하지 않은 것이다. 그는 강가 마을에 서적을 모아두고 학문을 연찬하여 나라의 풍속을 바꾸고 의창제도도 시행하겠노라고 생각했다. 하지만 시절의 운명과 어긋나서 생계를 위해 벼슬길에 나가야 했다. 그나마 성군의 지우를 입었기에 기뻐할 만했다. 하지만 늘 궁중에 숙직해야 했으므로 가족과 단란하게 지내지 못했다. 더구나 그를 알아주던 성군은 정치 개혁을 완수하지 못하고 서거했다.

정조의 뒤를 이어 어린 순조가 즉위햇을 때, 박제가는 평안도의 철옹에 나가 있었다. 직함을 지니지 않은 것으로 보아 공무에서 해방되어 있었던 듯하다. 이때 이덕무가 묘향산 유람을 부추기자, 9월에 초록 도포 차림에 허리에 칼을 차고 자줏빛 나귀 안장에 책을 싣고 떠났다. 이때 〈묘향산 소기妙香山小記〉라는 감각적인 인상기를 남겼다. 계곡의 물을 발로 차고 입에 머금어본 일화라든가 폭포 위 바위로 올라가면서 멀리 인물들의 모습이 차츰 작아지는 과정 등을 세세하게 그려내었다. 하도 감각적이어서 젊은 시절의 글인 듯 오해할 정도다. 이제라도 재앙이 닥칠지 모른다는 사실을 예감해서였을까, 그의 감각은 유달리 섬세하다.

1801년에 박제가는 네번째로 북경에 파견되었으나, 돌아오자마자 동남 성문의 흉서 사건에 연루되어 유배되었다. 1805년에 풀려났지만 관직에 다시 나아가지는 못했다.

참고문헌
- 박제가朴齊家,〈소전小傳〉,《정유각문집貞蕤閣文集》권3 전傳, 한국문집총간 261, 한국고전번역원, 2001.
- 박제가,〈자술 화윤사自述和胤思〉,《정유각이집貞蕤閣二集》, 한국문집총간 261, 한국고전번역원, 2001.

- 심경호, 《산문기행》, 이가서, 2007.
- 안대회, 《궁핍한 날의 벗》, 태학사, 2000.
- 정민, 이승수, 박수밀 외 역, 《정유각집》, 돌베개, 2010.

권익창權益昌, 〈호양자자전湖陽子自傳〉 2

내면은 바보가 아니다
不愚於內 불우어내

권익창權益昌, 1562~1645은 안동권씨 부정공파 늦실 입향조인 지역에 처음 정착해서 그 지역의 가문을 연 시조다. 처음에 안동의 영호映湖 북쪽에 살다가 나중에 연곡淵谷 마을에 살았다. 이사한 후 옛 거처의 이름을 따서 호를 호양자湖陽子라 했다. '영호 북쪽에 거처하는 사람'이란 뜻이다. 그리고 자신의 일생을 돌아보는 〈자전自傳〉을 지었다.

권익창의 일생 사적은 이렇다 할 것이 없다. 세상에 알려지길 구하지 않아 남들이 그에 대해 잘 알지 못했다. 어렸을 때는 남들이 어리석다고 여겼으나, 성장해서는 어른들의 가르침을 받아 의義로써 방정方正한 자세를 지켰다. 만년에는 병 때문에 고생했지만 병을 병으로 여기지 않았다. 도화와 서적을 방안에 두고 그 속에서 유유자적한 삶을 보냈으며, 자손을 훌륭하게 키웠다.

권익창은 뚜렷한 공적을 세우지 못했지만, 일생 올바른 도리를 지키고 가학을 세운 것을 자부했다. 그렇기에 〈자전〉에서 스스로는 지각이 있고 사업을 이루었노라고 말했다. 겸손해하는 마음과 자부하는 뜻이 뒤얽혀 있다.

호양자는 영가永嘉 사람인데, 대대로 영호映湖 북쪽에 거처했으므로 그것으로 호를 삼았다. 나면서부터 어리석고 못난데다가 또 질병이 많았으므로, 몸뚱이는 옷을 이길 수 없을 듯하고 입은 말을 제대로 내지 못하는 듯했다. 사람들은 모두 그를 치생癡生, 어리석은 자이라 불렀다. 어려서 종숙부 송소공松巢公, 권우權宇을 따라 부지런히 공부해서 조금도 게으르지 않았으므로 의義로써 바깥을 방정方正하게 하는 방도를 알게 되었다.

일찍이 학봉김성일과 서애유성룡 두 선생을 배알하고, 정인正人 군자란 무엇인가 하는 강론을 들었다. 뒤에는 월천 조 선생조목의 문하에서 노닐었다. 학문은 사서오경을 근본으로 삼고 《소학》《심경》《근사록》《독서록》의 내용을 일용의 공부로 삼았으며, 《성리대전》《성리군서》《대학연의보》《공자가어》《자치통감》《송감》, 한유와 유종원의 글을 열람하여 시문을 지을 때 참고하는 자료로 삼았다. 우리나라 서적으로는 《유선록儒仙錄》과 《퇴계집》을 주로 읽었다. 다른 책도 읽지 않은 것은 아니지만 아무래도 마음에 두지 않았다.

집에 못과 누대가 있어, 마음이 번잡하고 기운이 피곤하면 때때로 어슬렁거리고 한가히 지내며 세간에 대한 근심과 걱정을 씻어 없앴다. 혹은 친구와 함께 산을 찾고 물에 술잔을 띄워 노닐며 흔연히 유유자적悠悠自適했다. 외물 가운데 일신을 받드는 데 필요한 것들은 다만 '가까스로 완비되었다'는 정도로 만족했기에, 옷과 갓은 예스럽고 질박했으며 안장은 해지고 말은 지쳐빠져 있다. 번번이 남에게 비웃음을 받았지만 마음에 두지 않았다.

성격이 편안하고 고요함을 좋아하여, 많은 사람이 모여 시끄러운 곳은 몸뚱이를 아예 들여놓지 않고 피했다. 그렇기 때문에 집에 거처하는 때에는 마을 사람들이 그가 있는지 없는지 알지 못했고, 향리에 거처할 때에는 고장 사람들이 그가 어진지 그렇지 않은지를 몰랐다. 벗과 사귐에 있어서도 벗들이 그와 왕래하지를 않았다.

아아, 이 사람은 그저 병든 사람인가? 그저 바보인가? 몸은 병들어 있을지언정 마음에서는 병으로 여기지 않으며, 바깥으로는 바보이지만 내면은 바보가 아니다. 도화를 두고 서적을 두고서, 그 속에 몸을 푹 담그어 본성을 기르니, 지각이 아예 없다고는 할 수 없다. 자식이 있고 손자가 있어서 그들에게 교훈을 주고 있으니, 사업이 아예 없다고는 할 수 없다.

찬贊은 다음과 같다.

용모는 지극히 어리석으나
학문 좋아할 줄은 그래도 아나니
그 어리석음은 남이 미치지 못할 그런 자가 아니냐.
시행하여 수행함은 졸렬하지만
그래도 잃은 것 하나 없으니
졸렬한 자가 곧 덕 있는 사람이란 말은 이를 일컫는 말이 아니냐.
어진 이들을 찾아가 섬겨서
깨달은 바가 많으니
이른바 사숙私淑할 줄 아는 자가 아니냐.
오로지 스스로의 덕을 지킬 줄 알 뿐이고

남에게 알려지길 구하지 않으니

세인이 알지 못함이 마땅하도다.

권익창의 본관은 〈자전〉에서 스스로 밝혔듯이, 영가永嘉 곧 안동이다. 조부 위기偉器는 생원, 부친 선宣은 성균관 학유를 지냈다. 모친은 진성이씨다.

권익창은 어려서 〈태극도시太極圖詩〉를 지어 송소松巢 권우權宇에게 보여주었는데, 권우는 그를 기특하게 여겨 날마다 강론해주었다. 후에는 퇴계 이황의 제자인 월천月川 조목趙穆에게서 배웠다. 재취인 의성김씨는 곧 조목의 외손이다.

그의 생활은 검소하고 단순했다. 집에 연못과 누대를 만들어두고 소요하고 산수간에 노닐며 유유자적했다. 그리고 몸뚱이를 유지하는 데 필요한 물건들은 그저 '가까스로 완비될' 정도에서 만족했다. '가까스로 완비되었다'는 말은 구완苟完이라 적으며, 본래 《논어》〈자로子路〉에 나온다.

공자는 위衛나라 공자 형荊에 대한 논평에서, "집안 살림을 잘 꾸릴 줄 안다. 처음 살림살이를 지니게 되자 그런대로 절도에 맞는다고 했고, 조금 더 지니게 되자 그런대로 갖추어졌다고 했으며, 풍부하게 지니게 되자 그런대로 훌륭하다고 했다"고 했다.

권익창은 공자 형이 그랬듯이 사치를 몰랐다. 본래 사치奢侈란 말은 남보다 많이 가진 것을 뜻했다. 사奢의 옛글자는 '대大' 아래에 '많을 다多'를 적고, '치侈'는 오른쪽에 '다多'가 있다. 이후에는 질적으로 남다른 물품을 누리는 것을 사치라 일컫게 되었다. 사치는 상품 경제의 관점에서 보면 물자 유통을 촉진하므로 반드시 부정적인 것만은 아니다. 하지만 사치를 쫓는 탐욕은 인간을 물질에 매이게 하고, 신분의 차이와 빈부의 격차를 조장한다. 그렇기에 공자는 공자 형이 담박한 생활을 하여 외물에 마음을 빼앗기지 않았다고 높이 평가한 것이다.

권익창은 물질적 소유를 줄임으로써 마음의 평화를 누렸다. 그런 그를 두고 남들은 바보라고 놀렸다. 하지만 그는 "몸은 병들어 있을지언정 마음에서는 병으로 여기지 않으며, 바깥으로는 바보이지만 내면은 바보가 아니다"라고 당당하게 말했다.

그뿐만 아니라 권익창은 자신의 사승師承관계를 자부했다.

본래 유학자들은 어느 선생에게서 배웠는가 하는 사승관계를 중시한다. 권익창은 여러 현자를 찾아가 섬겨서 깨달은 바가 많으므로 '사숙私淑'을 잘했다고 할 수 있지 않느냐고 반문했다. 본래 사숙이란 옛 사람의 저서를 읽으면서 내 자신을 맑고 선하게 다스리는 일을 말한다. 그런데 그는 옛 사람의 저서를 읽는 것만이 아니라 그 시대의 큰 유학자들 아래서 공부할 수 있었다.

공부의 조예가 깊어지는 것을 승당입실升堂入室, 당에 오르고 방에 들어감이라 한다. 실제로는 그보다 못하여 창으로 엿보는 규유窺牖나 담장 너머로 엿보는 규장窺墻의 단계도 있고, 직접 스승을 만나지 못하여 사숙해야 하는 경우도 있다. 권익창은 자신이 특정한 문하에서 승당입실의 경지에 이르렀다고 자부하지는 않았으나, 같은 시대의 큰 유학자들과 앞 시대의 대학자들을 사숙할 수 있었다는 사실을 자부했다.

권익창의 묘갈명은 이유장李惟樟, 1625~1701이 지었다. 그는 권익창의 일생을 이렇게 개괄했다.

공은 성실하고 돈독하며 정확하고 내실 있는 자질을 지니고 은거하면서 바른 뜻을 추구하여 세간의 일에는 마음을 두지 않았다. 하지만 당시 정치가 잘되고 있는지 그렇지 않은지, 사람을 제대로 썼는지 그렇지 않은지에 대해 들을 때마다, 반드시 근심을 드러내 숨이 막힐 듯 꺽꺽거리면서 팔을 꽉 움켜쥐며 탄식했다. 심지어는 피눈물을 뚝뚝 떨어뜨리며 상소문을 작성해 임금의 청총聽聰, 밝게 들으심을 깨닫게 하고자 시도했다. 그러다가 시절의 사정이 크게 변하여 인륜과 기강이 문드러지고 끊어지자, 노중련魯仲連처럼 도가 행해지지 않는 세상을 떠나 동해로 가려고 마음먹기도 했다. 스스로 책임을 떠맡은 것이 무거웠음을 볼 수가 있다. 아아, 당시 어진 이를 좋아하고 덕 있는 이를 숭상하는 풍조가 없어져서, 마침내 보물과도 같은 재능을 속에 품고 옥구슬 같은 재주를 상자 속에 감추어둔 채, 도道에 순절하여 영구히 삶을 마치고 말았으니, 공의 불행은 실은 이 세상 이 백성의 불행이라고 하리라!

선비는 큰 포부와 굳센 의지를 갖지 않으면 안 된다고 했다. 《논어》 〈태백泰伯〉에 나온다. 세상을 구원해야 할 임무가 무겁고, 그것을 실현할 길은 멀기 때문에 그렇게 말하는 것이다. 이유장은 권익창이 비록 세상을 피해 살았지만, 세상을 구원하려는 무거운 책임을 스스로 떠맡았다고 했다.

또한 이유장은 권익창을 전국시대 제齊나라의 고사高士였던 노중련과 같은 인물이라고 했다. 노중련이 조趙나라에 있을 때 진秦나라 군대가 조나라 서울 한단邯鄲을 포위했다. 이때 위魏나라가 장군 신원연新垣衍을 보내 진나라 임금을 천자로 섬기면 포위를 풀 것이라고 설득했다. 그러나 노중련은 "진나라가 방자하게 천자를 일컫는다면 나는 동해를 밟아 빠져 죽겠다"고 했다. 진나라 장군이 이 말을 듣고 군사를 후퇴시켰다. 《사기》 〈노중련열전〉에 자세히 기록되어 있다.

　권익창은 학문과 도덕이 있었다. 하지만 시운이 불리하여 도가 행해지지 않자 은둔했다. 비록 동해에 빠져 죽지는 않았으나, 일생 학문에 뜻을 두어 명예를 구하지 않은 것은 도에 순절한 것이라고 할 수 있다.

　권익창이 지은 시문은 글 꽤나 한다는 작가가 남긴 겉만 번드르르한 문학이 아니라, 내면에 덕을 지닌 사람이 남기는 의미 있는 말이다. 그것은 퇴계 학맥의 사우師友들이 그를 단련시켰기 때문이라고 논평했다.

　지난날 공자는 《논어》 〈공야장〉에서 복자천宓子賤의 현명함을 칭송해서, "군자답구나 이 사람이여! 노나라에 군자가 없었다면 이 사람이 어디에서 이러한 덕을 취하였겠는가!" 했다. 우리 영남은 퇴계 이황 선생이 학문을 창도한 이래, 당시 문하에 이르렀던 인사들과 훗날 사숙했던 어진 이들이 모두 선생의 문호와 혜경길을 귀의처로 삼았다. 호양자 권공은 바로 그런 사람 가운데 하나다. 공은 서애유성룡, 학봉김성일, 월천조목, 송소권우를 따라 노닐었다. 6, 70년이라는 긴 세월 동안 자자흘흘孜孜吃吃 부지런히 쉬지 않고 애쓴 것이 모두 《소학》 《근사록》 《심경》 《태극도설》 《용학혹문庸學或問》 《주자서절요》 등의 서적에 관해서였다. 그래서 나는, 선생이 느긋하게 노닐고 차츰 젖어들며 완상하면서 즐긴 것 가운데는 필시 무궁한 맛을 지녀 언어로 형용할 수 없는 면이 있었으리라고 여겼다. 그러다가 선생이 평소 강론하고 저술한 시문 약간 편을 얻어서 삼가 읽어보니, 온후하고 화평한 기상이 정말로 덕 있는 분의 말씀이었지, 시문 짓는 작자의 구기口氣를 전혀 일삼지 않았다. 사우師友의 조력이 없었더라면 어찌 이와 같을 수 있었겠는가? 공자의 말씀에 대해 새삼 깊이 수긍하게 된다.

권익창은 〈호양자자전〉의 '자찬'에서 "용모는 지극히 어리석으나, 학문 좋아할 줄을 그래도 아니, 이른바 그 어리석음은 남이 미치지 못할 자가 아닌가?"라고 했다. '어리석음은 남이 미치지 못한다'는 뜻의 우불급愚不及이란 말은 영무자甯武子의 고사에서 나온 것이다. 영무자는 춘추시대 위衛나라 대부 영유甯俞로, 무武는 죽은 뒤 시호다. 《논어》〈공야장公冶長〉에서 공자는 "영무자는 나라에 도가 있으면 지혜롭고 나라에 도가 없으면 어리석었다. 지혜를 발휘한 점은 미칠 수가 있으나 어리석었던 점은 미칠 수가 없다"고 했다. 어리석었다는 것은 정말로 어리석었다는 것이 아니다. 세상에 도가 행하지 않는데도 세상을 구원하려는 뜻을 버리지 않아, 사욕만 탐내는 영리한 자들과 비교해서 어리석었다는 말이다. 권익창은 그 말을 끌어와, 자신이 어리석은 것은 세상 구원의 뜻을 버리지 않았기 때문이었노라고, 그 뜻을 이해하기 바란다고 촉구한 것이다.

또 '자찬'에서 권익창은 "시행하여 수행함은 졸렬하지만, 그래도 잃은 것 하나 없으니, 졸렬한 자가 덕 있는 사람이라는 말은 이를 일컫는 말이 아니랴?"라고 반문했다. '졸렬한 자가 덕 있는 사람'이라는 말은 북송의 주돈이周敦頤가 지은 〈졸부拙賦〉에 나온다. 주돈이는 다른 사람으로부터 졸拙하다는 말을 듣고는 기뻐하면서 〈졸부〉를 지어, "교묘한 자는 말을 잘하고 졸렬한 자는 입을 다물며, 교묘한 자는 수고롭고 졸렬한 자는 편안하며, 교묘한 자는 남을 해치고 졸렬한 자는 덕을 베풀며, 교묘한 자는 흉하게 되고 졸렬한 자는 길하게 된다"고 하였다. 입 다물고 지내며 편안한 마음을 지니고 남에게 덕을 베풀어서 언제까지고 길吉하겠다고 한 것이다.

권익창은 주돈이의 뜻을 이어, 어리석을 우愚와 졸렬할 졸拙의 인물로 자처했다. 그러면서도 그는, 자신이 서적 속에 깊이 잠겨 그 뜻을 즐기므로 결코 지각이 없다고 할 수 없고, 자손들에게 교훈을 주고 있으므로 결코 사업이 없다고 할 수 없다고 자부했다. 사실, 인생 사업이 현란해야만 이 세상을 잘살았다고 할 수 있는 것은 아니다. 교양을 축적하고 가정에서 자기 역할을 다 하는 것이야말로 중대한 인생사업이 아니겠는가.

권익창은 이름이 드러나지는 않았다. 하지만 84세로 죽을 때까지 학문에 몰두해서 퇴계 학맥의 전통을 고수하였다. 현재 안동 와룡면에 묘소가 있다.

참고문헌

- 이유장李惟樟, 〈호양권공갈명湖陽權公碣銘〉, 《고산선생문집孤山先生文集》 권8, 한국문집총간 126, 한국고전번역원, 1994.
- 이휘일李徽逸, 〈호양권공행장 대선교공작湖陽權公行狀 代宣教公作〉, 《존재선생문집存齋先生文集》 권6 행장行狀, 한국문집총간 124, 한국고전번역원, 1994.

조임도趙任道, 〈자전自傳〉   3

내가 좋아하는 바를 따른다
從吾所好종오소호

'자전'을 표방하면서 성과 이름과 본관을 알 수 없는 어떤 사람의 이야기를 하는 듯이 지은 기이한 글이 있다. 조임도趙任道, 1585~1664의 〈자전〉이 그것이다. 물론 '자전'이란 제목은 뒷날 붙인 것이고 본래는 이른바 탁전이었을 수 있다. 그러나 탁전이라고는 해도 글 속의 인물이 글쓴이 자신이라는 사실은 쉽게 알 수 있다. 〈자전〉첫머리는 도연명의 〈오류선생전〉과 흡사하다. 살 곳을 가려 정신을 길러나가려고 한 생활태도도 오류선생 곧, 도연명과 비슷하다.

조임도는 생육신 조여趙旅의 5대손으로 함안군 검암리에서 태어났다. 장현광張顯光의 문인으로, 효심이 지극하여 백효伯孝라 불렸다. 그는 임진왜란 때 부친을 따라 합천·영천 등으로 피난을 갔다가, 1603년선조 36에 부친을 모시고 검암리로 돌아왔다. 이해 서재를 지어 곤지재困知齋라 이름을 짓고 자신의 호를 간송澗松이라 했다. 그리고 〈자전〉을 지었다.

옹은 성과 이름 또 그 본관을 알 수가 없다. 사는 곳 시냇가에 두 그루 소나무가 있으므로 그것을 근거로 호를 삼았다.

소탈하고 우활하며 뻣뻣하고 졸렬하여 뜻을 같이 하는 이가 드물고 마음 합하는 이가 거의 없었다. 일찌감치 문학을 업으로 삼았으나 명성을 이루지 못했다. 젊어서부터 취향이 독특해서, 시끄럽고 야단스러운 것을 좋아하지 않았다. 그윽한 샘과 기이한 바위, 긴 숲과 곧게 자란 대나무 숲, 은밀하고 으슥하며 외진 곳을 만날 때마다 흔연이 기뻐해서 돌아갈 것도 잊고는, 오두막을 짓고 거기서 여생을 마치겠다고 소원했다. 술을 좋아하지만 주량은 아주 적어서, 서너 잔이면 금방 대취하여 흥에 겨워 천진한 본성을 드러내서는 스스로 노래를 지어 마음속을 읊고는 했다. 비록 세도가의 권세가 불꽃처럼 타올라 하늘을 태울 듯해도 그들에게 아첨하고 굴복하려 하지 않았다. 또 홀아비와 과부, 고아와 독거노인 및 몹시 가난한 이와 하소연할 곳 없는 이들을 업신여기거나 욕보이지 않았다.

옹은 세간의 흐름에 따라 숙였다가 올려보고 가라앉았다가 떠오르는 식의 일을 할 수가 없었다. 권세가에게 빌붙고 아첨하며 뒤얽히고 간악하게 구는 일을 옹은 달가워하지 않았다. 우뚝하게 스스로의 뜻을 지켰지, 세상과 구차하게 영합하려는 일에는 마음을 완전히 끊었다. 남에 대해서는 미리 계산하지도 않고 억측하지도 않았으나, 상대가 거짓됨을 한 번 깨닫게 되면 일생 그를 인정하지 않았다.

옹의 부친이 그런 옹을 사랑하면서도 걱정하여 이렇게 말했다.

"너의 기질은 가을 강물과도 같이 맑게 빛나는구나. 다만 세속의 취향을 따라갈 수가 없어 지금 세상의 재앙을 벗어나기 어려우리라 생각되어 걱정되는구나."

옹도 자신의 결백과 정직한 본성 그대로 살았지, 자기를 방어하고 자기만 옳다고 강변하려 하지 않았다. 그래서 이렇게 여쭈었다.

"스스로 좋아하면 그만이지, 남이 좋아하든 싫어하든 제게 무슨 관계가 있겠습니까? 스스로 알면 그만이지, 세상이 알아주든 알아주지 않든 제게 무슨 관계가 있겠습니까?"

이에 자신의 지조를 온전히 지키려고 하다가 받는 비방과 예상치 못하고 받는 명예가 왕왕 한꺼번에 이르러 왔으나, 옹은 그것을 모두 웃음에 부쳤다. 안으로 확고해 스스로를 믿는 어리석음이 이와 같았다.

너무 가난하여 청고淸苦, 청렴하여 견디어내는 곤궁함를 견디느라 목숨을 보존하기 어려울 정도였지만, 마음은 진실로 광달曠達 활달함하여 근심스레 얼굴을 찡그린 적이 없다.

중년에는 칠원의 내내柰內에 은둔해 살면서 그 정자를 상봉翔鳳이라 호했다. 만년에는 다시 용화산龍華山 기슭에 집을 짓고 그 대臺를 연어鳶魚라 이름했다. 종일토록 한가하게 거처하며, 담박해서 아무 경영도 하지 않고, 다만 시문을 짓고 쓰는 일을 즐겼으며, 산수에 흥을 부치고 사물 바깥에 소요하여 늙음이 이르러 오는 것도 잊었다고 한다.

찬贊은 다음과 같다.

재주는 성글고도 짧고, 성격은 고집스럽고도 미련하다.
세상 나가서는 건蹇괘가 말하듯 절뚝거렸으나, 산에서는 이頤괘가 말하듯 바른 도리를 준수한다.

숲과 샘은 금하는 이가 없고, 물고기·새와는 약속했었지.
내 좋아하는 바를 따라, 한 세상을 마치련다.

才疏而短 재소이단   性執而癡 성집이치
出世則蹇 출세즉건   在山則頤 재산즉이
林泉無禁 임천무금   魚鳥有契 어조유계
從吾所好 종오소호   聊以卒世 요이졸세

'옹'은 사는 곳 시냇가에 두 그루 소나무가 있으므로 그것을 근거로 간송이라는 호를 스스로 지었다고 했다.

이 〈자전〉의 서두는 도연명이 지은 〈오류선생전〉 첫머리와 유사하다. 도연명이 사는 곳에 버드나무 다섯 그루가 있어 오류선생이라는 호를 사용했다. 조임도는 사는 곳 시냇가에 소나무 두 그루가 있어 그에 따라 시냇가의 소나무라는 뜻의 간송을 호로 삼았다. 이러한 차용에 작가의 지향이 이미 드러나 있다.

조임도가 소나무를 두 그루 심은 것은 어째서인가? 옛 사람이 소나무 한 그루를 심고 보호하는 고상高尙한 뜻을 지녔던 것을 본받되, 그보다 더욱 고상함을 추구했기 때문이다. 진晉나라 때 손작孫綽은 젊어서 고상한 뜻이 있어서 회계산에 거처하면서 산수를 심방尋訪하기를 십여 년 동안 했다. 그리고 서재 앞에 소나무 한 그루를 심어두고 늘 보호했다. 이웃 사람이 "나무가 초초楚楚, 무성함하지 않은 것이 아니지만 끝내 동량이 되지는 못할 것이오"라고 했다. 그러자 손작은 "단풍나무나 버드나무가 한아름이 된다고 해서 어디에 베풀겠는가?"라며, 동량이 되려고 자기 편에서

구직할 뜻은 없다고 단호하게 말했다. '옹'도 손작의 뜻을 계승하여 뜻을 높이 가졌던 것이다.

'옹'은 누구인가? 곧 간송이라는 호를 사용한 조임도 자신이다. 조임도는 성과 이름 또 그 본관을 알 수 없는 '옹'을 내세워 자기 자신의 삶을 기록하고 인성을 성찰하고자 한 것이다.

조임도는 이 〈자전〉에 붙인 찬贊에서 자신의 삶을 요약하여, "세상 나가서는 건蹇괘가 말하듯 절뚝거렸으나, 산에서는 이頤괘가 말하듯 바른 도리를 따른다"고 했다. 절뚝거릴 건蹇과 기를 이頤는 주역 64괘에 들어 있는 괘명이다.

건괘蹇卦는 간하 감상艮下坎上으로 산 위에 물이 있는 형상이다. 난관에 처한 상태를 상징하는데, 군자는 이럴 때 자기 자신을 반성해서 덕을 닦는다고 했다. 육이六二 효사에 "왕의 신하가 왕이 어려울 때 애써 힘을 다 쏟는 것은 그 신하 개인의 일 때문이 아니다王臣蹇蹇, 匪躬之故"라고 했다. 신하가 충성심 때문에 숱한 곤경을 겪었다는 말이다.

이괘頤卦는 진하 간상震下艮上으로 산 아래에서 우레가 지는 형상이다. 그 육오六五 효사에 "경도經道에 위배되나 정고貞固함에 거하면 길吉하거니와 대천大川을 건너서는 안 된다拂經, 居貞吉, 不可涉大川"고 했다. 바른 도를 준수해야 길하다고 한 것이다.

조임도는 세상으로 나와 절뚝거렸기에 산에 있으면서 정도를 지키겠다고 했다. 벼슬길에 나아가 수많은 좌절을 겪었으되, 그 좌절은 반드시 나의 잘못만은 아니라는 생각도 지녔다. 그렇기에 앞으로는 내가 좋아하는 바를 따라 행하여 한 세상을 마치겠다고 했다. 내가 좋아하는 바를 따른다는 뜻의 종오소호從吾所好라는 말은 《논어》〈술이〉에 나온다. 곧, 공자는 "부富라는 것을 구할 수가 있다고 한다면 남의 말채찍을 잡는 천한 일이라도 나는 할 것이다. 만일 구할 수 없다고 한다면 내가 좋아하는 바를 따라 행할 것이다"라고 한 바 있다.

조임도는 1604년선조 37 가을 향시에 합격했다. 1611년광해군 3에는 이황·이언적의 문묘종사를 반대하는 정인홍을 규탄했다. 1614년에 동당시東堂試에 합격하고, 1615년 가을에 다시 향시에 합격했다. 34세 되던 1618년 가을, 함안에서 칠원 내내로 이주하고, 상봉翔鳳이라는 이름의 정자를 지었다. 이후 장현광을 찾아가거나 서찰을 왕래하면서 《심경》《대학연의》《독서록》 등을 공부했다. 1623년 인조반정 후 학행으로 천거되었다. 1633년인조 11에는 내내에서 영산靈山 용산촌으로 거처를 옮기고 합강정사合江精舍를 지었다.

1637년에 장현광이 죽자, 그 이듬해에 장현광의 언행과 선생께 여쭈었던 내용을 《취정록就正錄》으로 묶었다. 1639년 2월에는 고려말 이방실 장군을 비롯한 함안 출신자들의 업적을 기록한 《금라전신록金羅傳信錄》을 엮었다.

1647년인조 25에 봉림대군의 사부로 초빙되었으나 나가지 않았다. 75세 때인 1659년효종 10 봄에는 공조좌랑에 제수되었지만, 늙고 병들었다는 이유로 부임하지 않았다.

1660년현종 원년에 상로암霜露庵에서 망모암望慕庵으로 거처를 옮겼다. 1664년 2월에 생을 마감하고, 4월에 아호鵝湖의 선영에 장사지내졌다.

《현종실록》의 현종 5년 3월 6일자에 조임도의 졸기가 실려 있다.

전 좌랑 조임도는 영산 사람으로 참찬 장현광 문인인데 명성이 상당하였기 때문에 우찬성 송시열이 이조판서로 있으면서 어전에서 아뢰어 즉시 6품으로 올랐다. 지금에 이르러 세상을 떴다. 임금이 해당 도道로 하여금 초상을 치르는 데 필요한 물품을 주게 했다.

조임도의 증손인 조은趙檼은 1702년 무렵에 화산花山 금양리錦陽里로 이현일李玄逸을 찾아가 행장을 지어달라고 청했다. 그뒤 1744년에 이광정李光庭이 묘갈명을 지었다.

현재 경남 함안군 장암리 장포에 합강정合江亭이 있다. 1744년영조 20에 간행된 조임도의 문집 《간송집》과 1813년순조 13에 간행된 《금라전신록》의 책판이 여기에 있다.

생전의 조임도는 〈배양지전裵陽智傳〉을 지어, 자신의 마음을 속이지도 않고 남을 속이지도 않는 군자의 이상을 그려보였다.

이덕유李德裕가 말하길, "군자는 이승에서는 하늘을 속이지 않고 저승에서는 신을 속이지 않으며 안으로는 마음을 속이지 않고 밖으로는 남을 속이지 않는다"고 했다. 《예기》에서는 고자고高子羔, 高柴의 사람됨을 칭송해서, "다닐 때는 그림자를 밟지 않고 경칩의 날에는 살생을 하지 않으며, 바야흐로 장성했을 때는 꺾지 않았다. 부친의 상을 당해서 피눈물을 흘리길 삼년 동안 했으며, 난리를 피해갈 때에 작은 지름길을 통하지도 않고 구멍을 이용하지도 않았다"고 했다. 나는 일찍이 그런 말은 들었지만 그런 사람은 보지 못한 것을 한스럽게 여겼다. 그런데 지금 양지陽智현감으로 있는 효자 배씨에게서 다행히 그런 사람을 보게 되어 그 말을 입증할 수 있게 되었다.

이덕유의 말은 '속이지 않음'을 실천하는 신독愼獨 공부의 뜻을 잘 드러냈다. 한편 고시高柴는 공자의 제자인데, 자字가 자고子羔다. 위衛나라에서 괴외蒯聵가 난을 일으켰을 때 자로子路는 싸우다가 갓끈을 고쳐 매고 죽었으나 자고는 난리를 피해 성을 나왔다. 자고가 피난할 때 성문이 닫혀 있었다. 문지기가 "근처의 샛길로 나가라고 하자, 자고는 "군자는 샛길로 나가지 않는다" 하였고, 문지기가 구멍을 가리켜주자, 자고는 "군자는 구멍으로 나가지 않는다" 했다. 고시자고는 샛길이나 구멍같은 위험한 길을 택하지 않았기 때문에 난리에 화를 면할 수 있었다고 한다. 《춘추좌씨전》과 《여씨춘추》〈효행〉에 나온다. 공자는 위나라의 난리 소식을 듣고 "고시는 피하겠지만, 자로는 죽을 것이다"라고 예견했다.

한편, 조임도는 군자의 처세와 관련해 〈우언寓言〉을 남겼다. 군자는 음험하고 사악한 사람에게 이길 수 없을 뿐만 아니라 굳이 다툴 것도 없다. 따라서 군자는 악인들이 세력을 얻었을 때 세상을 버리고 은둔해야 한다는 내용이다.

봉황을 올빼미와 겨루게 한다면 올빼미 아래에 있지 않으란 법이 없다. 기린을 시랑과 다투게 한다면 시랑에게 뒤지지 않으리라는 법이 없다. 백이를 도척과 싸우게 한다면 도척에게 잡아먹히지 않으리라는 법이 없다. 어째서인가? 다섯 빛깔에 아홉 가지 덕성을 지닌 상서로운 봉황도 표한한 맹금의 손톱과 부리를 당할 수 없고, 노루 몸뚱이에 부드러운 뿔을 지닌 어진 짐승인 기린도 으르렁거리며 독기를 뿜는 맹수의 이빨과 어금니를 대적할 수 없으니, 얼음같이 맑고 옥같이 깨끗한 선비도 완악하고 난폭하며 교활한 적을 어찌 대적할 수 있겠는가? 그런데 군자는 어짊을 지녀 난폭하게 굴지 않고 의로움을 지켜 완력을 행사하지 않으며 곧음을 지켜 거짓을 행하지 않으니, 정말로 한때의 승부와 성패를 가지고 우열을 논할 수가 없다. 아아, 올빼미가 시끄러우면 봉황은 멀리 가버리고 시랑이 으르렁거리면 기린은 숨어 몸을 감춘다. 그렇듯이 음험하고 사악한 무리가 뜻을 얻으면 밝고 정대한 사람은 숨어 자취를 감추는 법이다. 대개 힘으로 다툴 수 없어서일 뿐 아니라 그들과 다툴 필요가 없어서이기도 하니, 이치와 형세가 그러할 따름이다.

조임도는 1607년_{선조 40}에 부친상을 당하고 이듬해 여막에 거처할 때, 먼 곳에서 일어나는 일을 비몽사몽간에 투시하는 신기한 체험을 하고 그 이야기를 〈기이記異〉로 적었다.

나는 타심통他心通따위의 설은 석씨불교의 허탄한 이야기라고 여겨왔다. 그런데 무신년1608 봄과 여름 사이에 아호鵝湖의 여막에서 부친상을 나고 있었는데, 계곡에는 아무 인가도 없고, 그저 학도와 산승 대여섯 사람만 있을 뿐이었다. 하루는 노비를 검암劍巖 본가로 보내 어머니의 안부를 여쭈었다. 그날 저녁에 노비가 돌아올 시각쯤, 나는 아주 고단해서 팔걸이에 기대어 턱을 괴고 앉아 눈으로 《소학》 제2권을 보고 있었다. 홀연 비몽간에 황홀하게 무언가 눈에 보이는데, 노비가 포구에서 큰 물고기를 쫓아가서 칼날로 찌르는 광경이었다. 놀라 홀연이 깨어나서는, 명승名僧들에게 그 이야기를 했다. 승려들도 아주 기이하게 여겼다. 얼마 있다가 노비가 왔는데, 과연 깃대에 잉어 한 마리와 붕어 두 마리를 지고 있었다. 괴이하게 생각되어 연유를 물으니, "포구 물 얕은 곳에서 우연히 보고는 잡아다 제수로 쓰려고 했죠. 창졸간이라 고기 낚을 도구가 없어, 낫으로 찔렀습니다. 그래서 고기의 등에 모두 상처가 있습니다"라고 했다. 그 일은 내가 비몽사몽간에 본 것과 완전히 같았다. 괴이하도다, 괴이하도다!

대개 이때는 내가 상중이라, 마음이 허하고 기가 고요하고, 아무 한가한 생각이나 잡스러운 사려가 없이 적연해서, 오로지 돌아가신 부친의 모습과 음성만을 귀와 눈으로 보고 듣는 듯이 했을 따름이었다. 상념하는 것이 이런 것에 그쳐 마음과 정신이 전일해서 한 가지도 흉중에 걸린 것이 없었으므로 이런 일이 일어난 것이 아니겠는가? 염병을 앓아 열이 끓는 사람은 의례 시력이 미치지 못하는 은미한 일에 대해서도 혹 헛소리를 한다고 하니, 그 이치가 역시 이와 같은 것인가?

일찍이 듣자니 북창北窓 정렴鄭磏이 용인의 산사에 앉아 있으면서 산 아래 마을 집에서 하는 일을 똑똑히 보았다고 한다. 또 나옹懶翁 선사는 신륵사에 있으면서 목은 이색이 배 안에서 지은 시를 암송해내어 한 글자도 잘못되거나 빠뜨리지 않았다고 한다. 이것은 이른바 타심통이 아니겠는가? 오늘 나의 일도 우연히 그것과 가깝다. 나도 역시 어째서 그런 것인지를 모르겠다. 생각건대, 북창과 나옹의 일도 대단히 고상하고 심원하고 환상적이고 괴이한 것이 아니라, 다만 마음이 비고 전일하여 투철해져서 이 경계에 도달할 수 있었던 것이 아니겠는가? 그 일을 기이하게 여겨 그 설을 기록해둔다.

마음이 고요하고 전일하면 멀리 떨어진 곳의 일도 투시할 수 있을지 모른다고 했다. 나름대로 합리적 설명을 시도한 것이다. 하지만 그가 겪은 체험은 아무래도 신비하고 기이하기만 하다.

참고문헌

- 조임도, 〈우언寓言〉, 《간송집澗松集》 권3, 한국문집총간 89, 한국고전번역원, 1992.; 〈기이記異〉, 《간송집》 권3.; 〈배양지전裹陽智傳〉, 《간송집》 속집續集 권4 전傳.
- 문화재청 편, 《문화유적총람(경상남도편)》, 문화공보부문화재관리국, 1977.
- 함안문화원, 《함안누정록》, 1986.
- 조수학, 《한국의 탁전과 가전》, 영남대학교출판부, 1987.
- 김우형, 〈간송 조임도의 학문과 사상-여헌 장현광과의 사상적 영향 관계를 중심으로-〉, 《동양고전연구》 29, 동양고전학회, 2007.12, pp.29-57.
- 허권수, 〈남명·퇴계 양학파의 융화를 위해 노력한 간송 조임도〉, 《남명학연구》 11, 경상대학교 남명학연구소, 2001, pp.353-387.

유한준俞漢雋, 〈자전自傳〉   4

글을 쓰며 스스로 즐겼다
著書自娛 저서자오

유한준俞漢雋, 1732~1811은 정조 말, 순조 초에 고문가로서 명성이 있었다. 본관은 기계이며, 후손 가운데 유길준이 있다.

유한준은 문장이야말로 이름을 영구히 썩지 않게 하는 사업이라고 자각했다. 1768년영조 44에 진사시에 합격하고 음보로 벼슬길에 나아갔으나, 벼슬살이에 뜻을 두지 않았다. 만년에는 성리학에 몰두했다. 삼불후 가운데 입언立言을 평생 사업으로 정한 그는, 52세에 '자저自著'라는 이름으로 자신의 시문을 스스로 엮었다.

유한준은 55세 되던 1786년정조 10에 〈가전家傳〉을 작성해 선조들과 부친의 전을 지은 후, 〈자전〉을 첨부했다. 이 글에서 그는 자신의 문학수업에 대해 서술하고, 본인의 고문론을 진술했다. 77세 되던 1808순조 8에는 〈저수자명著叟自銘〉을 남겼다. 이에 대해서는 《내면기행—선인들, 스스로 묘비명을 쓰다》(이가서, 2009)에서 언급한 바 있다. 〈자전〉의 전문을 다시 되읽어보기로 한다.

한준은 자字가 만청曼倩, 혹은 만천이고, 또 다른 자는 여성汝成이다. 처음 이름은 한경漢炅이었으나 뒤에 지금 이름으로 고쳤다. 나이 열여섯에 부친이 돌아가시고, 형이 있어 한병漢邴이라 했으나 그 이듬해 역시 졸卒하였다. 어린 고아로, 호서지역으로 피신했다가 얼마 뒤 돌아왔다. 한준은 사람됨이 깊이 없이 평이하고 탕탕하며, 속이 우활하고 세간사에 굼떴으며, 길든 짧든 능한 바가 없었다. 공령문과문을 연마했지만 이름을 이루지 못했다. 시 짓는 법은 안동 김후재金厚哉 선생에게 배우고 글 짓는 기술은 태학사 남유용南有容 공에게 배웠으나 역시 성취하지 못했다. 하지만 젊어서 문장의 도에 얼추 통하였기에 다음과 같이 생각하기에 이르렀다.

고인은 덕德과 언言과 공功을 모두 세워야 불후한 이름을 남길 수 있다면서 덕을 가장 최고라고 했으되, 언言이란 몸을 꾸미는 문文이어서 공자는 '수사修辭하여 정성을 세운다'고 했으니, 언이 정말로 몸을 꾸미지 못한다면 덕은 어디에 기탁해서 그 가치를 드러낼 것이고 공도 어디에 부착해서 드러날 것인가? 그러므로 언이라는 것은 위로는 덕을 바탕으로 하면서 공을 수식하는 것이므로, 어찌 문사를 소홀히 할 수 있겠는가? 무릇 덕이 있는 사람은 언이 있으니, 성인은 너무 높아서 두말할 것도 없다. 《주역》의 〈대전大傳〉계사전·하에 "천하의 일을 보면 모두 하나로 돌아가는데 생각은 가지각색이어서, 귀결점은 같은데 가는 길이 다르다"라고 했다. 진秦·한漢 이래로 도술道術이 천하 때문에 분열되고 문장과 학문이 두 길로 갈라졌다. 이에 세상의 유학자들이 각각 흠모하는 바를 따르게 되어, 흠모하는 바가 도학에 있으면 도학을 숭상하고 흠모하는 바가 문장에 있으면 문장을 흠모하게 되었다. 근원에서부터 멀어지면서 더욱 분화가 되었으니, 그것은 정말로 그 형세상 필연적이었다.

(중략)

한준이 비록 스스로 문장을 즐기기는 하지만, 시대와 운명이 불우하여 공을 세워 이름을 공신첩에 올려 이 시대에 쓰이지 못하는 것을 서글퍼했다. 마침 듣자니, 동곽도성의 동쪽 벽 바깥에 맹인점술사 전田 선생이 천지의 이치에 밝고 음양의 자리를 살펴서 오생의 상생과 상극을 변별하며 일월과 오성의 경위經緯를 잘 짚어 헤아려서, 남이 생년월시의 사주를 물으면 현세에서 곤궁할지 현달할지, 수명이 길지 짧을지를 추산하여 백에 하나나 둘도 틀리지 않는다고 했다. 아침에 동곽의 저자로 가서, 전 선생을 배알하고 운수를 물었다.

전 선생은 말하였다.

"그대가 묻고 싶은 것이 곤궁할지 현달할지요, 아니면 수명이 길지 짧을지요?"

한준이 말했다.

"곤궁할지 현달할지입니다."

전 선생은 말했다.

"그대는 바라는 바를 말하기만 하오."

한준이 말했다.

"제가 비록 못나기는 했습니다만, 일찍이 군자의 대도大道에 대해 얼핏 들은 바가 있어서, 정精과 기氣를 깨끗이 씻고 성性과 신神을 잘 기르며 신身과 구口를 규율에 따라 조절하고 인仁과 의義를 몸에 차고 손에 붙잡아 왔습니다. 또 가만히 고인의 문장을 흠모하여, 밤낮으로 독서하고 사색하였으니, 역시 대강 그 울타리는 엿본 셈입니다. 그렇거늘 들에는 밭뙈기 하나 없고 주머니에는 동전 하나 없으며, 외출할 때는 수레가 없고 집에 있을 때는 변변한 깔개 하나 없으며, 아내와 아이는 춥고 굶주리며 종복들은 한탄하고 원망합니다. 지금 세상의 사대부들은, 혹 문장은 국가를 경영하기에 부족하고 무략武略은 나라를 안정시키기에 부족하며 재주는 세상을 구제하기에 부족하고 은택은 만물을 이롭게 하기에 부족하거늘, 높은 관직과 두터운 녹봉을 얻어 관대를 드리우고 홀을 관대에 끼고서는 조정에서 논의하고 말 타고 졸도들을 앞세워 큰길에서 부르고 답하고 하니, 저는 의혹을 품지 않을 수 없습니다. 부디 선생께서 조금도 숨기지 마시고 밝게 가르쳐 주십시오.

한나라 주보언主父偃은 처음에는 관직을 뜻대로 얻지 못했으나 자신이 말했던 것처럼 다섯 개의 큰 솥을 늘어놓고 식사를 하였고, 주매신朱買臣은 땔나무를 하면서 고생을 하였지만 팔에는 은과 황금을 걸었습니다. 진평陳平은 재산을 다 잃었지만 곡역曲逆의 제후로 봉해졌고, 사마상여司馬相如는 방에 기대기 없이 벽만 있었지만 비단옷을 입고 고향 촉 땅으로 돌아갔습니다. 이 사람들은 모두 처음에는 가난하고 미천하다가 나중에는 현달한 자들이기에, 저는 그들을 흠모하고 있습니다. 부디 선생께서는 제가 앞으로 더 곤궁할지 현달하게 될지에 대해 분명하게 가르쳐주십시오.”

전 선생은 마침내 돗자리를 깔고 자리를 만든 후 주머니를 뒤져 동전을 꺼내서 던졌다. 여섯 번 던져 건지리蹇之離, 건괘가 본괘이고 리괘가 지괘였다를 얻었다. 그 효사에 "구멍 난 나무, 천년 된 사슴, 산 속의 바위竅之木, 千歲之鹿, 山中之石"가 나왔다.

전 선생은 말하였다.

"구멍은 비어 있음이요, 사슴은 오래됨이요, 산 속의 바위는 고요함이요. 그대가 비록 가난해 곤궁해지지 않으려고 해도 그럴 수가 없소. 무릇 사물에는 넉넉한 면도 있지만 역시 넉넉하지 못한 면도 있고, 운수에는 미치는 면도 있지만 역시 미치지 못하는 면도 있소. 어떻게 조제할 수 있겠으며, 어찌 사물을 두루 갖출 수 있겠소? 더군다나 그대는 사람에게는 상서롭지 못한 것이 네 가지가 있다는 말을 들어보지 못했소? 첫째는 세勢, 둘째는 이利, 셋째는 영榮, 넷째는 명名이라오. 세勢는 나를 욕되게 하고 이利는 내게 독이 되며 영榮은 나를 가혹하게 하고 명名은 내게 질곡이 되는 법. 그렇기에 지혜로운 자는 흘겨보고 밝은 자는 그것에 안주하지 않는다오. 그대는 그만두구려."

그러고는 이런 노래를 불렀다.

"가난은 그대의 배를 곯게 하지만 그 옥자질은 주리게 하지 않으리. 가난은 그대의 살갗을 차갑게 하지만 그 구슬재능은 차갑게 하지 않으리. 그대는 무엇을 원망하는가, 가난과 동무하라."

한준은 그 말을 듣고 망연자실했다.

마침내 더이상 운수를 묻지 않고, 남산 아래에서 사람들과의 왕래를 끊고 숨어살면서 공명에 대한 뜻을 버리고 책 저술을 업으로 삼았다.

대학사 남공南公, 南公轍이 한준에게 이렇게 말했다.

"옛날에 뜻을 가진 사람들은 현달에서 뜻을 실현하지 못하면 어두운 데서 뜻을 실현했으니, 책을 저술해서 후세에 드리운 것이 바로 이것이오. 하지만 그대는 이미 곤궁하오. 어찌 사려를 쌓고 깊이 고찰해서, 고금의 시변時變과 앞 시대 현인들의 득실, 당시의 사적, 흩어져버린 옛

전문傳聞을 고찰하고 연구해서 '동전東傳, 동국, 즉 우리나라의 열전'을 정리해 미래에 전해 스스로를 드러내지 않는 것이오?"

한준은 이렇게 말했다.

"그것이 그렇지 않습니다. 지난날 좌구명은 실명한 이후에 그가 엮은 《국어》가 세상에 전파되고, 태사공 사마천은 거세된 뒤에 《사기》가 세상에 나왔습니다. 이것은 모두 천형天刑입니다. 반고는 《한서》를 지은 뒤 감옥에서 말라죽고, 진수는 《삼국사》를 엮어서 기용되었다가 폐기되었으며, 범엽은 후한의 사적을 기술했다가 일족이 죽임을 당하였습니다. 이것은 모두 인화人禍입니다. 저들은 재주로 보면 족히 포폄과 피휘에 정통할 수 있고 문사의 면에서는 귀신을 감동시킬 수 있었거늘, 역사책을 지어서 형벌과 앙화를 면하지 못했습니다. 하물며 나같이 견문이 적고 지식이 부족한 자가 함부로 시비를 따지고 선악을 논하면, 신명이 꺼리는 것을 범하고 천인의 앙화를 밟게 되리라는 것을 어찌 다 말할 수 있겠습니까?"

이에 문징을 쓸 곳이 없어서 유희하고 빙자할 따름이었으나, 하지만 늙어 갈수록 책을 저술하는 것을 더욱 좋아해서 스스로 즐겼다. 당시에 문장을 한다는 인사들이 아주 많았는데, 대개 모두 자질이 박학하고 우아하고 체재가 매끈해서, 부드럽고 온화하며 크고 우아한 군자의 풍모가 있었거늘, 유독 한준은 기력을 숭상해서 치달리는 것을 능사로 삼았다.

혹자가 이렇게 말했다.

"그대는 문장에 있어 두려워 꺼리는 바가 없군요. 어찌하여 거문고 줄의 번잡하고 빠른 소리를 감쇄시켜 우아한 노래로 나아가지 않는 게요?"

한준은 웃으면서 말했다.

"어찌 항상 제가 바라는 대로만 하겠습니까."

한준에게는 아들이 있어 만주晩柱라고 한다, 만주는 일곱 살에 고문을 외우고, 천하의 서적을 널리 보았으며, 특히 사학에 밝았다. 한준이 언젠가 만주에게 이렇게 말했다.

"결구結構, 짜임를 소통시키고 뚫어서 기氣를 위주로 하는 것은 네가 나만 못하다. 함엄涵淹, 푹 적심하고 범박汎博, 두루 넓음하여 신기축을 내는 것이 무궁한 것은 내가 너에게 미치지 못한다."

비록 곤궁하고 불우한 때라도, 다행이 서로 아버지와 아들의 문장을 얻어서 고무시키고 발명하는 것을 지극한 즐거움으로 삼았다. 그렇거늘 만주가 죽고 말았다.

한준은 통곡하면서 말했다.

"이것은 하늘이 빼앗아간 것이니, 아아, 누구를 위하여 문장을 지으며, 누구에게 이것을 듣게 하랴!"

마침내 다시는 문장의 사업에 정신을 쏟지 않았다.

한준은 영종영조 44년의 진사인데, 음보로 벼슬을 살며, 지방 고을의 관아에서 부침浮沉, 물결 따라 떴다 가라앉았다 하듯이 세속을 따라 그렁저렁 살아감했다. 하지만 한준의 뜻은 아니었다.

유한준은 이 〈자전〉에서 어릴 적 성장과 문장수업의 경위를 밝힌 후, 박윤원朴胤源, 1734~1799에 대한 답장을 전재함으로써 문장의 학에서 일가견을 이룬 사실을 말했다. 박윤원에게 보낸 서찰의 내용은 생략했다.

이 글은 문장학습의 편력을 이야기했다. 그런데 그것은 표면의 이야기다. 기실 이 글은 지향과 현실의 괴리를 한탄하는 뜻이 깊다.

유한준은 문장 공부에 골몰할수록 곤궁이 심해졌다고 한탄했다. 그리고 전 선생과의 가공의 대화를 삽입해 자신의 곤궁이 운명과 관계되었음을 자각한 사실을 말하고, 다시 아들 유만주와 마치 지기의 사이가 되어 문장 공부에서 만족을 얻었으나, 그 아들이 요절함으로써 모든 희망을 상실하게 된 과정을 그려보였다.

유한준은 전 선생에게 운수를 점쳐보고 결국 문장에 골몰하기에 가난을 감내할 수밖에 없음을 깨달았다고 했다. 전 선생은 실존 인물이라기보다 가상의 인물이요, 그 자신의 분신이다. 다만 유한준은 이미 1765영조 41에 지은 〈우려문수右閭問數〉에서, 스스로를 우려공보右閭公父에 가탁하여 동곽의 전 선생을 찾아가 점친 이야기를 적었다. 12년 전의 글인데, 그 글을 축약하여 〈자전〉에 전재한 것이다.

공자는 《논어》 〈계씨〉에서, 도리를 알아 실천해나가는 군자라면 세 가지 두려워함이 있어야 한다고 했다. 그것을 삼외三畏라 한다. 곧, 군자는 천명을 두려워하며 대인을 두려워하며 성인의 말씀을 두려워해야 한다. 자신의 운수가 어떤지는 따질 것이 못 된다. 그렇거늘 유한준은 어째서 자신의 운명이 기구함을 한탄했던가?

천명이란 하늘이 부여해준 이치로서 심성에 품부하여 인간으로 하여금 선으로 나아가고 악으로부터 벗어나게 하는 것이다. 혹은 나날이 인간을 굽어보아 선악을 가려서 복이나 재앙을 내려주는 존재일 수도 있다. 따라서 군자는 천명의 존재를 의식하고 계신공구戒愼恐懼, 삼가고 조심하며 두려워함해야 한다. 천명은 인간이 하늘로부터 부여받았다고 여겨 자율적으로 실천해나가는 바로 그 도덕 내용이다. 하지만 사람들은 날 때부터 정해져 있다고 여기는 길흉화복의 운을 더 알려고 한다. 길흉화복의 운은 인간의 불평등을 낳는 비선택적인 조건이다. 공자도 운을 언급했지만, 그것은 도덕적 근거로서의 천명을 더욱 강조하기 위해서였다. 유한준이 길흉화복의 운수를 전 선생에게 물은 것도, 실은 운명의 기구함을 한탄하는 데 그친 것이 아니다. 비선택적 조건이 그와 같이 불리하다는 것을 묵묵히 받아들이고, 악을 멀리하고 선으로 나아가겠다는 자율성을 더욱 확인한 것이다.

유한준은 박윤원에게 보낸 서찰에서, 삼대 이하는 이미 도와 문이 분리되었음을 주장하여 도와 문의 합치를 부정했다. 박윤원은 김원행金元行 문하의 걸출한 학자로, 성리학을 깊이 연구했다. 유한준은 그와의 토론을 통해서 도와 문의 합치를 전제로 할 수 없으며 '유덕자필유언有德者必有言'도 그대로 승인할 수 없다고 했다.

《논어》〈헌문憲問〉에서 공자는 "有德者유덕자는 必有言필유언이어니와 有言者유언자는 不必有德불필유덕이니라"라고 했다. 유덕유언有德有言은 덕행도 훌륭하고 언론저술도 훌륭함을 말한다. 반면에 무덕유언無德有言이라고 하면 덕행은 없으면서 언론저술만 뛰어남을 말한다. 덕이 있는 사람은 마음속에 온축된 덕이 저절로 바깥으로 넘쳐나와 훌륭한 말이 되지만, 말 잘하는 사람이 반드시 덕 있는 사람은 아니다. 교언영색巧言令色으로 바깥을 꾸미는 사람도 있기 때문이라는 것이다. 그러나 이 생각은 지나치게 이분법적이다. 덕이 온전하다고 자부할 수는 없지만 교언영색과는 다른 방식으로 시문을 저술하는 사람도 있지 않을까? 유한준의 고민은 여기에 있다.

물론 유한준은 군자의 대도를 익히 알아, "정精과 기氣를 깨끗이 씻고

성性과 신神을 잘 기르며 신身과 구口를 규율에 따라 조절하고 인仁과 의義를 몸에 차고 손에 붙잡아왔다"고 자부했다. 인간 주체로서는 도와 문의 분리가 아니라 도와 문의 합치를 지향한 것이다. 하지만 현실의 공간에서는 도와 문이 분리되어 있다고 여겼다. 유한준은 이 모순을 극복하고 '군자의 대도를 알고 있는 사람'의 언어를 구사하고자 했다.

박윤원의 서찰에서 시문의 효용을 강조하자, 유한준은 자신의 글쓰기가 발분저서發憤著書, 울분을 쏟아내어 저술함도 아니고, 시비와 선악을 따지는 논증비판도 아니며, 그저 유희游戲요 자사恣肆, 멋대로 행동함라고 했다. 이것을 말 그대로 받아들이기는 어렵다. 지향하는 뜻이 세상에서 구현될 수 없음을 깨닫고 문장으로 유희하고 자사했던 것이기 때문이다. 그렇기에 그는 늙어갈수록 저술에서 즐거움을 느끼지 않느냐고 스스로를 위로했다.

문장으로 스스로 즐긴다는 뜻의 '문장자오文章自娛'라는 말은 도연명이 〈오류선생전〉에서 자신의 삶을 우회적으로 표현할 때 사용한 말에서 따온 것이다. 이 말은 중국이나 조선의 많은 문인이 상투어처럼 사용해왔다. 하지만 유한준은 그 말을 끌어와 자신의 글쓰기가 주자학적인 의론을 위한 것도 아니고 국가를 경영하는 일에 협찬하려는 것도 아니라고 밝힌 것이다. 겸손한 뜻도 지니고, 자부심도 담고 있다.

소론의 문인 신대우申大羽는 〈유만천진찬兪曼倩眞贊〉을 지어, 문학에 몰두하는 유학자의 형상을 그려보였다.

풍월 같은 정회
강호 같은 성품
지난날 그런 말을 들었더니

이 어른이 그에 가깝구나.

여러 상자에 주옥같은 글이요

평상 가득 서책이라.

심의를 입고 복건을 써서

물러나 은거하여 처음의 옷을 다시 손질하는 뜻을 완수하셨네.

風月情懷 풍월정회   江湖性氣 강호성기

昔聞其語 석문기어   斯翁殆庶 사옹태서

數函瓊琚 수함경거   一牀詩書 일상시서

深衣幅巾 심의복건   遂服之初 수복지초

참고문헌

- 남공철南公徹, 〈제저암유공문祭著庵俞公文〉, 《금릉집金陵集》 권14, 한국문집총간 272, 한국고전번역원, 2001.
- 신대우申大羽, 〈유만천진찬俞曼倩眞贊〉, 《완구유집宛丘遺集》 권1, 한국문집총간 251, 한국고전번역원, 2000.
- 유한준俞漢雋, 〈자전自傳〉, 《자저自著》 권14 전傳 가전家傳, 한국문집총간 249, 한국고전번역원, 2000. ; 〈별호설別號說〉, 《자저》 권27 잡저雜著. ; 〈저수자명著叟自銘〉, 《자저》, 속집續集 책3 잡록雜錄. ; 〈망해忘解〉, 《자저》 권27 잡저. ; 〈자아自我〉, 《자저》 고시古詩. ; 〈우려문수右閭問數〉, 《자저》권27.
- 심경호, 《내면기행》, 이가서, 2009.
- 정양완·심경호, 《강화학파의 문학과 사상1》, 한국정신문화연구원, 1993
- 박경남, 〈유한준俞漢雋, 박윤원朴胤源의 도문분리 논쟁과 유한준의 각도기도론各道其道論〉, 《한국한문학연구》 42, 한국한문학회, 2008, pp.333-366.
- 이현호, 〈유한준 산문 연구〉, 한국학대학원 석사논문, 2004.

조수삼趙秀三, 〈경원선생자전經畹先生自傳〉 5

조선의 미친 선비
朝鮮狂士 조선광사

조수삼趙秀三, 1762~1849은 88세의 수를 누렸다. 풍채가 아름다워 신선의 기골이 있었다. 하지만 중인의 집안에서 태어났으므로, 일생 신분상의 좌절을 겪어야 했다. 화원 조중묵趙重默이 조부였다.

8세에 벌써 〈학을 읊다咏鶴〉 시를 지어 사람들을 놀라게 했고 12세 때는 백일장에서 급제하여 문명을 날렸다. 여항의 시사로 유명한 송석원 시사의 핵심 인물로 활동했다. 이단전李亶佃·조희룡趙熙龍·장혼張混·박윤묵朴允默 등 여항시인과 사귀었고, 김정희金正喜·조인영趙寅永·조만영趙萬永·한치원韓致元 등 사대부들과 교류했다.

조수삼은 '경원經畹 선생은 조선의 미친 선비다'로 시작하는 〈경원선생자전經畹先生自傳〉을 남겼다. 미쳤다는 것은 뜻은 크지만 실행을 하지 못하는 것을 말하는 광견狂獧이나 광간狂簡의 준말이다. 광견 혹은 광간의 인물은 군자의 경지에는 미치지 못해도 덕을 해치는 향원과는 본질적으로 다르다. 조수삼의 이러한 자기규정은 자부의 뜻을 담고 있다.

경원經畹 선생은 조선의 미친 선비다.

천성이 글 읽기를 좋아하여 흰머리가 되도록 옹알옹알 그치지 않았으나, 끝내 또한 스스로 잊어버려, 다른 사람이 물어보면 멍하니 대답할 수가 없었다. 때로는 억지로 기억해서, 도도하게 일만 글자 분량을 외워, 육경을 전부 외울 수가 있었다. 어려서부터 글짓기를 좋아하여 심지어 먹고 자는 것도 그만두었으나 그리 훌륭한 글을 짓지는 못했다. 하지만 왕왕 기세가 높고 뛰어나 옛 작자의 풍모가 있었다.

집이 가난하여 변변찮은 음식조차도 실컷 먹지 못했는데, 열흘이나 한 달씩 산수간으로 나가 노닐며 아내와 자식을 돌보지 않았다. 본디 술을 마시지 못했으나, 일찍이 사신을 따라 요동벌을 지나 명발溟渤, 큰 바다에 이르고 연대燕臺, 북경. 원래는 황금대로 들어가 개를 도살하는 저자거리에서 노닐었던 때에는, 커다란 술잔을 쳐들어 하룻저녁에 서너 말을 죄다 들이켰다. 기력이 가냘프고 연약해져 옷을 이기지 못했으나, 고금의 성공과 실패, 의리와 이익의 분별을 논함에 이르러서는, 문득 머리카락이 치솟고 눈을 크게 떠서 기세가 오른 것이 용사와 같았다. 남과 사귀기를 좋아해서, 귀한 이, 천한 이, 현명한 이, 어리석은 이를 따지지 않고 모두 그 환심을 얻었으나 끝내 그들에게 받아들여지지는 못했다. 해학을 잘하고 비속한 일을 많이 말했으나, 궁극적으로는 상경常經 올바른 법도을 등지지 않았으며, 그 때문에 공자의 도를 추구하지 않는 사람은 끼어들어 비난할 수 없었다.

늙어 병이 많고 또 게을러지자, 문을 닫고 찾아오는 손님을 물리치고 종일토록 머리가 지끈거려 자는 듯 누워있었다. 손님이 오면 모두 사절하고 만나보지 않았으나 유독 몇몇 사람과는 교유하였으니, 곧 깊이 알아주는 사람이기 때문이었다. 탄식하며, "나에게 십년이라는 기간이 더 주어져 만일 문장에 진력한다면 역시 성대聖代를 위해 〈격양가〉를 짓기에 충분했을 것이다"라고 했다. 소진蘇秦이 했던 말에 대해 일찍이 회한을 느껴, "대장부로서 몇 이랑의 밭을 도모함이 가당키나 하겠는가? 나는 마땅히 구경九經을 좋은 밭으로 삼을 것이다"라고 말했다. 이 때문에 스스로의 아호를 '경원선생經畹先生'이라 했다.

찬贊은 이렇다.

외면이 유화하되 내면이 강건한 자는 미치지 않고도 미친 것이 아닌가?
일신은 폐기되어도 도에서 흥기한 자는 무능함을 디디고 능한 것이 아닌가?
미치지 않았음에도 남들은 알지 못하고, 능히 할 수 있는데도 사람들은 모르니, 천명인가 시운인가?
이것은 옛사람이 '갈아도 닳지 않고 물들여도 검어지지 않는다'고 한 태도를 흠모하는 것이로나.

조수삼은 스스로를 광사狂士라 했다. 광사는 광간狂簡의 선비라는 뜻이다. 《논어》〈자로子路〉에 보면, 공자는 "중도에 맞게 행동하는 사람을 얻어 같이 할 수 없다면, 반드시 뜻이 큰 사람이나 절조를 굳게 지키는 광견狂狷의 사람과 함께 할 것이다. 뜻이 큰 사람은 나아가 취取하려 하고, 절조를 지키는 사람은 하지 않는 바가 있다"라고 했다. 향원을 언급하지는 않았지만, 역시 향원을 경계했다고 볼 수 있다. 곧, 공자는 중도에 맞게 행동하는 선비를 구하지 못한다고 해서 향원을 선택해서는 안 되며, 차라리 뜻이 큰 광자狂者나 절조節操 있는 견자狷者와 함께 일하는 편이 낫다고 말한 것이다.

공자는 노나라를 떠나 여러 제후의 나라를 돌아다니다가 진陳나라에 있던 어느 날, 고향 노나라로 돌아가겠다는 뜻을 제자들에게 말했다. 그러면서, "우리 노나라의 뜻있는 사람들은 광간狂簡하여 고원高遠한 뜻을 구하여 얻으려 하되 처음 마음을 잊지 않는다"고 말하기도 했다.

훗날 맹자의 제자 만장은 그 사실에 대해서 맹자에게 질문하여, "공자께서 진나라에 계실 때 어째서 노나라의 광사狂士를 그리워하였습니까?"라고 물었다. 그러자 맹자는 "공자께서는 중도中道의 인물과 함께 하지 못한다면 그 다음으로는 반드시 광견狂狷의 인사를 구했다. 광狂의 인사는 진취進取하고, 견狷한 인사는 하지 않는 바가 있다. 공자께서 어찌 중도의 인사를 원하지 않았겠는가만, 그런 중도의 인사를 반드시 얻을 수는 없었으므로 그 다음 부류의 사람들을 생각하신 것이다"라고 했다. 《맹자》〈진심盡心·하〉에 나온다.

조수삼은 자기 자신이 중도의 인물은 아니지만, 자신의 뜻을 그대로 밀고 나아가는 광사라고 말한 것이다.

또한 조수삼은 "대장부가 어찌 서너 이랑의 밭만을 차지하려고 꾀할 것인가! 나는 마땅히 구경을 밭두둑으로 삼으리라"라고 했다. 구경이란 유가의 경전을 가리키는 말이다. 유가의 경전을 밭두둑으로 삼아 일생 경전을 파면서 보내리라고 포부를 말한 것이다. 이것은 전국시대 종횡가 소진이 실각한 후 죽게 되자 낙양성 밖 기름진 밭 두 이랑을 꿈꾸었던 것과 대비된다.

소진은 육국을 합종하여 진나라와 대항케 하고 육국의 재상이 되어 스스로 무안군이라 칭했다. 하지만 장의의 연횡책이 대두되자 실각했고, 결국 죽임을 당했다. 《사기》〈소진전〉에 보면, 소진은 사형을 당하게 되었을 때 "만일 내게 낙양성 밖의 기름진 밭 두 이랑만 있었다면, 내가 어찌 육국의 재상 인끈을 찰 수 있었겠는가?"라고 말했다고 한다.

조수삼은 스스로에 대해 '외면이 유화하되 내면이 강건한 자'로 자부했다. 외유내강外柔內剛이야말로 유학에서 목표로 하는 군자의 상이니, 스스로 유학의 군자임을 자처한 것이다. 그러고서 "외면이 유화하되 내면이 강건한 자는 미치지 않고도 미친 것이 아닌가?"라고 세상 사람에게 물었다. 미치지 않고 미쳐 있다는 말은 정신적으로 외상을 입어 미친 것이 아니라, 자기 뜻을 그대로 지켜 세속과 타협하지 않는 광狂의 상태라는 뜻이다.

조수삼은 공자의 덕을 흠모해서, 세간의 잘못된 풍조에는 휩쓸리지 않겠다고 선언했다. "갈아도 갈리지 않고磨不磷 물들여도 검어지지 않는다涅不緇"는 공자의 덕을 닮겠다고 말한 것이다.

조희룡은 《호산외사》에서 조수삼이 지닌 장섬과 재수를 열 가지로 나누었다. 첫째 풍도風度, 둘째 시문, 셋째 공령功令, 넷째 의학, 다섯째 바둑, 여섯째 서예, 일곱째 기억력, 여덟째 담론, 아홉째 복택, 열째 장수이다. 조희룡은 조수삼의 전기를 짤막하게 쓰고 이러한 찬贊을 붙였다.

이 사람은 상청천상계에서 유배되어온 사람으로
하늘이 부여한 것은 부富이지만
인색하여 주지 않은 것은 벼슬아치의 옥대와 황금 어대魚袋로다

此乃上淸淪謫之人 차내상청윤적지인

天之所與者富 천지소여자부

而所慳者玉帶金魚也 이소간자옥대금어야

조수삼은 양반 자제들을 가르쳤다. 61세에는 경상도 관찰사 조인영의 서기로 따라갔다. 그러다가 83세가 되어서야 진사시험에 합격했다. 진사 급제 후 얻은 벼슬은 오위장인데, 고령자에 대한 예우로 내려준 것이었다. 영의정 조인영이 일곱 걸음을 걷는 동안 그 기쁨을 시로 표현해보라고 주문하자 '사마창방일구호칠보시司馬唱榜日口呼七步詩'를 지었다. 제1수는 다음과 같다.

뱃속에 든 시와 책이 몇 백 짐이더냐
올해야 가까스로 진사 난삼진사 합격 때의 예복을 걸치다니
구경꾼들아 몇 살인가 묻지를 마오
육십년 전에는 스물셋이었다오

腹裏詩書幾百擔 복리시서기백담   今年方得一襴衫 금년방득일란삼
傍人莫問年多少 방인막문년다소   六十年前二十三 육십년전이십삼

조수함은 28세 때 역관 이상원의 길동무로 중국에 따라가는 등, 일생 여섯 차례나 중국을 다녀왔다. 홍경래난 이후에는 200일 남짓 북방의 지역을 여행하고 〈북행백절北行百絶〉이라는 연작시를 지었고, 홍경래난을 장편시 〈서구도올西寇檮杌〉로 적었다.

조수삼은 19세기 서울에서 살아가는 인간 군상의 모습을 71편의 짧은 시로 묘사하고, 그것을 엮어 '기이紀異' 라고 했다. 참외장수·시인·노예·잡기인·악사·노점상·소금장수·머슴·선비·짐꾼·유생·약방거간꾼·어부·약장수·도적아내·맹인악사·나무꾼시인·의적·배꾼·역관·무인·기생·무뢰배·거지·열부·서원장·전기수·약초캐는노인·골동노인 등의 생활상이 그의 눈을 속여 벗어나지 못했다. 또 시 잘하는 도적 아내, 제주 의기 만덕, 기생 금성월錦城月 등 여성의 삶도 포착되어 있다.

나무 파는 사람의 이야기를 보면 다음과 같다.

내 나무吾柴는 나무를 파는 사람이다. 그는 나무를 팔면서 '나무 사시오' 라 말하지 않고, '내 나무' 라고만 말했다. 심하게 바람이 불거나 눈 내리는 추운 날에도 거리를 돌아다니면서 '내 나무' 라고 외치다가, 나무를 사려는 사람이 없어 틈이 나면 길가에 앉아 품속에서 책을 꺼내 읽었는데, 바로 고본 경서였다.

눈보라 몰아치는 장안의 열두 거리
이 거리 저 거리에서 '내 나무' 만 외치네
어리석은 아낙네들 모여서 비웃지만
송판본 경서가 가슴속에 가득하다

風雪凌兢十二街 풍설릉긍십이가　　街南街北叫吾柴 가남가북규오시
會稽愚婦應相笑 회계우부응상소　　宋槧經書貯滿懷 송참경서저만회

몰락 지식인은 장사꾼처럼 '나무 사시오'라 외치지 못하고 '내 나무'라고 반말을 쓴다. 송판본 경서를 가슴속에 채워둔 자이지만, 어리석은 아낙네들에게는 비웃음만 살 뿐이다.

조수삼은 기예의 독립적 가치를 존중했다. 김금사金琴師는 거문고의 달인이 되기 위해 갖은 시련을 겪고 마침내 왕세기를 감동시켜 그의 가르침을 받았다. 혜금수嵇琴叟나 손고사孫瞽師는 악사로서 비천한 삶을 꾸려가지만 예인으로서의 자부심을 잃지 않았다. 전기수傳奇叟와 설낭說囊은 거리의 강담사로서 독특한 예의 세계를 이루었다. 탁반두卓班頭는 만석중춤을 잘 추는 광대로 나례국의 변수로 있으면서 외빈 영접 때마다 재능을 발휘했다. 농후개자弄猴丐子는 원숭이 조련사로서 그가 죽자 원숭이도 불길에 몸을 던질 정도로 원숭이와 일체가 되었다. 박초료朴鷦鷯는 휘파람으로 새소리를 흉내내어 이목을 끌었다.

그러나 예인들의 기예는 현실에서 충분히 인정받지 못하였고, 그들의 삶은 크게 존중받지 못하였다. 조수삼 자신의 독서와 작문 소양이 현실공간에서 인정받지 못한 것과 마찬가지였다. 그렇기에 조수삼은 〈경원선생자전〉에서 이념과 실천의 괴리를 말했다. 신분의 모순은 그에게서 안식을 앗아갔다.

아내를 잃고 지은 〈도망悼亡〉 시가 그 외로움을 아프게 전해준다.

    몇 번이고 고분의 노래 부르려다 목이 메이니

    장자는 달인이 아니라 정에 박한 사람일세

    뒷날 나도 같은 묘혈로 돌아가련만

    처지를 바꾼다면 그대 또한 어찌 홀로 살리

밝은 달 아래 난경鸞鏡을 마주하여 외로운 그림자는 춤을 추고
봄바람에 녹문산에서 밭갈 짝을 잃었구나
새벽에 우연히 집으로 돌아가는 꿈을 꾸니
변함없이 안마당에서 신 거꾸로 신고 나를 반기더라만

幾度叩盆歌不成 기도고분가불성	蒙莊非達薄於情 몽장비달박어정
他年我亦同歸穴 타년아역동귀혈	易地君何忍獨生 역지군하인독생
明月影孤鸞鏡舞 명월영고난경무	春風耦失鹿門耕 춘풍우실녹문경
曉來偶得還家夢 효래우득환가몽	依舊中霤倒躧迎 의구중기도사영

신 거꾸로 신고 나와 반겨줄 사람이라고는 없는 고독한 생활이었다. 조수삼은 그의 기구한 삶을 지켜보는 하늘을 향해 빈주먹을 휘둘러볼 따름이다.

미치지 않았음에도 남들은 알지 못하고
능히 할 수 있는데도 사람들은 모르니
천명인가 시운인가?

참고문헌

- 조수삼, 〈경원선생자전經畹先生自傳〉, 《추재집秋齋集》 권8 문文, 한국문집총간 271, 한국고전번역원, 2001.
- 강명관, 《조선후기 여항문학 연구》, 창작과비평사, 1997.
- 윤재민, 《조선후기 중인층 한문학의 연구》, 고려대학교 민족문화연구소, 1999.

황오黃五, 〈자전自傳〉　　　　　　　　6

동해의 물가에서 늙어간다
老於東海之濱 노어동해지빈

함양의 선비 황오黃五, 1816~1863?는 독특한 시세계를 열었던 시인이자 바둑의 국수였다. 방장산지리산 공배리에서 태어나서 경북 상주 중모현으로 옮겨 살다가, 경기도 양주에서 31년간 거처한 후, 49세 되던 1864년 고향으로 돌아갔다. 이때 〈자전自傳〉을 지었다. 묘소는 상주 수봉리壽峰里 화전花田, 꽃밭모리에 있다.

이름의 '五'는 어머니 정씨鄭氏의 꿈에 근거해 지은 것이다. 정씨는 붉은 난새가 손바닥 위에 앉는 꿈을 꾸고, 또 문수보살이 남녀 중 수십 명을 거느리고 탁발하러 집에 왔다. 이때 문수보살은 "사내아이를 낳을 것이니 오른손 손바닥 손금을 보면 붉은 점으로 된 문자가 있고 또 '五'라는 글자가 있을 것이다"라고 했다고 한다. 실은 '五'는 손바닥에 앉은 난새가 오채五彩를 갖추고 오음五音에 맞는 소리를 낸다고 하는 데서 따온 듯하다. 음양오행설에서 오황중五黃中의 뜻을 취해, 큰 인물이 되기를 가탁한 것이리라.

황오는 신이한 출생을 하였지만, 현실에서는 그의 재능이 온전하게 평가받지 못했다. 그가 지은 〈자전〉은 불우함을 곱씹는 어투이다.

황오黃五는 조선 사람이다. 자字는 사언四彦이고 초명은 이로里老이며, 자호는 녹차거사綠此居士라 하고, 다른 호는 한안漢案, 또는 동해초이東海樵夷라 한다.

숭정崇禎 기원후紀元後 네번째 병자년 7월 20일 해시亥時에 함양군咸陽郡 방장산 아래 공배리功倍里에서 태어났다. 어머니 정씨鄭氏는 꿈에, 홍란紅鸞이 손바닥 위에 앉더니, 문수보살이 남녀 중 수십 명을 거느리고 걸식하러 집에 와서, "응당 사내아이를 낳을 것이니 오른손 손바닥 손금을 보면 붉은 점으로 된 문자가 있고 또 '五'라는 글자가 있을 것이다"라고 말했다고 한다.

10대에 《시경》《서경》을 외우고, 20대에 한양에서 풍속을 둘러보고, 30대에 마른 나귀에 비단자루를 차고 떠나 시를 그 자루에 담으면서 명산대천을 두루 유람했고, 40대에 집에 돌아와 보니 초가집이 소연했다.

퇴지退之, 韓愈는 "나 태어난 날에는 달이 남두성南斗星에 묵었다" 하고, 동파東坡, 蘇軾는 "퇴지는 마갈磨蝎의 별로써 신궁身宮, 성명가星命家의 용어로, 사람의 후천적인 운을 추단케 하는 별자리을 삼았고, 나는 마갈로써 명궁命宮, 사람의 실질적인 운세와 사람의 격의 고저를 추단케 하는 별자리을 삼았다그래서 퇴지와 나는 남의 훼방을 많이 받았다"고 했다. 동파는 병자丙子의 해에 나고 나도 병자년에 태어났으며, 동파는 계해癸亥의 날에 나고 나는 계해의 시에 태어났다. 어떤 점쟁이가 동파에게 "병자년 계해의 날에는 수성水星이 동쪽으로 흐른다"고 하였다는데, 나의 태어난 해는 어느 궁宮에 속하는지 모르겠다아마도 퇴지나 동파와 같은 운명이 아니겠는가.

황씨는 호남 우평현雨坪縣을 본향으로 한다. 신라 시중 경瓊이 비조이고, 고려 태학사 감평鑑平은 원조遠祖이다. 우리 조선에 들어와 익성공

翼成公 방촌尨村 희喜의 둘째 아드님인 소윤공 보신保身이 상락上洛 중모현中牟縣 헌수봉獻壽峯 아래에 은거하시니, 그곳은 동해와는 330리 떨어져 일월이 뜬다고 한다.

태사공사마천이 말하길, "나는 용문龍門에서 태어나, 10대에 고문을 외우고, 20대에 남쪽으로 양자강과 회수淮水를 유람했다"고 했다. 용문은 우임금이 용문산을 깎아서 만든 것이고, 양자강과 회수는 우임금이 물길을 인도하신 곳이다. 또 말하길, "회계산에 올라가 우혈禹穴을 살펴보았다" 하니 어찌 장하지 않은가! 나는 방장산에서 나서 동해의 물가에서 늙어가니 어찌 저 우혈이라는 것을 볼 수 있겠는가?

갑자년 소한에 쓰다.

조선후기에는 서류로 태어나 시문으로 세상에 이름을 떨친 후사가後四家 같은 고급 지식인과 '대부에서 한 등급 아래의 사람下大夫一等之人'으로 자처한 중인 지식인의 활동이 두드러졌다. 한편 거처를 서울에만 한정하지 않고 여러 지역을 돌아다니면서 정착과 방랑을 거듭, 부유하는 한사寒士들의 존재도 두드러지기 시작했다. 황오는 후자의 대표적인 예이다.

황오는 한안漢案이라는 호를 사용했다. 스스로를 황정견黃庭堅에 비기고, 황정견과 같은 황씨이므로 한족漢族의 족보에 오를 수 있다고 해서 그런 호를 쓴 것이다. 또 압록강 이남에 오직 이 사람이라는 뜻에서 스스로 녹차綠此라고 호를 했다.

황오의 〈자전〉은 크게 다섯 부분으로 나뉘어 있다. 어머니 정씨가 꾼 꿈에 큰 비중을 두었고, 떠돌며 살아온 자기 삶을 개괄했으며, 자신이 한유나 소동파와 별자리가 같다는 것을 근거로 삶의 행·불행을 점쳤다. 그러고서 선조와 가계에 대해 밝히고, 명리장을 떠나 멀리 노닐어 대자유를 누리고자 하는 소망을 드러냈다.

황오는 31년간 서울과 그 근교에서 떠돌다가 49세에 귀향했다. 남은 것은 흰 머리뿐이었다. 가족을 이끌고 상주로 향할 때 병든 아우도 가난한 아내도 아무 말이 없었다. 〈경강 어구에서 배를 띄워 출발하다發京口〉라는 시에서 황오는 이렇게 묘사했다.

천하의 황오, 어릴 때 떠나서
강동 고향으로 흰머리 되어 돌아간다.
평생사가 등불 아래 환기되나니
갑자년 외로운 배.
병든 아우는 붉은 단풍을 읊고
가난한 아내는 푸른 산만 바라본다.
가을바람에 곡식 영그는 날
팔월이라 상주로 내려간다오.

등불 아래서 지난날을 씁쓸하게 추억하는 시인과 세간사에 관심을 두지 않고 붉은 단풍잎을 시로 읊는 아우, 막막한 심경을 이기지 못해 푸른 산을 바라보는 늙은 아내, 이 세 사람이 경강의 어구를 출발하는 배 위에 있다. 그래도 곡식이 영그는 가을, 상주에는 가난을 구제할 그 무엇이 있겠지, 막연한 기대의 감정을 시인은 언뜻 일으켜본 것이다.

그가 〈자전〉을 지은 것은 49세 때다. 바로 춘추시대 위나라의 어진 인물 거백옥蘧伯玉이 지난 과오를 뉘우쳤다는 나이로, 옛 사람들에게는 결단의 나이였다. 매월당 김시습은 49세에 수락산 거처를 떠나 영원히 서울로 돌아가지 않을 결심을 하고 관동으로 재차 떠났고, 퇴계 이황은 군수의 인끈을 버리고 산야山野의 기질이 이끄는 대로 고향으로 돌아갔다. 황오는 그 나이에, 명리의 장에서 득의하지 못할지언정 자유인으로 한 시대를 너울너울 살고 싶었던 꿈을 다시 꾸었다.

황오는 1866년 고종 3. 병인에 지은 장단구의 〈갈등행〉에서도 자신의 삶을 돌아보았다. 이 장편에는 다음 서문이 있다.

한 해가 저물어가는 때 비바람 소연히 적막한 중에 고시 장단구 한 편을 지었는데, 편말에 '갈등'이라는 글자가 있어서 편명으로 삼는다. 전체의 뜻이 갈등의 의미를 지니어 내 평생 내력의 대강을 기록하였으니, 학업은 거칠고, 공업功業은 이루지 못했으며, 선업先業, 선대 대대로의 가업은 실추하고, 용속冗俗, 용렬하고 비속함한 것을 떠나지 못함에 대해 무한히 강개한 회포를 부쳐서 이를 읽는 이들은 자기도 모르게 이가 시리고 눈썹이 찌푸러지게 될 것이다.

한시로 일생의 내력을 개괄하는 경우에는 제언齊言, 각 구의 글자수가 가지런 함의 장편고시를 사용하는 일이 많다. 황오는 장편가행체의 장단구를 이용했으므로 매우 특이하다.

제목의 '갈등'은 황오가 이 시의 마지막에서 "홀연히 남산의 허연 돌 위를 바라보니, 천 길은 됨직한 등칡이 있다忽見南山白石上, 直生千尺葛藤"라고 한 무용지용無用之用의 상징물이다. 또한 그것은 그 자신이 서문에서 밝혔듯이, 의지와 실제가 괴리된 모순갈등의 삶을 상징한다.

병자년 7월 16일

백학이 크게 울며 지리산 두류봉 아래 공배촌에 이르렀으니

모친께서는 향을 사르시며 두 손을 모으고 옥황상제님께

"우리 아기로 하여금, 목숨은 팽조처럼, 문장은 사마상여만하고 재물은 계륜석숭보다 넉넉히 하여주소서"라고 빌었다.

비조 방촌厖村 열성공황희이 우평장수에서 출생하시어

청백리로서의 은공을 후손에게 드리웠다.

장부로서 군친을 섬기는 일에는 너무 모자랐지만

독서로 공을 이루어 여러 신에게 질정할 정도였다.

평생 기이한 고물에 탐닉하는 습성이 있어

위나라 영왕 무덤에 있는 70여 수레의 죽서와

황제가 지녔던 삼황내문三皇內文으로 대통산大通山 속의 십오만 권 〈울의결린鬱儀結隣〉을 구했으며

손에는 구구口口 · 회회回回 · 진랍캄보디아의 기록을 가지고

눈으로는 홍이紅夷 · 현이玄夷 · 백석白狄의 시들 모았으며

《산해경》에 나오는 이부貳負의 신을 장사지낸 곳보다 북쪽에 있다는 귀국鬼國까지 탐색하고

역산비嶧山碑를 베낀 대추나무 비문碑文을 교정하였다.

과거시험장을 신선굴처럼 우러러보아

비바람 속에도 창황히 분주하여

십년은 용문산에

십년은 한양에 있었건만

어디서 왔는지 모르는 일종의 마갈磨蝎의 별이

흩어져서 온갖 장난 부리니

대낮에 두 눈 앞에서 지知, 백년 묵은 이리와 자紫, 천년 묵은 여우가 종횡했다.

경술년 봄 모친상을 당해 칠백七魄의 몸이 육비六飛, 여섯 마리 준마가 끌고 가듯 사라졌으니

지금도 생각하면 눈물이 물 흐르듯 하노라.

중모中牟에 집이 있어 그 방이 작은 배 크기인데

시렁 가득 책갑이 있고 책상에도 서책이 어지러웠건만

임오년 겨울 긴 바람에 모두 다 불기운에 일으킨 하늘의 장난에 붙였으니

아 슬프다, 종요·왕희지·반고·사마상여·두보·이백·황정견·미불이 모두 연기 속에서 울었다.

중모에 밭 있어도 돌이 많아서

돌 위에 조를 심으면 새가 쪼아 먹고

아내가 있어, 중모에 아내 있어도

큰 병에 걸려 몸이 망가져 끝내 고치지 못했다.

말은 죽고 돈은 떨어지고 백발은 돋아나서

가을바람에 너털웃음 짓는 황석사黃碩士여

황석사가 글 읽는 것은

총림선불교 종단의 천하태평한 늙은 중이

벽의 쥐, 뜰 앞 잣나무, 마른 똥 무더기의 뜻을 결국 터득하지 못한 것과 같기에

만권의 책을 독파한 것이

낙엽을 등에 지고받으며 시장에 내다 팜만 못하다는 것을 비로소 알았고

입으로 인의仁義를 말하는 것이

아침마다 백성 집 뜰의 먼지를 쓸어줌만 못하다는 것을 비로소 알았노라.
육순의 부친은 중풍으로 지치시고
여든 살 조모는 겨울얼음 속에서 잉어를 찾으시는데
큰아이와 작은아이는 모두 고니같이 다섯 자 크기로 자랐도다.
여종은 춥다고 매미같이 울어대고
남종은 배고프다고 들소처럼 포효한다.
북풍은 북 두드리듯 푸른하늘 가득 불어오는데
백학은 잠 못 이루고 외로운 등불 아래 홀로 앉았으니
조선이 개국한 지 400년에 광생狂生이 태어나
삼천 리 강토에 가까운 친구도 없구나.
홀연히 남산의 허연 바위를 바라보니
천 길되는 등칡이 솟아나 있구나.
적룡의 병인년 동짓날 나뭇잎 떨어질 때 기러기가 남쪽으로 날아가면서
사벌국상주 해상이소중모현의 북쪽 두역암頭逆庵 스님을 크게 일으켜 나에게 보내었노라.

불교의 이치를 깨치려 했으나 깨치지는 못했다는 황오의 고백이다. 또 중모현 백화산 두역암 스님이 와서 삼생의 인과설을 설하였다고 마지막 구에서 언급했다. 불교에서 위안을 얻으려고 했음을 알 수 있다.

황오는 독특한 시세계를 열었다. 곧, 상투어를 버리고 보조관념을 스스로 개발하여 비유가 기발하고, 기성관념을 거부하고 주제를 새로 번안翻案하였으며, 풍자 속에 페이소스를 함께 갖추었다. 〈선각蟬殼〉은 회자되

는 시이다. 작은 사물을 노래하면서 방어放語 혹은 대어大語를 발했다.

새벽에 쓰르라미 빠져나간 뒤
껍질만 청산에 남았다.
초동이 주워와 들여다보자
천하에 돌연 가을바람 일어나네.

寒蟬曉脫去 한선효탈거   殼在靑山中 각재청산중
樵童摘歸視 초동적귀시   天下生秋風 천하생추풍

세번째 구절은 우리말 순서대로 한자를 하나하나 놓았다. 하지만 쓰르라미 껍질을 들여다보자 천하에 돌연 가을바람 일어난다고 한 말은 우주자연의 비밀을 엿본 대인선생의 풍모를 느끼게 한다.

황오는 미세한 사물, 미세한 일과 동작에서 커다란 광경을 엿볼 수 있는 시인이다. 〈그윽한 흥취幽興〉 시도 그런 특성을 잘 보여준다.

우리 집 흰둥이
나그네 보고도 짖을 줄 몰라
붉은 복사꽃 그늘에서 잠들었다가
꽃잎 져서 개수염에 붙었구나.

吾家有白犬 오가유백견   見客不知吠 견객부지폐
紅桃花下睡 홍도화하수   花落犬鬚在 화락견수재

봄날 졸고 있는 개의 수염에 복사꽃잎이 붙어 있는 광경을 포착해서, 봄과 여름의 교체와 만물생성의 이법을 발견해낸 것이다. 이치를 설명하지 않고 풍경화 그리듯 그려둔 품이 선시禪詩와 같다.

〈선정비善政碑〉는 목민관의 탐욕을 풍자하되, 인간의 욕망에 대한 쓸쓸한 연민을 담고 있어 페이소스를 느끼게 한다.

돌 복판을 공연히 쪼다니
사람의 탐심을 볼 만하구나.
쌀알 하나마다 평생의 배부름 생각하고
실올 하나마다 백년의 추위를 생각했다나.
득어망전하기란 쉽지 않고
백성 우롱하는 일 어렵지 않다.
천연스레 옛 미륵은
홀로 서서 강가를 바라보건만.

石腹公然鑿 석복공연착   人心大可觀 인심대가관
粒憶平生飽 립억평생포   絲含百歲寒 사함백세한
魚忘眞未易 어망진미이   狙喜果非難 저희과비난
天然舊彌勒 천연구미륵   獨立望江干 독립망강간

득어망전得魚忘筌이란 말로 위정자는 노겸勞謙의 덕을 지녀야 한다는 교훈을 암유하고, 조삼모사朝三暮四의 고사로 몰염치沒廉恥하게 백성들을 우롱한 사실을 암유한 것이 재미있다. 또한 수령이 비석에 '쌀알 하나마다 평생의 배부름을 생각하고, 실올 하나마다 백년의 추위를 생각했다'는 어구를 새겨 자기의 공덕을 치장하려는 저열한 심사를 꼬집고, 강가를 바라보면서 홀로 서 있는 미륵의 천연스런 심사를 수령의 그 저열한 심사와 대비시킨 것 또한 흥미롭다.

 황오는 명리장名利場에서 완전히 자유로웠음직한 김삿갓의 삶에 크게 공감해서 〈김사립전〉을 지었다. 황오는 정현덕을 통해서 천하의 기남자奇男子 김삿갓을 알게 되었다고 하며, 김삿갓의 사람됨은 술을 좋아하고 툭하면 광분하며 익살을 즐기고 시를 잘 지었으며, 취하면 가끔 통곡하면서도 평생 벼슬을 하지 않았다고 적었다.

 황오는 중년시절 당대 관료와 지식인들과 두루 교제했다. 김정희 형제와 박규수·조두순·홍한주 등이 그들이다. 그런데 황오는 서울과 양주에 거처하던 때에도 자기 자리를 얻지 못한 상태였다. 하물며 황오는 팔도를 유람하면서도 안주할 곳을 얻지 못했다. 그렇다고 황오가 현실문제에 관심을 갖지 않은 것은 아니다. 농정의 문제점을 시로 고발하고, 주공·소공 같은 명신들, 공수龔遂와 황패黃霸 같은 지방관이 나오길 고대했다. 또한 〈삼정책三政策〉을 지어, 삼정의 폐해를 견디다 못해 승려가 된 사람의 일화를 통해, 삼정의 문제점을 개선해야 한다는 의견을 제시했다.

 신은 일찍이 합천의 해인사 홍류동을 지나며 우리나라 삼정의 폐해가 극심함을 알았습니다. 늙은 승려 한 사람을 만났는데 나이는 여든이었습니다. 그가 나에게 이렇게 말했습니다. "소승은 처음에는 승려가 아니었소. 무릇 천지간에 위로는 임금과 아비가 있고, 아래로는 아내와 자식이 있으며, 안으로 친척이 있고 밖으로 친구가 있으니 이것이 인간 세상의 지극한 즐거움입니다. 단지 일신상에 세 가지 폐단이 있으니 전부田賦와 군포軍布와 환곡還穀이지요. 전부는 내지 않을 수 없으니 화속불에 탄 곡식, 천진냇가에 떠내려간 곡식의 층층이 쌓인 세금을 견딜 수가 없소. 군포는 내지 않을 수 없으니, 황구와 백골에까지 횡징멋대로 거둠하고 첩징중복해서 거둠하는 것을 견딜 수가 없기 때문이오. 환곡은 바치지 않을 수 없으니, 이무移貿,관물과 사물을 바꿔치기 해서 이익을 취하여 돈을 만들어내려고 성화같이 독촉하는 것을 견딜 수가 없기 때문이오. 척박한 밭, 무너진 집, 개 한 마리, 젖먹이 송아지, 다리 부러진 솥까지 모두 내다팔아도 부족하였소. 마침내 처와 자식과 이별하고 친척을 버리고 밤을 틈타 도주하여 이 산으로 들어와 머리 깎고 중이 되었소. 그후 마음을 닦은 지 사십 년에 비록 달마조사가 서쪽에서 온 뜻은 깨닫지 못했지만, 눈으로는 풍헌風憲의 돈 찾는 것은 보지 않게 되고 귀로는 관리의 독촉을 듣지 않게 되었다오. 석장 짚고 바랑 메고 표연히 자연 속에서 살고 있다오. 등불 아래서 풍경소리 듣는 밤이면 문득 고향생각이 나다가도, 생각이 이 삼정의 폐단에 이르면 확연히 땀이 납니다." 신이 그 말을 듣고 웃으며 말했습니다. "사람 중에 스님이 어찌 즐거움을 찾겠습니까! 스님의 일은 부득이합니다. 그러나 세상 사람의 마음이 모두 스님의 마음과 같아, 백성 중에 스님이 되고자 하지 않는 이가 드뭅니다."

〈한양오백년가漢陽五百年歌〉1913에 보면, 1866년 병인양요 때 정승 김병국이 '한양사람 황오'를 불러 격서를 짓게 하자, 그 격서를 보고 양인이 놀라 도망갔다고 하지만, 사실이 아닐 것이라고 반론을 제기하는 대목이 있다. 당시 황오는 서울에 거처하지는 않았으나, 문장가로서 그 이름이 널리 알려져 있어서 격서를 지은 인물로 그가 거명되었던 듯하다.

 황오는 언젠가 〈화상찬畵像贊〉을 남겨, 자신의 모습을 다음과 같이 묘사했다.

 얼굴은 마르고 오똑하고, 체격은 네모지다.
 눈썹은 성글면서 빼어나고 평평하면서 가늘며,
 눈은 가벼우면서도 그윽하고 가늘지만 잘 보인다.
 손가락과 손톱은 길고, 손바닥에는 붉은 무늬가 있다.
 눈이 미워할 때는 북방의 시름하는 호인胡人 같고, 입이 빨리 말할 때는 남방의 외가리올빼미 혀 같으며,
 머리가 벗어진 것은 서방의 중 같은데, 어이하여 동쪽으로 왔느냐!

癯而兀 구이항 頎而方 기이방
眉疎而秀 미소이수 平而殲 평이섬
輕而幽 경이유 細而通 세이통
指爪長 지조장 掌紋紅 장문홍
目憎如北方愁胡 목증여북방수호 口颯如南方鴂舌 구삽여남방결설
髮禿如西方之僧 발독여서방지승 胡爲乎東 호위호동

 황오는 자신을 동방에서 제자리를 얻지 못한 이방인으로 그린 것이다. 그 이방인이 지금 가장 조선적이자 가장 현대적인 인물로 부각되기 시작했다.

참고문헌

- 황오黃五, 〈자전自傳〉, 《녹차집綠此集》 권2, 한성도서주식회사, 1932.
- 이숙희, 《국역 황녹차집 : 녹차 황오의 문학 연구》, 충남대학교출판부, 2007.
- 조수학, 《한국의 탁전과 가전》, 영남대학교출판부, 1987.
- 심경호, 〈황오의 문학과 지성사적 위치〉, 인산학회 기념강연, 2009.4.20.
- 이성혜, 〈황오 문학에 나타난 유랑지식인적 자화상〉, 《동방한문학》, 동방한문학회, 2005.

연담유일蓮潭有一, 〈자보행업自譜行業〉 7

어리석음과 교활함이 반반이다
癡黠相半 치힐상반

조선후기의 승려 연담유일蓮潭有一, 1720~1799은 78세 때인 1798년정조 22에 〈자보행업自譜行業〉을 지었다. 연담유일은 속성이 천千, 본관은 화순이다. 출가한 뒤의 자는 무이無二로, 호가 연담蓮潭이다.

연담이 자신의 연보를 엮은 것은 중국의 승려인 대혜종고大慧宗杲와 감산대덕憨山大德이 스스로 연보를 찬술한 예를 따른 것이다. 또한 자신을 따르는 문도들이 누가 먼저 입문했고 전체 문도의 규모는 어느 정도인지 알지 못하며 이를테면 급문제자及門弟子의 보譜같은 것을 만들어달라고 청했으므로, 이 〈자보행업〉을 짓게 되었다고도 했다. 곧, "문도들 가운데 나를 따른 것이 먼저 그런 이도 있고 뒤에 그런 이도 있는데, 시종과 전체를 알 수가 없었으므로, 내게 스스로 보譜를 만들어주기를 청했다"고 이 〈자보〉를 적는 동기를 밝혔다.

그런데 이런 말들은 모두 〈자보〉를 적게 된 소극적인 동기를 밝힌 것일 뿐이다. 아마도 연담은 이 〈자보행업〉을 통해서 수행정진의 한 모델을 제시해서 불교계의 자성을 촉구하려고 한 듯하다. 그것이 이 글을 짓게 된 적극적인 동기였으리라 생각된다.

나는 화순和順 사람이다. 가계는 개성부 천씨에서 나왔다. 선친의 휘는 만중萬重이고 선비돌아가신 모친는 밀양박씨로, 숙묘숙종 경자년 1720 4월 30일에 나를 읍내 적천리跡泉里에서 낳으셨다. 읍지邑誌에 보면, 고려조에 진각국사의 어머니가 겨울에 이 샘에서 참외를 얻어먹은 후 국사를 낳았으므로 적천이라고 이름했다고 한다.

다섯 살에 《천자문》을 배웠는데, 선친께서 불에 달군 발굽에 읽은 적이 있는 글자를 쓰고는 물어보셨는데, 하나하나 모두 알았다.

일곱 살에 '사기'《통감절요》의 첫째 권을 배웠다. 이해 4월에 선친께서 돌아가셨으므로 공부를 그만두었다. 다만 글의 뜻만을 배웠으니, 선생은 서울에 거처하는 오시악吳始岳 공이다. 공은 사대부 사이에 이름이 높았는데, 마침 이 고을에 귀양와 있었다. 어머니는 그 댁에 양식을 보내고, 나로 하여금 거기서 먹고 자고 하면서 배우게 했으니, 집에 있으면 책을 잘못 읽을까봐 걱정해서였다. 어머니는 종종 술과 안주를 장만해서 선생에게 올리면서 말씀을 전하길 "엄하게 가르치시고 근실하게 책 읽도록 시키시어, 이 아비 없는 자식으로 하여금 부디 온전한 사람이 되게 해주십시오"라고 했다. 선생은 남을 대할 때마다 번번이 내게 정말 이런 모친이 있다고 칭송했다.

11세 되던 경술년영조 6, 1730 납월12월의 제야에 역시 글 100줄을 외워서 15권을 마쳤다. 선생이 칭송하길, "비록 양반의 자제라고 해도 11세에 《통감》《통감절요》을 전부 읽은 자는 드물고, 제야에 글 읽는 자는 이제까지 없었다"라고 했다.

12세에 《맹자》를 배웠는데, 선생께서 돌아가시고 말았다. 아아, 나는 비록 선니宣尼. 공자가 돌아가시자 70제자가 모두 심상心喪. 마음으로 상기를 채움했다는 말은 들었지만, 나는 어렸기 때문에 심상을 치를 수가 없었다.

13세에는 한 해의 큰 일이 없고, 또 선생도 없어서 공부도 하지 않았다. 5월에 모친께서 세상을 버리시니, 아아 슬프도다. 이로부터 영구히 공부를 그만두었는데, 그것이 한스러울 것은 없다. 하지만 우리 형제가 어머니를 하늘로 여기고 지내다가 하루도 효도와 봉양을 펴지 못하고서 홀연히 그 하늘이 끝나 영결하게 되었으니, 가슴과 폐부가 너무도 아팠다. 나는 나이 열셋이고 형은 나이 열일곱 살이었는데, 가사를 돌볼 수가 없었다. 숙부가 이웃에 계셔서 때때로 간호해주셨다. 남종 하나와 여종 하나가 가사를 주관했으나, 얼마 안 가서 여종이 도망하여 마치 왼손과 오른손을 잃어버린 듯했다. 이복형의 집에 몸을 맡겨 의지하고 공생貢生의 역에 들어가 관가의 일을 시봉侍奉했다. 나는 비록 공부를 그만두었으나 근실하게 책을 읽었으므로 관아의 자제들과 함께 노닐면서 《중용》과 《대학》을 읽었다.

15세 되는 갑인년영조 10, 1734에 관가에서 호랑이를 잡는데, 책방册房으로 하여금 〈착호행捉虎行〉 제목으로 시를 지으라 했다. 나도 대고풍大古風 한 편을 지었는데, 자못 고시과시科詩의 체격이 있었다. 원님이 좋아하여 상의와 하의를 상으로 주었으니, 내 옷이 얇았기 때문이다. 원님이 갈려서 집으로 돌아가려고 하는데, 그를 따라 가려 하다가 장애가 있어서 그러지 못했으니, 역시 중이 되려는 운수였던 것 같다. 만약 저 원님 쪽을 따라갔더라면 중이 되지 않았을지도 모른다.

18세에, 은로恩老, 성철性哲가 법천사法泉寺 사람으로서 운흥사雲興寺에 와서 머물고 있었는데, 하루는 나를 방문하여 말하길, "듣자니 네가 재주가 있지만 곤궁하다기에 특별히 방문하는 것이다. 나를 따라 출가하는 것이 집에 있는 것보다는 나을 것이다"라고 했다. 나는 유학 서적에서 불교를 배척하는 말을 읽었기 때문에, 대답하기를 "중이 되는 것은 싫습니다만, 한번 놀이삼아 가보렵니다"라고 했다. 은로는 그래라 그래라 하고는 돌아갔다. 서너 달이 지나서 원님이 체직되어 돌아가게 되었는데, 나는 마침내 은로의 거처를 방문하여 하루를 묵다가, 홀연 그대로 머물러야겠다는 뜻이 일어났으니, 곧 때의 인연이 도래한 것이었다. 은로는 신관 사또가 와서 수색할까 염려하여, 나를 승달산 법천사의 사형師兄이 있는 곳으로 보냈다.

19세에 축발체발하고, 안빈노사安貧老師에게서 수계受戒했다. 당시 은로는 보흥사普興寺의 영허靈虛 스님사주師主이 계신 곳에 있었는데, 6월에 가서 그를 따라 《선요禪要》를 배웠다. 겨울에 《사집四集》을 마쳤다. 기미년영조 15, 1739 봄에 벽하대로碧霞大老가 대둔사大芚寺에 있어, 학인學人, 불교의 교리를 배우는 사람이 많이 모였다는 말을 듣고, 나도 가서 참예하고자 했다. 은로기 허가해서 동행하여, 《능엄경》을 배우고, 늦여름에 보림사寶林寺 용암龍岩 스님에게 가서 《기신론起信論》과 《금강경》 등을 배웠다. 간기刊記가 없어지고 잘못되고 빠진 곳이 많으나, 옛날부터 그대로 답습하였을 뿐이고 변별하여 확정할 수 있는 사람이 없었는데, 내가 초학初學으로서 능히 변별하였으므로, 용암스님이 기특하게 여겨 오래 머물게 하려고 했다. 그러나 은로가 허락하지 않았으므로 취서사鷲栖寺의 영곡靈谷 스님을 방문하여 《원각경》을 배웠다. 당시 내 나이 스물한 살이었는데, 은로는 법천사로 돌아가고 나는 그때부터 혼자 다녔다.

신유년영조 17, 1741 봄에 동경同庚, 생년이 같은 사람 응해應解와 함께 해인사 호암虎嵒 스님이 계신 곳에 이르렀다. 호암 스님은 "접때 용암의 서찰을 보니 너에게 학기學機, 배움의 기연가 있다고 하던데, 지금 네가 왔느냐" 하고는, 시자侍者의 방에 두고 청익請益, 스승에게 배움을 청함에 편하게 했다. 《염송拈頌》을 배웠는데, 교종의 글에서 선종의 글로 들어가는 것은 마치 속세의 책에서 불경으로 들어가는 것처럼 어려우나 나는 어렵다고 여기지 않았으므로 호암 스님이 기특하게 여겼다. 호암 스님을 모시기를 3년 동안 했다.

을축년영조 21, 1745 봄에 백양산白羊山 물외암物外庵에서 십일 불공을 드리고 《십지품十地品》을 배워 〈법계품法界品〉에 이르러 마쳤다. 이전에 《오회五會》《오등회원》를 다른 곳에서 동포 서너 사람과 함께 개인적으로 강론해서, 역시 사기私記를 지었는데, 여기에 이르러 강론하여 변증하면서 그 사기를 기준으로 삼았더니 대동소이했다.

병인년영조 22, 1746 겨울에 다시 호암 스님을 송광사松廣寺 동암東庵에서 모셨다.

정묘년영조 23, 1747 봄에 내 나이 스물여덟이었는데, 동포들이 나를 추대해서 입실하라고 하니 호암 스님이 허락했다. 나는 아직 역참歷參하지 못했다는 이유로 스님에게 사양했다. 이어서 강의를 마치고 동쪽의 방장에 거처했다. 나는 동리산桐裡山으로 풍암楓嵒 스님을 참예했다.

무진년영조 24, 1748 봄에 법운암法雲庵에서 상월霜月 스님을 참예했다. 3월에 강원도 장구산長丘山에서 53구의 부처를 조성하고 호암 스님을 청하여 증석證席에 앉으시게 했다. 호암 스님이 허락하시고 가시는데, 떠날 때 나를 불러 부탁하시길, "기구箕裘, 가풍를 이어와서 내가 보존했는데, 너는 능히 학문에 근실하고 행업行業에 근실하여 우리 가풍을 대대로 이어나갈 수 있을 것이다. 이 행차는 기일에 맞추어야 할 터인데, 기일이 되어 돌아와서는 너에게 돌 부자鉥斧子, 무딘 도끼를 맡기겠다"고 하셨다. 아아, 누가 이 부탁을 알겠는가. 이것이 유계遺誡, 유언이 되었으니, 기일을 맞추고 돌아와서는 영원히 천고에 돌아오지 못하게 되었다. 호암 스님은 내원통內圓通에 들어가 가부좌를 하고 입적했다. 아아, 가슴이 아프도다.

기사년영조 25, 1749 봄에 용담龍潭 스님을 참예했다.

경오년영조 26, 1750 봄에 영해影海 스님의 송광사 대회大會에 참예했다. 대회가 끝난 후 은로를 개천사開天寺에서 모셨다. 6월에 보림사 서쪽 부도浮屠의 진선震先 노숙老宿이 세 번이나 서찰을 보내어 나에게 그 암자로 입실하라고 청했다. 학인으로 모인 사람이 십여 명이었다. 《반야경》과 《원각경》을 강의했다. 내 나이 서른하나였다.

신미년영조 27, 1751 봄에 대중이 무려 스물 남짓으로 늘어나, 《현담玄談》《신현담요채》을 추가로 강의했다.

갑술년영조 30, 1754 봄에 상월 스님의 선암사 대회에 참예했다.

병자년영조 32, 1756 겨울에 은로의 병이 위독해서, 내가 가서 간병을 했다. 납월12월에 입멸했다.

경진년영조 36, 1760에 대둔사로 갔다. 대중이 70여 명이었다.

신사년영조 37, 1761 겨울에 함월涵月 노숙이 장차 환성사옹喚惺師翁의 비를 세우려고 하여, 멀리 나의 범제凡弟, 여러 제자에게 부탁해서 함께 선사의 비를 도모하자고 했다. 이 일은 무익해서 그저 재물만 허비할 것이지만, 수상手上, 윗사람의 명령이라 거절하지 못하고, 낭송朗松과 함께 상경하여 두 비석을 사서, 서울에서 연마하고 새겨서 가지고 와서는 대둔사에 세웠다. 때는 임오년1762 봄이었다.

무자년영조 44, 1768에 미황사美黃寺에 머물렀는데, 법중法衆이 80여 명이었다. 기축년1769에 이르도록 한 해 사이에 절에서 해야 할 모든 일에 대해서는 전적으로 내가 부담했지, 학인들에게는 한 푼도 걷지 않았다.

정유년정조 원년, 1777 봄에 영남 종정宗正의 차출을 받아, 춘향春享에 참예하고 해인사에 거처했다. 이해 겨울에 대둔사에서 계홍戒洪을 보내어 고하기를 "서산대사의 비가 허리춤이 상했으니 다시 세우지 않을 수 없다"고 하였으므로 각 도에 발문發文해서 돈을 거두었다.

무술년1778 봄에 체임되어 상경해서, 임오년에 그랬듯이 빗돌을 사서 서울에서 표면을 갈고 글을 새겼다.

기해년1779에 창평昌平 서봉사瑞鳳寺에 머물렀는데, 무명인이 서찰을 날조하여 모함했으므로, 나는 퇴암退庵과 함께 서너 날을 함께 옥에 갇혀 형틀에 매어 있었다. 대개 어떤 자가 사사로운 혐의를 품고 있었던 데서 벌어진 것이었는데, 생각해보면 오싹해서, 방면 뒤 즉시 강의를 그만두었다. 나이 60세였으니, 소급해서 31세 때 입실한 이래로 넉넉히 30년간 불경을 강론해온 것이다.

신축년정조 5, 1781에 금강산으로 떠나서, 금강대에 들어가 법기보살法起菩薩을 공양했다. 10일 만에 용공龍貢의 상선암上禪庵으로 퇴암을 방문했다. 퇴암이 불경 강론을 해달라고 청하기에, 부득이 삼동 내내 《현담玄談》《십현담요해》과 《반야경》을 강론했다.

임인년정조 6, 1782에 산을 내려와 남하했다.

금년 정사년정조 21, 1797 봄부터 여름까지 대둔사에서 보내고 8월에 이 미황사에 와서 머물렀으니, 나의 나이는 일흔여덟이다.

평단評斷하면 이러하다.

나는 일곱 살에 일찌감치 부친을 여의고 자모慈母밖에 계시지 않았으나, 11세에 《통감》《통감절요》을 다 읽은 것은, 마치 당나라 유중영柳仲郢의 어머니가 곰쓸개를 섞은 환약을 만들어 밤마다 씹게 해서 뜻과 정신을 격려했듯이, 또 송나라 구양수의 어머니가 어린시절 가난했던 구양수를 위해 갈대를 꺾어 붓 대신 사용해서 연못에 글씨를 쓰면서 공부하게 했듯이, 모친께서 곁에서 나를 도와 공부를 권하신 덕택이다.
어머니께서 돌아가신 뒤 곧바로 불경 공부에 들어가 선재동자善財童子가 벗들과 참예한 것을 본받아 끝내 입실하게 되어 사방에서 오는 이들을 응접하게 된 것은, 은로 선사께서 칠십 노인이시면서 친히 등에 짐을 지시고 나와 동행해주신 조력 때문이다. 대게 내가 등짐 지는 데 익숙하지 않기 때문에 친히 포대包袋를 지고서 나를 따라 동행한 것은, 아마도 내가 나이가 어리므로 냄새 고약한 건어물 가게로 잘못 들어갈까 염려하셨기 때문일 것이다.
나는 마땅히 잠자는 것도 잊고 먹을 것도 폐기하고서 온 힘을 다해 근면하게 수행해서 모친과 은로 선사 두 분에게 만에 하나라도 보답해야 했거늘, 못났다 유일有一이여!
하지만 유일은 이렇게 말한다.
내가 입실한 후에 매번 황혼녘에는 불경을 외고 주문을 외고 부처께 경배하고 경전을 강론하였으며, 언제나 농부의 옷을 입고 맑은 새벽에 일찍 일어나 향불도 사르지 않고 촛불도 켜지 않고 가만히 일곱 부처와 여덟 보살에게 절하여 예배와 분수焚修를 하여 늘 예불하기를 이와 같이 했으니, 이것은 고행이되 냉이처럼 달게 여겼다. 그래서 30년 동안 불경을 강론하되 한 번도 대단히 장애를 겪거나 질병을 앓은 적이 없다.

마지막에 창평에서의 해괴한 기연은 역시 아무 환난 없이 자백한 자가 있었으니, 모두 이것은 사물이 그러한 것이다. 또 장구章句를 근실하고 간절하게 연구해서, 매번 큰 가르침에서 불경의 난해한 곳에 부딪히게 되면, 깊이 생각하고 세밀하게 궁구해서, 손으로 스스로 해석을 기록하여, 문하에 배우러 온 무리를 깨우쳐 열어주었으며, 비록 문하에 이르지 못한 자들도 역시 전전해서 베껴서 긍식矜式, 모범으로 삼은 자가 있기도 했다. 북방의 여러 스님도 역시 그것에 의거해서 강의하고 수업했다고 하니, 법시法施가 멀리까지 젖어들고 교해敎海가 미미하게 흐른 것이라고 할 수 있다.

위의 두 조목은 은폐할 수 있으나, 평생 모친과 은로 두 분께서 권면하고 권장해주신 뜻은 저버리지 않았다고 말할 수 있다.

또한 좋은 벗을 참예하는 것은 적었지만, 큰 스님들은 참예할 수 있었다. 이를테면 처음에 영허靈虛를 만나고 두번째 벽하碧霞를 만나고 세번째 용암龍岩을 만나고 네번째 영곡靈谷을 만났으며, 다섯번째 돌아가신 스승을 만나, 일곱 곳을 따라다니면서 시봉하다가 5년을 경과한 후 여섯번째 설파雪坡를 만나고 일곱번째 풍암楓岩을 만나고 여덟번째 상월霜月을 만나고 아홉번째 용담龍潭을 만나고 열번째 영해影海를 만나, 전후 열 분의 큰 법사님을 참예하여, 받들어 주선하여 감히 실추시키지 않았다.

문장에도 능하고 시에도 능하다는 '능문능시能文能詩'의 일컬음으로 말하면, 법문法門의 군더더기이니, 무어 칭도할 것이 있겠는가?

평생의 심술心術을 논하자면, 원래 억지로 바깥을 꾸미려 하지 않았으니, 말하고 행동하는 모든 것이 중심에서부터 말미암지 않은 것이 없었기에, 사람들이 모두 한 번 보면 나를 두고 질박하고 곧으며 소탈하고 호탕하다고 일컬었다. 학지學地에서부터 입실入室에 이르기까지 사람들은 조금 맑은 사람차숙여인差淑餘人이라 일컬었지, 결코 긍지矜持, 자긍하고 고집함의 태도와 스스로 거짓을 꾸미는 뜻이 있다고는 하지 않았으며, 당시 동포들이 그 점을 알았다.

다만, 성정性情이 조급해서, 일에 임해서 자세히 살피지 않아서 번번이 실수하는 곳이 많았고, 남에게 잘못이 있는 것을 보면 용서할 수가 없었기 때문에 말을 빨리 하고 갑작스레 얼굴색을 바꾸기를 면하지 못했다. 비록 즉시로 내려놓아 흉중에 품어두지는 않았지만, 사람들은 대개 내가 꾸짖고 노하하기를 자주 한다고 여겼으니, 이것은 난섬이다. 합해서 따져보면, 어리석음과 교활함이 반반씩이어서, 두루 갖춘 사람이라고 할 수 없다. 애석한 일이다.

신족神足, 불문의 제자으로는 학추學湫와 취찬就粲 두 사람이 있다. 문도 가운데 나로 하여금 "안연이 죽었을 때 공자가 '하늘이 나를 망하게 하는구나'라고 한탄한 것과 같은 고통"을 안겨준 사람이 여섯이고, '자공이 《시경》의 어구로 공자를 일깨워준 것과 같은 기쁨'을 준 사람이 십여 명이다. 아아, 제방諸方의 철장哲匠들이 영락하여 거의 다 없어지고 오로지 나만 무사無似, 못났음하여 여전히 생존해 죽지 않았으니, 어찌 '우물이 달기 때문에 메마르고 오얏이 쓰기 때문에 남아 있는 것'과 같지 않으랴.

그리고 학인이 조술한 '사집수기四集手記'가 각각 한 권씩이고, 《기신사족起信蛇足》 1권, 《금강하목金剛鰕目》 1권, 《원각사기圓覺私記》 2권, 《현담사기玄談私記》 2권, 《대교유망기大敎遺忘記》 5권, 《제경회요諸經會要》 1권, 《염송착병拈頌着柄》 2권, 《임하록林下錄》 시詩 3권 문文 2권이 문하에 이르러 왔던 여러 문도 사이에 나란히 유포되어 있다.

문도로서 나를 따른 자들은 앞선 사람도 있고 뒤에 온 사람도 있는데, 나의 시종始終이나 전체를 알 수가 없어서 내게 자보自譜를 청했다. 내가 대혜大慧와 감산憨山을 보니 모두 연보를 스스로 서술했다. 이미 근거로 삼을 예가 있기에 나의 평생을 고찰해서 사건별로 기록하기를 이와 같이 한다.

성상정조 21년1797 정사년 납월12월 아무 날에 연담노두蓮潭老杜가 번다하게 서술한다.

'자보'란 자술한 연보라는 말이다. 따라서 연담의 〈자보행업〉은 행업의 사실을 편년체로 망라해서 적어두었다는 뜻이다.

연담은 1720년숙종 46 4월 30일에 화순읍 적천리에서 태어났다. 속성은 개성천씨로, 아버지는 천만중, 어머니는 밀양박씨다. 부모를 잃고 책방冊房으로 일하던 중, 18세 때인 1737년에 승달산 법천사法泉寺의 성철性哲 스님을 따라 출가했다. 이듬해 머리를 깎고 안빈安貧 스님에게서 구족계를 받고, 6월에는 보흥사로 가서 영허靈虛 스님에게 《선요禪要》와 사집四集을 배웠다.

연담의 수행 경력은 매우 화려하다. 1739년 봄에는 대둔사에서 벽하대우碧霞大愚로부터 《능엄경》을 배웠고, 하안거 뒤에는 보림사의 용암龍巖 스님에게서 《기신론》과 《금강경》을 배우고, 《기신론필삭기起信論筆削記》와 《금강경간정金剛經刊定》을 지었다. 1740년에는 취서사의 영곡영우靈谷永愚에게서 《원각경》을 배웠다. 1741년 봄에는 해인사로 가서 호암체정虎巖體淨에게서 3년간 《선문염송禪門拈頌》을 배웠다. 1745년 겨울에는 내장산 원적암에서 설파상언雪坡尙彦에게 《십지품》을 배웠다. 1748년 3월에는 강원도 장구산長丘山에 53불을 조성하였다. 1750년 봄에 송광사 대회를 마치고 개천사에서 성철 스님을 모셨다. 6월에 보림사 부도암에서 진광震光 스님이 입실을 청하자, 십여 명의 학인에게 《반야경》과 《원각경》을 강했다. 1751년에는 《현담기玄談記》를 추가로 강했다. 1760년에는 대둔사에 머물렀다. 42세 때인 1761년 겨울에 함월涵月 스님의 위촉을 받아 환성喚惺 스님을 위해 쓸 비를 서울에서 사와 이듬해 봄에 대둔사에 세웠다. 1768년에는 미황사에 머물렀다.

1777년정조 원년 봄에는 영남 종정의 사사가 되어 순항春享을 뵙고 해인사에 거처하다가, 겨울에 밀양 표충사의 원장이 되었다. 1778년 봄에 상경해서 서산대사의 비를 수리했다. 60세 때인 1779년에 평창 서봉사에서 퇴암退庵 스님과 함께 무고를 당해 수 일간 수감되었다. 1781년에 용공산 상선암에서 퇴암 스님의 청으로 《현담사기玄談私記》와 《반야경》을 강했다. 1782년에는 남쪽으로 내려갔다.

연담은 78세 때인 1797년, 봄에서 여름까지 대둔사에 머물고, 8월에 미황사에 머물면서 〈자보행업〉을 작성했다. 1799년 2월 3일에 장흥 보림사 삼성암에서 입적했으니, 세수世壽 80세, 법랍은 62년이다.

연담은 〈자보행업〉에서 이렇듯 매년 행한 사실을 차례대로 적었으나, 기록상 공백이 있다. 1761년영조 37에 함월 노숙의 명으로 환성 스님의 비를 장만해서 그 이듬해에 대둔사를 세운 일이 있고나서 1768년에 미황사에 머물기까지의 6년은 공백이다. 1768년부터 이듬해까지 미황사에서 머문 기록은 있으나 이후 1777년 봄에 영남 종정의 차출로 춘향에 참예하기까지의 6년도 공백이다. 1782년에 금강산을 내려와 남쪽으로 원유한 뒤 1797년에 대둔사를 거쳐 미황사에 거처하고 〈자보행업〉을 짓기까지 15년도 공백이다.

이 공백은 연담이 스스로 중요하지 않다고 생각했거나 남에게 알리고 싶지 않기 때문에 누락시킨 것이리라.

문인 계신誡身은 연담의 임종 광경을, 연담의 〈자보행업〉 뒤에 추가로 기록해 두었다.

선사의 휘는 유일有一, 자는 무이無二이니, 연담은 그 호다. 30년 동안 불경을 강의해서 학자가 구름같이 모여들고 개미가 비린 것을 찾아 달려들며 파리가 악취를 향해 날아들 듯이 했다. 큰 작가나 이름난 관리도 천리를 멀다하지 않고 와서, 가르침을 청하는 자들의 신발이 방문 앞 뜰에 가득하였다. 《화엄경》을 밝혀 높여서 전체를 두루 강론하기를 15회나 해서, 사람들이 목말라 물을 마시듯 하고 텅 비어서 왔다가 가득차서 돌아갔으니, 정말로 교해教海의 지즙智楫, 지혜의 노이요 선림禪林의 목탁이라 할 만하다.

아아, 스님은 무오년정조 22, 1798 봄에 보림사의 삼성암三聖庵으로 옮기셨는데, 하루는 식식 숨이 끊어질 듯하였다. 시자가 눈물을 흘리면서 가르침을 청하자, 스님은 "사람이 살고 죽는 것은 마치 낮이 열렸다가 밤이 닫히는 것과 같거늘 무어 슬퍼할 것이 있느냐" 하시고는 그대로 시멸示滅, 운명함하셨다. 곧 기미년정조 23, 1799 2월 초3일 미시未時였다. 당시 나이는 여든이셨다.

아아, 산도 울고 시내도 오열하며, 구름도 수심하고 달도 조문하도다. 돌아가시기 전에 연이어 사흘간 상서로운 빛이 골짝의 하늘을 비추었다. 장례를 치룬 후에 각각 칠재七齋마다, 상서로운 기운이 하늘에 서렸다. 아란야방장阿蘭若方丈이 홀연 나타나 영결하고 솔도파윤상率堵波輪相이 역시 봉안할 것이다. 이에 종모양의 돌을 조각하고 달마산 미황사에 옥편玉篇, 아름다운 묘비명의 글을 새기니, 형체는 인생 백년에 다하지만 이름은 천년 뒤로 드리우리다. 두륜산 대둔사에 곡탑鵠塔을 안치하고 귀비龜碑를 세워, 꽃다운 향기가 만고에 유전하고 이름이 천추에 전하게 한다.

가경정조 23, 1799 기미년 4월 아무 날에 문인 계신誠身이 뒤이어서 찬술한다.

연담은 〈자보행업〉 평단에서 밝혔듯이, 어렸을 적에 모친의 보살핌으로 글공부를 할 수 있었던 일과 성철 스님의 권장으로 불경을 강하고 예불하기를 게을리 하지 않았던 일을 가장 고맙게 생각했다. 특히 모친은 연담이 아비 없는 자식으로 홀대받지 않도록 오시악吳始岳의 우거에 연담을 보내고 술과 먹을 것을 바쳐서 연담이 그곳에서 먹고 자고 하면서 글을 읽을 수 있게 했다. 연담이 내전이든 외전이든 두루 읽고 불경의 난해처를 홀로 연찬해서 주석해 문하의 학인과 문하에 들지 않은 학인은 물론 북방 고승들에게도 해석의 근거를 제공하는 법시法施가 가능했던 것은 결국 모친의 은덕이었다고 해야 할 것이다. 연담은 유달리 자기에 관한 시문을 많이 남겼다. 곧 〈자보행업〉 이외에 〈자찬自贊〉과 〈자서自序〉도 별도로 적어 스스로의 일생을 돌아보았다.

또 연담은 늘 죽음을 깊이 사색했다. 〈개천사 준화상 만사挽開天寺俊和尙〉에서 이렇게 말했다.

유유한 신세身世는 꿈에서 깨어 쉬고
흰 달 적막하여 천지에 가을이로다.
힘 있는 자가 업어가는 일을 이제 보나니
한밤 골짝에 배를 감추지 못하겠음을 알겠네.
봄바람은 꿈에 불어와 고향에 돌아가게 하고
대지에는 먼지 없어 발로 밟을 만하다.
오늘밤 쓸쓸하게 소나무 걸린 달이 차가워
옛 둥지에는 천년 학을 보지 못하네.

悠悠身世夢回休 유유신세몽회휴　白月寥寥天地秋 백월요요천지추
有力負趨今始見 유력부추금시견　定知夜壑不藏舟 정지야학불장주
春風吹夢歸故鄕 춘풍취몽귀고향　大地無塵穩下脚 대지무진온하각
今夜凄凄松月寒 금야처처송월한　舊巢不見千年鶴 구소불견천년학

육신의 죽음은 꿈속에서의 죽음인지 모른다. 이승과 저승은 어느 것이 참인지 알 수 없다. 정말로 시간과 사물의 변화를 중지시키고 일정불변의

위대한 진실을 획득할 수 있을까? 《장자》〈대종사大宗師〉에 보면, 인간의 삶이란 배를 골짜기 속에 숨겨두고 스스로는 안전하다고 여기는 것과 같아서, 힘센 자가 업고 도망하면 그만이라고 했다.

배를 골짜기 속에 숨기고 산을 못 속에 숨겨 둔다고 해도 한밤중에 힘 있는 자가 그것을 등에 지고 도망하면 그만이다. 작은 것과 큰 것 등 모든 사물은 각각 적절한 위치가 있지만, 사물은 다른 사물에 의존하여 다른 곳으로 이동하기도 한다.

우리 인간의 삶도 너무나 무기력하여, 안정된 제자리를 지니지 못하고, 다른 어떤 것에 의하여 예기치 못한 다른 곳으로 옮겨지게 된다. 차라리 죽음은 꿈속에 봄바람이 불어와 고향으로 돌려보내주는 것과 같다고 여기는 것이 속편한 일이 아니겠는가? 연담은 이렇게 반문했다. 연담의 말대로라면, 죽음은 두려워할 것이 못 된다. 오히려 죽음의 현존이 삶의 의미를 회복시켜주기 때문이다.

〈자보행업〉에서 연담은 자신의 출가가 자발심自發心에 의한 것이라고 말하시 않았나. 그는 부친을 일찍 여의고 어머니의 훈도로 오시악吳始岳에게서 《통감》을 배우다가, 1732년 5월에 어머니마저 여읜 후 이복형의 집에 부쳐 살면서 공생貢生으로 들어가 책방으로 일했다. 수령이 다른 자제들과 함께 《중용》을 읽게 하여 과거 준비도 했다. 하지만 수령이 직책을 그만두고 돌아가자, 집으로 돌아가려고 했는데 어떤 장애가 있어 돌아가지 못했으니, 그것은 승려가 될 운수였다고 했다. 출가의 동기를 불교적 인연에 두지 않고 우발적인 이유에서 찾았다. 연담이 개결한 태도로 자기 자신의 삶을 되돌아보았음을 알 수 있다.

연담은 아래로 민중의 고통에 공감하고, 불구의 몸을 지닌 이들을 동정했다. 〈오른손 없는 사람에게 주다贈無右手客〉 시는 이러하다.

관음보살은 손이 일천 개
정안正眼으로 보니 누군들 지니지 않았으랴.
손 하나 없다고 무엇을 혐의하리.
아직도 구백구십구의 손이 있으리라.

觀音菩薩有千手 관음보살유천수　　正眼看來誰不有 정안간래수불유
一箇雖殘何須嫌 일개수잔하수혐　　猶存九百九十九 유존구백구십구

사람이라면 누구나 자성심自性心을 볼 수 있는 정안正眼을 가지고 있기에 누구라도 관음보살일 수가 있다. 오른손이 없는 사람도 곧 천 개의 손을 지닌 관세음보살의 화신일 수 있기에, 하나의 손이 없다고 하여도 구백구십구의 손으로 중생의 괴로움을 건져줄 수 있다.

연담유일은 정약용이나 이광려李匡呂와 같은 사대부 문인들과 교분이 있었다. 정약용은 17세 되던 1778년정조 2 겨울에 화순군 북쪽에 있는 동림사를 방문하여 연담을 만났다. 정약용은 그 화순현감이 된 부친 정재원의 임소로 갔다가 둘째형 정약전과 함께 동림사에 머물면서 40일 동안 경서를 읽었다. 정약용은 연담에게 〈유일 상인에게 드리다贈有一上人〉 시와 〈지리산승가, 유일에게 보이다智異山僧歌示有一〉 시를 보냈다.

불교의 현묘한 이치를 문자를 통해 입증할 수 있는가, 없는가? 이 문제에 대해 연담은 〈임하록자서林下錄自序〉에서 이렇게 말했다.

내가 문장을 잘하지 못하면서도 구구하게 이렇게 하는 것은 혹 이것으로 인하여 현묘한 이치의 전제蹇蹄를 엿볼 수 있기를 기대해서다. 또 한담閑談과 잡저雜著는 도道와 상관이 없지만 그것들을 아울러 표시해서 기록한 것은, 혹 이것으로 인하여 외난外難 바깥에서 들어오는 두려움에 저항하고 모욕을 막을 수 있는 한 가지 술법일 수 있기 때문이다. 그러므로 이 한 기록에 실려 있는 것에는 정밀한 것도 있고 잡박한 것도 있으며 긴요한 것도 있고 발걸음을 쉬는 것도 있지만, 결국에는 우리 도를 꼿꼿하게 세워주고 현창하는 것으로 모두 귀결한다. 하동자河東子 당나라 하동 출신으로서 덕종때 호부시랑을 지낸 배연령裵延齡가 이르기를 "매번 나라의 은혜 갚기를 오로지 문장으로 하려고 생각한다每思報國, 惟以文章"고 했는데, 나도 항상 "나라에 보답할 것을 생각하되 문장으로 한다"고 하였다. 나는 그를 넘겨다보며 흠모해서, 역시 문자시문로 부처에게 보답하고자 한 것이지, 오로지 기량의 부리는 바에 따라 그런 것은 아니다.

연담에게 문자는 불교의 교법을 지탱하고 현창하는 강력한 수단이었던 것이다.

연담은 다음과 같은 〈자찬自贊〉을 남겼다.

사람들은 모두 나는 참이고 너초상는 거짓이라 말하고, 나와 남이 둘 다 참 아님을 전혀 모르니, 만약 금일의 일에 밝다면 본래신本來身에 어둡게 된다.
문인 납자가 도리어 일 벌이기 좋아해서, 억지로 단청으로 새롭게 묘사했다만, 칠분七分 비슷할 수는 있어도 몸뚱이 바깥의 정신을 전할 수 없도다.
더구나 너는 평소 자비심이 없었거늘, 누가 너와 좋게 지내서 서로 친하겠느냐.
너를 법천사 본사로 되돌려보내, 벽 위에 걸어두고 세시와 삼복과 납일에 남은 국과 쉰밥으로 공양하는 것만 못하도다.
내 손은 본시 부처의 손과 같다만, 내 다리는 도리어 노새의 다리와 같아서, 때때로 강경講經하기도 하고 예불하기도 하며, 때때로 남을 욕하고 손님을 꾸짖기도 하나니
다만 다생多生에 걸친 습기習氣 때문에, 잡박함 없이 순일하지를 못하여, 비록 제대로 묘사해낸다고 해도, 누가 향을 태워주고 누가 술을 따라주랴.
어허, 비록 이렇다고는 하여도, 한 푼 돈을 장인匠人에게 주어, 그로 하여금 눈썹과 수염을 떨어뜨리게 하였구나.
이놈 속에는 아무 것도 없거늘, 감히 부처 없는 곳에서 존자라고 칭하고, 강당에 크게 걸터앉아서는 입을 벌려 시끄럽게 굴고, 번번이 영리한 납자를 만나면, 모두 승당하고 입문하게 하려고 하다니.
이렇듯이 그저 돌아가신 종주들께 누가 되고 있으니, 절대로 호암虎岩의 초자肖子, 못난 아들요 성성惺性의 간손幹孫이라 말하시 말라.
네 형모를 보면 영락없는 궁상窮相이어서, 눈썹은 짧고 눈은 작으며, 입은 뾰족하고 코는 위를 향하고 있으며, 도안道眼은 밝지 못하고 강경의 법은 통창하지 않다.
괴이하다 제방諸方의 검수를 거쳐온 종사宗師들마저도, 나를 연담화상

이라 일컫다니.

산 밝고 물 빼어난 옛 화주和州에서, 오백 년 전에 국사가 탄생하였으나, 지금은 지령地靈이 늙어, 이런 담판한擔板漢, 널 메고가는 사람. 한쪽밖에 볼 수 없는 사람을 낳았으니, 눈은 너무 오목하며, 콧구멍은 반쪽이 없도다.
삼십 년 동안 선禪을 강하고 교教를 강했다만, 가려 뽑고 점철해서 두찬杜撰일 따름이다.
저와 같기에, 결단코 구덩이에 산 채로 묻음이 옳거늘, 어찌하여 일만 암자에 모양을 모사해 두어서 뒷사람에게 보게 한단 말인가.

정조는 즉위 17년인 1793년에 연담대사의 진영을 그려서 전국 암자에 모사하게 했다. 채제공蔡濟恭이 〈연담대사영찬蓮潭大師影贊〉을 지었다.

수관거사水觀居士 이충익李忠翊은 연담의 비문을 지어 8부 22권의 저술이 있다고 했다. 현재 전하는 저술은 14부 24권에 이른다. 그 저서들은 사집과四集科와 사교과四教科의 가장 중요한 참고 서적이다. 그렇기에 그는 인악의첨仁岳義沾, 1746~1796과 함께 조선후기 교학의 기반을 마련했다고 평가된다. 제자에 대은낭오大隱朗旿가 있다.

참고문헌

- 계신誡身, 〈추기追記〉, 《연담대사임하록》 권4.
- 유일有一, 〈연담대사자보행업蓮潭大師自譜行業〉, 《연담대사임하록蓮潭大師林下錄》 권4, 한국불교전서 제10책, 1989. ; 〈자찬自贊〉, 《연담대사임하록》 권4.
- 채제공蔡濟恭, 〈연담대사영찬蓮潭大師影贊〉《연담대사임하록》 권4.

- 김승호, 〈불가佛家 자전自傳의 성격과 서술유형의 고찰-유일有一, 초엄草广, 범해梵海의 자전自傳을 중심으로-〉, 《한국문학연구》 35, 동국대학교 문화학술원 한국문학연구소, 2008.12, pp.7-35.
- 배규범, 〈연담유일론蓮潭有一論〉, 《소석이종찬교수 퇴임기념논총 조선후기한시작가론》 2, 이회문화사, 1998.12, pp.79-100.
- 이진오, 《조선후기 불가한문학의 유불교섭양상 연구》, 한국학대학원 박사논문, 1990.

南冥先生集卷之四補遺

　　　　　　　　　　　　　　金宇顒

行狀

先生姓曹氏諱植字楗仲甫自號曰南冥曹氏爲昌
山著姓高麗太祖神德王后生德宮公主下嫁于曹氏
刑部員外郞瑞寔爲鼻祖其後九世平章代有偉人先生
以弘治辛酉六月二十六日辰時生生有異資早歲豪勇
不覊稍長喜爲文務爲奇古以文章自負判校公每勉
以擧子業先生自磾其才謂科第可俯取年二十五偕
友人隸擧業於山寺讀性理大全至魯齋許氏語有曰
志伊尹之志學顏子之學出則有爲處則有守丈夫當

그런데 얼마 전부터 내가 죽음에 무심해진 차제에, 나는 또다시 죽음을 두려워하기 시작했다. 물론 다른 형태로 두려워하는 것이 사실인 바, 그것은 나를 위해서가 아니라 나의 책을 위해서다. 그 책이 피어나기 위해서는, 최소한 얼마 동안만이라도 그토록 숱한 위험들을 헤쳐온 그 생명이 불가결하기 때문이다. 빅토르 위고는 다음과 같이 말했다. "풀이 돋아나야 하고 아이들이 죽어야 한다." 하지만 나는 망각이 아닌 영원한 생명의 풀, 풍요로운 작품이라는 무성한 풀, 무수한 세대가 끊임없이 그 위에 와 앉아, 그 밑에 잠들어 있는 이들을 개의치 않고 쾌활하게 〈풀밭 위에서의 점심〉을 즐길 수 있도록 해주는 그 풀이 돋아나기 위해서는, 사람들과 우리 자신이 모든 고통을 소진시키며 죽어야 한다는 것이 예술의 잔인한 법칙이라고 말하고 싶다.

— 마르셀 프루스트, 에릭 카펠리스 지음,
 《그림과 함께 읽는 잃어버린 시절을 찾아서》, 이형식 옮김, 까치, 2008.

2부
이 사람은 어떤 사람인가

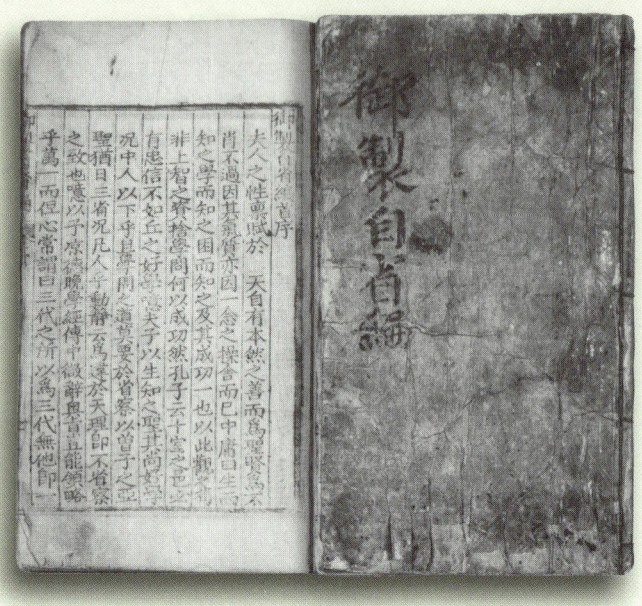

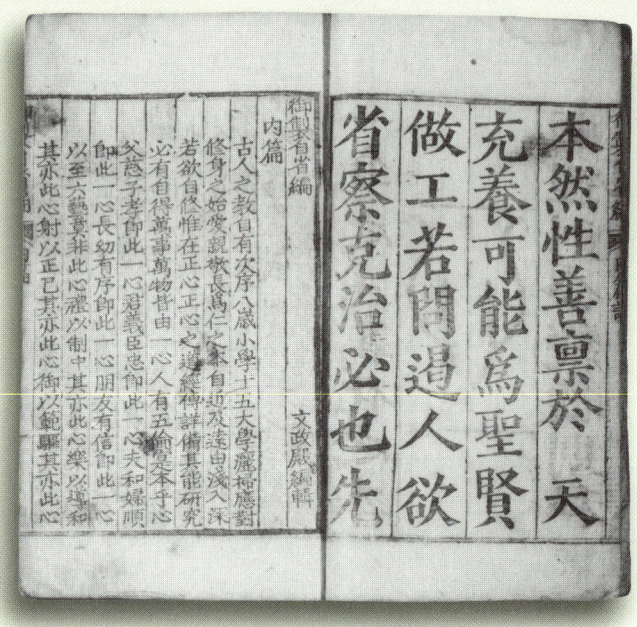

어제자성편御製自省篇

영조英祖 편 1746(영조22), 2권 2책, 목판본, 20.6×12

영조英祖, 〈어제자성옹자서御製自醒翁自敍〉 1

이 사람은 어떤 사람인가

此何人乎 차하인호

조선 제21대 군주인 영조1694~1776는 조선의 임금 가운데 재위기간이 가장 길었다. 1724년 8월 30일 창덕궁 인정전에서 등극하여 1776년 3월 5일 경희궁에서 붕어하기까지 51년 7개월 남짓 왕의 자리에 있었으며, 향년 83세였다. 처음에 묘호를 영종이라 했다가 뒤에 영조로 고쳤다. 능은 원릉으로, 양주에 있다.

만년의 영조는 자신을 되돌아보는 자서전적인 시문을 많이 지었다. 1770년과 1773년에는 《어제자성옹자서御製自醒翁自敍》를 지어, 단행본으로 인쇄하여 배포했다. 이 책에는 교지를 받들어 교정한 사람과 인쇄를 감독한 사람의 이름이 열거되어 있다. 1773년 간행본은 현재 장서각에 임진자 활자본이 소장되어 있다.

《실록》에 따르면 영조는 자신의 글을 단행본으로 간행하여 문신들에게 읽게 하거나 하사하고는 했다. 재위 52년1776 2월 16일무오에는 집경당에서 유신을 소견하고 《어제자성옹문답御題自醒翁問答》을 읽게 했다. 《어제자성옹자서》도 간행한 후 문신들에게 읽게 했을 듯하다.

자성옹의 갑술년1694 9월 13일 인시寅時가 곧 나의 초도일생일이다. 기묘년1699 6세 되던 해에 작위연잉군에 봉해지고 종친부 유사를 아울러 관장했다. 7세 되는 경술년1670 정월에 복두幞頭와 공복公服을 걸쳤다. 자字는 대帶이다. 인정전 동쪽 뜰에서 사은했다.

10세 되는 계미년1703 겨울 납월12월에 처음으로 삼가례三加禮, 관례를 창경궁 통화문 동월랑에서 행했다. 쌍동계雙童髻를 하고 직령直領 차림으로 나아가 복두와 공복을 초가初加 하고 사모紗帽와 흑단령黑團領을 재가再加하고 금관金冠과 조복朝服을 삼가三加했다. 양전兩殿과 양궁兩宮, 숙종과 인현왕후께 문안드렸다. 다음날 아침 내조內朝에서부터 양전과 양궁을 뵈웠다.

11세 되는 갑신년1704 2월 20일에 선비先妣를 모시고 안국동安國洞 영안제永安第로 나아갔다가 21일에 복두와 공복 차림으로 말을 타고 송현松峴의 구성필具聖弼 집으로 나아갔으니, 이것은 저경궁儲慶宮, 인조가 즉위하기전 거처하던 저택, 선조의 후궁이면서 추존왕 원종의 생모 인빈 김씨의 사당 남쪽 집이다. 친영親迎을 하여 돌아와서, 안국동에서 혼례를 치렀다. 다음날 대궐로 나아가 문안을 올린 후 다시 안국동으로 나아갔다. 제3일에 함께 대궐로 나아갔다.

13세 때인 병술년1706에 처음으로 사부에게 나아가 수학했다. 이는 작고한 사부 곽시징郭始徵이다. 그해 진연進宴할 때 처음으로 내연과 외연에서 작위가 올라가고 상전賞典을 받았다. 외연外宴은 인정전仁政殿이고 내연內宴은 통명전通明殿이었다.

16세 때인 기축년1709 6월에 주원 도제거廚院都提擧가 되었으니, 상신相臣 서문중徐文重을 대신한 것이다. 다음해 경인년1710에 작위가 올라갔다.

이때 내연과 외연에서 작위가 올라가고, 아울러 주원 도제거의 공로로 상전을 받았다. 외연은 숭정전崇政殿이고 내연은 광명전光明殿이었다. 그해 10월에 처음으로 태실太室에 차임差任을 구하였는데, 겨울 제향에 초헌관이 되었다.

그 이듬해 임진년1712 19세 때 처음으로 저택에 나아갔으니, 이는 지금의 창의궁彰義宮이다. 어시御詩를 받들어 사랑의 이름을 양성헌養性軒이라 하고, 그대로 호로 삼았다. 이해 봄 2월에 도총관이 되어, 초하에 북한산에서 시위侍衛했다. 이해 종정宗正이 되었다. 이듬해 계사년1713 20세 때 종부 제거宗簿提擧로서 심도沁都, 강화도로 가서 봉안奉安했다. 조정을 사직하는 날에 양전兩殿과 양궁兩宮의 선온宣醞을 받고, 흥정당興政堂에서 어시御詩를 받았다. 돌아와서 하선할 때 다시 어시御詩를 받았다. 이해 여름에 존호를 올릴 때 여러 종친과 함께 양전에게 하례하고, 경덕궁경희궁의 영소전永昭殿, 숙종의 첫번째 비였던 인경왕후 김씨의 신주를 모신 효전과 종묘의 영녕전永寧殿, 정전에 모시지 못하는 왕과 왕비를 모신 혼전에 존호를 올릴 때 역시 다른 종신을 따라 예를 올렸다. 경덕궁의 경현당景賢堂에 안치할 사진을 그릴 때 입시하고, 다시 2품 이상의 관료들과 함께 경현당 앞에서 첨배瞻拜했다. 8월에 동교의 숭릉崇陵, 현종과 그의 비 명성왕후 김씨의 능에서 헌관獻官의 차임을 처음 구하였는데, 헌관의 일을 마치고 돌아올 때 고암鼓巖의 해창도위海昌都尉, 현종의 부마 오태주吳泰周의 정사亭榭로 가서 해창도위를 뵈웠다.

다음해 갑오년1714 21세 때 도상圖像과 유서諭書와 구마廐馬를 받았다. 9월에 숭정전의 외연과 광명전의 내연 때 모두 작위를 받았다. 두 날에 모두 삽화揷花를 하고 저택으로 돌아와 앞서와 같이 상을 받았다.

아아, 이 일을 어느 때 다시 보겠는가?

그 3년 뒤 24세 되던 정유년1717에 온천으로 행차하실 때 시위侍衛로서 어가를 수행했다. 아아, 불효하여 무술년1718 3월 초9일에 옛 저택 일청헌壹淸軒 동실東室, 당의 이름은 영모永慕임에서 상생모 숙빈 최씨의 상을 당했으므로, 주원 도제거와 도총관의 직은 면했다. 5개월 후에 서경署經을 하고 기복起復하여 대궐로 나아갔다. 다음해 기해년1719에 기사耆社에 들어가실 때, 황형皇兄, 경종이 어첩御牒을 쓰고, 내가 경덕궁의 흥정당興政堂에서 입시했다. 아아, 7년 동안 시탕侍湯을 했으나 불효하고 불초했다. 경자년1720 6월 초8일에 융복전隆福殿에서 용어龍馭를 따르지 못하게 되었다숙종의 서거를 말한다. 예문관에서 여막살이를 하여, 다섯 달 동안 하루 다섯 시각에 배전陪奠했다. 10월에 영구를 따라 산릉으로 나아가 작은 정성을 펼친 후, 영련靈輦을 따라 서울로 돌아왔다. 일이 끝난 후 본저로 돌아왔다.

신축년1721, 경종 원년 28세 때 천천만만千千萬萬 꿈에도 생각하지 못하였거늘, 8월 21일에 건저建儲, 세자 책봉의 명을 받들어, 9월에 대궐에 들어갔다.

이것이 자성옹이 스스로 적는 연보이다.

이후의 일은 《춘방일기春坊日記》와 《정원일기政院日記》가 있다. 갑진년1724에 나이 31세로 사복嗣服, 왕위 계승한 후에는 역시 《한림시정기翰林時政記》가 있으니, 내가 어찌 기록하겠는가?

갑진년1724에 황형皇兄, 경종을 따라 자전慈殿, 인원왕후께 칭상稱觴, 축수하면서 술잔을 올림했다. 무신년1728 내 나이 35세 때 역시 통명전에서 양전兩

殿, 숙종의 제2계비 인원왕후 김씨와 경종의 비 선의왕후 어씨께 칭상했다. 기미년 1739에 왕비정성왕후 서씨와 함께 자전에 칭상했다.

계해년1743은 내 나이 50세 때인데, 광명전에서 먼저 자전인원왕후께 칭상하고 숭정전에서 연회를 받았다. 갑자년1744은 51세로, 사마광司馬光의 고사를 본받아, 영수각靈壽閣, 기로소의 역대 어첩 등을 모신 곳에 절하고 궤장几杖을 받았다. 광명전에 먼저 자성慈聖을 받들고 치상하고 숭정전에서 연회를 받았다.

기묘년1759은 나이 66세 때인데, 어의본궁於義本宮에서 전안奠雁을 하고, 친영하여 와서 통명전에서 가례嘉禮를 올렸다김한구의 딸을 왕비 곧 정순왕후로 맞은 일이다. 을유년1765은 나이 72세로, 충자冲子, 왕세손가 정해져서 경현당景賢堂에서 작위를 받았다.

병술년1766은 나이 73세로, 돌아가신 어바마마의 병술년1706 고사를 그대로 이어받아서 숭정전에서 연회를 받고 다음날 광명전에서 내연을 받았다. 기축년1769은 나이 76세로, 주량舟梁, 왕비를 맞아들이는 경사를 비유한 말. 수량은 배를 모아서 죽 연결하여 다리를 만드는 것을 이르는데, 주나라 문왕이 태사太姒를 맞이한 광경을 노래한 《시경》 대아 〈대명大明〉에 "큰 나라에 따님 계시어, 천녀와 같으신데, 예로 길일을 정하시고, 친히 위수에서 맞이하실 때, 배 이어 다리를 놓으시니, 그 광채가 드러나지 않는가大邦有子, 俔天之妹, 大定厥祥, 親迎于渭, 造舟爲梁, 不顯其光" 한 데서 온 말이다한 지 10년이라, 숭정전에서 연회를 받았다. 같은 날 광명전왕비의 전각, 정성왕후 서씨도 함께 연회를 받았다.

금년1773, 영조 49은 나의 나이가 80세이자, 즉위한 지 49년이다. 윤3월 초길에 80세인데다가 주량가례한 지 15년이라서 충자의 강청으로 연회를 받고, 광명전도 함께 연회를 받기를 기축년의 예와 같이 했다. 그 이틀 후 초3일에 양로연을 연화문延和門 앞에서 행했다.

사복嗣服, 즉위 후 다섯 번 자전생모 숙빈 최씨께 존호를 올렸다. 계유년1753, 영조 29 내 나이 60세 때 자전께 시호를 올리고 원園, 실은 최씨가 성은을 입어 무수리에서 후궁이 된 지 60주년이기도 하다. 영조는 생모에게 화경和敬이라는 시호를 올리고 묘소를 소령원昭寧園으로 삼았다으로 봉했고, 갑술년1754 회갑의 나이에 제11실에 존호를 뒤따라 올리고 자전께 존호를 가했다. 작년 79세 때 존호를 제10실에 뒤미처 올렸다. 나는 내전정성왕후 서씨과 함께 마지못해 연회를 받았다.

기미년1739, 영조 15에 처음으로 친경親耕하고 정해년1767, 영조 43에 처음으로 친잠親蠶하였으니, 이것은 추숭에 관련된 300년 동안 내려온 고사에 따른 것이다. 친석채親釋菜도 역시 300년 동안 행해온 것이다. 이러한 일들은 관계하는 바가 중하니, 가첩架疊, 중첩해서 실시함한다고 해서 무어 구애될 것이 있는가?

아아, 갑진년1724에 황형경종이 선어仙馭, 서거함하고, 아아 경술년1730, 영조 6에 황수皇嫂, 선의왕후 어씨, 경순왕대비가 선어하였으나, 모두 뒤쫓아가지를 못했다. 아아, 나는 시탕侍湯에서도 불효하고 불초했다.

나이 64세에 경복전景福殿 영모당永慕堂 속에서 자안慈顔을 영구히 사별하여, 감감하게 지금에 이르렀으니, 어찌 감히 첩록疊錄이라 하여 버려 둘 수 있겠는가?

지난 임진년1712, 숙종 38에 본저에 갔던 날, 어시御詩에 "근래 19년간을 궁궐 안에 있었거늘, 이로부터 보기 드물게 됨을 어찌 견디랴?年來十九在宮闈, 自此那堪得見稀"라고 하셨다. 심도강화도로 봉안하는 날에 어시御詩에는 "기쁘구나 네가 돌아와 이미 하선을 하다니, 더디더디 여드레가

한 해를 보내듯 하는구나 喜爾回來已下船, 遲遲八日度如年"라고 하셨다. 두 번이나 어시御詩를 받아 지금도 오열한다. 아아, 아바마마께서 돌아보심이 이와 같았거늘, 54년 동안이나 감감하고, 나이가 지금 팔순에 이르렀으니, 이것이 어찌 효란 말인가?

아아, 돌아가신 어머니생모 최씨는 계유년1693, 숙종 19, 갑술년1694, 숙종 20, 무인년1698, 숙종 24에 세 왕자를 낳으셨는데, 내가 그 가운데다. 사랑해주시고 보호해주신 것이 어찌 심상한 정도에 견주겠는가, 아아, 무술년 1718, 숙종 44에 돌아가신 이후 56년이 지나도록 아무런 추존도 하지 못하고 그대로 지탱支撑했으니, 어찌 효라 하겠는가?

아아, 아바마마께서 서거하신 경자년1720, 숙종 서거 이후 우러르고 의지하는 바는 오로지 나의 자성慈聖, 숙종의 계비 인원왕후이었으니, 9세부터 받들어 모셔서 64년간 승환承歡하다가, 정축년1757, 영조 33 이후 17년 동안 나는 어둑하고 어둑해서, 나이가 금년에 80에 이르렀는데, 정축년의 두 달 사이 초9일과 26일에 심담구운 心膽俱隕, 심장과 간담이 모두 떨어짐의 일을 거듭 만나니《실록》에는 2월 15일에 영조의 비 정성왕후 서씨가 죽고 3월 26일에 숙종의 계비 인원왕후가 죽었다고 되어 있음 정말로 헐후어歇後語, 말의 끝 부분을 생략하고 그 윗부분만으로 전부의 뜻을 갖게 하는 일종의 은어隱語. 여기서는 뒷말을 차마 다 하지 못한다는 뜻임. 부르려고 하지만 높디높고 호소하고 싶지만 막막하여, 세상을 올려다보고 굽어보지만, 이 사람이 어떤 사람인가?

하늘을 향해 외치다가 글을 베껴 쓰다가 하면서 거의 다 마치게 되매, 서쪽으로 바라보면서 길게 외친다. 역시 모년만년에 만에 만으로 사모함이 마음속에 교차하는 것이다.

아아, 나는 은영恩榮을 표시해서 스스로 양성주인養性主人이라고 호하고, 고인의 '하루 청한하면 하루 신선이다一日淸閑一日仙'라는 시구를 취하여, 서평西평에게 '일한재日閑齋' 세 글자를 적게 하여, 내사랑內舍廊에 붙이고, 이름하길 '일한日閑'이라고 했다.

또한 고령高嶺에 정사精舍를 마련해서 이름하길 육오당六吾堂이라 이름지었다. 이것은 남호곡南壺谷이 십오十吾를 칭하고 권석주權石洲가 사오四吾를 칭했으므로 나는 남호곡에게서 넷을 감하고 권석주보다 둘을 더하여 명명한 것이다, 또한 역시 고인 가운데 육일거사六一居士를 본받아 육오거사六吾居士라고 스스로 호했다. 그 여섯이란 무엇인가? 곧, 나의 밭에서 나는 것을 먹고 나의 샘에서 나는 물을 마시며 나의 책을 보고 나의 잠을 편안히 자며 나의 본분을 지키고 나의 연수를 즐기는 것이다. 아아, 오늘 이것을 실천할 수 있을지 없을지? 감흥이 여기에 미치자 오장이 꽉 막히는 것 같아서, 잠시 전배展拜하는 곳의 서북쪽에 한 와실窩室을 세워, 자성사自醒舍라 했다. 이것은 주부자주자가 기록했듯이 서암화상瑞巖和尙이 날마다 '주인옹主人翁 성성惺惺한가?'라고 물었다는 뜻을 본받은 것이다.

또한 위로 선왕께서 어필御筆로 경복전景福殿 서쪽의 환성각喚醒閣 각명을 쓰신 것을 체현한 것이다. 그러므로 지금 이 자서自敍에서 자성옹이라고 일컫는 바이다.

내가 즉위한 49년, 80세의 계사년1773 윤3월 을유의 날에 쓴다.

아아, 만약 나의 80년 동안 추모의 일에 대해 묻는다면 먼서 북원北苑을 우러러, 조경묘肇慶廟, 전주이씨의 시조 이한李翰 부부의 위패를 모신 전각, 전북 전주시에 있음, 문소전文昭殿 조선 태조의 비 신의왕후 한씨를 모신 사당과 정업원淨業

院 서울 종로구 숭인동 낙산에 있는 절, 단종의 비가 살던 곳에 온릉溫陵 중종의 원비 단경왕후 신씨의 무덤 복위를 기념하여 세운 비를 보라. 또한 80년 사업에 대해 묻는다면, 조정의 신하들의 당쟁을 막기 위해 탕평을 온 마음으로 추구한 사실과 붕당의 원인이 청선淸選을 다투는 데 있다고 보아 전랑銓郎의 통청通淸 권한을 주관하지 못하게 하고 한주翰注 예문관 검열과 승정원 주서의 회천回薦을 없애고 회권會圈으로 하게 한 것 등 사업이 있다.

이 〈자서〉에서 영조는 자성옹 이외에 육오거사六吾居士라는 호를 사용한다고 했다. 권필權韠이 사오四吾를 일컫고 남용익南龍翼이 십오十吾를 일컬었던 것을 참작하여 여섯을 칭한다고 했다.

권필은 나의 밭에서 나오는 것을 먹고 나의 샘에서 나오는 물을 마시며 나의 천성을 지키고 나의 연수를 마친다는 뜻에서 사오四吾라는 당호를 썼다. 그후 남용익은 나의 밭에서 나오는 것을 먹고 나의 샘에서 나오는 물을 마시며 나의 집 서까래를 맺고 나의 밭두둑에 의지하며 나의 시편을 읊고 나의 거문고를 타며 나의 현묘한 도를 지키고 나의 짐을 편안히 자며 나의 천성을 즐기고 나의 연수를 마친다는 뜻에서 십오十吾라는 당호를 썼다.

영조가 말한 여섯이란, 나의 밭에서 나오는 것을 먹고 나의 샘에서 나오는 물을 마시며 나의 책을 보고 나의 잠을 편안히 자며 나의 본분을 지키고 나의 연수를 즐기는 일이다.

영조의 이름은 금昑, 자는 광숙光叔, 호는 양성헌養性軒이다. 숙종의 넷째아들로, 화경 숙빈 최씨와의 사이에서 숙종 20년 9월 13일에 창덕궁 보경당寶慶堂에서 태어났다. 오른팔에는 용이 서린 듯한 무늬 아홉 개가 있었다고 한다.

　영조에게는 희빈 장씨 소생의 이복형 경종景宗이 있고 아래로 이복동생 연령군延齡君이 있었다. 영조는 무수리 출신 어머니의 둘째로 태어나, 6세 되던 1699년숙종 25에 연잉군으로 봉해졌고, 9세에 서종제徐宗悌의 딸과 혼인하여, 19세에 출합出閤했다. 뒤에 김한구金漢耈의 딸을 계비로 맞았는데, 이 사람이 훗날의 정순왕후다.

　1720년에 숙종이 승하하자 첫째아들인 경종이 즉위했다. 경종은 몸이 약했을 뿐 아니라 후사도 없었다. 숙종의 총애를 받던 연령군은 숙종 말기에 젊은 나이로 죽었다. 1721년에 경종은 영의정 김창집金昌集, 좌의정 이건명李健命, 판부사 조태채趙泰采 등 대신들과 의논하여, 연잉군영조을 왕세제로 책봉하고 군부인 서씨를 세제빈으로 책봉했다.

　경종의 승하 뒤 1724년에 즉위한 영조는 탕평책을 실시하기 위해 붕당의 근거지로 활용되는 서원·사우를 사사로이 건립하지 못하게 했다. 1772년에는 과거시험에서 탕평과를 처음 시행했다.

　영조는 형정에서도 인도적 방안들을 실시했다. 1725년에는 압슬형을 폐지하고, 사형을 받지 않고 죽은 자에게 뒷날 다시 추가로 형벌을 더하지 못하게 했다. 1729년에는 사형의 죄에 대해 삼복법을 엄격하게 시행하도록 했다.

　영조는 경제적인 면에서도 선정을 베풀었는데, 1725년에는 각 도의 둑을 정비해서 가뭄에 대비하게 했고, 1729년에는 궁전과 둔전에도 정액을 초과하는 논밭에 과세를 매겼다. 또 균역법을 시행해서 백성의 부담을 감소시켰다.

　그리고 영조는 군비에 관심을 기울였다. 1729년에는 김만기가 만든 화차를 고치고, 이듬해는 수어청에서 조총을 만들었다. 또 전라좌수사 전운상이 제조한 해골선을 통영 및 각 도 수영에서 제작하도록 했다. 1727년에는 북관 군병에게 총을 익히게 했고, 1733년에는 평양의 중성을 수축하게 했으며, 1743년에는 강화도 외성을 개축하게 했다.

영조는 스스로 서적을 엮고 인쇄술을 개량하여 많은 서적을 간행했다. 1736년에는 《경국대전》을 새로 엮도록 하고 여성교육을 위해 《여사서女四書》 언해본을 간행했다. 1770년에는 《동국문헌비고》를 만들었다.

하지만 말년의 영조는 판단력이 흐려졌고, 외척도 득세했다. 영조는 잦은 양위파동을 일으키더니, 1762년에는 장조사도세자를 재판 절차 없이 뒤주에 가두어 죽게 했다. 자식들이 먼저 죽는 고통을 연이어 겪으면서 영조는 정신적인 공황을 겪었는지 모른다. 장자인 진종효장세자과 화순·화협·화평 옹주가 모두 먼저 세상을 떠났다. 진종의 비이자 영조의 며느리인 효순황후 역시 먼저 세상을 떠났다. 그리고 1757년에 정성황후 서씨1692~1757도 세상을 떠났다.

영조의 일생사업 가운데 오늘날 높이 평가할 것은 민간의 신분제도를 개정한 일이었다. 곧, 1730년에 양처 소생을 모두 양인이 되게 하였다가, 이듬해에 남자는 부역, 여자는 모역에 따르도록 바꾸었다. 이 조치로 천역이 줄고 양역이 늘어났다. 또 영조는 서자도 관리로 등용시키는 기반을 마련했다. 이 정책을 실시한 것은 영조 자신이 출생 신분 때문에 겪은 정신적 외상을 극복하고자 했기 때문이었는지 모른다.

영조의 생모 숙빈 최씨1670~1718는 조선 역사에서 유일하게 무수리 출신으로 후궁에 올랐다. 본관은 해주로, 후일 영의정으로 추증된 최효원崔

孝元의 딸이다. 숙빈 최씨는 현종 11년인 1670년 11월 6일 태어나 7세에 궁으로 들어갔으며, 1692년에 숙종의 성은을 입고 내명부 종4품 숙원의 후궁 첩지를 받았다. 1693년에 왕자를 낳고, 다시 1694년에 왕자 금昑을 낳았으니 이가 후일의 영조다. 영조는 "돌아가신 어머니는 계유년1693, 갑술년1694, 무인년1698에 새 왕자를 낳으셨는데, 내가 그 가운데다"라고 분명히 밝혔다. 이 최씨는 숙의와 귀인을 거쳐 정1품 빈에까지 이르렀다. 숙종의 제1계비 인현왕후 민씨와 친분이 두터워, 장희빈이 득세했을 때 고통을 겪었으나, 1694년의 갑술환국으로 인현왕후가 복위되자 평상을 되찾았다. 49세 되던 1718년에 병으로 죽었다. 그 6년 뒤에 왕위에 오른 영조는 어머니를 잊지 못했다. 그러나 당장에 추존을 하지는 못했다. 숙빈 최씨가 세상을 뜬 지 26년 만인 1744년 7월 비로소 영조는 어머니 묘에 소령昭寧이라는 묘호를 올리고 다음 묘갈문을 지었다.

아! 25년 동안 낳아주고 길러주신 은혜에 만분의 일이라도 보답할 수 있을 듯하다. 지금 이 비문을 짓는 데 문임文任의 신하를 버려두고 나 스스로 아주, 간단하게 기술하는 것은 또한 자식으로서 사친私親, 후궁 신분인 임금의 친어머니의 삼가는 마음을 체득한다는 의미다. 붓을 잡고 글을 쓰려니 눈물과 콧물이 얼굴을 뒤덮는다. 옛날을 추억하노니 이내 감회가 곱절이나 애틋하구나.

한국학중앙연구원 장서각이 펴낸 《숙빈 최씨 자료집》을 보면, 영조의 효심이 잘 드러난다. 숙빈 최씨의 장지를 물색하고 지관이 그림으로 그려 올리고 풍수론을 진술한 내용, 영조가 어머니를 위해 제작한 각종 비문

일곱 종의 탁본이 이 자료집에 들어 있다.

영조가 60세 되던 1753년은 숙빈 최씨가 성은을 입어 무수리에서 후궁이 된 지 60주년이기도 했다. 영조는 최씨에게 화경和敬이라는 시호를 올리고, 묘소를 소령원昭寧園으로 승격시켰다. 원園은 왕이나 왕비 무덤에 사용되는 능陵 다음의 칭호다.

〈자서〉에서 영조는 자성 즉 숙종의 계비 인원왕후1687~1757에 대한 효성도 강조했다. 인원왕후는 영조의 연잉군 시절 '법적' 어머니였다. 그리고 경종 때 연잉군이 세제로 책봉되는 때에 결정적인 역할을 하였다. 인원왕후는 경주김씨로 아버지는 경은부원군 김주신金柱臣이다. 1701년숙종 27 인현왕후 민씨가 죽자 간택되어 이듬해 왕비로 책봉되었다. 1713년 혜순惠順이라는 존호를 받았다. 숙종이 죽은 뒤 왕대비로 있었으며 죽은 뒤 정의장목定懿章穆의 휘호徽號가 올려졌다. 영조는 직접 장문의 〈대왕대비행록大王大妃行錄〉을 작성했다. 소생은 없고, 능은 고양에 있는 명릉明陵이다.

영조는 생모의 신분이 낮았다는 사실에 대해 콤플렉스를 느끼고 있었다. 유명한 일화로《사기》〈노중련전魯仲連傳〉에 관계된 이야기가 있다.

노중련은 전국시대 제齊나라 사람으로 조나라에서 활동했다. 진秦나라 군사가 조趙나라 수도 한단을 포위하여 위魏나라 장수 신원연新垣衍이 진나라 왕을 제帝로 추대하라고 조나라를 종용하였을 때 노중련은 "진나라가 제라 일컫는다면 나는 동해에 빠져 죽을 것이다"라고 반대하였다. 노중련은 진나라를 제국으로 인정해서는 안 된다는 말을 하려고 옛날 제나라 위왕威王의 이야기를 했다. 위왕은 주나라가 쇠약해진 뒤에도 주왕실에 조회하였으나, 주나라 열왕烈王이 죽은 뒤 조문하러 갔다가 늦게 왔다고 꾸짖는 문서를 받았다. 위왕은 벌컥 화를 내면서, "쯧, 에잇! 네 엄마는 여종이었어!"라고 하였다. 천자가 살아 있을 때는 조회를 가더니 천자가 죽은 뒤에는 화를 내었기 때문에 위왕은 천하의 웃음거리가 되었다. 노중련은 조나라가 진나라를 천자의 나라로 추대한다면 진나라의 요구에 굴한 것이 되어 천하의 웃음거리가 될 것이라고 말한 것이다.

영조는 〈노중련전〉 네 글자에 촉각을 곤두세웠다. 그 네 글자란 제나라 위왕이 "이모비야而母婢也"다. 이而는 '너 이爾'와 통한다.

영조가 고령일 때 젊은 신하들이 〈노중련전〉을 읽다가 그 구절을 언급했으리라 의심하여 격노하였는데, 세손이던 정조가 슬기롭게 대처하여 신하들을 구제한 일이 있다.

〈어제자성옹자서〉에서 영조는 사복嗣服, 즉위 후 자전 즉 생모 숙빈 최씨에게 다섯 번에 걸쳐 존호를 올린 사실을 먼저 적고, 그 아래서 다시 "아아, 무술년1718에 돌아가신 이후 56년이 지나도록 아무런 추존도 하지 못하고 그대로 지탱支撐했으니, 어찌 효라 하겠는가?"라고 탄식했다. 또한 위에서는 생모를 자전慈殿이라 부르고, 아래에서는 선비先妣, 돌아가신 어머니라고 적었다. 같은 대상인데 혼란을 일으켰다고 하면 그만이지만, 어쩐지 감정이 실린 호칭인 것만 같다. 위에서는 자전의 추존이라는 공식행사를 적고, 아래에서는 생모에 대한 불효의 회한을 토로한 것이 아닐까 한다.

참고문헌

- 영조, 〈어제자성옹자서御製自醒翁自敍〉, 1773년 간행 임진자 활자본, 한국학중앙연구원 장서각 소장.
- 남용익南龍翼, 〈십오당시十吾堂詩 병소서并小敍〉, 《호곡집壺谷集》 권5, 한국문집총

간 131, 한국고전번역원, 1994.
- 심경호, 《자기 책 몰래 고치는 사람》, 문학동네, 2008.
- 조수학, 《한국의 탁전과 가전》, 영남대학교출판부, 1987.
- 최봉영, 〈영조·정조 문집 해제〉, 《영조·정조 문집》, 한국정신문화연구원, 1997, pp. 3-22.

이자李耔, 〈자서自敍〉   2

악을 미워할 용기가 없었다

惡惡無勇 오악무용

나는 과연 가문의 영광과 선조의 덕행을 이었다고 말할 수 있는가? 선인들이 자신의 삶을 되돌아볼 때 가장 두려운 것이 바로 이 물음이었다. 1530년중종 25 섣달그믐, 51세 되던 이자李耔, 1480~1533는 스스로의 삶에 대해 서술한 대장편의 〈자서自敍〉를 지어, 자신이 가문의 영광과 선조의 덕행을 실추시키지는 않았는지 되물었다.

이자는 한산이씨 명문가의 문인으로, 이곡李穀·이색李穡의 후손이다. 고조 이종학李種學은 고려 왕조에 절개를 지켰다. 양도공良度公 이숙묘李叔畝는 다섯 도의 관찰사를 두루 거치고, 형조판서가 되어 원통한 옥사가 없게 했으며, 지돈녕부사에 이르렀다. 조부 참판공 이형증李亨增은 입신하여 청고淸古하게 지내다가 홍주목사로 나갔다. 부친 이예견李禮堅 조정에서 40년을 벼슬살면서 청淸과 근謹으로 이름이 났다.

이자는 〈자서〉의 서두에서 자신의 가계를 서술하여 청환淸宦, 맑은 벼슬의 세가世家임을 자부했다. 그러면서 그 자신은 한 세상을 그렁저렁 보내고 하루하루를 허랑하게 보냈다고 자책했다. 과연 그러했던가?

몽옹夢翁은 서울에서 태어나 영남과 관동에서 자랐다. 두 곳은 돌아가신 부친의 임지라서 따라간 것이었다.

그러던중 열넷에 두타산 중대사로 올라가 《송사》를 읽다가 개연히 스스로 분노하여, 만언봉사萬言封事, 장문의 상소문를 지어 바치려고 했다. 하지만 부친께서 경계하시며 그만두게 하셨다.

한 노승이 계율을 아주 엄하게 지키고 담론하는 데 도리가 있었으므로, 몽옹이 그를 좋아하여 참예하려고 했다. 그리고 절 앞에 절벽이 깎아지른 듯하고 쌓인 눈이 창에 어리비치기에, 한밤에 독서하면서 천고의 옛일에 격앙했다.

서울로 돌아오자, 먼지와 티끌은 켜켜로 쌓여 있고 세간 풍속은 시끄럽기만 하였으며, 외톨이라서 아무도 같이 이야기할 사람이 없었다. 그래서 때때로 여염의 골목을 다니면서 바둑과 도박으로 날을 지내면서 예리한 정신을 소진시키면서 세상 돌아가는 대로 건성으로 지냈다.

신유년연산군 7년, 1501에 사마시에 합격하였는데, 같은 방에 붙은 이들로 김국경金國卿, 安國·정숙간鄭叔榦, 忠樑·성번숭成蕃仲, 世昌·유송봉柳從龍, 子雲은 모두 훌륭한 벗이었다. 반궁성균관에 유학하여 이희강李希剛, 長坤·심정지沈貞之, 貞·이공중李公仲, 樑·이언지李彦之·김몽정金夢楨, 希壽·송의지宋宜之·송화보宋和父·송경우宋景愚와 함께 거처하면서 학문을 갈고 닦아서, 다행히 걸음걸이를 잃지 않았다. 하지만 지난날 기대했던 것은 이미 열에 여덟아홉은 손상을 입은 뒤였다. 또 불행하게도 일찌감치 과거에 합격하여 폐조연산군조에서 두루 벼슬을 살았는데, 억지로 벼슬살이를 하면서 그저 술로 스스로를 더럽혔다. 양친을 봉양하기 위해 외직으로 나가 문소聞韶현감이 되어, 장부와 공문서에 얼굴을 묻고 묵묵히 지내니, 자긍심을 지니고 스스로를 단속하며 남을 떳떳이 대하기가 이미 어렵게 되었다.

하늘의 해가 거듭 밝아져 중종반정을 가리킴 전하께서 온갖 정치를 개혁하면서 맨 처음 부르셔서 시종侍從으로 삼으셨다. 행적이 그간 소외되어 있었기 때문에 번번이 사리분별 없는 견식을 마구 휘둘렀으나, 거듭해서 군주의 장려를 받았다. 출입하기를 모두 십수년에 가장 은총을 입어서 벼슬이 등급을 뛰어넘어 화려한 직위에 올랐으므로, 당시의 동료는 모두 눈을 흘겼으나 스스로는 겸연쩍게 여기고, 자그만 몸뚱이지만 공적을 세워 군은에 보답하고자 했다. 다만 학문이 근거가 없고 성격도 성글고 완고한 데다가 갑작스레 발탁되어 사람들이 신뢰하지 않았다. 어진 이를 추대하고 선비를 좋아했으나 그들과 대처하는 데 적절한 방법을 알지 못했다. 후배의 여러 어진 이와 나이 젊은 신진기예들이 험한 일에 저촉되어 세간 물정이 크게 어긋났다. 신대용申大用, 鏜·권중허權仲虛, 橃·조효직趙孝直, 光祖 등은 그 둘 사이를 적절히 조절하여 패망의 사태에 이르지 않게 하려고 했으나, 신진과 구관이 미워하여 금일에 이르렀다. 아아! 이것이 어찌 다만 사람이 꾀하기를 잘못해서 그런 것이겠는가?

폐기되어 물러나 음애陰崖에 거처하면서 인사를 덜고 끊어버려 문을 닫아걸고 스스로의 허물을 반성했다. 샘을 틔우고 못을 끌어오며, 초가집을 짓고 정자를 얽어서, 휘파람 불고 시 읊으며 마음을 느긋하게 가졌다. 때때로 다시 술을 얻으면 통음痛飮을 하여 열흘이 가도록 일어나지 않았다. 세수하고 머리 빗는 일도 오랫동안 그만두고 때와 먼지가 손톱에 가득하였으며, 이지러지고 나약하여 정신이 소모된 채로 황량한 빈

터에 웅크리고 있으면서 마치 꿈속에서 잠꼬대하듯이 했다. 혹은 글자를 자세하게 따져 이어서 시구로 표현하기는 했으나, 남을 놀래킬 만한 구절은 없어서, 시간이 지남에 따라 그저 습성이 되었다. 다시 깊이 들어가 종적을 끊으려고 생각하여 토계兎溪로 집터를 바꾸었는데, 사람의 자취가 완전히 끊어지고 마을의 밥연기가 드물며 산은 높고 시내는 깊어서, 종일토록 배회하여 물새나 들짐승과 더불어 지내면서 기심機心, 세상 욕심을 잊고 왕래하니, 성글고 야생적인 습성이 우연히 은둔해서 그윽하게 살려던 기약에 부합했다. 또 이탄수李灘叟, 延慶와는 거처가 멀지 않아서 맑은 바람이 불고 통랑한 달이 뜨면 문득 작은 배로 서로 만나, 바위에 앉아 시를 읊으며, 높이 신선의 자취를 흠모하고 맑은 시내 속에서 달을 낚시하며, 가을 산에서 물고기를 나무에 꿰어 구워먹으니, 흥취가 옅지 않았다.

30년 전에 군주에게 사랑을 받아 출입에 영광이 있었고 40년 뒤에 밭이랑 사이에서 느긋하게 지내면서 먹고 마시는 것을 자유자재로 하게 된 것을 다시 다행으로 여긴다. 게다가 궁벽한 지경을 얻어서 주인이 될 수 있었으니, 이것이 천지 사이의 한 가지 멋진 일이 아니고 무엇인가? 돌이켜 생각하면, 지난날 동료들은 시들어 죽어가 거의 다 없어지고 남은 사람은 불과 서넛뿐이다. 그들도 세상에서 기구한 삶을 살고 있으니 참으로 괴이한 일이다.

옹은 토계에 새로 살 곳을 가린 이후에 호를 몽암이라 하고 그 김에 스스로 몽옹이라고 호를 했다. 옹의 성품은 두루 사랑하되 남들이 친하게 여기지 않았고 후하게 베풀되 뭇사람이 옹을 덕 있다고 여기지 않았으므로, 선을 좋아하길 독실하게 하지 않고 악을 미워하길 용맹하지 않아서, 한세상을 그렁저렁 보내고 하루하루를 허랑하게 지냈으며, 그러는 사이에 세월이 흘러 51세가 되고 말았다. 옹의 일생은 대략 이러하다.

이자는 젊은 시절에는 종실 사람 주계부정朱溪副正 이심원李深源에게서 수학했다. 이심원은 남효온이 단종의 생모 소릉을 복위하라고 주장했던 1478년보다 앞서 세조의 훈구공신들을 기용하지 말 것을 성종에게 직언한 인물이다. 이자도 그 스승을 닮아 개결한 성품이었다.

이자는 자신의 삶을 돌아보았다. 나의 삶은 평안했다고 말할 수 있을까? 삶의 길에서 맞닥뜨린 고통과 정치적 난관은 나의 번뇌를 증대시켜왔을 따름이다. 다만 그 번뇌는 가문과 선조가 형성한 전통을 지켜나가기 위해 필요불가결한 것이었을지 모른다고 생각했다.

이자는 어릴 적의 부끄러운 일까지 하나하나 기억해내어 자신을 질타했다. 열네 살에 두타산 중대사에서 《송사》를 읽다가 스스로 분노하여 만언봉사萬言封事를 지어 바치려고 했던 일, 서울로 돌아와 여염의 골목을 다니면서 바둑과 도박으로 날을 지내며 예리한 정신을 소진시키고 세상 돌아가는 대로 건성으로 지냈던 일들까지도.

그리고 1501년연산군 7 사마시에 함께 합격했던 얼굴들과 성균관에서 함께 공부했던 얼굴들을 떠올려보았다. 옥색빛 청금을 걸치고 반궁리를 휘젓고 다니던 때의 우쭐한 걸음걸이와 뽀송뽀송했던 얼굴들을 떠올리는 것은 즐거운 일이다. 하지만 지난날 기대했던 것과 달리, 이미 열에 여덟아홉은 손상을 입은 뒤이다. 나 자신도 일찍감치 과거에 합격한 탓에 연산군의 조정에서 벼슬을 살면서 그저 술로 스스로를 더럽히곤 했다.

이자는 1504년의 식년문과에 장원급제하여 감찰·이조좌랑 등을 역임하다가 연산군의 난정에 불만을 품고 외직을 자청하여 문소 즉 의성의 현령이 되었다. 이 시기에 이자는 자신을 추스르기가 매우 어려웠다. 그래서 〈자서〉에서, "불행하게도 일찌감치 과거에 합격하여 폐조연산군조에서 두루 벼슬을 살았는데, 억지로 벼슬살이를 하면서 그저 술로 스스로를 더럽혔다"고 했으며, "양친을 봉양하기 위해 외직으로 나가 문소聞韶현감이 되어 장부와 공문서에 얼굴을 묻고 묵묵히 지내니, 자긍심을 지니고 스스로를 단속하며 남을 떳떳이 대하기가 이미 어렵게 되었다"고도 했던 것이다.

1506년 중종반정 이후, 이자는 언관의 직책에 발탁되었다. 1516년중종 11 10월 부친을 위한 상복을 벗고 서울로 와서 조광조·조광보·조광좌와 함께 '사은정四隱亭'을 지었다. 1517년 부제학·우부승지에 올랐다. 당시 조광조 등 기호사림들이 급진적인 정치개혁을 도모할 때, 훈구파와 사림파 사이에서 중도노선을 취했다. 이 시기에 그는 무척 곤욕스러웠다.

1519년 형조판서·우참찬 등이 되었으나, 이해에 기묘사화가 일어나자 사림파로 지목되어 파직되었다. 이후 음성에 퇴거하여 '음애陰崖'라 자호했다. 50세 되던 1529년 충주 토계兎溪로 옮겼다. 거기서 몽암夢庵을 짓고 기문을 썼다. 이 무렵 이연경李延慶·김세필金世弼·이약빙李若氷·허초許礎와 교유했다. 이듬해 1530년 제일除日에 자기의 행장을 스스로 적었다. 그것이 이 〈자서〉다.

이자는 54세 되던 1533년 12월, 병석에 누워 〈몽암관화유문夢庵觀化遺文〉을 짓고, 15일, 몽암에서 작고했다. 1577년선조 10에 이르러 노수신盧守慎이 행장을 지었다.

이자는 자신의 일생을 개괄하여, "선을 좋아하길 독실하게 하지 않고 악을 미워하길 용맹하지 않았다"고 하고, 그래서 "한세상을 그렁저렁 보내고 하루하루를 허랑하게 지냈다"고 자조했다.

능히 사람을 미워할 만큼 어질지 못했다는 자책이다. 《논어》〈이인里人〉에서 공자는 "오직 어진 사람만이 능히 남을 좋아할 수 있고 또 남을 미워할 수 있다唯仁者能好人, 能惡人"고 했다. 또한 '군자유어의君子喩於義'라고도 했다. 군자는 도의道義에 밝다는 말이니, 군자는 어떤 일이든 도의를 기준으로 삼는다는 뜻이다. 군자는 사태를 방과放過하지 않는다. 그런데 이자는 자기 자신이 사태를 방과해서, 어질지 못한 소인을 제대로 미워하지 못했다고 후회한 것이다.

이자는 16세기 초의 일반적인 유학자들과는 사상이 조금 달랐다. 특히 김시습을 흠모했다. 1510년 무렵부터 십여 년간에 걸쳐 김시습의 문집 세 권을 모았고, 1521년에는 〈매월당집서〉를 썼다. 이자는 김시습의 시를 논평하여 그의 시가 표절과 답습을 하지 않았다고 평했다. "옛 서울을 유람한 것을 보면 반드시 배회하고 서성거리며 강개해서 슬프게 노래를 불러, 여러 달이 지나도 돌아가기를 잊었다. 오늘의 일에 마음 상하고 옛 일을 슬퍼한 것을 보면, 수택장數宅藏이나 점귀부點鬼簿, 귀신을 점고하는 장부라는 뜻으로, 앞사람들의 시구 등을 표절하는 것을 말함 따위나 엮는 시인이 해낼 수 있는 바가 아니다"라고 논했다. 또한 김시습의 시가 호탕해서 밀물인 듯 썰물인 듯, 연기인 듯 구름인 듯하고, 바람을 내몰고 비를 호령하며, 노하여 꾸짖고 기뻐 웃는 것이 모두 시어로 되었다고도 했다.

이자는 김시습과 같이 광기어린 삶을 살아나가길 바랐다. 하지만 51세까지의 자신의 삶을 되돌아보면, 평범하기 그지없었다. "선을 좋아하길 독실하게 하지 않고 악을 미워하길 용맹하지 않아서, 한세상을 그렁저렁 보내고 하루하루를 허랑하게 지냈으며, 그러는 사이에 세월이 흘러 51세가 되고 말았다." 그렁저렁 한세상을 살았던 자신의 무덤덤한 삶, 끓는 피를 느끼지 못한 채 흘려보낸 세월이 문득 아쉬웠다.

그렇다고 지금 자서전을 적으면서 앞으로의 삶을 충실하게 살아나가리라고 호언할 수 있을 것인가? 이것은 더욱 나 자신을 암울하게 만든다. 지난 나날을 되돌아보면 일순간도 되지 않는다. 더구나 지금 세월은 더욱 생명을 재촉하기에, 가령 육십, 칠십의 나이에 이른다 해도 그것이 또 얼마나 갑작스럽겠는가.

이자는 〈자서〉에서 지금의 자기 삶을 이렇게 되돌아보았다.

개와 말, 시랑이와 수달의 성품으로 말하면 천분에서 품부되어 나왔으므로 땅으로 들어가도 쉬지 않을 터인데 시행할 바가 없음이 한스러울 따름이다. 하늘이 다시 서너 해를 주어서, 강호에서 유유자적하다가 옛 벌로 뼈가 돌아가게 해준다면 돌연히 길이 사절하여 마치 잠들기를 달게 여기듯이 할 것이나. 다만 한스러운 것은 황량하고 군색한 노령이 야박하고 졸렬하여 옛 동산으로 돌아가 선영의 송백松栢을 지키면서 때때로 제사를 올리지 못하고, 오똑하게 한 몸뚱이가 도리어 후계도 없어 서럽고 처량하여 마음을 상하여 더 살고 싶은 뜻이 없는 듯하다.
또한 생각하건대, 사람이 천지 사이에 태어나 군주와 어버이를 강綱으로 삼아야 하거늘, 어버이 섬기는 일을 더 이상 할 수가 없으며, 제향도 올바른 예절을 갖추지 못하매, 북향하여 멀리 쳐다보며 눈물을 비 오듯 쏟아 그칠 수가 없다. 또한 신하로서도 아무 볼 것이 없어서, 죄와 흔극이 교대로 쌓여, 비난과 질책이 만단으로 나오는데도, 여전히 입을 벌리고 먹여주길 기다리고 사람을 향해 말을 하고 웃음을 지으니, 어찌 성질이 모지란 추물이 아니냐? 이에 넉넉하고 여유 있는 석인碩人의 즐거움을 전일하게 하지 못하고 솥 안의 음식을 쏟아서 외적의 침입을 초래하는 근심이 교대로 절실하니, 비록 한 언덕 한 골짝에서 다시 은자로서의 뜻을 창달하게 한다고 해도 목숨이 부엌에 매달려 있기에, 번번이 한밤에 흠칫 놀라고 두려워하여, 지난날 절개를 근신하지 않은 것을 스스로 후회한다. 하물며 말년에는 질병이 몸을 칭칭 얽어매어 추운 계절과 더운 계절이 교체되어 물같이 찬 기운과 불같이 뜨거운 기운이 박두할 때마다 헐떡거리고 가래가 끓어 상박上薄, 위로 붙음하여 숨이 이제라도 끊어질 듯 혁혁거리니, 대개 네다섯 번의 봄가을이 지나면 이 몸뚱이가 없어지고 말 것이다. 이 떠돌이 인간세상은 전혀 연연해하지 않지만, 다만 두셋의 귀여운 딸은 아직 시집갈 나이가 아니므로, 버리려고 하여도 그렇지 못하니, 묵은 인연을 끊지 못해서 이러한 고통과 번뇌를 끼치는 것이 아니냐?

무릇 인간으로서 일흔의 나이를 누리는 자는 극히 적으므로 오십, 육십의 나이를 누리는 자도 역시 요절이라고 칭하지는 않는다. 옹은 금년에 쉰한 살이다. 거쳐온 나날을 되돌아보면 일순간에도 차지 않는다. 하물며 지금 세월은 더욱 재촉하고 돌연함을 깨달으니, 가령 육십, 칠십의 나이를 준다고 해도 그것이 또 얼마나 더디겠는가. 역시 배고픔을 참고 시를 읊으며, 술을 얻으면 미친 듯 허망한 소리나 하면서 하루하루를 보낼 따름이리라. 다시 어떤 것에 관계가 있다고 억지로 버팅기고 지탱하겠는가?

앞으로의 삶은 과거의 삶 속에 그 모습을 감추어 두고 있을지 모른다. 이제껏 그러했듯 앞으로의 나도 역시 배고픔을 참고 시를 읊으며 술을 얻으면 미친 듯 허망한 소리나 하면서 하루하루를 보낼 따름이리라. 그렇기에 "다시 어떤 것에 관계가 있다고 억지로 버팅기고 지탱하겠는가?" 지속의 삶이 갑자기 지루하게 느껴졌다.

이자는 자신의 삶에 대해서는 자부하지 못했지만, 자신의 시에 대해서는 자부했다. 그래서 〈자서〉에서 문학이 지향해야 할 방향에 대해서도 상당히 힘주어 논했다. 곧, 자신의 시에 대해 '조잡하고 솔직할 뿐, 툭 트여 맑다고는 할 수 없다'고 스스로 평하고는, 진심을 담아 성정의 바름을 징험할 수 있는 시만이 위대한 시라고 주장했다.

옹은 문장에 대해서는 조금도 좋아하거나 흠모하지도 않았기에 중년에는 힘을 들이지 않았다. 늙어서 비로소 종사하였지만, 정신이 꺾이고 억세뇌며 지기志氣가 막히고 상실되어, 옛 사람의 책을 읽으려고 서너 장을 펼치면 그대로 다시 아득하여 조금 있다가 곧 졸게 된다. 잠을 자고 난 뒤에 동산 숲을 산보하고, 꽃씨를 뿌리고 풀을 기르다가, 지치면 다시 자리에 앉아서 지난번에 읽던 것을 데쳐 익히면 마치 한 번도 본 적이 없는 것과 같기에, 이런 식으로 잇대고 보충하여 시간을 보낼 뿐이고 끝내 힘을 얻는 바가 전혀 없을 것이다. 시에 있어서는 안목은 높지만 기법이 난삽하여, 서너 구절을 읊다가, 마음에 차지 않는 곳에 맞닥뜨리면 화내고 성내는 일이 뒤따르게 된다. 한가롭게 지내는 생활에 시를 버려둘 수는 없다고 하여도 제대로 형식을 갖추지 못하니, 짐짓 달력으로 삼고 날씨의 상황을 기록할 따름이다. 시는 뜻을 말하는 것이다. 말이 문채가 나지 않으면 그 뜻이 통할 수가 없다. 그러므로 군자는 문과 질이 빈빈한 것을 좋아한다. 《시경》의 300편은 혹 여염의 부부들이 평소 주고받는 말에서 나오기도 하고 혹 교제사나 종묘에서 군주와 신하들이 훈계하는 말에서 드러나기도 하였으되, 모두 속마음에서 나와서 문장으로 발현되어 성정性情의 바름을 징험하게 되므로, 그 언어가 공교로워지기를 기약하지 않아도 공교롭게 되어, 후세의 회화나 조각이 기이함을 다투고 괴상함을 다하려 하여, 이리저리 휩쓸려서 변천해서 시의 폐단이 극도에 달한 것과는 같지 않았다. 이것은 앵무새가 사람 말을 하는 것에 불과할 따름이니, 무어 숭상할 것이 있는가?

이자는 시문에 큰 의미를 두지 않는다고 했다. 하지만 〈자서〉에서 문학관을 상당히 길게 서술했다. 자서전에서 이처럼 스스로의 문학론을 도도하게 논할 정도로 그는 시에 상당히 큰 의미를 두었던 것이다. 그렇기에 〈자서〉는 참으로 별스런 자서전이 되었다.

참고문헌

- 이자李耔, 〈자서自敍〉, 《음애집陰崖集》 권3 잡저雜著, 한국문집총간 21, 한국고전번역원, 1988.
- 이자, 〈자서自敍〉, 《음애일기陰崖日記》, 한국고전번역원 편, 《(국역)대동야승大東野乘》, 한국고전번역원, 1971-1979.
- 정만조 외, 《음애 이자와 기묘사림》, 지식산업사, 2004.

김정국金正國, 〈팔여거사자서八餘居士自序〉

3

즐거움이 남아돈다

樂有餘 낙유여

1519년 기묘사화로 삭탈관직된 김정국金正國, 1485~1541은 고양高陽 망동芒洞에서 〈팔여거사자서八餘居士自序〉를 지었다. 자기 가진 것에 만족하면서 삶을 즐기겠다는 뜻을 밝힌 것이다.

김정국은 본관이 의성으로, 김안국金安國, 1478~1543의 동생이다. 김굉필의 문인으로, 1509년중종 4 별시문과에서 장원급제하고 1514년에 사가독서를 했다. 34세인 1518년 5월에 홍문관 직제학으로 특별히 승진되고, 열흘 만에 통정대부에 올라 동부승지에 임명되어 참찬관을 맡았다. 11월에 좌승지가 되고, 《성리대전》을 강할 수 있는 26인에 뽑혔다. 이듬해 11월, 황해도관찰사로서 해주목사를 겸하게 되었으나, 겨울에 기묘사화때 상소를 하려 했다가 고신告身을 빼앗겼다. 십년 동안 승진을 거듭했던 터라, 좌절감이 컸고, 생명의 위협도 느꼈다. 그래서 고양 망동에 은거하면서 '팔여거사'라 자호하고 내면의 덕을 길러나갔다.

그가 말한 남아도는 여덟 가지란 물질적인 것이 아니다. 물질을 소유하지 않음으로써 소유하게 되는 참된 즐거움이다.

나는 성격이 고요함을 좋아하고 번잡함을 싫어한다. 그렇거늘 접때 괴로이도 명예의 굴레를 쓰고 재갈 물고 고삐에 매여, 본성을 거스르고 마음을 괴롭게 하고, 분잡하게 남들을 따르고 남들에게 쫓기었으며, 구차하게 녹봉을 취하고 세상에 아무 보탬이 없었기에 스스로 부끄러웠다. 언젠가 황산곡황정견의 〈사휴정시서四休亭詩序〉를 읽다가, 나도 모르게 한가한 흥취가 날아오를 듯 움직여서, 각건을 쓰고 전원으로 돌아가 사휴四休의 뒤를 따라 느긋하게 만년을 보내겠다고 계획했으나 그렇게 하지를 못했다. 마침 갑작스런 앙화를 만나 연루되어 벼슬에서 물러나 쉬게 되어, 평소의 뜻을 보상할 수 있게 되었으니 다행이다.

한가한 곳에 거하고 검약한 곳에 처해서, 내 몸에서 스스로 즐거워하게 된 것이 비단 사휴에 그치는 것만이 아니다. 이에 사휴란 즐거움의 서여緖餘를 얼추 열거한 것이며, 한적閑適을 즐기는 바에서 혹 빠뜨린 것이 있음을 알았다. 눈으로 접하고 귀에 접촉하며 몸에 적합하고 마음에 안락한 것들 모두가 즐거워하지 않을 수가 없다. 잠시 그 가운데 큰 것만을 골라서 마침내 팔여八餘라고 스스로 호를 했다. '팔여'라는 것은 경영의 수고로움 없이 하늘과 함께 순응하여 다툼도 없고 금지도 없으며 빼앗음도 없고 해악도 없으되, 나날이 써도 고갈됨이 없고 많이 취하여도 거리낌이 없다. 이것을 가지고 일생의 즐거움에 이바지한다면 작작하게 여유로움이 있을 것이로다!

객이 물었다.

"무엇을 팔여라고 합니까?"

내가 대답했다.

"토란국과 보리밥으로 배불리 먹음에 남음이 있고, 부들자리와 온돌로 자리 누움에 남음이 있으며, 솟는 못과 맑은 샘으로 마심에 남음이 있고, 시렁에 가득한 서적들로 보기에 남음이 있으며, 봄날의 꽃과 가을의 달로 감상에 남음이 있고, 새들의 말과 소나무 숲의 소리로 들음에 남음이 있으며, 눈 덮인 매화와 서리 내린 국화로 향내 맡음에 남음이 있는 데다가, 이 일곱 가지 남음으로 즐거움에 남음이 있음을 말합니다."

객이 자리를 뒤로 물러나 앉아서는 한참 동안 깊이 생각하다가, 다시 몸을 앞으로 내앉으며 이렇게 말했다.

"세간에는 이것과 반대되는 것이 있습니다. 옥 같은 밥과 진미의 찬들로도 배불리 먹음에 부족하고, 붉은 난간과 비단 병풍으로도 자리 누움에 부족하며, 유하주와 맑은 미주로도 마심에 부족하고, 붉고 푸른색과 멋진 그림으로도 보기에 부족하며, 해어화기생와 요사한 꽃여인으로도 감상에 부족하고, 봉황의 젓대와 용머리 피리로도 듣기에 부족하며, 침향과 계설향으로도 향 맡기에 부족한데다가, 이 일곱 가지 부족으로 근심에 부족합니다. 차라리 주인장을 따라서 즐거움에 남음이 있는 사람이 될지언정, 속인을 추종해서 근심하기에도 부족한 사람이 되기는 바라지 않습니다. 물러나서 그런 사람이 되기를 구하려고 합니다."

즐거움에 남은 사람이 될 것인가, 근심하기에도 부족한 사람이 될 것인가? 권력구조에서 소외된 순간 김정국은 이 점을 생각했다.

《논어》〈술이述而〉에서 공자는 "군자탄탕탕君子坦蕩蕩하고 소인장척척小人長戚戚하니라"라고 했다. "군자는 마음이 평탄하여 넓디넓고 소인은 길이 근심만 한다"는 뜻이다. 공자는 군자와 소인을 대비시켜 군자의 삶을 살라고 권했다. 소인은 영구히 마음속 근심이 떠나지 않는 장척척長戚

戚의 상태로 살아간다. 외물에 휘둘리고 명命의 존재를 모르기 때문에 마음이 늘 불안하며, 삶의 자주성이 없기 때문에 더더욱 불안해한다. 하지만 군자는 자주성을 지닌 존재다. 넓게 툭 터져 걸림이 없는 상태인 탄탕탕坦蕩蕩의 삶을 살아간다. 탄탕탕은 외물에 의지하지 않고 집착하지 않기에 마음이 평정하고 외모가 느긋함을 말한다. 김정국은 공자의 말을 진지하게 사색했다. 그리고 너무 지나친 엄숙주의에 빠지지 말고, 늘 여유로운 삶을 살기로 했다. 그 모델로 북송 때 손방孫昉을 떠올렸다.

손방은 태의의 벼슬에 있었지만, 일상의 삶에서는 네 가지 만족해서 쉴 수 있는 것이 있어야 한다고 보았다. 그것을 사휴四休라고 했다. 쉰다는 것은 일을 그만두고 자기 마음을 기르면서 살아간다는 뜻이다. 그가 말한 사휴란 무엇인가? 거친 차와 심심한 밥이라도 배부르면 쉰다. 깨진 곳을 보완해서 추위를 막아 따스하면 쉰다. 세 가지가 평평하고 두 가지가 가득 찼다가 지나치면 쉰다. 탐욕스럽지 않고 투기하지 않아서 늙으면 쉰다.

이 가운데 세 가지가 평평하고 두 가지가 가득 찼다는 말은 한자로는 삼평이만三平二滿이라고 적는데, 세상살이나 욕망의 만족도가 그럭저럭하다는 뜻이다.

손방은 아예 스스로의 호를 사휴거사라고 했다. 황산곡은 그 말을 듣고, 이 사휴는 곧 '안락법安樂法' 즉, 안락하게 사는 방법이라고 했다.

김정국은 손방의 사휴를 모델로 삼되, 자기는 더 나아가 여덟 가지 넉넉함이 있어 즐겁다고 했다. 그것을 팔여八餘라고 했다. 그것은 무엇 무엇인가?

토란국과 보리밥으로 배불리 먹음에 남음이 있다.

부들자리와 온돌로 자리 누움에 남음이 있다.

솟는 못과 맑은 샘으로 마심에 남음이 있다.

시렁에 가득한 서적들로 보기에 남음이 있다.

봄날의 꽃과 가을의 달로 감상에 남음이 있다.

새들의 말과 소나무 숲의 소리로 들음에 남음이 있다.

눈 덮인 매화와 서리 내린 국화로 향내 맡음에 남음이 있다.

이 일곱 가지 남음으로 즐거움에 남음이 있다.

이것을 무엇이라고 부르면 좋을까? '안분법安分法'이라고 부르면 좋지 않겠는가?

세상 사람들은 안분할 줄 모른다. 그렇기에 그들은 다음 행태를 저지르고는 한다.

옥 같은 밥과 진미의 찬들로도 배불리 먹음에 부족하다.

붉은 난긴과 비단 병풍으로도 자리 누움에 부족하다.

유하주와 맑은 미주로도 마심에 부족하다.

붉고 푸른색과 멋진 그림으로도 보기에 부족하다.

해어화기생와 요사한 꽃여인으로도 감상에 부족하다.

봉황의 젓대와 용머리 피리로도 듣기에 부족하다.

침향과 계설향으로도 향 맡기에 부족하다.

이 일곱 가지 부족으로 근심에 부족하다.

근심에 부족하다는 말은 근심을 해도 해도 끝이 없어 근심조차도 늘 부족하다는 말이다. 그렇기에 김정국은 탄탕탕한 군자의 태도를 취하기로 했다.

김정국은 경기도 고양에 20년 동안 살면서 저술과 문생을 길러, 많은 선비가 문하에 모여들었다. '궁하여도 의리를 잃지 않는' 삶을 살았다 하겠다.

1537년 12월에 비로소 직첩을 돌려받아, 다음해 4월 수 전라도관찰사가 되어, 백성을 편하게 하기 위해 폐단을 제거할 것을 주장하는 정책을 건의했다. 1539년 병조참의·공조참의를 역임하고, 경상도관찰사가 되어 선정을 베풀었다. 56세인 1540년중종 35 병으로 사직하고, 1월에 예조참판에 체직되었으며, 4월에 병조참판, 5월에 형조참판, 7월에 동지돈령부사를 제수받았다. 이듬해 1541년 4월에 특진관에 임명되었으나 5월에 세상을 떴다. 묘는 장단의 임진현 백목곡에 있다. 시호는 문목文穆이다.

김정국은 성리학과 역사·의학에 밝았다. 문인으로 정지운鄭之雲이 있다. 그가 죽은 뒤 문생들이 앞 다투어 빈소 곁에서 곡하고 조석으로 제전을 모시고 상여가 나가고서야 흩어졌으며, 가난한데에도 힘을 다하여 밑천을 만들어 무덤 앞에 비석을 세우고 심상心喪을 치뤘다고 한다. 그의 인품은 중종 36년 5월 20일을사 《실록》 기사에 실린 졸기에도 언급되어 있다.

사신은 논한다.
김정국은 안국의 아우이다. 강정하고 방정하며 나라를 자기 집처럼 근심했다. 선을 좋아하되 지나치지 않았고 악을 미워하되 심하지 않았으므로 기묘년에 패할 때에도 패한 것이 심하게 이르지 않았고, 조정에 돌아오게 되어서도 사람들이 의심하거나 꺼리지 않았다. 이 때문에 그의 죽음을 들었을 때에도 원근이나 대소를 막론하고 모두가 애석해하여 슬퍼했다.

또 논한다.
김정국은 마음을 쓰는 것이 순정하고 일을 처리하는 것이 공명했으며 곤궁하여도 의리를 잃지 않고 현달하여도 도리를 벗어나지 않았다.

또 논한다.
김정국은 성품과 도량이 온순하고 일생 동안 처사를 모두 순리대로 하였으니 군자다운 사람이다. 그의 명망이 그의 형에게 미치지 못하는 듯하나, 실은 혹 더하기도 하다. 전에 사림의 화를 만나 물러가 살던 20여 년 동안에 가난하기가 상사람과 같았으나, 끝내 산업을 일삼지 않고 오직 사람들을 가르치는 것으로 즐거움을 삼았으므로, 문생·제자가 늘 자리에 차서 글 읽는 소리기 끊이지 않았다. 그기 목숨을 마쳤을 때에는 서로 다투어 와서 빈소 곁에서 곡하고 조석으로 제전을 모시고 상여가 나가고서야 흩어졌으며, 가난한 가운데에서 힘을 다하여 밑천을 만들어 무덤 앞에 비석을 세우고 혹 심상하는 자도 있었으니, 거의 옛사람의 풍도가 있었다.

김정국은 망동에 물러나 있을 때 변호邊灝라는 사람이 위로를 받고, 자신의 처지를 변론하는 시를 적어 보냈다.

내 땅이 비록 넉넉하지 않으나
한 번 배부르고 남음이 있네.
내 오두막이 비록 좁아도
한 몸이 늘 편안하네.
갠 창으로 아침 해 떠오르면
베개에 기대어 고서를 보네.
술 있으면 홀로 따르나니
영화와 고달픔은 나와 관계없네.
내가 무료하다고 말하지 말게
참 즐거움이 한가한 생활에 있으니.

我田雖不饒 아전수불요　　一飽卽有餘 일포즉유여
我廬雖阨陋 아려수액루　　一身常晏如 일신상안여
晴窓朝日昇 청창조일승　　倚枕看古書 의침간고서
有酒吾自斟 유주오자짐　　榮瘁不關予 영췌불관여
勿謂我無聊 물위아무료　　眞樂在閑居 진락재한거

한가한 생활 속에 참 즐거움이 있기에 내 생활을 무료하다고 말하지 말라고 했다. 정치에서 소외되었지만 한가하기에 자기 마음을 양성할 수 있는 기회를 얻은 것이다. 그런 시간을 얻게 된 것도 군주의 은혜이기에, 김정국은 거처를 은휴정恩休亭이라고 이름지었다.

그렇다고 그가 정치에 대한 관심을 끊은 것은 결코 아니다. 특히 농민의 삶을 눈으로 보면서 번민하지 않을 수 없었다.

1531년에 백성들이 가뭄과 기근으로 고난을 겪자, 김정국은 7언 52구의 장편시로 그 상황을 상세히 적었다. 제목도 무척 길다. 제목이나 시 내용 모두 당시의 현실을 매우 사실적으로 그려낸 한편의 보고서다.

> 가정 기축년과 경인년에 거듭 가뭄의 재앙이 있었는데, 금년 신묘년에는 봄부터 유월까지 비가 내리지 않아 온갖 곡식이 뜨거운 불구덩이 속에 있는 듯했고, 백성들은 들풀을 뜯어먹어 허기를 때우다가 죽어 자빠져 뒹구는 시신이 죽 이어졌다. 우리 서촌의 물가 황조향荒調鄕은 마을 사람들이 특히 배곯아 굶주려서 오로지 수초를 따다가 창자를 채워 고통스레 자빠지는데, 누는 똥은 모두 수초가 변화한 것이어서 마을의 개들도 냄새만 킁킁 맡고 먹지를 않는다. 얼마 안 가 사람이나 개나 모두 굶어죽는데, 즐비한 집이 모두 그런 상태이다. 아침에 일어나보았더니 호서와 호남에서 조운선이 강을 가득 덮고 올라오는데, 만약 한 배마다 일백 말의 쌀만 흩어주어도 온 마을의 인명을 살릴 수 있을 듯한데, 빈말은 실세 시행될 수 없기에 느낌이 있어서 짓는다.

제목이 이렇게 길다. 시의 일부만 보면 이러하다.

> 요사이 흉년에 고생은 서로 이어서
> 올해 가뭄엔 더욱 불쌍하구나.
> 봄부터 여름까지 비 한 방울 내리지 않고
> 보리는 타버리고 농사는 마침내 병들었네.
> 움푹 파진 곳에는 가끔씩 푸른 싹이 있지만

이랑 가득 떼를 지어 메뚜기가 모여드네.
어린이와 늙은이가 함께 붙들고
굶어죽어 서로 보며 엎어졌네.
내 집의 서녘 겨우 몇 리에
물 곁에 마을 이름이 황조향이라.
주민들 땅이 모두 염분이 많아
한 번 가뭄을 만나면 먼저 재앙을 입네.
이제 보니 열 집 중 아홉이 이미 유리하고
날마다 들풀을 찾아 주린 창자를 채우네.
누워 대소변을 보니 풀만 섞여서
마을의 개도 먹지 않고 다만 서로 곁붙네.
이웃은 모두 도망한 집이라 누가 뼈를 버리며
방아질을 거둔 지 오래되어 쭉정이와 겨도 없네.
머리 들어 먹을 것을 바라며 어찌할 수 없고
이제라도 사람이 개와 나란히 엎어지리라.

　　내게는 백성을 구제할 힘이 없기에 날마다 빈 마을을 바라보며 두 눈에 눈물을 흘리지 않을 수 없다. 한나라 때 급암汲黯은 무제 때 동해태수로 있으면서 하내河內에 불이 나자 부신符信을 띠고 가서 살폈는데, 임의대로 창고를 열어 진대하였으므로 무제가 가상하게 여긴 일이 있다. 송나라 때 정협鄭俠은 안상문安上門의 감문관이 되었을 때 큰 가뭄이 들어 유민이 길을 메워, 입지도 먹지도 못하여 수척한 모습에 심지어 차고를 차고 옹기와 나무를 져다가 팔아서 관아에 바치기까지 했다. 정협은 그들의 모습을

〈유민도〉라는 그림으로 그려 신종에게 바쳤다. 신종은 그림을 보고 탄식하다가 청묘법과 면역법 등의 신법을 혁파했다. 그러나 나는 급암처럼 임의대로 진휼하지도 못하고 정협처럼 실상을 알지 못하다니, 얼마나 한심한가!

김정국은 50세인 1534년에 지은 〈농민을 불쌍히 여긴다憫農〉에서, 학정을 비판하는 뜻을 노골적으로 드러냈다.

굶주린 범보다 사납고 뱀보다 독하니
누가 양의를 불러 이 숙병을 없애랴.
요사이 조세 독촉하는 졸렬함은 보이지 않으니
곳곳마다 오직 백착가白着歌 들리네.

猛於餓虎毒於蛇 맹어아호독어사　　誰喚良醫去爾痾 수환양의거이아
邇來不見催科拙 이래불견최과졸　　到處唯聞白着歌 도처유문백착가

백착가는 당나라 원재元載가 세금을 무겁게 걷자 당시 사람들이 지은 노래이다. 백착이란 명분 없이 세금을 과하게 부과하면서 공공연히 하는 일이라 아무 혐의 없이 명백하다고 한다는 뜻이다. 원재는 이보국李輔國에게 아부하여 대종 때 벼슬이 중서시랑에 이르렀는데, 세도와 사치가 심해서 귀중한 물품들을 산더미처럼 모았다. 순모郇謨가 삼으로 머리를 땋고 대나무 광주리와 갈대자리를 가지고 동쪽 저자에서 통곡하면서 삼십 글자를 진언하게 해달라고 하면서, 만약 군주의 뜻에 부합하지 않으면 그 갈대자리로 시신을 말아 대나무 광주리에 담아 버려달라고 했다. 임금이

그를 불러 어의를 하사했다. 이보국이 죽은 뒤 원재도 사사되었다.

김정국은 백성의 고단한 삶을 외면하지 않았다. 책무의식 때문이었다. 〈팔여거사자서〉에서 그는 한적한 삶을 즐기게 된 현실을 달갑게 받아들이겠다고 했지만, 결코 책무의식을 방기할 수 없었다.

더구나 탄탕탕坦湯湯은 세상을 내리깔아보는 오만함이 결코 아니다. 주자朱熹는 "진정한 대 영웅은 두려워 조심하며 깊은 못에 임한 듯이 하고 얇은 얼음을 밟는 듯이 하는 데서 나온다"고 했다. 군자의 탄탕탕은 심연深淵에 임하고 박빙薄氷을 밟는 듯이 계신공구戒愼恐懼하는 자세에서 우러나온다. 비록 그는 엄격한 도덕주의에 빠지지 않고 매사에 만족을 느껴 즐거움에 남음이 있다면 그것으로 그만이라고 생각했지만, 외견과 달리 내면은 상당히 복잡했을 듯하다.

참고문헌

- 김정국, 〈팔여거사서八餘居士自序〉, 《사재집思齋集》 권3 서序, 한국문집총간 23, 한국고전번역원, 1988.
- 국사편찬위원회, 《중종실록》 권95, 36년 5월 20일(을사), 국사편찬위원회, 1955.
- 한국고전번역원, 《국역중종실록》, 48, 민문고, 1989, pp. 58-59.
- 최재남, 《사림의 향촌생활과 시가문학》, 국학자료원, 1997, 제3장 〈〈향촌십일가〉의 성격과 김정국의 고양생활〉.
- 최재남, 〈김정국의 삶과 시세계〉, 《한시작가연구》 4, 태학사, 1988, pp. 269-302.
- 최재남, 〈〈향촌십일가〉의 성격과 조선전기 사림의 향촌생활〉, 《고전문학연구》 9, 한국고전문학연구회, 1994.

천만리千萬里, 〈사암자서思庵自敍〉   4

나라를 떠나 고향 그리는 마음을 드러낸다
暴我去國懷鄉之心 폭아거국회향지심

천만리千萬里, ?~1597는 중국인이다. 임진왜란 때 명나라 군사의 일원으로 우리나라에 왔다가 화산군을 봉해 받고 대대로 우리나라에 살게 되었다. 그는 〈사암자서思庵自敍〉를 지어, 후손들에게 자신이 고국을 그리워하는 마음을 가졌던 사실을 잊지 말고 자신의 증조부 이하의 사적을 기억하라고 당부했다.

《실록》에 보면 순조 6년인 1806년 7월 13일에 예조가, 명천明川의 고 화산군 천만리의 후손과 김화金化의 반등운潘騰雲의 후손을 강康·호胡·초楚 등 여러 성씨의 전례에 따라 황단皇壇 망배望拜하는 반열에 입참시키도록 청하는 계를 올렸다. 황단은 조선조 때 명나라의 태조·신종·의종을 제사지내던 대보단으로, 1704년숙종 30에 대궐 안에 설치했다. 천만리와 반등운은 명나라 사람으로서 우리나라에 왔기 때문이었다. 순조는 그들의 망배를 허용했다.

부친은 휘 종악鍾嶽, 자 대립大立으로 유모에게 양육되었는데, 유모의 이름은 의년義年으로 곧 류부인柳夫人의 여종이다. 공의 나이 9세에 입암공立庵公, 천재성千載聖의 상喪을 만났다. 류부인이 의방義方으로써 교육하여 아침저녁으로 최마衰麻, 부모·증조부모·고조부모의 상중에 입는 베옷를 입고 묘소에서 곡하게 하니 이웃 사람들이 차탄하며, "바로 그 아버지의 그 아들이다"라고 했다.

가정 17년 무술년 6월 1일에 류부인이 졸했다. 입암공의 묘 왼쪽에 안장했다. 삼년상을 치르는 동안 몹시 애통해하기를 한날처럼 하니 사람들이 '세효世孝'라고 칭했다. 자사刺史 변옹卞雍이 조정에 아뢰자 징소徵召하여 시강원侍講院 교관敎官으로 삼았다. 병부시랑 전공錢公 탁鐸의 여식에게 장가들었으니 곧 나의 모부인으로 가정嘉靖 22년 계묘 8월 길일초하루에 나를 낳았다.

당시 부군府君께서는 참소를 입어 외직으로 나가 광원廣原을 맡아 다스렸다. 나는 강보襁褓에 싸여 항상 기질奇疾이 많아 모부인이 몹시 근심하며, "너 하나 있고, 네 대인大人은 멀리 적수謫戍에 계신다. 네가 살고 내가 죽으면 그래도 집안은 보전할 수 있지만 만약 내가 살고 네가 죽으면 무슨 면목으로 광원廣原의 적객謫客을 다시 뵙겠느냐?"라고 말했고, 또 "너를 잉태했을 때에 꿈에 기이한 조짐이 있어 멀리 떨어지는 것을 염려했다. 이 때문에 만리萬里라고 이름을 지었다. 네 집안이 이미 이처럼 고단하고 잔약하며 시사時事가 또 이처럼 위태롭고 험난하니 또한 어찌 깊게 근심하고 멀리 염려하지 않겠느냐?"라고 말했다.

부군께서 광원에 계신 지 8년, 자사 양억楊億이 겉으로는 백성들에게 은혜를 베풀고 안으로는 흉악한 계략을 품고서, 9월에 마침내 5만 명의 군대를 일으켜 치달아 황도皇都를 침범하는데 길이 광원을 경유했다. 부군께서는 성문을 굳게 지켜 항사抗辭로 질책하시니 양억이 크게 노하여 성을 포위한 지 8일 만에 결국 함락시켰다.

결국 공은 적의 수급首級을 베었으나 자신 역시 수십 군데의 창상을 입었다. 스스로 중과부적임을 알고 몸을 앞세워 호암虎嵒 절벽 위로 뛰어올라 서서, 검劍을 짚고 눈을 부릅뜨며 크게 부르짖으며 졸하시니, 적이 오히려 감히 범하지 못했다. 실로 가정 29년 겨울 10월 9일이었다.

다음날 양억이 비장裨將 이유李裕에게 살해당하자 잔당이 와해되었다. 그뒤 주민州民이 호암을 장군암將軍嵒이라 일컬었다. 가정 31년 임자년에 조칙이 내려 문려門閭에 정표하고 장군암 아래에 사당을 세우고 충의사忠義祠라 사액賜額했다. 주州의 인사가 또 부군이 입근立殣한 그 땅에 돌을 세웠다.

선비先妣 전씨錢氏가 변고를 듣고 달려가서, 관을 들어올려 매고서 돌아와 곽성의 선영 남쪽 기슭 벌에 안장하였는데, 이윽고 또다시 모부인 전씨가 세상을 떠나셨으니 실로 신해년 3월 초5일이났다. 당시 나는 겨우 9세였다. 어머니를 부군 묘 왼쪽에 부장附葬했다. 이후 향정鄕井을 스스로 돌아보니 의지하고 믿을 만한 사람이 없어 마침내 흘러흘러 경사서울에 이르렀다. 그때 외숙 전륜錢倫 공께서 공부상서로 계셔서 그 집에 의탁하여 머물렀고, 외숙을 어머니처럼 섬겼다.

삼년상을 마치고 상복을 벗었을 때에는 내 나이 벌써 12세였다. 그제야 비로소 학교에 들어갔다. 만 1년 동안 그저 《중용》과 《대학》 두 부部를 수학했을 뿐이었다. 또 활쏘기, 말타기를 전공하고자 했으나, 힘이 잔약하여 잘할 수가 없었다. 외숙 상서공께서 권면하시며, "너는 문·무에 있어서 능히 정성을 들여 게을리 하지 말아서 네 대인大人의 현능함을 계승해라! 또한 네 대인의 원수를 갚아라!"라고 말씀하시니, 나는 부모님의 명령처럼 받들어 그대로 따랐다.

가정 34년 을묘년 2월 황태자께서 탄생하시어 천하에 대사령大赦令이 내려지고 특별히 시취試取를 명했다. 당시 나는 13세였다. 창명唱名함에 이르러, 황상께서는 나이가 어리다는 이유로 급제를 하사하지는 않으셨다. 그렇지만 이로 인하여 입시하게 명하시어 광원廣原의 유고遺孤임을 물어 아시고서는 탄식과 추모를 깊게 더하시고, 상사賞賜를 후하게 베풀어주시며, 호암 충의사忠義祠에 관리를 파견하여 치제致祭하게 하셨다.

나는 융경隆慶 5년 신미년의 무과에 장원급제했고, 만력萬曆 3년 을해년에 총절사總節使가 되어 나아가 북로北路에 주둔하였는데, 10월에 몽고蒙古 5부部의 추장이 13만 기병騎兵을 거느리고 국경에 들어와 노략질을 했다. 내가 관할한 바는 단지 1천의 수졸戍卒뿐이었으나, 짧은 무기만을 들고 죽음을 각오하고 싸워 2만여 적의 수급을 베고, 그 2부部 추장 언개彦介를 섬멸하니 적중賊衆이 놀라 일시에 흩어져 감히 다시 변방을 침략함이 없어, 변방 백성이 이 때문에 힘입어 안정되었다. 자사刺史 호섭胡涉이 전공戰功을 조정에 아뢰었다. 이듬해 2월 징소徵召되어 내위진무사內衛鎭撫使가 되었다. 8년 경진庚辰에 소인宵人 직패금織貝錦이 원옥冤獄을 제대로 처리하지 못하고 군정軍政을 닦지 못하였다고 참소하여 좌천되어 양릉陽陵을 맡아 다스렸다. 당시 대사령大赦令이 내려, 여러 죄수를 놓아주는 것이 의론되었는데, 황상께서 우선 양릉으로 좌천된 나를 풀어주고자 하셨는데, 대신臺臣 주유번朱有番이 한사코 그래서는 안 된다고 주장하여 불가하게 되었다. 이 때문에 양릉에 8년간 있었다.

그러다가 대신 중에 '내중외경內重外輕, 속은 무겁고 겉은 가볍게 함' 할 것을 건의하면서 나를 소환할 것을 힘써 청하는 사람이 있었다. 황상께서 허락하시고는 불러들여 태청전수위사太淸殿守衛使 겸兼 총독오군수總督五軍帥로 삼으셨다.

금상 20년인 임진년에 동번東藩이 크게 혼란하여 왜구가 경성京城을 극심하게 공격하니 국왕은 거빈去邠, 파천播遷하고 종묘사직이 거의 전복될 뻔했다. 그러자 배신陪臣 신점申點과 이덕형李德馨을 파견하여 황조皇朝에 구원을 요청했다. 그러나 황상께서 허락하지 않으시고 조정 신하들 역시 불가하다 하였다. 이공이 사흘간 먹지 않고 주야로 선익문仙翼門 밖에서 호곡號哭하니 황상께서 가련히 여기시어, 총수사總輸使 이여송李如松을 상장군上將軍으로 삼고, 여매如梅·여백如栢을 차장次將으로 삼으셨다. 그 나머지는 정한주鄭漢周·보명철輔明哲 등 20여 명이며, 나는 조병영량사調兵領糧使 겸 총독장總督將으로 철기鐵騎 2만 명을 봉솔하여 황성皇城에서 출발하여 의주義州에 이르니 국왕이 위문사慰問使 이현李鉉을 보내 사은謝恩했다.

다음날 아침 압록강을 건넜는데 호군비장犒軍裨將 왕의王毅가 병사했다. 당시 아들 상祥 역시 군중에 있었다. 왜적과 평양에서 처음 전투했고, 곽산郭山에서 거듭 전투했으며 동래東萊에서 세번째 전투하여 적을 거의 다 섬멸했다. 이후 7년 사이에 동번이 이에 힘입어 편안하게 되었다. 당시 나는 56세였으며 아들 상의 나이는 41세였다. 이로 인하여 동토에 남아서 풍양조씨 익보翼輔 여식에게 장가들어 왕검고성王儉古城에 거주했다.

동조東朝가 임진년의 공로를 잊지 못하여 나를 봉封하여 화산군花山君으로 삼고, 전지田地 30결을 급복給復, 복호復戶를 주는 일. 복호는 충신·효자와 기타 특정한 대상자에게 조세租稅나 그밖의 국가적 부담을 면제해주는 일했으며, 아들 상을 한성부좌윤에 임명하고 자손으로 하여금 대대로 녹봉을 받게 했다.

아아, 나는 중국 사람으로서 조선 조정의 은혜를 받아 봉작을 받고 은택이 자손에게까지 미치게 되었다. 월나라를 떠나 북방으로 온 새처럼 고향 그리워하는 마음은 오래되면 오래될수록 간절해진다. 두류산에 거듭 오르고 금강산에 세 번 들어가 곳곳마다 시를 읊고 바라보았는데, 매번 성조암聖祖庵에 노닐 적마다 모부인께서 이름 지어주신 뜻을 생각하며 여태껏 한 번이라도 목 놓아 통곡하지 않은 적이 없었다.

증조와 조부, 부친 이하의 사적 및 나와 아들 상이 인하여 동토에 머무르게 된 실상을 개략적으로 기술하여 나의 자손에게 남기노니, 아아, 나의 후예는 이를 잘 보관했다가 훗날 황하가 맑아질 때, 고국을 떠나 고향을 그리워하던 내 마음을 드러내어다오.

천만리는 증조·조부·부친의 사적을 〈자전〉 속에 자세하게 적어 남겼다. 그가 밝힌 바에 따르면, 시조는 휘諱 암巖으로 서촉 종북산終北山 아래 천고봉千古峰 만인암萬仞巖에서 태어났다. 그래서 그 태어난 땅을 따라 천千으로 성을 삼고 암巖으로 이름을 삼았다. 명나라 홍무洪武 원년인 1368년에 벼슬길에 나아가 도총장都總將이 되고, 이후 관직이 판도승상版圖丞相에까지 이르렀다.

증조는 천일하千一河인데, 천만리는 그에 대해 이렇게 적었다.

증조는 휘 일하一河, 자字 청언淸焉으로 노국魯國 영양潁陽 사람이다. 그 모부인母夫人 복씨卜氏께서 회임한 지 5개월이 되었을 적에 난리를 만났다. 그 부친께서 가중家衆을 인솔하여 길로 달아나다가 적賊을 만나 온 집안이 모두 해를 당하였는데, 유독 부인만이 낮에는 숨어 있다가 밤에 길을 가서 온갖 고생과 험난한 여정을 겪으며 9일 만에 흠주欽州에 도착하여 육부인陸夫人의 집에서 날품팔이를 하다가 삼 개월이 지나 공을 낳았으니, 바로 성화成化 계묘년1483 4월 8일 신시申時였다.

공은 나면서 풍모와 기골이 준수하여 사람들이 모두 남다르게 여겼다. 부인이 해산한 지 몇 개월이 지나 병이 심해져 돌아가셨는데, 육부인은 늙고 자식이 없어 공을 거두어 길렀다. 10세에 학學에 들어갔는데 재조와 식견이 여러 사람보다 월등했다. 육부인은 마치 자기가 낳은 것처럼 아껴 강학講學으로써 권면하니, 나날이 성취하여 괄목상대하게 되었다. 하루는 육부인이 공을 어루만지고 불쌍히 여기며, "너는 노魯 땅 사람의 아들이다. 네 어미는 복씨卜氏로 너를 잉태하고 난리를 피하여 목숨을 부지하여 내 집에서 몸을 의탁한 지 몇 개월이 지나 너를 낳았다. 항상 너를 붙잡아 끌어안고 울며, '이 아이의 아비는 바로 천씨입니다. 집이 노 땅 영양에 있었는데 불행하게도 난적亂賊을 만나 해를 당했습니다. 미망인은 의리상 마땅히 죽어서 지아비를 따라야 하는데, 이 아이가 뱃속에 있었기 때문에 구차히 살아 여기에까지 이르게 되었습니다. 이제 아이가 태어났으니 죽더라도 또한 무엇을 한스럽게 여기겠습니까?' 라고 말했다. 얼마 되지 않아 네 어미는 병으로 죽었다. 나는 자식이 없었기 때문에 너를 길러 자식으로 삼았다. 네가 지금 나이가 많아졌으니 훗날 어찌 네 아비의 원수를 갚지 않을 수 있겠느냐?"라고 말했다. 공이 듣고서 눈물만 흘리며 소리 내지 않고, 살고 싶어 하지 않은 듯하니, 육부인이 위로했다.

16세에 산동山東 죽림현竹林縣 여공呂公 순純의 여식에게 장가들어 그 현의 남양곡南陽谷이라는 지역으로 이사해 살다가, 다시 동창부東昌府 청추관淸秋舘 아래로 옮겨와 거주했다.

정덕正德 4년 기사년1509에 문과에 급제하여 내상원內賞院 직각直閣이 되었다. 공은 일찍이 어버이가 난적에게 해를 당한 것을 지극한 통한으로 여겨 밤이 되어도 옷을 벗지 않고 손에는 칼을 놓아두지 않았다. 한밤중에 부르짖고 울며 종종 피를 토해 옷깃을 물들였다.

급제했을 적에 고향 땅에 대한 연모를 이기지 못하여 소疏를 올려 노국반조사魯國頒詔使를 청하니 황상께서 허락하셨다. 가다가 주변州汴, 汴州 인듯에 이르러 도중에 졸하였으니, 8월 16일이다. 향년 27세로 곽성郭城 모정산慕貞山 동쪽 산기슭 모향某向 벌에 안장했다.

그리고 조부 천재성千載聖에 관한 기록은 이러하다.

조부는 휘 재성載聖, 자 도상道常, 호 입암立庵으로 홍치弘治 12년 기미1499 2월 묘시卯時에 태어났다. 공의 나이 겨우 10세에 부친 직각공直閣公. 천일하의 상을 당하자 한결같이 마치 어른처럼 부여잡고 울부짖기도 하고 가슴을 치며 뛰기도 하면서 애달프게 부르짖었으므로, 이웃에서 슬퍼하고 애처롭게 여기지 않는 이가 없었다. 돌아와 장례가 끝나니 아들과 어미 두 사람이 외롭게도 의지할 데가 없었다. 당시 외조부 여공呂公이 마침 태주泰州를 맡아 다스리고 있어서 여부인呂夫人은 공을 데리고가서 그에게 의지했다. 삼년이 지나 여공이 관직을 그만두고 돌아오니 여부인은 곽성의 묘소로 돌아와 몇 칸 초막을 만들고는 거처했다.

공의 나이 13세에 능히 부지런히 배우고 게으르지 않아 농農·상桑을 아울러 익혀 효성으로 모부인을 봉양하여 혼정신성昏定晨省하여 잠깐이라도 게으르지 않아 사람들이 반포자反哺子라 일컬었다.

공이 태주에서 돌아올 때에 도중에 금릉성金陵城 밖을 경유하였는데 수성문壽星門에 올라 "임금을 생각하며 북궐을 바라보고, 길손 되어 남쪽 누각에 올랐도다思君瞻北闕, 爲客上南樓"라는 구절을 읊고 벽에 쓰고 떠나갔으니, 그 강개함과 기절氣節을 알 만하다. 세상에서는 충효가 뛰어나다고 일컬었다.

가정嘉靖 원년 임오1522 9월에 괴과魁科, 甲科에 올랐다. 당시 나이 24세였다. 특별히 기주안렴사冀州按廉使에 제수되었는데 노모가 계신다는 이유로 나가지 않고 집에 거처하며 직접 숙수菽水, 변변하지 못한 음식를 이바지했다.

가정 7년 무자1528 10월 3일에 여부인이 졸했다. 향년 53세였다. 인징과 제사를 예법에 맞게 하고 삼년상을 치르는 동안 몹시 애통해했다. 상기가 끝나 상복을 벗었어도 오히려 여름에는 부채질을 하지 않았고 겨울에는 비단옷을 입지 않았다. 공은 남양南陽 류언柳彦의 여식에게 장가들어 일남일녀를 낳았다. 가정 12년 계사1533 정월 6일에 졸했다. 향년 35세였다. 모정산 북쪽 산기슭의 아무 향 벌에 안장했다.

천만리에 대해서는 같은 시대에 활동한 조선 문인들의 문집에 기록이 나오지 않는다. 신흠申欽은 《상촌고象村稿》에〈천조선후출병내원지天朝先

後出兵來援志〉를 남겨, 임진왜란과 정유재란 때 파견된 명나라 장수들의 이름을 상세하게 밝혀두었으나, 거기에도 천만리의 이름은 나오지 않는다. 다만 김성일이 천만리에게 준 시가 《학봉일고鶴峯逸稿》에 전한다.

동방 땅은 황제의 영토이거니
온 나라 사람들의 마음 똑같네.
천추토록 그 덕 갚기 어렵나니
온 천하의 티끌 모두 씻어내었네.

東土惟皇地 동토유황지   情同一國人 정동일국인
千秋難報德 천추난보덕   洗盡八方塵 세진팔방진

천만리는 〈사암자서〉에서, 임진왜란 때 명나라가 군사를 출정시키기까지의 경위를 다음과 같이 적었다.

금상 20년인 임진년에 동번東藩이 크게 혼란하여 왜구가 경성京城을 극심하게 공격하니 국왕은 거빈去邠, 播遷하고 종묘사직이 거의 전복될 뻔했다. 그러자 배신陪臣 신점申點과 이덕형李德馨을 파견하여 황조皇朝에 구원을 요청했다. 그러나 황상께서 허락하지 않으시고 조정 신하들 역시 불가하다 하였다. 이공이 사흘간 먹지 않고 주야로 선익문仙翼門 밖에서 호곡號哭했다.

이에 비해 신흠의 〈천조선후출병내원지〉의 기록은 조금 다르다. 요약하면 이러하다.

임진년 5월에 선조는 평양에서 요동에 이자移咨하여 위급한 상황임을 알리고 군대를 청하고, 6월에 의주에 이른 뒤로도 요동에 위급함을 고했다. 중국은 요동 군사 3천여 명을 조발調發하고 부총병副總兵 조승훈祖承訓이 지휘하고 유격장군游擊將軍 사유史儒를 부참장副參將으로 삼았다. 하지만 그들은 7월에 압록강을 건너 평양으로 진격하다가 순안에서 사유가 적의 화포에 죽으면서 군세가 무너졌다. 우리나라에서는 요동·광녕廣寧을 담당한 자에게 원군을 청했고, 이에 명나라 병부兵部가 제본題本을 올려 출병을 청했다. 명나라 황제는 요동의 정병精兵 1개 부대를 일으키게 하고 유격장군 장기공張奇功을 파견했다. 그러자 참장參將 낙상지駱尙志는 남병南兵을 이끌고 압록강 건너편에 주둔하고, 심유경沈惟敬은 평양성에 들어가 소서행장小西行長과 약속하여 성을 나와 약탈하지 못하게 했다. 그러나 대군이 나오지 않았으므로 우리나라에서는 정곤수鄭崑壽를 보내 거듭 대군을 요청했다. 명나라 천사가 비로소 윤허했다.

천만리는 〈사암자서〉에서 원병으로 온 명나라 대군의 구성을 다음과 같이 밝혔다.

황상께서 가련히 여기시어, 총수사總帥使 이여송李如松을 상장군上將軍으로 삼고, 여매如梅·여백如栢을 차장次將으로 삼으셨다. 그 나머지는 정한주鄭漢周·보명철輔明哲 등 20여 명이며, 나는 조병영량사調兵領糧使

겸 총독장總督將으로 철기鐵騎 2만 명을 통솔하여 황성皇城으로부터 출발하여 의주義州에 이르니 국왕이 위문사慰問使 이현李鉉을 보내 사은謝恩했다.

이에 비해 신흠의 〈천조선후출병내원지〉의 기록은 이러하다.

병부시랑 송응창宋應昌을 경략 군문經略軍門으로 삼고, 도독 동지都督同知 이여송李如松을 제독 군무提督軍務로 삼았다. 부총병 양원楊元을 좌협대장左協大將으로 삼고, 부총병 왕유익王有翼·부총병 왕유정王維貞·참장參將 이여매李如梅·참장 이여오李如梧·참장 양소선楊紹先·선봉先鋒 부총병 사대수査大受·부총병 손수렴孫守廉·참장 이영李寧·유격장군 갈봉하葛逢夏 등을 모두 양원에게 소속시켰다. 부총병 이여백李如柏을 중협대장中協大將으로 삼고, 부총병 임자강任自强·참장 이방춘李芳春·유격장군 고책高策·유격장군 전세정錢世禎·유격장군 척금戚金·유격장군 주홍모周弘謨·유격장군 방시휘方時輝·유격장군 고승高昇·유격장군 왕문王問 등을 모두 이여백에게 소속시켰다. 부총병 장세작張世爵을 우협대장右協大將으로 삼고, 부총병 조승훈祖承訓·부총병 오유충吳惟忠·부총병 왕필적王必迪·참장 조지목趙之牧·참장 장응충張應种·참장 낙상지駱尙志·참장 진방철陳邦哲·유격장군 곡수谷燧·유격장군 양심梁心 등을 모두 장세작에게 소속시켰다. 참장 방시춘方時春을 중군中軍으로, 비어備禦 한종공韓宗功을 기고旗鼓로, 병부원외랑 유황상劉黃裳과 병부주사 원황袁黃을 찬획贊劃으로, 호부주사 애유신艾惟新을 독향督餉으로 삼았다. 이상 합계 4만3000여 명이었으며 잇따라 나온 자가 8000명이었다.

천만리가 조병영량사 겸 총독장으로 철기 2만 명을 통솔하여 의주에 이른 사실은 다른 문헌에 나타나지 않는다. 선조가 위문사로 이현李鉉을 보내 사은한 사실도 《선조실록》에 나타나 있지 않다. 이현은 종실로 오산군烏山君인데, 1601년선조 34 7월 15일경술에 작고했다는 기사가 《선조실록》에 실려 있다. 천만리는 의주에 나오기 이전에 총절사로서 북로에서 몽고 5부와 전투를 벌여 그 공으로 내위진무사가 되었다가 참소를 입어 양릉으로 좌천되었으며 8년 만에 태청전수위사 겸 총독오군수가 되어 있었다. 그의 행적은 명나라 말기 국경 지역의 현황과 명나라의 군사조직을 이해하는 데 일정한 자료가 될 것이다.

임진왜란과 정유재란, 그리고 병자호란 이후 명나라가 멸망하기까지 동아시아의 국제전 와중에 명나라 사람으로서 우리나라에 와서 거처한 이가 적지 않았다. 조선 조정은 호인으로서 국내에 들어와 거주하는 인물들에 대해 별도의 명부를 작성해서 관리했다. 곧 선조 36년인 1603년에 예조 전객사典客司에서는 귀화한 호인들의 명부로 《향화인등록向化人謄錄》을 작성했다. 하지만 당시에는 임진왜란 때 원병으로 도래했던 명나라 장병들의 후손들이나 명나라가 멸망하자 유민遺民을 자처하여 조선에 들어온 사람들에 대해서는 별도의 명부를 작성하지 않은 듯하다. 그러다가 영조 때 이르러 명나라 유민이나 그 후손인 '황조인皇朝人'을 우대하는 정책을 펴게 되었다. 곧, 영조는 한성서윤인 이사질李思質, 1705~1776에게 명을 내려 명나라 유민과 그 후손의 호적을 조사하게 하고, 뒷날 18명의 가승家乘이나 관련 기록을 모아 《황조인사적皇朝人事蹟》이라는 책을 엮게 했다. 그 뒤 이사질의 아들 이규상李奎象, 1727~1799은 《병세재언록幷世才彦錄》에 〈우예록寓裔錄〉과 〈풍천록風泉錄〉을 두어, 명나라에서 조선에 들어온 인물들을 조명했다. 〈우예록〉은 명나라의 유민과 그 후손들을 열거하고, 〈풍천록〉은 명나라 멸망 후 청에 볼모로 잡혀 있던 소현세자와 함께 들어온 이민들을 열거했다.

하지만 천만리의 이름은 《황조인사적》에도 《병세재언록》에도 빠져 있다. 그런데 '향화인'이나 '황조인'이 우리 문화에 중요한 역할을 했다는 기록은 남아 있지 않다. 명나라 말에 일본에 망명한 학자가 일본의 문화에 상당한 영향을 끼친 사실로 볼 때, 향화인과 황조인도 우리 문화에 적지 않은 영향을 끼쳤으리라 짐작된다. 그에 대한 연구는 과제로 남아 있다.

참고문헌

- 천만리千萬里 저, 천도민千鍍敏 편, 《사암실기思庵實記》, 목판본, 1904, 국립중앙도서관 소장.
- 김성일金誠一, 〈천만리千萬里에게 주다〉, 《학봉집鶴峯集》 제2권 시詩, 한국문집총간 48, 한국 고전번역원, 1988.
- 신흠申欽, 〈천조선후출병내원지天朝先後出兵來援志〉, 《상촌고象村稿》 권38 지志, 한국문집총간 71-72, 한국고전번역원, 1988.
- 한국고전번역원 편, 《(국역)상촌집》, 솔출판사, 1990-1997.
- 조수학, 《한국의 탁전과 가전》, 영남대학교출판부, 1987.
- 유지명, 〈귀화인 천만리·김충선의 문학 연구〉, 부산대학교 교육대학원 석사논문, 1988.
- 노혜경, 〈영조조 황조인에 대한 인식〉, 《동양고전연구》39, 동양고전학회, 2009. 12, pp.129~159.
- 《황조인사적皇朝人事蹟》, 규장각 소장.
- 이규상李奎象, 《병세재언록幷世才彦錄》, 《일몽고 一夢稿》3, 한국역대문집총서570, 경인문화사, 1993.

정윤해鄭允諧,〈자서自序〉 5

스스로 자적하고 스스로 즐길 따름이다

自適自樂자적자락

조선중기 학자인 정윤해鄭允諧, 1553~1618는 자신의 시문집인《서귀자집鋤歸子集》에 〈자서〉를 남겼다.

영남의 학자 정탁鄭琢의 장조카다. 자는 백유伯兪, 호는 서귀자, 본관은 청주로, 아버지는 연璉이며 예천醴泉 사람이다. 어려서 조목趙穆과 정구鄭逑의 문하에서 학문을 닦았다. 임진왜란 때 의병을 일으켜 태조의 영정을 수호한 공로로 원종공신原從功臣 3등이 되었다. 광해군의 난정을 보고 벼슬살이의 뜻을 단념하고, 분수를 편안히 여기고 졸박拙樸함을 지켜 스스로를 감춰 남에게 드러내지 않았다. 생계는 조촐했으나 조금도 마음에 켕겨하지 않았다. 고전을 좋아하고 시를 음영하면서 유유자적하게 지냈다. 도연명陶淵明과 소강절邵康節의 시를 애송하고 문천상文天祥과 사방득謝枋得의 시문 읽기를 좋아했다. 문장이 창건하고 풍부하며 조탁을 일삼지 않고 한꺼번에 수천 글을 써내었다.

윤해允諧는 진실로 동방의 고루한 후생으로서 어리석고 게으르며 졸박拙樸하니, 어찌 감히 성현의 도학 끄트머리나마 이으려고 바라겠는가? 그러나 일생토록 심사가 청생淸省하고 지려志慮가 고고하였다.

어렸을 때부터 이미 사우師友를 따르고 섬기려고 했으나 인순因循과 유속流俗의 습속에서 스스로를 빼내지 못하였고, 멀리 유학하여 배움을 구하지도 못하고, 한 곳에 박처럼 매달려 추향趨向함이 없었다.

선생과 어른을 만나보더라도 반드시 저 옛날의 선생이나 어른과 같은 업적을 이룬 분들을 찾아나섰으며, 그렇지 않으면 결코 남의 문에 발을 들여 스승으로 섬기지 않았다. 지금 와서 생각해보면, 어떤 면은 옳지만 어떤 면은 그르기도 하여 미혹된 뜻이 없지 못하였으니, 이는 나이가 어렸을 적에 이끌어주는 스승이 없었기 때문이다.

글과 글씨의 경우, 조금 나은 자를 따라 배웠으나, 아무래도 글과 글씨 때문에 그를 공경하지는 않았고, 반드시 볼 만한 기상氣像이 있은 연후에야 공경하고 아꼈다. 벗을 취하여 사귈 때도 역시 그러하였다.

조금 자라서는 결국 세속을 좋아하지 않고 교유를 즐거워하지 않았으며, 오직 선량한 사람만은 자신도 모르게 너무 기뻐하여 한 번 만나보기를 바랐다. 비록 신분이 비천한 자이나, 혹여 어버이에게 효도하고 형제에게 우애가 있으며 볼 만한 절행節行이 있는 자라면, 반드시 마음으로 칭찬하고 탄복하였다.

문천상文天祥이 연경燕京의 감옥에 잡혀와서도 굴복하지 않고 지었던 〈정기가正氣歌〉와 사방득謝枋得이 세 차례 올린 계啓를 읽을 적에는 스스로 눈물이 흐르는 것을 금하지 못하였으니, 이는 적자赤子의 마음이 속에서 혼암하지 않아 본성이 원래 선善함을 속이기 어려운 것이다.

이로부터 세상과 더불어 배치하였으므로 차라리 졸박拙樸함을 지켜 스스로 함양하였다. 평소 서로 아는 사람에 대해서는 곧 비록 함께 얼굴을 들이밀고 즐거워하며 웃는 사이라 하더라도 뜻이 합하지 않으면 도외시하였다.

책을 보는 것을 늘 좋아했는데, 마음으로 진정 아껴서 날마다 접하여도 마치 금련禁臠, 돼지고기처럼 싫증내지 않은 것은 오직 '옛 성현의 책'이오 '의리의 학문'일 뿐이었다. 그러나 그 스스로 알게 된 재미를 다른 이에게 알려주지는 못하였다. 그래서 번번이 한탄하고 강개하여 옛사람에게 미치지 못함을 한스럽게 여겼다. 후대에 태어난 먼 후손으로서 풍성風聲에 치우치고 국한되어, 유유悠悠하고 녹록碌碌할 뿐이어서, 현인·군자와 나날이 만나 담론하지 못하고 끝내 초목과 더불어 썩는다면, 이 세상에 살면서 과연 어떠하겠는가? 부귀빈천富貴貧賤과 사생화복死生禍福이 모두 천명에 달렸거늘, 내가 어찌 간여하겠는가?

그 때문에 중년 이후로 분수를 편안히 여기고 졸박拙樸함을 지켜 더욱 스스로를 거두어 남에게 드러내지 않았다. 생계가 소출하였으나 조금도 마음에 켕겨하지 않았으며, 책을 보면서 홀로 즐거워하고 시를 음영하여 한가하고 유유자적하게 지냈다.

한밤중에 일어나 앉아 동쪽을 향하기만 하면 생각이 왕성하게 일어나고는 했는데, 그 상념이 한 번도 선善하지 않은 적이 없었다. 흥이 일고 감동을 느낀 뒤에는 결국 읊조리게 되었고, 어쩌다 시구를 얻게 되면 한두 절구를 짓기도 했다. 그 시는 자연스레 저절로 얻은 것이어서, 왕왕 옛 위대한 시의 풍격에 가까웠다. 이렇기 때문에 만년에 얻은 시들 가운데는 일컬을 만한 것이 없지 않았다. 마음과 몸이 자적自適하고 자락自樂하며, 느긋하게 소요하면서 평생을 마치게 되었다. 그러니 어찌 당시 현실에 짓눌려 척척戚戚, 근심하고 두려워함한 적이 있었겠는가.

비록 술을 즐기지는 않았지만 술을 짝으로 삼기를 좋아했는데, 조금밖에 마시지 않고도 얼굴이 발갛게 된 뒤에는 성정性情을 있는 그대로 드러내어, 세상을 버리고 홀로 우뚝 서려는 뜻이 있었다.

도정절陶靖節, 도잠과 소강절邵康節, 소옹 두 선생을 만나보았으면 하고 늘 바라서, 그들 시를 외면서 자신도 모르게 발을 구르고 춤을 추어, 마치 정신이 합하고 마음이 융화하는 듯했다.

아아, 자기가 사는 시대에 뜻을 두었으나 일생을 마치도록 이름을 드러내지 못했으며, 성현을 흠모하였으나 초목과 함께 썩게 되었으니, 누가 이 사람이 어떤 자인지를 알아줄 것인가.

정윤해1553~1618는 스승 조목趙穆에게서 《근사록近思錄》을 선물받고, "선비의 나아갈 길이 이 책에 있다"라고 하며 밤낮을 가리지 않고 열심히 공부해 성리학에서 일가를 이루었다. 그는 옛 성현의 책을 읽고 의리의 학문을 좋아하기를 금련禁臠처럼 좋아했다고 했다.

금련이라고 하면 진미인 돼지고기를 말하며, 또 황실의 공주를 말하기도 한다. 여기서는 돼지고기 같은 진미를 말한다.

동진東晉의 원제元帝가 처음 건업建業에 진주했을 때 몹시 곤궁하여 돼지를 얻으면 진미로 여겼으며, 그 중에도 정수리 부분을 더욱 진미로 여겨 다른 사람은 먹지 못하고 오직 황제만 먹을 수 있었다. 그후 효무제孝武帝가 진릉공주晉陵公主를 사혼謝混에게 시집보내려 하였는데, 그만 황제가 승하하여 혼인이 이루어지지 못하였다. 이에 원숭袁崧이 사혼에게 딸을 시집보내려 하자, 옥순玉珣은 원숭에게, "그대는 금련을 가까이하지 말라"고 농담을 했다. 하지만 사혼은 끝내 진릉공주를 아내로 맞이하였다. 《진서晉書》〈사혼전謝混傳〉에 나오는 고사다.

정윤해는 성품이 우아하고, 청렴결백하고, 고매하여 벼슬에 별로 욕심을 내지 않았다. 스승 정구의 추천으로 영릉참봉에 임명되었으나, 그 직책에 오래 있지 않았다. 영릉은 경기도 여주군 능서면 왕대리에 있는 조선 세종대왕의 능이다.

정유재란1597 때는 태조 이성계의 초상화를 모시고 강원도로 피난하여 원종공신原從功臣 3등에 등록되었다. 1600년에는 함창의 도촌리로 가서 살았다. 함창군수 남이걸南以傑이 집 한 채를 지어주려 하자, "어찌 관청의 도움으로 개인 집을 짓겠습니까? 집이란 비바람만 피하면 족한 것입니다"라고 거절하였다. 1608년 이후 광해군의 조정이 어지러운 것을 보고 더욱 세상일에 뜻을 두지 않게 되었다. 정윤해는 처사로서 일생을 살았다. 젊은 시절의 그는 마음을 허명虛明한 상태로 유지하는 공부를 했다. 〈영월詠月〉 시는 그러한 정신 경계를 잘 드러내준다.

밤 고요하고 인간세계 고요하여 하늘에 달빛 가득한 때
참다운 흥취가 호연하여 끝이 없도다
그대로 일만 리 멀리까지 사심 없이 비추어
언제나 명경지수明鏡止水의 허명한 연못에 있나니

夜靜人閒月滿天 야정인한월만천   此時眞趣浩無邊 차시진취호무변
直將萬里無私照 직장만리무사조   常在虛明止水淵 상재허명지수연

언젠가 정윤해는 〈자허自許〉라는 시를 지었다. 스스로를 인정한다는 뜻이니, 이 시를 지어 이만하면 됐다고 스스로를 다독여본 것이다.

흉금은 늘 비어 아홉 운몽택을 품은 듯하고
신변은 길이 한 봄의 온화함을 짓는구나
가슴속 회포는 모두 읊조림 속에 담으니
안락와 풍모를 내가 유독 많이 지녔도다

胸次尙虛九雲夢흉차상허구운몽   身邊長做一春和신변장주일춘화
襟懷盡向吟哦裏금회진향음아리   安樂窩風獨得多안락와풍독득다

정윤해는 구운몽九雲夢과 안락와安樂窩라는 표현을 써서, 스스로의 흉금이 드넓고 부귀영달에서 초연해서 쇄락하다는 뜻을 드러냈다. 구운몽은 아홉 개의 운몽택雲夢澤이라는 말인데, 가슴속이 매우 드넓음을 뜻한다. 운몽택은 중국 남방에 있는 큰 호수인 동정호의 남쪽 부분이다. 소식蘇軾의 〈차운정정보유벽락동次韻程正輔游碧落洞〉에 "가슴속에 몇 개의 운몽택이 있느뇨. 그러고도 남은 곳이 아주 많이 넓구나胸中幾雲夢 餘地多恢宏"하였다. 한편 안락와安樂窩는 북송의 학자 소옹邵雍이 낙양에서 거처하던 오두막을 말한다. 소옹은 낙양에 와서 비바람도 가리지 못할 정도의 누추한 집에 살면서도 그곳을 안락와라고 이름 지었다. 그리고 가끔씩 자그마한 수레를 타고 외출하면, 사람들이 서로 접대하려고 해서 안락와 같은 집을 지어 놓고는 그것을 행와行窩라고 불렀다고 한다.

그렇다고 그가 늘 정적인 태도만 유지한 것은 아니다. 현실의 어려움

에 분개하고 큰 뜻을 제대로 실현하지 못한다는 사실을 슬퍼하기도 했다. 〈비분음悲憤吟〉을 보면 그러한 심경이 잘 나타나 있다.

공동산에서 칼 하나 빗겨 들고 넓은 하늘 길에 기대어
긴 휘파람 불고 싶다만 이미 썩은 유학자이니 어이하랴
강호에 허랑한 자취를 남기고 이제 턱없이 늙었다만
궁궐 향한 붉은 마음만은 완전히 시들지는 않았도다
이 나라의 일백 년 역사에서 영웅이 누구이고
풍진의 사방 천하에서 대장부가 몇몇이냐
곁 사람 향해 통곡이라도 하고 싶지만
곁 사람은 나를 미치고 어리석었다 하지 않을런지

崆峒一劍倚天衢 공동일검의천구　　長嘯其如已腐儒 장소기여이부유
浪迹江湖今老大 낭적강호금로대　　丹心魏闕未全枯 단심위궐미전고
百年邦國誰英傑 백년방국수영걸　　四海風塵幾丈夫 사해풍진기장부
欲向傍人試痛哭 욕향방인시통곡　　傍人無乃笑狂愚 방인무내소광우

마음과 현실의 괴리 때문에 정윤해는 고통을 느꼈다. 때때로 그는 마음속을 털어놓는 시들을 짓고는 했다. 61세 때 지은 〈자술自述〉은 자신이 현실에서 용납되지 않는 것을 서글퍼하면서도 세간 사람들의 비평에 연연해하지 않겠다는 뜻을 직설적으로 드러냈다.

이 석 자의 몸뚱이를 붙이고서

지금 예순 하고도 하나를 먹었는데

수염과 구레나룻은 완전히 희지는 않고

보고 듣는 것도 지난날과 같다.

녹봉을 먹지 않아 늘 편안하고

벼슬을 구하지 않고서 스스로 만족하니

뜬구름 인간세상의 일은

눈을 거쳐 시선을 준 일이 없다.

때때로 옛 사람의 책을 읽어

지기志氣가 자득하게 되면

나도 모르게 심신이 녹아들어

거연히 티끌의 세속을 벗어난다.

세상 사람은 나를 어리석다 비웃고

세상 사람은 나를 졸렬하다 비웃지만

내가 어리석지 않으면 네가 어찌 지혜로우며

내가 졸렬하지 않으면 네가 어찌 치밀하랴.

나는 정말로 너만 못하지만

너도 역시 나만 못하니

난새·봉황은 난새·봉황이요

수리·물수리는 수리·물수리로다.

하늘이 이미 만물에게 품질을 부여하여

형체가 각기 다르고 색깔이 각기 다르니

내버려두어 다시 비웃지를 마고

내버려두어 다시 말하지를 말라.

이전부터 마시던 술잔을 끌어당기며
문득 저 너머 청산을 바라보노라.

또한 정윤해는 61세 이후에 〈술회述懷〉 시를 지어, 삶을 돌아보았다.

우리 집은 삼 대째 양양 북쪽에 살아
금곡의 산천이요 명승의 마을이니
인걸이 지령에 힘입어 훤칠하고
집집마다 글 읽는 소리라서 추로鄒魯의 문중 같다.
삼가 생각건대 우리 선조는 장자의 풍모를 지니셔서
향촌에 은둔하여 도를 즐기시어 늘 온화하셨으니
선을 쌓은 집안에 남은 복이 있다던 말이 빈 말이 아니라
계부 약포藥圃 선생 정탁鄭琢의 덕업이 천하에 전파되었다.
집안 대대로 청빈하여 이렇다 할 물건 없고
오로지 선행하는 전통을 손자들에게 전해주어
유훈을 실천하여 감히 실추하지 않으니
어진 마을에서 느긋하게 형제들이 어울려 살았다.
그러다 병란으로 뒤죽박죽된 것을 어이 다시 말하랴
인간사는 모두 변하고 산과 골짜기만 그대로니
옛 도를 보려고 해도 다시 볼 수 없어
무너진 풍속은 듣기만 해도 혼백을 놀라게 한다.
아아 나는 만 번 죽을 목숨이로되 미처 죽지 못한 몸
온갖 일에 느껴 흐느끼는 소리를 내려다 다시 삼키나니

난리 후로는 어린 종도 하나 없고
여전히 아내의 고향에 붙어살아 마음 어지럽고 억울하다.
동쪽 언덕의 쓰러져가는 오두막은 어이 초라한가
옛 가세는 무너진 담으로 돌아갈까 정말로 두렵다만
긍구긍당肯構肯堂, 가업을 잇고 선대의 집을 중수함하기에는 근력이 너무도 노쇠하니
만사를 하나하나 꼽아보면 어이 차마 입에 올리랴.
아들 하나가 지금 열 살을 넘겼기에
한밤에 묵묵히 가슴을 홀로 문지르고
봄가을 제사가 옛 마을에 돌아오니
그로써 나 자신을 반성하여 나의 혼미함을 깨쳐보리라.
순전한 바보는 적막한 바닷가에 칩복하기를 감내하여
홀로 옛 경전을 끌어안고 마음 근원을 탐구하나니
바람이 버드나무에 불어와 태고의 풍광을 드러내고
달이 오동나무에 걸려 희화씨 헌원씨의 옛 시절 같구나.
태화탕을 한 잔 들이키자 기운이 호탕하고
도연명과 위응물의 시를 읊조리며 시집을 펼쳐보나니
아아, 남들이 나를 미치광이다 바보다 부르든 말든
천명을 알아 천명을 즐기나니 감히 하늘을 속이랴.

유학자들은 자신의 도덕성을 사회에 온전히 드러낸 성인을 이상으로 삼았다. 《논어》〈옹야雍也〉를 보면, 자공이 "백성들에게 널리 베풀고 많은 사람을 구제할 수 있다면 인仁하다고 할 수 있겠느냐"고 묻자, 공자는

"어찌 인仁이라고만 하겠는가. 반드시 성聖의 경지일 것이다. 요순도 그렇지 못할까봐 걱정하였다"고 답한 바 있다. 이 이후로 유학자는 항상 정치의 담당자로서 세상을 구원하려는 뜻을 지녔으며, 그 실천의 기준을 《대학》에서 찾았다. 곧 《대학》의 세 가지 강령은 정치·경제·사회·교육의 이론 근거가 되었고, 그것은 언제나 유학자로 하여금 정치로 향하게 만들었다. 하지만 마음과 일이 괴리할 때, 다시 말해 이념과 실제가 괴리할 때는 독선기신獨善其身, 자기 몸을 홀로 선하게 닦음에 주력하지 않을 수 없다. 그러한 인물 유형이 곧 처사다.

처사들은 현실세계에 대한 우환의식을 지니되, 현실을 변혁하려는 의지를 실현하지 못한 채 산림에 은거하면서 개인적·인격적 자기수양에 몰입하였다. 그런데 그들이 은거한 산림은 '새 짐승과 무리를 이루는鳥獸同群' 공간이 아니라 '일상의 도리를 힘써 실천하는勉日用' 향촌사회와 연결되어 있는 곳이다. 처사인 정윤해도 바로 조상 대대로 거처하던 경상도 예천에서 일상의 도리를 실천하고자 했다. 그렇기에 그는 자신이 거처하는 마을을 신화에 나오는 이상시대의 공산으로 여기고, 낙천시녕樂天知命, 천명을 알고 즐김을 자부했던 것이다.

참고문헌

- 정윤해鄭允諧, 〈자서自序〉, 《서귀자유고鋤歸子遺稿》, 안동대학교 퇴계학 자료 총서 16, 법인문화사, 1988.
- 이종호, 〈서귀자유고 해제〉, 《퇴계학자료총서》16, 법인문화사, 1988, pp.
- 이종호, 〈조선중기 안동처사층의 자화상과 내재된 고민〉, 《안동문화》16, 안동대학교 부설 안동문화연구소, 1995, pp.45-79.

신흠申欽, 〈자서自敍〉   6

조화의 큰길을 가리라
歸之大化 귀지대화

신흠申欽, 1566~1628의 호를 현옹玄翁, 당호를 현헌玄軒이라 했다. 그는 〈현옹자서玄翁自敍〉를 지어, 조화의 큰 길을 가겠다는 큰 뜻을 말했다.

신흠은 1599년에 장남 익성翊聖이 선조의 딸 정숙옹주의 부마동양위로 간택되자 동부승지에 발탁되고, 선조말과 광해군초에 주요한 직책을 두루 거쳤다. 하지만 47세 되던 1613년광해군 5 계축옥사박응서 옥사 때, 영창대군의 보필을 부탁받은 유교칠신의 한 사람이라 하여 방축되었다. 그래서 그해 8월부터 1616년 10월까지 김포에서 생활했다. 다시 1616년 인목대비가 폐위되고 김제남에게 가죄될 때 노량에서 대죄하다가, 이듬해 정월 춘천에 부처되었다.

신흠은 상수역학과 노장의 학에 통하여 삶을 대관大觀하고, 자신을 드러내려고 하기보다는 남들과 어울리면서 도회韜晦, 재주나 학식을 감춤했다. 그의 그러한 태도와 지향이 그의 자서전적 글인 〈자서〉에 잘 나타나 있다.

현옹玄翁이란 어떠한 사람인가?

문장으로 세상에 이름이 났으나 옹 자신은 문장을 일삼지 아니하고, 벼슬로도 조정에서 두각을 나타내었으나 옹 자신은 벼슬에 마음을 쓰지 않으며, 죄를 짓고 외지로 귀양을 갔지만 옹은 그 죄로써 흔들리지도 않았다.

특별히 즐기거나 좋아하는 것도 없고 별달리 경영하는 일도 없이 가난해도 부자처럼, 많아도 적은 듯이 하는 사람이다. 남과 사귀어도 남이 호락호락 가깝게 하거나 멀리하지 못하고, 물건을 접하여도 그 물건이 옹을 얽어매지는 못한다.

소년 시절 학문에 뜻을 두어 널리 구류九流에 이르기까지 그 뿌리는 다 캐지 못했으나 줄거리만은 대강 섭렵했다. 늘그막에는 희역羲易, 주역을 좋아하여 소씨송나라 소옹邵雍의 학설인 천지만물의 수數에 관하여 마음속에 깨달은 바 있었으나 역시 대강을 알 뿐이었다. 서책이라면 보지 않은 서책이 없고 서책 이외에는 하루가 끝나도록 아무 마음 쓰는 곳 없이 초연하여 속물俗物이 감히 범하지 못하였다.

사귄 벗은 모두가 당대 명류였고, 옹을 아는 자 많았지만 혹자는 문장으로 알기도 하고 혹자는 하는 일로 알기도 하였다. 백사白沙, 이항복李恒福라는 영감이 옹과 이웃에 살면서 옹의 취향과 조예를 알고 있었고 옹 역시 백사가 누구라는 것을 알았다. 백사가 바른말하다가 죄를 얻고 귀양 가서 황막한 북녘 땅에서 죽었을 때, 옹은 절현絶絃의 아픔을 느끼고 인간 세상에 다시 뜻이 없었다.

옹도 귀양살이하고 있으면서 언젠가 자찬自贊을 지었다.

현옹이라고 하자니
이 빠지고 머리털 모지라지고
얼굴 야위고 몸도 훌쭉해서
옛날의 현옹이 아니고
현옹이 아니라고 하자니
진창에서도 때가 끼지 않고
곤궁할수록 더욱 형통하니
이것은 옛날의 현옹이로다.
아니라고 한 것이 옳은 말인가
그렇다고 한 것이 그른 말인가
내가 잠시 나를 잊지만
옛날 내 모습은 잃지 않으니
내가 옛날의 현옹이 아니라 말하는 것이
어찌 옛날의 현옹이 아니겠는가.
천지도 손가락 하나이고
만물도 한 마리 말馬이니
몸뚱이에 사대四大, 地·水·火·風가 모여 있다 해도
어떤 것이 진짜이며 어떤 것이 가짜인가.
아! 현옹은
하늘과는 통하면서 사람과 통할 수 없단 말인가!
하늘인가 사람인가
나는 큰 조화의 길을 가리라.

이는 사실을 기록한 것이었다.

저술로는 《구정록求正錄》〈화도시和陶詩〉, 그리고 잡문과 잡시 약간이 있는데, 이는 옹이 먹고 남은 것이다.

세상에 옹을 아는 자가 없는데 후세에 가서 아침저녁으로 만나게 될 자가 있으리라고 어떻게 바랄 것인가. 그리고 옹의 별장이 금촌金村의 상두산象頭山 아래 있기 때문에 호를 상촌거사象村居士라고도 하며, 세상에서는 현옹으로 칭하기에 그냥 현옹으로 행세하는 것이다.

현옹은 모든 현상을 현상 그대로 받아들이지 않는다. 그는 문장으로 세상에 이름이 났지만 문장을 일삼지는 않았다. 벼슬로 조정에서 두각을 나타냈지만 벼슬에 마음을 쓰지도 않았다. 또한 죄를 짓고 외지로 귀양을 갔지만 죄 때문에 마음이 흔들리지 않았다. 이렇게 현상을 부정할 수 있는 것은 어째서인가? 현세간에 머물지 않고 대자유를 누리기 위한 것이다. 현옹이라는 호가 이미 대자유인을 뜻한다. '검을 현玄'은 현도玄道를 밀한다. 노자의 《도덕경》 1장에 "헌하고도 현하니, 온깇 오묘함의 문이나 玄之又玄, 衆妙之門"라고 했다.

신흠은 젊은 시절부터 자신의 이야기를 시로 남기고는 했다. 〈술회〉라는 장편시에서는 자신의 삶과 임진란의 경험을 아울러 노래하였다. 이 시는 성장과정 및 관료생활을 52구로 서술하고, 임란의 체험을 84구로, 은거생활을 32구로 서술했다. 임란의 체험을 서술한 부분에서는 나라의 안위를 책임져야 할 대신이 서울을 버려서 죄 없는 백성들이 전란에 희생된 사실을 개탄했다.

그러다가 1617년광해군 9, 52세의 신흠은 자신의 처지를 돌아보면서 자조의 뜻을 담아 〈현옹자찬玄翁自贊〉을 지었다. 뒷날 〈자서〉를 지으면서 거기에 삽입해둔 자찬이 바로 〈현옹자찬〉이다. 〈현옹자찬〉을 지을 때 신흠은 별도로 서문을 지어 이렇게 말했다. "내 나이 쉰둘이면 정말 노쇠하다 하겠지만, 그렇게 늙지도 않았거늘, 당세의 문망法網에 걸린 지 이미 5년이 되었다. 사판仕版, 벼슬살이의 장부에서 이름이 깎였고 심문을 받았고 방축되어 고향에 돌아가 있다가 다시 먼 곳으로 유배되었으니, 한 번 죄를 얻어 네 가지 죄율이 중첩했다. 저들은 법률을 주물러 사람을 무함誣陷하다 못해 참언까지 했다. 아아, 그러니 어찌 늙지 않으랴. 거울을 들고 스스로를 보니 딴 사람과 같았다. 그래서 자찬自贊하는데, 실은 자조하는 것이다"라고 했다.

하지만 신흠은 자조로 그치지 않았다. 시비와 영욕을 초월하려는 의지를 드러냈다.

신흠은 "천지간의 모든 것은 하나의 손가락이고 우주간의 만물은 하나의 말馬이라고 할 수 있다"고 하여 《장자》〈제물론〉의 논리를 끌어왔다. 〈제물론〉에 보면, "손가락으로써 손가락의 손가락 아님을 깨우치는 것이, 손가락 아닌 것으로써 손가락의 손가락 아님을 깨우치는 것만 못하고, 말로써 말의 말 아님을 깨우치는 것이, 말 아닌 것으로써 말이 말 아님을 깨우치는 것만 못하다. 천지는 하나의 손가락이요, 만물은 하나의 말이다"라고 했다. 천지 만물을 바라볼 때 시비와 진위를 구별하려 들지 말고, 모두 상대적으로 보아서 하나로 귀착시켜야 한다는 주장이다. 신흠은 비록 우리 몸이 지地·수水·화火·풍風 네 가지로 이루어져 있다고 해도, 어느 것이 참이고 어느 것이 거짓인지 알 수가 없기에, 자연이법의 거대한 변화인 대화大化로 귀의하리라고 했다.

이것은 곧, 자아의 통일성을 확인하는 과정, 자아 각성의 과정이다. 신흠은 그러한 각성 끝에 초월적 정신세계를 구축하고자 한 것이다.

춘천에 유배되어 있던 신흠은 1620년에 육기陸機의 〈탄서부嘆逝賦〉에 차운하여 세속을 미워하는 심경과 도가의 청정한 정신세계를 추구하는 뜻을 담았다.

본래 〈탄서부〉는 중국 오나라의 육기가 40세일 때, 친척과 친구들이 죽어가는 것을 보고 인생의 슬픔을 노래한 부이다. 신흠은 〈육사형의 탄서부에 차운함次陸士衡嘆逝賦〉에 붙인 서문에서 "내가 수춘춘천에 구류된 지 이미 3년이 되었으니, 천시와 인사에 대하여 속마음에 느끼는 바가 하나둘이 아니다. 마침 육사형의 글을 보고서 개연히 생각이 있어서 붓을 잡아 화운한다"고 했다.

학 다리는 길고 오리 다리는 짧아라
품물이 창조된 대로 내버려두리.
방촌마음을 천행天行에 내맡기고
초일超逸의 뜻을 사물 바깥에 펴리.
참죽나무는 팔천년 살아도 평안치 못하고
무궁화는 하루가 못 가도 이른 것이 아니라.
길은 달라도 구취는 같은 법
어찌 외물의 누가 나를 교란하랴.
두견새 울어 방초를 꽃답지 않게 하고
서리는 화훼를 시들게 하누나.
머뭇거려 방황하노라

홀연 우리 도를 의심하여서
이에 청정하고 담박해서
태일太一, 만물의 근본을 지켜 보물로 삼고
최고 진리가 깃든 곳을 찾노라.
해·달·별이 시든 뒤에야 늙으리.

소인배들은 마치 춘추 때 위의공衛懿公이 학鶴을 좋아해서 학을 수레에 태웠던 것처럼 고관에 올라 있다. 하지만 그것은 본분에 맞는 것이 아니다. 《주역》 해괘解卦 육삼六三의 효사에 "짐을 지고 있어야 하는데 수레를 타고 있어, 도적을 오게 하니負且乘, 致寇至"라고 했다. 등짐지는 소인의 신분이면서 군자가 타는 수레를 타서, 도적이 그 짐을 빼앗으려고 쳐들어오는 일을 당한다는 뜻이다. 소인배의 농간은 결국 국가의 장래를 망칠 뿐이다. 《시경》 소아 〈하인사何人斯〉편에는 "귀신이 되고 물여우가 되면 사람들이 눈으로 분명히 볼 수가 없다.爲鬼爲蜮, 則不可得"라고 했다. 물여우가 물가의 사람 그림자를 모래로 쏘아 맞히면 거기에 맞은 사람은 발병한다고 한다. 그것을 함사사영含沙射影라고 한다. 소인배들은 그렇게 남을 중상하였는데, 그들은 현명한 군주라 해도 속일 수 있다고 여겨서 그런 것이다. 그러나 신흠 자신은 '덕으로 씻고 의로 몸 씻은' 자로서 철궤哲軌를 따라나가되, 남들이 단번에 도덕적 완성을 할 수 있다면 모자라는 나는 일백 번 해서라도 이루겠다는 결심을 굳혔다. 《중용》의 "남들이 한 번에 할 수 있으면 나는 백번에라도 그것을 하고, 남들이 열 번에 할 수 있으면 나는 천 번에라도 그것을 한다人一之, 己百之, 人十之, 己千之"라는 말을 수신의 지침으로 삼은 것이다.

신흠은 1621년광해군 13 5월에 사면을 받아 김포로 귀환했다. 그뒤 신흠은 김포 상두산 아래 전장에 정착했다. 그때의 생활철학을 바로 〈현옹자서玄翁自敍〉에 담았다. 이때에 앞서 지은 〈현옹자찬〉을 그 글 속에 삽입해 두었다.

신흠은 문장으로 명성이 있었으나 문장을 일삼지 않고, 벼슬로 현달했으나 벼슬을 마음에 두지 않으며, 죄벌로 방외에 쫓겨나 있었지만 그러한 현실 때문에 마음자세가 흔들려 지절을 잃은 일이 없었다. 특별한 기호도 없고 별도로 경영하는 것도 없으며 가난한 처지에서는 부유한 듯 여기고 풍족한 때라도 검약했다고 회고했다. 남들과 사귈 때는 가까운 친척인지 그렇지 않은지를 따지지 않았고 외물에 접하여서는 구애되는 일이 없었다고도 했다. 김포와 춘천 유배중에 이는 빠지고 머리도 벗어져 외모는 바뀌었으나 진흙탕에 굴러도 더러워지지 않았고 고통 속에도 더욱 형통하였다고 자부했다.

신흠이 그토록 마음의 평정을 지킬 수 있었던 것은 그가 《주역》의 상수학에 조예가 깊어서 그것을 양생養生의 도와 연결시켰기 때문이기도 하다. 신흠은 "양생하는 선비는 먼저 정精을 귀하게 여겨야 한다. 정이 충만해지면 기氣가 강장强壯되고 기가 강장되면 신神이 왕성해진다"고 했다. 그러면서 〈야언野言〉이라는 만록에서 다음과 같은 견해를 피력했다.

내 몸이 청명淸明해지면 천리天理가 밝게 드러나 보일 것이다.
하늘의 변화는 역易을 보면 알 수 있고, 세상이 돌아가는 형편은 조짐을 살피면 증험할 수 있고, 각 개체의 진위眞僞 여부는 모습을 보면 판단할 수 있다.

덕德을 진전시키기 위한 수업으로는 자기 자신을 바르게 하는 것이 최상이다. 자신이 바르게 되면 남도 바르게 되고, 자신이 바르게 되면 일도 바르게 된다. 자신을 바르게 하는 한 가지 일이 이루어지면 천하의 온갖 변화에 응할 수가 있는 것이다.

기氣의 소장消長과 때의 승강升降과 운運의 비태否泰와 도道의 통색通塞에 대해 말해주는 것은 천역天易이고, 괘卦의 길흉吉凶과 효爻의 득실得失과 사辭의 험이險易와 상象의 정회貞悔에 대해 말해주는 것은 성역聖易이고, 명命의 궁달窮達과 세상에서의 성패成敗와 자리의 안위安危와 몸의 진퇴進退에 대해 말해주는 것은 심역心易이다.

비어 있는 것虛이 하늘의 상象이 되고, 고요한 것靜이 대지의 상이 된다. 자강불식自强不息하는 것은 하늘이 비어 있음을 보여주는 것이고, 후한 덕으로 만물을 포용하는 것은 대지가 고요함을 보여주는 것이다. 이 세상에 단 하루도 안개가 끼지 않는 아침이 없지마는 그 안개가 아침을 어둡게 만들지는 못하고, 이 세상에 단 하루도 구름이 끼지 않는 낮이 없지마는 그 구름이 낮을 밤으로 만들지는 못한다.

신흠은 계축옥사에 연루되어 춘천에 유배되어 있던 1617년광해군 9 맹하에, 우거하고 있던 박선란朴善蘭의 집에서 우물을 새로 팠을 때〈천정기穿井記〉를 지었다. 이 글에서《주역》 정괘井卦의 괘효사에 담긴 뜻을 일단 취하지 않는 듯하면서 사실상 그 의리에 공감하면서 용장用藏, 세상에 쓰임과 세상에서 몸을 감춤이 천운에 달려 있다는 새로운 뜻을 진술하고, 정괘의 상징을 본받아 "군자는 백성을 위로하고 농업을 권장하며 서로 돕게 한다"는 의리를 실천하지 못하는 처지를 자조하는 뜻을 담은 것이다.

나는 웃으면서 이렇게 대답했다.

"정괘의 괘사에 '읍은 바꾸어도 우물은 바꾸지 않는다' 하였으니, 우물이 무엇을 구하겠습니까? 물 길러오는 사람은 우물이 깊기를 바라고 물 길어가는 사람은 물이 충분하기를 바라니, 우물이 무슨 간여를 하겠습니까? 가득차서 흘러나오면 물을 긷는다고 해서 그 가득참을 잃지는 않을 것이고, 비어서 받는다면 물을 긷지 않기에 항시 비어 있지는 않을 것입니다. 물을 긷든 안 긷든, 우물은 거기에 아무런 일도 하지 않습니다. 그런데 이 우물은 큰길 한복판에 위치하지 않고 솟을 바위와 움펑한 골짜기 사이에 위치해 있으며, 즐비한 상점에서 백성들의 일용에 닿게 드러나 있지 않고 천하의 외톨이요 구금된 나그네가 사는 곳에 드러났습니다. 그 체體와 용用은 정말로 나의 실제 사실과 흡사합니다. 저의 용用, 출사出仕과 사舍, 방축放逐는 아닌 게 아니라 우물과 흡사한데다가 또 하늘의 운명에 연계되지 않은 적이 없으니, 나도 역시 그 점에 대해 아무 행사도 못합니다. 잠시 그대와 함께 향초나 뜯고시를 짓고, 먼 데 마음을 제수로 올려, 흰 진 술을 따러 주거니 받거니 하렵니다."

1623년 3월에 인조가 즉위하면서 신흠은 이조판서 겸 예문관·홍문관·대제학에 중용되었고, 같은 해 7월에 우의정에 발탁되었다. 신흠은 '고아한 풍도'로 사림의 칭송을 받았다. 1626년 신흠이 61세를 맞았을 때 그의 문인 장유는 〈우승상 현헌 신공이 61세를 맞는 것을 축하한 글〉을 지어, 중흥인조반정을 이룩한 초기에 신흠이 맨 먼저 선발되어 정승의 역할을 잘 수행한 사실을 칭송했다. 사람들은 흔히 조선의 명재상을 논할 때 황희와 정광필을 첫손에 꼽는다. 그러나 황희는 국가가 한창 아름답게

번창하는 시기를 맞았고 또 세종이 군주로서의 덕을 지니고 있었으므로 재상이 굳이 조정의 신하를 제어할 필요가 없었다. 정광필은 위태로운 처지를 당하여 스스로 뜻을 크게 펼쳐보지 못했고, 자기 입장을 명백하게 표현한 것은 기묘사화 때의 절조節操 하나에 불과했다. 그런데 신흠은 광해군 때의 혼란스러운 조정에서 풍도風度를 확립하고 인조가 반정을 단행할 때 나라의 안위를 한 몸에 짊어졌으며, 훈공파와 젊은 관료들의 관점을 조정하여 바람직한 방향으로 유도하는 가운데 겸제도물兼濟道物의 이상을 실현했다. 그렇기에 장유는 신흠의 공적이 앞서의 두 재상을 넘어선다고 논평했다.

장유는 〈우승상 현헌 신공이 61세를 맞는 것을 축하한 글〉에서, 언젠가 신흠이 대자유의 정신경계에 대해 토로했던 말을 다음과 같이 인용했다.

> 만물의 변화는 요명窈冥, 그윽하고 어두움에 근본하고 온갖 행위는 환영幻影으로 귀결된다. 그런 까닭에 공업功業이라는 것은 만나는 상황에 따라 이루어지기에 나의 참된 본성에 누를 끼치지 못하고, 시비是非는 나와 남 사이에서 발생하기에 나의 속마음을 어지럽히지 못한다. 얻었다고 해서 기뻐하지도 않고 잃었다고 해서 슬퍼하지도 않으며 이롭다고 해서 쫓아가지도 않고 해롭다고 해서 버리지도 않는다. 다만 일은 해야 할 만하다고 여기지 않기 때문에 일을 당해서 마음에 구애받지 않기에, 재능을 기대하지 않아도 재능이 발휘된다. 외물은 경쟁할 만하다고 여기지 않기 때문에 외물에 접하여도 정신이 동요되지 않기에, 도량을 기대하지 않아도 도량이 넓어진다.

장유는 이것이야말로 신흠이 도道에 가까워지게 된 연유이고 재질과 도량이 기초하고 있는 바라고 논평했다.

1627년에 정묘호란이 일어나자 신흠은 인조를 수행하여 전주에 피난했고, 9월에는 영의정에 올랐다. 그리고 이듬해 1628년인조 6에 작고했다.

신흠의 아들 동양위 신익성申翊聖은 1629년경에 《상촌집》연보, 원집 60권을 가숙家塾에서 활자로 간행하고서, 태인현감으로 있던 종제 신익량申翊亮과 도모하여 《상촌집》을 다시 정리해서 1636년에 목판으로 간행했다.

최명길崔鳴吉은 〈상촌집 발문〉에서, 삼불후三不朽라는 것도 결국 마음에 뿌리를 두는데, 신흠은 마음가짐을 겸허하고 고요하게 가지고 천기天機를 묵묵히 보아 현묘한 데로 깊이 나아갔다고 평가했다. 또한 신흠이 문장에서 일가를 이룬 것도 그러한 마음가짐에서 비롯한다고 논했다.

참고문헌

- 신흠申欽, 〈현옹자서玄翁自敍〉, 《상촌고象村稿》 권21 서序, 한국문집총간 71-72, 한국고전번역원, 1988. ; 〈술회述懷〉, 《상촌고》 권5. ; 〈천정기穿井記〉, 《상촌고》 권23.
- 한국고전번역원 편, 《(국역)상촌집》, 솔출판사, 1990-1997.
- 장유, 〈우승상 현헌 신공이 61세를 맞는 것을 축하한 글右丞相玄軒申公六一歲壽序〉, 《계곡집谿谷集》 제6권 서(序), 한국문집총간 92, 한국고전번역원, 1988 ; 《(국역)계곡집》, 한국고전번역원, 1995-2002.
- 심경호, 〈신흠의 춘천 유배생활과 문학〉, 《한국한시의 이해》, 태학사, 2000, pp. 371-412.

이시발李時發, 〈자서自敍〉   7

만언소를 진술했다
陳萬言疏 진만언소

수년 전 일본 총독 데라우치가 수집한 고서화 〈계묘사마동방계회도첩癸卯司馬同榜契會圖帖〉이 공개되었다. 이 계회도는 1573년선조 6의 사마시에 합격한 사람들이 30년 뒤인 계묘년 1603년 10월 16일에 안동에서 동창회인 계회를 열면서 그 광경을 화가를 시켜 그리게 한 그림이다. 당시의 계회에 참석한 인명 속에 이시발李時發, 1569~1626이 나온다. 그는 계회도첩에 발문을 작성하기도 했다.

이시발은 1589년 문과에 급제하여 벼슬길에 들어선 후, 선조 때는 함경도관찰사로 있으면서 국경 방비에 힘을 기울였다. 하지만 광해군조정에서 배척받고 탄압받았다. 1612년 봄에 일어난 김직재의 역옥에 정경세鄭經世에게 연루되었다. 1615년에는 안변부사에 제수되었으나, 1617년 겨울에 인목대비를 폐위시켜야 한다는 대론大論이 일어나자 다음 봄에 사직했다. 이 때문에 탄핵을 받아 광진廣津, 광나루에서 대죄했다. 이듬해 일생 행적을 〈자서自敍〉로 기록했다.

임진왜란 초에 하향하여 가을에 의병에 가담했다. 의병장은 부평富平 박춘무朴春茂였다. 계사년1593 여름에 승문원정자로 행재소에 부임했다. 당시 어가御駕가 평안도 강서江西에 머무르고 있었다. 항소抗疏하여 한양으로 환궁하기를 청하였는데, 양사兩司가 이를 계기로 논청論請하여 결국 한양으로 환궁했다. 가을에 명나라 장수가 대대적으로 반사班師하여 낙총병駱摠兵·유총병劉摠兵·오총병吳摠兵 등을 머무르게 하여 남쪽을 진수鎭守케 했다. 주상께서는 문관 중에서 후일에 장수의 재질로 적합한 자를 접반사의 관원으로 선발하라 명하셨는데, 오성鰲城 이항복李恒福이 나를 천거하였으므로 선발에 응했다. 그 길로 경주로 가서 낙상지駱尙志 장군을 수행하며 수개월간 머물렀다.

갑오년1594 봄에 명나라 군사가 모두 돌아갔다. 내가 한양에 당도하였을 때 이미 한림의 직예문관검열에 천거되어 있었다. 나는 승문원저작정8품 겸 예문관검열이 되었는데, 낙상지 총병이 어전에서 나를 칭송했던 일로 인하여 승서陞敍의 명이 있어, 정6품인 전적典籍으로 특진되었다. 낙 장군을 따라 의주까지 가서 그를 전송하였는데, 돌아오는 길에 서장관이 되었음을 들었다. 얼마 지나지 않아 고양겸顧養謙 총독摠督이 온다고 하여 일송一松 심희수沈喜壽가 접빈사가 되고 내가 종사관이 되었다. 고 총독은 끝내 오지 않았다.

내가 한양으로 돌아왔을 때 이미 지제교가 되어 있었다. 4월에 병조좌랑 겸 훈련도감도청 한학교수 승문원교검이 되고 7월에 사간원정언이 되었는데, 얼마 지나지 않아 도리어 피혐避嫌되어 시강원사서로 체직되었다. 당시 대사마大司馬, 병조판서였던 오성 이항복이 계청하여 다시 병조좌랑이 되고 춘추관편수관 문선전관을 겸했다.

겨울에 명나라 유격장 진운홍陳雲鴻이 왜 군영으로 들어가게 되었는데, 주상께서 문신 중에 왜의 정세를 살필 수 있는 자를 선발하여 함께 들어가도록 명하셨다. 오성이항복이 또다시 나를 천거했다. 나는 중국인의 복색을 하고 그를 수행했다.

왜 군영의 고니시 유키나가小西行長의 진영에 들어가 10여 일을 머무르다 돌아왔는데, 이때는 을미년1595 정월이었다. 왜의 정세와 견문한 바를 서계書啓하였는데, 복명하는 날 주상께서 승직陞職을 명하시어 병조정랑이 되고 겸대의 직은 이전 그대로였다.

봄에 어떤 일로 하옥되었다가 다음날 풀려났다. 얼마 지나지 않아 충청도 순안어사가 되었으며 호남 등의 연병練兵을 겸하여 관장했다.

여름에 명나라 책봉사인 이종성李宗誠이 한양에 머무르고 있던 일로 재임중에 한양으로 소환되어 어전통사御前通事가 되었다. 일이 끝나고 나서 주상에게서 채단을 하사받았다. 이후 다시 호서로 돌아갔다. 가을에 성균관사예로 승서되었는데, 이 역시 훈련도청訓鍊都廳 때의 공적으로 인한 상전賞典이었다.

병신년1596 봄에 호남을 순찰하고 돌아왔다. 7월에 이몽학李夢鶴이 반란을 일으켜 홍산 등지에서 병사를 일으켰다. 나는 변란 소식을 듣고서 우선 이 사실을 치계馳啓하고 내가 훈련시킨 병사들을 이끌고 가서 이를 토벌하였는데, 병사가 이르기도 전에 적이 괴멸되어 수장의 머리를 내놓았다. 이 일로 나는 통정대부 장악원정으로 승서되었으니 상전賞典이었다. 대간사간원에서 논하기를 호서의 변란이 내가 훈련시킨 병사들이 백성들을 동요시켜 격발된 것이라 하여 파직을 청하기도 했으나 주상께서 윤허하지 않으셨다. 나는 충청도순안어사의 직을 사직하고 충청도 후영리後穎里 강상江上에 복거卜居했다. 가을이 끝나갈 무렵 도체찰사 오리梧里 이원익李元翼 공이 계청하여 충청도 담당 종사관이 되어 부득이 조정의 소환에 임했다.

겨울에 왜장 가토 기요마사加藤淸正가 다시 바다를 건너 침범했다. 조정에서는 군비를 정비하여 왜적을 방어하였는데, 나는 통정대부로 품계가 올라 사도체찰부四都體察府의 찬획사가 되어 조령을 방어하고, 충주의 덕주산성, 조령 관문 등처를 수축했다.

정유년1597년 가을 왜병이 다시 침입했다. 병사가 호서에 이르렀을 때 나는 관할 병사들을 이끌고 청주에서 왜병을 맞이하여 싸웠으나, 중과부적이라 부득이 병을 이끌고 동쪽으로 가서 대령大嶺 위에 주둔했다. 병사의 맨 뒤에 위치해서 동행東行했으나, 군병은 거의 무너져 흩어진 후였다. 나는 충주로 돌아와 남은 병사를 수습하여 명나라 군사에 밀려 돌아가는 왜군을 추격하다 의성에 이르러서 다시 돌아왔다.

겨울에 명나라의 대군이 우리나라로 들어왔다. 조정에서는 나를 분조分朝의 호조참의로 임명하여 명나라 군사의 군량을 관리하게 했다. 나는 얼마 지나지 않아 경상감사가 되었다. 대간에서 내가 찬획사로 있을 때 실리失利하였다고 하여 호조로 체직되었다. 명나라 장수 경리經理 양호楊鎬가 회군할 때 울산에서 충주에 이르러서 접반사 한음漢陰 이덕형李德馨은 곧바로 한양으로 돌아가고 내가 그를 대신하여 양 경리를 수행했다.

행차가 경기도 광주에 도착하였을 때 한음이 나왔기에 나는 호서로 돌아왔다. 소를 올려 호조에서 사직할 것을 누차 청했으나 주상께서는 윤허하지 않으셨다. 이때는 무술년1598 이른 봄이었다.

얼마 지나지 않아 분조의 공조참의로 이직되어 경주에 축성하라는 명령을 받았다. 안동에 도착하여서 전쟁중이라 성을 쌓기 어려운 상황을 계청했다. 주상께서 이를 윤허하시어 충주로 돌아와 다시 분호조分戶曹의 일을 맡아 명나라의 경력 오서린吳瑞麟과 함께 충주의 금천金遷에서 남로 동정군南路 東征軍의 군량을 관리했다. 당시 명나라 병사는 군량을 좌영·우영·중영의 삼로三路로 나누어 관리하는 계책을 쓰고 있었다. 그해 겨울에 왜병이 철수했다.

(중략)

을사년1605 봄에 북쪽 오랑캐 홀적忽賊의 추장 이경화耳梗化가 동관潼關을 공격하여 깨트렸다. 5월에 북병사 김종득金宗得과 순찰사 서성徐渻이 함께 보복의 거병을 일으켜 오랑캐 건가퇴件加退의 보루를 공격했으나 대패하여 북방이 위태롭게 되자 조정에서는 김종득을 잡아다가 옥에 가두고 서성을 파직했다. 그리고 나를 함경도관찰사로 삼고 이시언李時言을 함경도순찰사로 삼아 북병사를 대신하게 했다.

부임에 앞서 주상을 배알한 날에 주상께서는 인견하시어 술과 함께 궁전弓箭·표피豹皮·마장馬裝 등을 내리셨다. 그후에 홀적이 성심으로 복종하였기에 나와 이시언은 함께 장계狀啓를 올려 그 정성을 허여하여 변방의 환란을 늦출 것을 청했다. 주상께서는 2품 이상의 고관들에게 조정에서 의논하기를 명하셨다. 대신 모두 불가하다고 했으나 주상께서는 끝내 나와 이시언의 의론을 좇았다. 그 이후로 홀적이 침범하는 환란이 없었다.

(중략)

그때 북방의 경계가 삼엄하였으므로 나는 육진과 요해지의 보루에 신칙하여 포루를 설치하고 성곽을 쌓고 성 바깥에 토성을 구축하게 하여 날로 방비를 새롭게 했다. 함흥은 지형이 높은 곳이었으므로 성안에 다시 토성을 쌓아 방어하기에 편하게 했다. 민중을 노동시키지 않고 공역은 완료되었다. 문에는 진북대루鎭北大樓를 설치하고 성 모퉁이에는 만갑정萬甲亭을 설치했다.

당초 공역을 시작할 때 백성들을 수고롭게 하지 않고자 하였는데, 백성들이 동갑의 모임을 중하게 여겼으므로, 먼저 나와 동갑인 기사년 출생의 사람들을 모아서 입역立役케 하고 다른 갑자의 출생자들로 이어나가게 했다. 이로써 역부들을 많이 확보했으므로 망루를 만갑이라 이름했다. 그 일을 기념하여 그런 것이다.

(중략)

정미년1607 4월에 임기가 만료되었는데, 그때 노추奴酋가 크게 병사를 일으켜 침략하여 번호藩胡와 홀적이 종성鍾城 오갈암烏碣巖 아래에서 크게 싸웠다. 변방의 경계가 이와 같았으므로 조정에서는 나를 연임하였다가 7월이 되어서 체직했다. 나는 만언소萬言疏를 올려 함경노 내 병폐의 실정을 조목조목 진술했다.

이시발이 쓴 장편의 〈자서自敍〉 가운데, 임진왜란 때의 활동과 여진족의 침략을 막은 사실을 기록한 부분만 소개했다. 그 두 가지가 이시발의 일생 행적 가운데 특히 두드러지기 때문이다.

이시발은 임진왜란 때 도체찰사 유성룡을 도와 병참 책임을 맡는 등 큰 활약을 하였다. 또 임진왜란 때 다섯 차례나 병조판서를 역임한 오성대감 이항복은 그와는 같은 경주이씨의 친족이었다.

이시발은 〈자서〉에서 자신의 삶이나 행적에 대한 아무 논평도 덧붙이지 않고 삶을 연대순으로 담담하게 서술했다. 시작은 이러하다.

융경隆慶 기사년1569에 태어나 6세에 아버지를 여의었다. 부항釜項 손희철孫希哲 생원께 나아가 배웠으니, 이 분은 외조모의 동생 되시는 분이셨다. 또한 신응규辛應珪 선생께도 배웠고, 서계西溪 이의성李義城 선생께도 배웠다. 열아홉에 여흥민씨 진사 경남敬男의 딸과 혼인했다. 무자년1588 가을 향시에서 일등을 하고 감시의 진사시에서 장원을 차지했으며 생원시에도 합격했다. 또 동당시에도 3등으로 합격했으나, 파방罷榜되어 회시에 응시하지 못했다. 기축년1589 봄에 향시에서 진사시로 합격했으며 문과 초시에도 합격했다. 그해 4월 복시에 등제登第했다. 5월에 창방唱榜하고 6월에 승문원에 등용되었으나 하향下鄕하여 벼슬살이하지 않았다. 그후 이서계 선생께 《심경》을 받아 읽었고 또 《근사록》과 《주자서절요》 등을 읽었다. 경인년1590 여름에 승문원으로 환사還仕하여, 신묘년1591 봄에 가주서假注書, 승정원의 임시 주서가 되었다.

이시발은 1589년선조 22 문과에 급제하여 승문원에 들어갔다. 1592년 임진왜란이 일어나자 의병장 박춘무朴春茂와 함께 활약하며 많은 공을 세웠으며, 1596년 10월에는 이몽학의 난을 평정하는 데 크게 기여했다. 또한 군사시설 설치와 군량 확보 등에도 많은 공헌을 했다. 함경도관찰사로 있을 때는 변경을 방어하기 위해 포대와 성곽을 보수하고, 여진 사람들을 무마하여 지역을 안정시켰다. 경주부윤으로 있을 때는 선조 이제현의 문집 《익재난고》를 간행했다.

임진왜란 이후 선조 말년까지 이시발의 연표를 만들면 다음과 같다.

1592년선조 25, 왜란이 일어나자 청주로 내려가 모친을 피난시키고 의병장 박춘무朴春茂를 따랐다.

1593년 가을, 접빈관으로 경주에 가서 명나라 장수 낙상지와 함께 유숙하며 주선했다.

1594년 겨울, 중국어에 능하였기 때문에 선발되어 명나라 유격 진운홍陳雲鴻과 함께 고니시小西行長에게 가서 적의 동태를 살폈다.

1595년 여름, 명나라 사신 이종성李宗誠이 서울에 오자 어전통사御前通事를 맡아보았다.

1596년 7월, 이몽학의 난을 평정한 공으로 장악원정에 제수되었다. 동인들이 상을 환수하기를 청하자, 사직하고 청주 후영리後潁里로 돌아왔다. 가을, 체찰사 이원익의 종사관이 되었다. 겨울, 왜군이 다시 침략하자 찬획사가 되어 충주 덕주산성을 쌓고 조령에 목책을 설치했다.

1597년 가을, 왜적과 정주에서 싸웠으나 패했다. 서울에 경상감사가 되었으나, 대간의 탄핵으로 체직되고 호조에 유임되었다.

1598년에는 경주에 산성을 쌓기 위해 시찰했다.

1601년 경상감사가 되었다. 이후 경북 구미시 장천면 신장리의 천생산성天生山城을 쌓았다.

1604년 윤9월, 조정으로 돌아와 비변사당상이 되고, 이어서 형조참판·병조참판이 되었다.

1605년, 홀온忽溫이 동관潼關을 함락하여 북변이 소란하자 함경감사로 부임하여 진정시켰다.

1607년 4월, 여진족이 침입하자 함경감사에 다시 유임되었다. 7월에 체직된 후에 〈만언소〉를 올려 함경도의 병폐를 진달했다. 그뒤 예조참판·체찰부사·병조참판이 되었다.

이시발은 임진왜란 이후 8년 동안 매번 《영기경靈棋經》을 가지고 집안과 국가의 길흉을 점쳤다고 한다. 《영기경》은 명나라 태조를 보좌한 유기劉基. 자 誠意가 지은 책인데, 벼락 맞은 대추나무로 만든 말棋 열두 매를 이용해서 점을 치는 방법을 적은 듯하다.

이시발은 임진왜란 뒤 진법 연구에도 간여했다. 조선과 명나라 군사가 평양을 회복했을 때 선조가 명나라 도독 이여송에게 사례하고 중국 군사의 전법에 대해 물었다. 이여송은 척계광의 《기효신서》에서 왜를 막는 방법을 참조했다고 할 뿐, 그 책을 보여주지 않았다. 선조는 역관을 시켜 이여송의 휘하에서 구해, 해주에 있을 때 유성룡에게 보이면서 연구하도록 명했다. 유성룡은 종사관이었던 이시발과 토론하고, 또 유생 한교韓嶠를 낭관으로 임명하여 중국 장수의 아문에 질문하도록 했다. 선조는 환도한 뒤 1594년 2월, 훈련도감을 설치하여 유성룡을 도제조로 삼고, 굶주린 백성을 모집하여 군사로 삼게 했다. 열흘 사이에 수천 명을 얻어 척계광의 삼수三手. 포砲·사射·작斫의 기예를 연마하는 법을 가르치며, 파총과 초관을 두고 부대를 나누어 연습하게 했다.

또한 이시발은 또 함흥에 자성子城을 쌓고 만갑정을 지었다. 이시발이 기념의 말을 청하자, 김상헌이 근체시 한 수를 지어 보냈다. 그 시에서 "새로 쌓은 성 서쪽에 새로 정자 지었는데, 편액 속엔 범중엄范仲淹 군사가 숨어 있는 듯하다新城西畔架新亭, 璇額疑藏范老兵"라고 예찬했다. 송나라 때 재상 범중엄은 병략이 뛰어났다. 그가 변방을 지킬 때 이민족들이 그를 용도노자龍圖老子라 칭하면서 "범노자范老子 가슴에는 수만의 군사가 들어 있다"고 하며 두려워했다고 한다. 김상헌은 이시발을 범중엄에게 견준 것이다. 훗날 이시발의 외조카 최창대崔昌大는 〈북정기〉에서 만갑정이 무너져 없어진 것을 한스러워했다.

이시발이 지방행정에서 수완을 보였다는 사실은 《선조실록》 선조 40년1607, 정미 4월 23일을묘에 '북도의 군량 무역을 위한 목면은 본사와 감영의 비축분, 노비의 신공으로 보충하다' 라는 기사에 삽입되어 있는 다음과 같은 사평을 통해서도 짐작할 수 있다.

경상도 감영監營을 설치한 후 군현의 세금을 깎아서 영중으로 실어들였다. 이시발李時發·이시언李時彦이 5~6년의 군량을 비축했고, 군기軍器·목면木綿·화약火藥 등의 물건은 더욱 영중에 가득 넘쳤으며 다른 물건도 이와 같았다. 백성을 침탈하여 감영을 살찌게 하였으나 유영순柳永詢이 거의 모두 허비해버리고 나서는 더욱 각박하게 침탈하였다. 전일의 재고가 정목正木 1500필, 군량 백미白米가 600석이었는데 남김없이 모두 써버렸다. 또 민간에서 쇠를 거두어들여 조총鳥銃을 만들고는 각 고을에 나누어보내어 억지로 포목布木을 무역하라고 하니, 각 고을에서는 민간에 분정分定하여 포목을 거두어들여 실어보냄으로써 모자란 것을 보충하게 하였다. 그리고 결結마다 별도로 백미 5두斗씩을 거두었는데 이는 모두 조정의 명령이 아니었다. 대대적으로 영헌營軒을 건립하여 채색종이로 꽃을 만들고 날마다 잔치를 벌이면서 황음荒淫한 짓을 그치지 않았다. 그리하여 기생 가운데 백미 80여 석을 받은 이가 있고 목면은 그 수효를 기록할 수 없으니, 이원梨園은 생기가 도는데 감영의 비축물은 텅 비게 되었다. 또 영둔營屯이다, 국둔國屯이다 하는 핑계로 주현에 강제로 배정하여 민결民結에 의해 세금을 징수하고서 이것이 들어오는 대로 전용轉用하니 지나는 주현은 마치 병화兵火를 겪은 뒤와 같았다. 하삼도가 모두 그러한데 그중에 영남嶺南이 더욱 심하였다. 온 도道의 사람들이 감사를 원망하지 않고 조정과 이목耳目의 관원에게 그 허물을 돌렸다. 지금 감영의 비축이 자못 넉넉하다고 한 것은 그 수효를 허위로 과장하여 보고하였기 때문이다.

이시발이 1607년선조 40 7월에 함경감사에서 체직된 후에 〈만언소〉를 올린 사실은 《선조실록》에 기록되어 있지 않다. 이시발이 서술한 〈자서〉를 통해 〈만언소〉의 내용과 그 시행의 전말을 살펴보면 다음과 같다.

나는 〈만언소〉를 진술하여, 함경도 전체의 피폐한 실정을 조목조목 진술했다. 그 가운데 대정大政으로 말하면, 남도에서 방군防軍으로 들어온 군사들은 도망하거나 죽은 자가 태반인데, 병사兵使가 그 점에 탈이 있음을 헤아리지 못하고 궐원이 된 군포를 열읍列邑에 두루 징납하므로 이웃과 친족들이 차례로 도망해서 그 폐단을 장차 구하기 어려운 형편이었다. 나는 당시 존속하고 있는 정장丁壯을 기준으로, 호戶든 보保든 따지지 말고 대오隊伍를 단속團束해서, 그들로 하여금 순번에 따라 한 달만 번을 서게 하여, 조약을 아주 명백하게 밝힌다면 착착 시행할 수 있을 것이라고 청했다. 당시 유영경柳永慶이 수상영의정이었는데, 처음에는 시행이 어렵다고 여겼다. 그래서 서찰을 내려서 새로 함경감사로 부임한 장만張晩에게 물어보라고 청했더니, 장만이 이 방안은 반드시 시행할 수 있다고 하였으므로 마침내 시행하게 되었다. 이렇게 하여 도망하여 흩어졌던 자들이 모두 돌아와 모였으며, 부방赴防, 방비의 군역을 서러 감하는 자들이 하나도 뒤에 처지지 않았다. 그뒤 변방의 장수 무리들이 임의로 담저啖咀, 탐학한 관리가 물자를 임의로 횡령하는 일할 수가 없자 비방의 말을 고취하고 떠들어대기를, "장차 법을 세우게 되면 폐단이 생겨나므로 작은 해악이 없을 수 없다"고 하였다. 하지만 그 방안을 시행한 지 십여 년에 군졸과 백성들은 편하게 여겼다. 감사監司와 병사兵使 가운데는 부화한 물의에 선동된 장수를 파직시키려고 한 사람도 있지만, 끝내 그렇게 할 수가 없었다.

한편, 이시발이 서술한 〈자서〉에는 당시 여인들의 애환을 기록한 부분이 있다.

을사년1605 정월에 부인夫人이 한양으로 들어왔으며, 3월에 남아 남준南俊이 두환痘患으로 요절했다. 4월에 청주로 귀성했다. 오래지 않아 한양의 우사寓舍에서 실화失火로 불이 나 병든 여종 일화日化가 타죽었다는 것을 듣고 즉시로 말을 달려 한양으로 돌아왔다.

그리고 다음 부분은 첩과 아내가 산고로 죽어간 사실을 기록했다.

기유년1609에 명나라 사신 행인行人 웅화熊化와 대감大監 유용劉用 등이 연이어 들어왔다. 나는 접빈에 분주하였는데, 모두 무사히 일을 처리했다. 두 명나라 사신이 모두 나를 매우 정성스럽게 대하였으므로 그들이 돌아갈 때 나는 용만龍灣의주의 강가에까지 가서 그들을 전송했다. 6월에 첩의 딸인 가련可憐이 태어났다. 그 어미는 산후의 발열로 목숨이 구제되지 못했다. 내가 명나라 사신 유용을 따라 안주安州에 가 있을 때였다. 그 첩의 남아인 북해北海도 또한 요절했다. 11월에는 부인이 유산하면서 목숨이 구제되지 못했다. 상화喪禍가 연이어 비통한 마음을 어찌할 수가 없었다. 나는 사직을 청하는 장계를 올려 귀성하여 망처를 장사지내기를 청했다. 비변사에서 방계防啓했으나 주상께서 특별히 정리情理를 헤아려주시어 정월에 군직軍職의 체직을 허락받았다. 2월에 조정으로 돌아와 복명한 후에 말미를 받아 진천鎭川과 청주淸州로 내려가 장사葬事를 처리했다. 묏자리를 청주 천내川內 땅에 정하여 먼저 망처를 묻고 다시 길일을 택하여 윤3월에 선군을 이장했다. 당시 나는 비변당상이었으므로 소疏를 올려 개장 후 3월간 심상心喪할 것을 청하면서 해관解官을 청했으나, 주상께서는 비변당상의 체직만 허락하셨다. 4월에 산야에 거주할 곳을 정하여 가사家舍를 짓고, 백건白巾과 백의白衣로 3개월의 심상을 마쳤다.

담담하게 기술했지만, 첩의 죽음과 첩자식의 죽음, 부인의 유산과 죽음 등이 마음 깊이 상흔을 남겼음을 짐작할 수 있다.

광해군 시절, 이시발은 탄압을 받았다. 우선 1612년 봄에 김직재의 역옥이 발생했을 때는 정경세鄭經世에게 연루되었다. 그의 편지글이 정경세의 서류상자 속에 있었으므로 무고를 입은 것이다. 그 일로 삭직되고 문외출송되자, 용산과 마포에서 살다가 후에 광진에 은둔했다. 그해 겨울에는 어은곡漁隱谷에 작은 집을 짓고 거처했다. 이듬해 특명으로 직첩을 환급받고 1615년 정월에 안변부사로 배수되었다.

1617년 겨울에 인목대비를 폐위시켜야 한다는 대론大論이 일어나자, 이시발은 1618년 봄에 성묘를 이유로 사직했다. 이때 파주목사에 제수되었는데, 사은하기 위해 입경했을 때는 정청이 이미 끝나 있었으므로 그대로 파주의 임소로 부임했다. 그런데 20여 일이 지나서 양사에서 정청에 불참한 사람을 귀양보내야 한다고 탄핵했다. 광해군은 천천히 처결하겠다는 비답을 내렸다. 이시발은 다시 광진에 은거했다.

1619년광해군 11에 서북지역이 소란해지자 이시발은 오도찬획사로 기용되었다. 이듬해 평안도에 도착해 민폐를 진달하고 공물과 조세를 감해 줄 것을 청했다. 그런데 1621년에 왕의 인척인 옥강 만호 변익邊瀷을 군법에 따라 참형에 처하자 광해군의 노여움을 샀다. 겨울, 도원수 한준겸韓浚謙이 중화中和에 개부開府하자 다시 사직하려 했으나 허락받지 못했다.

1623년 4월, 인조반정 이후에 소환되어 변방의 일을 의논했다. 7월에는 한성판윤에 제수되었다가 형조판서로 옮겼다. 1624년인조 2, 제찰부사로서 이괄의 난을 토벌하고 도원수 장만張晩과 함께 한강으로 나가 인조를 맞이했다. 그뒤 삼남도검찰사로서 남한산성 수축을 감독했다. 하지만 형조의 계사啓辭가 왕의 뜻에 거슬려서 그는 하옥되고 형조판서에서 면직되었다. 10월에 병으로 낙향했다가 1626년 1월 1일, 서울 저택에서 죽었다. 향년 58세였다. 4월, 진천현 초평리에 장사지냈다.

이시발의 묘는 충북 진천군 초평면 용정리에 있으며, 1658년효종 9에 신도비가 건립되었다. 비문은 송시열이 지었다.

이시발은 무장이 아니다. 유학자로서 문학과 학문에서도 일정한 성과를 올렸다. 특히 《만기謾記》를 엮어서, 당시의 세태를 제대로 보여준 문화 비평가이기도 했다. 그 《만기》에 이런 이야기도 실려 있다.

> 어떤 사람의 성격이 아주 굼뜨고 성글었는데, 일찍이 한자음의 높고 낮음을 구별하는 것을 업무로 삼았다. 어느 날 밤, 도적이 와서 담장을 조금 헐고는 집안에 소장되어 있는 것들을 훔치려고 했다. 여종이 발견하고는 놀라서, "도적이 왔습니다"라고 했다. 우리나라 음에 '도둑 도盜' 자는 관례상 낮게 부른다. 그래서 여종은 낮게 도라고 불러서 사실을 고했다. 주인이 야단쳐 묻기를, "도적盜賊 도적盜賊이라, 도盜 자가 낮으냐?"라고 했다. 여종은 고하길, "달아나려 합니다. 얼른 잡으십시오"라고 했다. 주인은 "너는 '왕편王篇' 책을 가져오너라. 도盜 자가 높은지 낮은지 살펴본 이후에 적을 잡겠다"고 했다. 대개 '옥편玉篇'은 운서인데, 王의 글자 곁에 점이 있어 玉이어야 하는 것을 몰라, 늘 자기 생각에 옥편을 왕편으로 여겨왔던 것이다. 도둑은 주인에게 발각된 것을 알았는데, 게다가 엎드려 있으면서 그 주인의 소리를 듣고는 크게 두려워해서, '왕편'이 무슨 물건인지 모르고는 이것이 필시 적을 죽이는 예리한 기구라고 여겨서, 황망하게 담을 넘어 달아났다.

음의 높낮이를 구별하려고 하면서 자기가 사용하는 운서韻書, 운자별로 글자를 배열한 사전가 '옥편玉篇'인지도 모르는 어리석은 자를 비꼬는 이야기다. 이시발은 이 이야기를 소개하여, 현실 물정에 어두우면서 지나치게 미세한 것만을 변별하려고 하는 지식인의 태도를 가만히 풍자한 듯하다.

또한 이시발은 왜란 때 명나라 참장 낙상지駱尙志와 의형제를 맺어, 낙상지가 그에게 중국책과 서화를 상당히 많이 선물했다. 증손자 이하곤李夏坤, 1677~1724은 종조부의 서화를 기본으로 서적을 더욱 수집해서 조선 후기의 대표적인 서화 소장가가 된다.

   이시발은 전쟁에서 무공을 세운 데 그치지 않고 문학과 학문에 조예가 깊어 후대에 많은 영향을 끼치기도 했다. 문무겸전文武兼全의 전형적인 예를 제시한 인물이다.

참고문헌

- 이시발, 〈자서自敍〉, 《벽오유고碧梧遺稿》 권7, 한국문집총간 74, 한국고전번역원, 1988. ; 〈만기謾記〉, 《벽오유고》 권7.
- 김상헌, 〈만갑정萬甲亭〉, 《청음집淸陰集》 제5권 칠언율시七言律詩, 한국문집총간 77, 한국고전번역원, 1988.
- 권종천·차용걸·양기석, 〈벽오 이시발 소고〉, 《호서문화연구》 5, 충북대학교 호서문화연구소, 1985.12, pp.29-50.

신익성申翊聖, 〈낙전거사자서樂全居士自敍〉   8

뜻을 잃은 것이 나의 반생이다
失吾志 殆半生 실오지 태반생

17세기 초 조선 문화를 주도한 인물 가운데 한 사람인 신익성申翊聖, 1588~1644은 〈낙전거사서樂全居士自敍〉를 남겼다.

신익성은 선조의 셋째딸 정숙옹주와 혼인하여 동양위東陽尉에 봉해졌다. 부마는 입신할 수 없다는 신분적 제약이 있었지만, 부마로서 누리는 혜택을 동원하여 다양한 문화 활동을 펼쳤다.

본관은 평산이다. 부친은 광해군, 인조 연간의 명신이자 문호인 신흠申欽이고, 어머니는 이제신李濟臣의 따님이었다. 1588년선조 21 11월 서울 서부 창동에서 신흠의 첫아들로 태어나, 12세 때인 1599년에 정숙옹주와 혼인했다. 선조의 열두번째 부마가 된 것이다.

호방한 놀이와 세련된 예술 세계에 탐닉했던 부마의 삶의 전형을 이 〈자서〉에서 볼 수 있다.

나는 선조대왕의 열두번째 부마로서 특히 임금의 사랑을 받아 대궐을 수시로 출입할 수 있도록 허락받았다. 당시 부모와 형제가 구존俱存했다. 선군께서는 그때 예조판서로 계셨는데, 내가 조회에서 돌아올 때마다 집안이 융융融融하게 화락했다. 이와 같이 십여 년 동안 지냈다.

그런데 선왕께서 승하하시자 명신名臣과 고로故老들이 나란히 하옥되었고 선군께서도 쫓겨나서 김포의 선영 아래로 돌아가셨다. 나도 종적을 감추고 선군을 따라가서 농사짓고 낚시질하여 선군을 봉양했다. 5년 후에 화가 다시 일어나 춘천으로 편관編管, 유배. 본래 송나라 때 죄인의 얼굴에 자자刺字하지 않고 귀양보내는 것을 말함되었다. 무오년1618에 간신들이 폐모를 논의하여 정신廷臣들을 쫓아다니며 이를 청했으나 나는 이를 따르지 않아 멀리 귀양가게 되었다.

다시 5년 후에 반정이 일어나 혼조광해군조의 죄적罪籍을 깨끗이 씻었고, 우리 부자는 모두 은전恩典을 입었다. 얼마 지나지 않아 선군께서 돌아가셨다. 나는 그때부터 세상살이에 뜻이 없어 조주趙州, 선종의 참법參法을 구하였다. 사방의 고승들에게 물으니 모두가 와서 참증參證하였는데 나는 그 참증을 듣고는 참법이 참이 아님을 깨달았다.

정축년 이후에 조정에 편안히 있을 수가 없어 묏자리가에 가사家舍를 지었다. 땅에는 차조가 풍부했으며 물고기와 자라는 흔하디흔했다. 때때로 물러나 거처하여 문을 걸어 잠그고 손님을 받지 않았으며 만나는 사람이라고는 촌옹과 야로 같은 이들뿐이었다. 안팎에서 이를 보고서 명나라를 위하여 절개를 지키는 것이라 여기어 심양으로 귀양가게 되었다. 쇠사슬을 차고 떠나가는데 사람들이 반드시 죽을 것이라 했으나 끝내 죽지 않았다.

세상에서는 내가 문장을 조금 안다고 하여 글을 부탁하기도 했으나 나는 실로 글을 읽은 적이 없다. 소싯적에 《태사공서太史公書》를 보고서는 매우 기뻐하여 서敍와 전傳 약간 편을 뽑아내어 읽었으나 입으로만 익었을 뿐이었다. 그 외 《좌전》《국어》《장자》《이소》를 읽기도 했으나 대강 그 체재를 알 뿐 깊이 연구하지는 않았다. 그런데 서기序記나 비지碑誌를 썼을 때 선군께서 능하다 여기시며 내게 작가의 기질이 있다고 했다.

시도詩道는 더욱 공을 붙이지 못하여 옥의 아름다움이 그 흠을 덮지 못했으나, 선왕께서 나의 재주를 아끼시어 누차 종이와 붓을 내리시며 글씨를 쓰라고 부과하신 것이 여러 해였다. 때문에 서법書法에서는 자못 공력을 들이고 일정한 연마가 있었으나 게으른 탓에 끝에 이루지를 못했다.

천성이 산수를 좋아하여 묘향산·서악·오대산·금강산 등을 두루 돌아다녔다. 비로봉에 올라 북해상에 있는 여러 산을 바라보고, 바다를 따라 동쪽으로 대관령에 올랐다. 그 외로 역내에 명산과 대천을 두루 편력했다. 크게 내다보고서 돌아와 집안에 드러누웠다가는 혼자서 웃으며 말했다. "유관遊觀한 것이 크다면 큰 것이로되 내 것은 아니로다." 이에 옛 서적을 수습하였는데 정자程子와 주자朱子의 여러 책을 얻어서는 얼이 빠진 듯이 놀라 말했다.

"나의 자취를 기억해보니 나의 뜻을 잃었던 것이 거의 반생애였도다. 이제 비로소 옛 거처로 돌아와 나의 고서古書를 읽지만 오랜 잘못은 고쳐지기가 어려운 것이기에 땀이 등을 흠뻑 적신다."

선군께서는 일찍이 조선의 사적을 소옹邵雍의 《황극경세서皇極經世書》

에 끼워넣으려 하셨으나 끝내 이루지 못하셨다. 소자가 정리하고 편집해서 10권의 책을 이루었다. 전에 쓰시던 책상자를 습득하여 거기서 평소 지으신 고금시 1700여 편, 잡문·서기序記·명찬銘贊·비지 400여 편을 얻었다. 왕명을 받들어 보장寶章·명정銘旌을 전서篆書로 쓰시고 옥책玉册·능표陵表를 예서로 쓰셨으며 목주神主를 제題하셨으니, 사관史官에 그 기록이 있다.

동양東陽 신익성申翊聖 군석君奭이 기록한다.

조선초에는 부마를 종친처럼 봉군하여 이성제군부異姓諸君府에 소속시켰다. 1434년세종 16에 공주·옹주의 배필을 부마라고 일컬어오던 것을 의빈儀賓이라 개칭하도록 명한 적도 있었는데, 실제로는 부마라는 명칭이 통용되었다. 이후 1484년성종 15에 여러 의논을 거쳐 다시 위尉로 개정하여 《경국대전》에 수록했다. 적실의 공주에게 장가든 자는 종1품의 위를, 서실의 옹주에게 장가든 자는 종2품의 지위를 초수超授, 순위를 넘어 제수함했으며, 왕세자녀인 적실 군주郡主에게 장가든 자는 정3품의 부위副尉를, 서실 현주縣主에게 장가든 자는 종3품의 첨위僉尉를 초수했다.

부마는 종친과 마찬가지로 작위에 따라 녹봉과 직전이 주어지고, 그가 죽으면 공주·옹주에게 급여했다. 일용의 전답 외에 부를 축적할 수 있는 어염魚鹽 지역까지 하사받았다. 하지만 부마는 존영을 누리는 만큼 여러 규제를 받았다. 공주와 옹주의 생존에 첩을 둘 수 없고, 상처한 후에도 재취할 수가 없었다. 또한 종친과 마찬가지로 사헌부의 규찰을 받았다. 부마가 범죄를 저지르면 그가 받았던 과전은 공주와 옹주에게 급여했다. 부마는 관직에 나아가지 못하므로 재주와 뜻을 펼칠 수가 없었다. 반대로 물질적으로는 풍요로웠으며 예술 세계에서 노닐 여유가 있었다. 그래서 스스로 몸을 닦지 않을 경우 금방 안일해져 향락에 빠지기가 쉬웠다.

신익성은 의빈으로 뽑혔을 때 지필묵과 서적, 안장 얹은 말, 풍천벼루를 대궐에서 하사받았다. 또 1600년에 상산군 박충간朴忠侃의 용산 정자를 사려고 했을 때는 선조로부터 면포 200필을 하사받았다. 그러나 박충간이 정자를 끝내 팔지 않았기에 신익성은 면포를 25년간 봉해두었다가, 뒤에 영복정 터를 사서 정자를 지었다. 또 1605년에 명례방의 집을 구입할 때도 왕실의 도움을 받은 듯하다. 정묘호란 때 인조를 강화도로 호종한 공로로 땅을 또 하사받았다. 1627년 옹주가 별세해서 광주의 사부촌경기도 광주군 퇴촌면 영동리에 장사지낼 때 인조는 묘하의 전답과 묘를 지킬 노복을 하사하기도 했다.

신익성의 동서 영안위 홍주원洪柱元, 1606~1672도 풍족한 생활을 했다. 홍주원은 1623년에 인목대비 소생의 정명공주와 혼인하여 우이동 진고개泥峴에 대지를 합쳐 530칸의 집을 얻었다. 넷째아들 홍만회는 그곳을 물려받아 20칸의 정당과 수많은 부속건물을 지었다.

신익성은 광해조에 부친이 선영이 있던 김포에 방축되자 초당을 지었다가, 1628년에 부친이 세상을 뜨자 부친의 묘소를 광주 사부촌에 쓰면서 주변에 전장田莊, 별장을 경영했다. 병자호란 뒤에는 더욱 적극적으로 전장을 넓혔다. 1638년는 왕손곡에 집을 짓고, 도성과 동회東淮의 중간인 덕연德淵에 새로 집을 지어 청백당이라 했다. 2년 후에는 백운봉을 마주한 곳에 백운루를 지었다. 《실록》 졸기에 "성품이 조용하지 못하고 또 산업을 경영한다는 비난이 있어 사람들이 이를 불만으로 여겼다"는 비판이 적혀 있을 정도다.

신익성은 글과 글씨로 이름이 높았고, 예술을 감상하는 안목도 있었다. 이를테면 박정朴炡, 1596~1632이 조선 명종·선조 때의 명필과 화가의 서화를 첩으로 만들자, 신익성은 그것을 얻어 보고 품평의 글을 남겼다. 또 김육金堉이 소장한 명나라 동기창의 글씨를 보고 감상을 남기고, 의창군이 소장한 팔협도八俠圖에 글을 썼으며, 이민구李敏求가 소장한 구영仇英의 〈백묘나한도白描羅漢圖〉에 발문을 부쳤다.

신익성은 장서가 많았다. 임진왜란과 병자호란 때 상당량 없어지긴 했지만, 다시 다량 구입했다. 그리고 각공刻工, 刻手을 고용해서 판목을 만들어 책을 찍었다. 부친 신흠이 1628년 6월 29일 졸하자 1629년에 부친의 문집을 엮어서 활자로 간행한 것은 그 일례다. 외손 김석주金錫胄도 그 전통을 이어, 한구자韓構字라는 활자를 주조해서 출판에 이용했다.

신익성은 유람도 즐겼는데, 평생의 유람을 스스로 이렇게 개괄했다.

나는 묘향산에 올라 서쪽 변방을 바라보았고, 기달산怾怛山, 금강산에 올라 북해를 바라보고 대관령에 올라 동해를 바라보고, 수양산에 올라 발해를 바라보고, 조령에 올라 남쪽 변방을 바라보았다. 영보정에서 누선 층층배을 띄워 망선대에 오르고, 탄금대에 올라 달천을 바라보며 옛 전장을 조문했다. 만년에는 용문 아래에 퇴거하였으니 대개 산수가 깊은 지역이다.

신익성의 여행에 대해 외손 김석주는 〈균상인에게 준 글贈均上人序〉에서 이렇게 말했다.

내 외조부 동회공東淮公은 문장의 명망이 일대에 가장 뛰어났는데, 부마의 신분이라 제도에 얽매여서 세상에 쓰이지 못했다. 그 기위奇偉하고 빼어난 기운을 펼칠 데가 없어서 우리나라의 명산대천과 신령한 장소를 널리 보셨고, 자주 방외의 기특한 선비와 더불어 유람하며 다니시면서 그들을 아껴 차마 물리치지 않으셨다. 이 때문에 공의 생전에 세상에서 이른바 시승詩僧이니 운석韻釋이니 하는 사람으로서 공의 한 마디에 힘입어 스스로 드러내고자 하는 자들이 날마다 집에 이어졌으나, 공은 모두 즐거이 대접하고 조금이라도 싫은 내색이 없으셨다.

신익성은 유람의 견문을 여러 양식으로 형상화했다. 1625년 천마산과 성거산을 유람한 뒤 〈유양도산수기遊兩都山水記〉와 시집 〈유양도산수록遊兩都山水錄〉을 남겼다. 1626년 전위사로 평양에 가서 읊은 시편은 〈서관록西關錄〉으로 엮었다. 1631년에는 휴가를 얻어 고성군의 탕천湯泉에서 목욕하고 금강산을 구경한 뒤 대관령을 넘어 북원강원도 원주을 거쳐 오대산도 구경하고, 한강을 이용하여 서울로 돌아왔다. 이때의 시편을 〈동유록東遊錄〉으로 엮고, 유람의 여정과 감회를 〈유금강내외산제기遊金剛內外山諸記〉라든가 〈유금강소기遊金剛小記〉 같은 기문으로 남겼다.

1639년에는 온양과 보령을 유람하고 돌아와 〈온천록溫泉錄〉을 남겼고, 1641년 단구丹丘를 유람한 뒤에 〈단구록丹丘錄〉을 엮었으나, 이 둘은 전하지 않는다.

1642년에 신익성은 신익전申翊全·허계許啓·이명한李明漢·이경여李敬輿 등과 함께 척화오신이라 지목되어 12월에 심양으로 잡혀갔다가, 이듬해 국왕의 친족이라는 이유로 석방되었다. 그는 이 경험을 기록한 〈북정록北征錄〉을 남겼다.

    우리는, 부마이기 때문에 정치권력을 억제당했지만 문화 영역에서는 자신의 기호를 한껏 추구할 수 있었던 한 인물의 삶을, 그리고 그 이면에 놓여 있는 불만의 심경을 신익성의 〈낙전거사자서〉에서 읽을 수 있었다.

참고문헌

- 신익성申翊聖, 〈낙전거사자서樂全居士自敍〉, 《낙전당집樂全堂集》 서序, 한국문집총간 93, 한국고전번역원, 1988.
- 신익성, 〈서사천첩후書斜川帖後〉, 《선집先集》 속고續稿 권14, 문중소장 필사본. ; 〈서서청풍정리소장화첩후書徐淸風貞履素粧畵帖後〉, 《선집》 속고 권14.
- 김석주金錫冑, 〈증균상인서贈均上人序〉, 《식암유고息庵遺稿》권8, 한국문집총간 145, 한국고전번역원, 1995.
- 신경준申景濬, 〈일수재기日修齋記〉, 《여암유고旅庵遺稿》권4, 한국문집총간 231, 한국고전번역원, 1999.
- 심경호, 《산문기행》, 이가서, 2007.
- 김은정, 〈낙전당 신익성의 문학 연구〉, 서울대학교 박사논문, 2005.

이홍인李弘仁, 〈월호자서月湖自敍〉 9

위태로움을 보고 물러났다

見危勇退 견위용퇴

숙종 초에 두 차례에 걸친 예송논쟁이 있자 벼슬을 버리고 영남 밀치현密治縣에 은둔했던 이홍인李弘仁, 1630~?은 〈월호자서月湖自敍〉를 남겼다.

이홍인의 자는 현일玹一이다. 남인으로, 백호 윤휴尹鑴를 추종했다. 숙종 연간에 남인들이 정계에서 축출당하는 경신대출척이 일어났다. 남인들은 그때 세력이 꺾인데다가 유악油幄 사건과 삼복三福의 변고가 있자 더욱 궁지에 몰렸다. 이홍인은 승훈랑으로 있던 형 이홍원李弘原과 함께 남쪽으로 망명하기로 했다. 그런데 진만珍灣에 이르러 풍랑을 만나 형이 실족하여 익사하고 말았다.

비통한 마음을 끌어안고 호남과 영남을 전전하다가 밀치현 영안永安 산골에서 촌아이들에게 글을 가르치며 생활했다. 그리고 이웃의 권유에 따라 절름발이 애꾸눈의 과년한 처녀에게 장가들어, 두 아들을 낳고, 돌밭 서너 마지기를 얻어 자손이 안주할 곳으로 삼았다.

내 이름은 홍인弘仁으로 자字는 현일玹一, 자호는 월호月湖이며, 이씨로 본관은 경주다. 선계先系는 신라에서 나왔는데, 사량대인沙梁大人 휘諱 알평謁平에까지 미친다. 이로부터 이름난 고위관료가 석석碩碩하여 역사서에 연이어 기록되었는데 고려 때 가장 드러나서 익재益齋 선생 휘 제현齊賢은 문장과 덕업이 백세의 스승이 되셨다. 본조本朝조선에 들어와서도 역시 명망이 알려진 분이 많았다.

증조 휘 응應은 선묘선조 만력 연간에 외직으로 나가 오강五江을 맡아 다스리다가 순절했고, 조부 휘 호남浩南은 인묘인조 때 이괄의 난리에 풍천豊川을 맡아 다스리다가 적을 맞아 싸워 의義를 위해 순사했다. 선고先考 휘 영욱英旭은 벼슬이 참찬에까지 이르렀다.

나는 인묘 8년 경오1630 2월 1일에 서울집에서 태어났다. 7세에 사부학당에 들어갔고, 12, 3세에 능히 《효경》과 《논어》를 욀 수 있었으며, 18세에 해시解試에 뽑혔다. 28세에 배운 바를 가지고 도학이 뛰어난 분의 문하에 나아가 질정質正을 받았다. 당시 미촌美村 윤선거尹宣擧, 미수眉叟 허목許穆, 백호白湖 윤휴尹鑴, 우암尤庵 송시열宋時烈, 동춘同春 송준길宋浚吉 등 여러 유현儒賢이 한창 중망을 짊어지고서, 혹 출사하여 문풍을 도맡기도 했고 혹 은거하여 도를 강학하기도 하고 있었다.

이보다 앞서 인묘께서 즉위하신 날에 소현昭顯을 책봉하여 세자로 삼았는데, 소현세자가 돌아가자 차적자次嫡子이신 효묘효종로 저궁儲宮을 대신하여 자리를 잇게 했다. 그뒤 인묘께서 승하하시고 효묘께서 즉위하시어, 우암을 총애하시고 남다르게 여기시니 제우際遇가 융성하고 친밀했다. 백호는 포의로 여강여주 강가에서 독서하여 명망이 날로 더욱 높아져, 사방에서 책상자를 짊어지고 배움을 청하는 자가 여강 길에 끊이지 않았다.

효묘孝廟께서 승하하신 뒤 예관禮官이 장렬莊烈 대비의 복상을 정하지 못했는데, 우암은 "효종은 인조의 적장자가 아니므로 마땅히 《예기》 주소注疏의 '체이부정體而不正'에 의거하여 상복을 기년복으로 정해야 한다"고 했다. 백호는 "마땅히 '인군人君의 상에는 내종과 외종이 모두 참최복을 입어야 한다'는 글에 근거하여 참최 삼년복을 입어야 한다"고 했다. 미수는 "예법에 제일자가 죽으면 적처 소생 제이 장자를 취하여 세우는데, 이 또한 명칭이 장자이므로, 효종이 차적자로서 왕위에 올라 왕통을 계승했으니 대비는 마땅히 장자를 위해 자최 삼년복을 입어야 한다"고 했다. 영의정 정태화鄭太和가 국제國制에 어미가 자식을 위해서 장자든 중자든 간에 모두 기년복을 입었음에 근거하여 기년복으로 할 것을 정했다.

그후 인선왕후의 상에 또 "서부庶婦는 대공복을 입어야 한다"는 근거에서 장렬 대비의 복상을 결정했으나, 영남 유학자 도신징都愼徵이 상소하려 그 그릇됨을 명확히 변설하니, 현묘顯宗께서 혁연赫然히 크게 깨달아 예관에게 명하여 미수의 주장을 써서 전후 복제의 잘못을 수정하게 하셨다.

그러나 이로부터 예론에서 서로 편당 짓고 영합하여 서로 알력하고 남을 헐뜯어서 조정과 재야가 모두 흉흉해지게 되었다.

아아, 《예기》〈표기表記〉에 이르기를, "욕심 없이 인을 좋아하는 자와 두려움 없이 불인을 싫어하는 자는 천하에 한 사람 정도나 있을 따름이다. 그렇기 때문에 군자가 도를 의논할 때에는 자기의 입장에서 해야 하지만 법을 적용할 때에는 백성의 처지를 고려해야 하는 것이다"라고 했다. 또 《예기》에서 공자는

"선행의 경우에는 남을 일컫고 과실의 경우에는 자기를 일컫는다면 백성들이 다투지 않을 것이므로 군자는 자신의 능한 바를 가지고 다른 이를 책하지 않으며, 다른 이의 능하지 못한 바로 그 사람을 부끄럽게 만들지 않는다"라고 했다. 이 때문에 성인은 제행制行에 있어 자신을 기준으로 삼아 제재하지 않았고, 백성에게 권면함이 있게 한 연후에 하늘에 부끄럽지 않고 사람들을 두려워하지 않았으니, 이것이 진실로 후대 '제법制法의 의義'일 것이다.

그렇거늘 지금은 천지인 삼재三才와 사람들의 공의公議를 고려하지 않고, 스스로 감히 고집하여 끝내 잘못을 고치고 뉘우치려는 뜻이 유독 없으니 어째서인가? 게다가 우리 근화무궁화 지역은 동·북으로 수성受成, 주대에 천자가 출정하기에 앞서 태학에서 미리 정해놓은 전략을 받는 의식-《예기》〈王制〉하여 문·무를 익혀 합하여 구려救旅, 계씨季氏가 태산泰山에 여제旅祭를 지냄에 대해 공자가 염유冉有에게 '바로잡을 수 없는가?'라고 문책한 것을 잘 정비하여 지켜서, 열 개의 선善 가운데 하나의 어그러짐이라도 있으면 오히려 왕왕 알리기를 급하게 하거늘, 하물며 같은 조정에 서서 책임을 맡아서는 서로 나뉘어 알력하고 의론을 달리해서야 되겠는가? 심지어 서울에서 멀리 떨어진 시골에서도 이름을 훔치고 세력 있는 자에게 아부하는 무리가 다투어 권세가의 집에 명함을 들이밀고 그 권세가에게 의지하여 자만하고 뽐내니, 이로부터 풍속이 정제되지 못하고 예의가 다르게 되었다. 이 어찌 선왕의 아름다운 법도이며 선사의 밝은 가르침이겠는가?

나는 총각머리를 했을 때부터 가정에서 늘 이런 가르침을 받았다.

"우리 집안은 대대로 국록을 받아먹었으니, 당목黨目에 대해 근신해야 한다. 벼슬살이라는 것은 영광스러운 이름을 현양할 필요가 없다. 실로 그 배운 바를 행하여 국가를 보익하고 모든 백성을 화성化成하고자 하는 것이다. 그러나 때를 관찰하고 마땅함을 헤아리지 않아 진퇴에 준거가 없다면, 의義를 행함이 밝지 못하게 된다. 절중折中으로써 처신하여, 옛 선대의 철인들에게 부끄러움이 없게 하라."

내가 가르침을 받은 이후로 감히 하루라도 마음에서 잊어본 적이 없었다. 때문에 조정의 반열에 참여했을 때부터, 윗사람을 섬기고 아랫사람에게 임할 적에 더더욱 전전긍긍하여 혹여 다른 이들에게 곁눈질당하는 일이 없었다. 또 휴가에 이르면, 물러나 앉아 책을 펼쳐 열람해서 은미隱微, 겉으로 드러나지 않고 작음하고 깊은 뜻을 탐색하다가 의문점이 있으면 왕왕 백호 선생에게 아뢰고 질정을 받았다.

선생께서 외람되게도 잘못 아껴주심이 적당함을 지나쳐, '너는 가르칠 만하다'라고 하시며, 시로 권면해주시기까지 했다.

한 밝음 본디 갖추어져 만수萬殊가 동일하니
곳마다 이 이치 통하지 않음 없네.
뜻을 다하여도 진적처眞積處 말하기 어렵지만
사용할 때에야 비로소 기를 때 공을 깨닫는다네.

一明素具萬殊同   觸處無非是理通
至意難言眞積地   用時方覺養時功

이는 그 도를 견득見得함이 명백하고 학식이 투철하여 '백세의 사표'라고 이를 만하다. 나는 일찍 그 문정門庭에 나아가 의심스럽고 어려운 곳을 변파·분석할 수 없음이 한스러웠다.

현묘현종 계축년에 관직이 춘추관 판의判儀에 나열되었고, 숙묘숙종 병진년에 사헌부 집의에 올랐다. 윤 선생 역시 이때 출사하여 제우際遇가 드러나고 융성했으나, 이에 또 예송禮訟의 설이 하늘 끝까지 타올라 그치지 않아, 노선을 갈라 서로 다투는 지경에 이르렀다.

당시 종실의 정楨·남柟이 자행하여 법도를 지키지 않으니, 자전慈殿께서 근심하시어, 곡을 하며 군신들에게 임하시는 일이 벌어지기까지 했다. 선생께서 이 때문에 주상께 글을 올렸는데 그 글에 '자성慈聖을 조관照管하십시오'라는 말이 있었다. 이는 진실로 받들어 섬기고 승순承順한다는 뜻인데, 저 탄핵하는 자가 '동정動靜' 두 글자를 더하여 교묘히 풀이해서 무고하니 화기禍機가 어찌 될지 예측할 수 없었다.

내가 이에 편지로써 선생에게 은미하게 고했다.

"접때 나아가 뵈올 적에 가르침을 내려주신 것을 마음속에 간직하여 힘쓰고 있습니다. 장차 명위名位를 제인擠引하여 제가 그 배운 바를 행할 수 있기를 바라셨습니다. 오늘날에 성덕盛德이 이르러 내렸으니 어찌 감격하여 마음을 바르게 하지 않겠습니까? 그러나 돌아보건대 지금 당의黨議가 치성하여 상하가 의심하고 두려워하고 있습니다. 비록 문하그대께서 세도世道의 변혁을 자임하여 진실함이 하늘에까지 이르렀으나, 예론이 한번 나옴에 또한 반드시 국가의 경법經法과 백성의 기강을 감히 엄중하게 바로잡을 수밖에 없는 지경에 이르렀습니다. 그렇거늘 오히려 사람들의 입이 말하는 것에 헷갈려 빠져들었으니, 실로 무함誣陷을 퍼뜨리고 와언訛言을 함부로 하여, 쏘는 것마다 독이 아닌 것이 없습니다. 식견 있는 군자로 하여금 꿋꿋이 경계하게 하더라도, 혹여 문호를 틀어막고 혀를 물게 하는데, 더구나 저 같은 경우는 지위가 낮고 사람됨이 천하며, 도를 배움에 통달하지 못했고 일에 임하여서는 숙련되지 못할 따름입니다. 어찌 또 감히 얼굴을 들이밀고 손을 내어서, 이러한 때에 훌륭한 일을 하고자 하겠습니까? 비록 만에 만 번을 조신操慎하여 평소의 뜻을 펼칠 수 있다고 하더라도, 문하의 비익휘정比翼彙征, '비익'은 두 마리의 새가 서로 날개를 가지런히 맞댐을 말하고 '휘정'은 띠풀의 뿌리가 함께 뽑혀 나오듯 동지들과 함께 나와서 일을 거들며 성취시키는 것을 말한다의 뜻에 수응하여 조금이라도 보족補足할 만한 것이 없음을 스스로 알아, 도리어 독직黷直, 경솔하게 올곧음한 성품이 의義를 보고 쉽게 격분할까 두렵습니다. 어찌 반드시 분한을 넘어서 불선한 사람에게 출채出責, 남에게 빚을 주고는 갚기를 바람하여 문하의 자리를 만들어서 걸핏하면 헤아릴 수 없는 재앙을 끌어들이고서야 그만두겠습니까? 삼가 생각해보건대 문하의 성충誠忠은 인군人君에게 관계되어, 세도로써 책임을 지운다면 그 진퇴하는 바에 사람이 능히 할 만함이 아닌 것이 있습니다. 그렇다면 필경 이해利害에 대한 계산과 성패에 대한 고려에 있어서, 직直과 의義를 행하여 한번 하늘로 돌아갈 뿐입니다. 저 같은 경우는 관직이 포관抱關, 문지기처럼 미천한 관직에 나열되어 세책世責하는 바가 없는데, 이를 편안하게 여기지 못하면, 옛 군자의 '기미를 보고서 살피고 삼가는 의리'가 아닙니다. 감히 바라건대 존념尊念으로 더욱 살피시어, 감히 능하지 못하다는 이유로 책망하게 하지 마십시오. 문하께서 스스로 삼가는 도리일 뿐만이 아닙니다. 저를 아끼시어 보전하시는 바입니다. 도리어 더욱 전패顚沛하여 화를 당하지 않겠습니까? 오로지 이것을 앙망할 뿐입니다. 미미한 정성을 이기지 못하겠습니다."

선생께서 편지를 읽어보시고 다음과 같이 답장을 주셨다.

"위태로움을 보고 용감하게 물러남은 진실로 명철明哲의 일이네. 그러나 만약 사람들이 모두 이와 같다면, 어느 누가 세도를 맡겠는가? 더구나 현재 성명聖明께서 위에 계실 따름이네. 만일 신자臣子가 각각 그 직책을 부지런히 하고 그 도를 올곧게 하여, 한결같이 하여서 그 정성을 지극히 한다면 인천仁天이 머지않으리니, 전화위복의 날이 없을 줄을 어찌 알겠는가? 부디 다시 생각하시게나."

그러나 내 마음에는 이미 결단코 '스스로를 잘 끝마칠 수 없는 점'이 있어 이에 다음과 같이 답장을 보냈다.

"저 홍인은 재주가 하잘 것 없고 학식이 천박하여, 취할 만한 것이 하나도 없습니다. 오직 선인先人의 서여緖餘에 힘입어 미관말직에 낄 수 있었으니, 분한에 이미 넘치는 것이었습니다. 천은天恩 역시 지극하여 장차 어떻게 보답해야 할지 모르겠습니다. 더구나 문하께서는 지나치게 아끼시고 더욱 중요하게 여기십니다. 시강侍講으로써 제수하신 명은 디욱 지도 모르게 순숙隕縮하여, 깊이 두리워 밀꿈치까지 땀을 흐르세 하지 못하였습니다. 옛적에 공자께서 문인을 가르치실 적에 반드시 그 능히 배울 수 있음을 헤아리시고 가르치셨습니다. 배움의 책임은 자기 한 몸에 그치고 벼슬의 책임은 천하에 관계되는데, 문하께서는 '명도明道의 감식鑑識'으로 이러한 따위를 살피시고 삼가지 아님이 아니건마는, 차례를 뛰어넘어 다른 이에게 미루어 이와 같은 지경에까지 이르렀습니다. 저 홍인을 가당可當하다고 여기신다면, 그 배운 바와 소견을 문하께서 이미 능히 상세히 살펴 아실 뿐이니 과연 이 직임에 적당한 점이 있겠습니까? 저 홍인이 비록 같잖지만, 그래도 불의와 영화를 탐함이 부끄러워할 만한 일이고, 덕 없이 이름을 구함이 정말 망령된 것임을 스스로 알고 있습니다. 그러나 또한 부지런하고 부지런하여 행보를 곁으로 하여俛俛側跡 오늘날에까지 이르러 감히 떠나가지 못하는 것은, 다만 부조父祖께서 의義를 위해 돌아가신 것을 아직 표양表揚하지 못했기 때문입니다. 이 역시 불효자가 진실로 못났으나 그래도 오히려 어찌할 수 없음이오, 다시 또 당의黨議가 치열하여 시비가 모호해져, 온 나라를 다하여 도도滔滔하여 막을 수 없으니, 비록 문하께서 도를 잡아 지킴이 탄직坦直하고 의義로써 동작하여 성충誠忠이 격발하는 바에 천심에 믿음이 있다고 하나, 외려 바야흐로 효효嘵嘵하게 수설受舌, 비난받음하여 장차 돌아가 안정될 바를 알 방법이 없으니, 그렇다면 한심하지 않을 수 있겠습니까? 이는 저 홍인이 오늘날 스스로 계획으로 삼는 바에, 그저 산반수곡山盤水曲에서 내가 좋아하는 바를 따라, '지족知足의 분수'를 닦을 따름인 것 만함이 없는 것입니다. 삼가 바라건대, 문하께서는 이 보잘것없는 정성을 살피시어 그 매매邁邁, 거들떠보지도 않는 모습함으로써 꾸짖지 마십시오. 부디 감히 지극히 바랍니다."

선생께서 이로 인해 다시 다음과 같이 답장을 내리셨다.

"보내준 편지에서 부조父祖의 의義가 회민晦泯한 것을 애통하게 여겼는데, 그렇다면 보답하는 방법은 과거에 선발됨에 달려 있네. 당의黨議가 횡사橫肆함을 염려하여 바로잡을 것을 곧장 말함은 곧 나 역시 경외하여 탄식하였네. 그러나 이는 곧 우리 당黨의 새로 나아간 자가 더욱더 삼가고 힘써 군주의 덕을 익찬翊贊하고, 나아감에 충성을 다할 것을 생각하며 물러남에 허물을 보족할 것을 생각하여, 신하의 직분에서 마땅히 해야 할 바를 다할 것을 추구해야 할 뿐이지, 또 어찌 결결연決決然하여 이로써 진퇴의 계책을 삼겠는가?"

내가 또 생각해보건대 선생은 곧 지위의 높음이 태보台輔, 정승에까지 이르렀고 나라의 중망을 짊어져 그 나아가고 물러나는 바에 용이하기 어려운 점이 있으나, 나 같은 경우는 미천하여 직위가 낮고 책임이 가벼워, 괜찮으면 머무르고 괜찮지 않으면 떠나감에 있어서 무슨 불가함이 있겠는가? 결국 당일로 짐을 꾸려 형 승훈랑承訓郎 홍원弘原과 함께 남쪽으로 내려와, 진만珍灣에 이르러 다음 시를 지었다.

표박하여 남쪽으로 만灣을 따라 일만 리 떠다니니
어느 곳이 이 몸 돌아가 쉴 만한 곳인가?
하늘가에 흰 태양은 여전히 홀로 비추는데
바닷가의 신산神山은 아득한 곳으로 들어가네.
지난 일 이미 머리 돌려 따져묻기 어려운데
성난 파도는 어찌하여 완악하게 배를 부리는고?
만일 이 떠나감에 끝이 있다면
고기의 뱃속에 이 혼을 보관하게 되더라도 기쁘리라.

飄泊南浮萬里灣 표박남부만리만　是身何處可歸安 시신하처가귀안
天邊白日猶孤照 천변백일유고조　海角神山入杳間 해각신산입묘간
往事已難回首問 왕사이난회수문　狂波其奈使舟頑 광파기내사주완
若令此去無終了 약령차거무종료　魚腹藏魂亦所歡 어복장혼역소환

마침내 뱃사공을 재촉하여 배에 올랐다. 그런데 바다 한가운데 이르러

갑자기 큰 바람이 배를 키질하듯 까불러, 형이 정신을 못 차리고 어찔해서 물속으로 거꾸러졌다. 아아, 창천이여! 형은 진실로 우애 있고 돈독한 마음으로 나의 환난을 급하게 여겨주어, 만리 경파鯨波에 함께 배를 타고 가게 되었다. 이러한 횡액은 의당 우애롭지 못하고 보잘것없는 내게 있어야만 할 터이거늘 형에게 미쳤으니, 이 무슨 이치인가? 이는 내가 하늘이 다하도록 애통해하며 눈물 흘리는 바이다.

이로부터 단신으로 그림자를 위로하며 이남二南에 전전했다. 기미년 겨울에 밀성密城의 치소治所 서쪽 영안곡永安谷에 이르렀는데 산수山水가 우회紆回하고 거주하는 사람이 드물고 적어 진실로 은자가 반선盤旋할 만한 곳이었다. 그대로 머물러 촌아이들을 가르쳤다. 주변사람들이 내가 홀아비로 거처함을 불쌍히 여겨 중매하여 혼인을 맺어주려고 해서, "이곳에 혼기를 넘겼으나 아직 시집가서 자식을 낳지 않은 규수가 한 사람 있습니다. 절름발이에 애꾸눈의 질병이 있기 때문입니다"라고 말했다. 나 또한 스스로 신후身後, 死後를 돌아보니 근력이 끝내 버틸 수 없었다. 때문에 그의 권유대로 날을 가려잡고 혼례를 이루었으니, 곧 밀성박씨 상천相天의 여식이다. 몇 해 만에 다행히 두 아들을 얻었다. 장남은 준발俊發이고 차남은 준달俊達이다.

아아, 내가 영안곡으로 들어와서는 문호를 틀어막고 기척을 죽이고 지내면서 암석 사이에서 소요한다면 여생을 거의 보낼 수 있을 듯싶었다. 그러나 생각이 거슬러 왕겁往劫, 지난일에까지 이르면, 세상일에 분개하여 깊이 울적한 생각이 없을 수 없었다. 이에 《서사록捿斯錄》·《경유훈警幼訓》의 수천 글자 되는 글을 지어 내 뜻을 보인다. 또 마을 이름을 영안永安으로 고쳐 물가에 두어 칸의 집을 짓고, 뜰에 복숭아·국화·솔·대를 심어 사계절을 징험하고, 그로써 문에 다음과 같은 시를 지었다.

섬돌가에 복숭아와 국화 심으니
번갈아 꽃을 틔워 징험이 됨을 보겠네.
집에 달력 없음을 어찌 한하랴?
복숭아와 국화가 더위와 추위를 담당했는데.
대를 통해 여름을 점치고
솔을 보고 겨울을 기억할 수 있지.
따뜻한 햇볕의 길고 짧음을 알고 싶다면
대와 솔이 절로 모습을 나눈다네.

砌裁桃與菊 채재도여국　　迭秀驗相看 질수험상간
何恨家無曆 하한가무력　　雙花任暑寒 쌍화임서한
因竹能占夏 인죽능점하　　看松可記冬 간송가기동
欲知長短煦 욕지장단후　　雙葉自分冬 쌍엽자분용

아아, 그윽하고 깊도다. 비록 이곳이 황폐하고 외진데다가 토양이 볕을 등졌으나, 아주 작은 돌밭이지만 또한 거름을 줄 만하고 기장과 콩을 심어 생계를 꾸릴 수 있으니, 그렇다면 혹 여기에서 내 자손을 길이 편안하게 할 수 있으리라.
이것이 내가 바라는 바로다. 이것이 내가 바라는 바로다.

이홍인은 윤휴의 문인으로서, 당쟁이 격심하던 때에 결국 '만족할 줄 아는 분수를 닦기 위해' 서울을 떠났다. 그는 이 〈월호자서〉에서, 낙향을 결심하였을 때 윤휴와 주고받은 서찰들을 부분부분 떼어서 실어두었다. 정치 공간에 남아주길 바라는 윤휴의 간청을 물리친 자신의 입장을 변론하기 위한 것이었다. 그러면서 이홍인은 윤휴가 서찰에서 말한 '위태로움을 보고 용감하게 물러난다' 는 뜻의 '견위용퇴見危勇退'를 자신의 용퇴를 합리화 혹은 정당화시켜주는 논리로 받아들였다.

《논어》〈헌문憲問〉에서는 견위수명見危授命을 말하고 〈자장子張〉에서는 견위치명見危致命을 말했다. 사실상 선비나 군자로서는 견위용퇴見危勇退의 근거가 매우 박약하다.

아마도 이홍인은 〈헌문〉에서 공자가 한 말을 자기 처신의 근거로 삼을 수는 있었을 것이다. 제자 원헌原憲이 부끄러움에 대해 묻자, 공자는 "나라에 도가 있거늘 하는 일 없이 녹봉만 받거나, 나라에 도가 없는데 뜻을 지키지 못하고 녹봉 받는 것이 부끄러운 일이다"라고 했다. "나라에 도가 있거나 없거나 어찌됐든 녹봉 받아먹는 일은 부끄러운 일이다"로 풀이해도 좋다. 절의節義를 지키는 군자는 치세治世와는 부합하지만 난세亂世와는 어긋나기 마련인데, 치세든 난세든 벼슬을 산다면 군자라 할 수 없다는 이유에서 그렇게 볼 수 있는 것이다.

윤휴도 "위태로움을 보고 용감하게 물러남은 진실로 명철의 일이네"라고 하면서도 "그러나 만약 사람들이 모두 이와 같다면, 어느 누가 세도를 맡겠는가?"라고 힐난했다.

그 만류를 뿌리치고 낙향하던 이홍인은 타고 가던 배에서 형이 떨어져 간 곳을 모르게 되는 횡액을 당했다. 자신의 바라는 바를 따라 생활하겠다고는 하지만, 평온함은 쉽게 찾아오지 않았다. 단신으로 그림자를 위로

하며 이남二南을 전전해야 했다.

가까스로 영안에 이르러 혼기를 넘긴, 절름발이에 애꾸눈의 질병이 있는 박씨와 실가를 이루고 살았다. 문호를 틀어막고 기척을 죽이고 지내면서 암석 사이에서 소요하는 생활을 하게 된 것이다. 그러나 "생각이 거슬러 왕겁에까지 이르면, 세상일에 분개하여 깊이 울적한 생각이 없을 수 없었." 그는 물가 두어 칸의 집에서 평온함을 얻은 듯하지만 지난날에 대한 후회로 가슴을 쓸어내려야 했던 것이다.

윤휴의 문집에 이홍인에 관한 기록이 둘 나온다. 윤휴가 이홍인에게 서찰 대신 주어 학문에 대해 논한 칠언절구 한 수는 이 〈월호자서〉에도 실려 있다. 또 하나는 장편의 사辭인데, 권면하는 내용을 담고 있다.

산아 물아
하나는 동하고 하나는 정함을 보라.
새야 물고기야
나는 것과 뛰는 것이 저설로 그러하다.
받아들이면 도가 되고
버리면 하늘을 어기게 된다.
그 이치에 밝음이 불변의 덕이요
그 마음을 기름이 중을 선택하는 일이다.
그것을 즐기면 얻음이 많고
그 이치 살피면 정밀하게 된다.
철인은 체득하여 어디에나 적용하지만
바보는 생각하길 효과와 응답 있기 바란다.

활성화하고 변화시킴은 성誠이 이루나니
위로든 아래로든 공덕 베풂은 병통이 된다.
만 년 지나도록 법규로 전하여
천추 지나도록 하늘·땅·사람의 이치가 아니냐.
묵묵히 통달하여 법도를 본받고
맑게 체인하여 두루 아울러라.
높이 날아 응당 세상과 어긋남이 없고
자취를 숨겨 기운 같은 이를 구하라.
나아가든 물러나든 허명한 본심에 부끄럼 없고
평화롭든 어지럽든 양지良知를 더욱 삼가라.
바라노니 어리석은 나의 가르침 어기지 말고
부지런하거라, 부지런하거라.

나아가든 물러나든 스스로의 의지대로 향하면서 본래의 마음에 한 점 부끄럼이 없도록 하라고 경계한 내용이다.

이홍인은 세상에 대한 불만의 뜻을 삭이지는 못했다. 그렇기에 《서사록》《경유훈》과 같은 훈계서를 엮었다. 이 책들은 아직 발견되지 않았다.

그는 몸이 불편한 여성을 아내로 맞아서 돌밭을 일구고 시골 아이들을 가르치면서 스스로의 마음을 다잡고자 했다. 다행히 두 아들을 얻었다고 했다. 작은 행복을 느꼈을 것이다.

참고문헌

- 윤휴尹鑴, 〈이현일과 학문을 논하다與李玹一論學 5수〉, 《(국역)백호문집》 제2권 시詩 칠언절구七言絕句, 한국고전번역원, 1995-2004. ; 〈이현일(홍인)에게 부친 사辭 李玹一 弘仁 辭〉, 《백호전서》 제1권 부賦.
- 조수학, 《한국의 탁전과 가전》, 영남대학교출판부, 1987.
- 이홍인李弘仁, 〈자서自敍〉, 《월호당실기月湖堂實記》권1 문文, 국립중앙도서관 소장.

권섭權燮, 〈자술년기自述年紀〉   10

슬픈 일이 반, 웃을 일이 반이다

悲者半, 笑者半 비자반, 소자반

1998년 4월 13일, 1724년경종 4년에 도화서 화원 이태가 그린 권섭權燮, 1671~1759이란 분의 영정이 경상북도문화재자료 제349호로 지정되었다. 비단에 담채로 그린 팔분면 흉상이다. 찬贊은 권섭이 지었고, 글은 동생 권영權塋이 썼다. 이태는 인조대왕의 영정을 그렸다고 하는 화원이다.

권섭은 조선 숙종 때 단양과 문경을 오가면서 시문과 학문을 했던 인물이다. 54세 되던 1724년영조 즉위년, 갑진에 선산이 있는 제천 문암동門巖洞 안쪽 골짜기의 암자인 영수암에 묵으면서 어느 날 밤에 〈자술년기自述年紀〉를 지었다.

이 글에서 권섭은 태어나서 1723년 당시까지의 행적을 시간 순서로 차례로 서술한 뒤 일생 자신이 접한 죽음·질병·재액, 그리고 자신의 교유 사실들을 총괄해서 적었다. 권섭은 이해 7월에 이미 운문체 자서전인 〈술회시서述懷詩序〉도 지었으나, 미진하다고 여겼기에 다시 이 글을 적은 것이다.

갑진년1724 10월 22일, 제비랑산의 산소를 옮기고 밤에 제천 문암동 골짜기의 영수암永邃菴에 묵었다. 방 안에 코고는 소리가 가득한 가운데 홀로 근심에 겨워 잠들지 못하다가 승려 한 사람으로 하여금 조용히 불을 밝히게 하고 하릴 없이 글을 쓴다. 젊은 날에는 세상에 제법 이름이 있었는데, 지금은 산 북쪽 물가에서 쓸쓸하고 외롭게 지낸다. 젊었을 때의 호기로운 기상이 늙어 다 떨어지니 홀로 지내며 탄식하고 남을 대함에 얼굴이 부끄러워진다. 이 무명옹의 연기年紀를 이루니 슬픈 일이 반이고 웃을 일이 반이다.

무명옹은 현종 신해1671 3월에 삼청동 외가 외증조모 정경부인 홍씨 방에서 태어났다. 할아버지 의정공議政公, 이세백李世白께서 강보에 싸인 나를 데리고 나와 하곡霞谷 윤계尹堦 공에게 운명을 물으시니, 윤공이 점치고 예언하기를 "여덟 번 귀양갈 것이고 세 번 큰 바다를 건널 것이다. 세상에 나가지 않으면 그렇지 않아서 수명이 팽조요임금 신하로 800세를 살았음와 같을 것이다" 하였다. 때때로 인평궁寅平宮, 부마 정제현鄭齊賢과 숙휘공주淑徽公主의 궁에 이서 숙식했는데, 청평공주靑平公主, 효종의 둘째딸인 숙명공주淑明公主인데 청평위靑平尉 심익현沈益顯에게 하가하여 청평공주라고도 부른다께서 머리를 쓰다듬으며 사랑해주셨다. 또 외증조부모와 진외증조께서 지극히 사랑하시어 아침저녁으로 끊임없이 왕래했다.

(중략)

갑술년1694, 24세에 다시 과거공부를 시작했다. 문득 스스로 생각하기를 "과거를 보는 선비가 문장으로 자신을 파는 것은 처녀가 스스로 중매하는 것과 무엇이 다른가?" 하고, 곧이어 또 생각하기를 "공자도 엽각獵較, 사냥 경쟁을 했다. 이러한 세상에 태어나 비록 백성에 은택을 베풀고자 하는 뜻이 있어도 과거가 아니면 어떻게 출세하겠는가? 이는 퇴계와 율곡도 면하지 못한 바다. 과거에 응시하는 것이 무어 해가 되겠는가?" 했다. 또 생각하기를 "우리 할아버지는 깨끗한 이름과 곧은 절개로 한때 이름을 드러냈는데, 내가 만약 출신하여 조정에서 서서 볼 만한 절개가 없으면 선조를 크게 욕되게 할 것이다. 만약 한결같이 우리 할아버지가 한 바를 따른다면 이러한 세상에서는 죽음을 면하기 어려울 것이다" 했다. 마침내 공부를 그만두기로 결심하고 영원히 벼슬길에 나아가고자 하는 뜻을 끊었다.

(중략)

정사년1677, 7세과 병인년1686, 16세에 각각 누이가 죽었다. 을해년1695, 25세에 두 살 난 아들이 죽고, 정해년1707, 37세에 일곱 살 난 딸이 죽었으며, 무자년1708, 38세에 두 살 난 딸이 죽었다. 무술년1718, 48세에 여섯 살 난 딸이 죽고, 계묘년1723, 53세에 두 살 난 손녀가 죽었다. 을미년1715, 45세·경자년1720, 50세·계묘년1723, 53세에 외손자 외손녀 넷이 죽었다. 무릇 눈앞에서 어린 아이가 죽는 것을 본 것이 13번이었다.

태어나던 해에 경풍驚風을 앓아 무릎이 오그라들었는데, 남효원南孝源의 침 한 대로 펴졌다. 2세에 천연두를 앓았고 5세에 학질을 앓았으며 22세에 홍역을 앓았고 28세와 34세에 염병을 앓았다. 33세 때 화재로 인하여 죽을 뻔했다. 갑신년1704, 34세에 서하동瑞霞洞에서 큰 호랑이를 만났고 천천穿川에서 큰 이무기를 만났으며 삼척 바다에서 다섯 마리의 고래를 보았다. 신사년1701, 31세에 대탄大灘에서 노가 부러졌으며, 병술년1706, 36세에 두미斗尾에서 배가 뒤집어졌다. 기축년1709, 39세에 오지천五芝川에서 물에 빠졌고 무진毋津의 강에서 노를 잃었다. 무릇 여섯

번 큰 병을 앓았고, 세 번 이상한 짐승을 만났으며 네 번 험한 물결을 만났으나 죽지 않았다.

정유년1717, 47세 봄부터 집이 어려워져서 7년 동안 가산을 탕진하여 몸을 의탁할 곳이 없었다. 아이들과 손자들을 이끌고 머리를 들고 하늘에 물었으나 하늘은 대답이 없었다.

심봉의沈鳳儀 성소聖韶, 김상리金相履 신로莘老, 이병연李秉淵 일원一源, 이병성李秉成 자평子平 등 네 사람과는 교제가 오래되었다. 계미년1703, 33세부터 임진년1712, 43세까지 밤낮으로 시문을 짓기 위해 모였으며, 같이 먹으면서 기거하기를 10년 동안 한결같이 했으니, 이렇게 질탕한 풍류는 속세의 인간들에게는 전혀 없을 것이다. 낙향한 후에는 서찰의 왕래조차 소원하여 아득하기가 마치 다른 세상의 일 같았으며, 때때로 서찰을 보며 옛날을 그리워했다. 일원부터 신로까지 네 사람은 곤궁한 중에도 인편을 통해 소식을 들었지만, 그 외에 함께 놀던 친구는 모두 관직에 나가 제각기 자기 일에 골몰했다. 오직 박봉령朴鳳齡 공서公瑞, 김성중金聖重 사경子敬, 소상건趙尙健 자이子以, 권엽權熀 명중明仲, 홍우한洪禹翰 사준士駿, 성만징成晚徵 달경達卿 등은 처음 가진 마음이 변치 않았으나, 지금은 모두 죽었다. 이성휘李聖輝, 지호공芝湖公 이선李選의 아들 등 여러 사람은 내가 스스로 절교했다.

54세 되는 갑진년1724 봄에 장모 정부인 박씨의 부음을 들었다. 병자년1696, 26세에 복성卜姓, 부실을 얻음하여 종실 대원군帶原君, 이광윤李匡胤의 딸을 얻었다. 임진년1712, 42세 여름에 아들 선성善性, 나중에 도성道性으로 개명을 낳았는데, 이해갑진년에 이르러 열세 살이 되어 송규헌의 딸에게 장가들었다. 여름에 계부의 상을 당했다. 가을에 정재문鄭載文, 용하龍河의 묘표를 초해서 그 아들에게 보여주고 다시 글을 지어서 정재문의 무덤에 고하였다. 그 김에 〈술회시서〉를 지었으며, 〈자술묘명〉도 지었다. 겨울에 남은 것을 수습하여 황강의 옛날 살던 곳으로 돌아왔다. 한천촌에 터를 가려 집을 짓고 천남에 농장을 만들고 단구丹丘의 장호촌 중에 별장을 따로 두었다. 또 백운동·능강동을 얻어 급할 때 대비할 계책으로 삼았다.

아아! 어려서는 두 공주의 집에서 즐겁게 뛰놀고, 자라서는 내외 부형의 읍에서 즐기고, 횡상黌庠, 학교를 말하는데 성균관을 가리킴의 논의에서 겨루고, 선생과 어른에게서 가르침을 받고, 훌륭한 문장과 고전에 침잠하였고, 강과 바다, 산과 수풀에서 노닐고, 유랑과 환난에 괴로움을 겪고, 동서남북으로 바쁘게 돌아다녔다.

세상을 살아온 54년 동안 굶주림과 배부름, 추움과 따뜻함, 슬픔과 기쁨, 궁함과 통함의 형세가 수시로 이른 것에 대해 지금 다시 말할 것이 없다. 만약 내가 세상 사람들과 뒤섞여 무리의 뒤를 쫓아다니느라 뜻을 굽히고 머리를 조아렸다면, 어찌 남보다 못하다고 여겨 스스로 기구한 횡액과 참혹한 독을 취함이 이와 같았겠는가? 누워서 계부의 말씀을 생각하며 후회한들 어찌 미치리오마는 하늘이 정해준 분수를 내가 어찌 하겠는가!

권섭은 대단히 많은 저술을 남겼다. 문집으로 간행본《옥소집玉所集》 13권 7책과 필사본《옥소고玉所稿》가 있는데, 그 속에는 한시 3000여 수, 시조 75수, 가사 두 편이 담겨 있다. 시조 75수는 연시조가 많다. 또한 〈유행록遊行錄〉〈기몽설記夢說〉 등을 남겼으며, 국문소설을 한문으로 번역하여 〈번설경전翻薛卿傳〉도 남겼다.

그는 여행을 좋아했다. 단양팔경을 둘러본 후 황강에서 배를 타고 '삼천구백 리'를 여행하여 영남·영서·호남·관북·해서 등 전국 곳곳을 '달포 남짓 쉬고서 석 달' 동안 유람하고 감흥을 기록한 〈유행록遊行錄〉을 엮기도 했다.

권섭은 〈자술연기〉 뒤에, 자신이 스스로 묘지명과 묘표를 짓고 또 〈자술연기〉를 기록하게 된 이유와 스스로의 일생에 대한 자평을 다음과 같이 덧붙였다.

무명옹이 말한다.
내가 무덤에 올라 내 묘표와 묘갈을 읽어보니, 공자와 주자의 묘갈도 아니고 백이伯夷와 전금殿禽의 묘갈도 아니다. 천하가 공평하지 않은 지 오래되었으니, 누가 그것을 믿겠는가? 오직 도연명의 뇌사誄辭가 천년이 지나도록 비할 나위 없는 명문으로, 그 사람됨을 알 수 있으니, 이는 그 말에 과장이 없기 때문이다. 다른 사람이 쓴 글의 과상됨보다는 차라리 자신이 하는 말의 미더움을 취하는 것이 낫다. 내가 그런 까닭에 두 편의 명銘을 스스로 지어, 하나는 무덤 앞에 세우고 다른 하나는 무덤에 묻도록 하였다. 또 평생의 말과 행동을 열거하여, 처음 태어났을 때부터 지금에 이르기까지 기억나는 것만 남기고 잊어버린 것은 빼고, 큰 일만 쓰고 작은 일은 생략하여, 아이들로 하여금 늙은이의 본말과 장단을 알게 하고자 할 뿐이니, 어찌 감히 도연명의 뇌사를 지은 현명함에 비하고자 하겠는가? 자손에게 보이는 것은 속일 수가 없으니, 어리석고 망령됨을 피하지 않고 그 실질을 따라서 솔직하게 씀으로써, 당세의 글 짓는 이들에게 누를 끼치지 않고자 할 따름이다. 그 씨와 본관, 생시, 세덕世德의 상세한 사실은 〈술회시서〉를 보면 된다.

운수와 천명은 피할 수 없는 것이다. 먼 곳으로 집을 옮긴 것이 여덟 번이나 되고 큰 바다에 배를 띄운 것이 세 번이니, 윤공의 말이 그대로 맞다. 또 뜻밖의 재난에 상하고 많은 비방에 희롱을 당했으니, 과연 하늘의 뜻은 어떠한가? 점치는 자가 일찍이, '아무 일 없이도 비방을 들을 것이다' 라고 했으니, 운수와 천명은 피할 수 없는 것이다.

권섭은 생전에 어린아이의 죽음을 열세 번이나 보아왔고, 자기 자신은 여섯 번 큰 병을 앓았으며, 세 번 이상한 짐승을 만났으며 네 번 험한 물결을 만났다. 그는 이러한 일로 보면 운수와 천명이 정해져 있는 것인지 모른다고 생각했다. 더구나 집을 먼 곳으로 여덟 번 옮긴 것과 큰 바다에 세 번 배를 띄운 것은 외조부의 청으로 윤계尹堦가 점을 쳐서 "여덟 번 귀양 갈 것이고 세 번 큰 바다를 건널 것이다. 세상에 나가지 않으면 그렇지 않을 것이다"라고 한 것과 일치한다.

윤계가 그의 수명을 팽조와 같으리라고 점친 것도 들어맞았다. 권섭은 54세에 스스로 묘지명과 묘표를 짓고 이 〈자술연기〉까지 지었으나, 세상을 뜬 것은 89세 되는 1759년영조35, 기묘이다. 천수를 누린 것이다.

권섭은 본관이 안동인데, 서울에서 태어났다. 아버지는 증 이조참판 권상명權尙明, 어머니는 용인이씨로 좌의정 이세백李世白의 딸이다. 아우는 대사간 권형權瑩이다. 큰아버지는 학자 권상하權尙夏, 작은아버지는 이조판서 권상유權尙遊다.

큰아버지 권상하는 송시열 학파의 적통이다. 그의 문하에서 다시 한원진韓元震과 이간李柬이 학술적인 문제로 논쟁을 하여 호론과 낙론이 대립하게 되었다. 권상하는 송시열을 계승하여 엄격한 의리론을 견지했고, 그 논의는 주로 호론에 의해 계승되었다.

권섭은 16세 때인 1687년숙종 13에 경주이씨 이조참판 이세필李世弼의 둘째따님과 혼인했다. 14세에 아버지를 여의고 큰아버지의 훈도를 받으며 수학하는 한편, 외숙인 영의정 이의현李宜顯, 처남인 좌의정 이태좌李台佐 등과 함께 면학했다. 처가는 18세기 초반 소론의 대표적인 가문이었으나, 권섭의 집안은 노론 가문이다.

1695년 25세에 부인 이씨가 병사하자, 1697년 27세에 현감을 지낸 임천조씨 조경창趙景昌의 여식을 다시 부인으로 맞았다. 조경창은 조원趙瑗의 증손자로서 조희일趙希逸이 조부, 조석형趙錫馨이 부친이다. 조희일은 장유張維, 이경전李慶全, 이경석李景奭과 함께 왕명으로 삼전도 비문을 작성한 인물이다. 조경창은 학자 조성기趙聖期와 재종형제 사이였다. 조경창의 외손녀는 숙종의 계비 인원왕후가 되었다.

권섭은 19세 되는 1689년에 기사환국이 일어나자 소두疏頭가 되어 상소를 하는 등, 현실에 적극적으로 참여했다. 하지만 송시열이 사사되는 등, 주변 인물들이 정치적으로 실각하자, 관계에 진출하려는 뜻을 포기했다. 말년에 이르러서야 가의대부의 품계를 받았다.

권섭은 인물 평가에서 색목보다 사람 자체에 주안점을 두었다. 문집 《옥소집玉所集》 권5에 '산록散錄'이 들어 있는데, 그 내편內篇에 다음과 같은 말이 있다.

사람들을 어찌 색목 때문에 좋아하고 미워함을 편벽되게 하겠는가? 오직 사람에게 달려있을 뿐이다. 각각 선대의 논의를 전하고 각각 현명하게 여기는 사람들을 존중하는 것은 이치의 형세상 마땅히 그러하다. 서로 의심하여 비난하는 것은 또한 심사心事가 서로 믿지 않기 때문이다. 독서하고 이치를 아는 사람은 모두 스스로 정견이 있지만 단지 처지에 연좌되는 구차함 때문에 언론을 갱신하려고 하지 않는다. 그러나 명의名義를 범하고 악역을 범하고 지친至親을 거역하는 이외에는 모두 좋은 사람들이다.

당색에 대해서 매우 유연한 입장을 가졌음을 알 수 있다. 권섭은 무신란의 역적들을 처리할 때도 먼저 교화시켜야 한다고 주장했다.

하지만 권섭은 백부 권상하를 현창하고, 노론이 도통을 확립하는 일에 몰두했다. 82세 되던 1752년영조 28에 〈황강구곡가黃江九曲歌〉를 지어, 퇴계 학맥의 계보를 논했다. 황강은 현 충청북도 제천시 한수면寒水面을 말하는데, 곧 권상하가 한수재寒水齋를 짓고 거처하던 곳이다. 권섭은 퇴계 이후 학맥을 모두 다섯 갈래로 나누어 설명했다. 이황-이이-김장생-송시열-권상하의 도통 이외에 김장생-송준길, 송시열-김창협, 이황-박세채, 이황-정구의 계보가 있다고 했다. 또한 근래에는 이재가 이황을 계승하고자 하였다고도 말했다.

권섭의 시조에 다음 작품이 있다.

하하 허허 흔 들 내 우음이 졍 우음가
하 어쳑 업서셔 늣기다가 그리 되게

벗님늬 웃디를 말구려 아귀 뼈여디리라

하하 허허 하고 웃는 내 웃음이 정말 웃음인가
하도 어처구니가 없어서 느끼다가 그렇게 되네
벗님네, 웃지를 말구려. 아귀가 찢어질지도 모르니까

세상사에 환멸을 느끼면 이런 공허한 웃음을 지을 수밖에 더 있겠는가? 비속한 듯하지만 곰곰 생각하면 고개를 끄떡이게 된다.

참고문헌

- 권섭權燮, 《옥소고玉所稿》 문경본聞慶本 12책 ; 《옥소고》 제천본堤川本 40책 ; 《옥소집玉所集》 석인본石印本 13권 7책.
- 권섭 저, 문경새재박물관 역, 《유행록》, 2008.
- 신경숙 외, 《18세기 예술·사회사와 옥소 권섭》, 다운샘, 2007.
- 이상희 역수, 《내 사는 곳이 마치 그님 같은데》, 문경새재박물관, 2003.
- 박이정, 〈18세기 예술사 및 사상사의 흐름과 권섭權燮의 황강구곡가黃江九曲歌〉, 《관악어문연구》 27, 서울대학교 국어국문학과, 2002, pp.283-304.
- 안계복, 〈옥소 권섭의 꿈의 세계에 나타난 경관 특징〉, 《한국전통조경학회지》 22-23, 한국전통조경학회지, 2004, pp.125-146.
- 조성산, 〈옥소 권섭의 학풍과 현실관〉, 《동양학》 41, 단국대학교 동양학연구소, 2007, pp.125-147.

황윤석黃胤錫, 〈자서설自敍說〉   11

눈은 더욱 어둡고, 마음은 더욱 두려워졌다
目益昏, 心益懼 목익혼, 심익구

황윤석黃胤錫, 1729~1791은 노론 학자인데, 1787년정조 11, 정미 11월 21일에 〈자서설自敍說〉을 지었다. 그는 이 글에서, 어려서 과거시험과는 관계없는 다양한 방면의 공부를 하려고 애썼던 일, 어지럼증과 두통에 시달리면서도 맑은 정신을 유지하기 위해 고투한 일을 또 밝혔다. 또 만년에 눈이 흐려져서 부친의 행장조차 완료하지 못할지 모른다는 불안감에 시달린 일도 적어두었다. 깊은 연민과 공감을 느끼게 하는 글이다.

황윤석은 본관이 평해다. 호는 이재頤齋가 가장 널리 알려져 있으나, 서명산인西溟散人·운포주인雲浦主人·월송외사越松外史 등의 호도 사용했다. 김원행金元行, 1702~1724의 문인으로, 노론의 석실서원 학맥에서 매우 중요한 위치를 차지한다. 저서로 《이재유고頤齋遺稿》《이재속고頤齋續稿》《이수신편理藪新編》《자지록恣知錄》이 있다.

나는 젊었을 때 책 읽고 글씨를 연습하며, 별을 관찰하고 달을 점치며, 높은 곳에 올라 먼 곳을 바라보고, 등불을 밝혀 밤을 지새우며, 고심하고 힘을 쏟아서, 경經·서書·사史·집集의 서적들과 심성心性·이기理氣·성음聲音의 설, 전예篆隷·도화圖畵·의약醫藥·상수象數 등 모든 구류백가九流百家에 대해 사색하지 않음이 없어서, 이미 머리와 눈을 힘들게 하여 어질어질한 증상이 있게 되었다.

을유년1765, 41세과 병술년1766 사이에 선대先代의 행장行狀을 찬술하여 몇 개월이 지나 끝나게 되었는데, 이때 처음으로 한 물체를 보았을 때 두 개로 보이는 병이 있게 되었다. 이로부터 달을 보면 달이 두서너 조각이 되었고 별을 보면 별이 '一자字' 모양이 되었으며 사람을 보면 한 사람이 두 사람이 되었다.

신묘년1771에 부친상을 치르고 신축년1781에 또 모친상을 지내자, 전후로 두풍頭風, 두통이 크게 발병하여 상건喪巾을 쓴 와중에 몹시 열한熱汗이 났다.

병오년1786 /월에 선의솘義로 부임하였는데 이때부터 섬차 눈이 어두워져 서명을 하고 화압花押을 하는 데 어려움을 겪었다. 이는 애당초 병이 있었던 데다가 격무激務에 시달렸기 때문이었다.

금년1787 여름에 벼슬을 그만두고 돌아왔지만, 이 증상은 나날이 다달이 더하여 11월 초하루 즈음부터는 왼쪽 눈이 완전히 흐릿해진 것을 처음으로 깨달았고, 보름 이후에는 오른쪽 눈 역시 차츰 어두워지게 되었다. 스스로 생각해보니, 이는 40여 년간 누적되어온 질병이 빌미가 되어 생긴 것이다. 소싯적에 영광靈光의 류柳씨 노인이 상象에 밝아 나의 운세를 자미성의 별자리를 가지고 논평하는 것을 들은 적이 있었는데,

"만년에 반드시 실명할 것"이라고 했다. 천명이 내게 그리 되도록 하였으니, 다시 무엇을 한스럽게 여기겠는가?

다만 아버님의 행장이 임진년에 유고遺藁를 편찬한 이래로, 생각하고 생각하여 마음속에 맺혀 있지 않은 것은 아니다. 하지만, 옛사람 가운데 구양영숙歐陽永叔, 구양수 같은 사람도 그 선인先人의 〈농강천표瀧岡阡表〉를 만년이 되어서야 지었다. 이는 반드시 해가 갈수록 식견에 진전이 있은 뒤에라야 유언遺言·유사遺事 가운데 적을 만한 것과 그렇지 못한 것을 변별할 수가 있어서 후대에 보여주더라도 기롱과 비난을 받지 않게 되기 때문이었을 것이다. 소자小子가 적이 이러한 뜻이 있어 아버님의 행장을 짓는데 지체될 수밖에 없었다. 그런데 병오년1786 겨울 이후로 눈은 더욱 어두워지고 마음은 더욱 두려워져, 이미 관재官齋에 유고遺稿를 봉치封致하고서 그 문제에 대해 한결같이 유념했으나, 일에 구애됨이 많아 미처 착수하지도 못하였거늘, 끝내 이처럼 두 눈이 어두워지고 말았다.

비단 이것만이 아니다. 옛 학문에 마음을 두었으나 어지러운 원고만 서가에 가득하고 수정하지 못한 채 세월만 지나가고 있으며, 괴롭게도 서수書手, 글 적는 것을 담당한 사람가 없어 미처 자료를 모으고 정리하지 못했거늘 병이 나를 막아서고 있다. 이 또한 내 자손들이 천고千古토록 지닐 한 가지 한恨이니 어찌하겠는가?

황윤석은 젊어서 구암서당과 고암서원에서 공부했으나, 1759년영조 35에 석실서원으로 김문행金文行을 찾아가 집지한 이후로 그 학맥을 계승하게 되었다. 곧 그는 석실서원의 노론 학맥에 속하는 매우 뛰어난 학자다.

부친은 송시열의 학맥을 이은 황전黃瑑, 1704~1771이다. 본관은 평해로, 전라북도 고창군 성내면 조종마을에 생가가 있다.

구리시에 있던 석실서원은 석실산인 김상헌金尙憲의 손자 김수흥金壽興과 김수항金壽恒의 위토位土에 있었다. 이 서원에서는 김창협金昌協과 김창흡金昌翕 형제, 이희조李喜朝와 김원행金元行 같은 큰 학자가 배출되었고, 뒤이어 황윤석과 홍대용洪大容이 나왔다. 이 서원은 효종 병신년에 김상용을 주벽主壁으로 하고 김상헌을 배향했는데, 현종 때 사액賜額을 받았다. 숙종 때는 김수항·민정중閔鼎重·이단상李端相을 추가로 배향했다가 다시 김창협김수항의 아들이자 이단상의 사위을 추가 배향했다.

황윤석은 1759년영조 35 진사시에 합격했으나 대과는 거치지 못했다. 1766년에 은일隱逸로서 장릉참봉에 임명되고, 의영고 봉사로 승진했으며 다시 종7품의 종부시직장으로 승진했다. 1770년영조 46에는 집경당에서 영조를 알현했다. 1771년에는 종6품의 사포서 별제가 되었으나 부친상을 만나 그만두었다. 정조가 즉위한 후 1778년정조 2에 사복시 주부가 되었으나 곧 시퇴되고, 종5품의 장릉령이 되었다. 1779년에 목천현감이 되었다가 다음해에 사퇴했다. 1786년에 이르러 전생서주부를 거쳐 전의현감이 되었다가 그 다음해 파직되었다.

1786년에 전의현감으로 있을 때 황윤석은 《주역》을 깊이 연구하는 등 학문에 열중하였다. 그런데 1787년정조 11에 암행어사 심환지沈煥之의 서계書啓에 의해 파직당했다. 매사를 아전과 향리에게 물어 처결했고, 좌수를 항상 곁에 두고 아노衙奴에게 곤장을 잡게 했다는 이유에서였다. 지방관으로서 토착세력과 결탁했다는 것인데, 조선후기의 수령이 지방행정을 맡아볼 때 그렇게 하지 않을 수 없었을 것이다. 파직된 후 1787년 11월

21일에 그는 〈자서〉를 지어 일생을 회고했다.

황윤석의 아버지 황전은 《주역》의 이괘頤卦의 〈대상전大象傳〉에서 뜻을 취해 아들의 호를 이재頤齋라 지어주었다. 이괘는 상괘가 산, 하괘가 우레의 형상으로 언어와 음식을 삼가라는 가르침을 담고 있다. 황윤석은 목천 현감으로 있을 때, 〈목주잡가木州雜歌〉를 지어 '이재'라는 호의 의미를 부연했다.

언어言語도 불가불신不可不慎 음식飲食도 불가불절不可不節
언어言語로 미뤄보고 음식飲食으로 재록財祿의 미뤄보라
성인聖人 이괘頤卦 대상大象이니 우리 선훈先訓 더욱 좋다

황윤석은 일생 성리학 공부에 힘쓰는 한편, 북경을 통해 전래된 서구 지식을 수용해서 이학과 서구지식을 조화시키려고 했다. 또한 훈민정음과 우리말에 대해서도 깊이 연구했다.

황윤석은 자신의 일상을 자세히 적고 매일 작성한 시와 문을 한데 수록한 방대한 양의 《이재난고頤齋亂藁》를 남겼다. 난고란 정리하지 않은 원고라는 뜻이다. 그후 1829년에 그 일부를 가려뽑은 《이재유고》가 목판본으로 간행되고, 1942년에는 《이재유고》를 더 증보한 속집이 석판본으로 간행되었다.

《논어》〈술이〉편에서 공자는 "나는 나면서부터 저절로 잘 알게 된 사람이 아니다. 나는 옛것을 좋아하여 부지런히 찾아서 배운 사람이다"라고 했다. 황윤석이야말로 호고민구好古敏求한 사람의 전형이라고 말할 수 있다. 《중용》에서는 성현을 세 등급으로 나눴다. 나면서부터 도리를 아는

생지生知, 배워서 아는 학지學知, 애써서 아는 곤지困知가 그것이다. 사람들은 공자를 생지의 성인이라고 여겼지만 공자는 호고민구할 따름이라고 했다. 인류 문화와 관계된 지식은 공자라도 민구敏求하려 했을 것이다. 실명할지 모른다는 낭패감과 절망감을 느끼면서도 독서하고 저술했던 황윤석은 정말로 호고민구의 지적 태도 때문에 그 이름을 남길 만한 인물이다.

황윤석은 1790년정조 14 11월 17일에 큰 병을 얻었다. 그때 그는 다시 일어나지 못하리라 생각해서 도연명의 고사를 본받아 스스로 제문을 지었다. 12월 6일에 병이 낫자, 그는 그 글을 두 아들에게 보여주었다. 당시 그가 쓴 〈자제문自祭文〉은 이러하다.

유세차 금상 즉위 14년 경술 11월 16일 임진의 동짓날, 산뢰노인山雷老人이 선부군 만은晩隱 선생이 쓰시던 서재의 서쪽 별당에서 큰 병이 나서, 그 다음닐 크게 쇠하였으니, 닐은 이미 질병을 잃을 대로 잃고, 한 해도 다 하려고 하는데, 할아버지와 아버지와 어머니 세 분의 기일이 12월이라 가깝거늘, 나의 운명도 거의 가까워지고 말았다. 늙은 아우가 나의 두 아들을 어루만져줄 터이거늘, 도리어 나는 미련을 지녀 떠나지를 못하나니, 역시 나를 위해 눈물을 줄줄 흘려줄 사람이 있으리라. 너의 삶에 죽음이 있는 것은 마치 낮이 오면 반드시 밤이 오는 것과 같나니, '살아서 내가 사리에 따라서 하면 죽어서도 내가 편안할 것이다存吾順事, 沒吾寧也'라고 한 뜻을 따르고 '아침에 도를 들음은 바로 달達이요 저녁에 죽어도 괜찮다는 것은 사舍이다'라고 한 뜻을 따라, 내가 우주의 본원으로 귀화함을 서글퍼 말라. 그러나 그 의지를 보면 옛날 사람과 비교가 되지 않되, 그 본바탕은 어찌 지금의 유학자들만 못하겠는가? 학문을 익혀서는 장차 박학으로 시작하여 약례約禮로 돌아갈 것을 생각하되, 어리석기에 그 성취가 있으리란 점을 살피지 않았다. 벼슬을 살아서는 군주를 존숭하고 백성을 보호하되, 미쳤기에 구차함이 많은 것을 살피지 않았다. 하지만 매순간 순임금이 겸질謙質이라 하고 우임금은 문순文淳이라 하였던 장려를 염두에 두어, 거듭해서 부지런히 힘썼다. 스승은 박실博實이라 하고 아버지는 신절慎節이라는 훈계가 있었으므로, 그 우려는 애당초 즐거움이 없지 않았고 그 즐거움은 애당초 우려가 없지 않았다. 그러므로 벼슬에 나아가서는 물러나지 않으리라 기필하지 않고, 물러나더라도 애당초 나아가지 않으리라 기필하지 않았다. 대개 이로써 몸을 편안히 하고, 마침내 이로써 천명을 기다리면, 지금에서는 몸을 온전히 하여 영원으로 돌아갈 수 있게 되고, 끝내는 올바름을 얻는 데 가깝도. 청명한 하나의 기氣를 거두어서, 태초의 늘 거처하던 집에 노닐라. 세 분의 신위 자리를 잇되 나를 물리치지 않으시고, 두 분을 모시되 나를 허물하지 않을 것이다. 오로지 지난 사업은 칭송할 만한 것이 없고 오로지 남긴 글만은 가탁할 곳이 있으니, 무엇을 생각하고 무엇을 염려하랴. 술병의 술을 한번 따라서 한 잔을 들이키나니, 아아, 슬프도다.

황윤석은 '순녕順寧'과 '사달肆達'의 가르침을 따라서, 자신의 죽음을 서글퍼하지 말라고 했다.

순녕은 북송의 장재張載가 지은 〈서명西銘〉에서 '살아서 내가 사리에 따라서 하면 죽어서도 내가 편안할 것이다存吾順事, 沒吾寧也'라고 말한 구절에서 따온 것이다. 주자도 그 뜻을 취하여 수장壽藏, 미리 정해놓은 자신의 묘지할 곳의 이름을 순녕順寧이라 했다.

한편 사달은 북송의 정이程頤 고사에 나온다. 정이는 부주涪州로 귀양 가면서 사천성 구당협의 염여灩澦라는 위험한 곳을 지나는데 풍랑이 심하게 불어 배가 거의 전복될 지경이었다. 배 안 사람들은 모두 부르짖으며 울었으나 정이만은 옷깃을 단정히 하고 편안히 앉아서 평상시와 같았다. 언덕에 정박하자 초부樵夫가 "배가 위태로울 때에 그대만이 유독 두려워하는 기색이 없으니, 사死해서 이와 같은 것인가, 달達해서 이와 같은 것인가?" 하였다. 정이는 "마음에 성경誠敬을 지녔기 때문이다"라고 했다. 늙은이가 "마음에 성경을 지닌 것도 진실로 좋은 일이나 무심無心함만 못하다"고 하였으나, 설명하는 자가 말하기를 "아침에 도를 들음은 바로 달達이요, 저녁에 죽어도 괜찮다는 것은 사死이다"라고 하였다.

황윤석은 장재와 정이의 고사를 인용해서, 자신이 죽음에 처하여 의를 취할 각오를 지니고 있으므로 삶 자체에 연연하지 않겠다는 뜻을 간접적으로 표현한 것이다.

1789년정조 13 10월 22일에 이르러 황윤석은 오른쪽 눈이 더욱 어두워진 것을 알았다. 10월 28일의 새벽꿈에는 스스로 만시를 지어 "어진 사람이 되기를 바람은 평소의 일이었고, 나라를 걱정함은 만년의 마음이었다"고 했다. 잠에서 깨어난 그는, 자신이 이승에 오래 머물지 못하리라고 예감했다.

참고문헌

- 황윤석, 〈자서설自敍說〉, 《이재유고頤齋遺藁》 권23 잡저雜著, 한국문집총간 246, 한국고전번역원, 2000.
- 황윤석, 《이재난고頤齋亂藁》, 한국정신문화연구원(현 한국학중앙연구원), 2003년 영인.
- 강신항·이종욱·권오영·정순우·정만조·이헌창·정성희·강관식 지음, 《이재난고로 보는 조선 지식인의 생활사》, 한국학중앙연구회, 2007.
- 최삼룡 외, 《이재 황윤석》, 민음사, 1986.

정종로鄭宗魯, 〈무적공자서無適公自敍〉

12

어디든 유유자적 하노라

無往不適 무왕부적

영남 남인의 석학인 정종로鄭宗魯, 1738~1816는 〈무적공자서無適公自敍〉를 남겼다. 자신의 호인 무적옹에 대해 풀이하면서 지난날을 돌아보고 삶의 자세를 다졌다. 처음에 정종로는 호를 입재立齋라고 했다. 뜻을 세우는 입지立志를 매우 중시하여 서재의 이름을 그렇게 붙인 것이다. 하지만 입재를 호로 사용할 의도는 아니었다. 마침 마을의 선배가 입재는 자기 조상의 별호였다고 하므로, 부득이 혐의를 피해 다른 호를 지닐 필요가 있었다. 이때 그는 무적옹이라는 호를 사용하기로 했다. 무적無適이란 '어디고 갈 곳이 없다, 쓸모가 없다'는 뜻이라고 풀이했다.

이름은 아이덴티티를 드러낸다. 별호는 더욱 그렇다. 그러나 그 이름이 남의 별호와 같을 때 나의 아이덴티티를 잃어버리는가? 그 이름을 재정의해서 사용해야 하는가? 남과 혼동될 별호라면 버려야 하겠지만, 굳이 그럴 것은 없다. 그 별호에 새로운 의미를 부여하고, 내가 그렇게 재정의된 별호의 삶을 살아가면 된다.

무적공無適公은 산인散人 정자鄭子의 호다. 산인은 태어나면서부터 아주 어리석어서, 처음에 이름을 부르는 자가 있으면 즉시 착실히 응답했고, 자字를 부르는 자가 있으면 즉시 착실히 응답했으며, 아무개 어른이라고 부르는 자가 있으면 즉시 착실히 응답했다. 늙은 후로는 남들이 다시 이전에 부르던 이름으로 부르지 않고, 어떤 이는 장석丈席이라 일컫고, 어떤 이는 우산옹愚山翁이라고 일컬었다. 산인은 크게 놀라, "이러한 호칭들은 잠잠히 고개 숙이고 감히 응답하지 못하겠소"라고 했다. 이보다 앞서 율리栗里의 옛 집터에 작은 집을 짓고 스스로 입재立齋라는 이름을 붙였는데, 그러자 어떤 이가 산인을 입재라고 불렀다. 하지만 아무래도 산인에게 합당하지 않았기에 굳이 사양했으나 들어주지 않았다. 하루는 마을의 선배가 와서, "입재는 우리 선대의 별호라오" 하였으므로, 산인이 놀라 일어나 송구해하여 사죄하면서, "후생이 고루하여 함부로 이 칭호를 썼습니다만, 정말 몰랐기 때문에 그런 것입니다. 더구나 못난 제가 어찌 별호를 두겠습니까?"라고 했다. 이후로 더욱 굳게 사양하여 입재라는 호로 부르는 것을 불가하다고 여겼으나, 사람들은 그대로 입재라고 불렀다. 그래서 마음에 매우 근심이 되어 다른 호로 바꾸지 않으면 피하기 어려우리라 생각하고는, 합당한 이름을 찾아 자호로 삼으려 했으나 끝내 찾지 못했다. 그러다가 무적공이라는 세 글자를 얻고는 크게 기뻐하여, "이것이 정말 내게 합당하다"고 하고는, 마침내 자호로 삼고 사람들에게 이 호로 불러달라고 청했다.

어떤 이가 물었다.

"그대는 무첨당無忝堂의 현손이고 무주옹無住翁의 외손이므로, 없을 무無의 글자가 들어 있는 무적無適을 자호로 삼은 것은 마땅하오. 다만 무적無適의 뜻은 무엇을 말하는 것이오?"

나는 이렇게 대답했다.

"언뜻 본다면 제 호가 꼭 선조의 호를 외람되게 답습한 것 같지만 제가 누구라고 감히 그렇게 하겠습니까? 이것에는 이유가 있습니다. 아무것도 잘하는 게 없는 자를 두고, 온 세상이 무적공이라고 하지 않습니까? 저로 말하면 실로 아무것도 잘하는 게 없는 자입니다.

어려서는 가난하여 걸칠 옷과 먹을 것도 변변하지 못했는데도 생계를 꾸리는 데 소질이 없어 객홉처럼 거처하면서 남들은 모두 악착같이 영리에 몰두하는데도 저는 그러지 못했습니다. 세상 사람들은 과거시험을 중시하여 문필을 익히거늘 저는 물러나 한가히 지내는 걸 좋아하여 운명처럼 편안히 여기면서, 남들은 모두 분주한데도 저는 그러지 못했습니다. 세상 사람들은 모두 갓 쓰고 허리띠 묶고 학교에 드나들어 어깨를 스치고 소매를 잡으며 친구들과 사귀어 서로 따르며 허여許與하건만, 저는 붙임성이 적은 성격인데다가 또 천연두를 피해 오랫동안 깊이 은둔해 있느라, 그런 일 또한 제대로 하지를 못했습니다.

선현先賢의 남은 자취가 산남영남에 널려 있고 대유학자와 큰 선비들이 줄을 이었으므로, 두루 다니고 널리 보아서 아침저녁으로 사모하는 마음을 깃들이고 덕으로 훈도받기를 바랐지만, 반평생을 지내면서 끝내 차질을 빚어서는 이제 늙고 말아 이 지경에 이르렀으니 어찌 그렇게 할 수 있겠습니까. 집에 고전이 쌓여 있어서 달리 구하지 않아도 넉넉하고, 아름다운 시문이 눈을 기쁘게 하고 마음을 즐겁게 하므로 등잔기름을 때서 밤을 새면서 그 묘미를 머금고 씹어서 오랫동안 온축하게 되면 속에 가득 찬 것이 밖으로 문채가 나게 되어 재능과 분수에 따라 문장

짓는 일이 또한 이상한 일이 아닐 것입니다. 하지만 일찍이 함부로 시문에 뜻을 두었다가 중간에 갑작스레 사절했으므로, 봉래산 궁궐을 바람이 불어 죄다 쓸어가버려 붓을 잡고 깊이 생각해도 정신이 함께 이르러 오지 않아서, 제가 지은 시문은 마치 새 새끼가 울부짖고 지렁이가 휘파람 불 듯해서 전혀 감상할 만하지 못합니다. 그러니 저 불후의 업적을 지금의 정력으로 대체 어떻게 이루겠습니까?

하늘이 인간에게 본성을 부여하여, 사람은 태어나면서부터 같은 면이 있어 한 조각의 영대靈臺, 마음가 떳떳함을 지켜 사라지지 않게 할 수 있는 법입니다. 따라서 선善을 선택해서 굳게 잡아 그 처음으로 돌아갈 수 있는 것은 다만 나에게 달려있지 남에게 달려있지 않습니다. 발분發憤하여 도道로 나아가고 뜻을 돈독하게 하여 공부를 하면 어리석음을 조금이나마 밝게 만들 수 있고, 연약함을 조금이나마 강하게 만들 수 있거늘, 뜻을 한 곳에 세우지 못하고 마음을 전일하게 쓰지 못해서 잠깐 탐구했다가 바로 그만두고 한 치를 나아갔다가 한 자씩 퇴보하고는 했습니다. 이 때문에 드넓은 도체道體를 통찰하는 날이 없고, 일상의 도에 맞는 행실을 실천할 길이 없어, 다만 헛된 이름을 훔쳐 끝내 진부한 사람이 되고 말았습니다.

이것이 이미 지나간 일이 되어버려 어쩔 수 없는 것은 젊은 사람이라도 오히려 그러할 터인데, 하물며 지금 지는 노쇠하여 점점 혼미해져서 깨진 단약솥을 기울 길이 없고 찬 등불은 꺼지려고 하니, 이는 지극히 무거운 임무를 맡고 싶다고 해도 임무를 제대로 수행하기에는 한계가 있는 것이거늘 더욱 어떻게 그렇게 할 수 있겠습니까?

당신이 저를 보신다면, 생계를 잘 꾸리는 사람이라고 하겠습니까? 과거공부를 잘 해나간 사람이라 하겠습니까? 처세를 잘하는 사람이라 하겠습니까? 어진 분을 독실하게 사모하는 사람이라 하겠습니까? 학문을 제대로 하는 사람이라 하겠습니까?

이 몇 가지에서 이미 조금이라도 잘하는 것이 없습니다. 초서·전서·예서 따위의 글씨나 그림·곡예·소수小數·복서卜筮·의약·종수種樹·성경星經·지리地理 같이 자질구레한 것들, 한가할 때 노는 잡기·바둑·장기·투호·쌍륙 등의 놀이 가운데 어느 하나라도 잘하는 것이 없습니다. 그래서 바보처럼 이 세상에 살면서 다만 구물구물 기어다니는 벌레와 추호도 다르지 않습니다. 이와 같은데도 무적공이라 부르지 않을 수 있겠습니까? 당신은 지금부터 저를 무적공이라고 불러야 할 것입니다."

어떤 이가 말했다.

"그대가 비록 이와 같이 스스로 잘하는 것이 없다고 말하더라도, '적適'이란 글자는 또 '간다'는 뜻도 지니고 있으므로, 남들이 보고 '갈 곳이 없다'는 뜻으로 이해한다면 어찌 하겠습니까?"

내가 말했다.

"그것은 바로 또 저의 의도하는 바입니다. 잘하는 바가 없다면 장차 어디로 가겠습니까? 지난번에 제가 한번은 군주의 은혜로운 명령을 받들어 스스로의 능력을 헤아리지 않고 서울로 갔는데, 서울 사람들이 저의 재목을 보고 모두 비웃었습니다. 또 한번은 군주의 은혜로운 명령을 받고 스스로의 능력을 헤아리지 않고 이웃마을로 갔는데, 이웃마을 사람들이 저의 정치를 보고 모두 비웃었습니다. 이는 무엇 때문이겠습니까? 내직과 외직에서 모두 잘하는 것이 없기 때문입니다. 이와 같다면 장차 어디로 가겠습니까? 더구나 지금은 나이가 이미 칠십을 바라보로, 설령 인간 세상에 알맞은 곳이 있다고 하더라도 더 이상 갈 곳이 있을 수 없습니다."

이렇게 말하고 물러나서는 스스로 기뻐하며 이렇게 생각했다.

"내가 저렇게 잘하는 것이 없건만 하늘이 내게 알맞은 것으로 먹여준 것이 얼마나 많은가! 시원한 바람과 밝은 달은 나의 마음에 알맞고, 아름다운 산과 수려한 강물은 나의 성령性靈에 알맞으며, 구름과 안개, 꽃과 새는 나의 감정과 흥취에 걸맞다. 또 처자식이 죽을 끓여내어 내 입에 알맞게 하고, 바지저고리를 만들어 나의 몸에 알맞게 하며, 집을 지어 내 거처에 알맞게 하고, 자손을 기르며 내 맡은 일에 알맞게 한다. 세상사람 가운데 모든 것을 잘하는 사람이 있다 하더라도 외물에서 알맞음을 취함은 필시 나보다 낫지 못할 것이다.

하늘이 나에게 먹여줌이 이와 같으니, 이것은 과연 무슨 뜻인지 알지 못하겠다. 스스로 의심해보고 또 스스로 풀이하여 말하노니, 나는 알맞은 바가 없으므로 이 알맞음을 얻었도다. 만약 알맞은 바가 있었다면 하늘이 어찌 이것으로 먹여주겠는가? 비록 먹여주더라도 받아서 스스로 알맞게 하는 일을 또 어찌 기필할 수 있겠는가? 그렇구나! 무적공이라는 호가 내게 합당하여 그 즐거움이 끝이 없도다!"

정종로는 본관이 진주다. 퇴계 학맥을 이은 우복 정경세鄭經世에 의해 형성된 상주 지역의 우복 학맥에 속한다. 곧, 이상정李象靖·최흥원崔興遠의 문인이며, 남한조南漢朝와 교유했다. 서른 살 때인 1767년에 스스로의 호를 입재立齋라 하였다가, 훗날 무적옹으로 바꾸었다. 호를 입재라 한 것은 《논어》〈위정爲政〉의 '삼십이립三十而立'에서 따온 것이었다. 그런데 어떤 사람이 입재는 자신의 선대의 별호라고 일러주자, 호를 무적으로 바꾸게 된 것이다. 그리고 그렇게 무적이라는 호를 사용하게 된 이유와 그 호에 담긴 의미를 이 〈무적공자서〉를 통해 밝혔다.

1738년영조 14 11월 13일, 함창咸昌 율리栗里 외가에서 태어났는데, 16일에 모친 홍씨가 별세했다. 9세 때 세거지世居地인 상주 우산愚山의 본가로 돌아왔다. 19세 때인 1756년 5월에 부친상을 당했다. 1768년에 학문과 행실이 뛰어나고 도를 닦은 인사를 천거하라는 조정의 포고가 있자, 고을 사람이 그를 천거하려 했다. 하지만 그는 서찰을 보내 간곡하게 사양했다.

1789년정조 13 6월, 광릉참봉에 제수되자 선대의 음덕 때문이라고 여겨 도성에 나아가 사은했다. 8월, 채제공蔡濟恭의 추천으로 의금부도사에 제수되어 성정각誠正閣에 입시하니, 정조가 그의 선조인 정경세의 유택이 있는 곳과 필적의 존재 여부를 묻고, 이어 문집을 올리라고 명했다. 이해 안정복安鼎福을 방문했다. 1790년, 안정복에게 편지하여 《천학혹문》에 대해 논했다. 안정복에게 올린 두 편에서 그는 서학이 너무 성한 사실을 우려했다. 그는 서학을 혹세무민의 이단으로 취급하면서, 그 이단이 극성하는 것은 정학이 밝지 못해서이고, 정학이 밝지 않은 것은 과거를 위한 공부와 사장詞章을 위한 공부가 번성한 결과라고 지적했다.

56세 때인 1796년 7월 13일, 사포서 별제가 되고, 19일에는 지평이 되었다. 8월에 사직소를 올렸으나 윤허받지 못했다. 1797년 윤6월, 특명으로 강령康翎현감에 보임되었으나 모친의 나이가 많다는 이유로 사양했다. 7월에 대신이 연석에서 아뢰어 봉양하기 편한 곳인 함창현감으로 바꾸어 제수되었다. 하지만 9월에 사장辭狀을 올렸고, 11월에 관직을 버렸다. 71세 되던 1808년순조 8 8월, 장령에 제수되었으나 지방에 있다는 이유로 체차되었다. 이 무렵 도남서원에서 《중용》을 강의하는 등 서원을 돌며 강학했다. 1816년 6월 6일, 산수헌山水軒에서 졸했다. 8월에 함창 황령산에 장사지냈다가 1826년에 상주 곡곡산曲谷山으로 이장했다. 곧 현재의 상주시 외서면 곡실 뒷산에 음택이 있다.

정종로는 〈무적공자서〉에서 '무적공'이라는 호가 지닌 다양한 의미를 '어떤 이'의 질문에 대해 무적공이 답변하는 방식을 통해 드러냈다.
정종로는 우선 '무적'이라는 뜻을 글자 그대로 아무데도 알맞은 곳이 없다는 뜻으로 풀이했다. 그것은 스스로 자신의 삶이 아무 곳에도 적합하지 않은 존재라고 여겼기 때문이다. 하지만 그러한 부정적 정의는 곧바로 긍정적 정의를 생기시킨다. 마치 반훈反訓의 정의와도 같다.
한자에서는 한 글자의 뜻이 본래의 뜻과 완전히 반대되는 뜻도 함께 가질 수 있다는 설이 있다. 그것을 반훈이라고 한다. 이를테면 어지러울 난亂을 다스릴 치治로 풀이하는 것이 그 예이다. 언어학자에 따라서는 반훈의 설이 성립할 수 없다고 부정하기도 한다. 하지만 고전의 세계에서는 반훈의 논리도 용인해왔다.
정종로는 아무데도 알맞은 곳이 없다는 것은 바로 자신의 아이덴티티를 확인할 수 있는 가장 적합한 국면이라고 정의했다. 그래서 그는 "무적공이라는 호가 내게 합당하여 그 즐거움이 끝이 없도다!"라고 말하기까지 한 것이다.
어떤 이가 다시 무적공에게, 그것은 성리학에서 말하는 주일무적主一無適의 뜻이 아니냐고 물었다. 하지만 무적공 곧 정종로는 자신의 마음이 "상하사방의 공간과 고왕금래의 시간에 두루 관철하여 달리고 날려 잠깐 사이에 동해 번쩍 서해 번쩍하고, 고개 들고 숙이는 사이에 저곳에서 이곳으로 돌아오므로" 주일무적이라고 할 수 없다고 했다. 마음의 가변성을 직시한 말이다. 그러자 어떤 이는 공公이라는 존칭을 사용한 이유에 대해 물었다. 무적공은 아무것도 잘하지 못하는 사람을 세상에서 공이라고 일컫는 데는 숨은 뜻이 있다고 대답한다.

어떤 이는 다시 무적공에게, 마음이 가지 않는 곳이 없다고 하는 것은 오히려 마음의 허령불매虛靈不昧하고 신명불측神明不測함을 강조한 말이 아니냐고 물었다. 이에 대해 무적공은 자신도 마음이 허령불매하고 신명불측했지만 지금은 늙어 다시 지난날의 의지가 없어서 마음이 아득하고 묘연杳然하게 이곳저곳으로 갈 뿐이라고 하고 "아무것도 잘하는 것이 없어서 무적공이 되는 것이 더욱 긴요하고 절실하다"라고 했다.

허령불매는 이 마음의 본체本體이고 신명불측은 이 마음의 묘용妙用이니, 하늘이 나에게 부여한 것이 어찌 성인과 다르겠냐마는, 나는 마침내 보존하여 잡아 지킬 줄을 모르고 끝내 유탕流蕩하고 방일放逸하여 음식이나 여색으로 마음이 가는 게 아니면 이름난 산수山水로 마음이 가고, 이름난 산수로 마음이 가는 게 아니면 상세上世와 후세後世로 마음이 가니, 이것이 과연 나에게 무슨 도움이 되겠는가. 조금 성찰省察이 생긴 후로는 또 주일主一의 공부를 하지 못하여 읽은 것이 모두 헛된 데로 돌아가고 행한 것이 하나도 실효가 없었으며, 주일主一의 공부가 조금 방향을 알아 뜻을 더하려 할 때에 미쳐서는, 정력의 쇠망함이 또 이와 같으니, 촛불의 빛을 문틈으로 엿보던 터에 또 일모도원日暮途遠의 탄식이 있게 되어, 깊은 잠에서 깨어나고 신령한 단약으로 환골換骨하는 것을 끝내 기대할 수가 없고, 그저 반 소경, 반 귀머거리, 반 벙어리, 반 불수不收의 사람이 되었으니, 참으로 슬프도다.

무적공 곧 정종로는 자신이 반불수의 사람이 되었음을 한탄했다.

그러자 어떤 이는 다시, 무적공이 세상 사람에 대한 응대에 뛰어나고 세상사람 또한 그의 시문을 판목과 돌에 새겨 전하니, 아무것도 잘하는 것이 없다는 게 과연 이와 같을 수 있느냐고 반문한다. 그러자 무적공은 자신이 부끄러움이 없어 오만하게 자임하여 교만하게 병필秉筆을 주도하는 반열에 끼어 있으므로 몰지각이 심하며 그것이야말로 무적공의 호와 부합한다고 대답했다.

마지막으로 어떤 이는 무적공에게, 그 무적이라는 말이 《논어》〈이인里仁〉에 나오는 "군자는 천하에 있어 가함도 없고 불가함도 없어서 의義를 따른다君子之於天下也, 無適也, 無莫也, 義之與比라고 한 것과 관계가 있지 않느냐고 묻는다. 그러자 무적공은 가함이 없고 불가함이 없는 사이에서 오직 성인만이 의義를 따를 수 있으나, 자신은 불가함이 없거나 가함이 없거나 해서 편향성을 띠었노라고 고백했다.

그러자 어떤 이는 백이가 불렀다는 〈채미가〉의 뜻을 취한 것이 아니냐고 물었다. 무적옹은 지금 조정에는 경대부가 많고 향촌에는 사대부가 빈빈해서 어디로 돌아가겠느냐고 탄식할 필요가 없으며, 오로지 자신은 "잘하는 것이 아무것도 없음이 이와 같아 비록 돌아갈 곳이 있다 하더라도 스스로 그 사이에 돌아갈 곳이 없다"고 강조했다.

어떤 이가 "조정이 돌아가기에 알맞다는 것은 그대의 말이 옳으나, 향촌으로 돌아가기에 알맞다는 것은 꼭 그렇지는 않은 듯하다"고 다그쳤다. 무적공은 향촌이야말로 자기가 돌아갈 곳이라는 점을 다시 밝혔다. 그러면서 마지막으로 자신은 따지고보면 자연으로 돌아가 여생을 즐기는 것이 바람직하다고 긍정적인 평가를 하여, 이렇게 말했다.

> 무적공으로서 도리어 하늘이 알맞음으로 먹여줌을 입어 이른바 시원한 바람과 밝은 달, 아름다운 산과 빼어난 강물, 구름과 안개, 꽃과 새가 밖에서 알맞다는 것과 죽粥과 바지, 저고리, 집과 자손이 안에서 알맞다는 것에 참여하여 흥얼거리고 즐기며 여생을 마치니, 이는 또한 천만다행이 아니겠는가. 만약 내가 잘하는 것이 많아서 가는 곳마다 들어맞았다면 지금의 행복은 진실로 얻지 못했을 것이니, 나는 참으로 바꾸지 않을 것이다.

맑고 태평한 시대에 벼슬 없는 야인으로 생활하는 즐거움을 말하면서, 정종로는 어디고 적합하지 않기에 별도의 곳에서 적합함이 있다는 뜻으로 자기 호의 '무적'이란 말을 새롭게 해석했다.

정종로는 경상도 상주를 근거지로 삼아 학문을 했다. 50대 중후반에 지은 〈복거卜居〉 네 수 가운데 첫째 시에서 그는 영화를 멀리하고 담백한 삶을 추구하는 기쁨을 다음과 같이 노래했다. 복거는 집터를 점쳐서 고른다는 말인데, 새집을 짓는 것을 뜻한다.

열 세대 동안 다섯 차례 거처를 옮겼으나
여기 상주를 벗어난 적이 없어
사물을 보면 낯선 것이 없고

사람을 만나면 모두 지난날 교유하던 이.
쉬는 곳은 고작 무릎 들일 정도
물가 집은 배보다도 좁은데
불 때는 일은 어린 종에게 맡기고
날마다 옛 언덕에서 땔나무한다.
배고프면 푸른 산의 고사리를 캐고
목마르면 맑은 시내의 물을 마시니
집안에 전해오는 가업이 따로 있기에
영화와 쾌락은 내가 구할 바 아니로다.

十世五遷居 십세오천거　不出此商州 불출차상주
覽物無生面 남물무생면　逢人盡舊遊 봉인진구유
所息取容膝 소식취용슬　水舍狹於舟 수사협어주
爨室任小奚 찬실임소해　逐日樵故丘 축일초고구
飢采碧山薇 기채벽산미　渴飮淸溪流 갈음청계류
傳家自有業 전가자유업　榮樂非吾求 영락비오구

정종로는 숨을 거두기 이틀 전에 장손 정민수鄭民秀에게 남은 시문을 수습하여 보관할 것을 명했다. 저자가 사망한 1816년부터 근 20년 뒤인 1835년에 문집이 간행되었다.

참고문헌

- 정종로鄭宗魯, 〈무적공자서無適公自敍〉, 《입재집立齋集》 별집別集 권4 잡저雜著, 한국문집총간 253-4, 한국고전번역원, 2000.
- 박영호, 〈입재 정종로의 삶과 문학세계〉, 《동방한문학》25, 동방한문학회, 2003, pp.7-41.
- 우인수, 〈입재 정종로의 영남남인 학계 내의 위상과 그의 현실대응〉, 《동방한문학》25, 동방한문학회, 2003, pp.109-132.
- 최영성, 〈정정로〉, 《한국유학사상사;조선후기편·하》, 아세아문화사, 1995.
- 최재목, 〈입재 정정로의 생애, 성리사상, 문제의식〉, 《동방한문학》25, 동방한문학회, 2003, pp.48-80.

이서구李書九, 〈강산자술薑山自述〉   13

사람이 시기하고 귀신이 성낸다

人猜鬼怒인시귀노

조선 정조, 순조 연간의 명문장가 이서구李書九, 1754~1825는 장편의 〈강산자술薑山自述〉을 남겼다. 모두 36장에 달하는 필사본이다. 강산은 이서구의 호이다.

이서구는 이 〈자술〉에서, 생년인 1754년부터 집필 시점인 1806년까지의 이력을 편년 형식으로 서술하되, 모두 15개 조목으로 나누었다. 명나라 말의 동림당 문인들 가운데 여섯 사람이 환난을 당해 자신의 평생을 서술한 일이 있다. 그 여섯 명의 글들은 《지부족재총서知不足齋叢書》속에 들어 있다. 이서구는 바로 그러한 서술 방법을 차용했다.

다만, 이서구는 자기 자신이 평소 마음공부를 하지 않았고 재앙을 당해서는 마음이 황망하기만 해서 두서없이 이력을 서술했다고 밝혔다. 또한 기록한 바가 시휘時諱에 저촉되는 바가 많으므로 3, 50년이 지난 뒤에나 남에게 보일 만하다고 했다.

계해년순조 3년, 1803년, 50세 9월에 다시 탁지度支, 호조판서에 배수되었다. 나는 이때 비록 지난날 이 관직에 있었다고는 하지만 나가서 벼슬할 뜻이 없어서, 마침 도총부에 숙직하고 있었고 주상의 능행陵幸이 하룻밤 지나 있게 되었으므로 부득이하여 나가서 숙배하였다.

한 달쯤 지나 10월에 이경신李敬臣의 일이 일어났다전 장령이었던 이경신이 대관臺官의 벼슬을 구하다가 이루지 못하자 이서구의 죄를 얽어 상소하려고 했으나 승정원에서 소를 받지 않았다. 그가 편지를 끌어안고 궐문을 지킬 때 나는 먼저 한 장의 상소문을 올려 즉시 그 편지를 봉입捧入, 바쳐 들임하여 언로를 넓힐 것을 청하였으나, 서각徐閣, 재상 서용보徐龍輔이 불가하다고 했으므로, 연석筵席에 들어가서 아뢰고, 그 상소는 마침내 그만두었다. 나는 두 번에 걸쳐 상소를 하고, 뒤에 태사太社의 악고樂庫에서 불이 나서, 잠시 왕명을 받들어 봉심奉審하고 정돈整頓했다. 호조에서의 임무가 지체되었으므로 처음으로 물러날 뜻을 결심했는데, 선영에 일이 있어 상소문을 올려 고향을 찾을 것을 청해서 영평 선영 집에 이르렀다. 즉시로 병을 이유로 인퇴해서 관식을 면해줄 것을 청하였는데, 비로소 허탁을 받았다. 하지만 외직을 청하였다가 저지당하는 일이 있었다. 나는 서 재상과 함께 뼈에 사무친 원한을 입었는데, 그쪽은 친히 스스로 범수犯手, 범죄를 저지름하지 않고, 남의 손을 빌려 둘 다 제거해서 여러 척리를 도발하고 분격시키려고 했다. 김 재상은 이미 묵은 원한을 품고 있는데다가 저쪽의 농간을 당하였고, 또 내가 일찍이 김 재상이 건백했던 여러 조항이 편하지 못하다고 비판한 일도 있고 해서, 더욱 성을 내어 심지어는 '이의를 일으켜서 국사를 저해하고 희롱한다'고까지 말했다. 서 재상은 또한 김 재상이 평소 좋아하지 않았는데, 이때에 이르러 김 재상의 숙질이 팔을 걷어붙이고 공공연하게, 조정에서 이 두 놈을 제거한 연후에 세도를 어떻게 해볼 수 있다고 말하기까지 했다. 또 내가 이번에 고향을 찾은 일을 두고, 왕대비전정순황후 수렴청정을 걷을 기미를 보고 먼저 피해서 갔다고 했다. 그 허장과 위언이 죽 끓듯 물 끓듯 했다.

마침 12월에 인정전仁政殿에서 화재가 나서 민심이 놀라고 흔들렸다. 나는 그 소식을 듣고 마침내 밤에도 숙박하지 않은 채 말을 빨리 달려서 진위陳慰의 반열에 참여했다. 여러 척리가 내가 왔다는 말을 듣고 놀라서 이야기를 전하지 않는 자가 없었다. 두 김씨는 서로 돌아보면서, "사람들의 말은 정말로 믿을 수가 없구나"라고 했다. 대개 이때 내가 만약 조금이라도 늦게 분문奔問, 달려가 위문함했더라면, 무슨 함정에 빠질지 알 수가 없었다.

바야흐로 낮에 이어 밤에도 잠자지 않고 노정에 맞춰 달려갈 때 달은 밝고 들은 넓어서 가슴속이 텅 비고 드넓었는데, 말 위에서 나라의 일을 아프게 헤아리면서, 나도 모르게 눈물을 콸콸 쏟아서, 개연히 살고 죽는 문제를 버리고 군주를 위해 한 마디 올려야겠다는 마음이 있었다. 그래서 집에 다다른 후에 연석에서 아뢸 글을 기초해서, 연석에 오를 때에 면전에서 진달하려고 하였으나, 서 재상이 극구 말리면서 "이와 같이 하면 대감은 정말로 훌륭하지만, 나라의 일에 대해서는 조금도 보탬이 되지 않습니다. 더구나 성상께서는 바야흐로 충년沖年, 어린 나이이신데, 다행히 척리를 조금 억제한다고 해도 또 환관의 해가 척리의 해보다 더 심하게 될지 어찌 알겠습니까? 그렇게 되면 나라의 일이 나로부터 더욱 망가질 것입니다. 우리가 나라의 은혜에 보답하는 일은 마땅히 만전을 기해야 하니, 어찌 한 몸의 명성을 높이려는 계책을 쓰겠습니까?"라고 했다. 나는 비록 느껴 탄식하기는 했으나, 다만 심중이 답답해서 곧바로 통곡하고자 했을 따름이었다. 마침내 빈대賓對, 매달 여섯 차례씩 의정·대간·옥당 관원들이 입시하여 정무를 상주하던 일, 차대의 날에 억지로 몸을 일으켜 연석에 올라 성상의 빛나는 모습을 한 번 뵙고 분문奔問하는 정성을 편 뒤에, 곧바로 질병을 이유로 들어서 조정에 나가지 않았다. 열흘이 채 못 되어, 홍이유洪履猷와 조진정趙鎭井의 일대왕대비가 수렴청정을 거두고 환정하였는데, 이때 홍이유가 전함前銜의 대신臺臣 조진정을 사주하여 소장을 지어서 좌의정 서용보徐龍輔를 무함했다이 일어나, 서용보 재상은 도성을 떠났다. 바야흐로 조진정의 상소가 아직 거두어지지 않았을 때, 백박伯朴, 박종보朴宗輔이 먼저 부본을 얻어 사람을 통해서 서용보 재상에게 보냈는데, 서용보 재상은 마침내 김 재상을 끌어들이고, 또 유통儒通, 유생들 사이에 통지하는 글의 일을 문제 삼아 연석에 올라 우러러 주달했다. 이에 유언비어가 사방으로 날아서, 조정에 신하들이 거의 비게 되고, 붉은색과 자색이 뒤섞이고 경수와 위수가 한 데 흐르는 격이 되었다.

나로 말하면, 혹은 거기에 들어 있다고도 하고 혹은 거기에 들어있지 않다고도 해서, 전하는 말이 더욱 의심스럽고 현혹스러웠다. 잠시 두문불출하고 거처를 정갈하게 하고서는 수일 동안 있자니, 자성慈聖, 왕대비 전께서 장차 수렴청정을 거두려고 한다고 했다. 나는 마침내 힘껏 서용보 재상을 권하여 얼른 함께 들어가자고 했다. 마침내 연석에 올랐다가 물러났다.

해를 넘겨 갑자년순조 4, 1804, 51세 정월에 서용보 재상은 고향을 찾았고, 홍이유와 이동만李東萬 등은 감옥에 갇혀 추궁하는 옥사가 장차 벌어지려 했다. 이때에 나는 지돈녕부사에 제수되어, 마침내 이름이 유통儒通

에 들어가 이야기가 전해져서 시끄러웠으므로, 소장을 올려 의리상 인퇴하고자 해서 비답을 받았다. 그날로 다시 지의금부사에 임명되었으나 패초牌招에 따르지 않아서 체직되었다. 얼마 있다가 추조秋曹, 형조에서 유통을 찾아 들였는데, 내 이름이 과연 그 속에 들어 있었으므로, 서용보 재상의 전모前茅, 앞잡이라고 일컬었다.

2월에 정고呈告하여 지돈녕부사의 직함이 갈리고 다시 도헌都憲, 대사헌에 제수되었다. 이때 오재영吳載榮의 변고오재영은 내삼청內三廳의 서원書員으로 이성세李成世를 꾀어 각패角牌를 위조한 뒤 관서의 요언에 나오는 이당규李唐揆의 성명을 새겨넣고, 복색을 바꾼 채 둘이 비수를 끼고 들어와 인화문仁和門 밖에 숨어 있었다가 발각되었다. 이성세의 전대 안에는 인명을 열거해 두었는데 진신사대부를 무함하여 일망타진하는 계책으로 삼은 것이었다고 한다가 있어서, 궁성을 에워싸 호위하며 내병조內兵曹에 정국庭鞫을 베풀라는 어명이 있었으므로 다른 일을 돌아볼 겨를이 없어서 창졸간에 궁궐에 들어가 숙배肅拜했다. 그리고 그대로 정국에 참여하였다. 그런데 이른바 이성세李性世의 협대夾袋 속에서 작은 책자가 있어, 여러 사람과 약조를 맺었다고 했는데, 이병모李秉模 재상과 서용보 재상으로부터 그 이하에 이르기까지 많은 진신사대부들이 모두 면하지 못했다. 나의 이름도 그 속에 들어 있었으나, 위관委官이 비밀에 붙여 누설하지 않았으므로 부득이하게 남들을 따라 국청에 참가하여 앉아 있었다. 사니 날 만에 추국推鞫이 열렸으므로 마침내 물러나 집으로 돌아와, 면학勉學하시라는 상소를 올렸다. 주상의 비답이 닷새가 되도록 내려오지 않았다. 마침 옥당홍문관의 김매순金邁淳이 상소하는 일이 있어, 마침내 동시에 비답을 받았고, 또 군은을 입어 체직되었다. 다음날 계박李朴, 박종경朴宗慶과 여러 각신이 모두 나의 상소에 남은 뜻이 있다고 하면서 연석에 올라 차례로 진달하니, 마치 연유가 있어서 그렇게 발언한 듯했다. 상께서는 또 도헌대사헌의 상소가 절실하다고 연석의 신하들에게 말씀하시고 또 가납하겠다는 뜻을 보이셨다. 얼마 있다가 다시 한성부판윤에 제수되었으니, 어쩔 수 없이 궁궐에 나가 숙배하고, 이어서 상소를 올려 고향을 찾아 선영에 머물렀다.

한 달 남짓이 되어서도 현직을 풀어주시지 않았고, 이어서 경재卿宰 고관들이 대부분 바깥에 있어서 옳지 않다고 연석에서 말씀하시기를 거듭거듭 하시고는, 맨 처음에 한韓 어른과 나의 이름을 거론하시면서 올라오라고 재촉하셨고, 마지막에는 내 이름만 거론하시면서 재촉하라는 말씀이 더욱 엄하시니, 비리備吏가 신속하게 고하는 것이 줄을 이었다.

그리고 권유權裕의 옥사가 바야흐로 벌어지려 하여, 서용보 재상도 역시 즉시 돌아올 것을 권하였으므로, 마침내 부득이하여 발행했다. 막 도성으로 들어갔을 때 위태로운 말과 유언비어가 이미 사방에서 일어나서, 내가 권유의 상소에 관계되어 있다고들 말하였다. 고금천하의 흉한 부함이 어디 한이 있겠는가마는, 어찌 이 나이도 백주대낮에 남을 읽어매는 변괴가 있단 말인가! 처음에는 나도 모르게 일소하였다가, 마지막에는 더욱 위태롭고 벌벌 떨려, 모든 것을 귀로 들으려 하지 않았다권유는 일찍이 김조순 가문과의 대혼大婚을 막으려고 상소를 올린 일이 있었는데, 이때 이르러 순조가 그 상소를 차대석상에서 제시하여 안동김씨가 노론 벽파를 공격하도록 유도했다고 볼 수 있다. 그래서 상소를 올려 질병을 이유로 인퇴하여, 한성부판윤의 직을 갈아주실 것을 청하였으나 비답을 받지 못하였는데, 홀연 서얼西臬, 평안도로 들어가라는 추천이 있어, 하루가 지나서 낙점을 입었다. 대개 기성箕城, 평양이 회록回祿, 화재을 입어서, 그 한 지방이 처참하였으므로, 마침내 가서 복무하는 의리를 들어서 상소문을 한 번 올린 후에 그대로 궁궐에 나가 숙배하였다. 하지만 위언은 조금도 잦아들지 않아, 아침에 저녁을 보장하지 못할 정도였다. 또 듣자니, 권유가 내가 사도 사司䆃寺에서의 불법 상황을 조사한 일로 그의 일기에서 나를 원망하고 모욕하기를 한도 없이 하였다고 하는데, 국청에 참여한 여러 사람이 그것을 목격하지 않은 이가 없었고, 위관인 이시수李時秀 재상과 이면긍李勉兢 승지도 역시 나를 보고 그 말을 전해주었거늘, 유언비어는 그대로 흉흉하여 비록 이미 거듭 사직하였지만 즉시 조정을 사직할 수가 없었다. 이윽고 상께서 부임을 재촉하라고 하셨으므로 비로소 조정을 사직하였다. 대개 원한을 품은 사람은 반드시 이번 기회에 나를 얽어서 죽이려고 해서, 한편으로는 얼른 도성으로 들어오라고 촉박하게 시키고, 다른 한편으로는 유언비어를 만들어내었던 것인데, 마침 서얼로 나가게 되어, 마침내 자신들의 계략을 제대로 시행하지 못한 것이다. 천섬薦剡, 천거해주었던 이시수 재상도 역시 이 때문에 곤욕을 당하였다마침 평양 관영에 불이 나서 길에 온통 환자들이었으므로, 관찰사 김문순金文淳이 체직되게 되었다. 상국 이시수李時秀가 이서구를 가엾게 생각하여 평안도 관찰사의 직에 추천하여 대신하게 하였다.

이미 평양 감영에 도착한 이후 채 석 달도 되지 않아서 정언 이계李晵가 상소를 하였다이계는 상소를 하여 해서관찰사 이존수李存秀를 논박하였다. 원래 이시구가 이조판서로서 인사권을 쥐고 있을 때, 척리의 재신宰臣이 해서관찰사의 직을 얻고자 했는데, 이서구는 이존수를 추천했다. 이때에 이르러 이계가 이존수를 논핵하면서 이서구를 비난해서, "전형하는 자의 자리에서 잠시도 떠나지 않은 채, 입으로 등창을 빨고 치질을 핥아 독을 제거하는 식으로 윗사람에게 아첨하면서, 태연스럽게 여겨 부끄러워하지 않았다"고 했다. 마침내 넉 달 동안 업무를 폐하고서, 두 번 사직소를 올리고 한 번 사장辭狀, 사표을 바쳤다. 하지만 묘당조정의 의론은 서쪽의 일이 바야흐로 극도로 사무가 많다는 이유로 반대하였다.

마침 한해옥韓海玉의 변고권유權裕·정재민鄭在民의 국옥이 있고난 후에 원망하는 마음을 쌓아오다가 소회를 읊은 16자의 흉언을 지어냈다가 일어나자, 나를 미워하는 사람이 다시 이 기회를 타서 유언비어를 만들어, 한해옥이 내게 "외직으로 나가서는 안 됩니다. 바깥에 당신을 일컫는 말이 있습니다"라고 말했다고 했다. 그러나 서매수徐邁修 좌의정은 여러 고관을 마주하여 말하기를, "이서구가 거듭 원한과 비방을 받아서 비난과 모욕이 그치지 않는다"고 했다. 조진관趙鎭寬 호조판서와 한계형韓季亨 대감은 나를 위해 변명해주었다. 조진관 대감은 내가 권유의 상소에 대해 공박했다는 수작의 사실을 들어서 입증해주었다. 그런데 서용보 재상이 또 "이서구가 거듭 인퇴한 것은 성군의 비답이 심하게 밝혀주시지 않았기 때문입니다"라고 했으므로, 이로써 하나의 위언이 더 첨가되었다. 마침내 묘당조정의 초기草記, 긴단한 보고시가 올라가자, 상께서 신칙申飭하셨으므로 힘써 정무를 보았다.

을축년순조 5년, 1805년, 52세 봄정월에 자전정순왕후께서 승하하셨다는 소식을 듣고 비통하기가 망극해서 더 살고 싶지가 않을 정도였다. 관소館所에서 거애擧哀하여 공제公除한 후, 성상께서 천연두를 앓으신다는 소식을 듣고 북쪽을 바라보면서 애를 태우다가, 하늘의 도우심에 힘입어서 얼마 되지 않아서 회복하셨다기에, 너무도 기뻐서 관소에서 망하례를 거행했다.

3월부터 비로소 공역工役을 감독해서 4월에 준공을 고했다. 창고의 돈 3만민絹을 분할하여 화재 입은 아전이나 백성, 그리고 재목을 운송해준 고을들에 나누어주었다. 또 도내에 저축해놓은 것과 경외京外에 응하여 구입한 곡식 10여만 석을 상정법詳定法에 의해 가격을 절충해서 백성들의 곤궁함을 해소시켰다. 또한 공사비용을 계획함에 있어서는 전임 관찰사가 구획했던 것과 비교해서 10분의 5, 6이 남도록 했다. 아울러 타다 남은 은 15만 냥을 다시 녹여 은화를 만들어서 부고府庫를 채웠다. 그리고는 소장疏章을 올려 체직을 청했는데, 성상께서 비답하시기를, 마침 객사客使, 청나라 칙사가 가까운 시기에 이르러 온다는 이유로 허락을 미루셨다. 마침내 서너 순旬 동안 미루고, 만상灣上, 의주에서 객사를 맞이하고 또 전송하였다. 그런데 객사가 만상을 건너가는 날, 이경신이 또다시 상소문을 안고 궁궐 문을 지키고 있었는데, 나는 관새 바깥에 있었기 때문에 감감하게 몰랐다. 나는 만상에 있으면서 봉함상소를 올려, 자친慈親, 계모 유씨의 회갑 날에 맞춰 벼슬에서 풀려나 돌아가 뵙게 되기를 청했는데, 즉각 성은을 입어서 체직될 수 있었다. 하지만 이경신의 상소는 그에 따라 관철되고, 양사兩司도 뒤밟아서 발계發啓했다.이경신은 이서구가 역적 권유의 와굴窩窟이라고 말했다. 하지만 이경신은 사천현泗川縣에 유배되었다.

마침내 교귀交龜, 신임 수령과 구임 수령이 부신符信을 교환함한 이후에, 다음 달인 7월 25일에 밤에도 묵지 않고 달려서 광호廣湖, 광나루 부근에서 대부인모친을 뵙고는, 금곡金谷으로 가서 머무르며, 왕명이 내리길 수십 일 동안 기다리다가, 마침내 영평의 선영으로 돌아가서 가족이 단란하게 모였다. 그런데 10월에 또 홍명주洪命周의 상소가 있었지만, 본 사건의 실상에서 벗어났으므로 다행히 변론하지 않고도 저절로 밝혀졌다. 그런데 홀연 금년병인, 순조 6년, 1806년, 53세 3월에 숙안宿案, 묵은 안건. 여기서는 이경신의 무고 사건이 다시 재앙을 일으켜, 기세가 들판에 불이 붙듯이 하여, 마침내 이 지경에 이르고 말았으니, 이 모든 것이 재주도 없고 능력도 없어서 어둡고 감감하기 그지없고 편벽된 성격이 남을 거스르는 것이 많으며, 외로운 뿌리는 꺾이기 쉬워서 사람이 시기하고 귀신이 성내어 이러한 기이한 앙화를 초래한 것이 아님이 없으니, 이 모든 것이 운명이 아님이 없으니, 그 올바름을 순순히 받아들일 따름이니, 무슨 말을 하겠는가!

처음에는 산 속에서 아무 일 없이 지낼 때 평소 학문을 하던 자초지종과 조정에서 벼슬 살던 본말을 자세하게 기록해서 자손에게 남겨서, 내가 뜻만 지녔지 아무 성취한 것이 없어 몸을 욕보이고 국은을 저버린 사람임을 알게 하고자 했다. 지금은 앙화의 불기운이 나날이 급하여, 상세하게 다 적을 겨를이 없어, 서너 날 밤에 등불 아래서 총총하게 이렇게 기록할 따름이다. 그밖에 관직에 있으면서 정무를 실행하고 마음을 세워서 논리를 견지했던 일 가운데 기록할 만한 것은 모두 생략한다. 후세의 자손 가운데 내 마음을 알아줄 사람이 있을지 없을지 모르겠나. 아아, 슬프노나!

이 글은 조선의 사대부들이 권력투쟁 속에서 얼마나 고통 받았는지 분명하게 알려주는 글이다. 곧, 이서구는 53세 되던 1806년순조 6 3월에, 이경신의 상소가 다시 문제가 되어 신변의 위협을 느끼자, 자손들에게 자신이 어떤 사람인지 기록으로 남기고자 이 장편의 〈척재자술惕齋自述〉을 남겼다. 이경신의 일은 당초 1803년 10월에 발생했는데, 그것이 이때에 와서 다시 문제가 되면서 이서구는 심신이 지치고 말았다.

이서구는 흔히 문인이자 학자로서 더 알려져 있지만, 〈척재자술〉을 보면 그가 정치행위에 매우 민첩한 인물이었고, 그 때문에 상당한 고통을 겪었다는 사실을 알게 되어 놀라지 않을 수 없다.

젊은 시절의 이서구는 박지원과 교분이 두터웠다. 1772년에 36세의 박지원은 가족을 석마향石馬鄕에 있는 처가로 보내고 서울 집에서 혼자 여름을 보내며 행랑 사람에게 기식하고 있었다. 이때 이서구가 방문하여 하룻밤을 지새우며 담소하고 옛날의 추억을 회상하고는 〈하야방우기夏夜訪友記〉라는 정채 있는 글을 지었다. 이에 대해 박지원도 〈수소완정하야방우기酬素玩亭夏夜訪友記〉를 지어, 생활은 곤궁하였으나 예속에 구애받지 않고 정신적으로 풍요로움을 노래하듯 적었다.

하지만 이서구는 1774년영조 50 정시문과에 급제하여 벼슬길에 나가면서부터 크고 작은 정치적 사건에 연루되었다. 문과에 급제한 후 사관을 지내고 사헌부지평에 이르렀을 때는 시기하는 무리가 있어 관직을 버리고 집에 돌아왔다. 정조가 조정으로 불렀으나 나가지 않다가 간곡한 분부가 재차 있어 조정에 나가 초계문신에 임명되고 홍문관 교리에 뽑혔다. 다음해 경상도 암행어사가 되고 이어서 정3품 통정대부 승정원 승지가 되었으나 모함을 받아 유배되었다. 1791년정조 15에 승지에 복직되었다가 전라도관찰사로 나갔는데, 흉년에 굶주리는 백성을 위해 창고를 열어 구제했다가 말썽이 되어 유배되었다.

1795년에는 대사간이 되었으나, 이번에는 천주교를 옹호한다 하여 유배되었다. 풀려나와 병조참판이 되고 이어서 이조참판을 역임하였다. 1797년에는 경상도관찰사로 발령되었다가 다시 강원도관찰사에 임명되었으나 나가지 않았다. 순조 즉위년인 1800년에는 호조판서에 임명되고 〈정조실록〉 편찬에 참여했으나, 호조판서를 사직하는 상소에서 '사봉묵칙斜封墨勅'이라는 말을 써서 정순왕후의 명으로 유배될 뻔했다. 그리고 1803년에 호조판서로 있을 때는 이경신의 일 때문에 곤욕을 치러야 했던 것이다.

이경신의 일은 벽파 곧, 노론 청류가 척신들과 대립하는 구도 속에서 발생한 일이다. 이서구는 정조 연간에 성장한 노론 청류의 지식인이었다. 하지만 정조가 서거한 후의 정국은 정순왕후를 배후로 하는 경주김씨, 순조의 생모 수빈을 배후로 하는 반남박씨, 순조의 장인 김조순을 중심으로 하는 안동김씨 등 척신들이 서로 각축을 벌이는 세상으로 바뀌었다. 이서구는 이들 척신들과 제휴하지 않았고, 또 벽파와도 일정한 거리를 두고 오히려 정치적인 도의를 지키려 했기에 고통을 겪었다고 할 수 있다.

1803년 12월에 정순왕후의 수렴청정이 끝난 후, 안동김씨는 반남박씨와 풍양조씨의 협력을 얻어 정국을 주도하기 시작했다. 1804년 4월에는 전에 시파 세력을 축출하는 데 앞장섰던 강진현감 이안묵을 탐학貪虐하다는 죄로 유배가게 만들고, 5월에는 1801년에 권유기 김조순 기문과의 국혼을 반대했던 일을 문제 삼아 권유 등의 벽파 인물을 제거했다. 1805년 12월에는 우의정 김달순이 벽파 의리를 재정립하려다가 몇 달 뒤 사사를 당하게 된다. 1807년에는 이경신이 김달순의 행위가 역逆이 아니라고 주장했다가 옥사를 초래하게 되고, 이때 벽파 세력의 중심인물인 김종수와 김종후 형제의 관직까지 추탈된다.

이 와중에, 이경신은 이서구가 이조판서로 있을 때 자신에게 사간원이나 사헌부의 관직을 주지 않았다고 해서 이서구를 모함했다. 그의 배후에 척신들이 있었을지 모른다.

이서구는 49세 되던 1802년에 이조판서에 임명된 후, 전형에서 공의를 따르고 청탁을 물리쳤다. 이경신은 북관北關 사람인데, 장령의 직을 지낸 적이 있다. 그는 이조판서인 이서구에게 자신을 대관臺官으로 삼아주기를 요구하고 자신의 아들도 능참봉을 시켜달라고 했으나 이서구가 들어주지 않자, 죄를 얽어 상소하여 분노를 풀려고 했다. 그런데 승정원에서는 전직의 직함으로 상소하는 것은 금지하게 되어 있다고 해서 소장을 받아들이지 않았다. 당시의 이조참판 이면긍李勉兢도 그의 무례함에 놀라 그를 대간의 후보자 명부에서 빼버렸다. 순조는 깊이 책망할 것도 못 된다고 여기고 이경신을 향리로 방축했다. 그런데 1805년에 이경신은 다시, 이서구가 권유權裕의 와굴窩窟이라는 상소를 올렸다. 이때 이경신은 사천현에 유배되었지만, 양사는 번갈아 발계하여 이서구를 국문해야 한다고 주장했다.

1806년 3월에는 양사가 다시 번갈아 이경신의 무고를 근거로 고발했다. 이때 이서구가 1800년에 호조판서를 사직하는 상소를 하면서 그 글에서 '사봉묵칙'이라는 말을 사용해서 정순왕후의 비위를 거슬러 유배를 명받았던 일이 새삼스레 문제가 되었다. 당시 이서구는 "구중궁궐 깊은 곳에 조용히 발을 드리우시고 계시어 외정의 관료들의 장단점과 능력 여부에 대해 아직도 환히 통촉하지 못하심이 있으실 것이니, 사봉묵칙은 더욱 오늘날에 있어서는 안 될 것입니다"라고 하였다. 사봉묵칙은 붉은색의 인신을 찍지 않고 그냥 붓으로 써서 비스듬히 봉한 사령서를 말한다. 당나라 중종 때 위후韋后와 태평공주·안락공주 등이 모두 부府를 설치한 뒤 마음대로 묵칙 사봉을 내려 관원을 제수하였다. 사봉묵칙을 해서는 안 된다는 것은 정순왕후에게 인사문제에 개입하지 말라고 권고한 셈이다.

또 1802년 정월에 장용영壯勇營을 혁파할 때 힘써 혁파를 주장한 것도 문제가 되었다. 장용영은 정조가 재위 17년인 1793년에 왕권 강화를 위하여 설치한 금위 조직이다. 이보다 앞서 1785년에 정조는 장용위라는 국왕 호위의 전담 부대를 창설하였는데, 장용영은 그것을 화성수원에 확대 설치한 것이었다. 하지만 이에 대해서는 그 폐단을 비판하는 주장이 대두되어, 1802년에 조정의 논의 결과 혁파되었다. 그런데 이서구를 비판하는 측에서는 장용영의 혁파를 강력하게 주장한 이서구가 선대왕의 유지를 훼손시켰다고 죄안으로 얽으려 한 것이다.

당시 척리의 재신이 이서구를 극률에 처하려 했는데, 이병모李秉模는 그가 척리에게 아부하지 않는다고 해서 죽인다면 공론이 가만두지 않을 것이라고 해서 말렸다. 하지만 이서구는 이후 15년간이나 남과의 왕래를 끊고 지내야 했다. 곧 1818년 9월에 이르러서야 대간의 발계가 정지되고, 1819년 6월에 이서구는 형조판서에 특별히 임명되었던 것이다.

이서구는 선조 인흥군정효공靖孝公의 후손이다. 그는 선조 가운데 낭선군효민공 孝敏公은 금석문을 모아 《대동금석첩》을 편찬했으며 여러 차례의 연행을 통해 방대한 서적을 수집했다. 그리고 이서구 본인은 정조의 명으로 《장릉지》와 《춘추좌전집해》의 편찬에 참여하고, 순조 때 《정조실록》의 편찬에 참여했다. 박제가·이덕무·유득공과 함께 한시 4대가로 알려졌다. 문집으로 《척재집》과 《강산초집》이 전한다.

오희상吳熙常은 이서구의 일생을 다음과 같이 간명하게 정리했다.

동음洞陰, 抱川 이상공은 초년에는 시율詩律로 세상을 울렸고 중년에는 정치로 이름을 날렸으며, 만년에는 경술經術로 스스로 즐거워했다. 만년이 중년보다 낫고 중년은 초년보다 나으니, 잘 변화했다고 할 만하다.

이서구는 부친 이원李遠, 1723~1770이 노론 벽파와 교분이 깊었고, 그 자신도 호론의 중심 인물인 윤봉구尹鳳九, 1681~1767에게 배웠으므로, 당색이 노론 벽파로 간주되었다.

본관은 전주로, 자는 낙서洛瑞이다. 1754년영조 30. 갑술 9월 14일, 서울의 서부 반석방 외가에서 태어났다. 위로 누이 셋이 난 다음이었다. 선조의 아들 인흥군의 후손이다. 처음에 호를 강산薑山이라 했으나, 1805년 이후에는 척재惕齋를 주로 사용했다. 척재의 척은 《주역》 건괘乾卦는 구삼九三 효사에서 '군자는 종일건건終日乾乾하며 석척약夕惕若이라'라고 한 말에서 따온 것이다. 군자는 건괘의 성실함을 본받아 하루종일 부지런히 힘써야 할 뿐 아니라 남들이 편히 쉬는 저녁에도 여전히 허물이 있지 않은가 두려워하듯이 해야 한다는 뜻이다. 이서구는 이 척재라는 호를 사용해서 어느 순간에도 안주하지 않고 부지런히 수양을 해나가겠다는 뜻을 밝힌 것이다.

이서구는 다섯 살 때 어머니 평산 신씨를 여의고 외조모에게서 양육되었다. 외가에서 《사략》《사기열전》《소학》, 당시와 당송팔가문, 그리고 《통감강목》을 공부했다. 12세 때 친가로 돌아 와서, 종제인 이정구李鼎九와 함께 이덕무에게서 글을 배웠다. 단, 그 자신은 독학의 사실을 강조했다. 이서구의 양덕방陽德坊 옛집에는 만고장萬古藏이라는 장서루가 있었다. 뒷날 태반이 흩어져 없어졌지만 이서구는 어릴 적부터 그 장서의 책을 읽었다. 젊어서 이서구는 송나라 정초鄭樵와 원나라 마단림馬端臨처럼 예악, 형정, 경제, 실용의 학문을 좋아했다.

이서구의 관례는 김용겸金用謙, 1702~1789이 주관했다. 김용겸은 김창흡, 이재, 박필주의 문인이자, 박지원의 선배다. 장인 신경한申景翰, 1719~1770은 신흠의 5대손이자, 남용익의 손자 남한기南漢紀의 사위다. 남한기의 아들이 남유용南有容, 손자가 남공철南公轍이다. 신경한의 손자 남상현南常顯과 그 아들 남응조南應朝에 이르기까지 의령남씨는 경화거족의 가계를 이루었다. 이렇게 해서 이서구는 처가로 노론 경화세족과 연결되었다.

이서구는 젊은 시절에 박지원 등 백탑동인의 구성원이었다. 홍한주洪翰周에 따르면 이서구는 칠언시 한 편을 구상하더라도 열흘 동안 구상한 뒤에라야 남에게 보였다고 한다. 그만큼 시가 공교롭다. 특히 청나라 초기의 어양漁洋 왕사진王士禛을 혹애했으므로, 이덕무는 이서구를 '우리나라의 어양'이라고 불렀다.

한편, 25세 되던 1778년정조 2 부렵, 1763년의 계미 통신사행을 따라 일본을 다녀온 원중거元重擧가 일본인에게서 받은 증별시만 모아 《일동시선日東詩選》을 엮었다고 한다. 또 1778년정조 2에는 전겸익錢謙益의 《열조시집列朝詩集》과 주이준朱彝尊의 《명시종明詩綜》에 실린 우리나라 관련 기록을 고증해서 잘못을 바로잡아 《강산필치》를 엮었다.

이서구는 1776년 정시문과에 병과로 급제했으나, 이보온李普溫의 탄핵으로 부정으로 합격했다는 시비에 휘말려 실직을 받지 못한 채 영평과 서울을 오가면서 8년간 은거해야 했다. 그가 관직에 진출하게 되는 것은 1784년의 일이다. 이후 20여 년간 여러 관직을 거쳤다.

이 시기에 이서구는 따로 저술을 하지 못했다. 경연에서 이루어진 강의의 내용도 훨씬 뒷날에 책으로 엮었다. 이를테면 《상서강의》는 1784년의 강의를 40년이 지난 1824년 5월에야 정리한 것이다.

그런데 이덕무의 《청비록》에 따르면 이서구는 청나라 학술문화의 수용에 깊은 관심을 두어 다음과 같이 말했다고 한다.

> 우리나라 사람은 마음이 거칠고 안목이 좁아서 대부분 시를 알지 못한다. 그런데 청나라 사람에 대해서는, 그 사람이 어질지 그렇지 않은지, 시의 수준이 높은지 낮은지는 따지지 않고 툭하면 '되놈'이란 두 글자로 말살해버린다. 과연 이와 같이 한다면 조맹부·오사도吳師道·양재楊載 같은 이들도 모두 중국 풍아風雅의 종주가 될 수 없이 끝내 몽고·여진의 출신임을 면치 못했을 것이다. 이러하니 지역적인 거리가 겨우 한 의대衣帶를 사이에 둘 정도에 있으면서도 이상貽上, 어양 왕사진 같은 이를 지금까지 어떤 사람인지조차 몰랐던 것이다. 가령 이상이 만주 출신으로 몸이 팔기八旗에 소속되었다 하더라도 시를 잘한다면 그 시만 좋아하면 그만이지, 어찌 꼭 '되놈'이라 배척을 해서 시까지 무시해야 하겠는가?

이서구는 1774년 관직에 나갈 때부터 1805년 물러날 때까지 국가의 편찬사업에 참여했다. 《열성지장》《별편》《송자대전》《동국읍지》《규장전운》《장릉지》《존주휘편》《동문휘고》《춘추좌씨전》 등이 그가 편찬에 간여한 서적들이다.

그러다가 정순왕후 김씨가 죽고 1805년 벽파 세력이 정치적으로 몰락하자 이서구는 정계에서 물러난다. 그는 이 시기에 생명의 위협을 느끼면서 15년간 포천군 양문리의 선영 아래에 은거했다. 이 은둔 시기에 《척재자술惕齋自述》《척재병거록惕齋屛居錄》《척재독시기惕齋讀詩記》《척재서독惕齋書牘》을 엮었다. 이 가운데 《척재자술》과 《척재병거록》은 태어날 때부터 관직을 떠나는 1806년 초까지의 정치적 입장에 대해 기록한 것이다.

이 무렵 이서구는 암행어사로 지방을 돌아다니거나 영해와 울진의 유배지를 오가면서, 비정枇政, 악한 정치에 시달리는 기층민의 삶을 목도하고 그것을 문학적으로 형상화하는 한편, 자기 자신의 무력감을 드러내고는 했다. 은거하고 있던 1811년에 홍경래의 난이 일어나자, 전쟁의 상황을 우려하는 한편, 도적으로 규정된 반란봉기군도 역시 우리의 창생임을 잊어서는 안 된다고 덧붙였다. 〈봄날의 시름春愁〉라는 시가 그 일례다.

꾀꼬리 울고 꽃 피는 계절은 또 지나가건만
관서에는 아직도 군사를 써야 하다니.
전쟁의 먹구름이 바다 수자리까지 이었으니
선상의 땅에 봄 밭갈이들 폐했노라.
슬갑과 북소리에 유능한 장수가 그립고
창과 긴 창으로 의로운 함성 떨치리라만,
차마 큰 은덕을 잊을 수야 있는가
도적도 역시 창생이로다.

又過鶯花節 우과앵화절   關河尙用兵 관하상용병
陣雲連海戍 진운연해수   戰地廢春耕 전지폐춘경
鞞鼓思良將 비고사양장   戈矛振義聲 과모진의성

忍能忘大德 인능망대덕　　　盜賊亦蒼生 도적역창생

이서구는 1820년부터 2년간 전라감사를 두 번째로 역임하고 우의정에 제수되었으나, 정치적으로 큰 역할을 하지는 않았다. 다만 이 시기의 그의 활동과 관련해서 많은 전설이 전한다.

참고문헌

- 김윤조, 〈강산전서 해제〉, 《강산전서薑山全書》, 성균관대학교 대동문화연구원, 2005.
- 오희상吳熙尙, 《척재선생행록보유惕齋先生行錄補遺》 하下, 《강산전서薑山全書》, 성균관대학교 대동문화연구원, 2005.
- 홍한주洪翰周, 〈작문고사作文苦思〉, 《지수염필智水拈筆》, 《서벽외사해외수일본栖碧外史海外收佚本》, 아세아문화사, 1984.
- 남재철, 《강산 이서구의 삶과 문학세계》, 소명출판, 2005.
- 정양완, 《조선조 후기 한시 연구》, 성신여대 출판부, 1983.
- 김윤조, 〈강산 이서구의 생애와 문학〉, 성균관대 박사학위논문, 1991.
- 김윤조, 〈이서구 관계 설화의 양상과 의미〉, 《어문학》 63, 한국어문학회, 1998, pp. 83-102.
- 남재철, 〈강산 이서구 시에 있어서 '진실'의 문제〉, 《한국한시연구》 5, 1997, pp. 315-341.
- 송기숙, 〈한국설화에 나타난 민중혁명사상 - 선운사 미륵비결 설화와 동학농민전쟁의 민중적 전개〉, 《우리시대 민족운동의 과제》, 한길사, 1986, pp. 192-338.
- 유봉학, 〈18-19세기 연암일파 북학사상의 연구〉, 서울대 박사학위논문, 1991.
- 최삼룡, 〈이서구의 인물과 설화에 대한 연구〉, 《한국사상사》, 원광대학교 출판국, 1991, pp. 57-90.

南冥先生集卷之四補遺

行狀

金宇顒

先生姓曺氏諱植字楗仲甫自號曰南冥曺氏爲昌山著姓高麗太祖神德王后生德宮公主下嫁于曺氏生刑部員外郞瑞寔爲鼻祖其後九世平章代有偉人先生以弘治辛酉六月二十六日辰時生生有異資早歲豪勇不羈稍長喜爲文務爲奇古以文章自負判校公每勉以擧子業先生自雄其才謂科第可俯取年二十五偕友人隷擧業於山寺讀性理大全至魯齋許氏語有曰志伊尹之志學顏子之學出則有爲處則有守丈夫當

아렌트는 미국에서 살고 있는 동안 자신의 어린 시절에 대해서는 거의 말하지 않았다. 그의 친척들은 모두 동프러시아 쾨니스베르크에 있는 가족의 본가를 떠났으며, 그 도시는 폭탄으로 파괴되고 소련의 칼리닌그라드로 재건되었다. 아렌트는 이보다 훨씬 오래 전에 자신의 삶을 '그때'와 '지금'으로 구분하였다. 시대의 구분과 관련하여 전반의 그때인 어린 시절은 은밀하고 사적인 문제가 되었다. 그가 마부르크대학교의 신학도가 되었던 18세 당시 스승인 하이데거의 '더 이상 아님'과 '아직 아님'이라는 시 언어로 자기 생애의 시간을 구분하였다.

― 엘리자베스 영-브륄 지음, 《한나 아렌트 전기》, 홍원표 옮김, 인간사랑, 2007.

3부

내 삶을 웃어본다

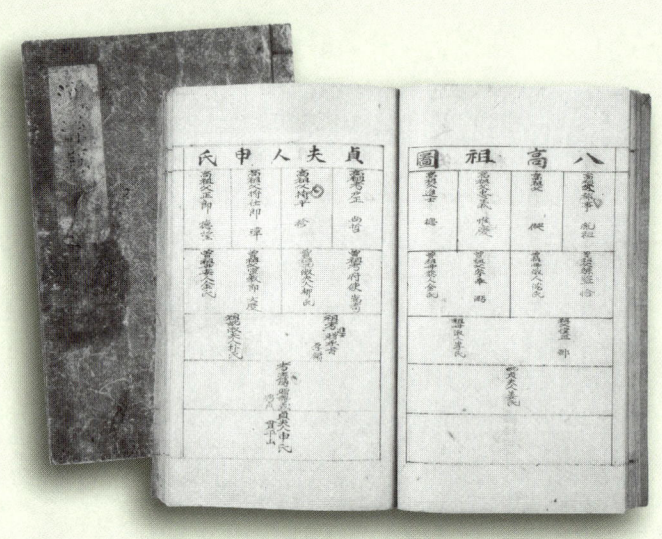

팔고조도 八高祖圖
20세기, 필사본, 19.0×28.2

세계패 世系牌
조선후기, 9.0×9.0

이규보李奎報, 〈백운거사전白雲居士傳〉   1

하늘과 땅도 그를 얽매지 못하리라
天地所不囿 천지소불유

고려의 대문호 이규보李奎報, 1168~1241는 스물다섯인 1192년고려 명종 22년에 〈백운거사전白雲居士傳〉을 지어 자기 삶의 이야기를 가탁했다.

이규보는 국문학사상 가장 방대한 규모의 문집 《동국이상국집》을 남기고, 민족서사시 〈동명왕편〉과 가전체 산문 〈국선생전〉으로도 유명하다. 본관은 황려, 곧 여주이다. 1189년명종 19 사마시에 합격하고 이듬해 예부시에 동진사同進士로 급제했으나 한동안 관직에 나가지 못했다. 바로 이 시기에 그는 〈백운거사전〉을 지었다. 생활은 어려웠지만 이 무렵의 그는 창작 욕구가 왕성해 장편의 시와 참신한 산문을 많이 지었다.

1199년신종 2 비로소 사록의 벼슬로 전주에 부임했지만 얼마 있다가 면직되었다. 1202년신종 5 동경경주에 반란이 일어나자 11월에 병마녹사로 자원해 종군하게 된다. 거사는 재가 불교신도를 일컫는 말이다. 그는 특정한 사찰에 예속되지 않고 자유롭게 불법을 닦는다는 뜻에서 거사를 자칭했다.

백운거사白雲居士는 선생의 자호다. 이름을 숨기고 호를 드러낸 것이다. 그가 이렇게 자호하게 된 취지는 선생의 《백운어록白雲語錄》에 자세히 기록되어 있다.

집에는 자주 식량이 떨어져서 끼니를 잇지 못했으나 거사는 스스로 유쾌히 지냈다. 성격이 소탈하여 단속할 줄을 모르며, 우주를 좁게 여겼다. 항상 술을 마시고 스스로 혼미했다. 청하는 사람이 있으면 곧 흔쾌히 그리로 가서 잔뜩 취해가지고 돌아왔으니, 아마도 옛적 도연명陶淵明의 무리이리라. 거문고를 타고 술을 마시며 이렇게 세월을 보냈다. 이것은 그의 기록이다. 거사는 취하면 시를 읊으며 스스로 전傳을 짓고 스스로 찬贊을 지었다.

그 찬은 이러하다.

"뜻이 본래 천지 바깥에 있으니, 하늘과 땅도 그를 얽매지 못하리라. 장차 원기元氣의 모체母體와 함께 무한한 공허의 세계에 노닐리라."

몸뚱이는 이것저것에 걸려 슬픔만 일으킨다. 하지만 내 뜻은 그 몸뚱이의 구속을 받지 않는다. 천지 바깥을 나돌기에 하늘과 땅으로 구획된 이 현실의 세계가 그를 얽어놓을 수 없다. 그의 호는 백운이다. 흰 구름은 매인 것 없이 떠도는 대자유를 상징한다. 거사를 자칭한 것도 대자유를 추구하는 뜻을 가탁한 것이다.

이 거사는 저 동진 때 다섯 말 봉급 때문에 탐학한 상급자에게 허리 굽힐 수 없다고 고향으로 돌아가 자유로운 삶을 살았던 도연명을 닮아 있다. 도연명은 자기 자신의 이야기를 적은 〈오류선생전五柳先生傳〉에서 천성이 술을 좋아하지만, 집이 가난하였으므로 늘 술을 손에 넣지는 못했다. 친분 있는 사람들은 그러한 사정을 잘 알고 있어서, 술을 준비하고 불러주기도 했다. 거기에 가서 술을 마시면, 언제나 마지막까지 술을 다 마셔, 기필코 만취하리라고 결심했다. 술을 다 마시고 나면 헤어져 물러났지, 떠나는 데 미련을 갖는 법이 없었다.

라고 했다. 백운거사도 "청하는 사람이 있으면 곧 흔쾌히 그리로 가서 잔뜩 취해가지고 돌아왔다." 자유로움을 추구한 이유는 설령 다르다고 해도, '술로 도망한' 점은 닮아 있다. 그렇기에 백운거사를 두고 "아마도 옛적 도연명의 무리이리라"라고 한 것이다.

사람의 일생을 적을 때는 대개 첫머리를 '성·명·자·본적'의 순으로 기록하는 인물전의 고정된 스타일을 어기고 대뜸 "백운거사는 선생의 자호"라고 말하고는, 그 선생이 누구인지 밝히지 않았다. 자기라고 밝히지 않은 어떤 제3의 인물을 내세워 자기 이야기를 하는 형식을 탁전托傳, 託傳이라고 한다. 글 속의 인물이 사기라고 확실하게 밝히시 않았으므로, 서자-화자-주인공 간의 동일성을 드러내야 한다는 '자서전의 규약'을 지키지 않았다.

하지만 이 글의 저자는 글 속의 백운거사가 자기라는 사실을 간접적으로 밝혀두었다. "그가 이렇게 자호하게 된 취지는 선생의 백운어록에 자세히 기재되었다"라고 하여 실재하는 자신의 책을 참조하라고 지시하는 속에, 백운어록을 집필한 '선생'이 바로 나임을 간접적으로 밝힌 것이다.

이 글 속의 '나'는 곧 이규보다. 그가 말한 '백운어록'은 원래의 모습대로 남아 있지는 않다. 하지만 그것을 토대로 후대에 편집된 《백운소설》

이 전한다. 이 '소설'이란 허구적 서사물이 아니다. 하찮은 이야기라는 뜻이다. 과연 《백운소설》은 주변 인물들의 일화, 그것도 시나 문예, 풍류에 얽힌 이야기들을 세세하게 실어두었다. 그런데 그 《백운소설》 속에 〈백운거사전〉과 같은 이야기가 들어 있다. 〈백운거사전〉에서 자기의 '백운어록'을 참조하라고 한 그대로이다. 《백운소설》 속에 실린 자서전에서는 백운거사가 취중에 다음 시를 읊었다고 했다.

천지로 이불로 삼고
강하로 술 연못을 만들어
천일 동안 계속 마셔서
취한 채 태평 시절을 보내리라.

天地爲衾枕 천지위금침   江河作酒池 강하작주지
願成千日飮 원성천일음   醉過太平時 취과태평시

호방한 뜻을 담았다. 다만, 취한 채 태평시절을 보내겠다는 것이 그의 참마음이었을까? 태평시절은 결코 도래할 수 없음을 잘 알고 있었을 터이다.

또 스스로 지은 찬贊은 마지막 구가 약간 다르다. 《백운소설》 속의 자찬에서는 '遊於無何乎'라고 하여 무하유無何有를 '無何'라 했다. 뜻에서 큰 차이는 없다.

이규보는 26세 되던 1193년명종 23에는 백운시百韻詩를 지어 시랑 장자목張自牧에게 올리자, 장자목이 그를 우대했다. 그해 4월에는 《구삼국사》를 보다가 동명왕의 고사가 기이하게 여겨져 장편의 〈동명왕편〉을 지었다. 1194년명종 24에는 〈논조수서論潮水書〉를 지어 오세문吳世文에게 바쳤고, 〈천보영사시天寶詠史詩〉 43운을 지으면서 상세한 협주를 달았다.

1195년명종 25에 이규보는 오세문에게 화답해서 300운의 장편시를 지었다. 앞 사람의 시에서 사용한 운자를 순서 그대로 똑같은 곳에 놓는 화운의 방식으로 시를 지으면서 오세문의 평전을 써준 것이다. 이 장편시에는 서문이 붙어 있다. 그 글에는 이규보가 문신들에게 인정받고 싶어 초조해하는 심리가 나타나 있다.

> 복양濮陽 오공 세문이 북사北使로부터 탄핵을 받고 서울로 돌아와 한가히 지내던 어느 날, 동각 김서정金瑞廷과 함께 원외 정문갑鄭文甲의 임원林園에 술자리가 베풀어졌다. 나도 그곳을 방문하여 말석에 참여했는데 오공이 나에게 자랑하기를, "고금의 시집 중에 삼백 운의 시를 지은 사람은 없는데 나는 이 삼백 운의 시를 지어 고원의 여러 학사에게 드렸으니, 자네가 화답할 수 있겠는가?" 하면서 시를 꺼내보였다. 나는 그날 집으로 돌아와 차운, 화답하여 오공에게 보내고 아울러 정鄭 원외와 김金 동각에게도 이를 알렸다.

이규보는 300운의 시에서 구절마다 고사를 인용하되, 주석은 조금만 붙여서 시의 신비스러움과 현학성을 도드라지게 했다. 게다가 남들이 운자로 쓰기 어려운 강운强韻을 많이 썼다. 300운의 시를 짓는 날 아이가 태어나자, 이규보는 아이 이름을 '삼백'이라고 지었다.

젊은 시절의 이규보는 세상에 장대한 족적을 남기고 싶어 하면서도, 남들에게 제대로 인정받지 못해 초조해했다. 그 괴리를 절감하면서 자신의 뜻이 커서 하늘과 땅으로 구획된 이 세계에 용납되지 않는다고 불편해하기도 하고 또 자부하기도 했다.

현재의 《백운소설》은 조선후기 사람이 손을 대 원래 모습을 지키고 있지는 않으나, 다음 이야기는 아무래도 이규보가 한 그 자신의 이야기를 그대로 전하는 듯하다.

나는 아홉 살에 글을 읽을 줄 알게 된 때부터 지금까지 손에서 책을 놓지 않았다. 《시》·《서》·육경·제자백가·역사서부터 궁벽한 경전, 범서梵書, 도가 설에 이르기까지 비록 그 깊은 뜻은 궁구하지 못했지만, 그것들을 섭렵하여 좋은 글귀를 따서 글 짓는 자료로 삼지 않는 것이 없다. 또 복희 이후 삼대·양한·진秦·진晉·수·당·오대 때에 있었던 군신의 득실이며 방국의 치란이며, 그리고 충신 의사나 간웅 대도의 성패와 선악의 자취를 비록 하나도 빠짐없이 모조리 기억할 수는 없지만, 중요한 것들을 간추려 암기해서 적시에 응용할 준비를 하지 아니한 것이 없다. 그러므로 혹시 지필을 가지고 풍월을 읊게 되면, 아무리 백운百韻에 이르는 장편長篇·거제巨題라 할지라도 마구 내려 써서 붓이 멈추지 않는다. 비록 금수와 주옥 같은 시편은 이루지 못하나 시인의 체재는 잃지 않는다. 자신을 돌아보건대, 자부함이 이와 같은데 결국 초목과 함께 썩게 되는 것이 애석하다. 한 번 붓을 들고 금문·옥당에 앉아서 왕언王言을 대신하고 초고를 검토하며 비칙批勅·훈령訓令·황모皇謨·제고帝誥의 글을 지어 사방에 선포하여 평생의 뜻을 푼 뒤에야 말 것이니, 어찌 구구하게 대수롭지 않은 녹을 구하여 처자를 먹여 살리기를 도모하는 자의 유이기를 바랐겠는가. 아, 뜻은 크고 재주는 높건만, 부명賦命이 궁하고 박해서 나이 30이 되도록 오히려 한 고을의 직임도 얻지 못하였으니, 외롭고 괴로운 온갖 상황을 말로 표현할 수 없으니 내 두뇌를 알 만하다. 이때부터 경치를 만나면 부질없이 시를 읊고 술을 만나면 통쾌하게 마시며 현실을 떠나서 방랑했다.

이규보는 꿈속에서 시를 짓는 신기한 체험도 했다.

어느 봄날, 바람이 화창하고 날씨도 따스하여 온갖 꽃이 다투어 핀 광경을 윤학록尹學錄과 함께 술을 마시고 구경하면서 수십 편의 시를 지었다. 흥이 무르익었을 때 취기가 돌아 깜빡 졸았는데, 윤학록이 운자를 부르며 이규보에게 시를 지으라고 권했다. 이규보는 보운步韻, 남이 지정한 운자를 하나하나 운자로 사용함으로 다음과 같이 지었다.

귀는 귀머거리, 입은 벙어리 되련나.
곤궁한 뒤 더욱 세간 정리를 알겠기에.
뜻대로 안 되는 일이 열에 여덟, 아홉
같이 말할 사람은 열에 한둘도 없다.
사업은 고요나 기처럼 하려 하고
문장은 사마천과 반고처럼 하려 하지만
근래에 이 몸의 명성을 점검하니
선배에겐 미치지 못해 부끄러울 뿐.

耳欲爲聾口欲瘖 이욕위롱구욕음　　窮途益復世情諳 궁도익부세정암
不如意事有八九 불여의사유팔구　　可與語人無二三 가여어인무이삼
事業皐夔期自比 사업고기기자비　　文章班馬擬同參 문장반마의동참
年來點檢身名上 연래점검신명상　　不及前賢是我慙 불급전현시아참

이 시는 팔구八九로 이삼二三을 대하여 평측이 고르지 못하다. 평소 수백 운韻의 율시를 비 쏟아지고 바람 스쳐가듯 써내려가면서도 한 글자도 틀리지 않았건만, 작은 율시에 염拈을 어긴 것이다. 윤학록이 그 이유를 묻자 이규보는 이렇게 말했다.

"지금은 꿈속에서 지은 것이므로 가리지 않고 내놓았기 때문이오. 팔구는 천만千萬으로 고치는 것도 좋소. 대갱大羹과 현주玄酒는 초장醋醬만 못하지 않은 법이라오. 대가의 솜씨는 원래 이러한 것인데 그대가 어찌 이것을 알겠소이까?"

말이 채 끝나기 전에 이규보는 꿈에서 깨어났다. 꿈속에서 꿈에 지은 것이라고 말하였으니, 이것은 이른바 꿈속의 꿈을 꾼 것이다.

꿈속에서 꿈에 지은 시를 논평하는 신기한 체험을 할 정도로 이규보는 시를 좋아했다. 그는 병중에도 시를 지었다.

내가 시를 즐기는 것은 비록 포부에서 그러기는 하지만 병중에는 평일보다 배나 더 좋아하게 되니, 또한 그 까닭을 모르겠다. 매양 흥이 날 때나 물物에 접촉했을 때 시를 읊지 않는 날이 없다. 그렇지 않으려 하여도 되지 않으니, 이것 또한 병이라고 말할 만하다. 일찍이 시벽편詩癖篇을 지어 뜻을 나타냈으니, 대개 스스로 상심한 것이다. 또 매일 한 끼니

식사는 두어 숟갈을 뜨는 데 불과하고 오직 술만 마실 뿐이라 항상 이것을 걱정했다. 그런데 백낙천백거이의 《후집後集》에 노년의 시들을 실어둔 것을 보니 병중에 지은 것이 많았다. 그리고 술 마시는 취향도 나와 같았다.

스스로를 백거이에 비교한 것은 자부의 뜻에서다. 이렇게 시에 몰두하여 결국 시로 이름이 높아지자, 당시 죽림칠현을 자처한 문인 그룹이 19세밖에 되지 않은 그를 모임에 끼워주려고 했다. 하지만 이규보는 모임에 한 번 참여해서 거만스런 태도를 짓다가 거나하게 취해서는 그대로 나와 버렸다.

젊은 이규보는 마음과 현실의 괴리에 울분을 느껴 미치광이 같이 굴었다. 사람들이 광객狂客이라고 지목했다. 어느 땐가 조칙을 받들어 지금의 충청도 변산에서 벌목하는 일을 감독했는데, 사람들이 '작목사斫木使'라고 불렀다. 그는 장난삼아 "호위하는 수레를 타는 권세라 영화를 뽐낼 만하거늘, 벼슬 이름 작목사라 하니 부끄럽기 그지없고權在擁車榮可詑, 自呼斫木辱堪知"이라는 시구를 외웠다. 하는 일이 지게꾼이나 나무꾼의 일과 같다고 자조한 것이다.

이규보는 〈위심시違心詩〉를 지어, 뜻과 현실의 괴리를 한탄했다.

세상의 하찮은 일까지도 어긋나
걸핏하면 마음과 틀려 불만이다.
젊을 땐 집이 가난해서 아내도 업신여기더니
늘그막엔 녹봉이 두둑하자 기생이 항시 따른다.

비 올 때 나가 노는 날이 많고

갠 날은 모두 내가 한가히 앉아 있게 된다.

배불러 숟가락 놓으니 아름다운 고기를 만나고

목구멍 아파 술 금하니 좋은 술을 만난다.

저장된 보배를 헐값에 팔고나니 값이 오르고

묵은 병이 낫고 나니 이웃에 의원이 있다.

세쇄한 일이 잘 아니 됨도 이와 같은데

양주에서 학 타는 일이야 더구나 기대하겠나.

人間細事亦參差 動輒違心莫適宜
盛歲家貧妻尙侮 殘年祿厚妓常隨
雨霪多是出遊日 天霽皆吾閑坐時
腹飽輟飡逢美肉 喉瘡忌飮遇深卮
儲珍賤售市高價 宿疾方痊隣有醫
碎小不諧猶類此 揚州駕鶴況堪期

이규보는 "작게는 일신의 영욕과 고락, 크게는 국가의 안위와 치란 가운데 마음과 어긋나지 않는 게 하나도 없다"고 덧붙였다. 세상에서는 큰 가뭄에 단비 내리는 것, 타향에서 친구 만나는 일, 동방에 화촉 밝히는 밤, 과거방에 이름 걸릴 때를 인간사의 사쾌四快라고 하지만, 꼭 그렇게 볼 수 있겠느냐고 반문도 했다.

가뭄 끝에 비록 비를 만난다 하더라도 비 뒤에는 또 가물 것이고, 타향에서 친구를 본다 하더라도 방금 또 작별할 것이고, 동방화촉이 생이별하지 않을 것이라 어찌 보장하며, 금방에 이름 걸리는 것이 우환의 시초가 아니라는 것을 어찌 보장하겠는가? 이것이 바로 마음에 틀리는 게 많고 마음에 맞는 게 적은 것이니 탄식할 뿐이다.

이규보의 〈백운거사전〉은 바로 "마음에 틀리는 게 많고 마음에 맞는 게 적다"는 사실을 절실하게 깨달은 젊은 날의 자화상이다.

참고문헌
- 이규보, 〈백운거사전白雲居士傳〉, 《동국이상국집東國李相國集》 제20권, 한국문집총간 1-2, 한국고전번역원, 1988. ; 〈백운소설〉, 《동국이상국집》 부록. ; 〈차운오동각세문정고원제학사삼백운시 병서次韻吳東閣世文呈誥院諸學士三百韻詩并序〉, 《동국이상국집》 권5.
- 조수학, 《한국의 탁전과 가전》, 영남대학교출판부, 1987.

최해崔瀣, 〈예산은자전猊山隱者傳〉

입안에 감추어둘 줄 몰랐다
口不解藏 구불해장

최해崔瀣, 1287~1340는 1323년충숙왕 10, 벼슬에서 물러나 성남 사자산에 들어가 그곳 갑사에서 토지를 빌려 경작하던 때에 〈예산은자전〉을 지었다.

최해는 신라 최치원의 먼 후손이라고 한다. 부친 백륜伯倫은 장원급제한 뒤 충렬왕 때 민부의랑에 이르고 중현대부의 품계에 올랐다.

최해는 17세 되던 1303년충렬왕 29 사마시에 합격했다. 충선왕 원년인 1309년에는 장사 감무로 좌천되고 또 고란도로 유배되기도 했으나, 충선왕은 그를 세자의 서사書史로 삼았다. 충숙왕이 즉위하면서 예문춘추관주부·장흥고사에 배수되었다. 34세 되던 1320년충숙왕 7 10월에 단양부주부 안축安軸, 사헌규정 이연종李衍宗과 함께 원나라로 갔다. 이듬해 원나라 제과에 합격하고 장사랑 요양로遼陽路 개주판관에 제수되었으나, 지역이 외지므로 5월에 병을 이유로 사직하고는 고려로 돌아왔다. 이후 예문응교로 옮겼다가 검교 성균대사성에 이르렀다. 1323년 벼슬에서 물러나 성남 사자산에 들어갔다.

은자는 이름이 하계夏屆이다. 혹 하체下逮라고도 한다. 창괴蒼槐가 그 성씨이다. 본관은 용백龍伯이다. 본래 복성이 아니었는데, 은자 때 이르러 우리나라 발음으로 늘어뜨려 그것을 이용해서 성씨를 바꾸고 아예 이름까지 바꾸었다.

은자는 걸음마할 때부터 천리를 안 듯했다. 그러다가 배움의 길에 들어서는 한 구석에 치우치지 않고 지귀늘歸만 터득했고 어느 것도 학업을 마치지 않았으므로, 범범하게 알 뿐이고 끝까지 파고들지 않다. 자라서는 개연하게 공명에 뜻을 두었으나 세상이 허락하지 않았다. 이것은 성품이 남의 눈치보고 남에게 아첨하지 못하기 때문이었다. 그리고 술을 즐겼다. 서너 잔 마시고나면 남의 좋고 나쁜 점을 말하기 좋아해서, 귀로 들은 이야기를 입 안에 감추어둘 줄 몰랐다. 그래서 남들이 사랑하지도 않았고 존중하지도 않았으므로, 벼슬에 천거되었다가는 곧 쫓겨나 그만두어야 했다. 비록 친구들이 그가 고쳤으면 하고 안타까워하여 권하기도 하고 꾸짖기도 했으나, 그는 받아들이지를 못했다. 나이가 상당히 늘고나서 스스로 후회했으나, 사람늘은 이미 그가 휘어잡아 어찌 해볼 수 없는 자라고 간주했으므로, 끝내 세상에 쓰이지 못했다. 이러자 은자의 편에서도 다시는 이 세상에 뜻을 두지 않았다. 늘 혼자 말하길, "내가 평소 왕래한 사람들은 모두 착한 사람들이지만, 나를 허여하지 않은 사람이 많구나. 사람들의 신뢰를 얻으려 하지만 어렵구나!"라고 했다. 이것은 곧 그의 단점이었고 또 그것이 그의 장점이었다. 늘그막에 갑사岬寺의 승려를 스승으로 따르며, 밭을 빌려 경작하고 동산을 만들어 '취족取足'이라 하고, 스스로 '예산농은猊山農隱'이라 호했다.

좌우명으로 다음과 같이 적었다.
너의 밭과 너의 동산은
삼보[불·법·승, 곧 불교]의 두터운 은혜.
취족하길 어디에서 하는지
부디 잊지 말기를.

은자는 평소 부도불교를 좋아하지 않았으나 끝내 절의 전호佃戶가 되고 말았다. 대개 젊은 날의 뜻이 손상된 것을 스스로 꾸짖어서, 스스로 익살을 부린 것이다.

예산농은은 예산에서 농사지으며 숨어사는 사람이라는 뜻이다. 예산은 지금의 경주 사자산獅子山을 말한다.

예산농은은 거인의 나라인 용백국의 후손이라고 했다. 《열자》에 용백국 거인의 이야기가 나온다. 발해의 동쪽에 여섯 마리 자라가 대여·원교·방호·영주·봉래의 다섯 산을 떠받치고 있었는데, 용백국 거인이 다 낚아서 짊어지고 가버리자 대여와 원교 두 산이 북극으로 흘러가 바다 아래로 가라앉고 말았으므로 삼신산만 남았다고 한다.

예산농은은 거인국 후손으로서 웅대한 뜻을 펴야 하거늘, 좋아하지도 않던 불교에 몸을 맡겨 갑사라는 절의 밭을 빌려서 먹고살아야 하는 전호로 전락하고 말았다. 이 사실을 생각하면 절망하지 않을 수 없다. 하지만 그래도 동산을 가꾸면서 자족의 삶을 살자고 마음 고쳐먹고는, 동산의 이름을 '취족원取足園'이라 했다. '취족'은 쓸 만큼만 취한다는 뜻이다.

한나라 때 상장向長은 자가 자평子平이어서 상자평이라는 이름으로 더 알려져 있는데, 은둔해 살면서 《주역》을 연구한 것으로 유명하다. 집이 무척 가난해 호사자가 재물을 주고는 했다. 그러면 그는 쓸 만큼만 취하고 나머지는 돌려주고는 했다. 최해도 동산을 가꾸면서 땅에서 나는 것 가운데 쓸 만큼만 취하고 그 이상의 욕심을 부리지 않겠다고 한 것이다.

그리고 최해는 좌우명을 써서, 이 밭과 이 동산이 불교에서 끼쳐준 크나큰 은혜임을 잊지 않겠다고 했다. 이렇게라도 스스로를 위로하지 않으면 불만의 감정을 추스르기 어려울 것만 같아서였을 것이다.

공명을 세우려고 나가보려고 했던 세상은 나를 외면하고 평소 좋아하지 않던 불교는 먹고살 밭과 편안히 쉴 동산을 주었다. 내가 있어야 할 세상은 나를 버리고 내가 싫어하던 세상은 나를 건져주다니! 이 아이러니를 어떻게 설명하랴. 우스갯소리하고 껄껄 웃을 수밖에 없다. 그래, 한번 웃어나 보자고 장난스러운 이름을 지어보았다.

예산농은은 이름을 하계夏屆 혹은 하체下逮로 바꾸겠다고 했다. 각각의 첫 글자에서 'ㅎ'을 취하고 뒤 글자에서 'ㅖ'나 'ㅐ'를 취하여 조금 모음을 바꾸면 '해'라는 이름이 나온다. 한자음을 표시하는 방법의 하나인 반절법을 이용한 것이다. 그리고 성씨는 '창괴蒼槐'라고 했다. 첫 글자에서 'ㅊ'을 취하고 뒤의 글자에서 모음 'ㅚ'를 취하면 '최'라는 성이 나온다.

예산농은은 곧 고려후기 '최해'라는 인물이다. 예산농은이라는 제삼자의 일생을 적는 듯이 내걸고는 자기 일생을 적었다. 글 속에서 작가의 구체적인 경력을 밝히지 않았으므로 글의 형식은 탁전이다. 그렇지만 반절의 표기법을 이용해서, 예산농은의 이름을 하계夏屆 혹은 하체下逮라고 밝히고 성씨를 창괴蒼槐라고 명시했다. 그 반절의 방법을 따져보면, 예산농은은 곧 '최해'임을 알 수 있다. 따라서 저자-화자-주인공 간의 동일성을 드러내야 한다는 '자서전의 규약'을 지킨 셈이다.

최해는 충숙왕·충혜왕·충숙왕 복위 기간 동안 그곳에 은둔해 있다가, 54세 되던 충혜왕 복위 원년1340 6월 10일에 세상을 떴다.

1354년공민왕 3에 진주에서 문집 《졸고천백》이 간행됐다. 그 뒤 최해가 엮은 《동인지문사육東人之文四六》도 복주안동에서 간행됐다. 그리고 전라도 안렴사 정국경鄭國俓도 최해의 친구였던 민사평閔思平에게 《동인지문》과 《졸고천백》을 받아 그것들을 전라도에서 간행했다. 정국경은 이곡李穀이 지은 최해 묘지명을 근거로, 최해의 행장을 지었다.

정국경은 행장에서 최해의 학문과 인품에 관해 이렇게 서술했다.

공은 세 왕을 차례로 섬겼으나 정직함으로 진퇴하다가 끝내 크게 쓰이지를 못했다. 타고난 자질이 강직하고 위의가 우람하고 아름다웠다. 어려서부터 영특하여 아홉 살에 시문을 지을 줄 알고 천리를 알았다. 효제와 화목함으로 집안을 다스리고 순량함과 정의로움으로 남과 사귀었다. 글공부에서는 사우의 힘을 빌리지 않았으며, 초연하게 강습해서 의리를 자득했다. 장성해서는 학문이 나날이 나아가 선배들이 크게 탄복했다. 이단을 배척하고 유학을 닦아 고인에게 합하고 시속과는 다르고자 힘썼으며 지취의 차이를 끝까지 따져서 자신이 올바름을 알면 비록 연배의 선생이나 유학자로서 세상에서 추앙받는 사람이라 하더라도 옛 도리에 부합하지 않고 속습에 구애되어 있다면 힐난하고 꺾어버렸다. 조금 장성해서는 공명에 뜻을 두어, 재주와 지혜를 용납받고자 하여 중국의 과거방에 이름을 올렸으나, 뜻을 얻자마자 돌아왔다. 관직에 나아가서는 조정을 맑게 하려고 하여, 심지어 대간으로서 진헌한 것에 이르기까지 모두 현량방정의 일을 제대로 행했다. 비록 공경 벼슬과 왕의 총신이라 하여도 군주에게 아첨해서 조금이라도 잘못이 있으면 대놓고 비난하고 조정에서 다투어, 방탕하게 함부로 말했다. 그리고 유력자의 눈치 보는 것을 좋아하지 않고 남의 선악을 말하기를 좋아했으므로 발탁되었다가는 곧바로 배척을 받았다. 하지만 스스로 화복의 기미를 알아 명분命分으로 돌아갔으며, 근심도 하지 않았고 굽히지도 않았다.

평소 집안의 살림을 돌보지 않았으며, 스스로 졸옹이라고 호했다. 오로지 시와 술로 즐기고 산수 좋은 곳에서 노닐며 음송했다. 또 본국 명현들의 시문을 선별하여 그 제목을 '동인지문'이라 하여, 모두 23권을 엮었다. 지은 시문은 '졸고'라고 해서 모두 두 권이다. 뒤에 성남 사자산 밑에 거처하여 '은자전'을 짓고는 전원을 개척하여 '취족'이라 이름하였다. 마침내 예산농은이라 칭했다. 후지원 경진 6월 10일에 졸하니, 향년 54세이다.

최해는 민사평과 친밀했고 전주최씨의 후원을 받았으나, 강직한 탓에 처세에 기복이 많았다. 조선 서거정의 《동인시화》에, 합포만호 장선張瑄이 소나무에 써놓은 시를 뭉갰다가 곤욕을 치룰 뻔한 일화가 실려 있다.

최해는 동래현을 지나다가 해운대에 올라서 합포만호 장선이 소나무에 시를 써놓은 것을 보고 말하기를, "아, 이 나무가 무슨 액운이 있어서 이런 졸렬한 시를 만났단 말인가?" 하고는 그 부분을 파내고 흙을 발랐다. 안동에 이르렀을 때, 장선이 그 소식을 듣고 맹장 서너 명에게 뒤쫓아가 잡아오라고 했다. 맹장들이 하인을 잡아오자, 장선은 문 밖에 큰 칼을 씌워 세워놓았다. 최해는 몰래 죽령을 넘어 서울로 돌아갔다. 이 일로 최해는 유림의 웃음거리가 되었다고 한다.

최해가 〈예산은자전〉에서 '최'의 발음을 늘여 '창괴'라고 성씨를 바꾼 것에는 두 가지 뜻이 숨어 있다.

창괴는 글자 그대로 무성하게 푸른 홰나무라는 뜻이다. 홰나무 하면 인생은 한바탕 헛꿈이라는 남가일몽의 고사가 떠오른다. 당나라 때 순우분이라는 인물이 술에 취해 홰나무 아래서 잠이 들어 대괴안국 남가군을 다스리면서 20년간 부귀영화를 누리다가 깨어보니, 남가군은 홰나무 남쪽 가지 아래 개미굴이었다고 한다. 최해는 성씨를 무성한 홰나무라는 뜻으로 환치하여, 일생이란 한바탕 환영에 불과하다는 뜻을 내비친 것이다.

또 하나, 창괴는 슬프고 부끄럽다는 뜻의 창괴愴愧와 발음이 같다. 젊은 시절 학문하여 세상에 나가 큰 뜻을 펴겠다고 했던 뜻이 어그러져 슬프고 부끄럽다는 뜻을 담은 것이다.

최해의 〈예산은자전〉은 보편적인 이상형을 설정하고 그것에 자신의 삶을 합치시키려 하지 않고 스스로의 부끄러움을 비교적 솔직하게 드러냈다. 물론 몇몇 어휘에서는 전고를 참조하고 있으므로, 그 어휘와 관련된 인물의 삶을 전형으로 설정하지 않았나 의심하게 만든다. 즉, 도연명의 〈오류선생전〉이나 백거이의 한적한 삶을 연상시키는 면이 있다. 하지만 예산은자 최해는 자기 삶을 반추하는 시선이 매우 예리하여 과거의 전형을 넘어선다.

"은자는 평소 부도불교를 좋아하지 않았으나 끝내 절의 전호가 되고 말았다"는 한 구절에는 지향과 현실의 괴리 속에 살아가는 사람들에게 공통된 자기 연민의 고통이 담겨 있다.

참고문헌

- 최해崔瀣, 〈예산은자전猊山隱者傳〉, 《졸고천백拙藁千百》 권2, 한국문집총간 3, 한국고전번역원, 1988. ; 한국고전번역원 편, 《(국역)동문선》 8, 솔, 1998.
- 이곡李穀, 〈대원 고장사랑 요양로 개주판관 고려국 정순대부 검교 성균관 대사성 예문관 제학 동지춘추관사 최군 묘지大元故將仕郞遼陽路蓋州判官高麗國正順大夫檢校成均館大司成藝文館提學同知春秋館事崔君墓誌〉, 한국고전번역원 편, 《(국역)동문선》 9, 솔, 1998.
- 최영숙 편집, 《농은집》, 후손 간행, 1912년 목판본, 부산, 1996년 영인.
- 조수학, 《한국의 탁전과 가전》, 영남대학교출판부, 1987.
- 여증동, 〈최졸옹과 예산은자전 고〉, 《진주교육대학논문집》 2, 1968, pp. 149-163.

성간成侃, 〈용부전慵夫傳〉   3

인생 백년에
마음과 몸이 모두 수고롭기만 하다니!
人生百年 心形俱老 인생백년 심형구로

조선 전기의 재주 많은 문인 성간成侃, 1427~1456은 스스로 게으름뱅이로 자처하여 〈용부전慵夫傳〉을 지었다.

성간은 본관이 창녕으로, 자는 화중和仲, 호는 진일재眞逸齋이다. 공혜공恭惠公 성염조成念祖의 아들로 어릴 적부터 책을 널리 읽어 읽지 않은 책이 없었다. 15세에 사마시에 합격하니 어떤 사람이 남의 손을 빌렸을 것이라고 욕했다. 분발하여 두시杜詩를 천 번 읽고 환하게 깨달은 바가 있었다. 마침내 단종 원년에 급제했다.

성간이 요절한 것은 책을 하도 읽어서 몸이 파리해져서라고 한다. 나이 서른을 넘기지 못했으나 문재가 뛰어났고, 당대 명사들과 교유하여 문학적 성과가 높았다. 서거정의 《필원잡기》 등 수필집에 그의 일화가 많이 전한다.

〈용부전〉 속의 용부와 근수자는 '게으를 용慵'과 '부지런할 근勤'을 형상화한 인물이다. 용부는 근수자의 권유로 산수자연 속에서 시와 술로 벗과 사귀기를 결심하여 수십 년간의 게으름을 벗어던진다. 용부는 마침내 부지런해졌다. 실은 이것은 세간사에 대한 게으름을 더욱 강화시켰다는 뜻이다.

총각 시절 뜻이 높았던 그는 매번 하늘을 보고 크게 휘파람 불며, "남아로 세상에 태어나서 마땅히 곽자의郭子儀, 안록산의 난을 평정한 사람와 이광필李光弼, 안록산의 난을 평정한 사람을 본받을 것이지 어찌 티끌 사이에 이지러지게 사는 소인小人을 본받을 것인가" 했다.

용부慵夫, 게으름뱅이는 어떤 사람인지 알지 못한다. 무릇 모든 계책이 한결같이 게으름에서 연유하므로, 세상에서 용부라고 부른다. 관직은 산관散官의 직장直長에 이르렀다. 집에는 책이 오천 권이 있으나 게을러서 펴보지 않는다. 머리에는 종기가 나고 몸에는 옴투성이지만 게을러서 고치려 하지 않는다. 방에서는 앉아 있는 것이 귀찮고 길에서는 걷기가 귀찮아서, 멍청하게 서 있는 것이 똑똑치 못하고 흐리멍덩하여 마치 나무로 깎아놓은 허수아비와 같았다. 온 집안이 용부를 염려하여 무당에게 데리고 가서 빌기까지 했으나 끝내 어쩌지는 못했다.

근수자勤須子라는 사람이 있었는데 이미 학문이 높은 수준에 이르러 개연히 사람들을 구제해보겠다는 뜻을 가졌다. 용부는 마침 게으름의 병으로 다리는 쭉 뻗고 머리는 풀어헤친 채로 눈을 휘둥그렇게 뜨고 앉아 있었다.

근수자가 용부의 게으름을 깨우치려고 말을 꺼냈다.

"예로부터 사람이란 부지런해야만 살고 게을러서는 실패하지 않는 법이 없네. 그러므로 성인은 모두 부지런함으로 자신의 몸을 지켰네. 문왕은 해가 기울 때까지 쉴 겨를이 없었고, 우임금은 아주 짧은 시간이라도 아껴서 썼네. 부지런함은 이와 같이 편안히 지낼 수 없는 것이네. 봄에 바람이 불고 여름에는 비가 내리며, 가을에 서리가 내리고 겨울이 되면 눈이 오는 일이 사철에 따라 두루 영향을 미쳐 세상 만물을 길러내는 것은 하늘의 부지런함일세. 이러한 하늘의 뜻, 곧 부지런함은 배우고 따라야 하는 것으로 어겨서는 안 되는 것이네. 하늘의 뜻을 거스름은 좋지 못한 일일세."

용부가 빙그레 웃으면서 말했다.

"내가 그대를 가르치려 했는데 도리어 그대는 어찌하여 나를 가르치려 하는가? 백년도 못 사는 우리네 인생에 마음과 몸이 다 피곤하여 낮에는 헉헉거리며 일하느라 아침부터 저녁까지 뛰어다니면서 쉬지 못하고 밤에는 지쳐서 푹 잠들지 못하고 자는 둥 마는 둥 잠꼬대하다가 깨어나게 되니 그대가 말하는 부지런함이 다시 무슨 소용이 있겠는가? 덕이 높은 사람은 이러하지 않다."

그리고는 창을 들고 그를 내쫓았다.

근수자가 한참 동안 생각하다가, "내가 방법을 알았다"고 했다. 이에 그릇에 술을 가득 채우고 정나라 음악처럼 야들야들한 음악을 갖추어서, 짬을 보아 바치면서 말했다.

"오늘은 바람 기운이 따스하고 온화해서 새가 산에서 우짖고 있기에, 그대와 더불어 즐거움을 한껏 누리고 싶은데, 괜찮겠습니까?"

용부가 흔연히 웃으면서 소매를 떨치고 일어나, 벌써 신발을 신고 문간에 나아가고 지팡이를 짚고 길로 들어섰다. 그러자 수십 년 동안의 게으름이 일시에 돌연 다 없어지고 말았다. 용부는 근수자와 함께 술잔을 들면서 크게 껄껄 웃었다. 그 뒤에는 부지런함으로 일생을 마쳤다고 한다.

용부의 게으름을 과장되게 묘사한 뒤, 용부와 정반대되는 근수자를 등장시켜 용부의 게으름을 비판하게 하고 그에 대해 용부가 창을 들고 근수자를 쫓아내는 장면을 설정했다. 그 다음에 근수자가 술과 음악을 준비하여 용부에게 함께 풍류를 즐길 것을 청하여 용부가 이에 응하게 되며, 이로써 용부의 수십 년 동안 습관화된 게으름이 순식간에 사라지게 된다.

용부와 근수자는 각각 용慵과 근勤의 개념을 형상화한 것이다. 마지막에서 용과 근이 화해할 수 있었던 것은 풍류를 매개로 해서였다. 곧, 이 글은 풍류의 세계에서 노니는 자신의 여유로운 생활을 스스로 변명한 것이다.

성간은 집현전 학사로 있을 때 다른 학사들과 함께 원주 법천사로 유방선柳方善을 찾아가 두보의 시 등을 공부했다. 법천사는 원주 남쪽 50리 비봉산飛鳳山에 있는데, 유방선이 그 절 밑에 살자, 권남權擥·한명회韓明澮·서거정徐居正·이승소李承召와 성간이 모두 그 절에서 공부했다고 전한다.

성간은 외모가 대단치 않았지만 집현전에 연회가 있으면 집현전 학사들이 반드시 그를 맞이하여 참석하게 했다. 집현전에 들어가면 오랜 시간 서각書閣 안에 앉아서 날을 다하고 밤새도록 여러 책을 열람했다. 그래서 같은 지위에 있는 동료들이 독서벽이 있다고 기롱할 정도였다.

성간이 언젠가 《사기》를 얻어서 끈으로 묶어 짊어지고 큰 시장을 지나다가 갑자기 끈이 끊어져 책이 땅에 떨어지자, 시장 사람들이 다투어 미친 선비라고 지껄였다. 하지만 그는 천천히 책을 정리하여 돌아보지도 않고 갔다.

27세 되던 1453년단종 원년 봄에 문과에 합격하고 전농시 직장이 되었다가 집현전 박사로 옮겼고, 이듬해에는 수찬이 되었다. 1456년세조 2 7월에 집현전이 폐지되어 사간원 좌정언으로 옮겼으나, 병으로 죽었다.

24세 때인 1450년세종 32 중국 사신 예겸倪謙이 왔을 때는 남을 대신하여 그를 전송하는 시를 지었다. 예겸이 보고는 "동국 문장이 중국보다 못지않다" 했다고 한다.

또 언젠가 성간은 이런 절구를 지었다.

흰 태양이 봄 하늘 만 리에 빛나자
상서로운 기린과 위엄스런 봉황새가 때를 타고났다만
삼경에 달 떨어지고 촌락이 어두어지자
여우들이 호랑이 위세를 빌렸구나.

白日春天萬里暉 백일춘천만리휘　　祥麟威鳳共乘時 상린위봉공승시
三更月落村墟黑 삼경월락촌허흑　　留與狐狸假虎威 유여호리가호위

김종직은 "청명한 조정에 혹 위엄과 복록을 몰래 농간하는 자가 있는 것을 말한 것인데, 시의 뜻이 꼭 누구를 지적한 것 같다"고 했다. 박팽년은 "이 시는 신기한 점이 많으니, 명성이 근거 없는 것이 아니다"라고 했다. 성간의 시문은 호방하고 깊고 건장하며, 삼엄하게 법도가 있었던 것이다.

안평대군이 학문을 좋아하여 당시의 이름난 학자들과 두루 교제했는데, 성간의 명성을 듣고 사람을 시켜 초청했다. 성간이 가서 뵙고, 정자에 걸린 여러 사람의 시에 따라 시를 지으니 시어가 고상하고 뛰어났다. 성간은 안평대군의 융숭한 대접을 받고는 다시 만날 것을 기약하고 돌아왔다. 그런데 그의 모친이 말하길, "왕자王子의 도리는 마땅히 문을 닫고 손

님을 뿌리치고 근신할 뿐이지 다른 일이 있어서는 안 된다. 어찌 사람들을 모아 친우를 삼는 일이 있을 수 있겠는가. 실패할 것이 틀림없으니 너는 교제하지 말라!"했다. 안평대군이 두세 번 더 초대했으나 모두 가지 않았다. 그뒤에 안평대군이 수양대군에 패하여 죽게 되었지만, 성간에게는 화가 미치지 않았다.

〈용부전〉에서 용부는 근수자의 권유로 수십 년간의 게으름을 털어버리고, '바람기운이 따스하고 온화해서 새가 산에서 우짖고 있기에' 근수자와 더불어 즐거움을 한껏 누리게 되었다. 그렇듯이 성간은 산수자연을 사랑했다. 17세 때인 1443년세종 25의 6월에 형 성임成任과 함께 관악사 북암을 노닐고 지은 〈유 관악사 북암 기遊冠岳寺北巖記〉는 아주 정채 있는 글이다. 그는 산수에 노니는 정신경계를 이렇게 말했다.

> 장주莊周, 장자가 말하기를, "대림大林이나 구산丘山이 사람에게 좋기는 하지만 너무 신묘한 것은 감당할 수가 있다" 했다. 그러나 장주의 말이 반드시 옳다고는 할 수 없다. 사람이 세상에 처할 때에 밖으로는 온갖 일이 모여들고, 안으로 온갖 생각이 떠올라서 기운이 막히고 뜻이 침체하다가, 크나큰 산림과 빼어난 시내를 만나서 우뚝한 자세가 눈에 보이고 장쾌한 소리가 귀에 들리면, 지난날에 답답하던 가슴속이 홀연히 풀릴 것이니, 예로부터 산수의 도움을 얻은 자가 어찌 장주의 말이라서 족히 믿을 수 있겠는가.

또 성간이 남긴 시로 〈노인행老人行〉이 유명하다.

금년에 호미 쥐고 쓰레질하여보니
돌밭에 자갈 많아 소 발굽 빠졌네.
소 발굽 빠졌으니 어찌 할꼬
망연히 혼자 앉아 마음만 끊어지네.

今年把鋤事耕耰 금년파서사경우   石田碻确牛蹄脫 석전작확우제탈
牛蹄脫 우제탈   知奈何 지내하
獨坐茫然心斷絶 독좌망연심단절

이상과 현실의 부조화를 개탄한 우언적인 시이다.

참고문헌

- 성간, 〈용부전慵夫傳〉, 《진일유고眞逸遺稿》 권4, 한국문집총간 12, 한국고전번역원, 1988.
- 성간, 〈유관악사북암기遊冠岳寺北巖記〉, 《진일유고》. ; 《동문선》 제82권.
- 조수학, 《한국의 탁전과 가전》, 영남대학교출판부, 1987.

성현成俔, 〈부휴자전浮休子傳〉   4

나는 우활하지 않다
我則不迂아즉불우

조선 전기의 문인 성현成俔, 1439~1504은 〈부휴자전浮休子傳〉을 지어, 자신의 삶을 묘사하고 그 삶의 아이러니를 자조했다. 부휴자란, 부화浮華하고 쓸데없는 자란 뜻이다. 성현의 본관은 창녕으로, 24세 때인 1462년세조 8에 식년문과에 급제하고, 1466년에 발영시에 급제했다. 이후 향년 66세로 죽기까지 세조·문종·성종·연산군 네 군주를 섬기면서 청요직을 두루 거쳤다. 죽은 지 수개월 뒤에 갑자사화가 일어나 부관참시당했지만 훗날 신원되었다. 사절로 중국에 네 차례나 가서 외교 수완을 발휘했다. 특히 41세 되던 1479년성종 10에 연산군의 생모 윤씨를 폐하는 사건과 60세 되던 1498년연산군 4에 일어난 무오사화는 특히 그의 삶을 뒤흔들어 내면에 상흔을 남겼다. 그는 삶의 굴곡을 겪으면서 자기 삶을 자조적으로 바라보고 이 〈부휴자전〉을 지은 것이다.

성현은 이 〈부휴자전〉에서 자기 삶을 우활함과 우활하지 않음의 모순 관계로 파악했다. 곧 세간의 명리를 추구하는 데는 우활하다 하겠지만, 바로 그 때문에 도道를 스승으로 삼아 내적 자유를 추구하는 점에서는 결코 우활하지 않다고 주장한 것이다.

부휴자는 청파거사青坡居士의 자호다. 거사는 솔직하여 꾸밈이 없으며, 순수하고 근엄하며 질박하고 곧았으므로, 남에게 뇌물을 통하지 않았고 권세의 길에 서지 않았다. 환영하는 잔치나 송별하는 모임에 참여하지 않았고, 집안사람을 위해 산업을 경영하지 않았다. 소득이 있으면 풍성한 음식과 아름다운 의복도 넉넉하게 여기지 않았고, 소득이 없으면 추한 의복과 궂은 음식도 부족하게 여기지 않았다. 성질이 부지런하여 경전과 역사서 보기를 좋아했다.

어떤 사람이 우활하다고 조롱하자 거사는 이렇게 말했다.

"난 아마 우활할 것이야! 난 세상일에는 우활하지만 공부에는 우활하지 않아. 남들이 보기에는 우활해도 나 자신을 요리하는 데는 우활하지 않아. 경전을 읽어서 내 마음을 다스리고 역사서를 읽어 사업에 베풀며, 이와 같이 지낼 따름이거든. 난 아마 우활할 것이야!"

거사는 시 짓기를 좋아했다. 어떤 사람이 시가 졸렬하다고 조롱하자 거사는 이렇게 말했다.

"그건 그렇지 않아. 시란 성정을 사실대로 묘사하고, 사물의 이치를 갖추고 세간 풍속을 증험하며 선과 악을 알 수 있게 하지. 안으로는 흥에 감촉됨에 따라 생각을 짜내며 세월을 보내고, 나아가서는 아·송 같이 훌륭한 시를 지어 정사를 빛나게 하는 거라네. 어찌 한갓 조롱하고 울부짖는 일만 일삼겠나! 세상에서 이익만 노리고 학문에 깜깜한 자가 바로 우활한 것이지, 나는 우활하지 않아."

거사는 거문고 타기를 좋아했다. 어떤 사람이 방탄放誕하다고 조롱하자 거사는 이렇게 말했다.

"나는 음을 교묘하게 하지 말고 음률을 고르자는 것이지. 음탕하고 안

일할 정도로 방종하지 말고 중화中和의 덕을 이루려고 하네. 그저 읊고 노래하는 데 그치지 말고 가슴속의 사특하고 더러운 기운을 씻어내자는 것이야. 이것이 바로 옛날 군자들이 까닭 없이는 거문고를 곁에서 떼어두지 않았던 뜻이라네. 내가 과연 방탄한 것일까?"

거사는 산수 유람을 좋아했다. 어떤 사람이 소산蕭散하다고 조롱하자 거사는 이렇게 말했다.

"동산 숲을 거니는 것은 취미를 이루려 해서요, 이따금 어부를 따라 낚시질하는 것은 들에 살려고 계획해서라네. 이는 하루의 한가한 틈을 타서 느긋하게 지내는 즐거움을 이루는 것일세. 이러는 나는 돌을 베개하고 흐르는 물로 양치질한다 할 것일까? 세상을 버리고 홀로 섰다 할 것일까?"

어떤 사람이 몸 닦는 도에 대해 묻자 거사는 이렇게 말했다.

"담담하여 아무런 경영도 없고 공평하여 사심도 없으며, 궁해도 불만이 없고 곤해도 주린 빛이 없으며, 한가해서 생각도 수고로움도 없고 자유로워 징잔도 허물함도 없고 방황하여 욕심도 사사로운 정도 없으며, 희이希夷하여 옳음도 그름도 없고 황홀하여 형形도 상象도 없이 한다면, 거의 도에 이르러서 지인至人의 영역에 들어가게 된다네."

어떤 사람이 자호에 대한 뜻을 묻자, 거사는 이렇게 말했다.

"살아서 세상에 몸을 붙여 사는 일은 둥둥 뜬 것과 같고, 죽어서 세상을 떠나는 것은 휴식하는 것과 같아. 높은 수레와 천리마를 몰며 인끈을 허리에 차고 사제沙堤를 달리는 것은, 우연히 오는 벼슬이지 나의 소유는 아니야. 정신을 거두고 숨을 거두어 형백으로 화해서 무덤 속으로 들어가는 것은 바로 사람이 진眞으로 돌아가는 것이니, 나도 면할 수는 없네. 안으로 도를 즐기며 살고죽는 일로 마음을 어지럽게 하지 않는다면, 둥둥 떠서 살고 있다 해서 무슨 영광이며, 휴식하는 것처럼 죽는다고 해서 무엇이 슬프겠나. 나는 도를 배우는 것이지 내 몸 밖의 사물을 사모하는 것은 아닐세."
거사를 조롱하고 질문을 던졌던 그 사람은 혀를 내두르고 눈을 번득이며 달아났다.
이에 찬贊을 짓는다.

산의 높음은, 개미언덕들을 포개어 하늘에 다다르고
물의 깊음은, 물줄기들을 모아서 못을 이루며
선생의 도는, 모든 선을 합해서 대전을 이루었다.

山之高 산지고	累群蟻而極乎天 누군의이극호천
水之深 수지심	集衆流而成乎淵 집중류이성호연
先生之道 선생지도	聚諸善而成大全 취제선이성대전

성현은 내 몸 밖의 것들에 관심을 두지 않고 오로지 나의 내면을 다지겠다는 결심을 부휴자라는 가공인물을 통해 밝혔다. 그는 한 인물의 일생을 적는 전傳이라는 양식을 사용하되, 일생의 사적을 순차적으로 적지 않고 그 인물의 주장을 선언함으로써 자신의 사유방식을 드러냈다. 더욱이 '어떤 사람'을 설정하여 부휴자의 학문과 생활과 취미와 심지어 호에 대해서까지 반문하게 만들고, 그 질문에 적극적으로 대답하는 형식을 취했다.

성현은 이 글에서 삶의 아이러니에 대해 성찰했다. 곧 그는 자기 삶을 우활함과 우활하지 않음의 모순관계로 파악했다. 가공의 인물이 부휴자에게 우활함을 조롱하자 부휴자는 이렇게 말했다.

"난 아마 우활할 것이야! 난 세상일에는 우활하지만 공부에는 우활하지 않아. 남들이 보기에는 우활해도 나 자신을 요리하는 데는 우활하지 않아. 경전을 읽어서 내 마음을 다스리고 역사서를 읽어 사업에 베풀며, 이와 같이 지낼 따름이거든. 난 아마 우활할 것이야!"

우활하다는 것은 자신의 도를 지켜나가기 때문에 실제 현실에서 쓰이지 않음을 말한다. 맹자는 왕도정치의 이상을 펴기 위해 여러 제후를 찾아다니면서 유세했으나, 가는 곳마다 뜻이 받아들여지지 않았다. 당시는 부국강병과 합종연횡의 논리가 주류여서, 제후들이 맹자를 우원迂遠하다고 여겼기 때문이다. 부휴자의 우활함은 그것과 다르다. 세상을 변혁시킬 거대한 담론이 당시의 현실과 부합하지 않기 때문에 우활한 것이 아니다. 우활함은 그의 개결한 성격에서 기인한다. "솔직하여 꾸밈이 없으며, 순수하고 근엄하니 질박하고 곧있다"는 성격이 일반인과는 다른 모습을 짓게 한 것이다. 그것은 다음과 같은 항목으로 나타났다.

남에게 뇌물을 통하지 않았고 권세의 길에 서지 않았다.
환영하는 잔치나 송별하는 모임에 참여하지 않았다.
집안사람을 위해 산업을 경영하지 않았다.
소득 있으면 풍성한 음식과 아름다운 의복도 넉넉하게 여기지 않았다.
소득 없으면 추한 의복과 궂은 음식도 부족하게 여기지 않았다.
성질이 부지런하여 경전과 역사서 보기를 좋아했다.

부휴자는 스스로를 우활하다고 인정하면서도 자신의 행위 하나하나를 선행이라고 믿었다. 그리고 그 자잘한 선행이 모여 '대전'을 이룬다고 스스로 기대했다. "선생의 도는, 모든 선을 합해서 대전을 이루었다"는 말은 맹자가 호연지기를 기르기 위해 '의義를 모아가는' 집의集義를 강조한 뜻과 통한다. 부휴자는 생활의 자잘한 선행이 쌓여서 큰 인격을 이룰 수 있다고 확신했기에 이와 같이 말한 것이다.

그런데 사실 부휴자가 자신의 선행으로 내 건 항목들은 실은 도덕적 판단의 대상이 되는 행위들이 아니다. 그 행위들은 세속 관습과의 결별, 혹은 관습으로부터의 일탈일 따름이다. 부휴자는 그러한 결별과 일탈을 통해서만 나 자신의 본질을 지킬 수 있다고 보았던 것이다. 이 점이 실로 미묘하여 〈부휴자전〉에 각별한 색채를 부여하여, 도덕주의적인 언설로 떨어지지 않게 만드는 것이다.

창녕 성씨 가문은 집안이 대단히 번성했다. 또한 세조 때 시작된 《경국대전》의 편찬이 1485년에 완결됨으로써 강력한 중앙집권제가 이루어져, 당시는 비교적 민생이 안정되고 태평했다. 성현은 유교적 질서를 유지하는 훈구파에 속했다. 성현은 외적으로 보면 죽은 뒤에 오히려 고난을 겪었다. 즉 사후에 부마 신항申沆의 사건에 연루되어 부관참시를 당했다. 성현은 평소 신항에 대해 '문학을 아는 사람'이라고 허여했는데, 그 말 때문에 혐의를 받아 화를 당했다. 하지만 66세로 죽기까지 네 군주를 섬기며 중앙의 벼슬을 두루 역임했기에, 정치 이력만 두고 논한다면 그는 결코 우원하지 않았다.

성현은 인왕산의 승경지에 살았다. 성현의 증조부 성석인成石珚이 그곳에 집터를 정한 후 성염조成念祖·성엄成揜이 대를 이어 거처했다. 성임成任·성간成侃과 성현 형제도 그곳에 거처했다. 이승소李承召는 성임의 집을 돌아보고 〈석가산시서石假山詩序〉에 이렇게 적었다.

성공의 집은 서산인왕산 자락 높은 언덕에 있다. 내가 이곳을 찾아간 적이 있다. 남쪽으로 도성문을 나서 바라다보면 솔숲이 무성하고 나무들이 어른거린다. 그 집을 보면 산안개 자욱한 사이에 보일락 말락 한다. 세상에서 완전히 벗어나 있는 사람의 집 같다. 그곳에 이르니 성공이 신발도 신지 않고 문으로 뛰어나와 나를 맞았다. 손을 잡고 안으로 들어가 원림을 두루 다녔다. 푸르게 비치는 그늘이 땅에 그득하고 파란빛이 어린 이슬이 옷에 묻는다. 으슥하고 정갈해서 옛날 동산東山에 은거하던 진晉나라 사안謝安의 멋이 있었다.
성공이 나를 이끌고 높은 언덕 위로 올라갔다. 일망무제였다. 천지가 다시 개벽한 듯 탁 트여 있고, 신선이 바람을 타고 하늘에서 노니는 듯 시원했다. 그 북쪽에 삼각산이 옥을 살라놓은 듯 서서 하늘과 나란하여 용이 날아오르고 봉황새가 춤을 추는 듯하다. 남쪽으로 도성이 나온다. 층층 성곽에 가로 세로 뻗은 대로가 정말 그림을 펼쳐놓은 듯하다. 그 남쪽에는 인경산引慶山, 남산 등 여러 산이 푸른빛을 움켜잡아 모으고서 앞에 절을 한다. 큰 강이 굽이굽이 산자락을 안고서 서쪽으로 흘러 아득히 푸른 들판을 당기고 멀리 파란 하늘과 섞인다. 날이 개면 좋고 비가 오면 기이하다. 삼라만상이 다 드러난다.

이러한 곳에서 성장한 성현의 풍모는 선풍도골의 면모를 지녔다. 신광한申光漢은 《기재잡기》에 다음 일화를 실어두어 성현의 풍모를 짐작하게 했다.

> 홍정洪正 사부士俯 홍정의 자는 대사헌 홍興의 아들이며 돌아가신 우리 아버님의 외조부이시다. 홍정 공은 우의정 성세창成世昌과 서로 통하는 친구였다. 그가 일찍이 정월 어느 날 눈 내린 밤에 찾아가 동원東園 별실 한가한 창문 아래서 오순도순 이야기를 나누고 있었는데, 한밤중에 뜰에서 거문고 소리가 들렸다. 창구멍으로 가만히 내다보니, 한 늙은이가 매화나무 밑에 눈을 쓸고 앉아, 하얀 백발을 날리면서 거문고를 탔다. 그 손가락 끝에서 울려나온 맑은 소리는 지극히 기이했다. 성세창이 자신의 아버지라고 하였는데, 어느새 손님이 당에 있는 줄을 알았는지 바로 분주하게 거두어 가지고 들어갔던 것이다.
> 뒤에 홍정공이 매양 사람에게 말하기를, "달빛은 대낮 같고 매화는 활짝 핀 바로 그때에, 백발이 흩날리고 맑은 가락이 그 사이에서 발산되었는데, 아득히 진짜 신선이 내려온 것 같아 상쾌한 기분이 온몸에 가득 차는 것을 깨닫지 못했으니, 용재慵齋 성현成俔이야말로 신선의 풍채와 도사의 기골이라 할 수 있다"고 했다.

그렇다고 그의 내면이 일생 평온했을까?
어느 시대고 크고 작은 정치적 사건이 줄 잇는 법이고, 학자이자 정치가이기도 했던 옛 지식인들은 그러한 정치적 사건 속에서 깊은 상처를 입고는 했다. 성현도 그러했다. 앞서 말했듯이, 41세 되던 1479년성종 10에 연산군의 생모 윤씨를 폐하는 사건과 60세 되던 1498년연산군 4에 일어난 무오사화는 특히 그의 삶을 뒤흔들었다.

윤씨 폐위의 의론이 있었을 때 많은 대신이 반대했다. 당시 대사간이었던 성현은 대사헌 박숙진朴叔蓁과 함께 차자를 올려 폐출된 중궁을 별궁에 둘 것을 간했다. 하지만 성종은 윤씨를 전한 효성제의 황후 조비연에게 견주면서 "뒤에 만약 말하는 자가 있으면 그대들에게 죄를 주겠다"고 하며 꾸짖었다.

사림파와 훈구파가 대립하여 무오사화가 일어났을 때 성현은 훈구파로서 박안성朴安性·신준申浚·정숭조鄭崇祖 등과 함께, 김종직이 요사한 꿈에 가탁해서 선왕을 훼방하는 대역을 저질렀으므로 극형에 처해야 한다고 논했다.

이렇게 당대의 대사건들에 깊이 간여했던 성현은 내면적 갈등을 겪을 수밖에 없었다. 그는 그러한 갈등을 초극하고자 하는 바람을 부휴자의 삶에 가탁했다.

성현은 《부휴자담론》이라는 수필집을 아언雅言·우언寓言·보언補言 세 부분으로 구성하면서, 우언에 37편을 수록했다. 이 우언에는 유가적 정치사상도 담겨 있지만, 생명을 보전하고 유유자적하게 살아가려는 노장철학도 담겨 있다. 일찍이 《장자》는 우언寓言·중언重言·치언卮言의 세 발화방식을 거론하고, 우언이란 다른 사물을 빌려 도를 말하는 방식, 중언이란 권위적 언설을 중첩하는 방식, 치언이란 시비를 명료하게 분별하는 방식이라고 했다. 특히 장자는 우언에 큰 의미를 부여해서, "우언을 쓰는 것은 내 죄가 아니다"라고 했다. 성현도 우언만을 편명에 이용해서 정치적 담론을 우회적 방식으로 개진했다. 성현은 '안으로는 도를 즐기며 살고 죽는 일로 마음을 어지럽게 하지 않는' 경지를 추구했기에, 《부휴자담론》에서 평정한 마음을 유지하고자 우언을 이용했다.

성현은 《부휴자담론》에서 동곽 선생을 예화로 들어 청렴을 가장한 정치적 무능을 질타했다.

동곽 선생은 청렴한 것으로 조정에 이름이 높았다. 그 때문에 중모군中牟郡을 다스리게 되었다. 선생이 고을에 부임한 지 삼년 동안 사사로이 인사치레를 받지 않았고 뇌물도 주고받은 적이 없었다. 그러나 제 집 식솔들은 쌀겨를 먹는데도 고을의 아전들은 고기를 물리도록 먹었다. 하인들은 문지방조차 넘어가지 않는데도 부역과 세금 때문에 온 동네가 소란스러웠다. 곡식창고는 나날이 비어가고 관아는 나날이 피폐해져갔다. 이 고을을 찾아갔던 빈객들은 제대로 대접받지 못해 모두 섭섭한 마음을 품은 채 돌아갔다.
어떤 사람이 부휴자에게 물었다.
"동곽 선생의 청렴함은 비할 데가 없는데도 고을의 정치는 날로 쇠퇴해지는 것은 무엇 때문입니까?"
부휴자가 대답했다.
"이는 청렴한 것이 아니라 무능한 것이오. 청렴이란 공경恭敬으로 마음을 붙잡고, 예의禮義로 몸을 단장하며, 간소함으로 번거로움을 다스리며, 검약으로 백성을 감복시키며, 다른 사람이 그 이익을 입게 하고 자신은 관여하지 않으며, 다른 사람은 그 혜택을 얻되 자신은 누리지 않는 것입니다. 지금 동곽은 안으로 가정을 해치고 밖으로 백성을 해치고 있습니다. 이는 청렴한 것이 아니라 졸렬한 것입니다. 어찌 졸렬한 사람과 함께 백성을 다스릴 수 있겠습니까?"

청렴을 가장한 무능함을 성현은 졸렬하다고 비평했다. 개인의 도덕적 완결성이 정치능력을 보장하는 것은 아님을 날카롭게 지적한 것이다.

성현은 풍모로는 선풍도골이었다. 하지만 내면은 평온하지 않았다. 〈부휴자전〉에서 자신의 이야기를 담담하게 하지 못하고 가공의 인물을 내세워 질문을 던지게 하고 부휴자가 그 말을 맞받아 반론하게 만든 것은 내면의 복잡성 때문이다.

참고문헌

- 성현成俔, 〈부휴자전浮休子傳〉, 《허백당집虛白堂集》, 한국문집총간 14, 한국고전번역원, 1988. ; 임정기 역, 《(국역)허백당집》 1, 한국고전번역원, 2008.
- 박동량朴東亮, 〈역대 조정의 옛 이야기歷朝舊聞〉 3, 《기재잡기寄齋雜記》 3, 이이화 편, 《조선당쟁관계자료집朝鮮黨爭關係資料集》, 여강출판사驪江出版社, 1984
- 조수학, 《한국의 탁전과 가전》, 영남대학교출판부, 1987.
- 권석환, 〈한·중 우언의 동질성에 관한 연구-《애자잡설艾子雜說》, 《욱리자郁李子》, 《부휴자담론浮休子談論》을 중심으로〉, 《중어중문학》 29, 한국중어중문학회, 2001, pp. 374-406.
- 윤주필, 〈한문문명권의 우언론 비교 연구〉, 《동아시아 우언론과 한국의 우언문학》, 한국우언학회, 2004, pp. 4-10.
- 이종묵, 〈《부휴자담론浮休子談論》과 《우언寓言》의 양식적 특징〉, 〈고전문학연구〉 5집, 한국고전문학연구회, 1990, pp. 187-211.
- 장진숙, 〈《부휴자담론》에 나타난 성현의 정치적 지향과 우언의 화법〉, 《어문연구》 136, 2007, pp. 405-429.
- 주재우, 〈고전 표현론의 관점에서 본 우언문학교육-성현의 《부휴자담론》 우언을 중심으로〉, 《고전문학과 교육》 13, 한국고전문학교육학회, 2007, pp. 291-316.

최충성崔忠成, 〈산당서객전山堂書客傳〉   5

여기에서 노닐고, 여기에서 즐기노라
遊於斯, 樂於斯 유어사, 유어사

조선중기의 신진사류 최충성崔忠成, 1458~1491은 광주 서재에서 〈산당서 객전山堂書客傳〉이라는 탁전을 지었다. 그는 호를 산당서객이라 하였는데, 이 탁전은 그 호를 붙인 이유를 밝히면서 자신의 지향을 선언한 것이다.

최충성은 자가 필경弼卿으로, 본관은 전주이다. 최덕지崔德之의 손자, 최별崔潎의 아들로, 전라도 나주에서 태어났다. 최덕지는 문종 때 예문관 직제학을 지냈으나, 세조가 정권을 잡을 무렵에 스스로 사직한 듯하며, 세간에서 연촌 선생煙村先生이라 불렸다. 최유는 네 아들을 두었는데, 최충성은 그 막내였다. 태어나자마자 부친과 모친이 모두 돌아가셨으므로, 형들의 손에서 자랐다. 어려서 영남으로 김굉필金宏弼을 찾아가 문하에 들었다.

최충성은 집을 호남의 광주에 두고, 산당서객을 자처했다. 진사가 되었으나 대과에 합격하지 못하고, 명산을 두루 유람하면서 정신을 길렀다. 〈산당서객전〉은 유유자적한 생활을 위한 하나의 훌륭한 변론일 뿐인 것이다.

서생은 어떤 사람인지 모른다. 성姓과 자字도 알 수 없으며, 본관과 시원도 평하기 어려운데다가, 어디서부터 왔는지도 알 수가 없다. 산당에 있으면서 독서를 업으로 삼아, 봉액縫掖의 옷을 입고 장보章甫의 관을 써서, 거의 유학자의 기상이 있었다. 그래서 스스로 산당서객이라고 호를 지었다.

그 사람됨은 성격이 담박함을 좋아하여 마음으로 부화함을 끊어버렸다. 사람들이 비록 그를 칭송하더라도 기뻐하지 않고 사람들이 비록 그를 비난하여도 근심하지 않았다. 영광스럽다고 해서 기쁨을 드러내지도 않고 욕되다고 해서 노여움을 드러내지도 않아서, 근심과 즐거움을 득실에 연계시키지 않았다. 남이 알아주길 구하지도 않고 이름이 드러나기를 구하지도 않았다. 그러므로 늘 고시 읊기를 좋아했으니, '적다거나 많다거나 연연함은 정말로 우스꽝스럽다는 것을 스스로 알기에, 안연처럼 표주박 물에 만족을 느끼는 즐거운 맛이 길도다自知寡足眞堪笑, 賴有顔瓢一味長'라는 시였다.

그가 양진養眞 하는 것으로 말하면, 베옷은 백번 기운 것을 입고, 냉아주국 한 사발과 도시락 하나의 거친 밥과, 표주박 하나의 물이라도 얻으면 배불러 했다. 겨울에 갖옷 하나, 여름에 갈옷 하나를 얻으면 그것을 입었다. 굶주림과 갈증 때문에 구차하게 남에게서 얻지를 않았으며, 고생스럽고 궁하다고 해서 처음 마음을 바꾸지도 않았다. 굶주림을 참고 추위를 참으면서 강독講讀하기를 그치지 않았다. 그래서 일찍이 고시 읊기를 사랑하여, "다만 흉중에 궁하여도 즐거우니, 어찌 근심스레 평생을 걱정하랴直在胸中窮亦樂, 何須戚戚向平生"라고 했다.

독서하는 일로 말하면, 성인의 경을 끝까지 탐색하고 현인의 전을 모두 열람해서 위로는 성인으로 스승을 삼고 아래로는 뭇 현인을 친구로 삼아, 제자의 질문을 자기의 질문으로 삼고 성인의 답을 자기가 귀로 들은 것으로 삼아, 언어의 사이에서 그 의미를 구하고 문자의 바깥에서 그 이치를 탐구하였으니, 어찌 박문강기博聞強記하고 문사를 교묘하고 화려하게 꾸며서 말기에 불과한 사장詞章에 온 힘을 쏟아서 그 근본을 모를 수가 있겠는가? 그래서 일찍이 고시 읊기를 사랑하여, "천하의 도룡수屠龍手가 되려 하나니, 어찌 인간 성인의 서적 아닌 것을 읽으랴欲爲天下屠龍手, 肯讀人間非聖書"라고 했다.

학업 하는 일로 말하면, 의관을 바르게 하고 시선을 존엄하게 하며, 기거동작이 반드시 이치에 부합하고 동정動靜이 예禮에서 어긋나지 않았다. 아침이나 밤이나 자자孜孜하여서 안자안연이 공부한 것이 어떤 공부였는지를 생각하고, 한 해가 다 가도록 올올兀兀하여 맹씨맹자가 반드시 요·순을 칭송한 것은 무슨 도인지를 구했다. 밤이 다하도록 잠들지 않고 하루가 다하도록 먹지 않으면서 우러러 생각하여 다행히 터득하게 되면 그 성현과 같지 못했던 것을 제거하고 성현과 같은 것에 있어서 긍긍兢兢 업업業業하여, 하루가 부족한 듯이 했다. 그래서 일찍이 고시 읊기를 좋아해서, "술업은 시기에 맞추는 것을 귀하게 여기나니, 힘씀은 청양에 있도다. 안자를 희구하면 곧 안자의 무리이니, 요령은 마음씀을 강건하게 하는 데 있도다術業貴及時, 勉之在青陽. 希顏亦顏徒, 要在用心剛"라고 했다.

존심存心하는 것으로 말하면, 삿된 생각과 망령된 상념을 마음속에 짓지 않고, 음탕한 꾀와 참람한 술수를 흉중에 머물러두지 않았다. 그래서 일이 아직 이르러오지 않았을 때는 체體가 적연하여 움직이지 않았으니, 그것은 마치 거울이 비어 있음과 같아서 이치가 갖추어지지 않음이 없었다. 일이 바야흐로 이르러오면, 용用이 감응하여 마침내 통하였는데, 그것은 마치 거울이 비춤과 같아서 사물이 드러나지 않는 것이 없었다. 체와 용이 상수相須, 서로를 필요조건으로 함하고 안과 밖이 일체一體여서, 일마다 양심을 보존하고 다른 곳으로 가지 않았다. 어찌 일시에 두 가지 일에 응할 수가 있을 것인가? 그래서 일찍이 고시 읊기를 사랑하여, "인심은 오묘하여 헤아릴 수 없으니, 출입에 기氣의 기틀을 탄다. 지극한 사람은 원화元化, 조화를 잡아서, 동과 정에 있어 체體가 어긋나지 않도다人心妙不測, 出入乘氣機. 至人秉元化, 動靜體無違"라고 했다.

뜻을 세운 것으로 말하면, 차라리 성인을 배워서 이르지 못할지언정, 작은 선행을 명성으로 삼지는 않았으며, 차라리 천하를 자기의 임무로 삼을지언정 자기 한 개인의 이해를 계산하지는 않았다. 양陽의 덕이 바야흐로 형통하여 호랑이가 울부짖고 바람이 매서우면, 세상에 나가서 겸선兼善을 하여, 아직 깨치지 못한 자를 깨우쳤으니, 어찌 벼슬하지 않으리는 마음을 높이 가져서 담장을 넘어 피하겠는가? 북풍이 매몰차서 이이訑訑하게 사람을 거부하면 물러나서 자기 한 몸을 보존하여 그 몸을 스스로 즐겁게 할 수가 있으니, 어찌 제나라의 궁문에 서서 거문고를 켜고 옥벽을 헌정해서 팔리길 바라겠는가? 집문을 그냥 지나치든가 문을 닫아걸고 있든가 하는 것을 그때그때에 따라 대처했고, 부유함을 본디 그러한 것으로 여기거나 가난함을 본디 그러한 것으로 여겨, 오로지 의리가 적합한 바에 따랐다. 그러므로 일찍이 고시 읊기를 사랑하여, "부귀에 급급하지 않고, 빈천에 척척해하지 않는다. 천하의 근심을 앞서서 근심하고 천하의 즐거움을 가장 뒤늦게 즐거워한다不汲汲於富

貴, 不戚戚於貧賤. 先天下之憂而憂, 後天下之樂而樂"고 했다.

도리를 논하는 것으로 말하면 다음과 같이 말했다. "아직 시작되기 이전에 용用이 갖추어져 있고, 형체가 있은 뒤에 체體가 선다. 태극은 음과 양 속에 흘러 행하고, 두 기가 서로 감응하고 이理도 역시 품부 받는다. 이에 만물이 생겨나도다. 만물 가운데 나는 것과 달리는 것과 움직이는 것과 심어져 있는 것은 그 부류가 하나가 아니로되, 삼강오상의 도에 밝고 육예와 구주九疇의 법에 익숙하여, 강한 자가 약한 자를 삼키지 않고 아래에 있는 자가 위에 있는 자를 능멸하지 않는 것, 이것은 인간이 귀한 이유인 것이다. 사람이면서 지각이 없다면 어찌 금수와 다를 수 있겠는가? 이것이 바로 서생이 학문에 온 힘을 다하는 이유인 것이다. 그러므로 일찍이 고시를 읊기를 사랑하여, '만약 무 속에 유의 상을 함유하고 있음을 안다면, 그대로 하여금 친히 복희를 알현할 것을 허락하노라若識無中含有象, 許君親見伏羲來'라고 했다. 또, "종래 도리는 높고 먼 것이 아니니, 모름지기 인간세상의 사事에서 구하여야 한다由來道理非高遠, 須向人間事上求"라고 했다.

혹자가 물었다. "삼강오상의 도를 밝히고자 하면서 처자를 떠나서 홀로 산 속에 거처하니, 도를 구한다는 것이 어디에 있소? 마음을 안정시키고자 하면서, 성색聲色을 떠나고 외물을 끊어서 깊은 숲 속에 적막하게 있으니, 거울을 뒤집고서 비치기를 구하는 것이 아닌가? 그대의 학문은 석씨불교의 공적空寂에 거의 가깝지 않소?"
서생은 말했다. "그렇소. 부자의 친親, 부부의 별別, 장유의 서序는 친친연親親然하고 우우연友友然하며 이이연怡怡然해서 조화하여 화목한 뒤에 집안을 가지런히 할 수가 있소. 귀는 소리에 대해, 눈은 색에 대해, 입은 맛에 대해, 정말로 인간이라면 없어서는 안 될 것들이오. 다만 그 사이에서 참과 거짓을 알아서, 이것으로 자기 마음에 누가 되지 않게 한 연후에 마음은 안정시킬 수가 있소. 나는 이것을 미워하면서 하는 것이 아니라오. 또 가탁하여 도망할 곳이 없는 것도 아니오. 역시 이에 대해 말할 것이 있으나 요행히 가져올 수가 없소, 집이 아무개 고을에 있는데, 가문이 쓸쓸하여, 안으로는 한 항아리 분량만큼의 저축도 없고 밖으로는 문간에서 응대하는 동자도 없으며, 겨울이 따뜻한데도 아이들은 춥다고 외치고 해가 풍년이 들었는데도 아내는 굶주려 울고 있소. 죽음을 구하려 해도 넉넉하지 못할까 우려되거늘 어느 겨를에 예의를 차리겠소? 노재魯齋 선생허형許衡은 말했다오. '배움은 마땅히 그 산업을 다스려야 한다. 산업이 넉넉하지 않아서 먹고 입는 것 때문에 분주하다면 비록 공부하려고 하여도 어찌 그럴 수가 있겠는가?' 지금 서생의 곤궁이 이와 같이 심하니, 필시 쟁기 메고 송아지 데리고서 몸소 밭 갈고 논 메고 하여 손에 굳은살이 잡히고 발에 물집이 생긴 이후에야 죽음을 면할 수 있을 따름이니, 비록 성인의 책을 외워서 성인의 도를 구하여 성인의 영역에 이르려고 해도 역시 어렵지 않겠소? 이것이 서생이 산간에서 즐거워하면서 그 집을 잊어버린 이유라오. 호안정胡安定이 집에서 온 서찰을 찢어버렸고 범문정范文正, 범중엄이 채소국虀羹을 끊어버리고서 산간에 거처하면서 결국 그 도를 이룬 것이 어찌 이러한 이유 때문이 아니겠소?"

그러므로 서생은 일찍이 스스로 이렇게 읊었다.

"청산이 첩첩하고, 녹수가 골골하여

세상 먼지와 시끄러움이 이르지 않고, 세간 염려를 접하지 않아서

생각도 없고 염려도 없이, 홀로 행하고 홀로 즐거워한다.

우러러 하늘을 살피고 굽어 땅을 보아, 부끄럽지 않고 계면쩍지 않노라.

바람이 불어오는 산 정자, 여기에 눕고

구름이 비낀 산허리, 여기에 앉았나니

학은 산 얼굴에서 춤을 추니, 그와 함께 즐기고

원숭이가 산 고개에서 울부짖으니, 그와 함께 어울린다.

울창한 산 소나무로, 집을 짓고 방을 짓고는

너른한 산 바위로, 평상을 만들고 자리를 만들매

달은 산 위에 걸려 있어, 그걸로 시를 볼 수 있고

꽃은 산 뜰에 떨어져, 그걸로 허기를 잊을 수 있다.

산 속의 즐거움, 즐겁고도 끝없으니

여기서 노닐고 여기서 즐겨, 삶을 마칠 때까지 너울너울 하리라.

이것이 산당 서생의 즐거움이 아니겠는가?"

서객은 어떤 사람인지 모르겠다. 곁에 산인이 있으므로 마침내 그를 위해 전을 짓는다.

최충성은 김굉필金宏弼에게서 《소학》을 배웠다. 김굉필은 스스로의 정신을 연마하면서 정여창과 함께 성리학을 창도하고 후진을 길렀다. 최충성은 김굉필의 훈도로 《소학》을 중시해서, "만일 이 책에 온 힘을 쏟는 자가 있다면, 그로부터서 《대학》으로 나아가 지행智行의 공부를 완성하게

된다면, 이 책이 어찌 사서오경의 열에 들지 않을 수 있겠는가?"라고 했다. 남효온은 《사우명행록》에서 김굉필이 30이 넘은 후에 가르친 후진으로 이현손·이장길·이적·최충성·박한공·윤신 등을 꼽고, '그들의 무성한 재질과 독실한 행실은 그의 스승과 같았다'고 일컬었다.

최충성은 호남의 광주에 거처하면서 산당서객을 자처했다. 그뒤 진사가 되었으나 대과에 합격하지 못하고, 명산을 두루 유람하면서 정신을 길렀다. 30세 되는 1487년성종 18에는 지리산의 지급암知及菴에서 김건金鍵과 함께 공부했다. 그때 남효온이 지리산을 유람하다가 그들에 관한 이야기를 듣고 사람을 보내어 안부를 물었고, 그뒤로 수차례 함께 모여 《소학》과 《근사록》을 강론했다. 이해 김종직이 전라관찰사로 부임하자, 도내에 불佛·무巫의 폐를 제거할 것을 촉구하는 글을 올렸다. 1488년에 김굉필이 부친상을 당하자 조문하러 영남에 갔다. 그후 창평과 김제 등의 과장에 나가기도 했으나, 대개 영암 월출산에서 김건과 학문에 몰두했다. 조부 최덕지가 한때 남원부사로 있다가 영암의 영보촌永保村에 은거하면서 존양재存養齋라는 서루를 짓고 강학한 일이 있다. 그래서 그는 영암을 각별히 사랑한 듯하다.

최충성은 책을 열심히 읽은 것으로 유명하다. 졸음을 쫓으려고 겨울에도 방에 불을 피우지 않은 채 산속의 오두막에서 기거했으므로 몸이 병들었다. 봉성에서는 사지가 뻣뻣하여 바깥출입이 힘들어지자, 증실蒸室 곧 한증막을 고안하고 〈증실기〉를 적었다. 그는 사방 벽을 두껍게 발라 틈이 없게 하고 바닥에 구들을 깔되 모래로 틈을 완전히 메웠으며 아궁이를 막아 불기운이 달리 새지 않도록 했다. 그리고는 창포·도꼬마리·질경이·쑥 등을 구들 위에 올려놓고 물을 붓고는 증기가 일어나게 했다. 증실 속에서 수건으로 코를 막고 숨을 쉬며 땀을 쏟으면서 한유의 〈원도原道〉를 외웠다. 그 글을 다 외울 때쯤 되면 오장육부가 타듯 하므로 증실을 뛰쳐나가 소금물에 몸을 씻은 다음 두꺼운 솜이불을 덮고 미음을 먹었다. 그렇게 한참 쉰 다음 다시 증실로 들어갔다. 9일 동안 매일 네다섯 차례나 한증을 했다. 당시 한증이 널리 유행했다고 하는데, 최충성은 한증으로 효험을 보지는 못했다.

최충성은 인륜을 밝히고 이단을 물리치는 것을 목표로 삼아, 〈정명론〉을 저술하고 저수량褚遂良의 상소를 본떠서 〈의저수량간립무씨위후소擬褚遂良諫立武氏爲后疏〉를 지어 삼강오상의 도리를 밝혔으며, 〈천당지옥변〉을 지어 의혹을 풀고자 했다. 또한 〈약계藥戒〉라는 글을 지어, 국가의 병근을 제거하려면 오로지 성誠과 경敬이 중요하다고 보았다.

천하를 한 사람으로 본다면 사해四海는 사람의 몸뚱이고 만민은 사지이며 조정은 복심腹心이며 교령敎令은 후설喉舌이며 기강은 명맥命脈이다. 재상이란 사람의 팔다리가 되어 음양을 섭리하여 명맥을 조화롭게 하는 것이며, 장사將士란 사람의 손발이 되어 외부의 환란을 방어하여 복심을 호위하는 것이며, 군주란 사람의 머리와 이목이 되어 험난함과 평탄함, 옳고 그름을 보고 들어 사체를 편안케 하는 것이다. 따라서 이목을 밝히고 손발을 움직임에 팔다리를 신임한 다음에야 몸이 편안할 수 있다. 만일 하나의 기운이라도 조화롭지 못하면 온갖 질병이 생기게 되니, 그 병이 생기는 원인을 살펴서 치료하고 약을 쓰는 것은 간관諫官이다. 그런데 병이 든 군주가 약 쓰는 것을 싫어하다가 결국은 구원할 수 없는 지경에 이르게 되니, 경계하지 않을 수 있겠는가.

처음 병이 생길 때는 이목이 어둡고 어지러우며 팔다리와 손발이 시들고 마비되어 제대로 움직여지지 않는다. 이러한 때에 사해는 비록 편안하다고 하더라도 복심의 형세는 위험하여 아슬아슬한 것인데, 그러한데도 군주는 안일에 젖어 양약良藥이 입에 쓴 것만 싫어하고 질병이 생기려는 것을 깨닫지 못한다. 그러므로 의사를 꺼리고 질병을 숨기게 되니 숨기는 질병은 날로 더욱 깊어져 복심이 팽만해지고 후설이 막히며 명맥이 동결되어 신체가 거꾸러지는 지경에 이르게 된다. 이러한 때에는 편작扁鵲이 있다 하여도 어쩔 수 없게 될 뿐이니 후회한들 무슨 소용이 있겠는가. 장차 위에서 정치를 하려는 사람이 있다면 내 말을 마음에 담아두고 병객病客이 경계하여야 할 것으로 경계를 삼는다면 국가를 다행히 다스릴 것이다.

어찌 국가뿐이겠는가? 사람이 다스려야 할 것으로 병들지 않는 것이 없다. 약손가락 하나가 굽어져 펴지지 않으면, 아플 것도 일에 지장이 있을 것도 아닌데 그 손가락 하나에 신경을 쓰면서 어깨나 등은 망각하고 있으니 경계하지 않을 수 있겠는가. 사지에 병이 없고 이목에 별탈이 없다 하더라도 천군天君, 마음이 편안하지 못하여 유혹에 이끌려 안정을 얻지 못하고 애태우게 된다면 일신의 질병으로 이보다 큰 것이 무엇이 있겠는가? 모든 세상 사람은 이것을 질병으로 여기지도 않고 대수롭지 않게 여겨 약을 쓰지 않다가 심신이 거꾸러지게 되고 사체를 보존하지 못하게 되니 어찌 경계하지 않겠는가. 그렇다면 어떻게 약을 써야 할까. 그것은 오직 성誠과 경敬이 아니겠는가.

32세 되는 해에 봉성鳳城에서 중풍에 걸려 한 해 넘게 고생하다 34세로 죽었다. 김굉필이 그의 명정에 '처사산당서객處士山堂書客'이라고 적었다. 숙종 때의 사액서원인 영암의 녹동서원에서 제향되었다.

참고문헌
- 최충성, 〈산당서객전山堂書客傳〉, 《산당집山堂集》 권2, 한국문집총간 16, 한국고전번역원, 1988. ; 〈약계藥戒〉, 《산당집》 권1.
- 최종익崔鍾翼, 〈가장家狀〉, 《산당집》 권4 상 부록.
- 조수학, 《한국의 탁전과 가전》, 영남대학교출판부, 1987.

유홍俞泓, 〈용은거사전慵隱居士傳〉　　　　　　　　　　　6

천성이 게을러서
독서를 좋아하지 않는다
天性慵懶 不喜讀書 천성용라 불희독서

유홍俞泓, 1524~1594은 〈용은거사전慵隱居士傳〉을 지어, "천성이 게을러터져서 독서를 좋아하지 않는다"고 말했다. 실은 도연명이 책을 읽어서 심하게 해석하려 하지 않았던 불구심해不求甚解 태도를 따르려 했다는 사실을 다소 익살스럽게 말한 것이다.

유홍은 본관이 기계杞溪, 자는 지숙止叔, 호는 송당松堂 또는 퇴우당退憂堂이다. 시호는 충목忠穆이다. 남효온의 아들 남충세南忠世의 외손으로, 1577년 남효온의 《추강집》을 간행할 때 발문을 썼다. 유홍의 사위가 김집金集이고 외손이 김자점金自點이다. 유홍은 시문에 뛰어났고 장서가 많았다. 손자 유백증俞伯曾이 초고를 수습하여 1641년 무렵 정두경鄭斗卿, 1597~1673에게 주어 정리해달라고 부탁했다.

유홍의 묘와 신도비는 하남시 하산곡동에 있다. 신도비는 장유張維가 지었다. 하지만 자손 유한지俞漢芝가 쓰고 아울러 전액한 신도비는 1813년순조 13에야 세워졌.

〈용은거사전〉의 마지막에서는, 앞서 본 황윤석의 〈자제문〉이 그러했듯이, 장재張載의 〈서명西銘〉에 나오는 '존오순사存吾順事 몰오녕야沒吾寧也'의 뜻을 취해왔다.

거사는 유兪가 그 성이고 대일大逸이 그 이름이며, 덕휴德休가 그 자字이다. 기계杞溪 가문의 후인이다. 천성이 게을러터져서 독서를 좋아하지 않고, 방안에 고요히 앉아서 교유를 끊었으므로, 그것을 계기로 자호로 삼았다.

침정沈靜하여 말과 웃음을 잘 짓지 않고, 정말로 분잡하고 화려함을 바깥으로 돌릴 수가 있다. 성과를 얻거나 아무 것도 얻지 못했다고 해서 방촌의 마음에 누가 되게 하지 않고 평탄하고 험난함 때문에 평소 지키던 바를 바꾸지 않는다. 무릇 마음과 뜻을 기쁘게 하고 귀와 눈을 즐겁게 할 수 있는 것들이라면 아득하게 아무것도 좋아하지 않고, 오로지 술만을 좋아해서, 맞닥뜨리자마자 반드시 취하며, 술이 있으면 나아가고 술이 없으면 그만두었지, 결코 구차하게 꼭 얻어야 하겠다고 안달하지를 않았다. 더욱이 여색을 좋아하지 않아서, 여색이 곁에 있으면 마치 자기를 더럽히기라도 할 듯이 했다. 나이가 젊어서 한 번 여색을 범한 일이 있은 뒤로는 죽을 때까지 한으로 여겼다.

음보로 관직이 금관자 은관자를 쓰는 직위에까지 이르렀으나 영화로 여기지 않았다. 아침저녁으로 밥 한 사발을 먹되, 두 가지 이상의 반찬을 두지 않으면서도 스스로 만족하다고 여겼다. 번번이 생각나는 것이 있을 때면 붓을 들어 쓰니, 그 시는 황잡하고 비루하여 볼 만하지 못하다. 고요함을 지키고 순수順受하여 이로써 한 생애를 마쳤다.

찬贊은 이러하다.

형해는 토목이고, 기품은 노둔하니, 그 속에 반드시 무언가 있을 리 없다.

언어는 소활하고, 학술은 형편없어, 하나도 취할 것이 없도다.
가난하고 천하여도 척척해하지 않고, 부유함과 귀함 쫓으려 급급하지 않나니, 오로지 그 본성으로 삼는 바가 그러하기 때문이다.
사십에도 오십에도 명성이 나지 않으니, 끝내 풀 나무와 함께 썩으리니, 감히 고인의 불후함을 기대하랴.
간이簡易함을 지켜서 천명을 기다려서, 수명을 다할 것이니, 살아서는 일에 순응하고 죽어서는 안녕하리라.

이 〈용은거사전〉의 마지막에서 유홍은 "간이함에 거처하여 천명을 기다려서, 수명을 다할 것이니, 살아서는 일에 순응하고 죽어서는 안녕하리라"라고 했다. 이 말은 횡거 장재張載가 〈서명西銘〉에서 '존오순사存吾順事, 몰오녕야沒吾寧也'라고 했던 뜻을 취한 것이다. 곧, 살아 있을 때는 천리天理에 순응하여 일을 행하고 죽을 때는 마음이 편안하여 부끄러움이 없다는 뜻이다. 주자도 그 뜻을 취하여 수장壽藏의 암자를 만들고, 그 이름을 순녕順寧이라 했다. 장재와 주자는 군자가 천리의 올바름을 극도로 다함으로써 마음에 부끄러움이 없고 죽어서도 역시 편안하리라는 것을 말한 것이니, 대개 《논어》에서 말한 "아침에 도를 들으면 저녁에 죽어도 좋다朝聞道夕死可"는 뜻을 취한 것이다.

유홍은 11세에 부친을 여의었으나 힘써 공부하여 1549년명종 4 사마시에 합격하고 1553년 별시문과에 병과로 급제하여 승문원에 배속되었다가 예문관으로 들어가 벼슬하기 시작했다. 1555년 7월 예문관 검열이 되고, 1557년 정월에는 강원도어사로 나갔다. 여러 관직을 거친 후 부모의 봉양을 위해 춘천부사가 되었다. 호조참의와 충청도·전라도의 관찰사,

개성유수 등을 지냈다.

　1587년^{선조 20}에 사은사로 연경에 이르러, 명나라 예부에 《대명회전》을 내려줄 것을 청했다. 예부가 들어주지 않자, 유홍은 머리를 찧어 피를 흘리기까지 하며 간청했다. 명나라 예부상서 심리沈鯉가 제본題本을 올리자, 천자가 부권付卷을 주고 또 칙서를 내렸다. 1588년 2월, 연경에서 돌아오자 선조가 교외에서 칙서를 맞이하고, 종묘에 고하고 사면령을 내렸다. 선조는 유홍을 숭록대부 판부사로 삼도록 하고 노비와 전토를 하사하도록 하였다. 그리고 그를 따라갔던 아들 대술大述도 관직에 임용하도록 했다. 1590년에 종계변무 1등, 토역討逆 2등에 책훈되어 보국숭록대부 기성부원군杞城府院君에 봉해졌고, 이조판서·우의정으로 승진되었다.

　1592년 임진왜란이 일어나자, 경성을 지켜 사직과 함께 죽을 것을 청했다. 그러나 신립의 패전 소식이 전해지고 선조가 평안도로 피난가자 선조를 수행했다. 선조는 요동으로 건너가 명나라에 의지하려 했는데, 유홍은 극력 반대했다. 5월에 우의정에 임명되어, 왕비를 모시고 함경도로 피난하려다가 다시 행재소로 되돌아왔다. 선조는 세자 광해군에게 종묘의 신주를 받들고 강계로 가서 국가의 부흥을 도모하라 하자, 유홍은 세자를 따라갔다. 그러나 일본군이 이미 관북까지 진격하였으므로 관서로 되돌아왔다. 유홍은 세자를 모시고 이천에 이르러, 각 도에 글을 띄어 일본군을 토벌할 것을 회유했다. 세자가 유홍을 도체찰사로 삼았으나, 언관은 유홍이 늙었다는 이유로 임용을 반대했다.

　유홍은 서울에서 일본 군대가 물러가자 왕명을 받아 도성의 치안을 담당했다. 또 선조가 서울로 돌아오자 왕비와 함께 해주에 머물면서 시사 10여 조를 적은 차자를 올렸다. 남들이 말하기 꺼려하던 대목이 많았으므로 반대파의 공격을 받았다. 1594년 11월, 우의정에서 다시 좌의정으로 승진했으나, 사직소를 올렸다. 12월 14일에 사헌부가 유홍의 체차를 청했다. 유홍은 체직된 뒤 얼마 후 죽었다.

설악산에는 유홍이 와서 묵었다는 유홍굴이 있다. 아마도 유홍이 강원도 암행어사로 나갔을 때 설악산을 들렀던 듯하다. 조선후기의 홍태유洪泰猷, 1672~1715는 인제현에서 30리를 들어가 삼차령으로 해서 봉정암을 둘러보고 유홍굴의 오른쪽 길로 십이폭동과 폐문암을 돌아보았다. 그의 〈설악 유람기〉에 따르면, 홍태유는 인제현 동북쪽 삼차령을 넘어 곡백담 하류에 이르고, 난계역을 거쳐 곡백담에 이르렀다. 거기서 산굽이를 휘어돌아 30리를 더 가서면 '업는 다리, 안는 다리'를 건너, 심원사, 삼연정사의 직서루直書樓를 거쳐 유홍굴에 이른다고 했다. 지금 그 굴은 어디 있는지 알 수 없다. 그러나 조선후기에도 그 지명이 남아 있을 정도로 유홍의 이름은 오래도록 전하였음을 알 수 있다.

참고문헌

- 유홍俞泓, 〈용은거사전慵隱居士傳〉, 《송당집松塘集》, 한국문집총간속 3, 한국고전연구원, 2005.
- 유홍, 《(국역)송당집》, 송당집간행위원회松塘集刊行委員會, 1994.
- 하남역사박물관 소장, 〈유홍신도비〉.
- 심경호, 《산문기행》, 이가서, 2007.
- 조수학, 《한국의 탁전과 가전》, 영남대학교출판부, 1987.
- 홍윤기, 《암행어사열전》 2 〈명종편 : 강원도 암행어사 유홍〉, 문광당, 1976.

이여빈李汝馪, 〈취사노옹전炊沙老翁傳〉   7

고생만 하고 아무 성취가 없다
勤苦無成 근고무성

이여빈李汝馪, 1556~1631은 〈취사노옹전炊沙老翁傳〉을 지어, 자신이 고생고생만 하고 아무 성취가 없다고 자조했다. 취사란 모래를 불 땐다는 말로, 북송 때 황정견黃庭堅의 시에서 차용한 말이다.

이여빈은 처음에 도촌道村·감곡鑑谷·만취晩翠를 호로 사용하다가 만년에 취사炊沙라고 했다. 본관은 우계羽溪다. 도촌桃村 수형秀亨의 현손이고 참봉벼슬을 지낸 효신孝信의 아들로 사제沙堤에서 태어났다. 뒤에는 영천의 도촌桃村에서 살았다. 어린 시절에 한우韓佑에게 수학하고, 뒤에 박승임朴承任의 문하에 들어갔다. 1591년선조 24 8월, 36세로 진사시에 합격했으나, 왜란이 일어나 피난했다.

1604년선조 37 가을의 증광 동당시에 합격하고, 1605년 3월의 증광 문과에 합격했다. 1606년에는 벽사도찰방이 되었다. 1610년광해군 2에 성균관 전적이 되었으나 나아가지 않다가 1613년 11월에 안동 제독이 되었다. 59세 되던 1614년 3월에는 서재를 석양와夕陽窩라 하고 〈석양와기〉를 지었다. 65세 되던 1620년 10월에 상주제독이 되었다. 이후 안동 교아校衙와 이산伊山 서원에서 산장山長으로 있었다.

노옹은 어떤 사람인지 알 수 없다.

어려서는 부모에게 의지하여 거처했는데, 그 살던 곳을 근거로 도촌道村이라고 자호했다. 중간에 감곡鑑谷으로 옮기자, 다시 그 거처하는 곳을 근거로 칭호를 바꾸었다.

처음 옹에게는 노년의 양친이 모두 건강하시고 형제도 많았으므로, 개연히 벼슬에 높이 올라 영화를 드러내고 부모를 봉양할 것을 뜻했다. 그리고 '더디고 더딘 시냇가의 소나무여, 울울하게 저녁 비취를 머금고 있도다遲遲澗畔松, 鬱鬱含晩翠'라고 한 구절의 뜻을 취하여 누헌에 그 이름을 붙였다.

늘그막에는 다시 만사가 글러서 사업과 마음이 어긋나고, 형제들이 영락하였으므로, 만사를 제치고 황발늙은이의 머리로 과거에 급제하는 것이 다행히 노모가 아직 살아계실 때이기를 바랐다. 하지만 박봉이라도 받아서 모친을 봉양하려던 계획이 수포로 돌아가, 마침내 반포反哺의 보은을 하려던 소원을 이룰 수가 없었으니, 지지遲遲하고 만취晩翠하려던 희망도 역시 완수하지 못하게 되었다. 이에 또 만취라는 호를 버리고, 마침내 다시 취사노옹炊沙老翁이라고 자호했다.

혹자가 묻자 옹은 웃으면서 이렇게 응대했다.

"그대가 취사의 뜻을 알고자 하는가? 모래는 불 땔 수 있는 것이 아니니, 불 때서 밥을 이룰 이치가 없네. 스스로 생각하기를 내 평생의 사업이 어찌 이와 같지 않겠는가? 이래서 스스로 시호로 삼는 것이니, 실은 고생고생만 하고 아무 성취가 없는 것을 스스로 드러내고자 함이네. 그나마 다행히 나이가 팔십에 가깝도록 긴긴 밤 속으로 들어가지 않았으니, 세상에서의 삶으로 말하면 역시 오래고도 멀다고 하겠네.

내가 세상에서 말하는 이른바 완악하고 고루한 것을 보면 반드시 쇠와 바위를 일컫는데, 쇠도 역시 때로는 흘러가고 바위도 혹 때로는 문드러진다네. 옹이 천수를 누리는 것이 오래되고, 그 모래와 자갈 같은 세세한 것을 불 땐다면, 비록 그것이 밥이 되는 것을 볼 수는 없을지라도, 어찌 혹 문드러져서 곤죽이 되는 데 이르지 않겠는가?"
객이 "예, 예" 하면서 물러갔다.
이 기회에 취사노옹전을 짓는다.

이여빈은 거처를 옮길 때마다 새로 호를 지었다고 했다. 거처를 옮긴 것은 생계를 위한 것이거나 학문의 성취나 사회적 성공을 이루기 위한 것이었다.

한때 그는 범질范質의 시어를 따와 만취晩翠라고 호를 지었다. 곧, 범질의 시에 "밝디밝은 동산의 꽃이여, 일찍감치 피었다가는 도리어 먼저 시드누나. 더디고 더딘 시냇가의 소나무여, 울울하게 저녁 비취를 머금고 있도다灼灼園中花, 早發還先萎. 遲遲澗畔松, 鬱鬱含晩翠"라고 한 말이 있다. 일찍 피었다가 시드느니, 차라리 늦게 피어 세모의 시대에도 울창하게 푸른빛을 머금고 있겠노라고 한 것이다. 이여빈도 그 뜻에 공감해서, 도가 실행되지 않은 시대에, 독야청청獨也靑靑하겠다는 결심을 한 것이다.

하지만 매번 아무것도 성취하지 못하자, 마지막에는 모래를 불 땐다는 뜻의 취사를 호로 삼는다고 했다. 아무리 모래에 불을 많이 때더라도 그것이 밥이 되지 않을 줄은 알지만 그래도 문드러져 곤죽은 되지 않겠느냐고 어깃장을 놓았다.

모래를 불 땐다고 하는 뜻의 '취사'라는 말은 실은 북송 황정견黃庭堅의 시에서 취해온 것이다. 황정견은 〈왕랑을 전송하며送王郎〉라는 시에서 "모래를 쪄서 미음을 지음에 끝내 배부르지 않고, 얼음에 문자를 아로새기면 헛되이 공교로울 뿐이라네炊沙作糜終不飽, 鏤氷文字費工巧"라고 했다. 모래를 불 때서 곤죽을 만들더라도 배를 채울 수 없고 얼음에 꽃을 아로새기면 이내 녹아 없어져버리듯이, 가치를 남기지 못하는 것을 비유하는 말이다.

이여빈은 진사로 있을 때 왜란을 만나, 수년 동안 난을 피해 고초를 겪었다. 마침내 임진왜란과 정유재란 때 보고 들은 것을 《용사록龍蛇錄》으로 엮었다. 이 책은 왜란의 사실을 기록한 실기實記로서 매우 귀중하다.

광해군 때 벼슬이 전적에 이르렀다. 하지만 광해군 10년에 인목대비 폐모의 부당성을 주장하는 전은소全恩疏를 지어올리고 대궐 밖에서 7일간 엎드려 청하였으나 받아들여지지 않자, 영주榮州 감곡㟲谷으로 물러나와 인수정因樹亭을 짓고 외부와의 인연을 끊었다. 사우록師友錄에 의하면 당시 백암栢巖 김늑金玏, 물암勿庵 김융金隆, 장수희張壽禧 등 영남 유생들과 교유했다.

71세 되던 1626년인조 4 4월에는 진주제독이 되었다.

1631년 3월 28일에 석양와에서 병으로 졸했다. 1715년숙종 41에 도촌의 도계정사道溪精舍에 배향되고, 1731년영조 7에 도계 견일사見一祠 즉 상절사尚節祠에 배향되었다.

참고문헌

- 이여빈李汝馪, 〈취사노옹전炊沙老翁傳〉, 《취사집炊沙集》 권2, 한국문집총간 속9, 한국고전번역원, 2005.
- 이광정李光庭, 〈이여빈 행장〉, 《취사집》 권6 부록.
- 이진만李鎭萬, 〈연보〉, 《취사집》 권6 부록.
- 조수학, 《한국의 탁전과 가전》, 영남대학교출판부, 1987.

최기남崔奇男, 〈졸옹전拙翁傳〉

8

귀신도 꾸짖지 않고, 사람도 비난하지 않는다

無鬼責, 無人非 무귀책, 무인비

여항문인 최기남崔奇男, 1586~?은 74세에 〈졸옹전拙翁傳〉을 지었다. 농사도 짓지 않고 상업도 하지 않는 졸옹이라는 인물을 내세워, 자기 자신이 타고난 어리석음 때문에 세상에서 쓰이지 못하고 있다고 자조한 글이다.

최기남은 선조의 부마인 동양위東陽尉 신익성申翊聖, 1588~1644의 궁노 출신이다. 자는 영숙英叔이고, 호는 귀곡龜谷·묵헌默軒이다. 그는 신익성의 부친인 신흠申欽에게서 시적 재능을 인정받아 사대부들 사이에서 일찍이 이름이 알려졌다. 그의 문하에서 임준원林俊元·유찬홍庾纘洪·이득원李得元 등의 여항시인이 배출되었다.

훗날 장지연張志淵은 최기남의 생애와 문학을 평가해서, 조물주가 그의 가난하고 미천함을 슬퍼하여 시로 이름을 나게 하였다고 했다.

최기남은 〈졸옹전〉을 탁전 양식으로 짓되, 그 속에 자신이 스스로 지은 만시輓時와 스스로 지은 제문祭文도 함께 실어두었다. 자서전적 글쓰기의 각종 양식을 한데 묶어둔 것이라고 할 수 있다.

세상에 졸옹이라는 자가 있되, 어떤 사람인지를 알지 못한다. 산업으로 농사도 상업도 하지 않고, 몸에는 호와 이름도 없다. 입는 것은 짧은 베옷이고 먹는 것은 거친 쌀겨이며 사는 곳은 누추한 집이고 나갈 때는 걸어서 다닌다. 사람들이 그를 보면 놀리고 웃지만 그는 교만한 얼굴로 대한다. 외모와 언행이 다른 사람과 크게 다르지 않은데도 저들은 영달하고 이 사람은 곤궁하고 저들은 형통하고 이 사람은 준屯, 막힘하다. 어찌 재덕이 같지 않아서 그런 것이 아니겠는가? 아니면 부여받은 운명에 후하고 박함의 차이가 있어서 그런 것인가? 저들의 현달은 지혜로 얻은 결과가 아니고 나의 곤궁은 어리석음으로 해서 그 현달을 잃은 결과가 아니다. 모두가 하늘이 그렇게 만든 것이지 사람이 만든 것이 아니다. 그러니 저들과 같지 않음을 부끄럽게 여긴다면 그것은 본디 그러한 이치를 알지 못하는 것이다.

이 사람의 성품은 시끄러운 것을 좋아하지 않고 담박하고 고요함을 좋아하여 깊은 곳에 홀로 거처한다. 책을 열람하는 것을 즐기다가 회심처에 이르면 기뻐하여 근심을 잊고 흥이 나면 곧 홀로 산기슭 숲속으로 가서 음영하고 휘파람 불면서 배회한다.

많은 사람이 모여 있는 곳에서는 어리석은 사람처럼 드러나지 않게 묵묵히 있어서, 담론과 시비로 남과 다투려 하지 않는다. 여러 사람이 몰려가는 것에 대해서는 부끄러워하여 마땅히 다투려 하지 않고, 여러 사람이 버리는 것에 대해서는 분수를 지켜 편안히 있다.

같은 시대에 낙헌장인樂軒丈人이라는 자가 있어, 이 사람과 서로 잘 사귀었다. 세상 사람들을 쫓아다니면서 교유하지 않고 졸옹의 가시문에 왕림하여, 충겸沖謙으로 스스로의 덕을 길렀을 따름이다. 얼마 있다가 낙헌이 먼저 서거하자, 졸옹은 더 이상 서로 교유할 사람이 없었다. 그래서 한가로운 집에 홀로 거처하면서 때때로 옛 사람의 책을 펼쳐보고, 혹은 짧은 시구를 읊어 완성하여 스스로의 쌓인 불만을 해소하고는 했다.

나이 예순셋에 병으로 누워, 도잠陶潛, 도연명의 〈자만시自挽詩〉 3장에 화운하였다.

첫번째 장은 이러하다.

승화하여야 완전히 회귀하나니, 육십 세를 어찌 촉급하다 하랴.
다만 한스러운 것은 스승과 벗을 얻지 못해, 기록할 만한 선행이 없다는 점.
영혼과 기운은 흩어져 어디로 가는가, 바람만 무덤 앞 나무에서 울부짖누나.
세상에 있을 때 지음이 없었거늘, 나를 조문하여 누가 곡할 것인가.
비록 아내와 자식이 울부짖는다 해도, 죽어 어둑어둑한 내가 어이 깨달으랴.
부귀한 자가 영화로움을 깨닫지 못하는데, 어찌 미천한 자가 욕되다 알랴.
푸른 산 흰 구름 속에서, 돌아가 누우니 부족함이 없도다.

乘化會歸盡 승화회귀진　　六十敢言促 육십감언촉
但恨失師友 단한실사우　　無善可以錄 무선가이록
魂氣散何之 혼기산하지　　風號墓前木 풍호묘전목
在世無賞音 재세무상음　　吊我有誰哭 조아유수곡
縱有妻兒啼 종유처아제　　冥冥我何覺 명명아하각
不省貴者榮 불성귀자영　　焉知賤者辱 언지천자욕
靑山白雲中 청산백운중　　歸臥無不足 귀와무부족

두번째 장은 이러하다.

살아서 콩과 물도 배불리 먹지 못했거니, 죽어서 어이 변두제기와 술잔을 늘어놓으랴.
한 홉의 술도 다시 마시지 못하거니, 한 점 고기를 어찌 맛보겠는가.
상여가 떠나서 도성문을 나서면, 영원히 서릉의 곁으로 돌아가리라.
숲의 바람은 슬픈 메아리로 오열하고, 산의 달은 수심 찬 빛으로 엉겨 있으리.
인간세상은 잠시 붙여 지내는 것일 뿐이요, 구원의 황천이 진정한 나의 고향이로다.
그 누가 알랴, 촉루해골의 즐거움이, 천지와 더불어 영원하리란 것을.

生不飽菽水 생불포숙수　　死何羅豆觴 사하라두상
一勺不復飮 일작불부음　　一臠那得嘗 일련나득상
行出國都門 행출국도문　　永歸西陵傍 영귀서릉방
林風咽悲響 임풍열비향　　山月凝愁光 산월응수광
人間聊寄爾 인간요기이　　九原眞我鄕 구원진아향
誰知髑髏樂 수지촉루락　　天地同未央 천지동미앙

세번째 장은 이러하다.

북망 가는 길 돌아보니, 솔바람이 차갑게 휘휘 불고,
까마귀 떼는 모였다가 다시 흩어지면서, 날며 울부짖으며 황량한 교외를 맴도는데,

어두운 샘은 홀로 좔좔거리고, 첩첩 산은 하릴 없이 아스라한 곳에,

외론 무덤에는 한 움큼 흙만 모여 있고, 백양나무에는 뭇 가지들이 치렁치렁.

처량한 구천황천 아래는, 어둡고 캄캄하여 저녁이 아침으로 되는 일 없으니,

사대四大, 땅·물·불·바람가 모여 이루어진 몸뚱이가 되려 공허하니, 명예와 모욕이 내게 무슨 관계가 있으리.

해와 달을 반함할 옥구슬로 삼고, 하늘과 땅을 집으로 삼았으니,

누가 이곳을 귀곡노인이 묻힌 곳인 줄 알랴, 초동과 목동이 올라서서 노래 부르리.

천추만세의 뒤에는, 적막하게 산비탈에 의지해 있을 뿐이리.

睠言北邙道 권언북망도　　松風寒蕭蕭 송풍한소소
羣雅集復散 군아집부산　　飛鳴遶荒郊 비명요황교
暗泉自潺湲 암천자잔원　　亂山空岹嶢 난산공초요
孤塚聚一抔 고총취일부　　白楊攢衆條 백양찬중조
凄涼九泉下 처량구천하　　冥漠無昏朝 명막무혼조
四大返空虛 사대반공허　　毁譽於我何 훼예어아하
日月爲璣璧 일월위기벽　　天地爲室家 천지위실가
誰知龜老藏 수지귀로장　　樵牧來登歌 초목내등가
千秋萬歲後 천추만세후　　寂寞依山阿 적막의산아

나이 일흔한 살이 되어 다시 병이 심해지자 다음과 같은 〈자제문自祭文〉을 지었다.

유세차 아무 해 아무 달 아무 날에 무명자無名子, 이름 없는 사람가 병으로 누운 지 한 달을 넘겨, 조금도 살아날 기색이 없기에, 파리한 몸을 억지로 일으키고 붓을 잡아서, 글을 지어 스스로 제사를 지낸다. 노씨노자의 말에 '사람에게 큰 환난이 있는 것은 내게 몸뚱이가 있기 때문이다'라고 했는데, 맛깔스럽도다, 그 말이여! 사람이 이 세상에 거처하는 기간은 대개 백년으로 균일하거늘, 열병과 질병, 상란과 조문, 우환과 고통이 그 반을 차지하고 있다. 이로써 본다면, 환희하고 태평하며 기쁘고 즐거워서 만족스럽게 자득하는 것은 대개 하루라도 한가한 시간이 없다. 무명자는 태어나 일흔하나가 되었는데, 인간세계의 쓰라리고 고통스러움을 맛보기를 이미 충분히 하였기에, 장차 이 결함투성이의 티끌세상을 사직하고 무하유無何有의 진정한 세계로 영원히 돌아가고자 한다. 만물의 시초를 고찰하여 삶의 원리를 안다는 원시반종原始返終은 위대한 《주역》의 〈계사전〉에 나오는 지극한 이치의 말이고, 인간이란 살 땅으로 나와서 죽을 곳으로 들어간다는 출생입사出生入死란 말은 현원玄元, 노자의 은미한 취지이다. 오는 일이 있으면 가는 일이 있는 것은 드러난 이승과 어두운 저승 사이의 필연적인 이치요, 한 번 낮이 되면 한 번 밤이 되는 것은 밝은 세상과 어두운 세상이 동떨어지게 된 정상적인 이치이다. 그렇다면 생명이 올 때 어찌 기뻐하고, 생명이 떠날 때 어찌 슬퍼하랴! 아내와 자식들이 가슴팍을 쥐어뜯으며 곡하는 것은 정말로 변화죽음를 서글퍼하는 것이기에 아무 보탬이 되지 않으며, 친구와 손님들이 초상에 임하여 조문하는 것은 그저 울부짖고 호곡하는 것을 수고로이 하는 것이기에 지난 일을 소급할 수 없다. 승화하여 돌아가서, 천지를 역려여관로 삼고, 세상을 매미허물 벗듯이 벗어나서, 형해몸뚱이를 제사 때 쓰고 버리는 풀강아지처럼 여긴다. 아아, 하나의 나무 관 속에 몸뚱이를 거두어, 세상의 일만 인연을 사절하니, 나무는 상표商飇, 가을바람에 호곡하고, 골짜기에는 그윽한 샘물이 울려난다. 단술을 혼령에게 올리고, 지전으로 초혼하여도, 툭 트여 이미 소멸하고, 아득하게 응대하지 않으니, 온 산에는 소나무와 잣나무가 우거지고, 한 무더기의 언덕만 남았구나. 아아 슬프도다!

스스로 만시를 짓고 스스로 제문을 지은 것은 모두 만년에 스스로를 애도하는 언사에서 나온 것이다. 하늘과 땅 사이에 홀로 서서 하늘을 우러러보고 땅을 굽어보면서 배회할 뿐, 세상에 아무도 알아주는 사람이 없었다. 그러나 작은 풀이나 가라지 같이 미미한 존재라 해도 여러 대에 걸친 성스러운 군주들의 교화 속에서 푹 젖어 길러져 나온 것이다. 나이가 이미 일흔넷이 되고 보니, 몸뚱이는 더 이상 바깥에서 들이닥칠 환난이 없기에, 느긋하고 넉넉하게 노닐면서 스스로의 삶을 마치고자 한다. 이것은 저 작은 지혜를 까불대는 선인들이 기세를 타서 남을 업수이 여기다가 숭한 형벌을 받아 숙게 되었던 일과 비교할 때 어떠한가? 이 사람의 일생은 졸拙로 스스로를 지켜, 분수 밖의 것이라고는 터럭 하나라 해도 벌벌 떨어 두려워해서 피하였다. 그렇기 때문에 귀신도 꾸짖지 않고 사람도 비난하지 않아, 맑은 세상의 한가로운 사람이 되었으니, 졸拙이 시기에 맞게 쓰일 수 있는 것이 위대하도다!

이 글은 여항문인 최기남이 74세에 지은 〈졸옹전拙翁傳〉의 전문이다. 최기남의 〈졸옹전〉은 완적阮籍의 〈대인선생전大人先生傳〉이나 도연명의 〈오류선생전五柳先生傳〉과 비슷한 비슷한 면이 있다. 이를테면 그 첫

부분은 서로 유사하다,

완적의 〈대인선생전〉의 첫 부분은 "대인 선생은 노인이다. 성과 자를 알 수 없다"라고 하여, 이름도 자도 미상이라고 했다. 이름을 '불명'이라고 한 것은 대인 선생이 '명사'에 의하여 성립하는 현실 세상으로부터 일탈한 존재라는 것을 보여준다. 글에는 이 인물이 가공의 존재라는 사실을 나타내는 갖가지 특징이 언급되고 있는데, 현실에서 벗어난 인물인 까닭에 세간의 이름을 지니지 않으며, 알 수 있는 것은 '대인 선생'이라는 호뿐이다.

한편 도연명의 〈오류선생전〉도 "선생은 어디 사람인지 알 수 없다. 또 성과 자도 분명하지 않다. 집 주위에 다섯 그루의 버드나무가 있었으므로, 그것으로 호를 삼았다"로 시작한다. 이렇게 첫머리에서 대상 인물의 이름을 일부러 들지 않는 글쓰기방식은 이른바 〈오류선생전〉형 자전에 공통되며, 그 자전들은 대개 현실에서 벗어난 인물의 초월적 삶을 그려 보인다.

하지만 〈졸옹전〉 전체를 읽어보면, 졸옹은 결코 초월의 존재가 아니다. "산업으로 농사도 상업도 하지 않는다"는 것은 산업에서 초월한 존재라는 뜻이 아니다. 오히려 산업으로 농사나 상업을 해야 할 사람이 그러한 것을 하지 않는다는 뜻을 지닌다. "몸에는 호와 이름도 없다"고 했을 때, 그것은 현실을 초월한 인물이라서 명사로서의 이름을 가지지 않는다는 것이 아니다. 오히려 이름이 드러나 있지 않은 소외된 존재임을 각인시킨다.

졸옹은 대인이나 오류 선생과 달리, 생활로부터 초월한 존재가 아니다. 그는 "입는 것은 짧은 베옷이고 먹는 것은 거친 쌀겨이며 사는 곳은 누추한 집이고 나갈 때는 걸어서 다닌다." 궁귀가 그의 주위에 있다. 그런데도 졸옹은 세상에 타협하지 않고 교만하다. 그것은 나의 외모와 언행이 저들과 크게 다르지 않은데도 저들은 영달하고 나는 곤궁한 것이 부당하다고 여겨서 그런 것이다. 졸옹은 반문한다. "어찌 재덕이 같지 않아서 그런 것이 아니겠는가? 아니면 부여받은 운명에 후하고 박함의 차이가 있어서 그런 것인가?" 그런데 재덕이 같지 않기 때문에 그러하다는 앞서의 말에는 찬성할 수가 없다. 결국 나와 저들과의 불공평한 차별은 운명에 후하고 박함의 차이가 있어서 그런 것이며, 모두가 하늘이 그렇게 만든 것이지 사람이 만든 것이 아니라고 생각할 수밖에 없다.

여기서 졸옹은 생각한다. 내가 저들만 못함을 부끄럽게 여기랴? 그러지 말고 모든 것은 본디 그러한 이치를 따르고 있다는 사실을 순순히 인정하라고 스스로에게 속삭인다.

최기남은 자신의 정신세계를 졸옹이라는 가공의 인물에 가탁하여 드러내보였다. 최기남은 궁노 출신이었으므로 신분상의 제약을 받아 세상에서 제대로 쓰일 수 기 없었다. 하지만 문학 방면에서는 높은 수준에 도달해서 당시의 여항인들만이 아니라 사대부들로부터 사랑을 받았다.

그는 시에 특히 뛰어났는데, 남들이 잘 짓지 않는 〈염체艶體〉도 잘 지었다. 염체란 여성 화자를 내세워 사랑의 감정을 토로하는 시양식이다.

아리따운 창가의 버드나무
옛날 우리 님이 손수 심으신 것.
버드나무 가지는 이미 띠를 묶을 수 있건만
긴긴 세월 님은 돌아오지 않는구나.

婀娜綺窓柳 아니기창류	昔時郞自栽 석시낭자재
柳帶已堪結 유대이감결	長年郞不廻 장년낭불회

이 시는 버드나무에 봄빛이 도는 날, 오래도록 돌아오지 않는 낭군을 그리워하는 절절한 감정을 드러내었다.

17세기 후반에 이르러 위항시인들은 스스로 자신들의 시를 모아 《육가잡영六家雜詠》이라는 공동시집을 간행했다. 육가란 최기남 이외에 정남수·정예남·남응심·김효일·최대립을 말한다. 이 동인시집은 후대에 위항인들이 자신들의 존재 가치를 확인하기 위해 시집이나 동인시집을 속속 편찬되도록 자극한 선구가 되었다.

참고문헌

- 최기남, 〈졸옹전拙翁傳〉, 《귀곡시고龜谷詩稿》, 권3 한국문집총간 속22, 한국고전번역원, 2006.
- 피정희, 〈귀곡 최기남의 시세계연구〉, 성신여자대학교 석사논문, 1993.
- 허경진, 《조선위항문학사》, 태학사, 1997.

이시선李時善, 〈송월자전松月子傳〉　　　　　　　　9

본성이 미쳤으니, 내가 본성을 어찌 하랴
性狂也, 吾如性何 성광야, 오여성하

이시선李時善, 1625~1725은 안동의 봉화가 낳은 유현儒賢 가운데 한 사람으로, 〈송월자전松月子傳〉을 남겼다.

본관은 전주로, 태종의 제3왕자문집에는 제7왕자로 돼있다 온녕군溫寧君 정裎의 후손이다. 온녕군의 7대손인 이시선의 아버지 추만秋巒 이영기李英基가 임진란 직후 지금의 봉화군 유곡酉谷, 닭실 으로 이거했다. 소북의 맹주였던 유영경柳永慶과 이수광李睟光이 관직에 오르라고 권했으나 거절했다. 아마도 정쟁을 피하여 서울을 떠난 듯하다. 후일 병자호란이 일어나자 봉화에서 의병을 일으켰다. 이영기는 기묘사화의 명현인 권벌權橃의 증손녀와 혼인했다. 또 후일 김성일金誠一의 손녀를 둘째자부로 맞고 넷째이시선자부로 상주의 이전李墺 손녀를 맞아들였다.

이영기는 봉화군 법전면 풍정리를 개척했다. 그가 강학하던 사덕정俟德亭이 지금도 남아있다. 이시선은 부친 이영기를 이어 안동에 거처하면서 학문을 계속했다. 그리고 〈송월자전〉을 지어 본인의 삶을 돌이켜보았다.

송월자는 어떤 사람의 호인지 모른다. 송월자가 아직 호가 없었을 때 고개를 들어보다가 산에 소나무가 있고 하늘에 달이 있는 것을 보고는 환히 가슴속에 깨달아서 "저것을 취하여 호로 삼아서 내 하는 바를 기록할 수 있겠다"라고 했다. 마침내 호를 송월자라고 했다.

하지만 송월자는 실은 궁벽한 거리에서 초라하게 떠도는 천한 장부이다. 결코 남들의 눈과 귀를 현란하게 할 만한 한 조각의 선행이나 한 가지 기예도 없다. 사람들은 그의 사람됨을 박대하여, 인물에 대한 논평이 땅을 쓸어버린 듯이 전무하다. 그래서 비록 이 호가 있기는 하지만 그것을 아는 사람이 없고, 혹 알더라도 입에 담아 이야기하는 사람이 없어서, 벙어리처럼 입을 꽉 다물어 몸뚱이 없는 사람처럼 여긴다. 사람들이 그 호를 안다고 해도, 누가 또 그를 알아서 빗발처럼 명함을 찌를 것인가. 만약 장차 그가 용납되기 어렵다면, 그 몸의 칭호는 그 몸의 칭호가 아닌 것만 못하다. 하지만 그 칭호는 깨끗하므로, 그 호를 범범하게 듣기만 해도, 그 형상을 알 수가 있으니, 더욱 상서롭지 못하다.

사람됨이 몽기蒙倛, 눈이 넷인 여귀厲鬼의 얼굴인데다가, 한 달에 보름은 씻지 않으므로, 숯 파는 사람처럼 검다. 비록 대야의 물로 세수는 한다고 해도 양치질은 하지 않으므로 호서瓠犀, 흰 이가 텁텁하기가 마치 현馬齒莧, 쇠비름이 어지럽게 널려 있는 것과 같다. 그다지 가려움을 걱정하지 않아 빗질을 하지 않으므로, 머리카락이 어지러운 것이 쑥대머리 같다. 소변을 참아서 배 안이 대략 구르기 시작하게 만들고서야 비로소 일어나 오줌을 눈다. 몸에 이가 많아서 부지런히 이를 잡아 문대어 걸핏하면 체통을 잃으며, 번번이 두리번두리번 거려서, 보고 듣고 하는 것이 둔하고 응체되어, 외물에 응하는 것이 적절함을 벗어나 있다.

외형이 이와 같이 아름답지 못하되, 마음은 외형보다 더 못하다. 남의 기색을 제대로 파악하지 못하여 경솔하게 질박하고, 곧은 말을 발하여 저 사람의 원한과 노여움을 사고만다. 흐르는 세속의 변화하는 양태를 몰라서, 남들처럼 고개 숙였다가 올려보았다가 하는 태도를 전혀 짓지 못하여 남들로부터 촌스럽다는 비웃음을 사거늘, 오늘의 것을 좁다 여기고 옛것을 좋아한다. 옛 이야기를 배우고자 하지만, 옛 이야기는 주살의 과녁을 벗어난다. 나라의 중대한 법전과 어긋나서, 마음은 과거에 합격하는 데 필요한 책과 무과에 필요한 무술의 기예에 모두 어둡다. 손으로 표주박을 잡고 날다람쥐 길에서 물을 마시려고 하니, 명예와 이익은 하늘이 내리쳤으므로, 남들에게 미움을 받아 남이 곧 배척한다. 남들이 알아주고 호를 불러주길 바라기를, 마치 배가 물위로 가듯이 하기를 바라면서 땅위에서 밀어주기를 구하듯이 하고 있다. 따라서 송월이라는 칭호는 사정에 부합하지 않는다.

어떤 사람이 송월자를 만나 그런 말을 들려주려고 했다. 송월자는 자기가 못난 줄을 모르고 빙그레 웃으면서 이렇게 말했다.

"저 청청한 소나무를 보시오, 크게 자라 흐드러져서 구름 하늘을 감동시키고 있소. 바라보면 마치 안개가 낀 듯하고, 가까이 가면 수염 많은 이와 같아서, 서리와 눈에도 격려하여 사계절 내내 변하지 않소. 그리고 맑은 바람과 흰 학이 그와 더불어 동무하여, 의연宜然하다오. 나는 그 아름다운 용모는 잊어버리고 그것이 날이 추워진 뒤에도 시들지 않는 것을 숭상하여, 그것이 굳센 절개를 지녀 자기가 지키는 바를 바꾸지 않음을 표창한다오. 이것이 절개를 고집固執하는 방도라오.

저 명랑한 달을 보시오. 동방에서 나서 서쪽 극으로 들어가, 천지와 더불어 태어나 시간에 따라 굽혔다 폈다 해서, 자라나면 상현이 되고 소멸하면 하현이 되며, 보름으로서 허리춤에 있는 것은 하루뿐이므로, 해와 같은 것은 30분의 1이거나 29분의 1이라오. 만물의 상을 내리비추어 하나라도 사사로움이 없소. 하지만 나는 그 광채와 빛을 잊고, 그것이 그믐과 초하루, 차고 이지러짐에서 시간을 제대로 알려서 변역하여도 그 노정을 결코 잃지 않는 것을 숭상한다오. 이것이 시중時中의 도라오. 그렇기는 하지만, 고집의 것이라도 움직이지 않을 수 없어서, 가만히 자라나서 발산發散하는 상이 있소. 시중의 것이라도 고요하지 않을 수 없어서, 해와 달이 겹쳐 보이는 일월합벽日月合璧과 혼돈混沌의 이치가 있소. 혼돈은 바로 내가 치중致中하는 곳이며, 발산도 역시 내가 치화致和하는 바라오.

그래서 달을 소나무와 짝 지워, 그 둘을 합하여 한 몸의 성정性情으로 삼고, 득전得全에서 효과를 구하는 것이지, 내가 능히 이와 같다고 하는 것이 아니라오. 평소 남이 나의 호를 알아주길 바라지 않았으니, 차라리 얼굴이 더럽고 위의가 거친 것이 낫지 않겠소?

무릇 일을 맡아 면구面垢, 《예기》에 "몸소 스스로 일을 맡아본 뒤에야 일이 행해지는 자는 얼굴에 때가 있을 따름이다"라고 했음의 현상이 있는 자는 형해몸뚱이의 바깥에서 구하는 자요, 송월의 호는 형해의 안에서 구하는 자입니다. 바깥을 견실하게 하는 자는 대부분 안을 소홀히 하고, 그 안을 힘쓰는 자는 혹 바깥에 힘쓸 겨를이 없습니다. 바깥과 안이 모두 온전하면 거의 성인에 가까우니, 어찌 어렵지 않겠습니까? 안을 부족하게 하고 바깥을 넉넉하게 하기보다는 차라리 안을 넉넉하게 하고 바깥을 부족하게 하는 것이 낫습니다. 그러므로 일을 맡아 면구하려 하지 않고 오로지 송월에서만 의미를 취한 것입니다.

저의 구구瞿瞿, 두려워 떪로 말하면, 사실을 보는 것이 느리면서 질박하고 올곧은 말을 발하는 것이 바로 창진昌辰에 부합하므로 명이明夷에는 마땅하지 않습니다. 저는 목강木强, 변통수 없음하는 것이 염려되어 목계木鷄, 덕이 완숙하여 바보처럼 보이는 존재와 같아지려고 하지만 아직 그렇지 못하고 있습니다.

저의 야野로 말하면, 공자가 비록 자로子路의 말을 탓하고 장차 선진의 예악을 따르겠다고 했으니, 나는 그다지 미워하지 않습니다. 옛것을 좋아하니, 옛것도 역시 있지만 내가 가진 것은 아닙니다. 이로써 명성과 이익을 가까이 하지 않으므로 본성이 미쳤으니 내가 본성을 어찌 하겠습니까?

내가 비록 열매를 먹는 데까지 이르지는 못했으나, 송월에 이와 같이 뜻을 가탁한 것을 사람들 가운데 누가 알아주겠습니까?"

첨명瞻明,《장자》의 우언에 나오는, 소견이 분명한 인물이 그 말을 듣고는 꾸짖지 않고서 이렇게 말했다.

"상서롭지 못하다고 했지만 사람들은 그다지 불상하다고 여기지 않소. 비록 크게 상서롭지는 못하지만, 대개 무언가 할 바가 있고자 하는 사람이구려."

마침내 그 말을 정리해서 전傳을 세운다.

송월자가 누구인지는 모른다고 했으나, 그것이 작가 이시선을 가탁한 인물임을 깨닫기는 어렵지 않다.

이시선은 이 〈송월자전〉에서 스스로를 구구瞿瞿하다 하고 또 야野하다고 했다.

구구하다는 것은 바보이면서 조심한다는 뜻이고, 야하다는 것은 질이 문보다 뛰어나다는 뜻이다.

《시경》제풍齊風〈동방미명東方未明〉은 아무 때나 명령을 내리는 임금을 풍자하며 제발 하늘처럼 절도 있게 행동해주었으면 하는 바람을 담고 있다고 해석되는 시이다. 그 마지막에 "버드나무 가지를 꺾어 채마밭에 울타리를 치면, 그냥 날뛰는 바보도 조심할 줄 아는데, 우리 임금님은 아침과 저녁도 구분하지 못하여, 너무 일찍 부르지 않으면 너무 늦게만 부르누나折柳樊圃, 狂夫瞿瞿, 不能辰夜, 不夙則莫"라고 했다.

한편, '野야'는 밭의 신을 제사지내는 '里리'에 발음 표시인 '予여'가 합쳐진 글자다. 《논어》〈옹야雍也〉에 보면, "바탕이 문채보다 두드러지면 촌스럽고野 문채가 바탕보다 두드러지면 매끈하기만史 하니, 바탕과 문채가 어우러져 빛을 내어야文質彬彬 군자라 할 수 있다"고 했다. 사람은 거칠어서도 미끈둥해서도 안 되지만, 이시선은 스스로 질박質朴을 추구하고 있다고 했다.

또한 이시선은 차라리 목계가 되려 한다고 했다. 목계란 나무로 만든 닭으로 덕이 완숙하여 바보스럽게 보이는 모양을 말한다. 《장자》〈달생達生〉에 보면, 옛날에 왕을 위하여 투계鬪鷄, 싸움닭를 기르는 자가 있었는데, 열흘 지나 왕이 닭이 어찌되었느냐고 묻자, "아직 안 됩니다. 허세로 교만을 부리고 노기를 띱니다" 하였다. 10일 뒤에 다시 묻자, "아직 안 됩니다. 다른 닭의 영향을 받습니다" 하였다. 10일 뒤에 다시 묻자, "아직 안 됩니다. 다른 닭을 흘겨보고 노기를 띱니다" 하였다. 10일 뒤에 다시 묻자, "거의 되었습니다. 다른 닭이 울어도 기색이 변치 않고, 바라보면 마치 목계 같으니 그 덕이 완전히 이루어진 것입니다"라고 했다고 한다.

　이시선은 정조 때 왕명으로 채홍원蔡弘遠 등이 편집한 《영남인물고》에도 이름이 나온다. 인조·효종·현종·숙종 4대에 걸쳐 일생 벼슬을 탐하지 않고 산림에 묻혀 학문에 전념했다.

　이시선은 이영기의 5남 중 넷째로 시듬물에서 태어났다. 처음에는 과거공부를 했지만, 아버지의 말씀대로 과거공부를 단념했다. 그리고 평양·경주·개성 등의 유적을 두루 돌아보고, 가까이는 청량산·태백산·소백산, 멀리는 주왕산·금오산·속리산, 아주 멀리는 삼각산·금강산·월산 등을 두루 유람했다.

　이시선은 송월재를 짓고 또 호를 송월이라고 했다. 굴뚝에 가까운 두 칸 방을 거실로 삼고 반 칸은 서적을 배열하였으며, 토상土床에 연기를 통하게 해서 습기를 제거하되 따뜻한 기운이 이르러오지 않게 하고는 덥든 춥든 그 속에 거처하면서 겨울 난로도 여름 부채도 쓰지 않았다. 이시선은 시서오경과 정주학을 최우선으로 하고 사마천의 《사기》, 반고의 《한서》와 노장老莊 등 제자백가 학문까지 두루 공부했다. 책을 읽을 때는 한 번 읽을 때마다 바가지에 팥알을 던져넣어 바가지에 팥이 가득 차도록 거듭해서 읽곤 했다. 이유장李惟樟·김태기金泰基·김여만金如萬·권이시權以時와 친교를 맺었고, 정시한丁時翰과는 서찰을 주고받는 신교神交를 맺었다.

　그는 언젠가 이런 절구를 지었다.

　　청산은 예닐곱 장丈
　　백옥초가집은 두세 칸

그 속에 한 우활한 선비가 있어

평생 조술하고 산절하누나.

靑山六七丈 청산육칠장	白屋二三間 백옥이삼간
中有一迂士 중유일우사	平生述與刪 평생술여산

명성을 추구하지 않고 세상에서 도망하여 남이 알아주지 않아도 후회하지 않는 생활을 살았으니 옛날 일민逸民과 같았다.

저술로는 《사략보史略補》《역대사선歷代史選》《칠원구의漆園口義》《서전참평書傳參評》《시전남과詩傳灆課》《전의병지傳義騈枝》와 손수 편집한 자기 문집 《하화편荷華編》이 있다. 《역대사선》은 중국 역사를 상고시대부터 명나라까지 70권으로 서술한 대작으로, 탈고하지는 못했다. 그는 그 책을 35권으로 축약하기도 했다. 또한 《주역언해본周易諺解本》을 만들었는데, 최근 없어지고 말았다고 한다.

이시선은 자제와 조카들에게 '불괴심不愧心, 마음에 부끄럽지 말라' 석자를 강조했다. 고결한 인품과 학덕이 널리 알려져, 1707년숙종 33, 정해 83세에 호군護軍의 직을 제수받기도 했다.

나이 일흔에 비로소 학창의를 입었고, 여든에 처음으로 심의深衣의 큰 띠, 복건幅巾을 만들었으되, 늘 입지는 않았다. 남달리 건강하여 아흔에도 피부가 더욱 살찌고 정신은 더욱 맑았다. 91세의 수를 누렸으며, 1715년 봄에 병환이 나자 자제들에게 몸가짐을 삼가고 벗 사귀는 일을 살펴서 하며 혼인은 제때 하라고 가르쳤다. 2월 17 임종에 《중용》 수장首章과 《주역》의 건괘乾卦를 외우면서 편안하게 서거했다.

묘갈명은 조덕린趙德鄰이, 행장은 1721년경종 원년에 외조카 권두경權斗經이 지었다. 후대 사람이 문집《송월재집》을 간행할 때, 이익李瀷이 서문을 지었다.

이익 당시에 영남 학자로는 권두경·조덕린·이광정이 저명했다. 이익은 안동 춘양春陽에서 온 객이 가져온《송월재집》에서 권두경이 이시선의 행장을 엮고 조덕린이 묘갈명을 지었으며 이광정이 그 시문을 편집한 것을 알았고, 다시 이시선의 시문을 보고서 학문을 강론하고 치도를 논한 것이 세속의 사람과 다름을 알았다고 했다.

이익은《성호사설》에서 이시선의 일을 상세하게 전했다.

세상에는 으레 고상한 행실을 하며 숨어 사는 자가 있으나 사람들은 있는 줄을 알지 못한다. 송월재 이시선의 자는 자수子修로 안동 사람이다. 욕심을 끊고 학문을 좋아하여 글을 읽는 데 더러는 만 번에 이르기도 했다. 60년 동안 세상을 등지고 살다가 90이 되어 죽었다. 저술한 글에 〈명명名銘〉과 〈행명行銘〉이 있다.

이시선의 〈명명名銘〉은 이러하다.

실상이 없으면서 이름을 얻는 자는, 마치 높은 나무에 올라가 사방을 바라보는 것과 같아 비록 유쾌하나 폭풍이 불어오면 두려워하지 않을 수 없는 것이다. 환난이 몸에 닥친 뒤에 근심하는 것은 마치 천리마로 달려가도 미칠 수 없는 것과 같다.《열자列子》〈설부說符〉에 보면, 송나라의 어떤 사람은 남이 잃어버린 어음을 습득하고는 가만히 그것을 세면서 이르기를 '나는 곧 부자가 될 것이다' 했다. 이는 헛이름만 있고 실상이 없는 것이다. 그러므로 멀리 남월 땅에 황옥黃屋, 천자의 수레을 두고 있다고 해도 기뻐할 수가 없고, 오히려 내가 거처하는 깊은 방안에 돈주머니와 죽그릇이 있어야 배부른 법이다. 어찌 꼭 문밖에 돈을 까는 척하면서 잘 먹고 지낸다고 자랑할 필요가 있겠는가?

〈행명行銘〉에서는 이렇게 말했다.

내가 남쪽 바닷가에 갔다가 돌아올 때에 해는 저물고 비가 내려서 왔던 길을 모르게 되었다. 어떤 행인에게 물으니 왼편으로 가라고 하기에 그의 말을 의심쩍게 여기면서도 그가 시키는 대로 갔더니 결국은 그의 말이 틀리지 않았다. 내가 또 두번째 북쪽 지방을 돌아올 때에도 길을 잃었었는데 한 고개를 넘으니 산천이 분명한 듯하므로 묻지도 않고 갑자기 달렸더니 결국은 옳게 가지 못했다. 그제야 나는 적이 탄식하며 말하기를 '내가 옳다고 여긴 것은 잘못이었고 남에게 물은 것이 옳았었구나. 땅이란 일정한 방향이 있고 의혹은 나 자신으로부터 생겼으니 이는 땅의 죄가 아니다' 했다. 《여씨춘추》〈귀직론貴直論〉'과리過理'에 보면, 제齊나라 임금은 활쏘기를 좋아했는데, 남들이 자기에게 활을 살 당긴다握强고 하면 좋아했다. 그러나 그가 당긴 활은 3석의 무게에 불과했는데 좌우에서는 9석이라고 하였다. 그 때문에 그 자신은 끝내 강궁强弓을 당길 수 있다고 믿어, 자신의 실제 능력을 깨닫지 못했다. 세상에서 자기만 잘났다고 자부하는 자는 모두 제나라 임금이 활을 당기는 유와 같다. 사람들이 흔히 성인의 말씀을 독실하게 믿기만 하고 그 도를 살펴 줄 모르는 것은, 마시고 먹을 줄만 알고 그 맛은 모르듯이 끝내 깨닫지 못하는 것이다. 스스로 고명한 체하여 밑의 사람에게 묻기를 부끄럽게 여기고 늘 남을 이기려고 한다면 어찌 그 모르는 바를 다 알 수 있겠는가? 맹자는 영기英氣가 너무 지나쳐서 만약 학문이 성숙한 경지에 이르지 않았더라면 다만 남을 이기기만 좋아하는 데 그쳤을 것이니, 어찌 능해도 능하지 못한 자에게 묻고, 많아도 적은 자에게 묻는다는 도道와 같을 수 있었겠는가? 요와 순 임금은 남에게 묻기를 잘했다. 그것은 사람들이 반드시 요순보다 더 훌륭해서가 아니었다. 요와 순이 그들에게서 잘난 점을 취한 것은 선을 버리지 않으려 한 것이었다. 그러니 요와 순은 정말 위대했다고 하겠다. 사람을 뽑아 쓰는 도리는 마치 강과 바다가 온갖 물을 잘 받아들여서 백곡百谷의 왕이 되는 것처럼 해야 할 것이다. 그러므로 지혜 있는 자는 자기의 졸렬한 꾀를 버리고 상대가 아무리 어리석더라도 좋은 계책이 있으면 잘 받아들이는 법이다. 《회남사》〈설산훈說山訓〉에 보면, 노석씨가 난을 일으켰을 때 어떤 앉은뱅이가 소경에게 피난가자고 고하자 소경이 그 앉은뱅이를 업고 달아났으므로, 이 두 사람은 다 살게 되었다. 그들이 서로 능한 바를 깨달았기 때문이다.

이시선은 숙종 연간의 당화黨禍를 피하여 산림에 묻혀 살면서 선한 양심을 지켜나가면서 학문에 힘썼다. 그 변론과 자기 위로의 뜻을 〈송월자전〉에서 읽을 수 있다.

참고문헌

- 이시선李時善, 〈송월자전松月子傳〉, 《송월재집松月齋集》, 한국문집총간 속37, 한국고전번역원, 2007.
- 권두경權斗經, 〈은군송월거사리공행장隱君松月居士李公行狀〉, 《창설재집蒼雪齋集》 권16 행장, 한국문집총간 169, 한국고전번역원, 1996.
- 이익李瀷, 〈송월재松月齋〉, 《(국역)성호사설》 제10권 인사문人事門, 한국고전번역원, 1977.
- 조수학, 《한국의 탁전과 가전》, 영남대학교출판부, 1987.
- 김성규, 〈송월재 이시선〉, 《안동넷뉴스》, 2009년 3월 4일.

양거안梁居安, 〈육화옹전六化翁傳〉   10

평생의 일 가운데
남에게 말 못 할 것은 하나도 없다
平生所爲 未嘗有不可對人言 평생소위 미상유불가대인언

호남 나주의 선비 양거안梁居安, 1652~1731은 65세에 〈육화옹전六化翁傳〉을 지었다. 그는 이해에 마마에 걸려 형모가 화化하자, 거백옥蘧伯玉이 예순에 화했던 일을 귀감으로 삼아, 내면을 변화시키겠다는 뜻에서 '육화'라고 호를 했다고 밝혔다.

양거안은 본래 박세당朴世堂과 윤증尹拯에게서 수학하였으며, 그 두 사람이 유배된 뒤로도 왕래를 그치지 않았다. 진사시에 합격했으나, 시사가 어긋나자 나주 쌍봉동 아래에 은둔하여 자수自修에 힘썼다. 곧, 쌍봉 행정杏亭의 시내가에 경학재耕學齋를 짓고 소요했다. 양거안은 65세 때 〈육화옹전〉을 짓고, 당호도 육화헌이라 하고 〈육화헌기六化軒記〉를 지었다.

양거안의 문집《육화집》은 1903년에 활자로 초간되었다. 이때 보성에 귀양가 있던 이건창李建昌이 그 서문을 썼다. 이건창의 집안은 양거안의 집안과 대대로 맺어온 친분이 있었다.

옹은 어떤 사람인지 모른다. 늘그막에 스스로 육화六化라는 호를 사용했으나, 무엇을 의미하는지는 잘 알 수가 없다. 아마 그가 품은 뜻이 효효연嘐嘐然, 뜻이 크되 행실을 못 따라감했던 것 같다.

그는 옛날의 현인 거백옥을 흠모했다. 마침 거백옥의 행년行年, 나이에 마마를 앓아서 외형이 바뀌었으므로, 스스로 거백옥이 육십 나이에 육십 번 바꾸었던 일에 견주고는, 그 김에 바깥을 버리고 내면을 잘 변화하고자 꾀했으니, 그 뜻이 가상하다 하겠다. 사람들도 "아주 좋군요, 스스로 이름 지은 것이!"라고 했다.

젊어서는 문학을 전공했으나, 끝내 선뜻 그 힘을 내키는 대로 쏟아내려고 하지 않았다. 시를 읊조리는 것을 좋아했지만, 그 또한 잘하지는 못했고, 취한 김에 흥을 발하고는 했다. 늘 이것을 자신의 병통으로 여겼다.

늙어서 가난한데다가 여러 흉한 일을 당했지만, 원망과 허물을 얼굴빛에 드러내지 않았다. 부모가 연이어 돌아가시는 참혹한 화를 만났지만 성령性靈의 지킴을 바꾸지 않았다. 사람들은 혹 그가 바보가 아닌가 의심하기도 하고 또 그가 미친 것이 아닌가 의심하기도 했다. 하지만 그는 자기 몸을 검속하는 정성을 시종 게을리 하지 않았다.

언제가, 사마광司馬光이 '나 광光이 평생 한 일 가운데 남에게 말 못 할 것이라고는 하나도 없다平生所爲, 未嘗有不可對人言'라고 한 말을 찾아내어, 세 번 반복해서 외우고는 탄복하여 깊이 음미하고는, 아침저녁으로 읊조리면서, "남아라면 이런 경지에 이르러야 비로소 대휴헐大休歇이라 할 수 있지, 만약 이런 경지에 이르지 못한다면 여전히 인간과 귀신의 관문을 투과할 수가 없다"고 했다.

늘그막에는 도연명의 문집과 유종원의 문집을 좋아해서, 책을 펼쳐 감상하면서 손에서 놓지를 않았다. 무슨 일인가를 계기로 자기 일을 기술해서 자기의 뜻을 드러내고, 유유자적하면서 스스로 즐겨, 세상 마치도록 근심하는 일이 없었다.

양거안은 육화옹을 '효효연' 한 사람으로 일단 규정했다. '효효연' 은 뜻이 큰 광간狂簡의 인물을 말한다.

공자는 "중도를 행하는 선비를 얻어서 더불지 못할진대 반드시 광견狂狷한 사람을 취할 것이다. 광자狂者는 나아가 취하고 견자狷者는 함부로 하지 않는 바가 있다"고 했는데, 맹자는 '광자' 를 풀이하기를, "뜻이 커서 항상 고인, 고인 하고 말하지만 평소에 그 행실을 돌아보면 말에 미치지 못하는 사람이다其志嘐嘐然, 曰古之人古之人, 夷考其行而不掩焉者也"라고 하였다.《맹자》〈진심盡心·하〉에 나온다.

한편 양거안은 육화라는 말이 춘추시대 위衛나라 대부인 거백옥의 고사에서 가져온 것이라고 했다.

거백옥은 이름이 거원蘧瑗인데, 나이 50세에 49년 동안의 잘못을 깨달았다行年五十而知四十九年非고 한다. 이 고사는《회남자》〈원도훈原道訓〉에 나오며, 이 고사 때문에 이후 50세를 지비知非라고 부르게 되었다. 그런데 거백옥은 60세 때 예순 가지를 바꾸었으며, 그것을 육십화六十化라고 한다. 이 고사는《장자》〈칙양則陽〉에 나오는데, 거기에 보면 거백옥이 "나이 육십이 되자 육십 가지로 바꾸었다行年六十而六十化"고 되어 있다.

양거안이 거백옥의 고사를 인용한 것은 숨은 뜻이 있는 듯하다.

《공자가어》〈곤서困誓〉에 보면 위衛나라 영공靈公이 어진 거백옥을 등용하지 않고 어질지 못한 미자하彌子瑕를 등용하자 대부 사어史魚가 이를 말렸다. 하지만 영공은 받아들이지 않았다. 사어가 병들어 죽음이 임박하자 아들에게, "내가 위나라 조정에 거백옥을 등용하지도 못하고 미자하를 물리치지도 못했다. 이는 내가 임금을 바로잡지 못한 것이니 죽어도 장례를 치를 수가 없구나. 내가 죽거든 내 시신을 창문 아래에 그냥 두거라"고 했다. 영공이 조문을 왔다가 이상하게 여겨 아들에게 물어서 그 이유를 알고는 깜짝 놀라 자기의 지난 잘못을 시인하고 곧바로 거백옥을 등용했다. 《논어》〈위령공〉에서 공자는 "곧도다, 사어여! 나라에 도가 있을 때에도 화살처럼 곧으며, 나라에 도가 없을 때에도 화살처럼 곧구나"라는 말로 그를 칭송했다.

양거안은 거백옥의 고사를 인용함으로써, 자신이 소인이 아니거늘 사어처럼 알아주는 이가 없고 군주가 위나라 영공과 달리 인물을 제대로 알아보려 하지 않고 있다는 사실을 간접적으로 말한 것이다.

양거안은 외모는 바뀌었지만 내면의 덕에 대해서는 자부하는 바가 있었다. 그는 자기 자신이, 북송의 사마광이 젊어서부터 늙기까지 결코 말을 함부로 한 적이 없다고 평가되는 것과 유사한 면이 있다고 여겼다. 사마광은 "나는 남들보다 나은 점이 하나도 없다. 다만 평생의 행한 일로서 남에게 말할 수 없는 일이라고는 결코 없을 따름이다吾無過人者. 但平生所爲, 未嘗有不可對人言者耳"했다고 한다. 《송사》의 열전에 나온다. 《속자치통감장편》에서는 그가 사위 조보지晁補之에게 그런 말을 했다고 되어 있다.

양거안은 재능이 보잘것없다고 겸손하게 말했다. 하지만 현실에서 쓰이지 못하는 것에 대해서는 불만이 없을 수 없었다. 그렇기에 거백옥의 고사를 끌어왔다. 그러는 한편, 그는 마음을 추슬러 유유자적하면서 세상 마치도록 근심하지 않고자 했다. 이것은 사마광과 같은 자부심을 지닐 때 비로소 가능한 일이었다. 곧 대휴헐의 경지로 나아가는 것을 뜻했다. 대휴헐은 크게 쉰다는 말로, 대도大道를 깨달아 더 이상 추구할 것이 없고 마음이 대단히 편안한 경지를 뜻한다.

양거안은 거처하는 방의 호도 육화헌이라 하고, 그 의미를 부연해서 〈육화헌기六化軒記〉를 지었다.

지난 날 위衛나라 대부 거백옥은 나이 오십에 지난 49년간의 잘못을 알았고, 행년 육십에 60가지로 변화시켰다. 이것은 정말로 '과실을 살피는 데 성실하고 의義로 옮아가는 데 용맹한' 자이다. 선비로서 수신을 좋아하는 자는 의례 젊고 건장한 시기에 힘쓰지, 기운이 쇠하고 나이가 저문 때에 게을리 하지 않을 수 있는 사람이 드물다. 그렇기에 나날이 힘쓰되 덕은 퇴보하는 것을 면하지 못한다. 이 점이야말로 예로부터 군자들이 공통적으로 걱정한 바다. 또 시인들이 시로 토로하는 것도, 애당초 유종의 미를 갖추지 못하는 면이 없지 않다는 바다. 오로지 거백옥만은 일반적인 사람들의 수준을 뛰어넘어 세속의 누累로부터 벗어났으니, 각의刻意, 한껏 마음에 새김하여 스스로를 다스려서 나아가고 나아가 그만두지 않은 점은 젊어서부터 늙기까지 하루같이 조금도 게을리 하지 않았다. 그래서 지난날의 잘못을 통렬하게 고치고 번번이 새로 얻은 바가 있었다. 그가 나이가 높아질수록 덕이 더욱 드러나서 공자의 문하에서 칭송을 받고 여러 제후국에서 이름이 드러난 것은 어쩌면 당연하다고 하겠다. 그래서 천년 지난 후대의 사람이라 해도 그의 독실한 뜻과 맹렬한 기운을 상상할 때마다 절로 자기도 모르게 탄복하고 흥기하도록 만든다.

나는 젊어서부터 자기수양에 뜻을 두었으나, 게으르고 나약한데다가 우유부단하여 힘껏 떨쳐 일어나지 못하는 것을 번번이 병으로 여겼다. 지금은 노쇠하고 말았으므로, 더욱 해나갈 길이 없으니, 옛사람을 우러러 바라보면서 곤궁한 집에서 슬픔에 잠겨 탄식하는 한스러움을 어디 그칠 수 있겠는가.

금년 봄에 나이가 육순 하고도 다섯인데, 돌연히 마마를 앓아서 옛 모습이 갑자기 바뀌고 말았다. 어쩌면 하늘의 뜻이 나를 도와서, 외모를 새롭게 한 자로 하여금 이 기회에 마음도 새롭게 하기를 바라는 듯하다. 그렇다면 오늘이 곧 나의 일초一初다. 마땅히 다시 더욱 두려워하고 힘써서, 옛날에 물들었던 습관을 한바탕 씻어, 지난날의 나 자신과 달라지게 하기를, 거백옥이 나이 오십에 지난 49년의 잘못을 알고 나이 육십에 60가지로 변화시켰듯이 하는 것이 옳다.

그래서 스스로 육화라고 호를 하여, 속으로 고인에게 견주는 뜻을 드러내고, 오늘을 시작으로 다시 날마다 행실과 행사를 간략하게 기록해서 스스로 몸을 닦았는지 그렇지 않았는지 자취를 살펴, 엄한 스승을 대신해 스스로를 다잡아서, 옛 현자의 실질에 미칠 수 있도록 힘쓰련다.

양거안은 이렇게 자기수양에 힘썼다. 하지만 그것만으로 그친 것은 아니다. 거처하는 마을의 풍속도 일변시키고자 했다. 그래서 여씨향약과 율곡향약을 가감해서 나주 쌍봉동의 선속계善俗契 약속을 제정했다.

절필시로 〈가승 기록을 그만두고 읊다廢記家乘吟〉라는 제목의 절구를 남겼다.

행동은 높게 하되 말은 낮추라는 성인의 가르침에 따라

오늘날 더욱 앙화의 문을 신중히 하는 것이 마땅하지만

낮추는 것도 불가하고 다무는 것이 모름지기 좋기에

가승家乘으로 선인들 말씀 엮는 일을 폐하노라.

行危言遜聖謨存 행위언손성모존   今日尤宜愼禍門 금일우의신화문
遜猶不可嘿須好 손유불가묵수호   遂挈家乘廢纂言 수설가승폐찬언

《논어》〈헌문憲問〉에 "나라에 도가 행해질 때에는 말과 행동 모두 높고 곧게 해야 하고, 나라에 도가 행해지지 않을 때에는 행동은 높고 곧게 하되 말은 낮춰서 겸손하게 해야 한다邦有道, 危言危行. 邦無道, 危行言遜"는 공자의 말이 실려 있다. 양거안은 그 가르침을 실천하고 있다고 자부했다. 그렇다면 그는 당시의 상황을 나라에 도가 행해지지 않는 때라고 규정한 것이 된다.

이건창은 1903년에 양거안의 문집 《육화집》이 활자로 초간될 때 서문을 지어, 붕당이 서로 배척하는 현실을 개탄하면서도, 양거안이 박세당과 윤증을 추종한 사실을 언급하지 않을 수 없다고 했다. 다만, 자신이 양거안의 문집에 서문을 쓰는 것은 같은 당을 편드는 사사로운 행위가 아니라고 했다. 양거안이 박세당과 윤증을 추종한 사실을 언급하지 않는다면 양거안의 학문은 뿌리와 줄기가 없고 행실은 가지와 잎이 없어지게 되므로, 그 사실을 특별히 기록한다고 했다. 이건창은 양거안이 윤증의 '무실務實'과 박세당의 '정고절세精苦絕世'를 잇되, 시절이 불리하여 외회내명外

晦內明, 겉의 외물에 대해서는 어둡고 내면의 덕에 대해서는 환하게 밝힘의 공부를 했다고 평가했다.

참고문헌

- 양거안梁居安, 〈육화옹전六化翁傳〉, 《육화집六化集》 권3, 한국문집총간 속 49, 한국고전번역원, 2007. ; 〈육화헌기六化軒記〉, 《육화집》 권3.; 〈가승을 기록하는 일을 그만두고 읊다廢記家乘吟〉, 《육화집》 권2.
- 이건창(李建昌), 〈육화집서六化集序〉, 《명미당집明美堂集》 권10, 한국문집총간 349, 한국고전번역원, 2005.
- 조수학, 《한국의 탁전과 가전》, 영남대학교출판부, 1987.

강석경姜碩慶, 〈끽면거사전喫眠居士傳〉   11

밥 먹고 나면 잠을 자고, 잠 자고 나면 밥을 먹을 뿐이다

喫了眠, 眠了喫끽료면, 면료끽

강석경姜碩慶, 1666~1731은 〈끽면거사전喫眠居士傳〉을 지어, 자기의 삶은 밥 먹고 나면 잠을 자고 잠 자고 나면 밥을 먹을 뿐이라고 고백했다.

강석경은 자字가 길보吉甫로, 본관은 진양이다. 대대로 이천利川에서 살았다. 조상 가운데, 1519년중종 14에 조광조의 건의로 실시된 현량과에 합격한 강은姜檃이 있다. 강은은 1510년 진사시에 합격하고 1519년 현량과에 발탁되어 한림으로 제수되었다. 1545년인종 원년에 전적典籍으로 보임되어 사은했으나, 그해 인종이 서거하자 빈전에 곡하고 돌아갔다. 안로가 기묘사화 때 희생된 신진사류들에 관한 기록을 보충해 엮은 《기묘록보유》에 그의 이름이 올라 있다. 강석경의 조부는 계우啓佑, 부친은 만갑萬甲이다.

강석경은 1693년숙종 19 생원시에 급제했으나, 과거공부를 그만두었다. 광릉廣陵 무갑산武甲山에 살면서 성리학 이외에 점복·천문 등도 연구했다. 문집은 7대손 강창희姜昌熙가 간행했는데, 책머리에 신규희申揆熙의 서문이 실려 있다.

거사는 처음에 어떤 이름의 사람이었는지 모른다. 밥 먹고나면 잠을 자고 잠 자고나면 밥을 먹을 뿐, 그 이외는 달리 하는 일이 없으므로 그렇게 호를 삼았다. 한가하고 조용하며 담백하고 욕심이 적어, 세간 사무에 마음을 두지 않았다.

젊어서는 《장자》가 말한 제물齊物을 실천하는 제물옹의 사람됨을 흠모해서, 높은 것과 낮은 것을 한 가지로 보고 앞과 뒤를 한 가지로 논하여, 자기 뜻을 드러냈다. 그러다가 이정二程과 소강절邵康節, 邵雍 선생의 논변을 보고서는, 자신이 도를 본 것이 옅어서 모든 상대적인 것을 서로 비교하고 길고 짧음의 헤아림을 면하지 못했다는 사실을 뉘우쳤다. 마침내 모난 것을 깎아내고 각진 것을 문드러뜨려 화광동진和光同塵하여 세상의 물결치는 대로 따랐다.

그러다가 한번 상사庠舍, 성균관에 유학한 적이 있다. 당초 고향 사람들조차도 그의 얼굴을 아는 사람이 거의 없었으나, 성균관에 유학한 이후로는 향당에서도 혹 그의 이름을 아는 이가 나왔다. 하지만 거사는 속으로 기뻐하지 않았다.

학업으로 삼던 것을 마치고서는, 스스로를 봉양하는 데 그다지 욕심내고 바라는 것이 없었다. 옷은 그저 가까스로 갖출 정도였고, 먹는 것은 오로지 적당하기만 하면 되었다. 귀를 기쁘게 하는 성음이나 눈을 즐겁게 하는 채색이나 마음을 툭 틔워주는 유람의 경우에는 모두 마음에 걸어두지 않아서, 귀속시키는 성품이 없었다. 남들과 담화를 할 때에는 경전의 뜻을 논하고 현묘한 이치를 담론하면 흔연해하여 턱을 벌리고 좋아하며 부지런하게 칭송하고 조술했다. 세간의 실정을 말하고 세속의 업무를 말하면 묵묵히 있어서 입에 재갈을 채운 듯이 하여 멍멍하게 마치 조는 듯이 했다. 심지어는 한 고장에 거처하면서도 그 고장의 수령과 같은 높은 지위의 사람들이 누구인지 이름도 모르면서 또 그것을 혐의로 여기지 않았고 또 이름이 알려지길 구하지도 않았다. 딴 사람이 혹 이야기를 하다가 생산하고 작업하며 재물을 펴고 몸을 이롭게 하는 방책이며 귀인과 사귀고 권세가에게 붙어서 재능을 팔고 이름을 과시하는 술책에 대해 이야기가 미치면, 얼굴을 마주하고 있으면서도 맞추지 않았고, 귀로 들으면서도 뜻을 이해하지 못해서, 말이 끝나면 모두 다 잊어서, 어수룩하게 그것이 무슨 일인지를 몰랐다.

평소에 용도龍圖, 선천 팔괘도에 침잠하고 귀문龜文, 후천 팔괘도을 연구하여, 경經과 위緯의 표리表裏의 뜻을 완상하고, 변화와 화합의 호장互藏의 묘리를 살펴서, 위로는 아직 획을 긋기 이전의 역易과 태극의 이치로까지 소급하고, 아래로는 양의兩儀, 음양과 사상四象의 탕마盪磨, 천근天根과 월굴月窟의 왕래를 따라 나갔다. 36궁에서 심춘尋春하고, 64가에서 농환弄丸하며, 곁으로 멋대로 뻗어나가 술수術數와 추산推算의 학으로까지 빔담하여, 서개가 그 근원에까시 섭납하고 그 흐름을 소급해 올라가서, 심목心目에 또렷또렷했다. 그렇더라도 오로지 불살不殺의 무武를 좋아해서, 범수犯手의 수고로움에는 뜻을 두지 않았다. 또 교유를 좋아하지 않아서, 권귀權貴에게 청탁하는 것을 싫어했다. 고요함을 좋아하고 시끄러움을 미워하고, 묵묵함을 기뻐하고 떠들썩함을 싫어했다. 늘 초당에 고요하게 거처하여 멍하게 일어날 줄을 잊어서, 때로는 한 달이 다 지나도록 그러했다. 일찍이, 입을 숭상하고 요설하는 것은 손으로 담소하고 오묘함을 완상하는 것만 못하다고 여겼다. 그래서 비록 오랫동안 떨어져 있어 소식 없던 친척과 벗을 만나더라도 오로지 달빛을 끌어다가 간과 쓸개를 비추듯이 속내를 털어놓기를 즐겨했지, 결코 지난 일을 따져 말하지 않았다. 만일 인근의 사람들이 삼삼오오 무리 지어 답지하면, 누와결승累瓦結繩, 기왓장을 포개고 노繩로 매어 계산함, 장난으로 도박을 함 하고 노노훤회呶呶喧豗, 마구 떠들어대고 시끄럽게 놂하며 바둑판을 꺼내놓고 그들과 손짓 섞어가며 담화하다가, 시끄럽게 떠드는 것이 그친 후에야 다시 바둑을 두었다. 지인들은 그가 아무런 마음도 쓰지 않는 것을 보고는 그에게 복리福履 복록를 닦으라고 권하였으나, 그는 이렇게 답했다. "인간 수명의 길고 짧음은 조물주에게 부치고, 밥 먹고 옷 입는 것은 처와 종에게 맡기니, 내가 어째서 복리를 닦겠는가?"라고 대답했다. 또 그에게 명성을 구할 것을 권하면 그는 이렇게 대답했다. "태어나 만물과 더불어 나란히 무리를 이루어 바글바글거리고, 죽어서는 대화大化, 조물주·조화옹, 즉 우주와 더불어서 함께 떠나가 명명冥冥, 감감함하리니, 내가 어찌 이름을 구하겠는가?"

문장과 서법이나 여러 방책과 기술의 학에 대해서는 비록 섭렵하는 것을 좋아하기는 했어도 모두 졸업하지 않았다. 대개 차라리 하나의 근원을 구하여 통하지 못하는 한이 있더라도, 기예로 이름을 이루고자 하지 않은 것이다. 그러므로 명성을 구하는데 가까운 일들은 그것이 어떤 일이든 모두 피하고, 오로지 담박한 경지에서 마음을 씻고 무하지유의 고향에서 소요하면서, 책을 보아 소회를 붙이고 바둑을 두어 정신을 기쁘게 하여, 세간의 사려를 모두 내버려 소멸시켜서 그로써 세상을 마쳤다고 한다.

찬贊은 이러하다.

지난날 남화노선南華老仙, 장자이 말하길, 나이도 있고 의미도 있고, 무의 경지에서 떨친다고 했으니, 그 말을 극도로 추구한 것은 이와 같은 부류의 사람이 아니겠는가?

밥을 다 먹으면 잠자고 잠을 다 자고나면 밥을 먹어, 아무 사색도 없고 아무 사려도 없으며, 늙음이 장차 이르러 오는 것도 몰랐으니, 강구康衢의 일하日下, 도성에서 격양擊壤하던 신세身世가 아니랴?

아니면 역시 무우舞雩의 바람 부는 앞에서 시 읊조리면서 돌아오던 금회襟懷가 아니랴?

강석경은 단아하고 빼어났고, 견식이 밝고 환했다. 종일 묵묵히 앉아 마음을 가라앉히고 이치를 궁구하기를, 마치 화담 서경덕과 북창 정염이 그렇게 했듯이 했다. 특히 역학에 깊어서, 성명性命의 근원에 투철하고 상수象數의 오묘함을 통찰했다.

일찍이 《하렴잡설下簾雜說》을 저술해서 이기理氣 심성心性 정의情意 등의 명의名義, 개념를 상세히 논했다. 그리고 그것을 바탕으로, 성력星曆 복서卜筮 세무世務 인사人事에까지 미치되, 경전經傳을 출입하고 이정二程과 주자의 서적을 근거로 삼아 발명한 것이 많았다. 의론이 정밀하고 투명해서, 진실에서 벗어나 오류를 범한 말이 없었다.

그리고 한양 박창언朴昌彦과 함께 우암 송시열의 저서를 논설하고, 송시열의 정론에 깊이 탄복해서 힘써 부호하고 호위하려고 하여, 박창언의 잘못된 견해를 변석했다. 다만 염정恬靜한 태도로 스스로를 지켜서 남에게 알려지길 구하지 않았으므로, 세상에서는 그 사실을 잘 몰랐다.

박세채朴世采의 외손인 신경申曔, 1696~1766이 〈진사 강석경전〉을 지었다. 신경은 또한 김간金幹과 이희조李喜朝의 문인이었다. 그는 《하렴잡설》을 우연히 보고는 그것을 가져다가 사우들에게 보여주었다. 후재厚齋 김간 선생은 대개, 강석경의 학식이 대단히 박흡博洽하되 다만 그 담론에 때때로 잡박한 곳이 있다고 논평했다. 여호黎湖 박필주朴弼周와 병계屛溪 윤봉구尹鳳九 두 사람 모두 극히 탄복하고 외경하여, 그 강설이 정밀하고 명확하며 완전하고 치밀하여 쉽게 얻을 수 있는 것이 결코 아니라고 여겼다. 심지어 박필주와 윤봉구 등은 강석경과 더불어 교유했으면 했으나, 그가 이미 죽었다는 말을 듣고는 깊이 통탄하고 애석해하는 마음을 품었다고 한다.

신경은 〈진사 강석경전〉을 다음과 같이 매듭지었다.

신경이 일찍이 다른 사람과 있는 자리에서 해우한 적이 있으나 그의 책을 얻어 보기 이전이라서, 의문점을 질문하지 못했기에, 너무 슬프고 한스럽다.

그 아들 흠수欽叟와 순수順叟는 엄벙덤벙해서 그의 학문을 전하여 그의 끼친 글과 이어 내려온 학업을 발휘할 수가 없다고 한다. 신경은 가만히 서글퍼하는 바가 있어서, 그 이름이 후세에 일컬어지지 않을까 두려워서, 대략 이와 같이 서술해서 후대에 입언해줄 군자가 채택해주길 기다리는 바이다.

참고문헌

- 강석경姜碩慶, 〈끽면거사전喫眠居士傳〉, 《끽면공집喫眠公集》 제3책, 고려대학교 중앙도서관 소장, 1920년 간행 목판본.
- 신경申暻, 〈진사강석경전進士姜碩慶傳〉, 《직암집直菴集》 권20, 한국문집총간 216, 한국고전번역원, 1998.
- 조수학, 《한국의 탁전과 가전》, 영남대학교출판부, 1987.

이덕무李德懋, 〈간서치전看書痴傳〉   12

책 보는 것으로 즐거움을 삼았다
看書爲樂 간서위락

이덕무李德懋, 1741~1793는 책만 읽는 바보라는 뜻의 간서치看書痴라는 자호로 유명하다. 그는 스스로를 간서치로 규정하고 〈간서치전看書痴傳〉을 지었다.

이덕무는 정종의 별자 무림군의 후손이었다. 신분상의 제약과 집안의 환경 때문에 불우한 젊은 시절을 보냈으나, 종로 원각사탑 주변에서 여항의 문인들이나 박지원 등과 함께 백탑파를 형성하여 시문과 학문을 연마했다.

1779년정조 3에 정조의 서얼통청 정책으로 규장각의 검서관이 되었고, 승문원의 이문학관을 겸했다. 3년 후에 사도시 주부가 되고, 겨울에 사근역승으로 나가서는 백성들의 채부를 탕감해주고 마적馬籍을 정리했다. 내직으로 들어와 광흥창과 사옹원의 주부가 되었다가 경기도 적성의 현감이 되어 나갔다. 그후 상의원과 장원서 등의 직함을 띠고도 검서관의 직무를 아울러 보았다. 53세에 세상을 떠난 후, 정조가 그의 재능을 사랑하고 그의 죽음을 안타까워하며 그의 문집을 활자로 간행하게 했다. 한강 남쪽의 판교에 묘가 있었다.

목멱산남산 아래 어떤 어리석은 사람이 살았는데, 어눌하여 말을 잘하지 못했으며, 성격이 졸렬하고 게을러 세간 사무를 알지 못하고, 바둑이나 장기는 더욱 알지 못했다. 남들이 욕을 해도 변명하지 않고 칭찬을 해도 자긍自矜하지 않으며, 오직 책 보는 것으로 즐거움을 삼아 추위나 더위나 배고픔을 전혀 알지 못했다. 어렸을 때부터 21세가 되기까지 일찍이 하루도 고서를 손에서 놓은 적이 없었다.

그의 방은 매우 적었다. 그러나 동창·남창·서창이 있어 동쪽 서쪽으로 해를 따라 밝은 데에서 책을 보았다. 보지 못한 책을 보면 문득 기뻐서 웃으니, 집안사람들은 그의 웃음을 보면 그가 기이한 책을 구했음을 알았다.

자미子美, 杜甫의 오언율시를 아주 좋아하여 앓는 사람처럼 웅얼거리고, 깊이 생각하다가 심오한 뜻을 깨우치면 매우 기뻐서 일어나 왔다갔다하는데 그 소리가 마치 갈가마귀가 우는 듯했다.

혹은 조용히 아무 소리도 없이 눈을 크게 뜨고 멀거니 보기도 하고, 혹은 꿈꾸는 사람처럼 혼자서 중얼거리기도 하니, 사람들이 지목하여 간서치책만 보는 바보라 하여도 웃으며 받아들였다.

그의 전기를 써주는 사람이 없기에 붓을 들어 그 일을 써서 '간서치전'을 만들고 그의 성명은 기록하지 않는다.

이덕무는 독서광이었다. 풍열로 눈조차 뜨기 어려웠어도, 동상으로 열 손가락이 터졌어도, 책을 읽었다. 추운 겨울에는 《논어》를 병풍삼고 《한서》를 잇대어 덮고 잤다.

간서치의 치痴란 바보라는 말이다. 이 바보는 한편으로는 어리석기도

하고 한편으로는 무언가에 미쳐 있다는 뜻을 지닌다. 책을 좋아하는 바보는 책에 미친 바보이기도 하다. 불교에서는 탐진치貪嗔癡를 삼독三毒이라 하여, 일체 번뇌를 일으켜 독사처럼 중생에게 해를 끼치는 세 가지 대표적인 잘못된 마음을 말했다. 그리고 계정혜戒定慧의 삼학三學을 통해서 이를 극복할 수 있다고 했다. 하지만 유학에서 치癡는 인간의 악을 구성하는 요소가 아니다. 이미 진晉나라의 화가 고개지顧愷之에 대해서 사람들이 "치매癡呆와 총혜聰慧가 절반씩 들어 있다癡黠各半"고 평하면서 그를 치절이라고 불렀다는 고사가 있다. 치는 무언가에 골똘해 있음을 뜻한 것이다. 원나라 때 화가 황공망黃公望은 스스로 대치大癡라 했고, 조선 순조 때 화가 허련許鍊은 대치의 이름을 피해 소치小癡라고 호를 했다. 그보다 앞서 동진의 임첨任瞻은 어느 날 저택 앞을 지나가는 장례 행렬을 보고 그 관 뒤를 따라 걸어가면서 눈물을 펑펑 쏟았다. 당시의 승상 왕도王導는 그것을 '유정有情의 치癡'라 했다. 간서치는 책 보는 데 정신을 팖으로써 세간의 명리를 돌보지 않는 고결한 태도를 지킨다는 뜻을 지니는 것이다.

이덕무는 천성으로 책을 좋아했다. 그는 소년시절 시문집에 '영처嬰處'라는 이름을 붙였는데, 영처는 영아와 처녀라는 뜻이다. 영아가 재롱부려 천진스럽게 놀고 처녀가 부끄러워해서 순수하게 수줍음을 타듯 자신도 문장을 지극히 천진스럽게 즐기고 저술을 순수한 마음에서 공표하지 않는다고 말했다. 독서와 저술이 천성과 순수함에서 우러나온 것이라고 밝힌 것이다. 그가 사용한 여러 호에도 '박문博聞, 두루 공부함'과 '소심익익小心翼翼, 늘 삼가고 조심함'의 뜻이 담겨있다.

이덕무는 독서하는 한편으로 초록을 했고, 또 저술도 했다. 그는 '귀로 들음耳聞'을 중시한다는 뜻에서 자신의 저술을 '섭구충'이라 불렀다. 곧

'널리 들음多聞'인 '박학'을 중시한 것이다.

이덕무는 26세 되던 1769년에 《이목구심서》 6편을 이루자, 박지원이 소식을 듣고 열람을 청했다. 이덕무는 마지못해 빌려주었다가, 하루 만에 책을 찾아오려고 척독짧은 편지을 보내어 "귀와 눈은 바늘구멍 같고 입은 지렁이 구멍 같으며 마음은 개자芥子만하기에, 대방가大方家의 웃음을 자아낼 뿐이다"라고 했다. 그러자 박지원은 답장의 척독을 보내 "이 벌레의 이름이 무엇인가? 박물학자는 변설하라!"라고 채근했다. 그러자 이덕무는 "한산주 조계종 본탑 동쪽에, 옛날부터 이씨가 벌레를 한 마리 길렀는데, 벌레의 이름은 섭구囁懼이며, 성질은 겸양을 잘하고 숨기를 잘한다"고 했다. 이덕무의 해설에 따르면 '섭구'는 곧 '이목구심耳目口心'을 말하며, '말을 함부로 하지 않고 조심조심한다'는 뜻이라고 한다. 이번에는 박지원이 이덕무를 섭구충에 견주어 《산해경》 동황경의 '보경補經'이라는 이름을 빙자해서 해학적인 글을 지어 보냈다. 그러자 이덕무는 곽박郭璞의 주注를 모방한 주를 지어, 자신이 섭구충이 아니라 자신의 저술이 섭구충이라고 반박했다.

이덕무는 1779년정조 3에 검서관이 되고 승문원의 이문학관을 겸했다. 사근의 역승을 맡거나 태흥창과 사옹원의 주부가 되기도 했으나, 대개 검서관의 직책을 겸했으며, 사실상 검서관의 직무가 위주였다.

경기도 적성현감으로 있을 때는 청학곡에 정자를 짓고 우취옹又醉翁이라는 편액을 내걸고는 수시로 들러 소요했다.

고을에 세미稅米를 훔친 자가 오래도록 승복하지 않고 있었는데, 이덕무가 사람들을 물리치고 도둑을 가까이 불러놓고 말하기를, "네가 도둑질한 것이 어찌 본심에서 그랬겠느냐? 항산恒産이 없으면 항심恒心조차 없는 것이다. 내가 너를 불쌍히 여기니, 죄를 숨기고 죽는 것보다는 차라리 사실대로 실토하여 용서를 받는 것이 좋지 않으냐?"라고 하자, 도둑이 감격하여 쌀 몇 곡斛을 모처에 감추었다고 직고했다. 이렇게 6년을 다스렸다.

이어서 상의원과 장원서掌苑暑 등 관서에서 벼슬하면서 언제나 검서관의 직책을 겸직했다. 어려서부터 서적을 즐겨보더니, 규장각에 보임되어 편찬의 일을 맡으면서 비부秘府에 소장된 책을 마음대로 보게 되었다.

이덕무는 정조의 명으로 〈성시전도〉에 대한 시를 지어 올리자 어필로 고평하기를 '아雅'라 했다. 그는 이 한 글자의 표상으로 평생을 정한다 하고 드디어 아정雅亭으로 호를 삼았다. 그리하여 그 유고를 《아정유고雅亭遺稿》라 했다.

이덕무는 사람됨이 담박하여 재상과 교유하기를 즐기지 않으며, 친구들과 함께 해학과 담소가 무르익을 즈음에도 태도가 조금도 방자하지 않았다. 공무에서 물러나오면 종일 단정히 앉아 있었다. 그의 묘갈명을 적으면서 윤행임尹行恁은 이덕무가 두오랑杜五郎의 풍모와 같았다고 했다. 두오랑은 송나라 영창潁昌 사람 두생杜生으로 30년 동안 문밖에 나오지 않은 은사이다. 여양위黎陽尉 손진孫軫이 몹시 추운 어느 겨울날 방문하였더니 거실은 매우 춥고 포의 차림이었지만 문장이 여유 있고 언사가 청아하고 간결했다고 한다.

이덕무는 신분상의 한계 때문에 일생 괴로웠지만 "티끌세상에서 부대끼며 살아가더라도 마음을 가지런히 하고 책 읽을 여유를 가진 사람을 군자라고 하리라"고 했다. 스스로 군자이기를 바랐고, 군자로서 인정받고

자 한 것이다. 39살 때에야 벼슬길에 올라 규장각검서관으로 일하며 국가적인 편찬사업에 참여했으나 출세와는 거리가 멀었다. 하지만 그는 자신의 삶 전체를 학문에 걸었다. 독서하는 군자를 스스로의 이상으로 삼아, 주체적 인격을 성숙시킨 것이다.

이덕무의 저술은 그의 아들 이광규가《청장관전서》71권 32책으로 엮었다. 이덕무는 박학博學과 고증考證에 깊은 관심을 보였고, 저술도 대개 그 두 방법을 따랐다. 하지만 독서와 학문을 기능으로만 간주한 것이 아니다.

이덕무는 독서가 도덕적 완성을 위한 것이어야 한다고 보았다. 35세 때에 완성한《사소절士小節》의〈사전士典〉에서 그는 이렇게 말했다.

> 선비가 독서를 귀중히 여기는 것은 언어 하나, 동작 하나에도 반드시 성현의 행동과 훈계를 끌어와 준칙으로 삼아 갈팡질팡함이 없고자 하기 때문이다. 세속의 사람들이 그런 글을 한 자도 읽지 않아 방향 없이 세넷대로 행동하는 것은 거론할 것도 못 되거니와, 글을 많이 읽었다고 일컬어지는 자들까지도 조금 배운 글귀를 공령문功令文에만 사용하고 자기 몸에는 한 번도 시험하여 그 효험을 보지 않으니 매우 애석한 일이다. 또한 옛글을 잘 외워 말끝마다 인용하는 자도 있으나 그 마음씨를 살피면 교활하고, 인용한다는 것은 한갓 입술을 꾸미는 자료로 삼을 뿐이다. 이런 식이면 글을 아무리 많이 읽더라도 어디에 쓰겠는가? 글을 읽어서 아첨하는 태도나 짓는 자를 누구나 사랑하다니 슬프다.

이덕무는 공령문과거시험 과목의 시문에 사용하려고 글을 읽어서는 안 된다고 했다.

박지원은 〈형암 행장〉에서 이덕무를 평하여 "유학자를 자처하지 않았으나, 일상의 행실을 삼가 정주程朱, 정이 형제와 주자의 문호를 지켜 조금도 실수하는 일이 없었으며, 문장을 이룸에는 화려함에 힘쓰지 않고 말과 뜻이 잘 통하게 하며, 조리 있고 간결하기로 일가를 이루었다"고 했다. 이덕무가 독서를 통해 내면의 덕을 쌓아나가려고 했기에 박지원이 이렇게 평하였던 것이다.

이덕무가 박학을 중시한 것은 전통 인문학자들이 그러하였듯이 정신의 계발을 위해서였다. 또한 그는 중국의 유서類書와 선서選書의 체제에 깊은 관심을 가지면서, 민족문화의 자긍심을 드러낼 문화방면의 총서를 집필할 계획도 세웠다.

> 내가 한가할 때에 두루 패기稗記와 문집文集을 상고하여 문門을 나누고 범례를 정해 두우杜佑의 《통전通典》, 정초鄭樵의 《통지通志》, 마단림馬端臨의 《문헌통고文獻通考》를 본떠 우리나라에 영원히 전할 책을 만들려고 한다. 다만 첫째로 도와 협력해줄 사람이 없고 둘째로 글씨를 써줄 사람이 없어 유감이다.

곧, 이덕무가 독서를 하고 메모를 했던 것은 역사현실을 제대로 이해하고 이를테면 민족문화총서를 엮고자 하는 원대한 꿈 때문이었다.

그는 "글을 읽어서 아첨하는 태도나 짓는 자를 누구나 사랑하다니 슬프다!"라고 했다. 상식 자랑의 공부를 구이지학口耳之學이라고 한다. 귀로 들은 것을 입으로 내뱉어서 과시하는 공부라는 뜻이다. 이덕무는 구이지

학을 배격했다.

이덕무는 신분적 한계를 극복하고 인간 주체의 성숙과 민족문화의 창달이라는 원대한 이상을 실현하고자 책을 읽었다. 도덕적 이상사회를 구축하기 위해 필요한 자료들을 베꼈으며, 민족문화와 관련된 중국 기록들을 베꼈다. 간서치 본 모습은 그러했다.

참고문헌
- 이덕무, 〈간서치전看書痴傳〉, 《청장관전서》 제4권, 한국문집총간 258, 한국고전번역원, 2000. ; 한국고전번역원 편, 《(국역)청장관전서》 1-9, 민문고, 1989.
- 윤행임尹行恁, 〈(이덕무)묘갈명〉, 이덕무, 《간본 아정유고》 제8권 부록.
- 심경호, 《자기 책 몰래 고치는 사람》, 문학동네, 2008.

이익李瀷, 〈동방일사전東方一士傳〉   13

동방에 한 선비가 있다
東方有一士동방유일사

이익李瀷, 1681~1763은 〈동방일사전東方一士傳〉이라는 탁전을 남겼다. 도연명의 〈의고擬古〉 제5수의 뜻을 차용하여 개결한 은둔자의 형상을 그려 보이고, 그로써 자신의 이상적인 삶을 가탁한 것이다.

이익은 이황李滉의 성리학을 받아들였으나 허목許穆, 1595~1682과 유형원柳馨遠, 1622~1673 등으로부터도 영향을 받아 혁신적인 학문체계를 이룩하였다. 서학에도 관심을 보여, 천주나 지옥 등의 교리에 대해서는 비판적이었지만 유교이념과 유사한 교리에는 동조하였다. 정치에서는 법제 정비를 중시하였고, 과거제 및 지주전호제 혁파를 주장하였다. 그리고 민족사에 관해서도 깊이 연찬하였다.

이익의 뒤를 이어 조선 후기 근기 지방에서 하나의 학맥을 이룬 학파를 성호학파星湖學派라고 부른다. 근기학파 또는 경세치용파에 속하는 최대 학맥이다. 이들은 이기심성론의 문제를 새로 해석하고, 효제등 실천에 중점을 두어 도덕성을 제고하는 한편, 사회적 모순을 극복하기 위하여 실증과 실용에 기반을 둔 비판적인 학풍을 일으켰다.

동방에 한 선비가 있으니 이름도 없고 성씨도 전하지 않아서, 어떤 인물인지 알 수가 없다. 다만 도연명陶淵明의 팔운시八韻詩에 의거해서 그런 사람이 있음을 알 수가 있다. 대개 유송劉宋의 의義·희熙 연간에 동방에 은거한 사람이다.

이때 도연명이 팽택彭澤에서 벼슬을 버리고 고향으로 돌아가다가, 선비의 풍모를 듣고 기뻐하여聞士之風而悅之 얼른 가서 그를 따랐다. 푸른 소나무가 길을 끼고 늘어서 있고, 흰 구름이 처마에 묶어가니, 지경地境이 번화한 도성으로부터 멀리 떨어져 있었다地則遠矣. 옷은 헤어져 완전하지 못하고, 삼십 일 동안에 아홉 번 먹을 정도였으며, 십년 동안에 관冠은 하나만을 썼다. 맵고 쓰기가 이와 같았으나, 늘 좋은 얼굴을 지니고, 그러한 처지를 즐기면서 가난한 처지를 잊었다樂焉而忘貧. 도연명이 일부러 온 뜻을 알고는 거문고를 타서 별학조別鶴操와 고란조孤鸞操를 연주했으니, 애원哀怨의 노래였다. 도연명이 마침내 세한歲寒에 이르기까지 주선周旋하고 싶다는 바람願을 가지게 되었다. 이것이 아니었다면 후내 사람이 어떻게 그 옅고 깊은 뜻을 엿볼 수 있있겠는가?

무릇 선비가 천하에 태어나, 시절을 만나는 것이 불행하여 사람을 피하고 세상을 피하여 새 짐승과 더불어 한 무리를 이루어서는與鳥獸同羣 매몰되어 세상에서 일컬어지지 못하는 자가 한두 명에 그치겠는가? 느낌이 있기에 기록한다.

일생의 사적을 편년식으로 기술하거나 자기 삶의 일정한 시기에 일어난 사실을 중심으로 기록한 글이 아니다. 동방에 있다는 한 선비가 작가 자신을 가리킨다는 사실도 글 속에 명시되어 있지 않다. 따라서 자서전이라고는 할 수 없다. 그럼에도 불구하고 글을 읽어나가면서, 독자는 동방에 있다는 한 선비가 작가 자신의 삶과 정신경계를 우의적으로 드러내는 인물임을 쉽게 간파할 수가 있다. 이른바 탁전托傳인 것이다. 비록 동방일사가 작가라는 등식의 구조를 어떠한 언표로도 밝혀놓지 않았으나, 우리는 이 글이 작가의 개결한 성품을 드러내고 있고, 개결한 삶을 살아가면서도 매몰되고 마는 인물들에 대한 조종弔鐘과도 같은 울림을 지닌다는 것을 잘 알고 있다.

그런데 이 글은 구성이 재미있다. 도연명이 팽택의 수령을 하다가 오두미의 작은 봉급 때문에 상관에게 허리 굽히면서 지낼 수 없다고 하여 귀거래를 할 때 동방의 한 선비를 찾아갔다고 설정한 것도 물론 재미있다.

더 재미있는 것은 이 글이 짜깁기 방식을 활용한 점이다. 글 속에서 밝혔듯이 이 글은 도연명의 '팔운시'를 통해서 도연명이 동방의 선비를 만났다는 것을 전제하였다. 그러면서 도연명의 '팔운시'를 전재하다시피 하여 동방의 선비에 대해 서술했다. 도연명의 팔운시란 〈의고擬古〉라는 제목으로 남은 9수 가운데 제5수를 말한다. 그 시는 다음과 같다.

동방에 한 선비가 있어
옷을 입은 것이 늘 몸을 완전히 가리지 못하고
삼순에 아홉 번 밥을 먹고
십년 동안 한 관만 써서
쓰라림과 고달픔을 이에 비할 바 없거늘
늘 좋은 얼굴을 하고 있다고 했다.
내가 그 사람을 보고 싶어서

아침에 떠나 황하의 관소를 넘어가니
푸른 소나무는 길을 끼고 양쪽에 자라나 있고
흰 구름은 처마 끝에 묵는다.
내가 일부러 온 뜻을 알고는
거문고를 들고 나를 위해 타는데
위의 현에서는 이별한 학을 놀라게 하고
아래 현에서는 외로운 난새를 조종하는 듯했다.
바라건대, 여기 남아서 그대의 곳에서 머물며
이제부터 세한까지 지내고 싶습니다.

東方有一士 동방유일사	被服常不完 피복상불완
三旬九遇食 삼순구우식	十年著一冠 십년착일관
辛苦無此比 신고무차비	常有好容顔 상유호용안
我欲觀其人 아욕관기인	晨去越河關 신거월하관
青松夾路生 청송협로생	白雲宿簷端 백운숙첨단
知我故來意 지아고래의	取琴爲我彈 취금위아탄
上絃驚別鶴 상현경별학	下絃操孤鸞 하현조고란
願留就君住 원류취군주	從今至歲寒 종금지세한

유향이 엮은 《설원說苑》에 보면 자사子思가 삼순구식三旬九食했다고 한다. 동방의 선비도 삼순구식할 만큼 가난했다고 한다. 하지만 그 정신은 맑기에 늘 좋은 얼굴을 하고 있다고 했다. 그의 거처는 푸른 소나무가 길을 끼고 양켠에 자라나 있고 흰 구름이 처마 끝에 묵는 곳이다. 게다가 그

는 거문고를 타면 위의 현에서는 이별한 학을 놀라게 하고 아래 현에서는 외로운 난새를 조종할 정도다.

 도연명은 동방일사의 정신경계를 노래하면서 스스로의 지향을 밝혔다. 이익은 도연명의 노래를 차용하여 스스로의 지향을 밝혔다. 도연명과 이익은 외물에 흔들리지 않고 특립독행特立獨行하는 지사를 동방일사에 가탁한 것이다.

참고문헌
- 이익, 〈동방일사전東方一士傳〉, 《성호전집星湖全集》 권68 전傳, 한국문집총간 198-199, 한국고전번역원, 1997.
- 심경호, 〈성호학파의 계보〉, 《성호학보》2, 성호학회, 2006. 4, pp.193-246.

정식鄭栻, 〈명암전明庵傳〉   14

늘그막에 두류산으로 들어갔다
晩入頭流만입두류

정식鄭栻, 1683~1746은 〈명암전明菴傳〉이란 제목의 탁전을 지었다. 그는 본관이 해주인데, 경상도 진주 옥봉촌에서 태어났다. 만년에는 낙동 도흥道興의 노어대鱸魚臺에 명암이라는 정자를 지어두고 소요했으며, 그때 이 글을 지었다.

정식은 대명 사대주의의 관점을 고수했다. 19세에 과거시험을 보러 강양江陽 시험장소에 갔다가 우연히 남송 때 호전胡銓이 지은 〈척화소斥和疏〉를 읽고 감동해서, 명나라가 이미 망했지만 명나라에 대한 의리를 잊을 수가 없다며 유건을 찢고 돌아갔다. 그리고 스스로 명암거사라고 호를 하고는 늘 패랭이를 쓰고 지냈다. 호전은 남송 고종 때의 문신으로, 금나라와의 화의和議를 반대하여, 당시 화의를 주장하던 진회秦檜 등의 목을 베라고 주장하기까지 했다.

정식은 세간과의 교유를 끊고 명산대천에서 노닐다가, 가족을 이끌고 두류산지리산으로 들어가 주자의 무이정사를 본떠 정사를 경영하고, 고사리 캐고 솔잎을 먹으면서 살았다. 그리고 자신의 삶을 변호하여 이 〈명암전〉을 지은 것이다.

명암은 어떤 사람인지 모른다. 또 그 이름과 자도 모른다. 대개 그 선조가 수양산에서 온 듯하다. 그 성벽은 평상적이지 않다. 선을 따르기를 물 흐름을 따라가듯 하고, 악을 미워하길 원수를 미워하듯 한다. 부유하여도 즐거워하지 않고 가난해도 아첨하지 않는다. 남에게 알려지길 구하지 않고 남과 사귀어 노닐기를 기뻐하지 않는다. 명승지가 있다는 말을 들으면 문득 가서 아무 구애도 받지 않는다. 이렇기 때문에 해동의 산수에는 그의 발자취가 거의 다 두루 깔려 있다. 일생 주나라를 높이고 이적을 물리치는 것을 제일의 일로 삼았다.

사람들은 "대명의 천지가 아니다"라고 했지만, 스스로는 대명의 천지로 여겼다. 사람들은 "대명의 일월이 아니다"라고 했지만, 스스로는 대명의 일월이라고 여겼다. 사람들은 "대명의 산수가 아니다"라고 했지만, 스스로는 대명의 산수라고 여겼다. 사람들은 "대명의 백성이 아니다"라고 했지만, 스스로는 대명의 백성이라고 여겼다. 어쩌다가 대명의 일에 말이 미치면, 서글픈 표정을 지어 기뻐하지 않고는 그러다가 흐느껴 울었다.

늘그막에 두류산에 들어가, 우연히 무이구곡武夷九曲을 얻어서, 와룡암臥龍庵을 짓고, 제갈무후제갈공명의 화상을 걸어두고, 무이정사를 짓고는 회암주자의 화상을 걸어두고는, 살아 있는 사람을 섬기듯이 섬겨서, 아침저녁으로 현실을 초월해서 그들을 대하듯이 했다. 시렁에는 《시》와 《서》가 있고, 뜰에는 매화와 대나무가 있다. 난초·계수·소나무·국화·돌과 학 두 마리를 두고서 스스로 즐겼다.

찬贊을 지었다.

대명의 일월이요, 대명의 천지로다
무이의 산이요, 구곡의 물이로다.
그 속에 한 사람이 있으니, 어떠한 거사인가?
거사에게 스승이 있나니, 회암주자 선생이로구나.

정식은 죽기 직전에, 자신의 명정에 '대명처사大明處士'라 적어달라고 당부했다. 뒤에 사헌부지평을 추증받았다. 이민보李敏輔가 묘갈명을, 남공철南公轍이 묘지명을 지어, 정식이 경향의 지식인들로부터 명나라의 유일遺逸로 추존되었던 사실을 밝혔다.

명암이라는 호를 사용한 이 정식은 숙종 때 소론의 편에서 권상하 등 노론을 공격했던 정식鄭栻, ?~1716과는 별개의 인물이다. 후자의 정식은 1699년숙종 25 4월의 문과 정시庭試에서 장원을 하고, 1703년 12월에 정언으로 있으면서 노론의 조태채趙泰采와 이이명李頤命을 탐악의 죄로 물어 파직시킬 것을 청했다. 또 1710년 《예기유편》 사건이 일어났을 때는 최석성을 옹호하고, 1715년 《가례원류》 사건이 일어나자 노론의 권상하를 비판했다. 그후 원주에 유배되어 있다가 죽었다.

정식은 명암을 지을 때 〈명암기明庵記〉도 별도로 적었다.

거사는 방장산 사람이다. 늘그막에 낙동 도흥道興의 노어대鱸魚臺 위에 정자를 얽어두고, 그 정자에 명암이라는 편액을 붙였다. 한 어부가 지나가다가 물었다. "아름답습니다. 거사의 암자는! 아지랑이와 노을 낀 경승이 이미 풍부한데다가 바람과 달은 한이 없으며, 모래밭의 새는 오고가고, 돛을 건 배는 오르내리고, 강산의 승경을 가지고 편액을 붙이는 것이 좋을 것입니다. 그렇거늘 어째서 명明이라는 한 글자로 편액을 삼았습니까? 명리明理의 명에서 취한 것이 아닙니까? 아니면 명도明道의 명에서 취한 것이 아닙니까? 명덕明德의 명에서 취한 것이 아닙니까? 명심明心의 명에서 취한 것이 아닙니까? 해의 명에서 취한 것이 아닙니까? 달의 명에서 취한 것이 아닙니까? 그렇지 않으면 산풍山風 고蠱괘의 상구上九 효사에서 '자신의 일을 고상高尙하게 하라'고 했던 의리를 밝히려는 것입니까? 아니면 천택天澤 리履괘의 초구初九에서 '평소 실천대로 밟아나가라'고 했던 의리를 밝히려는 것입니까? 그 뜻을 모르겠습니다."

거사는 "그렇지 않습니다"라고 말하고 묵묵히 아무 말도 하지 않으면서, 하늘을 우러르고 땅을 굽어보며 강개해하여, 줄줄 눈물을 쏟았다.

어부가 한숨을 쉬면서 말했다. "아아, 제가 알겠습니다. 그렇다면 강산이 거사께서 즐거워하는 것이 아니고 풍월이 거사가 즐거워하는 것이 아니며 새, 물고기가 거사가 즐거워하는 것이 아니군요. 강개해하는 이유는 서산西山의 부끄러움 때문이 아닙니까? 눈물을 흘리는 것은 신정新亭의 고통 때문이 아닙니까? 비록 속세의 바깥을 떠도는 어부라고 해도 오열할 만합니다."

그리고는 노를 저어 떠나가면서 노래하였다.

"우뚝한 노어대여, 거사가 안주하도다. 천 심尋 깊이의 낙수洛水야, 만 인仞 높이의 화산華山이여."

서산西山의 부끄러움이란 설욕하지 못한 부끄러움이란 뜻이며, 명나라가 외적의 침략을 받아 멸망했는데도 설욕하지 못해 부끄러운 것을 가리킨다.

옛날 염제炎帝의 딸이 동해에 빠져죽어 정위라는 새가 되어 항상 서산의 돌과 나무를 물어다가 동해를 메우려 한 전설이 있다. 서산의 부끄러움은 곧 정위가 잊지 못해하는 모욕이라는 뜻이다. 그런데 청나라의 침략을 서쪽으로부터의 변고라고 일컫기 때문에, 정식은 이 글에서 굳이 서산이란 말을 사용하였을 것이다. 또한, 송나라 때 서하가 침입하자, 재상으로 있던 한기韓琦와 범중엄范仲淹이 서북의 변경을 안정시키는 서사西事에 부심했다. 정식은 그 고사에 견주어, 서북의 변경을 지키지 못해 병자호란 때 남한산성을 내려가 후금과 맹약하는 굴욕을 겪은 일을 잊어서는 안 된다고 말하려 했던 듯하다.

한편, 신정新亭의 고통이란 나라를 잃은 고통을 말하는데, 여기서는 명나라를 잃은 고통을 말한다. 서진西晉 말년에 중원을 잃고 강남으로 피난 온 뒤에 신정에서 주연을 베풀었을 때 관원들이 서로 눈물을 흘리며 통곡하자, 승상 왕도王導가 "힘을 합쳐서 실지失地를 회복해야 할 마당에, 어찌하여 초나라에서 잡혀온 포로들처럼 서로 마주보며 슬피만 하는 것인가"라고 질타했다는 고사가 《세설신어》〈언어〉편에 나온다.

명나라에 대해 이토록 그리워하고 청나라에 대해 복수설치復讐雪恥의 뜻을 품은 것은 지나치다고 하겠다. 하지만, 명암이라는 초가를 지어놓고 세간과의 관계를 끊은 것은, 그 나름대로 새로운 삶을 살기 위한 결단이었다고 생각된다.

한편 정식은 1764년에 가전 형식의 글인 〈무성공전無聲公傳〉을 지어 자신의 정신 경계를 드러내었다.

동해 위 서산 아래에 어떤 사람이 있었는데, 그 성은 잃어버려 전하지 않는다. 이름은 무성無聲이고, 자字는 무취無臭이다. 공은 소리 없고 냄새 없는 것을 좋아했으므로, 스스로 이렇게 부른 것이다.

공에게는 신선들이 사는 집이 있어 백옥경달에서 살았다. 일찍이 복숭아를 훔쳤던 아이한漢나라 동방삭東方朔와 더불어 밤에 경원瓊苑, 신선들의 동산에서 노닐다가 이런 시詩를 지었다.

은하수銀河水 멀고 먼 데 견우성 북두성가로 놓였고,
금 병풍에 새벽 차가운데 옥 같은 여인 근심스러워하네.
달 복숭아꽃에 비쳐 뜰 가득히 그림자 어지러운데,
삼청궁三淸宮 열두 누각 문이 닫혀 있도다.

옥황상제가 마침 그 시를 듣고서 그가 지혜로우면서 총명한 것을 아주 사랑하여, 화원花園에서 제일 가는 아이 신선이라고 늘 칭찬했다. 지금까지도 이름이 백옥경 신선의 호적에 남아 있다.

처음에 무극옹無極翁이 있었는데, 그의 윗대 조상이다. 그가 형체를 부여받았을 때, 이理가 먼저고 기氣가 나중이었고, 텅 비고 밝고 잘 조화되어 완전히 착하여 악한 것이 없었다. 요임금·순임금·우임금·탕임금·문왕·무왕·주공 등이 그 전통을 계승하고 그 도를 전하였다.

또 두 번 전하여 공자가 나와 도가 크게 이루어졌다. 그뒤 위대한 인물과 큰 학자들이 어떤 시대에 간혹 있었으나, 모두 스스로 숨어 이름을 내지 않는 것을 귀하게 여겼다. 그래서 혹 사라져 없어져버려 일컬어지지 않으니, 안타깝도다.

무성공은 일찍이 그 도를 얻어 그 자연스런 본성을 온전히 유지하여, 무극옹의 기상이 자못 있었다. 가슴속이 깨끗하여 차가운 물에 비쳐진 가을 달에 비유되기도 하였다. 비록 불 땐 음식을 먹는 속세에 살았지만, 바람과 이슬을 들여마셨다 내놓고 속세의 틀을 벗어나려는 뜻이 있었다. 천하의 만물로써 그 마음과 눈을 움직이게 할 수 없었다. 하늘과 땅이 제 위치에서 작용하고 만물이 그 사이에서 길러지고 신神의 조화造化가 정교하게 되고, 경敬으로써 마음을 곧게 하고 의義로써 행동을 반듯하게 하고, 근심도 없고 즐거움도 없고, 말도 하지 않고 웃지도 않고, 고요하게 쓸쓸하게, 두려워하면서 부지런히 힘써 마치 받아들일 것이 없는 듯이 하였다. 오직 소리도 없고 냄새도 없는 것으로써 지극히 오묘한 경지로 쳤다.

그 뜻을 고상하게 가져 만승 천자도 가벼이 여겨 신하 노릇하지 않고, 공후제후국의 임금를 대수롭잖게 보아 벗 삼지도 않았다. 그 말을 들어보면 백이의 기풍을 얻은 듯한 사람이었다. 그러나 천자 나라인 주나라를 높이고 오랑캐를 물리치는 것을 한평생의 가장 큰 일로 삼았다. 차라리 바위틈에 버려져 죽을지언정 머리로 두 하늘을 일 수는 없었다. 《주역》에, "평소에 다니던 길로 가는 것은 혼자 자기의 소원을 이루려는 것이다"라고 했고, 또 "천지가 닫히면 어진 사람이 숨는다"라고 했으니, 정말 무성공을 두고 이른 것이리라.

예禮가 아니면 보지도 않고 듣지도 않고 말하지도 않고 움직이지도 않았다. 사람은 아무렇게나 사귀지 않았고, 사물은 아무렇게나 취하지 않았다. 다른 사람의 착한 점을 들으면 난초를 몸에 찬 듯이 했고, 다른 사람의 나쁜 점을 들으면 마치 까끄라기가 등에 들어 있는 것처럼 했다.

부귀하거나 빈천하거나 한 가지로 공평하게 보아 아부하거나 가벼이 보는 차별이 없었다. 또 호화롭게 사치하거나 실속 없이 경박한 습관이 없었다. 옷은 몸만 가리면 되었고, 음식은 배만 채우면 되었다. 항상 보지 않고 듣지 않는 가운데에서 조심하고 신중히 처신했다. 숨어 미미하고 그윽하고 혼자 있는 데서 살펴, 천리天理의 바름을 잃지 않았다.

복희씨가 지은 《주역》 읽는 것을 좋아해서, 하루 종일 책을 대하여 푹 젖어들어 거듭거듭 반복해 읽었다.

교유交遊를 끊고 속된 모습을 하지 않았다. 이런 까닭으로 사방에서 비록 그의 성명姓名과 사는 마을을 알았지만 그 얼굴을 보는 경우는 드물었다. 사람들 가운데서 그를 보고서 미워하는 사람은 늘 많았고, 그를 사랑하는 사람은 항상 적었다. 심한 경우에는 그를 사람 축에 끼워주지도 않았다. 무성공은 이를 편안히 받아들여 화를 내지 않았다.

물러나 자기 일을 하였지만, 밭은 황폐해지고 집은 비바람을 막지 못하여 자기 힘으로 살아갈 수가 없었다. 변변찮은 음식도 자주 떨어져 한 달에 고작 아홉 끼를 먹을 정도였다. 사람들이 걱정했지만 공은 느긋해 하였다.

한평생 산수를 아주 좋아하는 버릇이 있어 먼 곳이거나 가까운 곳이거나 할 것 없이 훌쩍 갔다가 훌쩍 왔다. 사물을 만나면 읊조리고, 읊조리면 곧 시를 이루었다. 일찍이 이런 시를 지었다.

개미들 시장에 사람이 노니 꿈 아직 깨지 못한 것이요,
우리 유도儒道가 날로 몰락해가는 것 아픈 마음으로 본다네.
강하는 풍파의 형세를 몇 번이나 바꾸었는가?

산악만이 태고의 형태를 간직하고 있도다.

혹 바람이 맑고 달이 밝은 밤을 만나면, 줄 없는 거문고를 연주하며 〈채미가〉를 불렀다. 노래가 끝나면 두서너 줄기 눈물을 흘렸다. 사람들은 그의 가슴속의 생각을 알지 못했다.

산에 들어가 나오지 않다가, 숭정崇禎 갑신1764년 삼월 십구일에 숨을 거두어, 서산 속에 안장했다. 서산은 곧 수양산이라고 한다.

1744년에 정식은 와룡암臥龍庵을 짓고 상량문을 썼다. 그는 그 글에서 자신이 산수山水를 좋아하여 고질병이 될 정도여서 동쪽으로 월송정·망양정·청간정·해산정·죽서루·삼일포·경포·총석정 등을 유람했고, 태백산·오대산·설악산·개골산·속리산·가야산·묘향산·두류산 등으로 다녔는데, 이렇게 하여 세상을 속이고 이름을 피하려고 한 것이 아니고, "포악한 진秦나라를 부끄러워하고 의리義理를 흠모欽慕하는 것에 불과하다"고 밝혔다. 청나라가 동아시아를 지배하는 제국이 된 것에 대한 불만으로 유람을 떠났다는 말이니, 청나라에 조공 바치는 것을 가슴 아파하면서, 북벌을 시도했던 제갈공명의 초상을 걸고 그 영걸스러운 기풍을 본받고자 한 것이다.

참고문헌

- 정식鄭栻, 〈명암전明庵傳〉, 《명암집明庵集》 권5, 한국문집총간 속65, 한국고전번역원, 2008. ; 〈명암기明庵記〉, 《명암집》 권4.
- 조수학, 《한국의 탁전과 가전》, 영남대학교출판부, 1987.

안정복安鼎福, 〈영장산객전靈長山客傳〉　　15

요긴하지도 않은 저술이 분량만 많다
紛紛不緊 분분불긴

흔히 안정복安鼎福, 1712~1791을 성호학파의 우파라고 일컫는다.

본래 성호학파에는 성호 이익의 후손들인 여주이씨 인맥과 안정복 등 고제들의 계보가 있었다. 여주이씨 인맥으로는 이익의 아들인 맹휴孟休, 조카뻘인 만휴萬休·진휴震休·용휴用休·병휴秉休, 손자뻘인 중환重煥·철환喆煥·정환貞煥·삼환森煥·구환九煥·가환家煥이 모두 명사였다. 특히 경제학의 이만휴, 천문학과 문학의 이용휴, 경학과 사학의 이가환, 지리학의 이중환이 잘 알려져 있다. 한편, 여주이씨의 가계와는 별도로 사학의 안정복, 천문학의 황운대黃運大, 지리학의 윤동규尹東奎, 문학의 신후담愼後聃, 경학의 권철신權哲身 등이 성호학파의 학자로서 저명하다.

그런데 성호학파는 경전의 해석방법과 서양문물의 수용 태도에 따라 보수파와 진보파로 갈렸다. 보수파에는 안정복, 황덕길黃德吉, 허전許傳이 속하였고, 진보파에는 정약전丁若銓, 권철신, 정약용이 속하였다.

안정복은 경기도 광주의 영장산 아래 거처하면서 성호학파를 정신적으로 이끌어나갔다. 그가 지은 〈영장산객전〉은 탁전의 형태를 빌어쓴 자서전이다.

객은 광주廣州 사람으로, 성은 아무개요, 이름은 아무개요, 자는 아무개이다. 그 자를 근거로 거처하는 집에다 순順이라고 편액을 걸고, "천하의 일은 순리뿐이다"라고 했다. 영장靈長은 산 이름이다. 그 속에서 글을 읽으며 스스로 호를 영장산객靈長山客이라 했다.

어려서는 몸이 약하여 병을 안고 살더니 장성한 후에는 학문을 좋아하여 읽지 않은 책이 없었다. 학문에 사우師友가 없어 마음 내키는 대로 백가서百家書를 두루 보았으며, 관중管仲·상앙商鞅·손무孫武·오기吳起·감공甘公·석신부石申夫·경방京房·곽박郭璞·순우의淳于意·편작扁鵲의 책을 모두 연구하느라고 여러 해를 보냈으나, 소득이 없었다. 늦게야 그것이 잘못되었음을 깨달았으면서도 시원하게 버리지 못하다가, 26세에 《성리대전》을 얻어 읽어보고서야 비로소 이 학문이 귀하다는 것을 알고, "'자기 집에 무진장 있는 것을 버려두고 깡통 들고 남의 대문에서 비렁뱅이 노릇을 했다'는 것은 옛사람이 먼저 내 마음을 알아차린 말이 아니겠는가!"라고 탄식하고는, 드디어 손수 베껴 입으로 외웠다. 그러는 한편으로 역대의 사기를 누루 다스려 치란治亂의 사쉬를 연구하고 안위安危의 기미를 살피며 제작制作의 근원을 분석하고 시비是非의 단서를 분별하기를 또한 여러 해 동안 계속했다. 그 때문에 내면으로 향하는 공부가 또 전일하지 못했다. 널리 본 나머지 비록 얻은 것은 없었지만 언론을 내놓으면 그런대로 들어볼 만한 것이 있었다. 이 때문에 뜻을 같이한 선비들이 간혹 실제로 터득함이 있다고 여기기도 했지만 그 속을 알고 보면 아무 것도 없었다. 이로 인해서 헛된 이름으로 세상을 속이게 되었다.

기사년1749, 영조 25 여름에 천거되어 후릉참봉厚陵參奉에 제수되었으나 나아가지 않았고, 겨울에 이르러 또 만녕전참봉萬寧殿參奉에 제수되자 명예를 사리는 것처럼 보일까봐 명에 응했으나 그가 좋아하는 바는 아니었다.

신미년1751 2월에 의영고봉사義盈庫奉事로 승진하고, 임신년1752 2월에 정릉직장靖陵直長으로 승진하고, 계유년1753 10월에 귀후서별제歸厚署別提로 승진하고, 갑술년1754 2월에 사헌부감찰司憲府監察로 승진하고 통훈대부通訓大夫의 품계에 이르렀으니, 모두가 순서에 따라 자급資級이 오른 것이었다. 이해 6월에 부친상을 당하여 영장靈長의 옛 집으로 돌아가 여막廬幕을 지켰는데, 병이 나자 그대로 죽겠다는 마음을 먹고는 문을 닫아걸고 교유를 끊은 채 한결같은 마음으로 운명을 기다렸으니, 이때 나이 43세였다.

산객은 평소에 제갈량과 도연명의 인간됨을 사모하였는데, 진수陳壽의 《삼국지》와 진송晉宋의 전傳은 자상함과 소략함이 뒤섞여 있고 빠진 것도 많다 하여 두루 전기傳記를 채집하여 두 사람의 전傳을 만들어 항상 읽으면서 그들을 만나기나 한 듯이 기뻐했다. 그리고 그들의 흉내를 내어 뽕나무 800그루와 버드나무 다섯 그루를 집의 좌우에다 심었는데, 뽕나무는 600그루가 말라죽고 버드나무는 한 그루가 시들었다. 언젠가 웃으면서 남에게 말했다.

"망령되게 옛사람으로서 자부하였더니 사물도 같지 않다는 것을 아는 모양이다. 제갈량에게는 4분의 3이 미치지 못하고 도연명에게는 5분의 1이 미치지 못하니, 내가 누구를 속이겠는가."

글을 읽으면 항상 대의大義만을 보고 심하게 해석하려 하지 않았으니, 이 또한 두 사람이 하던 바를 사모한 것이다. 자질과 성품이 촌스럽고 어두우며 엉성하고 우활하여 백에 하나도 능한 것이 없었으나, 한 가지 스스로 허여한 것은 남의 선을 보면 좋아하고 남의 능함을 보면 몸을 굽혀 배우기를 원하는 것이었다. 남의 비위를 거스르는 법이 없고 남을 심하게 꾸짖지 않았기 때문에 일찍이 한 번도 남에게 무안을 당한 일이 없었고, 벼슬하는 5년 동안 분수에 맞게 분주하여 한 사람도 때린 일이 없었고, 사私를 추구하느라 공公을 해치지 않았으며 옛것을 고집하여 세속을 어기지 않았으므로 아랫사람들은 그 간편함을 즐거워하고 사람들은 그의 화락하고 평이함을 좋아했다. 그래서 모르는 사람들은 처세를 잘한다고 여겼지만 그래도 마음을 쓰지 않았다. 집이 가난하여 서책이 없으므로 적는 것을 즐겨 하여 잊어버림에 대비했다. 하지만 글을 짓는 것은 좋아하지 않았다. 역시 문사文辭에 재주가 없음을 알아서 그런 것이었다. 저술한 것이 농 안에 가득 차 있지만 모두 탈고되지 않은 것들이다. 비록 연석燕石, 연산에서 옥이라고 착각해서 주운 돌처럼 스스로 귀중하게 여기지만, 있어도 되고 없어도 되는 것으로서 한갓 심력만 소모했을 뿐이지 요긴하지도 않은 서술이 분량만 많았다.

야사씨野史氏는 말한다.

내가 객의 마을 사람들을 통해서 객의 사람됨을 자세히 들어보았는데, 깊이 들어앉아 있으면서 드물게 나오는 것은 수련修鍊하는 자와 같고, 향리에서 세속을 따르는 것은 향원鄕愿과 같고, 큰 뜻을 품고 고인古人을 말하는 것은 광자狂者와 같고, 남에게서 구함이 없는 것은 지조가 있는 사람 같고, 항상 종일토록 글을 보는 것은 학문을 하는 자와 같고, 간혹 눈을 감고 고요히 앉아 있는 모습은 선禪을 배우는 자 같고, 나약한 듯이 남에게 굽히는 것은 노씨老氏의 학문에서 얻은 바가 있는 듯하고,

운수에 미루고 운명에 맡기는 것은 장주莊周, 장자의 학문을 터득한 듯하다. 또 그의 말은 박식하고 가짓수가 많아서 요령을 잡기 어려우며 그 널리 아는 것을 요약하여 하나로 귀결시킨다면 거의 어긋나지 않게 될 것이 틀림없다. 그러나 성격이 간략하고 소졸하여 일찍이 남과 더불어 교유를 하지 않으면서, "한 사람을 사귀는 것이 한 사람을 끊는 것만 못하다" 했다. 그래서 서로 오가는 사람이 없어 세 갈래 오솔길에 풀이 무성했다. 이렇게 일생을 마쳤으니, 어쩌면 은사隱士의 유풍에 대해 들은 자가 아니겠는가!

경기도 광주 경안면慶安面에 영장산이 있다. 그곳 덕곡리德谷里에 거처했던 안정복安鼎福, 1712~1791은 스스로를 영장산객이라 호하고 이 자전을 남겼다. 영장산은 조선조의 사기沙器 분원이 있던 곳이기도 하다. 선영이 그곳에 있던 안정복은 거기에서 동약을 시행하여 새로운 공동체 구성을 꿈꾸기도 했다.

글 속의 영장산객에 대해서는 "성은 아무개요, 이름은 아무개요, 자는 아무개이다"라고 하였을 뿐, 구체적 인명을 밝히지 않았고, "영장靈長은 산 이름이다. 그 속에서 글을 읽으며 스스로 호를 영장산객이라 했다"라고 해서 호를 붙인 이유에 대해서만 밝혔지 그 호의 인물이 누구인지 말하지 않았다. 하지만 "그 자를 근거로 거처하는 집에다 순順이라고 편액을 걸었다"라고 하여, 그 자에 '順' 자가 들어가 있음을 말했다. 그리고 이것은 안정복이 자신의 호인 순암順菴을 의식해서 그 글자를 썼으리라는 것을 짐작할 수 있게 해준다.

더구나 기사년 여름에 천거되어 후릉참봉厚陵參奉에 제수되었던 것, 그 겨울에 만녕전참봉萬寧殿參奉에 제수되자 응명한 것, 신미년 2월에 의영고봉사, 임신년 2월에 정릉직장, 계유년 10월에 귀후서별제로 승진한 것, 갑술년 2월에 사헌부감찰로 승진하고 통훈대부의 품계에 이른 것, 그리고 갑술년 6월에 부친상을 당한 것 등은 모두 안정복의 실제 일생사적과 일치한다.

〈영장산객전〉에서 안정복은 자기 자신을 무엇보다도 은사의 유풍을 지닌 자로 부각시키고자 했고, 구체적으로는 제갈공명과 도연명의 이상에 부합시키려고 했다. 하지만 "장성한 후에는 학문을 좋아하여 읽지 않은 책이 없었다. 학문에 사우師友가 없어 마음 내키는 대로 백가서百家書를 두루 보았다"라고 한 서술과, "26세에 《성리대전》을 얻어 읽어보고서야 비로소 이 학문이 귀하다는 것을 알았다"라고 한 서술은, 안정복이 학문하는 사람으로서 정신경계를 확장해온 과정에 관심을 두도록 독자를 흡인하고 있다.

다만 학자의 자서전이라고 하기에는 뜻밖에도 "요긴하지도 않은 저술이 분량만 많다"고 자조적인 말을 직선적으로 내뱉었다. 안정복은 또 글을 읽으면 항상 대의大義만을 보고 심하게 해석하려 하지 않았다고 했다. 도연명이 〈오류선생전〉에서 '불구심해不求甚解'하는 독서법을 제안한 것을 따랐다는 것이다.

안정복은 이익의 사후에 이른바 성호학파를 이끈 인물이다. 남인 안극安極의 아들로, 본관은 광주이다. 어린 시절 조부를 따라 경상도 울산과 전라도 무주 등에 거처하다가, 24세 되던 1735년영조 11에 조부가 사망하자 다음해 경안으로 돌아왔다. 안정복은 경세치용의 경세론을 학문과 현실에 연결시켰다. 《성리대전》을 분석하고 〈치통도治統圖〉〈도통도道統圖〉를 저술하는 등 주자학 연구에 몰두했다. 1746년에 비로소 이익을 만나 경세치용학을 배웠다. 그는 지주제 혁파를 통해 소농경영을 일으키는 방안으로서 정전법을 주장했으며 부농층을 주체로 민부民富를 창출하는 방법을 모색했다. 그 개혁안은 유형원이 제시한 공전제의 원리를 실행가능한 방법으로 완화시켰다.

안정복은 1754년영조 30에 사헌부감찰로 옮겨져 품계가 통훈대부에 이르렀다. 그러나 그해에 부친이 황달로 세상을 떠나자 낙향했다. 이때부터 그는 향촌 문제와 우리 역사에 대한 관심을 체계화하기 시작하여, 1756년에 〈광주부 경안면 2리 동약〉을 제정하고 1757년에 목민서 《임관정요》를 탈고했으며, 역사서 《동사강목》과 《열조통기》를 정리했다. 61세 되던 1772년에 왕세손을 보도하는 익위사익찬을 수락했던 일도 있다. 1779년정조 3에 목천현감에 임명되었으나 곧 체임되었다. 70세 이후에는 예우의 직책인 돈녕부주부 통정대부에 올랐으며, 다시 첨지중추부사 가선대부에 승자되었다. 1790년 동지중추부사에 오르고 광성군廣成君에 봉해졌으나, 고령자를 예우하는 산직散職이었다.

안정복은 이익의 《성호사설》을 정리하여 《성호사설유선》으로 엮었다. 또한 불교·도교와 역사·서학 등 여러 학문을 공부해서 《하학지남》과 《잡동산이》를 엮었다. 그가 편찬한 《동사강목》은 1783년 정조도 을람乙覽했고, 근대의 박은식·장지연·신채호 등 민족사학자에게 계몽서가 되었다.

안정복은 이병휴가 타계한 이후 1780년대부터 성호학파를 이끌어나갔다. 그는 젊은이들이 천주교나 양명학에 심취하는 상황을 몹시 우려했으며, 영남 퇴계학파의 설을 참조하여 이황의 이기설을 재해석함으로써 성호학파의 통합을 꾀했다. 그러나 권철신이나 이기양은 안정복을 멀리했다. 1785년에 안정복은 신후담의 《서학변》으로부터 영향을 받아 〈천학고〉와 〈천학문답〉을 저술했다. 〈천학문답〉은 이마두利瑪竇, 마테오리치의 《천주실의》를 모방하여 문답형식으로 구성해서, 하늘을 섬기는 일이 서양에만 있지 않다는 것, 천학은 불교의 나머지에 불과하고 오직 내세를 위한 것이라는 것, 천학에서 말하는 천지창조와 인류조상론은 이치에 맞지 않는다는 것, 성경은 조작된 것이라는 것 등을 논했다. 이 글은 근기는 물론 영남 지방에까지 퍼져 영남의 남인 학자들로부터 호응을 받았다. 1786년에는 채제공蔡濟恭에게 편지를 보내어, 함께 천주교의 점염을 막자고 청했다. 그리고 그는 황덕일黃德壹·황덕길黃德吉 등 벽위론闢衛論에 협조하는 문하생도 길러냈다. 또 1786년 이삼환의 〈양학변〉 저술을 촉발했다.

안정복의 〈영장산객전〉은 변혁의 시대에 현실에 대처하는 방도를 진지하게 사색했던 인물의 전형을 또렷하게 제시하였다.

참고문헌

- 안정복, 〈영장산객전靈長山客傳〉, 《순암집順菴集》 권19 전傳, 한국문집총간 229, 한국고전번역원, 1999.
- 조수학, 《한국의 탁전과 가전》, 영남대학교출판부, 1987.
- 최윤오, 〈순암 안정복의 토지론〉, 《실학연구》 4, 실학연구회, 2003, pp.83-115.
- 윤재민, 〈18세기 광주와 문학-순암 안정복의 〈영장산객전〉을 중심으로-〉, 《한국실학연구》 8, 2004.12, pp.183-211.
- 심경호, 〈성호학파의 계보〉, 《성호학보》 2호, 성호학회, 2006.4, pp.193-246.

조면호趙冕鎬, 〈자지자부지선생전自知自不知先生傳〉   16

이 병은 종잡을 수가 없다
是疾 莫可測 시질 막가측

조면호趙冕鎬, 1803~1887는 탁전인 〈자지자부지선생전自知自不知先生傳〉을 남겼다. 스스로 도리를 알지 못한다는 사실을 나 자신이 잘 알고 있다는 뜻에서 '자지자부지'라는 호를 사용하고, 자기 삶을 반추한 것이다.

서울 안국방에서 태어났다. 본관은 임천이고, 호는 옥수玉垂·이당怡堂·자원紫園 등이다. 부친 조기항趙基恒은 김이도金履度의 사위로, 순안현령을 지냈다. 김선金璿에게서 시문을 배웠고, 1837년 진사시험에 급제한 후 1858년까지 지방관을 전전했다. 1838년에 경릉참봉, 1845년에 평안도 삼등현령, 1847년에 순창군수를 지냈다. 1848년에 평양서윤으로 승진했으나 1850년에 암행어사의 탄핵으로 파직되었다. 1855년경에 중앙의 말직을 거쳐, 1857년에 경상도 의성현령으로 나갔으나, 이듬해 탐장貪贓의 죄로 유배되었다. 몇 달 만에 풀려났지만 벼슬살이는 더 이상 하지 못했다. 1858년에 벼슬을 그만둔 뒤 서울 북촌을 전전하다가 가회방 맹현 아래 정착하여 만년을 보냈다.

선생은 어느 때 사람인지 모른다. 알봉閼逢, 甲 이전에 소양昭陽, 亥의 뒤에 태어났으므로, 사람들이 그 나이를 알 수가 없다.

나면서부터 이인이라서, 눈으로는 청색과 황색을 구분해서 보지 못해도 때때로 모기의 속눈썹은 살필 수가 있고, 귀로는 종소리와 북소리를 변별해서 듣지 못해도 역시 개미 싸우는 소리는 들을 수 있었다. 손은 뜨거운 것을 집어도 찬물에 담그지 않고, 발은 얼음을 밟아도 전율하지 않았다. 일어나 움직임에 일정한 때가 없고, 좋아해서 욕망함에 절도 있게 조절하지 않았다. 기이한 병이 몸을 얽어매어 멍청하게 흙으로 만든 조각이나 나무로 만든 허수아비 같았다. 일반 사람들이 비위에 싫어하는 것을 맛있어 하고, 일반 사람들이 마음에 싫어하는 것을 영위하므로, 의원은 "이 질병으로 말하면 고치기 어렵다"라고 했다. 질병이 나아도 멍하게 있으려고 해서, 깨어 있어도 늘 정신이 흐트러져 있어, 무엇이 이득이고 무엇이 손실인지 깨닫지 못했다.

어떤 사람이 물건을 놓고 가자, "이 물건이 어디에서 왔지?"라 하고, 남이 물건을 빼앗아가사, "이 물선이 이에 가버렸구나!"라 하고는 다시 남에게서 구하려고 했다. 남이 구하지 않는 것인데도 또한 그것을 주었다. 바야흐로 질병이 고질로 되었을 때 집을 황량하고 추운 곳에 두고는, 도시락밥과 표주박 물도 자주 비었고, 겨울에는 갖옷 한 벌, 여름에는 갈옷 한 벌로 지내면서 두건도 쓰지 않고 버선도 신지 않은 때가 많았다. 때로는 의복과 관을 단정히 하고 향을 피워놓고 성현의 글을 읽었는데, 하루도 삿갓을 쓰고 밭 매는 일을 거르지 않았다. 사람들 모두 "이 병은 예측하기가 어렵다"고 했다.

차를 품평하고 술을 논평하면 정감을 발하여 시를 이루고, 거문고를 타고 바둑을 내기하면 그림으로 그려내든가 했다. 때로는 지팡이를 짚고 나막신을 신고 산에 들어가서 홀연 어디로 가는지 알 수가 없게 되거나, 또 건거巾車를 타고 성 밖으로 나가서는 담담하게 노닐어서 돌아가는 것을 잊고는 했다. 상도에서 벗어난 증세와 기괴한 빌미가 갈수록 더욱 놀라울 정도가 되었다. 날마다 규염객虯髥客·고절군苦節君·파릉위灞陵衛·동리처사東籬處士·조향암도인祖香庵道人과 함께 요언要言을 입증하고 묘도妙道를 강론하였는데, 한 석장石丈이 그 곁에서 고개를 끄떡이고는 했다.

그러길 오래하다가 마침내 몸이 완전히 쇠하고 잔약하게 되자, 가속들을 소평邵平과 주옹周顒과 왕신민汪信民 등 서너 집에 맡기고는, 마침내 시내와 산이 맑고 빼어난 곳에서 거들먹거리면서, 바람과 햇볕을 당겨 취하며 소요하여, 남들이 두려워하고 위태로워하는 바를 가지고 침설鍼焫, 침놓고 뜸뜨듯이 경계로 삼음하지 않았다. 그래서 스스로 호하기를 '자지자부지선생'이라고 했다.

조면호는 이 탁전에서 자지자부지 선생이 가속을 왕신민에게 맡겼다고 했다. 《소학》 외편 〈선행〉에 보면, 왕신민은 일찍이 "사람이 항상 나물 뿌리만을 먹고도 살 수 있는 훈련이 되어 있다면 무슨 일이든 할 수 있다"고 했다 한다. 나물 뿌리를 먹는다는 것은 청빈한 삶을 뜻한다. 조면호는 실제로 풍족하지 못한 삶을 살았다.

하지만 조면호는 추사 김정희에게서 서예와 금석에 관한 감식력을 지도받은 일급의 문화인으로서 당대의 명사들과 두루 교제했을 뿐만 아니라 중국 문사들과도 교유했다. 1828년 계부 조기겸趙基謙이 서장관으로 중국에 다녀오자, 그를 통해 중국의 여러 학자와 교제를 맺었다. 또 1860년 중국에 다녀온 신석우나 1861년 중국에 다녀온 박규수를 통해서도 중국 문사들과 서신을 주고받았다.

조면호는 60여 년에 걸친 왕성한 창작활동을 통해 무려 5000편이 넘는 시를 남겨놓았다. 병인양요·신미양요를 거쳐 개항과 임오군란·갑신정변으로 이어지는 시국을 증언하기도 하고, 서울과 의성·강서·의주 등의 풍속과 세태를 죽지사 양식으로 노래하기도 했다. 특히 병인양요1866 때는 〈서사잡절西事雜絕〉을 짓고 신미양요1871 때는 〈후서사잡절後西事雜絕〉을 지어, 외세 침략을 우려하는 심경을 시적으로 형상화했다. 또 궁중 행사와 관련하여 왕실을 예찬한 궁사宮詞도 남겼다.

조면호의 시대는 제국주의 열강의 침략이 시작된 시기다. 프랑스는 1839년헌종 5의 기해박해 때 자국 선교사 세 명이 처형되자, 1846년과 1847년에 원정을 시도했고, 1856년철종 7에도 군함을 파견하여 정찰을 벌였다. 그러다가 1866년고종 3 정월에 자국 선교사 아홉 명이 처형되자, 프랑스는 대대적인 원정에 나섰다. 그 결과 두 달에 걸쳐 이른바 병인양요가 일어났다. 조면호는 현실의 향배를 우려하여 7언 절구 45수 1260자에 달하는 〈서사잡절西事雜絕〉을 지었다. 그 서문에서 그는 이렇게 말했다.

병인년 초가을, 서양배가 한강에 들어와 서울에 큰 소동이 나더니, 9월에는 강화도가 끝내 함락되었다. 애당초 싹을 제거하지 않았다가 큰 환란을 초래한 것이다. 이에 한탄스러워서, 공문서와 항간의 소문을 수집하여 엮고 나의 소견을 덧붙여 손길 가는 대로 시를 짓고는 〈서사잡절〉이라 했다.

조면호는 천주교도를 발본색원하지 않은 것이 병인양요의 원인이라고 보았다. '서사'라 한 것은 송나라 때 서하가 침략하려 하자 한기韓琦와 범중엄范仲淹이 서북의 변경을 안정시키는 시사西事에 부심했던 고사를 상기시키는 말이다.

조면호는 강화에 반대하여, 기정진奇正鎭과 이항로李恒老가 척사斥邪의 상소를 올린 일이나 이시원李是遠 형제가 순절한 일을 칭송하였다. 한편으로는 순무군의 지휘를 맡은 중군 이용희의 무능함을 비판하고 문수산성 전투를 지휘한 문신 한성근韓聖根, 정족산성 전투 때 양헌수의 참모였던 유학幼學 이 아무개의 활약을 부각시켰다. 단, 프랑스 군대의 만행이나 대원군의 공죄는 언급하지 않았다.

한편 1871년 미국의 조선원정 전권공사 로우Law와 아시아 함대 제독 로저스Rodgers가 군함 다섯 척을 이끌고 와서 강화도의 초지진과 덕진진 등을 점령하는 신미양요가 일어났다. 어재연의 부대는 광성보 전투에서 지구전을 벌이다가 괴멸되고, 미국 군대는 5월 중순에 퇴각했다.

조면호는 이때 7언 절구 48수 1344자에 달하는 〈후서사잡절後西事雜絕〉을 지어 신미양요의 사실을 다루었다. 4월 14일의 손돌목 포격 사건부터 4월 24일의 광성보 패전까지를 차례로 그리고, 조선 조정이 미국 군함과 교섭을 시도하는 한편으로 천주교도를 처형하여 척화의 의지를 다진 사실을 전하였다. 마지막 제48수는 1860년 북경사변 이후 중국이 서양 열강과 화약을 맺었으나 조선만은 그들에게 굴복하지 않았음을 자랑스럽게 노래했다.

사나운 양놈 처음 기세에 누군들 놀라지 않았으랴

통주에 돌입하여 황제의 수도를 분탕질하다니.
군함과 대포로 이 세계를 교만스레 횡행해도
청구조선의 한 구역만은 맑고도 깨끗하다.

獰羊初勢孰無驚 영양초세숙무경   突入通州蕩帝京 돌입통주탕제경
船礮驕橫此天下 선포교횡차천하   靑邱一域獨淸明 청구일역독청명

조면호는 천주교도가 미국 군함에 동승하여 앞잡이가 되거나 국내에서 호응하고 있다고 보고 천주교도의 처형을 적극 지지했다. 그리고 수원 유수 신석희申錫禧 등 일선 관리들이 방비에 힘쓴 일과 출정을 자원한 장사들이 크게 활약한 사실을 서술하고, 고종이 척화 의지를 천명하고 미국과의 교섭에 나선 관원들이 저들과 타협하지 않은 일을 칭송했다. 또한 미국 함대의 조선 원정을 통지한 일본 측 저의를 의심했다.

조면호는 이렇게 급변하는 현실에 깊은 관심을 두었지만, 만년에는 대개 문단의 원로로서 후배를 이끄는 일에 진력했다.

1858년 벼슬을 그만둔 그는 서울 북촌의 여러 곳을 전전하다가 가회방 맹현 아래 정착하여 만년을 보냈다. 철종 말 고종 초인 1860년대에는 고관으로 출세한 벗들과 수시로 시회를 가졌으며, 1860년대 후반에는 시단의 원로로서 명성을 지녔다. 그가 19세기 후반 서울 북촌의 사대부 시단 중심인물이었던 사실에 대해서, 홍기문은 "철종 말년 또는 고종 초년에 이르러 서울 북촌에는 번창한 두 사랑舍廊이 있었으니 하나는 옥수玉垂 조면호요, 다른 하나는 환재瓛齋 박규수朴珪壽다. 전인의 사랑에는 오로지 음풍농월하는 시인 묵객들의 모임이었지만 후인의 사랑에는 다 각각 자

기대로 경륜과 포부를 가져 천하를 놓고 대세를 의론하는 도당이었다"고 언급했다.

조면호는 자기 서실인 자지자부지서옥에 글도 적었다.

서옥은 세 칸이다. 밖에는 긴 나막신이 하나, 꾸미지 않은 짚신 하나가 있다. 곁에는 문죽紋竹으로 만든 지팡이 하나를 꽂아두었다. 안에는 삿자리 하나, 코 짧은 호미 하나를 시렁에 두었다. 또 서옥 안의 북쪽에는 나무로 깎아 만든 의자 하나, 깨끗하게 씻어둔 연꽃 모양의 그릇 하나를 두었다. 또 안의 조금 남쪽에는 소매小梅 하나, 노매老梅 하나를 두고, 또 잎이 뻗어 꽃이 맺기 시작한 것이 바깥으로 일곱 개 드러나 있는 수선의 화분을 두었다. 또 오른쪽에는 망가진 그림과 법첩을 잇대어 만든 병풍을 하나 두어 남쪽 한 방향을 둘러두었다. 나무 대 위에는 명나라 선덕 연간에 만든 향로 하나, 한나라 때 만든 기와 하나, 큰 대나무로 만들어져 좀이 쓴 왕헌지王獻之 필통 하나, 오래된 먹 두 개, 새 먹 하나, 작은 산탁散卓 붓 하나, 털이 잡박하게 섞여서 막 못 쓰게 된 붓 모두 일곱, 조악한 글씨 20편을 두었다. 그리고 왼쪽에는 십삼경十三經을 넣은 큰 함 하나, 역사서를 넣은 함 하나, 당송시문唐宋詩文 네 함, 그 아래에는 매화석 무늬가 들어있는 대통 하나에 떨이채 하나를 꽂아두었다. 그리고 왼쪽에는 토관土罐 하나, 철망 망가진 풍로 하나, 자완磁碗 하나, 배에서 쓰는 납등자 하나를 두었다. 월남越南 작은 목판 하나에, 혹부리 나무로 만든 바가지 하나를 배열하고 그 안에 사시沙匙, 주사빛이 도는 숟갈 하나를 두었다. 다시 그 곁에는 월요越窯에서 만든 비색이 도는 자기, 이주伊州에서 만든 돌로 된 독 각각 하나, 대 위에 놓인 작은 잔을 하나

두었다. 북쪽 벽에는 오래된 검을 하나 걸어두었다. 북서쪽에는 긴 거문고 하나를 세워두고, 서양 거문고風琴에 쓰는 진옥鎭玉 하나를 두었다. 또 서쪽에는 하나의 상죽湘竹으로 만든 통을 거문고 곁에 두고, 한 자 남짓 되는 절동折東의 작은 책상 하나를 두었다. 또 돌 인장 열두 개, 장주漳州에서 만든 붉은 인주를 넣은 합盒 하나, 작은 구요九曜 모형 하나, 씀바귀차가 반쯤 들어있는 대상자 하나, 안식향安息香 다섯 가지를 두었다. 중간자리에는 볏짚깔개 하나, 찢어진 담요 하나, 그 위에 소나무 목침 하나를 두고, 오동 궤자几子, 안석 앞에 푸른 주머니를 하나 두었다. 거기에 이른바 주인옹이라는 자가 있는데, 맥놓고 편안한 자세로 백발을 드리우고 그 사이에서 앉았다 누웠다 하면서, 늘 스스로 알지 못함을 알고 있다고 하면서 홀로 즐거워한다. 마땅히 집에 편액을 달기를 '자지자부지自知自不知'라 해야 할 것이다.

조면호는 70세 때 통정대부, 80세 때는 가선대부의 품계가 더해졌다. 1871년에는 징익원징, 1875년에는 공조침의, 1883년에는 호조참판에 제수되기도 했다. 하지만 취직하지는 않았다. 평생 가난을 벗어나지 못하던 조면호는 1887년고종 24 10월 2일에 작고했다.

참고문헌
- 조면호趙冕鎬, 〈자지자부지선생전自知自不知先生傳〉, 《옥수선생집玉垂先生集》 권30, 문중 소장 필사본(김용태 교수 제공). ; 〈자지자부지서옥기自知自不知書屋記〉, 《옥수선생집玉垂先生集》 권30.
- 김영복·정해렴 편역, 《홍기문 조선문화논선집洪起文朝鮮文化論選集》, 현대실학사, 1997, p. 196.

- 김용태, 《19세기 조선한시사의 탐색》, 돌베개, 2008.
- 조수학, 《한국의 탁전과 가전》, 영남대학교출판부, 1987.
- 김명호, 〈옥수 조면호의 〈서사잡절西事雜絶〉 전후편에 대하여−병인·신미양요의 시적 형상화−〉, 《고전문학연구古典文學硏究》 20, 한국고전문학회, 2001, pp.305−327.
- 김용태, 〈옥수 조면호 한시 연구〉, 성균관대학교 박사논문, 2004.

초암草广,〈삼화전三花傳〉   17

가고 머무는 것이 고정됨이 없었다
行止無定 행지무정

조선후기의 승려 초암草广, 草庵은〈삼화전三花傳〉을 남겼다.

자서전적 글쓰기는 대개 글 서두에 자신의 이름과 가계家系를 적어두지만, 이〈삼화전〉은 작가 초암에 대한 정보를 가지고 있지 않다. 초암의 문집《초암유고草广遺稿》에는 석전정호石顚鼎鎬의 서문이 있지만, 이 서문도 초암에 대해 그가 헌종·철종 무렵에 영·호남에서 태어났다고만 밝혔다. 따라서 초암의 구체적 행적은 잘 알 수가 없다.

초암이 말한 삼화는 청나라 시인 시윤장施閏章의 "늙은 나무에 세 송이 꽃이 어슴푸레한 사이에 있다古樹三花香靄間"는 시구에서 의상意象을 취해온 것이다. 초암은 삼화를 이야기함으로써 자기 자신을 관조하고, 자신이 견성오도見性悟道를 위해 발분해온 행업行業을 반추했다. 탁전의 양식을 빌린 자전自傳이다.

삼화三花라는 자는 스스로 해동상인海東上人이라고 하지만, 고향과 성씨를 알 수가 없다.

어려서 산사에서 글을 읽다가 즐거워하여 돌아가지 않았다. 하지만 그 재주와 외모는 보통 사람보다 뛰어나지 않았다. 다만 성격이 고만高慢해서, 남들과 담론할 때면 남에게 굽히지 않았으므로, 혹자는 그것을 병으로 여겨 심지어는 강항령强項令, 목이 뻣뻣한 낙양령 동선에게 견주기까지 했다. 또한 독서를 좋아하지 않았으나, 글 잘하는 사람이 있는 것을 보면 반드시 그의 좌우에서 수행하였으며, 자기보다 나은 자가 있는 것을 보면 문득 발분發憤해서 요컨대 그의 뒤를 따르고자 했다. 불조석가의 미언微言을 읽어서는 비록 그 뜻에 계합하지는 못했으나, 기뻐하여 반드시 도달하고자 했다.

16세에 탈백脫白, 보통은 벼슬길에 들어서는 것을 말하지만 여기서는 삭발하고 불교에 입문한 것을 가리킨다하고 다음해에 바닷가의 작은 산에서 남해대사南海大士의 상에 공양했으니 모두 7일간이었다. 그 스승이 꿈에 삼화라는 자를 보았는데, 손에 큰 연꽃 서너 송이를 잡고 와서 한 송이 꽃을 예물로 올렸다. 꽃은 각각 세계의 삼라만상을 드러내었는데, 삼화는 이것이 어느 곳이라고 손가락으로 가리키며 알려주었다. 이것은 길몽인가 아닌가? 이로부터 뜻이 홀연 변화하여, 중국의 서적이 아니면 읽지 않고, 읽으면 또한 급급해하기를 마치 세상의 구원에 뜻을 둔 듯이 했으며, 심지어 저술하여 고인의 높은 경지에까지 이르려고 하여, 반드시 도道 있는 사람에게 나아가 질정을 받았다.

또한 광달曠達한 사람과 노닐기를 좋아하여 강호의 사이를 왕래하였는데, 그와 더불어 이야기하면 정신과 기운이 강개해지고, 또 그가 속에 지닌 것을 모두 토해내어 그치지를 않았으므로, 이르러 가는 곳마다 혹 신발을 거꾸로 신고 그를 마중 나오는 자가 있기까지 했다.

갓 스무 살이 되었을 때 지리산 속으로 달려가서, 평일의 뜻을 글로 적어서 산신에게 고지하고 맹약을 맺은 후에 돌아와, 다른 사람에게 말하기를, "명산이 아니면 나를 머물러 둘 수가 없다"고 했다.

이때에 현학관玄鶴館 선생이 삼도의 원수가 되어 백성들에게 위엄을 보이고 덕을 베풀어서, 백성들이 그를 부처로 떠받들고, 선비 가운데 재능이 있으면서 바다 한 구석에 숨어 있는 자들도 역시 그를 본받고 있었다. 삼화는 황매黃梅에서부터 와서 마침 현학관 선생의 후계자인 소금공小琹公을 연화봉 아래에서 만났다. 소금공은 그를 머물게 하였으므로, 서너 날 머물다가 장차 떠나려 했다. 그러다가 소금공의 인도로 그와 함께 현학관 선생을 휘장 아래서 배알하였다. 삼화는 현학관 선생과 더불어 변난辯難하여, 의지와 기운이 위축되지 않았으므로, 현학관 선생이 대단히 그를 사랑해서 장막 안으로 출입하게 하고, 먹고 마시게 하기를 한 집안사람같이 했다. 또한 비장祕藏한 책을 아끼지 않고 읽어보게 권하였으며, 다른 사람에게 "이 사람이 장차 부처를 삶고 조사祖師를 삶아버릴 일을 할 것이다"라고 했다.

삼화가 비록 음악과 여색 사이에 거처하기를 오래했지만, 뜻 지키기를 산과 같이 하니 사람들이 그를 칭찬했다. 현학관 선생은 삼화와 더불어 시를 논하여, 왕왕 선불교의 이치도 참견했다. 송설松雪 조맹부趙盟頫의 시를 논하게 되었을 때 삼화는 "어떻게 이렇게 향이 가득한지요?"라고 물었다. 현학관 선생은 "일천 부처의 광명이 자성 속에 있나니, 중생이 얻어서 자기 것으로 삼는다千佛光明自性中, 衆生得之爲自由"라고 하였다.

그러자 곧바로 삼화의 정신이 홀연히 초연해졌다.

현학관 선생의 장남인 향농선생香農先生은 하늘로부터 받은 자질이 보통사람의 수준을 벗어나서 심오한 철리를 깨달았고 문장 재능도 있었는데, 삼화가 자신의 부친에게 사랑받는 것을 알고 그와 더불어 바다와 산 사이를 유람하여, 삼화가 멋진 시구를 얻게 되면 인정해주었다. '누가 가희원가희가 있는 교방에서 걸식하게 하였던가, 선불당부처 뽑는 장소, 절에 가서 시 짓는 것이 낫도다誰教乞食歌姬院, 好去題詩選佛堂'라는 시구는 그 한 예이다. 삼화는 이에 "선생께서 옛날에 지으신 구가 있습니까?"라고 물었다. 그러자 향농선생은 "한 생각도 일어나지 않으니 찾을 곳이 없거늘, 어느 곳에서 돌연 서너 번 종소리가 일어나一念不生何處覓, 何來驀地數聲鐘"라는 구를 읊었다. 이에 삼화는 홀연 미혹함을 개오開悟했다.

이윽고 다시 청간青竿 선생을 알현하였다. 선생은 현학관 선생의 도교道交, 도로 맺은 친구로서 때때로 왕래하였는데, 행동거지나 실천행사를 사람들이 무어라 형용할 수가 없었다. 삼화는 그 도의 서여緖餘, 남은 가닥만이라도 듣고 싶어 했다. 담론하여 현리玄理, 깊은 이치에 미치자, 나불나불거려서 마치 꿈속에서 말하듯이 하였으므로, 그 말을 들으니 헷갈리고 답답했다. 삼화는 즉시로 청간 선생을 이별하여 떠났.

청간 선생은 그후에 다시 삼화를 설랑산방雪浪山房으로 찾아와 함께 묵었는데, 삼고三鼓, 삼경, 한밤을 알리는 북소리가 치자, 선생이 홀연 일어나서 삼화를 위해 《금강경》을 한번 죽 설법하여 점심點心을 한 번 한 듯하니, 삼화가 돌연 깨달아 서로 계합하였고 정신도 또한 활연하였다. 다음날 함께 가려고 바야흐로 문을 나서서 가려 하다가, 한 노숙老宿, 나이 많은 승려이 말하길, "날이 추우니, 선생께 옷가지를 주겠소" 하였다. 청간 선생이 아무리 사양해도 듣지 않았으므로 웃으면서 받았다. 곧바로 묘음妙音의 소리를 지어, 나한송羅漢頌 한 수를 읊었을 따름이고, 번거롭게 개유開諭, 깨우쳐줌하려고 하지 않았다. 하지만 삼화는 곁에 있다가, 역시 자신도 모르는 사이에 환희가 들끓는 듯하였다.

뒤에 다시 낭하廊下를 지나쳐 가다가 손이 가는 대로 뻗어 벽에서 《화엄경》 한 권을 뽑아서 불현듯 번쩍하고 한 게송을 보았더니, '일체의 색을 드러내 보이되, 각각 알지를 못하네示現一切色, 各各不相知'라고 적혀 있었다. 그로써 촉발하는 바가 있어서 홀연히 탄식하여, "기이하도다!"라고 했다. 이로부터 불교의 이치를 깊이 믿어서 이치에 있어 깊은 것을 구하여 읽어보니, 앞서 보이지 않던 것이 저절로 곧바로 보여서 도리어 세간에 대해서는 아무 맛이 없었다. 혹 세간의 법을 설하는 것을 보더라도, 오래지 않아서 곧 지리함을 느끼게 되어, 더 이상 듣고 싶지가 않았다. 그래서 소연蕭然, 유유자적하고 한가로움하게 바리때 하나를 넣은 바랑을 메고 여산廬山으로 들어가서는 현학관 선생을 삼폭三瀑의 곁에서 매일하고, 그간에 자신이 얻은 바를 바쳤다. 그리고 삼시 송계선실松桂禪室에 몸을 맡기고는, 《유마경》의 "무소득의 경지에 이르러 무생법인無生法忍을 이루었다逮無所得, 不起法忍"는 구절에서 자기도 모르게 자기 자신을 망각하였다. 다시 때때로 현학관 선생을 도로에서 따라가면서, 이치를 발명할 수가 있었다.

그해 겨울에 호계사虎溪寺의 옛 절에 거처하면서, 《원각경》을 읽었다. 어느 때인가 밤이 한창 깊었는데, 바람과 눈이 창문으로 들어와, 등잔불이 콩알만큼 작아졌다. 삼화는 바야흐로 화로를 끼고 잠이 들어 있다가, 홀연 정신을 깨우치고 높은 소리로 읽다가 낮은 소리로 읽다가 하면서, 《원각경》을 읽어 미륵장彌勒章에 이르러서는 초당草堂 종밀宗密의 주각註脚, 주석을 찾아보다가, 몸이 가뿐해지는 것을 깨달았으니, 역시 윤회는 정말로 깊다고 하겠다.

그로부터 산의 바윗길이든 도성의 저자든 가고 멈추고 하는 것을 정처 없이 하여, 혹은 길 위에 있기도 하면서, 길을 가면서 시를 읊고는 하니, 사람들은 그를 미쳤다고 비웃었다. 서쪽으로 유람하여 중원중국으로 들어가서 도우道友를 찾으려 하였으나, 끝내 그렇게 하지를 못하고는, 곧 남쪽으로 방장에 머물러, 깊이 들어앉아 참선을 하여, 어떻게 삶을 마쳤는지 아무도 몰랐다.

삼화가 여산에 머물 때, 한 사람의 대인을 꿈에 보았는데, '삼화선사三花禪寺'라는 네 글자를 주었다. 삼화는 그 취지를 몰랐다가, 시우산施愚山의 시에 나오는 구절을 읽고는 대단히 기이하게 여겨, 스스로 삼화라고 일컬었다.

기이한 이야기다.

이 〈삼화전〉은 금원산金猿山 삼화선사三花禪寺의 주지인 삼화三花 스님이 자신이 삼화선사에 석장錫杖을 머물게 되기까지의 과정을 우언의 형식으로 밝힌 것이다. 삼화 스님은 곧 이 글의 저자인 초암草广을 말한다. 《초암유고》 첫머리에 이 〈삼화전〉이 있고 그 다음에 〈금원산삼화선사신건상량문金猿山三花禪寺新建上樑文〉이 수록되어 있어, 그 사실을 짐작할 수 있다. 초암은 〈청운장로상찬聽雲長老像贊〉 말미에 '행각승 복초復初'가 운문사雲門寺에서 적는다고 밝혔다. 승명이 복초였음을 알 수 있다.

《초암유고》에 서문을 쓴 석전정호石顚鼎鎬는 복초상인 초암이 만성晩惺 박치복朴致馥, 1824~1894에게서 경전과 역사를 공부했고, 고환당古懽堂 강위姜瑋, 1820~1884에게서 시도詩道를 배웠다고 했다. 박치복은 조선말기 성리학자로, 유치명柳致明·허전許傳의 문인이며, 우리나라 역사를 악부체로 노래한 《대동속악부大東續樂府》를 지은 인물이기도 하다. 강위는 무반 출신의 시인으로 박영선과 함께 박문국을 세우고 《한성순보》를 간행하였으며 김택영·황현과 더불어 한말 3대 시인으로 일컬어진다.

초암이 지은 탁전 양식의 자서전인 〈삼화전〉의 내용을 요약해보면 이러하다.

해동의 상인인 삼화가 소년 시절에 불설에 접하는 기연을 얻어 16세에 머리 깎고 중이 되었으나, 중국의 책들을 읽고 세상에 뜻을 두고 광달한 뜻을 가진 사람들과 널리 교유하였다. 그러다가 스무 살에 지리산에 들어가 산신과 맹약하여 산에 살기로 굳은 결심을 하게 되었다. 그리고 현학관玄鶴館 선생의 적통인 소금공小琴公을 연화봉 아래서 만나 그의 안내로 현학관 선생을 알현하고 그의 사랑을 받았다. 현학관 선생은 곧 학을 말하고 소금공은 소나무를 말한다. 삼화는 현학관 선생의 곳에서 신사神思, 심신과 상상력가 초연해지는 경험을 했다. 그후 다시 현학관 선생의 장남인 향농香農 선생과 더불어 산과 바다에 노닐다가, 홀연 미망을 깨치고 개오했다. 향농 선생은 곧 매화나 계화 등 화초를 말한다. 그뒤에 삼화는 청간靑竿선생을 찾아갔으나, 처음에는 청간 선생의 '나불거리는 소리' 가 무슨 뜻인지 알지 못했다. 청간 선생은 곧 대나무를 말한다. 그러나 뒤에 청간 선생이 찾아와 삼화에게 《금강경》을 설법해주고, 다시 헤어질 무렵에 〈나한송〉을 외워주는데, 이때 삼화는 법열을 느끼게 된다. 그러고는 스스로 불사의 행랑에서 《화엄경》을 꺼내어 읽다가 불교의 이치를 깨닫게 되고, 이때부터는 세간의 법을 완전히 버리고 불법에 귀의하게 된다. 그뒤로는 바랑을 메고 여산으로 들어가 현학관 선생을 삼폭의 곁에서 참알한 후, 송계선실에 머물면서 《유마경》을 읽어, 자기의 존재마저 잊는 신비한 경험을 했다. 그해 겨울에는 호계사에 머물면서 《원각경》을 읽다가, 미륵장의 종밀 주석에서 깨우침을 얻었다. 그때부터는 행주좌와行走坐臥에서 걸거침이 없게 되어, 길을 가면서 시를 읊는 시승詩僧으로 지냈다. 중국에 들어가서 고승을 참방하려고 했으나 여의치 않자 남쪽의 방장 곧 금원산 삼화선사三花禪寺에 머물면서 참선하였다.

초암은 〈삼화전〉에서 삼화의 성격이 고만高慢함에서 활달자재함으로 변화하는 과정을 적었고, 세간법에 연연하다가 불법에 완전히 귀의하게 되는 과정을 단계적으로 묘사했다.

삼화는 처음에는 남들이 강항령强項令에 견주기까지 했다. 강항령이란 목이 뻣뻣한 수령이라는 뜻이니, 후한 광무제 때 낙양의 영令을 지낸 동선董宣을 말한다. 동선이 낙양 영으로 있을 때 호양공주湖陽公主의 하인이 사람을 죽이고 공주의 집에 숨어 있었는데, 동선이 길에서 공주의 행차를 만나자 수레를 멈추게 하고 공주의 잘못을 낱낱이 말하고는 공주의 하인을 수레에서 끌어내려 쳐죽였다. 공주가 그 사실을 광무제에게 하소연하자 광무제는 동선더러 공주에게 사과하라고 했다. 하지만 그가 끝까지 듣지 않자, 광무제는 마침내 '강항령을 내보내라'고 명했다고 한다.

이렇듯 삼화는 남들에게 지기 싫어하고 성격이 고만했지만, 중간에는 광달한 사람들과 교유하고, 나중에는 산속이든 도성이든 자유자재로 왕래하게 되었던 것이다.

삼화가 불교의 이치를 깨우치는 과정에서는 시나 게송이 큰 기능을 하였다. 이를테면 삼화는 향농 선생에게, 가희원教坊에서 걸식하는 것보다는 선불당에서 시 짓는 것이 낫다는 뜻을 담은 시구를 제시했다. 시승詩僧으로서의 삶이 성색聲色을 쫓아다니는 것보다 훨씬 낫다는 뜻을 시를 통해 말한 것이다. 이때 선불당 운운한 것은 당나라 승려 천연天然의 고사에서 따왔다. 천연은 처음에 과거를 보러 서울로 향하였는데, 황매산黃梅山을 지나가다가 한 승려가 "어디로 가는 길인가" 묻기에 "과거보러 간다"고 대답했다. 승려가 "과거는 무엇 하는 것인가" 묻자 천연은 "벼슬 뽑는 장소다" 하였더니, 그 승려는 "벼슬 뽑는 장소보다 선불당이 어떠하냐?" 했다. 천연이 "선불당은 어디 있는가?" 하였더니 그 승려가 "이 산중에 있다"고 했으므로, 천연은 과거시험을 포기하고 황매산에 들어가 승려가 되었다. 삼화도 황매산에서 와서 우연히 현학관 선생의 적통인 소금공을 연화봉 아래에서 만나 현학관 선생에게 참알하게 되었다고 했다. 황매산에서 왔다는 것은 과거시험을 보려고 하다가 뜻을 바꾸게 된 것을 암시하는 말인 듯하다.

초암은 〈심화진〉에서 자신을 심화로 내제함으로써, 사신의 심회나 인생관 등을 의탁하여 자신을 관조하고 찬미했다. 자기 이야기를 하지 않고 남의 이야기를 하는 것처럼 서술하면서 결국은 자기 이야기를 했다. 삼화를 중심에 두고 검은 학·향기·대나무와의 이야기를 풀어나가는데, 삼화는 결국 작가 자신이라는 사실을 쉽게 알 수 있다. 삼화는 견성見性을 하기 위해 분발하는 승려로서 작가 자신이다. 다시 말해 초암은 탁전의 양식으로 글을 써나가면서, 견성을 위해 발분해 온 자기 자신의 행업을 반추하였다,

탁전의 기법을 취한 것은 성리학에서 의인소설을 이용해서 도체를 체

득하는 과정을 서술한 양식과 흡사한 면이 있다. 그런데 성리학적 의인소설과는 달리, 〈삼화전〉의 작가는 자신의 얼굴을 숨기고 꽃을 전면에 내세움으로써 '나'를 대상화할 수 있었고, 그로써 나에 대한 집착에서 벗어날 수 있었다.

〈삼화전〉에서 초암은 시간의 순차에 구애받지 않고 자신을 삼화로 대체하여 득도에 몰입하는 모습을 강조했다. 그 득도의 과정은 마치 환몽을 극복하고 참된 나를 찾아가는 과정인데, 그 과정을 꽃에 가탁함으로써 득도 이전의 환몽 상태를 더욱 잘 상징할 수 있었다.

초암은 자신의 이름을 숨기고 삼화를 일컬은 이유에 대해 〈삼화전〉의 마지막에 주석 형태로 밝혔다. 그것이 위에 소개한 맨 마지막 단락이다.

삼화의 어구를 얻은 것은 꿈과 청나라 시인 시우산施愚山 즉 시윤장施閏章의 시에 의해서였다. 시윤장의 시는 〈소림사에서 묵다宿少林寺〉라는 제목으로 《학여당문집學餘堂文集》의 시집에 들어 있다.

산허리 석양이 소나무로 가린 문을 비추니
처음 그윽하게 사는 곳이 소실산이로다.
승려 경쇠는 절로 울리고 숲의 새들 고요하며
하늘 바람 움직이지 않으니 돌미나리 한가하다.
바위에 매달린 다섯 개 종유석이 푸른 하늘 바깥에 있고
늙은 나무에 세 송이 꽃이 어슴푸레한 사이에 있다.
듣자하니, 갈대 꺾은 사람달마대사은 멀리 떠났고,
신승隱峯의 석장錫杖 날매 항상 흰 구름 띠고 온다지.

夕陽半嶺照松關 석양반령조송관	初地幽棲少室山 초지유서소실산
僧磬自鳴林鳥靜 승경자명림조정	天風不動石蘿閒 천풍불동석라한
懸巖五乳靑冥外 현암오유청명외	古樹三花杳靄間 고수삼화묘애간
聞道折蘆人去遠 문도절로인거원	錫飛常帶白雲還 석비상대백운환

〈삼화전〉에서 초암은 삼화의 성격을 먼저 이야기했다. 출생 내력과 유년·소년기의 일화, 그리고 출가의 경위에 대해 구체적으로 언급하지 않았다. 화암은 재주와 생김새가 다른 사람보다 나은 것은 아니었다. 다만 성품이 고고하여, 남과 담론할 때면 굴복하지 않았다. 또한 책읽기를 좋아하지 않았으나, 글에 능한 사람을 보면 반드시 좌우에서 따라다녔다. 또한 자신보다 나은 사람을 보면 문득 발분해서 그를 뒤쫓아가고자 했다. 삼화의 이러한 성격은 구도의 길로 들어설 수 있는 근기根機를 이루는 것이었다. 그러한 근기가 있었기에, 불조佛祖의 미묘한 말을 읽게 되어서는 계합할 수 없었어도 기뻐하여 반드시 통달하고자 했던 것이다.

이하, 초암은 삼화의 구도 행삭을 사세하게 서술해나갔다.

삼화는 20세에 지리산을 찾았다. 평소에 지은 글을 가지고 산신에게 고하고 맹약을 맺었으며, 돌아와서 사람들에게 말하길, "명산이 아니면 나를 머물러 있게 할 수가 없다"고 했다. 스스로의 존재가치를 확인한 언사이다.

그 무렵 삼화는 삼로수三路帥인 현학관玄鶴館 선생을 만났다. 현학관 선생은 백성들에게 부처로 받들어지고 있었다. 삼화는 황매黃梅로부터 왔다가 마침 스승의 제자인 소금공小琴公을 연화봉 아래에서 만나 수일간 함께 머물렀다. 이때 소금공이 삼화를 이끌어주어, 현학관 선생을 알현하게 되었다. 이후 삼화는 현학관 선생을 스승으로 모시게 되었는데, 현학관도 삼화야말로 팽불팽조烹佛烹祖할 인물로 대우했다. 선생과의 인연을 계기로, 삼화는 향농香農 선생, 청간靑竿 선생 등과 시를 주고받거나 현리玄理를 담론했다.

삼화는 호계虎溪의 옛 절에 머물러 《원각경》을 읽다가 그 불경의 주석에서 종밀宗密 스님이 《원각경》을 이해하여 주석을 달았던 뜻에 계합하게 된다.

호계의 옛 절이란 곧 동림사東林寺를 말한다. 호계는 강서성江西省 여산廬山 아래의 시내이다. 동진東晉 때 승려 혜원惠遠이 여산의 동림사에 살면서, 손님을 전송하더라도 이 시내를 넘지 않았다고 한다. 그런데 하루는 시인 도잠陶潛, 陶淵明, 도사 육정수陸靜修와 담소하다가 자기도 모르는 사이에 이 시내를 넘었다. 갑자기 범이 우는 소리를 듣고는 세 사람이 껄껄 웃고 헤어졌다는 고사가 있다. 호계삼소虎溪三笑라고 한다. 동림사는 연종蓮宗 즉 정토종淨土宗의 발원지이다.

한편 종밀宗密은 중국 당나라 승려로 화엄종의 제5조다. 속성은 하何씨며, 호는 규봉圭峰이다. 과주果州 서충西充, 四川省 사람으로 젊어서 유교를 배우고, 수주遂州의 도원道圓에게 출가하여 선禪을 배웠다. 뒤에 징관澄觀의 제자가 되어 《화엄경》을 연구하고, 선禪과 교敎의 일치를 주장했다. 시호는 정혜선사定慧禪師이다.

삼화는 마침내 《원각경》을 소의경전所依經典으로 삼았다. 《원각경》의 원래 이름은 《대방광원각수다라요의경大方廣圓覺修多羅了義經》이다. 크고, 방정하고, 광대한 원각을 설명함이 모든 수다라경 가운데서 으뜸되는 경이라는 뜻이다. 당나라 불타다라佛陀多羅가 번역했다고 하지만, 중국에서

《수능엄경》을 근거로 하고 《대승기신론》의 교의를 짜넣어 만들었다고 보는 학자가 많다. 주석서로는 당나라 종밀의 《대방광원각수다라요의경약소》가 유명한데, 삼화가 공부한 것도 종밀의 《소》다. 조선시대 함허득통涵虛得通, 즉 기화己和도 《원각경해》3권를 이루는 등, 우리나라에서는 강원의 교과목으로 《금강경》《수능엄경》《대승기신론》과 함께 4교과의 한 과목으로 채택하여 왔다.

《원각경》은 원융불이圓融不二한 경지인 '원각'을 돈교頓教 측면에서 밝히고, 그 수행과 깨달음의 길을 점교漸教 측면에서 가르친다. 석존이 문수·보현·보안·금강장·미륵·청정혜·위덕자재·변음·정제업장·보각·원각·현선수 등 12보살들과 문답하면서 대원각의 묘리와 그 관행을 설한 내용으로, 1권 12장으로 구성되어 있다. 제1 문수보살장은 누구나 본래부터 갖고 있는 원각에 환원하기만 하면 생사가 곧 열반이요 윤회가 곧 해탈이 됨을 가르쳤다. 제2 보현보살장부터 제11 원각보살장까지는 원각을 닦고 증득하는 데 필요한 사고와 실천에 대하여 설하였다. 마지막으로 제12 현선수보살장에서는 이 경의 이름과 신수봉행의 방법, 그리고 수지受持 공덕과 이익에 대하여 설하였다.

《원각경》에서는 지병止病·작병作病·임병任病·멸병滅病을 통해 원각圓覺을 추구하라고 가르친다. 지병은 제념을 그쳐 원각을 추구하는 일, 작병은 본심에 손을 대어 수행을 통해 원각을 추구하는 일, 임병은 일체의 법성에 맡겨 원각을 추구하는 일, 멸병은 모든 고뇌나 공허한 대상을 절멸시키고 원각을 추구하는 일이다. 삼화의 행업은 곧 원각을 추구하는 삶이었다고 말할 수 있을 듯하다.

그런데 삼화는 《원각경》을 소의경전으로 삼아 구도의 행업을 하였지만, 동시에 "혹은 길을 가는중에 걷다가 읊조리다가 했다." 원유遠遊를 하면서 시를 읊는 시승詩僧으로서 살아간 것이다.

〈삼화진〉은 삼화를 내세워 득도행업의 과정을 우의적으로 그려보였고, 불승의 전형을 제시하기 위해서 삼화를 완전한 득도자로 그렸다. 따라서 득도의 여정은 나오지만 득도의 공간과 득도의 계기를 마련해준 인물을 상세하게 서술하지는 않았다. 현실체험보다도 내면의 체험을 상징적으로 제시하는 방식을 취한 것이다.

참고문헌

- 초암草广, 〈삼화전三花傳〉, 《초암유고草广遺稿》, 한국불교전서 제12책, 동국대학교 출판부, 1996.
- 석전정호石顚鼎鎬, 〈초암유고서草广遺稿敍〉, 《초암유고》, 한국불교전서 제12책, 동국대학교 출판부, 1996.
- 김승호, 〈불가佛家 자전自傳의 성격과 서술유형의 고찰-유일有一, 초암草广, 범해梵海의 자전自傳을 중심으로-〉, 《한국문학연구》 35, 동국대학교 문화학술원 한국문학연구소, 2008, 12, pp.7-35.
- 이진오, 《조선후기 불가한문학의 유불교섭양상 연구》, 한국학중앙연구원 박사학위논문, 1990.

南冥先生集卷之四補遺

行狀

金宇顒

先生姓曺氏諱植字楗仲甫自號曰南冥曺氏爲昌
山著姓高麗太祖神德王后生德宮公主下嫁于曺氏先
刑部貟外郞瑞寔爲鼻祖其後九世平章代有偉人先生
以弘治辛酉六月二十六日辰時生有異資早歲豪勇
不覊稍長喜爲文務爲奇古以文章自貟判校公毎勉
以擧子業先生自雄其才謂科第可俯取年二十五偕
友人肄擧業於山寺讀性理大全至魯齋許氏語有曰
志伊尹之志學顏子之學出則有爲處則有守丈夫當

"노래할 줄 아세요?"
또다시 목소리가 거의 나오지 않을 지경이 되어 밤새도록 그저 입술만 달싹이며 힘들게 겨우 말하던 사람이, 이 말을 듣자 자리를 박차고 일어났다. 그는 스텝 지역의 풀 묶음 위로―실제로 볏단처럼 굵은―몸을 구부려, 가능한 한 아주 깊이 숨을 들이마셨다가 내쉬면서 음정을 잡고는 즉석에서 노래를 불렀다. 호소력 짙은 목소리라기보다는 약간 지친 듯한 목소리였다. 이어진 노래는 오랫동안 준비되고 차분히 다듬어진 곡 같았다.

― 페터 한트케, 《어두운 밤 나는 적막한 집을 나섰다》, 윤시향 옮김, 문학동네, 2001.

4부

나의 속내를 노래로 풀어본다

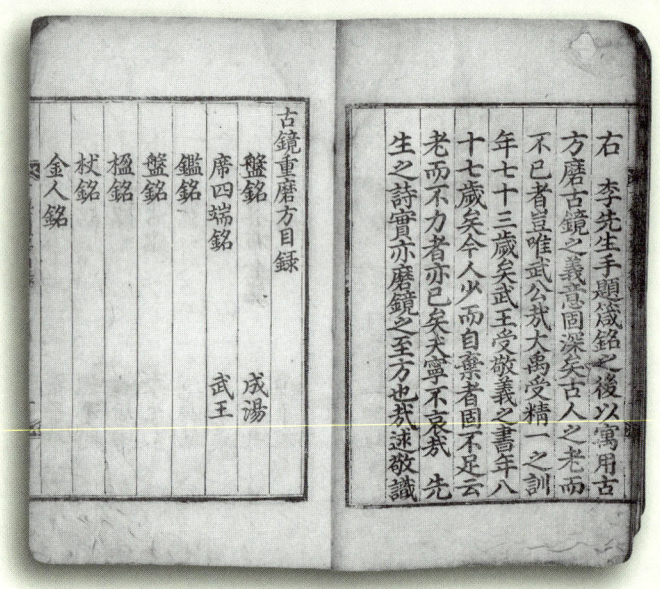

고경중마방古鏡重磨方
이황李滉 편 1744(영조20), 1책(54장), 목판본, 33.1×21.2

이수광李睟光,〈술회오백칠십언述懷五百七十言〉   1

천지는 하나의 여관일 뿐이다
天地一旅亭 천지일여정

이수광李睟光, 1563~1628은 장편시〈술회오백칠십언述懷五百七十言〉으로 자신의 인생과 지금의 심경을 술회했다. 술회 시는 지난 생애를 돌아보고 삶의 의미를 사색하며 장래의 지향을 밝히는 시 양식이다. 완적阮籍의〈영회詠懷〉82수, 두보의〈추일기부영회일백운秋日夔府詠懷一百韻〉이 그 대표적 예이다. 단, 완적의 예와 같은 연작시나 두보의 예와 같은 장편시 보다는 짧은 시들이 많다. 그런데 이수광은 570자에 이르는 길이로〈술회〉시를 지었다.

이수광은 임진왜란과 그 직후 여러 관직을 맡아 난국을 수습하는 데 간여했고, 서너 차례 명나라에 다녀와서 서양에 대한 관심까지 갖게 되었다. 52세 때는《지봉유설》이라는 고전적 백과사전을 집필했다. 1606년선조 39에 병으로 안변부사의 직을 사임하고, 어떤 일인가에 연좌되어 금고를 입었다. 해를 넘긴 1607년에 이〈술회〉시를 작성했다. 그는 굴원처럼 현실에서 받아들여지지 않아 홀로 깨어 있어야 하는 고독을 경험하기보다는 차라리 죽림칠현의 한 사람이었던 완적처럼 달관의 자세를 지니겠노라고 했다.

아홉 번이나 외람되이 대언代言, 승정원의 직책을 맡고

다섯 번이나 주제넘게 대사성이 되고

갑오년1594, 선조 27 이후 두 번 사간원의 장관대사간, 세 번 옥서玉署, 홍문관의 부제학이 되었으며

열 번 병조를 맡고 네 번 전형銓衡, 이조을 담당했으되

이슬 같은 정성에 불과해서 아무 보탬 없어 부끄럽기만 하거늘

헛되이도 청요의 여러 직을 두루 거쳤다.

창룡의 해갑진년에 절도사 깃발을 지니고 나가 안변安邊을 맡아

덥혀주고 물기 주어 피로한 백성을 소생시키고

보듬고 어루만져주었을 뿐 세금 독촉에는 졸렬했기에

노심초사를 명예로 자랑하지 않았으며

고질병에 걸려 굽실거리기 곤란해서

도연명처럼 귀거래를 하였으니

견책을 받아서 두 해의 더위 추위를 보내도록

칩거하여 대낮에도 문을 닫아걸고 있었다.

광명한 때에 국가 위한 좋은 계책을 올리지 못하기에

나라 위한 근심에 마음만 상했을 뿐이었으니

동해의 파도는 잠시 그쳤으나

서쪽 변경에 흠이 다시 싹터서

요임금은 눈썹을 오랫동안 찡그리고 계시고

국경의 방어는 편안치가 못하였다.

말똥말똥 밤에도 잠을 못 이루고

긴 노래를 부른다만 그 누가 들어주랴.

나에게 마무馬武의 칼이 있으나

공연히 이오伊吾에서 울리고 있었을 뿐이요

내게 반고班固의 서까래 같은 붓이 있지만

연연산燕然山의 공적비를 미처 쓰지 못했다.

장대한 기운은 오랑캐를 삼킬 듯하건만

하늘 높아서 적장을 묶을 끈을 달라고 청하지 못하고는

게으르고 괴리되어 세상과 뒤틀려서

졸렬함을 지키며 쓸쓸히 고독을 감내하였으니

고관의 수레와 면류관이란 어쩌다 오는 물건이거늘

어찌 공경 벼슬을 기대할 수 있었으랴.

처자식은 다투어 나를 비웃고

쌀 떨어져 병과 독은 비었건만

문장에 뛰어나도 가난을 구제하지 못하고

생각을 연마해도 정신만 피폐하게 할 뿐이었다.

나는 내 도가 옳다고 여기나니

나의 말을 그대여 귀담아 들으시라.

고금은 손가락 한번 튕기는 시간이요

천지는 하나의 여관일 뿐.

몸뚱이는 하늘과 땅 사이에 부쳐 살아

자그마한 하나의 부평초에 불과하다.

누가 인생 백년 사이에

자질구레하게 넉넉함을 억지로 구하랴.

발 있다고 우물에 뛰어들려고 하지는 말고

손 있다고 국을 쏟지는 말자.

피리竽 좋아하는 제나라 군주의 대궐에 슬瑟 가지고 가지 말고

피리 잘 부는 환이桓伊 앞에서 쟁箏은 연주하지 말자.

완적阮籍의 달관 태도를 지을 일이지

굴원屈原의 독성獨醒은 흠모하지 말자.

부귀를 어찌 선망하랴

저 자를 보라 황금이 상자에 가득한 자를.

이 마음을 진실로 스스로 보존한다면

세상에 처해도 담백하여 남과 다툼이 없을 것이니

다만 성현의 서적을 펼쳐보면서

여생을 보내련다.

이수광은 570언의 장편 술회시를 지어 기구한 삶을 되돌아보고 그 득심에 연연하지 말라고 다짐했다. 인용한 부분은 그 가운데 후반의 일부다. 그는 인간의 역사란 것은 손가락 한 번 튕기는 시간에 불과하고 한 인간이 몸을 드러내어 생명을 붙이고 사는 천지라는 것은 하나의 여관일 따름이라고 했다.

"고금일탄지古今一彈指, 천지일여정天地一旅亭." 참으로 인간은 대한大限을 극복할 수가 없는 미미한 존재다. 일탄지라는 말은 불교용어로 매우 짧은 시간을 말한다. 곧 이십념二十念이 일순一瞬이고 이십순二十瞬이 일탄지라고 한다. 일여정이라는 말은 이백의 〈춘야연도리원서春夜宴挑李園序〉에서 "무릇 천지는 만물의 여관이요, 세월은 백대의 과객 같은 것이어서 덧없는 인생은 한바탕 꿈과 같거늘, 즐거운 것이 얼마나 되겠는가夫天

地者, 萬物之逆旅, 光陰者, 百代之過客. 而浮生若夢, 爲歡幾何"라고 한 구절에서 나왔다. 만물지역려萬物之逆旅를 일려정一旅亭으로 바꾸어 표현한 것이다.

대한大限을 극복할 수 없다면 인간은 어떻게 해야 하는가? 그 해답을 이수광은 이 장편시에서 나름대로 모색했다.

이수광은 태종의 6대손이며 병조판서 희검希儉의 아들이다. 20세 되던 1582년선조 15에 진사가 되고, 1585년 별시문과에 병과로 급제한 뒤 벼슬길에 올랐다. 1590년에는 성절사의 서장관으로 명나라를 다녀오고, 1592년의 임진왜란 때 경상남도 방어사 조경趙儆의 종사관으로 출전했다. 하지만 황간에서 패한 뒤 의주로 왕을 호종하러 가서, 부교리가 되었다. 환도한 뒤 대사간과 대사헌을 역임했다. 1597년에 명나라 황극전에서 화재가 일어난 것을 위로하면서 명나라의 군사적 원조를 청하는 사신을 파견하기로 했을 때, 형조참판으로서 정사가 되었다. 그후 대사성과 부제학을 거쳐 안변부사로 나갔으며, 이후 정계에서 은퇴했다. 이때 이〈술회오백칠십언〉을 지었다.

광해군이 즉위한 후 이수광은 도승지와 예조참판을 지냈다. 1613년광해군 5의 계축옥사 때는 사직했으나, 1616년에 순천부사가 되었다. 1623년의 인조반정 뒤 도승지로 기용되어 대사간과 이조참판을 지냈다. 1627년 정묘호란 때는 왕을 따라 강화도로 호종했고, 그 이듬해 이조판서가 되었다.

〈술회오백칠십언〉에서 이수광은 자신의 사주가 당나라의 한유韓愈나 북송의 소식蘇軾과 같다고 했다. 이 말은 반드시 자부의 말은 아니다. 오히려 키에 까불리듯이 시비훼예是非毁譽가 남의 입에 많이 오르내림을 뜻한다. 곧, 한유는 자신의 사주를 소재로 삼아 자신의 삶을 이야기한 〈삼성행三星行〉이라는 시에서 "견우는 짐수레를 끌지 못하고 북두는 술이나 장을 뜨지 못한다만, 기성은 유독 신령함이 있어 까부름을 멈출 때가 없기에, 살한 것 없으나 이름은 널리 알려졌고, 악한 일 없으나 비난의 소리 이미 시끄럽네"라고 우려했다. 이수광도 그러한 심경을 토로한 것이다.

이수광은 후한의 마무馬武가 때를 기다리면서 칼을 울리고 있었듯이 자신도 그렇게 하고 있으며, 후한의 역사가 반고班固가 서까래 같은 붓을 휘둘러 연연산燕然山의 공적비를 썼듯이 자신도 그럴 재능이 있다고 했다.

마무는 성품이 활달했고 과감한 말을 잘했는데, 이오伊吾의 북쪽에서 검을 울리고 있었다. 왕망의 말년에는 도적이 되고, 광무제를 도와 공을 세워 양허후楊虛侯에 봉해졌다. 한편 후한의 반고는 서까래 같은 붓으로 글을 썼다고 일컬어질 정도로 웅혼한 글을 지었다. 두헌竇憲이 흉노를 격파하고 나서 연연산에 올라 공적비를 세울 때, 반고가 〈봉연연산명封燕然山銘〉을 지었다.

이수광은 지금도 기운이 장대하여 오랑캐를 집어삼킬 만하건만, 기회를 얻지 못하고 있다고 한탄했다. 한나라 무제 때 종군終軍이라는 인물은 대궐에 들어가서 긴 끈을 청하며, "남월왕南越王의 목을 매어오기가 소원이다"고 하였다는 고사가 있다. 이 고사에서 기원하여, 군대에 자원해서 나라에 보답하는 것을 청영請纓이라고 한다. 이수광은 청영의 기회가 오기를 기대했다. 그러나 하늘은 너무 높고 멀어서 나를 굽어 살피지 않는다. 그렇기에 자신이 게으르고 괴리되어 세상과 뒤틀려 있음을 깨닫고, 자신의 졸렬함을 지키면서 고독을 감내한다고 했다.

사실 수레와 면류관, 곧 고관의 직위와 봉록은 본래 내 몸의 것이 아니다. 《장자》 〈선성善性〉편에도 말하지 않았던가! "수레와 면류관이 몸에 있는 것은 본래 목숨처럼 내 몸에 있는 것이 아니고, 외물이 우연히 와서 잠시 붙어 있는 것이다"라고.

그래서 문장의 기교를 추구하고 생각을 연마해보지만, 그것은 가난을 구제해주지는 못한다. 《장자》〈열어구〉에 "하찮은 사람들은 그저 예물이나 서신 따위에나 열중하면서 천박한 일에 정신을 소모시킨다"고 했는데, 과연 그 말대로인 것만 같다.

그러니 삶이란 너무도 왜소하다는 사실을 직시하고 가난한 속에서 안분지족하자고 마음을 돌린다. 한유의 〈송궁문送窮文〉에 지궁智窮·학궁學窮·문궁文窮·명궁命窮·교궁交窮 다섯 궁귀窮鬼가 자신을 괴롭히는 행위를 지적하며, "다섯이 각기 주장한 바가 있고 사사로이 이름자를 세워서, 내 손을 비틀어 뜨거운 국을 엎지르게 하고, 목청을 냈다 하면 남의 기휘를 저촉하게 하여, 나로 하여금 면목을 가증스럽게 하고 언어를 무미건조하게 하는 것이 모두 그대들의 뜻이다"라고 했다. 이수광은 한유의 글을 환기하면서, 내 손이 뜨거운 국을 엎지르지 않도록 조심하자고 했다.

이수광은 말힌다. "우竽, 피리의 일종를 좋아하는 제나라 군주의 궁문에 슬瑟을 가지고 가지 말고, 피리 잘 부는 환이桓伊 앞에서 쟁箏은 연주하지 말자." 세속의 기호가 나와 다르므로 내 좋아하는 바를 따라 나가겠다고 선언한 것이다. 곧, '종오소호從吾所好'를 선언했다.

이수광은 세상에 나가 나 자신을 팔려고 하지는 않겠다고 다짐했다. 그렇다고 굴원이 〈어부사〉에서 말했듯이 나만 홀로 깨어 있다는 독성獨醒을 자부하지도 않겠고 독성의 의식 때문에 고독해하지도 않겠다. 차라리 완적阮籍처럼 달관하는 편이 낫겠노라.

진晉나라 때 죽림칠현 중 한 사람인 완적은 평소 술을 너무 좋아하여 보병步兵의 관청 부엌에 술이 100곡斛이나 있다는 말을 듣고 보병교위 벼슬을 구했다. 그는 매일 술에 취하여 있었고, 때때로 마음껏 수레를 타고 달리다가 길이 끊어진 곳에 이르면 문득 통곡하고 돌아왔다. 세속의 법도에 구애받지 않고 지내면서 속된 선비를 대할 때는 백안白眼으로 대하고 고결한 선비를 대할 때는 청안靑眼으로 대했다. 어머니가 죽어 장사를 지낼 적에 혜희嵆喜가 조문하면서 슬피 우는제, 완적이 그를 백안으로 보자 혜희가 화를 내면서 돌아갔다. 혜희의 동생 혜강嵆康이 술과 거문고를 가지고 가서 조문하자, 이번에는 청안으로 대했다고 한다.

　이수광은 완적의 달관을 배우겠다고 했지만, 시 속에는 세속과의 괴리감과 소외감이 절절하여 결코 마음이 평온하지 않았다.

　이수광은 몸이 수척하고 말이 적었으며 성품이 자상했다. 그래서 구설수에 오르지는 않았다. 젊었을 때는 문학에 정열을 쏟았으나 뒤에는 성현의 말씀에서 진리를 구하고자 했다. 한편으로 시 짓기를 좋아해서, 꿈에서도 시를 지었다. 〈꿈 일을 적는다敍夢〉에 기운이 소진된 상태에서 시에 얽힌 환각을 체험한 이야기를 적었다.

　천계명나라 희종의 연호 갑자년1624 4월 26일 야반에, 병이 들어 기운이 소진하여 꺼져갈 듯했는데, 꿈인지 아닌지 모르는 사이에, 시 지은 것이 종이에 가득한 것을 보았다. 그 가운데 한 구절에, "몸이 훨훨 위로 올라가 태청에 박두하려고 하는도다身飄飄而上征迫太淸兮"라고 했다. 그 즉시 몸뚱이가 붕 떠서 허공으로 올라가는 느낌이 들었다. 하늘빛은 마치 새벽달이 뜬 듯 희미했고, 몸을 숙여 바라보니 아래 세상이 어렴풋하여 끝이나 경계를 알 수가 없었다. 한참 지나 깨어났다. 그런데 새벽 이후로 또 기운이 다하고, 서너 사람이 합석해 있는 것이 보였다. 그들이 지은 너덧 편은 모두 《초사》같았다. 반쯤 읽었더니, 그 구절에 "부요풍회 오리바람을 치고 위로 올라가, 자색 봉황을 타고서 아래를 내려보아, 현포를 스쳐 지나 곤륜에 오르고, 옥청의 아홉 경계로 만 리를 날아가노라搏扶搖以上征, 跨紫鳳而下視. 略玄圃而崑崙, 九玉淸之萬里"라고 했다. 전체를 처음에는 또렷하게 기억할 수 있었으나, 잠깐 사이에 깨어나서는 이 두 구연 이외의 나머지는 알 수가 없었다. 아아! 기운이 소진해 있었을 때는 내 몸이 있는지조차 몰랐으니, 내 몸에 질병이 있는지를 어찌 알았겠는가! 그러다가 깨어나서는 비로소 통증이 내 몸에서 여태 떠나지 않은 것을 깨달아, 비록 그 우울함을 떨쳐 없애려고 하지만 그럴 수가 없다. 《소문素問》에 보면, "형체가 있으면 질환이 있고, 생명이 없으면 질환이 없다"고 했으니, 정말 그 말대로다.

말년인 66세에 회포를 읊은 〈사회寫懷〉 시에서 그는 이렇게 말했다.

어려선 병 많더니 늙어선 더욱 곤궁하기에
도에 뜻 두던 때 열심하지 않아 부끄럽다.
시는 담담한 속에 바야흐로 맛이 있다만
배움은 쇠해지고 난 뒤로 진보가 없네.
주렴 친 밤에 거문고 비추는 달을 맞이하고
정갈한 방의 봄날 자리맡에 바람이 인다.
종전의 일신사를 죄다 벗어버렸더니

세간의 영광이 모두가 헛것이 되었도다.

少猶多病老彌窮 소유다병노미궁	志道當年愧未工 지도당년괴미공
詩向淡中方有味 시향담중방유미	學從衰後便無功 학종쇠후변무공
疎簾夜引琴心月 소렴야인금심월	靜室春生席面風 정실춘생석면풍
擺脫舊來身上事 파탈구래신상사	世間榮落盡成空 세간영락진성공

이수광은 선조 말년에 은둔하면서 〈술회〉 시를 지을 때도 '세간 영락이 모두가 헛것'이라는 사실을 깨달은 듯이 말했다. 그렇거늘 광해군 때도 벼슬을 살다가 뜻에 맞지 않아 그만두고 다시 취직하기를 반복했다. 인조반정이 있은 뒤에도 벼슬살이를 그만두지는 못했다. 만년이 되어서 다시 '세간 영락이 모두가 헛것'이라고 내뱉는 말은 더욱 처참한 느낌을 준다. 벼슬살이의 공허함은 떨쳐버리지 못했던 것이다.

참고문헌

- 이수광,〈술회 오백칠십언述懷五百七十言〉,《지봉선생집芝峯先生集》권7 오칠언고시五七言古詩. 한국문집총간 66, 한국고전번역원, 1988. ;〈서몽敍夢〉,《지봉선생집》권23.
- 최웅,〈조선 중기 시학연구〉,《국문학연구》 32, 서울대학교 국문학연구회, 1975.
- 김주한,〈지봉유설연구〉,《영남어문학》, 영남어문학회, 1975.

고경명高敬命, 〈자술自述〉　2

누가 구곡간장을 숯과 얼음 싸우듯 하게 만드나
誰令九回腸 氷炭坐交戰 수령구회장 빙탄좌교전

조선중기의 문신이자 임진왜란 때의 의병장으로 유명한 고경명高敬命, 1533~1592은 비교적 짧은 〈자술自述〉 시에서 자신의 가문과 현재의 자신을 돌아보았다.

고경명은 자가 이순而順, 호는 제봉霽峰 혹은 태헌苔軒이다. 관향은 원래 제주이지만 고려 말에 장택長澤 곧 장흥을 관향으로 삼도록 하사받아, 이후 본관을 장흥으로 하였다.

1552년명종 7의 생원시와 진사시에 합격하고 1558년의 문과에 갑과로 합격했으며, 28세 되던 1560년에는 문신정시庭試에서도 수석을 하고 사가독서를 했다. 하지만 그는 〈자술〉에서 신세가 초라하다고 했다. 어째서인가?

고경명은 명종 연간에 사간원과 예문관의 여러 직임을 맡았으나, 1563년 이조판서 이량李樑을 탄핵할 때 이량에게 그 사실을 미리 알려주었다는 이유로 전적으로 좌천되었다가 울산군수가 된 후 곧 파직되었다. 이후 고향으로 돌아가 19년 동안 은거해야 했다. 바로 이 시기에 〈자술〉을 지었기에, 신세가 초라하다고 탄식한 것이다.

우리 집안은 검교공 때부터

대대로 장택 고을에 집을 두고

훈공의 이름이 국가 역사책에 실렸으니

아아 고려 말부터 드러났건만

나는 집안 명성을 떨어뜨렸기에

생각할수록 얼굴이 붉어져서

완보병완적처럼 막다른 길에서 통곡하고

묵자가 그러했듯 흰 실이 물들어짐을 슬퍼하노라.

재앙과 질병이 날마다 침투하여

이는 빠지고 머리칼은 나날이 변하니

영예와 쇠퇴는 놀랄 일 아니네

눈에 들어오는 풍광이 번개 날듯 하여라.

고질병 안고 장독 긴 냇가에 누워 있자니

아득하기만 하구나 경림궁궐의 연회여

누가 구곡간장을

숯과 얼음이 싸우듯 하게 만드나.

나는 실은 명종조의 진사이므로 경림의 고사를 사용해서 서글퍼한 것이다.

自我檢校公　　　世家長澤縣
勳名在國乘　　　粤從麗季見
不肖墜家聲　　　思之有靦面
幾哭步兵途　　　長悲墨子練
災疾日以侵　　　齒髮日以變

榮悴不足驚 영췌부족경　　過眼如飛電 과안여비전
沈綿瘴浦臥 침면장포와　　杳邈瓊林宴 묘막경림연
誰令九回腸 수령구회장　　氷炭坐交戰 빙탄좌교전

余實明宗朝進士, 用瓊林事, 傷之也.

고경명의 〈자술〉은 탄식의 어조다.

1563년 명종 18에 삼사三司는 이조판서 이량李樑을 탄핵하려고 했다. 그런데 고경명은 그 사실을 이량에게 미리 알려주었다고 지목되었고, 이 때문에 성균관 전적으로 좌천되었다가 울산군수가 된 후 곧 파직되고 말았다.

이량은 효령대군의 후손이자 인순왕후의 외숙으로, 명종 말에 국왕의 신임을 바탕으로 척신과 통했다. 이조판서로 있으면서 심의겸沈義謙을 제거하려다가 그 아버지 심강沈鋼의 탄핵으로 삭탈관직되고 강계로 유배되었다가 죽었다. 윤원형·심통원과 더불어 삼흉으로 지목되었다. 고경명은 이후 고향으로 돌아가 19년 동안 은거해야 했다.

〈자술〉에서 고경명은 고려 말부터 훈공을 쌓아 가문을 일으킨 조상들과 비교할 때 자신의 처지가 너무 초라하다고 했다.

생각해보면, 자신이 이러한 처지가 된 것은 두 가지 이유에서였다.

하나는 세상에 도리가 행하지 않게 되었기 때문이다. 저 옛날 죽림칠현의 완적阮籍이 수레를 몰고 나갔다가 막다른 길에 이르러 통곡하고 돌아왔다든가, 묵자가 흰 실이 다른 색으로 물들어짐을 두고 슬퍼했듯이, 나도 막다른 길에서 통곡하지 않을 수 없고 또 흰 실이 물들어짐을 보고 애통해하지 않을 수 없다.

또 다른 하나는 내 자신에게 재앙과 질병이 나날이 침투하기 때문이다. 개인에게 닥치는 재앙과 질병은 나의 이를 다 빠지게 만들고 머리칼을 희게 바꾸고 있다.

정말로 세상 돌아가는 현상과 내 자신의 처지를 생각하면 자신이 나날이 시들어간다는 것은 놀랄 만한 일도 아니다. 눈에 들어오는 풍광이 번개 날아가듯 신속하게 바뀌어서 인간생활 속의 영광이니 쇠퇴니 하는 것은 모두가 부질없다. 다만 고질병을 끌어안고 남녘땅 강가에 웅크리고 지내자니, 명종 때 과거에서 장원급제해서 합격자를 축하하는 연회인 방방연에서 영화로웠던 그 날이 꿈속의 일 같다.

송나라 때 과거급제자들을 위한 잔치가 경림원瓊林苑에서 벌어졌듯이, 우리나라에서도 과거급제자의 방방연放榜宴이 궁중에서 성대하게 벌어지고는 했다. 고경명은 지난날 방방연에 참석하여 세인의 주목을 받던 때를 회상하면서 지금의 처지가 정말 서글프게만 여겨졌다. 그는 반문했다. 도대체 누구란 말인가? 나의 심사를 구곡간장 뒤틀리게 만들고, 얼음과 숯처럼 화합할 수 없는 것들이 뒤섞이듯 불편함을 심어놓는 존재는?

46세 되던 1576년선조 9, 병자, 토정 이지함이 방문하여 서재 이름을 '불이不已'로 지어주자, 고경명은 〈불이재명不已齋銘〉을 지었다. 대개 〈자술〉을 지을 그 무렵의 일이다.

아아, 하늘은 조화로워서, 굳건하게 유행하여 그침이 없으며,
아아, 성인은 순수하여, 하늘을 법으로 삼아 자강불식하도다.
한 순간이라도 정지하면, 하늘의 운행은 그르치고 말리라.
일념이라도 게으르면, 성인의 공적은 이지러지리라.

하늘이 하늘인 이유와, 문文이 문인 이유는
그 기틀이 지극히 중요하니, 그치지 않음이 그것이로다.
그침과 그치지 않음에 따라, 하늘과 범인은 판별되나니,
하늘을 닮고자 하는 자는 성인이요, 성인을 닮고자 하는 자는 현인이네.
이것을 쌓아나가 그치지 않아서, 행함이 있음이 이와 같다면,
신께서 들어주시리니, 쓰러져 죽은 다음에야 그만둘지라.

'신께서 들어주신다'는 뜻의 '신지청지神之聽之'는 《시경》 소아 〈소명小明〉에 나오는 구절이다. 굳건하게 운행하는 하늘을 본받아 자강불식自彊不息하면 명명한 신도 들어주리라는 확신을 가지면서, 공자가 말했듯이 "자신의 덕을 쌓기 위해 노력해서 쓰러져 죽은 다음에야 그만두리라"고 굳게 다짐한 것이다.

《예기》 〈표기表記〉에 보면, 공자는 《시경》 소아 〈거할車舝〉의 "높은 산을 우러러 보며 밝은 길큰길을 행하도다高山仰止 景行行之"라는 말에 대해, "시에서 인仁을 좋아함이 이와 같다. 근심을 싫어가나가 힘이 나해서 세속 걸을 수 없을 때에야 중도에 그만두어 몸이 늙은 것을 잊는다. 앞으로 남은 세월이 얼마 되지 않는 것도 염두에 두지 않은 채 날마다 열심히 노력하다가 쓰러져 죽은 뒤에야 그만두는 것이다"라고 평한 바 있다.

그런데 선조 14년인 1581년에 고경명은 49세로 영암군수가 되고, 그 해 종계변무사 김계휘金繼輝의 서장관으로서 중국에 갔다왔다. 이듬해 봄에는 서산군수가 되고, 가을에는 명나라 조사詔使가 입국할 때 원접사 이이李珥의 종사관으로서 활약했다. 이후 종부시와 사복시의 첨정, 성균관 사예를 거쳐 순창군수가 되었으나 1588년에 파직되었다. 1590년에는 내

섬시 정, 승문원판교 겸 춘추관편수관을 거쳐 가을에 동래부사가 되었고, 1591년에는 종계변무의 공적으로 광국원종공신에 녹훈되었다. 이로써 고경명은 다시 자신의 이상을 정치에서 실현할 수 있을지 모른다고 기대했다. 하지만 그해 여름에 정철鄭澈이 파직되고 나서, 고경명도 정철의 추천을 받았다는 이유로 동래부사의 직에서 해직되었다.

고향에 돌아와 있던 1592년에 임진왜란이 발발했다. 그는 5월에 아들 고종후高從厚와 고인후高因厚를 데리고 김천일金千鎰·유팽로柳彭老 등과 함께 담양에서 의병을 일으켰다. 7월 금산 전투에서 아들 고인후와 함께 전사하여, 10월에 화순현 흑토평에 장사지내졌다.

고경명은 동서 분당의 시기에 정치적으로 좌절을 겪었다. 하지만 그는 본래 활달한 정신의 소유자였다. 장편고시〈취시가醉時歌〉를 보라, 얼마나 호걸다운가! 남산으로 돌아와 서적만 지키는 것은 답답하기 짝이 없으며, 그렇다고 선술仙術을 익히는 것도 의미 없는 일이라 여겨, 차라리 젊은 날의 기백을 지키겠다고 그는 다짐했다.

옛 칼을 동해물에 담가 벼리니
찬란한 빛이 하늘 길을 쏘아 번개를 일으킨다.
서쪽으로 총산蔥山, 히말라야을 쪼개 황하를 쏟아 부으면
지신地神은 우레 바람에 놀라 울부짖으리
긴 대나무는 위수의 새벽에 연마되고
일만 자 바람 대에는 무지개가 얽힌다.
동쪽으로 푸른 바다 건너 뛰어 큰 자라 낚으니
삼신산 뒤흔들려 거센 파도를 뒤따른다.

가슴 속 자잘한 먼지를 통쾌히 씻고
돌아와 남산 밑 크게 눕나니
인간세상 소인들은 얼굴 아는 이 없고
지키는 것은 오로지 일만 권 서적.
사립문은 사흘 쌓인 눈을 쓸어야 할 정도
치올려보며 부는 휘파람에 바위벽이 금간다.
장부가 어째서 답답히만 지내랴
가자, 신선술 배워 수명이나 늘리자.
《내부경》과 《황정경》을 읽어서
내 몸의 십년 묵은 먼지를 씻나니
지난날 만났던 네모꼴 겹눈의 신선
내 이름이 신선의 옥책에 있음을 보았다만
어째서 겨드랑이에는 깃이 나지 않고서
약탕기에는 이미 선약의 불이 꺼지고
의연히 도리어 한 늙은이 되어서
머리털 엉성하고 추한 모습 되었나.
스님 사이에 이름 숨김은 계책이 낮고
근력은 그래도 말안장 시험할 만하여라.
늙은 나이에 유주·병주의 젊은이들과 사귀어
평원에서 사냥을 다투어 말 달려 돌아오나니
어느 때에야 깃발 끼고 변경으로 나가
활 당겨 하늘로 쏘아 적의 깃발 떨어뜨리랴.
옛 교하의 모래 벌에서 밤을 새우니

온 군영에 소리 없고 서릿발만 희구나.

취해서 부르는 노래라고 했다. 신선술을 배우려 하지만 여의치 않고 스님들 사이에 섞이려 하지만 그것도 마음에 차지 않는다. 만년에 유주·병주의 거센 젊은이들과 사귀어 평원에서 사냥을 겨루어보고, 옛 교하의 모래 벌에서 밤을 새울 기상을 몸에서 느껴본다. 이런 기상이 왜란을 당해 분연히 거의擧義하는 행동을 가능하게 했을 것이다.

고경명이 장성長城 오동리梧桐里에 안장된 지 50년 지난 1642년인조 20에 '충렬'의 시호가 내렸다. 1732년에 이르러 원경하元景夏가 묘문을 짓고 이주진李周鎭이 글씨를 써서 묘표를 다시 세웠다.

아! 선생의 충의와 대절은 해와 달 같아서 백대를 내리 비출 것인데 뒷사람이 굳이 돌에 새겨 표하는 것은 무엇 때문인가?
선생의 이름은 오래갈수록 드러나겠지만 구릉은 혹 바뀔 수 있으므로 표를 하지 않으면 그 전형이 아득하여 뵙기 어려울 것이기에 누가 다시 선생의 묘인 줄 알겠는가.
빈 벌판에 다행히 두어 자 크기의 비석이 있다면 농사짓고 풀 베는 촌 노인들이라도 선생의 묘가 거기 있었다는 것을 알게 되어 탄식하고 배회하며 기어이 찾아내려고 생각할 것이다. 그러니 묘표를 어찌 빠뜨릴 수 있으랴.
아! 임진년도 이제는 먼 옛날로 되어 왜적의 변고를 거의 잊어버리게 되었으니, 선생의 순수한 충성과 성대한 공적도 장차 묻히고 말 것인

가. 아니다. 월정月汀, 윤근수尹根壽과 백사白沙, 이항복李恒福의 필적이 지금도 늠름하여 민멸하지 않기에, 이것이 증빙으로 될 것이다.

세상 사람들은 선생을 변성양卞成陽에게 견준다. 부자 세 분이 같은 날 순절한 것은 똑같지만, 변씨의 따님이 적을 꾸짖고 칼에 엎드려 죽었다는 말은 듣지 못했다. 그렇다면 선생의 순절이 더욱 우뚝하지 않은가. 묘는 때로 평지가 될 수 있고 돌도 때로 부스러질 수 있지만 선생의 행적은 절대로 마멸될 수 없으리라.

한 사람이 남긴 공적은 불후의 이름을 남기는 자료가 되리라고 여겨 이렇게 쓴 것이다. 젊은 시절에 불미스러운 일에 연좌되어 좌절을 겪고 〈술회〉라는 비가悲歌를 읊어야 했지만, 과연 고경명은 국난을 당해 몸을 떨쳐 일어났다. 그 기개와 그 공적은 정녕 영원히 전할 것이다.

참고문헌
- 고경명, 〈전운 자술前韻自述〉[次太白韻有懷新齋石川兩先生의 운], 《제봉집霽峯集》 권2 시詩, 한국문집총간 42, 한국고전번역원, 1988.
- 원경하, 〈증 숭록대부 의정부좌찬성 겸판의금부사 홍문관대계학 예문관대제학지경연춘추관성균관사 세자이사 시 충렬 행통정대부 공조참의 지제교 겸 초토사 고공 휘 경명 묘표문贈崇祿大夫 議政府左贊成 兼判義禁府事 弘文館大提學 藝文館大提學 知經筵春秋館成均館事 世子貳師 諡忠烈 行通政大夫 工曹參議 知製敎 兼招討使 高公諱敬命 墓俵文〉, 《창하선생문집蒼霞先生文集》, 한국역대문집총서 2435-6, 경인문화사, 1997.
- 박은숙, 《고경명 시 연구》, 집문당, 1999.
- 이종찬, 〈고경명론〉, 이종찬 외, 《조선시대한시작가론》, 이회문화사, 1996, pp.347-368.

권필權韠, 〈술회述懷〉   3

좋은 만남은 기약하기 어려워라
佳期未易得 가기미이득

권필權韠, 1569~1612은 시류에 영합하지 않고 광기 어린 행동을 했다. 그는 〈술회述懷〉 시를 지어, 세속과 어긋나기만 했던 과거를 회상하고, 미래에 자신의 재능을 알아줄 세상이 오기를 기대했다.

임진왜란이 발발했을 때 21세였던 그는, 무능한 영의정 이산해李山海를 처벌해야 한다고 주장했으나 관철되지 않자 실의에 젖었다. 또 존경하던 정철鄭澈이 유배지에서 세상을 떠나자 낙담하고, 세상사와 거리를 두었다. 한때 큰 누님이 있던 강화도 삼해면 지금의 송해면 홍해촌에 정착했다. 33세 되던 1601년 선조 34 11월에 중국 사신을 맞이하는 원접사의 제술관으로 발탁되었다. 그후 윤근수尹根壽 등 당대의 유력자들이 천거하여 동몽교관에 제수되었으나 거절했다. 선조가 승하하고 광해군이 보위에 오른 1610년 광해 2 7월에 벗들의 주선으로 동몽교관에 제수되었으나 취임하지 않았다. 바로 이 질풍노도 같은 젊음의 광기를 주체할 수 없었던 때에 권필은 〈술회〉 시를 지었던 것이다.

아침 해는 어느 곳에서 오며

저녁 해는 어느 곳으로 가는가.

아침이 가고 저녁이 오는 사이

어느덧 이처럼 백발이 되었구나.

소년 때는 지기가 씩씩해서

휘파람 불며 이윤이나 여망처럼 되려 했다만

네모와 동그라미가 어찌 서로 맞으리오.

세상과 실로 뜻이 어긋나서는

처음에는 비방이 많더니

끝내는 친한 벗이 적어졌다.

게다가 전란의 시국 만나

타향에서 피난하며 고생하여

구렁에 뒹구는 일은 요행히 면했지만

질병이 생기는 건 당연한 일.

밝고 깨끗한 평소의 마음을

누구에게 말하리, 울적하구나.

손으로 국화꽃잎 따서

고구산 여인에게 주려 하지만

좋은 만남은 기약하기 어려워

세모에 그저 우두커니 기다릴 뿐.

朝日自何來 조일자하래　　　夕日向何去 석일향하거

一朝復一夕 일조부일석　　　白髮遽如許 백발거여허

少年志氣壯 소년지기장
方圓豈相謀 방원기상모
始也多毁譽 시야다훼예
況逢干戈際 황봉간과제
溝壑幸而免 구학행이면
皎皎平生心 교교평생심
手掇秋菊英 수철추국영
佳期未易得 가기미이득

長嘯望伊呂 장소망이려
與世實鉏鋙 여세실서어
終焉寡儔侶 종언과주려
漂泊忍羈旅 표박인기려
疾病固其所 질병고기소
壹鬱誰與語 일울수여어
願貽高丘女 원이고구녀
歲暮徒延佇 세모도연저

세월의 흐름은 참으로 빠르다. 몇 번 아침이 가고 저녁이 오는 사이에 백발이 늘었다. 소년 시절에야 누구든 뜻이 장대하지 않으랴. 나도 탕왕을 도와 은나라를 세운 이윤이나 문왕을 도와 주나라를 세운 여망여상呂尚, 태공망太公望처럼 정치를 전담하는 대신이 되고 싶었다. 하지만 모난 것과 둥근 것은 서로 맞지 않듯이 세상과 뜻이 맞지 않았다.

저 굴원은 《초사》의 〈구변九辯〉에서 "둥근 자루를 만들어놓고 모난 구멍을 뚫어 끼우려 하니, 서로 어긋나 들어가기 어려울 줄을 나는 잘 알겠다"라고 했다. 또 굴원은 《이소》에서 "아침에 백수를 건너려고 낭풍잠에 올라 말에 고삐를 매었다만, 홀연 뒤돌아보며 눈물 흘리나니 고구산에 여인이 없음을 슬퍼하노라"라고 했다. 초나라의 고구산에서 굴원이 찾던 것은 신녀였으며, 그것은 곧 어진 군주를 비유한 말이었다. 나도 마찬가지로 어진 군주의 조정에 들고 싶지만, 나를 알아줄 군주는 현세간에 존재하지 않으리라.

권필은 언젠가 〈자신에 대해 읊다自詠〉에서 이렇게 자조했다.

온 세상이 모두 명철하건만
어이하여 나만 홀로 어리석은가.
자취는 영욕 밖에 벗어났건만
명성은 시비 속에 있다니.
거처할 땐 책 속의 성인을 대하고
외출해서는 호숫가 산에서 노닌다.
평생에 늘 한 동이 술을 마주하면 그뿐
나머지 일은 나 모른다.

舉世皆明哲 거 세 개 명 철   如何我獨頑 여 하 아 독 완
跡超榮辱外 적 초 영 욕 외   名在是非間 명 재 시 비 간
居對卷中聖 거 대 권 중 성   出遊湖上山 출 유 호 상 산
平生一樽酒 평 생 일 준 주   餘事不相關 여 사 불 상 관

건제체建除體로 지은 또 다른 〈술회述懷〉 시에서, 권필은 안주할 수 없는 불안한 실존의 상태를 노래했다. 건제란 열두 별자리가 인간사의 건建·제除·만 滿·평 平·정 定·집 執·파 破·위 危·성 成·수 收·개 開·폐 閉 등 열두 정황을 상징한다고 여겼던 데서 온 말이다. 남조 송나라의 포조鮑照는 두 구마다 첫째 자리에 이 열두 글자를 넣어 24구의 건제체 형식을 창안했다. 권필이 지은 시는 이러하다.

건덕建德이 어찌 나의 땅이리
병주并州는 나의 고향이 아니다.

이 마음 없애고 다신 생각지 말자
생각하면 마음만 아플 뿐.
술잔에 술 부어 마시니
호탕한 노래에 가슴이 뛴다.
적장 목을 맬 밧줄 청할 뜻을 지녀
강건한 내장을 지녀 환히 밝건만
정해진 운명은 피할 수 없는 법
갖은 고생 겪으며 길가에 다니나니.
창 잡은 수자리 졸개는 면했으니
표주박 물 마시는 분수를 감내하리.
집은 무릎을 들일 정도로 비좁고
살림이라곤 등나무 침상 하나뿐.
위태한 때는 은거해야 하나니
부귀를 어찌 바라랴.
성공과 실패는 결국 똑같고
만고의 일은 모두가 허망하니
마음을 수습해서 본성을 기르면
방촌에서 천광이 빛날 것이기에
책 펴고 성현을 대하여
긴 낮 동안 맑은 향을 사르나니
문을 닫고 이렇게 일생을 마쳐
영고성쇠 따위는 모두 잊으리라.

建德豈吾土 건덕기오토	幷州非故鄕 병주비고향
除此勿復念 제차물부념	念之令人傷 념지령인상
滿酌金叵羅 만작금파라	浩歌情激昂 호가정격앙
平生請纓志 평생청영지	皎皎懷剛腸 교교회강장
定分不可逃 정분불가도	間關趨路傍 간관추노방
執殳免卒伍 집수면졸오	飮瓢甘士常 음표감사상
破屋只容膝 파옥지용슬	生理餘藤床 생리여등상
危時合隱淪 위시합은륜	貴富安足望 귀부안족망
成虧終一軌 성휴종일궤	萬古俱亡羊 만고구망양
收心養太和 수심양태화	方寸發天光 방촌발천광
開卷對聖賢 개권대성현	永晝燒淸香 영주소청향
閉戶了一生 폐호료일생	榮枯都兩忘 영고도양망

《장자》〈산목山木〉편에는 순박한 백성들이 아무 인공의 기교를 부리지 않고 허위의식도 지니지 않은 채 무위의 삶을 살아가는 이상향으로 건덕이란 이름이 나온다. 하지만 권필은 건덕이 나의 땅이 아니라고 했다. 나는 그곳에서부터 추방당한 자, 소외된 자라고 했다.

그뿐이 아니다. 나그네살이 하는 병주는 더더욱 내 고향일 수가 없다고 여겼다. 당나라 가도賈島는 〈도상건渡桑乾〉 시에서도 "병주의 나그네살이 십 년이 지나도록, 밤낮으로 고향 함양에 돌아가고 싶었다만, 무단히 다시 상건수를 건너다가, 돌아보매 병주가 바로 고향 같구나"라고 했다. 타향도 오래 살다보면 정이 들어 고향과 같이 느껴진다고 한 것이다. 하지만, 권필은 현세간의 곳은 그곳이 어느 곳이든간에 아무리 정이

들었다고 해도 나의 본향일 수는 없다고 했다. 이상향에서 추방당하고 소외된 자, 현세간의 어느 곳에도 결코 안주할 수 없는 자, 그 사람이 권필이었다.

공적을 세우고 명예를 얻고 싶은 욕망을 권필은 청영請纓이라고 표현했다. 한漢나라 때 종군終軍이라는 스무 살 남짓의 젊은이가 "굵은 밧줄을 받아 기필코 남월왕을 묶어서 궐문에 바치겠다"고 청했던 데서 나온 말이다. 하지만 권필은 뜻을 펴지 못했다.

그렇다면 선비의 상도常道를 지키는 것만이 나의 본성을 해치지 않을 수 있는 유일한 길이라고 하지 않을 수 없다. 선비의 상도란 안빈安貧을 말한다. 두보의 시에 "세상을 구제하는 것은 의당 그대들의 일이요, 안빈은 또한 선비의 상도일세濟世宜公等, 安貧亦士常"라고 했다. 세상을 구원하는 일에 참여할 수 없기에 안빈을 택하겠다고 한 것이다.

안빈은 마음의 빛인 천광天光을 되찾는 방법일 수 있다. 《장자》〈변무駢拇〉에 보면, 장臧과 곡穀 두 사람이 양을 치다가 두 사람 모두 양을 잃었다. 장은 책을 읽느라, 곡은 도박을 하느라 양을 잃은 것이다. 그렇듯이 만고의 세상일은 무엇이든 본성을 해쳐 허무한 결과를 낳을 따름이다. 이에 비해 《장자》〈경상초庚桑楚〉편에서는 "마음이 태연하고 안정된 사람은 천광이 발한다"고 했다. 권필은 악을 미워하는 강장剛腸 즉 강건한 내장을 지니고 있었다. 죽림칠현의 한 사람인 혜강은 산도山濤에게 보낸 편지에서 "나는 강직한 성품이라 악을 미워하며 경솔하고 방자하여 직언을 서슴지 않았다"고 토로했다. 두보도 〈장유壯遊〉 시에서 "나는 성정이 호탕하여 술 좋아하는 것을 업으로 삼고, 악을 미워하여 강장을 품었다"고 했다.

권필은 '강장을 품은' 자신을 '게'에 가탁해서 〈곽삭전郭索傳〉을 지었다. 세간에서는 게를 속없다고 여겨 무장공자無腸公子라 부르지만 그것은 사실과 부합하지 않는다고 했다. 오히려 게는 "밖은 강하고 중심은 누르니, 역易을 배운 자가 아니겠는가!"라고 평가했다. 이 글에서 권필은 가전의 양식에 자전의 내용을 덧씌워 작가의 상황과 지향점을 가탁했다.

삭은 태어나면서부터 성질이 조급했으나 물외物外, 세상 바깥로 벗어나려는 고상한 멋이 있었다. 그래서 세상을 피해 택중澤中에 도망쳐 갈대밭 속에서 옆걸음으로 비틀비틀 기어 다니며 힘써 자신의 종적을 감추어 사람들의 치아 사이에 오르지 않고자 했다. 강호 사람들이 왕왕 삭이 있는 곳을 알고 찾아가 청하면 삭이 부득이 그들과 더불어 놀았다. 사람들은 술과 안주를 풍성하게 차려서 대접했으나 그가 좋아하는 것이 아니었다. 어떤 사람이 임금에게 삭을 천거했다. 임금이 말하기를 "옛날에 태사太史가 아뢰기를 정귀井鬼의 분야에 필시 이인異人이 있을 것이라 했는데 어쩌면 삭이 아니겠는가" 하고 사신을 보내어 그를 억시로 불러와서 후실喉舌의 직임을 제수하려 했다. 삭이 두 손을 들어 이마에 대고 사양하기를 "폐하께서 명을 내리시면 신이 비록 끓는 가마솥에 들어가는 것도 감히 사양하지 못할 것입니다. 그러나 신은 개사介士라 세상맛에는 담박합니다. 차라리 더러운 도랑 속에 놀며 스스로 즐거워할지언정 국가를 소유한 임금의 구속을 받지 않으렵니다" 하고 눈물을 방울방울 흘리며 울었다. 임금이 그 뜻을 불쌍히 여기고 또 그 집안이 대대로 횡초橫草, 종군의 공을 세웠다 하여 조칙을 내려 구강九江·이제二淛·송강松江·진택震澤을 삭의 식읍으로 주었다. 곽씨로서 강호에 흩어져 사는 자가 많지만, 그 가운데 곽삭만 홀로 풍모가 뛰어나 스스로 세상에 드러났다. 또 교유하는 이들도 모두 운치 있는 사람들이요 아름다운 선비였다. 예천醴泉의 조순曹醇, 술과 가장 친하여 기미氣味로써 서로 허여했다. 사람들이 혹 조순을 초청하면 곽삭도 때때로 함께 갔다. 비록 슬픔과 시름으로 울적한 사람이 있더라도 곽삭과 조순이 그 좌우에 있으면 반드시 흔연히 즐거워하는 것이었다.

권필은 이 글 뒤에 '태사공왈'로 시작하는 평어를 두어, 곽삭이 갑옷을 입고 예리한 창칼을 들어 횡초의 기상이 있었건만 끝내 초택草澤에서 죽고 말았기에 슬프다고 애도했다. 곽삭의 품성과 횡액은 권필의 그것과 일치했다. 횡초橫草란 말은 《한서》에 나온다. 군대가 풀밭을 행군하면 풀이 눕게 되므로, 종군하는 일을 횡초라고 한다.

권필은 광해군 때 외척 유희분과 권신 이이첨의 전횡에 분노했다. 술집에서 유희분을 만나 멱살을 잡고 폭언을 했다고도 하고, 사귐을 청하는 이이첨을 피해 담을 넘어 달아났다고도 한다. 43세 되던 1611년광해 3 봄에는 임숙영이 별시문과의 전시殿試에서 대책을 지으면서 외척의 방자함을 비판했다. 격노한 광해군이 그의 합격을 취소시키자, 권필은 〈임숙영의 삭과 소식을 듣고聞任茂叔削科〉 시를 지어 울분을 쏟았다.

1612년 2월에 대북파가 소북파를 제거시키기 위해 김직재의 무옥誣獄을 일으켰는데, 옥사에 연루된 사람의 문서 상자에서 〈궁류〉 시가 발견되었다. 권필은 고문을 받고 경원으로 유배가다가, 동대문 밖 민가에서 막걸리를 마시고 장독이 도져 세상을 떴다.

권필은 옥에 갇히기 사흘 전에, 평생 지은 시를 보자기에 싸서 생질 심기원沈器遠에게 주면서 보자기 뒷면에 〈절필絶筆〉 시를 적어 주었다.

평생 우스개 글귀 즐겨 지어서
세상 온갖 입에 떠들썩하게 오르내렸지.
이제부턴 입을 꽉 닫고 한 세상 마치리라
공자께서도 말 없고자 하시었거늘.

平生喜作俳諧句 평생희작배해구　　惹起人間萬口喧 야기인간만구훤
從此括囊聊卒歲 종차괄낭료졸세　　向來宣聖欲無言 향래선성욕무언

《논어》〈양화〉편에 보면, 공자가 "나는 말이 없고자 하노라予欲無言" 하니 제자 자공이 "스승님께서 말씀하지 않으시면 저희가 어떻게 도를 전해 받겠습니까?" 했다. 공자는 "하늘이 무슨 말을 하던가. 사시가 운행하고 만물이 생장하나니, 하늘이 무슨 말을 하던가!" 라고 꾸짖었다. 생전에 권필은 '말이 없고자' 하지 않았다. 수다스러웠다. 죽음에 임해서야 '말이 없고자' 했다. 그러나 그는 죽은 뒤에도 말이 없을 수 없었다. 말은 그의 삶이었고, 죽음이 있고, 기억이 있다.

참고문헌

- 권필, 〈술회述懷〉, 《석주집》 별집 권1, 한국문집총간 75, 한국고전번역원, 1988.
- 권필 저, 이상하 역, 《(국역) 석주집》, 한국고전번역원, 2006~2007.
- 정민 역, 《석주집》, 태학사, 2009.
- 정민, 《목릉문단과 석주 권필》, 태학사, 1999.
- 박은희, 〈권필 시의 표현기법 연구〉, 연세대학교 석사학위논문, 1994.

이경여李敬輿, 〈합차공부술회북정양시운合次工部述懷北征兩詩韻〉

4

늘그막에는 사마광의 졸렬함을 좋아한다

晚好溫公拙 만호온공졸

이경여李敬輿, 1585~1657는 인조가 소현세자 빈을 사사하려는 것에 반대하다가 삭탈관직당하고 충청도 옥주옥천로 귀양갔다. 거기서 장편의 〈합차공부술회북정양시운合次工部述懷北征兩詩韻〉을 지어, 하늘의 해가 다시 내려 쪼이기를 기도했다.

인조와 효종 때 대신이었던 그는 조정의 의론이 화합하지 못하는 것을 우려해서 협동을 급선무로 삼았다. 그의 뜻은 번번이 어그러지고 말았지만, 이경여는 군주를 계도하는 일에 진력했다.

장편의 〈술회〉 시에서 이경여는 어린 시절 초심을 지녔던 나날을 회고하고, 광해군 시절의 곤혹스러웠던 처신과 인조반정 뒤의 갖가지 정치적 난관 때문에 좌절을 겪은 일, 병자호란의 참상과 난후의 국정 운영에 대해 하나하나 상기해 보았다. 그리고 스스로 삶이 만년에 이르렀다 여기고, 북송의 사마광이 그랬듯 자신의 졸렬함을 사랑하고 보존하겠노라고 선언했다.

어릴 적에는 자하子夏같은 유학자임을 부끄럽게 여기다가

늘그막에는 사마온공사마광의 졸렬함을 좋아하네.

감히 공자 문하의 안회顏回를 바라랴

순임금 조정의 설契이 될 뜻이라곤 없도다.

함부로 고인의 자취를 기대하여

날마다 세간 인정과 소원해지니

수레와 면류관 쓰는 영화를 절레절레 사양하고

드넓은 운몽택을 두뇌로 삼겼도다.

큰 도에 대해서는 여름벌레 처지라서 얼음을 알지도 못해 부끄럽고

티끌세상은 뜨거운 열을 잡은 듯하다.

승당하여 혼정신성을 받들고

독서해서 충렬을 사모했으니

책상에는 이락伊洛의 가르침이 있고

책상자에는 안기생安期生의 비결이 없도다.

전수前修는 우러러볼수독 너욱 높고

도의道義는 거의 결함이 없을 듯하다.

중년에 이르러 현달할 뜻을 세워

초심을 빼앗기고 말아

영화는 용문에 오름에 비견되고

용기는 호랑이 굴을 탐색하듯 했다만

작은꾸리로 큰 종을 치고

바닥 붙은 배로 홍수를 건너려 한 셈이건만

누가 광천廣川의 대답을 기대했던가

우연히 알자의 인도로 승명전承明殿에 들었다.

얼굴을 백료의 밑으로 낮추고

남을 따라 건몰乾沒, 이익을 도모하하였으나

홀연 태사사관의 붓을 잡아

동호董狐의 절개를 따르려 했다.

청포군주의 내정에서 간언으로 이름이 나서

청운의 길은 마음에 이미 끊었도다.

금용성 일인목대비의 유폐은 만고의 변고이니

우주 사이에 관모와 의상을 찢을 일이었기에

부절 찬 관리들은 조정을 떠나고

서민들은 징발에 곤란을 겪었으니

눈앞의 부스럼농민의 고통에 마음이 놀라고

팔꿈치 아래의 결탁가까운 신하로서의 결탁에 인끈을 풀었으니,

돌아가자니 행로가 어려워

태항산에서 높은 길에 발을 헛디디고

바람에 파도가 곳곳마다 일어나고

평지에서도 벌벌 떨며 미끄러질까 염려했다.

강을 따라 두세 친구들과 함께

배를 띄우고 뱃전을 두드렸으니

이때 온 나라가 물 끓듯 해서

원한의 기운이 빈 하늘과 솟은 산에 침노하기에

자취를 감추고도 사람을 두려워하여

초택에서 갈옷 입고 생을 마치리라 했다만

하늘이 대저代邸의 어진 분한나라 문제 같은 인조을 내어
황하가 맑아져 성인이 나오셨다.
축수하는 술잔을 미앙궁에 두고
상서로운 구름은 황금 대궐을 에워쌌네.
(중략)
돌아보면 추호도 보탬이 없거늘
거연히 팔좌八座의 녹을 받아
은혜를 잘못 입어 도리어 재앙을 빚어내
이역에서 거의 오랏줄에 묶일 뻔했다가
유독 사랑을 입어 살아나게 되었으니
백만 냥 황금을 아끼지 않아서,
살아 돌아와 국가의 개조를 협찬하게 되어
군왕의 밝으신 신명에 감격하니
꿈속에서도 진작 생각지 못했던 일이거늘
농량재를 보낭과 문실주토 쓰시겠노라 하시다니.
죽은 뒤에야 스스로 밝게 알리라
눈물을 흘리며 인끈을 사양했으나
등짐을 져서 도적을 초래하는 격이 되어
사신 가서 북해에서 기러기 서찰을 바라듯이 하고
군주의 위덕이 풍속에 따라 다름에 감동하였으니
동쪽으로 돌아와 성군의 돌보심을 입고
백골에 살을 붙여주어 살리신 은덕을 간에 새겨
만 번 죽더라도 어이 충정을 그치랴.

반열이 대신의 자리에 올라

녹봉을 훔쳐 그저 후루룩 마시는 격인 것을

외정外廷, 국정을 보는 곳, 외조의 물의는 듣지 않고

문을 닫아걸고 서책을 보나니

병들고 보니 친구가 드묾을 알겠고

문에서는 어른들의 수레를 사절했네.

궁전의 단풍나무는 한아름 반으로 굵게 자라고

좋은 기운은 바라보매 빼곡하다.

차마 영결을 못하겠기에

여전히 머뭇머뭇하면서 해골만 남은 상태.

자리 앞으로 다가가 옥음을 받들고

위엄스런 성안을 보좌 가까이서 비밀리에 뵙고는

경經과 권權의 이치를 함부로 논하느라

뱉는 말이 나도 모르게 경솔해서

돌이켜 생각하면 사불급설駟不及舌이었던 것을

모루에 엎어져 목이 베인다고 해도 당연할 정도.

어진 이를 택하려는 것은 요·순 같은 성군이 되시려 함이었으니

신하된 자로서 누가 억지로 거스르랴.

지금 목을 빼고 바라보는 이들은

모두 선왕 시대 이래의 수말임을 알겠네.

연영문延英門 아래서 아뢰자당나라 숙종 때 재상 묘진경苗晉卿이 늙어 행동이 불편하자 특별히 연영전延英殿에서 맞아서 우대한 일이 있음

엄한 견책이 재상에게 미치니

공경公卿의 벼슬아치들도 모두 놀라 두려워해서

석고대죄하고 벌 받기를 기다리거늘

외람되이 으뜸 자리를 차지하니

누구보다도 저의 잘못입니다.

한 사람이 이미 잘못했으나

어찌 멀리 내쫓김을 벗어날 수 있겠습니까?

죄는 크거늘 견책은 오히려 가벼우니

인자함이 깊어서 수결受玦, 배척에 그쳤으니

장사長沙 유배는 가의賈誼를 박대한 것이 아니고 상수는 굴원이 빠지기에 적합했었지.

명군의 은택이 귀신을 막거늘

어찌 자라와 물고기 숨는 것을 본받으리오.

우레가 건너바다에 이는 것을 관계치 않거늘

어찌 태산에 절강이 지나감을 꺼리랴.

상가牂柯에서는 물이 끓는다 하고

남전藍田에서는 말이 자주 접질리네.

계령桂嶺에는 여태 사람이 이르러 온 적이 없고

귀문鬼門에서는 고함치는 아전을 만났네.

간관艱關은 천리 남짓 이어져 있고

벽파碧波에는 파도가 콸콸거리고

옥주沃州의 삼호군三戶郡은

성이 무너지고 반나마 등덩굴이 감고 있다.

탄환 같은 땅을 바다가 사방을 둘렀고

경내라고는 한 줌 흙 정도로 작아라.
집을 빌려 대나무로 사립문을 삼으니
주인은 벌써 이맛살을 찌푸리네.
다행히 태수가 어질어
높은 의리 지녀 혈혈단신을 불쌍히 여겨
창자를 채우도록 물고기를 먹여주고
눅눅할까 염려했더니 잠자리에 온돌을 깔아주었네.

이경여가 지은 장편의 〈합차공부술회북정양시운合次工部述懷北征兩詩韻〉 가운데 처음 부분과 마지막의 일부다.

이경여는 세종대왕의 별자인 밀성군 이침李琛의 후손이다. 17세 되던 1601년선조 34에 사마시에 합격하고, 1609년광해군 원년 10월의 증광시에 을과로 합격해서 승문원에 분관되었다. 광해군 때 충원현감을 지내다가, 1619년 벼슬을 버리고 흥원강興元江에 은둔했다. 1623년 3월의 인조반정 뒤 부수찬·이조좌랑을 역임하고, 1624년에 이괄의 난이 평정된 후 교리·이조정랑을 지냈다. 1625년인조 3 2월과 12월에는 각각 호패어사로서 영남과 호남을 다녀왔다. 호패어사란 호패를 차고 왕명을 받들어 찰거察擧, 재인의 현부를 살펴 기용함하는 임무를 맡은 직책이니, 곧 암행어사다. 1627년에 정묘호란이 일어나자 왕을 호종해서 강화도로 들어갔다가 4월에 돌아왔다. 1636년 봄에 우승지가 되고, 12월에 병자호란이 일어나자 남한산성으로 왕을 호종했다. 1642년 6월에 대사헌이 되었다. 당시 인조는 병환이 오래 가자 사술邪術을 쓰려 했으나, 이경여가 간하여 말렸다.

12월에는 신익성申翊聖·이명한李明漢 등과 함께 청나라로 잡혀가 심양에 구류되었다. 이보다 앞서 이계李烓라는 인물이 선천부사로 있으면서 명나라 상선과 밀무역을 하다가 청나라 사람에게 발각되는 일이 있었다. 청나라는 이계를 잡아다가 신문하였는데, 이계는 죽음을 면하기 위해, 이경여 등이 남조명나라에 마음을 두고 있어서 청나라 연호를 쓰지 않는다고 밀고했다. 이 때문에 청나라 사자가 그를 붙잡아 심양으로 간 것이다. 여러 달 만에 조정에서 벌전罰錢을 바쳐 돌아오게 되었다.

1643년 3월에 환국해서 부여로 돌아갔다가 11월에 대사헌, 12월에 우의정이 되었다. 1644년 2월, 심양으로 사신 갔다가 다시 구류되어, 감옥에서 김상헌金尙憲·최명길崔鳴吉과 함께 지냈다.

심양 옥에 있을 때 최명길과 김상헌이 이념상 날카로운 대립을 보이자, 이경여는 그 두 사람을 중재하려고 애썼다. 당시에 지은 시로 〈심양 감옥에 있으면서 김청음과 최지천의 시에 화운하다在瀋獄和金淸陰崔遲川〉가 있다.

한 사람은 경, 한 사람은 권을 수장함은 각자 공의를 위함이니
하늘 받든 큰 절개는 세상 구원한 공이 있네.
지금 난만하게 같은 곳으로 귀착하나니
우리 모두 남관에 갇힌 머리 허연 노인인 것을.

二老經權各爲公 이로경권각위공   擎天大節濟時功 경천대절제시공
如今爛漫同歸地 여금란만동귀지   俱是南館白首翁 구시남관백수옹

최명길은 난국의 때에는 권도權道를 따름으로써 경법經法으로 나아가

는 방책을 쓸 수 있다고 보았다. 권도는 정도를 지키지 않고 임시방편을 취하는 일, 경법은 대의를 올곧게 지키는 일이다. 명나라가 쇠하고 후금청이 흥기하는 때에 권도는 이민족의 후금과 잠시 화평의 맹약을 맺는 일을 말하고, 경법은 중화의 나라인 명나라에 대해 의리를 지키는 것을 말한다. 김상헌은 최명길의 주장을 반박하여, 성인이 아니고서는 함부로 권도를 따를 수 없으며 오로지 경법을 지켜야 한다고 했다. 이경여는 최명길이 권도를 주장하고 김상헌이 경법을 견지하는 것은 모두 각각 공변된 도리를 지키고자 함이라고 인정했다. 이경여의 중재에도 불구하고 김상원은 최명길과 끝내 화합하지 못했다.

1645년 3월에 세자를 모시고 돌아와 영중추부사가 되었으나 얼마 뒤 소현세자가 세상을 떴다.

소현세자가 죽은 후 인조가 '어질고 재능 있으면서 장성한 사람'을 세자로 택하겠다고 하자, 영의정이던 이경여는 불가하다고 했다. 1646년 2월에 인조가 소현세자의 비 강빈을 사사하려 했을 때도 죽음을 각오하고 반대했다. 이 때문에 삭탈관직·문외출송 되고, 다시 남쪽의 진도로 유배되었다. 1648년 3월에는 북쪽의 궁벽한 삼수로 이배되었으며, 5월에 인조가 승하한 뒤 7월에 아산으로 양이量移되었다. 1649년 정월에 봉림대군곧 효종이 즉위하였는데, 효종은 1650년에 이경여를 특별히 사면하고 영의정에 복직시켰다. 이경여가 왕실의 안녕을 꾀한 사실을 높이 평가한 것이다.

하지만 1651년 봄에 청나라의 압력으로 영의정직을 떠났다. 청나라가 우리나라의 사신을 파면하자, 이경여는 "적이 우리나라 사람을 제멋대로 붙잡았다 놓아주게 내버려두고도 감히 따지지 아니하니, 어찌 나라의 체통이 될 수 있겠는가?" 하고는, 사신을 다시 보내어 맞서 따지게 했다. 그러자 청나라는 이경여가 그 일을 주장했다고 해서 금고에 처하도록 압력을 가했다.

1653년 3월에 영중추부사가 되었지만, 1654년 겨울에 청나라 사신이 문제 삼자 물러나 충주로 피했다. 1655년 5월에 기로소로 들어갔다가, 1657년효종 8 8월 8일에 명례동 집에서 작고했다.

이보다 앞서 5월 5일에 이경여가 죽음을 앞두고 차자를 올리자, 효종은 비답을 내려 '일모도원日暮途遠 지통재심至痛在心'이라고 했다. "날은 저물고 갈 길은 머니, 지극한 고통이 마음에 있다"는 뜻이다. 송시열은 그 여덟 글자를 붓으로 써서 이경여의 아들 이민서李敏敍에게 전했다. 손자 이이명李頤命은 1700년숙종 26에 충남 부여 규암면 진변리 부산浮山의 바위에 그 여덟 글자를 새기고 대재각이라는 비각을 세웠다. 《서경》의 '대재왕언大哉王言'이라는 말에서 비각의 이름을 따온 것이다. 또 후대 사람들은 송시열의 글씨를 경기도 가평군 하면 대보리의 조종암에 새겼다. 이경여는 이른바 내냉의리를 중시한 노론 식인 사이에서 노성한 분의 선형으로 추앙되었던 것이다.

1657년 10월에 교하交河의 월롱산月籠山 아래 임시로 매장되었다. 1678년숙종 4 4월에 선영이 있는 포천 주금산鑄金山 남쪽 기슭에 이장되었다.

이경여는 어려서 이미 학문하는 요점을 알았다. 그는 "이 마음은 광풍제월光風霽月, 비가 갠 뒤의 깨끗한 바람과 달과 같으니, 야기夜氣, 밤의 깨끗하고 조용한 마음에서 더욱 잘 알 수 있다"고 하면서, 독서로 인격의 뿌리를 북돋았다.

하지만 〈합차공부술회북정양시운〉에서 그는, 어려서는 도학에 뜻을 두었지만 중년에 국정에 참여하면서 학문을 중단한 것을 후회했다.

이경여는 인조와 효종에게 깊은 영향력을 행사했으나, 사욕을 부리지 않아서 남들의 존경을 받았다. 언젠가 인조에게 이렇게 상언上言했다.

나라를 다스리는 데 있어서는 반드시 규모를 정하고 기강을 세워야 합니다. 그러나 반드시 인주의 한 마음으로 주장을 삼아, 안으로 남이 알지 못하는 지극히 은미한 곳으로부터 계구戒懼, 경계하고 두려워함하고 근독謹獨, 혼자 있을 때를 삼가는 일하기를 더욱 엄격히 하고 더욱 긴밀히 하여 인욕은 물러가고 천리가 밝게 드러나도록 한 뒤에야 이 두 가지 일이 뿌리 둔 바가 있어서 제대로 설 것입니다. 도를 행하는 데는 가인家人, 한 집안사람에게 가장 먼저 행해야 하는 것이니, 스스로 반성하여 위의를 가진다면 집안을 다스리고 나라를 다스리는 효험이 드러날 것입니다.

하지만 인조는 게을렀다. 이경여는 묵묵히 후퇴하지 않을 수 없었다. 병자호란이 끝난 이후, 이경여는 의리를 위해 죽지 못한 것을 수치로 여겼다. 정월 초하루를 축하하는 의식 때 "존주尊周의 의리를 더욱 돈독히 하소서"라고 건의했다. 그가 말한 종극의 의리란 명나라에 대한 의리를 말한다. 그는 또 이렇게 아뢰었다.

전하께서 처음부터 마음을 바르게 하고 덕을 닦으며, 하늘을 공경하고 백성을 구제하였다면 어찌 오늘날 같은 변고가 있겠습니까. 지금에는 하늘의 경법과 땅의 의리를 아주 사소하게 여기고, 사람의 도리와 사물의 법칙이 괴멸되도록 내버려두어서 온 천하의 법칙을 보존할 수 없게 되었으니, 어찌 한심하지 않겠습니까?

정치는 군주의 몸과 마음에 뿌리를 둔다는 사실을 믿었기 때문에 이렇게 건의한 것이다.

어진 군주가 현명한 신하를 마음으로 믿고 우대하는 것을 어수계魚水契라고 한다. 이경여와 효종의 관계는 실로 어수계를 맺은 듯했다. 효종은 그를 '대인선생'이라 일컬었다. 이경여는 효종에게, 너그럽고 인자한 정치를 펴고 재간 있는 신하보다는 경술經術에 밝은 신하를 먼저 등용하도록 건의했다. 또 양민의 장정이 날로 줄어드는 것을 염려하여 종모법을 시행하기를 청했다. 종모법이란 양인 여자가 천인 남자에게 시집가서 낳은 자식은 어미의 신분에 따라 양인이 되는 것을 허락하는 법으로, 노비종모법이라고도 한다.

이경여는 현실 정치에 밝은 양심적 관료였던 것이다.

참고문헌

- 이경여李敬輿, 〈합차공부술회북정양시운合次工部述懷北征兩詩韻〉, 《백강선생집白江先生集》 권1 오언고시五言古詩, 한국문집총간 87, 한국고전번역원, 1988.
- 송시열, 〈백강 이공 신도비명 병서白江李公神道碑銘并序〉, 《송자대전宋子大全》 권157, 한국문집총간 108-116, 한국고전번역원, 1988.

이민구李敏求, 〈술회일백운述懷一百韻〉 5

하늘은 옥 관棺을 더디 내려보내네
天遲下玉棺 천지하옥관

지봉 이수광의 아들인 이민구李敏求, 1589~1670는 〈술회일백운述懷一百韻〉을 지어, 기구한 자신의 운명을 한탄하다 못해 "하늘은 옥 관棺을 더디 내려보내네"라고 통곡했다. 하루 빨리 죽고 싶다는 뜻에서 그런 것이다.

이민구는 어릴 때부터 총명해서 일곱 살에 이미 시부詩賦를 지었다. 21세 때인 1609년광해군 원년에 사마시에서 장원해서 진사가 되고, 24세 때인 1612년 증광문과에 장원급제하여 예조좌랑으로 등용되었다. 그후로 평탄한 관직생활을 했다. 하지만 49세 때인 1637년인조 15에 병자호란이 일어나자 강도검찰부사로서 왕을 모시고 강화로 가다가 청나라 군사의 저지를 받았다. 그는 적의 공격을 막지 못했다는 이유로 영흥의 철옹성에 유배되어 7년이나 그곳에서 지내야 했다. 그 고통의 시기에 이민구는 〈술회일백운述懷一百韻〉을 지어, 하늘이 옥 관을 더디 내려보낸다고 한탄하고 신선이 되어 하늘로 올라가고 싶노라고 한 것이다.

국가가 위태로우니 고통을 감내해야 하리라만
집안의 고난은 너무 시리다.
겨우 남은 목숨에 몸뚱이의 수명은 얼마나 남았을까
놀란 혼은 그림자와만 짝하여 외롭도다.
새둥지 엎어져서 골육이 모두 윤락하고
무덤 쓴 것이 산언덕에 가득하다.
땅은 오래 금 주발을 묻어두고
하늘은 옥 관棺을 더디 내려보내네.
정신이 소멸되어도 여전히 우뚝하고
의지가 꺾여도 또한 머뭇거리나니
가의賈誼가 〈석서惜誓〉를 지어 복조鵩鳥, 올빼미를 근심하고
굴원屈原이 뇌소牢騷, 우울함에 걸려 미친개에 놀란 일과 같아
뻗어나갈 천리마를 눈썹 숙이고 있도록 감금하고
북명을 치고 날려는 붕새의 깃을 떨어뜨린 셈이다.
야박한 세속과 어이 동조하랴.
범상한 감정은 억지로 즐거워하려 하고
바위 끌어안고 울울함을 감내하며
돌을 던져 제멋대로 기만한다.
부賦를 짓는 것은 초나라 수도 영郢을 슬퍼해서가 아니요
《시》를 논하여 어찌 〈소변小弁〉을 원망하랴.
어이 흐느낌을 그치랴
다만 긴 탄식에 부칠 수밖에.
밤의 꿈에는 헛되이 사적仕籍에 통하고

아침의 복장에서는 큰 띠하사품를 빼앗기네.

팔의 황금은 내버려 적막하고

허리의 옥은 잘강잘강 매만진다.

앉아서 궁궐 회랑의 깊숙한 광경을 추억하고

자면서 각루시계의 물이 떨어지는 것을 상상한다.

힘줄과 뼈가 이로써 맥없어지고

정강이와 복사뼈도 비틀비틀할 따름이다.

변새의 버드나무는 호가 만들려고 자주 꺾고

변방의 느릅나무는 불씨 삼으려고 자주 비벼댄다.

오랜만의 만남으로 눈길이 따스하길 바란다만

어지러운 난리에 홀로 마음만 차갑다.

균천광악釣天廣樂은 헛되이 서글픔만 더하고

긴 노래는 도리어 즐거움이 없구나.

교제의 기약은 관중과 포숙아의 사귐이 어여쁘고

친척의 화목함은 반악潘岳의 반씨와 양경楊經의 양씨에 감동한다.

형제가 오랫동안 헤어져 있어

서찰을 한 달 건너 받아볼 따름이니

이별하여 거처함은 애간장을 끊어지게 만들고

지난 일은 두 눈에 눈물을 쏟게 만드누나.

접때의 호곡으로 영근靈根이 여위고

연이어 친상親喪의 애훼哀毀로 고통을 겪어

이 생명이 눈으로 보고 코로 맡는 목숨을 연장한다면

죽기도 전에 쌓인 시름이 두터우리라.

충과 효를 어이 기우랴
슬픔과 애처로움이 속을 파내듯 해서 고통스러운데
선영의 묘역을 올라가 보기가 부끄럽고
가문의 영광을 실추시킨 것이 창피할 따름이로다.

"하늘은 옥 관棺을 더디 내려보내네"라는 말은 후한 때 왕교王喬라는 사람의 일화에서 따온 말이다.

왕교는 섭葉 땅의 수령으로 있으면서 매월 초하루와 보름이면 조정에 조회를 하고 갔는데, 오리 두 마리가 동남방에서 날아올 뿐이고, 그가 타고 온 수레는 따로 보이지 않았다. 그 오리 두 마리는 곧 4년 전에 왕교가 상서성에 있을 때 하사받은 신발 한 짝이었다. 어느 날 하늘에서 옥으로 만든 관이 관아의 당 앞에 내려와서, 아전들이 밀어보았으나 움직이지 않았다. 왕교가 "천제가 나만 부른 것이 아니겠는가?"라고 하더니, 목욕을 하고 옷을 잘 차려입고는 그 속에 들어가 눕자 뚜껑이 곧바로 닫혔다. 성의 동쪽에 묻자, 봉분이 저절로 이루어졌다. 그날 밤에 고을의 소들이 모두 땀을 흘리며 헐떡였으나 그 원인을 아는 사람이 없었다. 백성들이 사당을 세워 섭군사葉君祠라 불렀고, 지방수령관은 봉급을 받을 때면 사당에 먼저 가서 절했다. 아전이 기도하면 부응하지 않는 것이 없었다. 만약 어기면 금방 탈이 생겼다고 한다. 왕교는 신선 왕자교王子喬였다는 말이 있었다.

이민구는 자신의 비참한 삶을 되돌아보면서, 신선이 되어 하늘로 올라가고 싶다고 말한 것이다. 삶이 비참했기에 꿈이 더욱 환상적이었다.

이민구는 1631년인조 19에 관해觀海라는 호를 짓고, 1635년에는 동주東州라는 호를 지었다. 경승을 두루 돌아보겠다는 뜻을 가탁한 것이 관해라는 호이고, 중원의 동쪽에 위치한 우리나라에서 이름을 드날려보겠다는 포부를 드러낸 것이 동주라는 호이다. 〈동주산인설〉에서 이민구는 이렇게 말했다.

나는 동국에서 태어나 한도한양에서 자라, 여태껏 근교로 나가본 적이 없었다. 입사入仕한 뒤 조정의 명령으로 나라의 사방경계를 두루 거치고 우리나라 전체 동서남북을 빙 돌아, 그윽하고 멀며 매우 뛰어난 장소를 두루 살펴보지 아니함이 없었다. 곧 비로소 '관해觀海'라고 호를 삼았다. 신미년1631에 관아에서 휴가를 내려주어 동쪽으로 유람을 떠나게 되었는데 철원鐵圓의 산에서 승경勝境을 얻었으니 바로 옛 동주東州이다. 그리하여 호를 동주東州로 바꾸었다. 이후 을해년1635에 관동지역을 담당하게 되었을 적에 횡성 오슬산五瑟山 기슭에 선영을 가려 정했는데 이 역시 동주東州였다. 그제야 지팡이와 신발이 다다른 그 땅의 이름을 근거로 사람들이 우연히 나를 동주라고 일컫기에, 마침내 자신의 호로 삼아 일생 바꾸지 않았다. 그 기미와 전조가 먼저 발했던 것 역시 특이하다 할 수 있겠다. 우리나라와 중원중국의 관계는 서주와 동주와 같다. 그렇다면 거처한 지역에 근거하여 동주라고 칭하는 것이 진실로 마땅하고, 죽은 뒤에는 안장하여 동주의 흙이 될 것이니 곧 그 호칭이 동주인 것이 또한 마땅하다. 족성族姓이 번성한 뒤 오래되어 근본과 지파가 뒤섞이는 폐단이 있으면, 내 후세는 아마도 스스로 그 나뉨이 동주로부터 시작하였음을 알 것이니 또한 나의 구릉에 '동주산인東州山

人의 장藏'이라고 비명을 새긴다 해도 불가함이 없을 것이다.

하지만 관리로서 가장 왕성한 활동을 할 나이인 49세에 이민구는 철옹성에 유배되었다. 서너 해 전에만 해도 문장을 통해 조선의 당대를 울리리라고 자부했건만, 예기치 못한 전락을 겪은 것이다. 그는 〈철성칠가鐵城七歌〉를 지어 불평의 심기를 토로했다.

병자호란 때 이민구가 강도강화도 수비를 잘못했다는 질책은 《병자록》 등 여러 실기문학에서 찾아볼 수 있다. 당시 그는 부검찰사의 직이었다. 병자호란이 발발하여 적병은 의주와 안주를 거쳐 서울로 향하고 있었다. 14일, 개성유수는 적병이 이미 송도를 지났다고 알려왔다. 마침내 파천의 논의를 정하여, 예방승지 한홍일에게 종묘사직의 신주와 빈궁을 모시고 먼저 강도로 향하게 했다. 김경징金慶徵이 검찰사로서 빈궁의 행차를 배행하는 일을 맡았다.

하지만 김경징은 자기 가속을 먼저 보호하려 했고, 따뜻한 술을 마시면서 몸을 데우느라 시간을 허비했다. 이민구도 같은 잘못을 저질렀다고 한다. 강도의 성이 함락된 후, 이민구의 아내는 적의 포로가 되었다가 이후 가산嘉山에서 죽었다. 이민구는 그녀가 순절한 것으로 포장하여 찬미하는 묘지명을 짓고는, 신익성에게 붓으로 써달라고까지 했다고 한다. 사실 여부를 떠나 그러한 비방이 떠돌았다. 이민구 본인은 억울했을 것이다.

긴 유배 생활 뒤 어느 날, 꿈에 조상에게 "지금 세상에서는 몸을 숨겨 드러내지 않는 것이 옳으니 스스로 깨끗함을 지키도록 하라"라는 충고를 들었다. 깨어나 《주역》으로 점을 치자, 이괘履卦 구이九二효가 나왔다. 효사는 "이도履道가 탄탄坦坦하나 유인幽人이라야 정貞코 길吉하다"이다. 영욕을 초월한 사람은 훤히 트인 큰길을 가기에 앞길에 막힘이 없으리라는 뜻이다.

이민구는 점괘대로 관직을 버리고 전원으로 돌아가고자 했다. 하지만 가뭄과 홍수가 잇따르고 관원들의 세금 징수가 심해서 농부로서의 삶이 무척 고달프리라고 예상하니 마음이 아팠다. 이민구는 이때〈몽서부夢筮賦〉를 지어, 한스런 심경을 토로했다. 꿈에서 깨어나 해몽을 한 부분은 이러하다.

옥축玉軸을 펴고 문사를 펼쳐나가니
칠행 중에 세 구가 문드러져 있도다.
"세상에서 몸을 숨겨 드러내지 않는 것이 옳으니
너의 지키는 바를 힘써서 스스로 깨끗하게 하라."
나는 잠에서 깨어 고요히 생각하나
꿈의 징조가 분명하지 않아 명명했기에
시초를 빌려 점을 치니
유인정길幽人貞吉을 얻었네.
아래 있어야 할 택澤, 못이 꼭대기에 있으니
베푸는 것이 넓기는 하다만
저 물이 진흙에 막히니
아! 넘치도록 물을 대어도 어찌 통하겠는가.
돌은 물결 밑에서 무엇을 하겠으며
풀은 늪가에서 무엇을 하겠는가.
부용芙蓉이 야위니
전답을 갈고 김을 매서 그것을 버릴 수 있고

채소가 무성하니
심고 가꾸어 그것을 바꿀 수 있네.
문을 찾아 들어가려 했으나
아첨하는 비첩만 같지 못하네.
위태롭고 욕볼까 두려워 그칠 줄을 아니
사물의 음미한 기운의 지혜에 가깝네.
마침내 조상께 가르침을 받았으니
은거의 의로움을 따르리라.

관직을 버리고 전원으로 돌아가고자 결심했지만, 전원에도 많은 어려움이 있음을 잘 알기에, 한숨이 절로 나오지 않을 수 없다. 이민구는 이렇게 넋두리했다.

죽을 때까지 관직을 버리고
밭기는 데 힘쓰고자 하네.
명성을 날리던 어릴 적 뜻을 굽히고
늙은 농부에 만족하리라.
농사의 즐거움이 어찌 없을까만
본업을 바꾸자니 근심스럽구나.
개간지는 가뭄과 홍수로 훼손되고
눈과 서리가 어지러이 섞여 일찍 내리네.
곡식은 관아의 세금으로 다하고
또 처자식들이 굶주릴까 두렵네.

끝났구나

인생운명을 어찌할 것인가.

두이랑 밭이지만 적지 않고

일천 석 들이 곡식이라 많지 않은가.

한 자는 짧고 마디는 긴 법이니

어찌 많다고 자랑하고 적다고 탄식하랴

가을날 초목과 함께

들판에 우수수 떨어지리라.

이민구는 억울하고 불평스런 마음을 풀 길이 없었다. 그렇기에 100운 200자의 장시로 지난 날을 술회했던 것이다.

참고
- 이민구, 〈철성칠가鐵城七歌〉, 《동주집東州集》시집 권3, 한국문집총간 94, 한국고전번역원, 1992. ; 〈동주산인설東州山人說〉, 《동주집》 문집 권4 설說. ; 〈몽서부夢筮賦〉, 《동주집》 문집 권5.

남용익南龍翼, 〈자서시自敍詩〉   6

도성문을 나서면서
저절로 북받쳐 눈물을 흘렸다

蒼黃出都門 自然感淚滋 창황출도문 자연감루자

남용익南龍翼, 1628~1692은 224운 448행의 〈자서시自敍詩〉를 지었다. 의령남씨의 시작부터 노래하기 시작해서, 선조들의 행적을 일일이 거론한 후 삼조에 이르고, 다시 자기의 삶에 대해 이야기하기 시작했다. "거듭 은춘殷春, 2월을 만나니, 자취 감춘 지 이미 1년이로다重逢以殷春, 蟄跡已一朞"라고 한 것으로 보아, 벼슬에서 물러난 다음해의 작이다.

남용익은 본관이 의령이다. 집안은 여러 대에 걸쳐 환로에 진출해오다가 남용익 때 이르러 문벌로 성장했다. 양주의 도곡陶谷에서 세거했다. 부친 득붕得朋은 음사로 벼슬에 나아가 인천도호부사 등 일곱 고을 수령을 역임했다. 남용익은 남득붕이 낳은 1남3녀의 외아들이다. 남득붕이 정묘호란의 피난길에 용인의 노비 집에 머물 때 태어났다. 숙종 17년인 1691년 10월에 함경도 명천으로 유배갔다가 이듬해 그곳에서 운명했다. 아들 정중은 충청관찰사, 손자 한기漢紀는 지돈녕부사, 증손 유용有容은 양관대제학, 현손 공철公轍은 영의정을 지내게 된다.

금상께서 즉위하신 뒤

송도개성를 안보하여 다스릴 것을 명하셨네.

어느 누가 계포季布의 술을 비판하랴

스스로 도연명의 귀거래사를 읊었다만

마른 물고기는 다시 입에 새끼줄을 물리고

비바람은 양산梁山에 불어왔네.

죽지 못해 다시 사람이 되었으니

외로운 그림자 장차 누구를 의지하랴?

지존께서 옛 비녀와 신발을 거두셔서옛 신하를 불러들이셔서

종백宗伯, 예조판서으로서 성은을 입었으며

양관兩館, 예문관과 춘추관의 제형提衡, 대제학을 아우르고

일품一品을 연이어 승자升資했다.

사액詞掖, 문단에서는 연국공燕國公 장열張說과 허국공許國公 소정蘇頲을 계승하고

밝은 조정에서는 고요皐陶와 기夔의 반열에 끼었도다.

오대산에 실록實錄을 보관하고

젓대불고 북치며 바다 섬으로 떠났고

경포鏡浦에 선주仙舟를 띄워놓고

낙산洛山에서 아침빛을 바라봤네.

전주성에 영정影幀을 호종하고

사명을 공경히 수행하느라 나이 들고 노쇠함을 잊었더니

상서로운 구름이 봉련鳳輦, 어가을 에워 감싸고

상서롭고 융성한 기운이 용기龍旗를 뒤따랐네.

양원梁園, 토원兎園에서 문신들에게 시 짓게 하시고

신에게 아름다운 시문과 추한 시문을 분별하게 하시고,

또 신에게 명령하여 지어 올리게 하시기에

머리 조아려 붉은 섬돌 아래 던졌더니

성상의 명령이 다시 또 내려

착창斲窓, 문학적 재능이 군색해서 수염만 꼬았다.

친히 점고하시고 으뜸에 두려 하셔서

어필御筆이 힘차게 빛나고

고비皐比, 호랑이 가죽의 포상이 늙은 제게 이르렀으니

이 모두가 임금께서 끼치신 은덕이로다.

집금오의금부 자리에 여섯 번 나아가니

꿈에서도 생각해본 적 없었던 일.

병들어 땔나무 걱정하자 임금님 염려가 뒤따르고

병 낫게 하는 약제를 지으라고 내의內醫가 오더니

갑자기 천관이조의 장長을 주시어

인물의 저울질을 맡게 하시니

영광이 진신사대부 사이에 진동했지만

되레 식자들의 웃음거리가 되어

모기가 산 짊어지듯 근심은 깊고

또 잠규箴規에 부끄러웠다.

때마침 나라의 큰일을 당하여

신린臣隣을 불러 모아 자문할 적에

급암汲黯처럼 망발이나 하고

힘써 간쟁함은 신비辛毗에게 부끄러웠기에
사람들이 날 위해 걱정했는데
상께서는 "네 말을 양찰하노라" 하시고
"군주와 신하는 마음 아는 것을 귀하게 여기니
나는 너를 믿어 의심치 않노라" 하셨다.
어찌 미천한 신하만 울릴 뿐이리오
하늘과 땅의 신에게 질정할 수 있었네.
때때로 성상의 효유曉諭를 읽으며
몸이 가루되도록 충성을 바치고자 했다네.
서빈西儐, 접반사의 일로 바쁘고 바빠
별 뜬 밤에도 네 마리 검은 말을 달렸고,
일을 마치고 복명復命한 뒤
대참臺參, 대간의 탄핵이 험하리라 기다렸더니
엄한 견책이 삭출削黜하라는 명령에 그쳐
매리魅魑 막는 일은 면하였기에
창황蒼黃하게 성문을 나서며
저절로 흐느껴 눈물을 흘렸다.
세 번 숙박하고 향리로 돌아오니
외딴 마을에 이웃이 적구나.

224운 448행의 장편〈자서시〉가운데, 숙종이 즉위한 후 국정을 협찬하다가 함경도 명천으로 유배가기까지의 전말을 술회한 부분이다.

남용익은 이 〈자서시〉에서 우선 의령남씨의 기원을 노래하여, 그 근원이 중국 당나라에 있다고 밝혔다.

> 멀고 아득한 나의 비조鼻祖께서
> 당나라 명황明皇에게 벼슬하였을 때
> 천보天寶 14년
> 사명을 받들어 일본으로 가시다가
> 돌아오는 배가 이섭利涉, 물을 건넘을 잘못하여
> 우리나라에 바람 따라 정박해서
> 낙국樂國에서 전廛, 집터을 받고자 원하니
> 신라왕이 그 뜻대로 내맡기고
> 성姓을 내려주고 현縣에 봉封해주니
> 천추토록 본손本孫과 지손支孫이 이어졌다.

이어서, 선조들의 행적을 일일이 거론한 후 삼조에 이르고, 다시 자기의 삶에 대해 이야기하기 시작했다.

> 나는 무진년 납월12월
> 달이 다 끝나 명협 잎 하나 남았을 때 태어나
> 말을 할 줄 알게 되었을 때 글을 알아
> 조금 자라서는 옹알옹알 글 읽어
> 유자孺子를 가르칠 만하다 하는 말이 있듯이
> 가업을 무너뜨리지 않았도다.

남용익은 1646년인조 24 진사시에 합격하고, 1648년 문과정시에 합격한 후, 1653년효종 4 9월의 문신정시에서 2등을 했다. 1655년효종 6 4월, 일본의 관백이 새로 즉위하자 통신사 조형趙珩, 부사 유창兪瑒의 종사관이 되어 8월 일본으로 갔다가 이듬해 2월에 돌아왔다. 1656년 9월에는 문신중시에서 1등을 하여 통정대부의 품계에 올랐고, 1660년현종 원년 5월에는 《효종실록》 찬수청당상이 되었다. 1666년현종 7 7월, 사은겸 진주사부사로서 정사 허적許積을 따라 중국에 갔다가 이듬해 정월에 복명했다. 이후 대사헌, 개성유수를 거쳐 1678년숙종 4에 형조판서가 되었으나 8월에 부친상을 당했다. 1680년 봄에 《호곡만필壺谷漫筆》 두 권을 짓고, 1689년 봄에 《호곡만필》 한 권을 더 지었다. 11월에 형조판서가 되었다. 1688년에는 《기아箕雅》를 편찬하고 운각활자로 간행했다.

1689년 정월, 이조판서로 있을 때 장희빈 소생인 원자경종를 세자로 정하려는 움직임이 있자, 인현왕후가 젊으므로 후일을 기다려보자고 주장했다. 하지만 대제학으로서 원자를 세자로 책봉하는 반교문을 지어 올리게 되었다. 그런데 그가 지은 〈원자정호후반교문元子定號後頒敎文〉에 '행점사난지길몽幸占賜蘭之吉夢'이라는 말이 있어, 몽란夢蘭 두 글자를 사용했다. 비판자들은 그 말이 《춘추좌씨전》에 나오는 정나라 목공穆公의 고사를 가져다 쓴 것으로, 숨은 뜻이 있다고 하여 죄안을 엮었다. 정나라 목공은 난초를 꿈에 본 뒤 태어났는데, 병이 들자 "난초가 죽으면 나도 죽겠지?"라고 했으며, 난초를 베자 그도 죽었다고 한다. 남용익은 비방하는 자들의 무고로 1691년 10월에 함경도 명천으로 유배가게 되었다.

〈자서시〉에서 남용익은 숙종이 옛 신하를 불러들인 것을 두고 "지존께서 옛날의 비녀와 신발을 거두섰다"고 표현했다. 비녀와 신발 운운한 것은 《한시외전韓詩外傳》과 《태평어람太平御覽》의 고사들을 차용한 말로, 선왕 때의 옛 신하를 불러들인다는 뜻이다.

옛날에 어떤 부인이 시초를 캐러 들에 나갔다가 시초로 만든 비녀를 잃고 울었다. 공자가 괴이하게 여겨 제자더러 물어보게 했다. 제자가 "캐고 있는 시초로 다시 비녀를 만들면 되지 않느냐?"고 하자, 그 부인은 "예전에 지녔던 것이기 때문에 아깝다" 했다.

초나라 소왕昭王이 오나라에 패하여 국외로 피난하다가 신을 잃어버렸는데, 30리를 가다가 돌아와 신을 찾았다. 신하들이 그 이유를 묻자, "함께 나왔다가 함께 돌아가지 못하는 것을 안타까워해서다"라고 했다.

또한 숙종 때 양관대제학에 대사성을 겸하여 문형을 잡게 된 일을 두고, "사액詞掖에서는 연국공 장열張說과 허국공 소정蘇頲을 계승했다"고 말했다. 당나라 현종 때 장열과 소정은 문장이 뛰어나 '연허대수필燕許大手筆'로 병칭되었던 인물들이다.

그리고 군주의 교령을 제작하게 된 일에 대해서는 "착창斲窓이 군색하여 수염만 꼬았다"라고 겸손해했다. 당나라 내 중서사인 양노陽滔가 전사의 명령서인 제사制詞를 초할 적에 마침 서고의 열쇠를 가진 영사令史가 출타해서 구본舊本을 살펴볼 수 없게 되자, 서고의 창문을 부수고 들어가서 구본을 찾아 참조해서 제사를 초했던 일이 있다. 문학적 재능이 졸렬함을 의미한다.

남용익은 〈자서시〉에서 가문의 영광과 자신의 화려한 경력을 서술한 뒤, 자신의 때에 이르러 갑작스레 몰락하는 과정을 대비시켰다. 그의 주요한 경력으로는 1655년에 통신사 조형의 종사관으로 일본에 간 일을 꼽을 수 있다. 남용익은 〈자서시〉에서 일본 여정을 상세하게 서술했다. 일본에 갔을 때 대마도 도주가 관백의 서찰을 들이대면서 관백의 원당에 참배해야 한다고 강요하였으나, 남용익은 열흘간 단식하여 대마도 도주의 항복을 받았다. 그 내면은 마치 간이 쇠나 돌로 되어 있다고 할 만하다. 〈자서시〉에서는 그 사실을 언급하지 않았다.

남용익은 일본 여행 때 200운의 장편시 〈대마주에 도착해서 풍토를 기술하고 객회를 서술하고 칠언 50운을 기록해서 화운을 요청하다到馬州記風土述客懷錄七言挑律五十韻要和〉를 남겼다. 또 〈대판성가大坂城歌〉는 일본으로 떠나기 전부터 여정에서 보고 느낀 것을 순차적으로 진술했다.

최근 우리나라에서 가장 오래된 해외기행 가사인 〈장유가壯遊歌〉가 발굴되었다. 이것은 바로 남용익이 통신사 종사관으로 일본 에도도쿄까지 다녀온 이야기와 11년 뒤인 1666년현종 7년 중국 사행의 부사로 청나라 연경베이징을 다녀온 견문을 한 작품에 엮어서 쓴 것이다. 이 가사는 김인겸이 일본을 여행하고 지은 기행가사인 〈일동장유가〉보다 훨씬 앞선다. 남용익은 효종 때 조선통신사 종사관으로 일본에 가서, 나고야에서 열린 연회에서 꽃으로 조각하고 금으로 장식한 상 위에 흙으로 빚은 술잔과 주전자를 올려놓은 것을 보고는 '물건을 만드는 데 뛰어난 재주를 지녔으면서도 검소하게 생활하는 자들'이라 생각하고는 가슴이 철렁 내려앉는다고 했다. 17세기 에도의 도시 경관을 묘사하여, "인민도 번화하고 경개풍경도 기특할사, 여염이 박지撲地하야인가가 즐비하다는 말 사십 리에 벌렸는데, 방방곡곡의 화옥화려한 집이 대기하니마주서니, 집마다 보패寶貝, 보물요 절마다 금수錦繡, 수놓은 비단로다"고도 했다. 일본의 경제력이 매우 높았음을 사실적으로 보고한 것이다.

남용익은 여행을 통해 사마천에 견줄 만한 기운을 양성해서 호방한 멋을 문학에 담았다. 39세 때 사은사 부사로 중국을 다녀오면서 쓴 연행록에 81수를 남겼을 뿐 아니라, 여행을 소재로 한 작품을 별도로 많이 남겼다. 《호곡만필》에서 이렇게 말했다.

> 나는 우리나라 팔도에서 영남은 세 차례 두루 다녔으나 관북은 지경을 발로 밟은 적도 없으며 그 나머지 지역은 잠깐 직로를 거쳤거나 단지 초면을 보았을 뿐이어서 승경을 감상했다고는 할 수 없다. 하지만 동쪽으로는 일광日光, 닛코으로 건너가서 부상에서 막 떠오르는 태양을 우러러 보았고, 북쪽으로는 각사角㕓에 올라 사막의 호산胡山들을 굽어보았다. 이 모두가 장년의 나이에 가슴속의 기운을 전부 토해낸 일이니, 늙도록 집에 매여 있는 이와 비교한다면 그것을 두고 사마천의 유람 같다고 말해도 좋을 것이다.

〈자서시〉의 마지막에서 남용익은 자기 처지를 연민하고 충정을 토로했다.

> 어수리·구리때·혜초를 꿰매 차지 말고
> 납가새·조개풀·도꼬마리를 변별하지 말라.
> 장자는 어찌하여 붕새와 메추라기를 구별했나
> 소동파는 사슴, 큰 사슴과 벗하고자 했지.
> 제철 물건이 바로 아름답고 화려하니
> 산에 갈 때 쓰려는 찬합을 꾸리련다.
> 매월선梅月仙을 손으로 입으로 불러

소매를 연이어 운리雲螭, 용 같은 수레를 타네.
학문을 함이 늙음 막는 방도이니
소매에는 현광玄光의 배梨가 있네.
중도에 홀연 돌이켜보니
즐김은 의당 중니仲尼공자에게 심방해야 하네.
만년에 주역을 좋아한 일을 따르려 하여
가죽 끈 끊어지고 오른 손에 굳은 살 생겼도다.
남은 세월이 부족함을 잊어버리고
힘써서 날마다 부지런하고 부지런하네.
정성正聲에서는 아송雅頌을 체득하고
이단異端에서는 정도를 넘어서고 편벽된 말을 물리쳤네.
만년의 절개는 보존할 만하니
갈아도 갈리지 않고 물들여도 물들지 않으리.
여력이 있으면 밭일에 종사하니
지팡이 꽂아놓고 김을 매기도 한다네.
사조四朝의 일을 돌이켜 생각하니
메장 밥 짓는 동안의 잠에 불과하다.
한밤중에 대궐을 꿈꾸니
지는 달이 부시罘罳에 매어 있는데,
깨어보니 내 몸은 여기에 있기에
머리 긁으며 공연히 머뭇거리네.
하릴없이 손바닥 문지르며 웃으면서
스스로를 서술하느라 붓을 잡는다.

남용익은 네 왕을 섬긴 일을 두고, 메조밥 지을 정도의 시간에 꿈을 꾼 것에 불과했다고 했다. 황량의 꿈이라고 하면, 노생盧生이 도사 여옹呂翁의 베개를 베고 자면서 꿈속에 한평생의 부귀영화를 한껏 누렸으나, 잠을 깨고 보니 아직도 황량메조밥이 덜 되었더라는 이야기다. 한단지몽邯鄲之夢이라고도 한다. 남용익은 귀양을 오고 보니 지난날 영화가 더욱 허망하게 느껴졌다. 그렇지만 그는 여전히 꿈을 꾸었다. "한밤중에 대궐을 꿈꾸니, 지는 달이 부시罘罳에 매어 있네." 부시란 한나라 미앙궁의 동궐인데, 여기서는 숙종이 조회를 받는 창덕궁을 가리킨다.

남용익은 김수항金壽恒과 돈독하게 지냈다. 김수항은 김상헌의 손자이자 영의정을 지낸 김수흥의 아우이며, 김창흡의 부친이다. 그들은 경화거족으로서 한 시대의 문화를 이끌었다. 그런데 기사환국 때 김수항은 진도에서 사사되고 남용익은 함경도 명천에서 병으로 죽었다. 남용익은 김수항과 의기투합한 사실에 대해 《호곡만필》에서 이렇게 회고했다.

문곡 상공김수증은 기사년에 나서 나보다 한 살 아래인데 일생의 영욕은 나와 대략 비슷하다. 병술년에 문곡이 진사시에 수석을 했고 나는 참방했다. 다만 대과는 내가 삼년 먼저 올랐으나 문곡은 뒤에 수석으로 급제했다. (중략) 병신년 중시에서는 내가 수석을 차지하고 문곡이 뒤를 이었다. 당상관에 올라 종이품과 정이품에 이르기까지는 문곡이 먼저 오르고 내가 뒤를 따랐다. 계축년에 우리가 불운을 만나 함께 옥리에게 잡혀가게 된 지 칠팔 년이 되었다. 내가 연달아 상을 당해 피눈물 흘리는 사람이 되었는데, 문곡도 풍상을 맞으며 귀양살이하는 고통을 면치 못했다. 앙화의 경중은 다르지만 일마다 서로 비슷하니 이상한 일이다.

남용익은 바둑이나 음양·의약·성력 등의 잡기에 관심도 두지 않았다. 서인에 속했지만 당론을 지나치게 고집하지는 않았다. 개성유수로 있을 때는 무인들과 아전배들이 붕당을 지어 싸우는 것을 보고 그들을 형장으로 다스렸다.

그렇다고 남용익이 목석이었던 것이 아니다.

우선 그는 많은 시를 남겼다. 특히 주필走筆, 즉흥적으로 신속하게 붓을 놀려 시 짓는 일에 능했다. 비록 정치적으로는 부침이 있었지만, 그는 한 시대의 문화와 조정의 문학을 대표하는 관각문인이었다. 또한 평론으로도 유명하다. 그는 우리나라 시인 497명을 선정해서 《기아箕雅》를 엮어 1688년에 운각활자로 간행했다. 또 앞서 말했듯이 《호곡만필》 세 권을 남겼는데, 그 제3권에 《시화》를 실어두었다. 뒷날 홍만종이 《시화총림》을 엮을 때 그 시화의 일부를 수록했다.

남용익은 조정에 나간 이후로 직무보다 술을 더 즐겼다. 〈자조自嘲〉 시에서는 "지은 시는 일만을 헤아리고, 마신 술은 수천 잔題詩將萬數, 飮酒幾千杯"이라고 했다. 개성유수를 그만둔 것도 술에 빠져 있다는 비난을 받았기 때문이라고 한다. 〈장난삼아 짓다戲題〉에서는 시는 소동파의 적수가 된다고는 할 수 없지만 술은 소동파보다 낫다고 했다.

한스럽게 소동파는 노래와 바둑에는 손방이라지
우습구나 나 호옹도 역시 비슷하다니.
말술을 마시는 것은 조금 낫다만

소동파의 백편 시에는 적수가 되기 어려우리.

東坡恨不解歌碁 _{동파한불해가기}　可笑壺翁亦似之 _{가소호옹역사지}
只是差强一斗酒 _{지시차강일두주}　其如亂敵百篇詩 _{기여난적백편시}

부친의 임종 때 단주를 결심하기도 했지만, 남용익은 술 때문에 일상의 삶 자체가 어려웠다. 〈주인소설酒人小說〉을 지어 "술은 성인도 아니고 현인도 아니며 바로 정말로 소인이다"라고 규정하고 술을 경계한 것도 그만큼 술을 사랑한 증거다. 그렇기에 《숙종실록》의 졸기卒記를 보면, "시주로 즐기면서 세상일을 잊은 듯이" 살았다고 되어 있다.

남용익은 1692년_{숙종 18} 2월 2일에 죽어, 5월에 양주 동해곡東海谷에 묻혔다. 1694년 4월, 인현왕후가 복위된 뒤 관작이 복구되고, 1725년_{영조 원년}에 문헌文憲의 시호가 내렸다. 묘표는 남유용이 짓고, 신도비명은 이재李縡가 작성했다.

참고문헌

- 남용익, 〈자서시이백이십사운自敍詩二百二十四韻〉, 《호곡집壺谷集》 권10 오언고시五言古詩, 한국문집총간 131, 한국고전번역원, 1994.
- 남유용南有容, 〈묘표墓表〉, 《뇌연집雷淵集》 권24, 한국문집총간 217-218, 한국고전번역원, 1998.
- 이재李縡, 〈남용익신도비명南龍翼神道碑銘〉, 《도암집陶菴集》 권27, 한국문집총간, 한국고전번역원 194-195, 1997.
- 임형택, 《옛 노래, 옛 사람들의 내면 풍경》, 소명출판, 2005.
- 한말숙, 《남용익 시문학 연구》, 빛남, 1997.

- 박우훈, 〈호곡 남용익의 문학론 연구〉, 충남대학교 박사학위논문, 1988.
- 안말숙, 〈남용익의 생애와 문학세계〉, 《부산한문학연구》 4집, 부산한문학회, 1989, pp.161-179.

7

신유한申維翰, 〈야성에서 객이 되어 있을 때 크나큰 수심에 마음이 꽉 막혔으므로 평소의 심경을 스스로 서술한 60운野城作客 牢愁鬱結 自敍平生 六十韻〉

어디 간들 유랑민이 아니랴

何往不流民 하왕불류민

신유한申維翰, 1681~1752은 한미한 출신이지만 문장으로 명성이 있었으며, 《해유록》이라는 기행문학을 남겼다. 그는 〈야성에서 객이 되어 있을 때 크나큰 수심에 마음이 꽉 막혔으므로 평소의 심경을 스스로 서술한 60운野城作客 牢愁鬱結 自敍平生 六十韻〉을 남겼다.

신유한은 1713년 증광문과에 장원급제한 다음 말단 관직을 역임했을 뿐 크게 현달하지 못했다. 1719년 제술관이 되어 통신사 홍치중洪致中을 따라 일본에 다녀온 뒤로도 지방관과 봉상시의 직을 전전하다가 벼슬길에서 물러났다. 노년에는 가야산에 은거했다.

그는 이 〈자서평생 육십운〉에서, 드넓은 사방천지에 동해를 홀로 건너가는 나그네라고 스스로를 형상화했다. 또한 자기 삶은 귀양사는 객이 아니지만 어디 간들 유랑민일 따름이라고 서글퍼했다. 세상에서의 명성을 버리고 스스로 빛을 감추는 삶을 선택하였다고 자기 삶을 변론하지만 행간에는 불평의 심기가 노출되어 있다.

사방의 천지가 드넓은데

동명동해에 홀로 가는 나그네.

거친 파도는 악어의 기세를 띠고

뇌우는 숨은 용의 신묘함을 지녔구나.

유학자 옷을 걸쳤으니 길가 아이들이 괴이하게 여기고

시 담는 주머니를 가지고 있으니 속객들이 꾸짖는다.

곤궁함이 뼛속까지 사무침을 익히 알아

입술로라도 웃는 일이 드물다네.

지난날을 생각해보며 어리석은 마음에 제멋대로 굴고

현실에서 벗어난 굼뜬 말이 잦았도다.

열셋에는 고서에 통달했고

열여섯에는 성군의 도래를 갈망하는 시시경 〈간혜簡兮〉의 '산에는 개암 있고 습지에는 감초 있네'를 읊었네.

문장은 진나라 분서焚書 이전 수준이라 인정받고

사辭는 초나라 강가를 거닐던 굴원의 수준을 기약했으며,

갑 속에 보관한 거문고로는 우아한 백설곡을 연주하고

구검緱劍은 푸른 하늘에 머물러두었더니

무쌍의 국사國士들이 일산 기울일 정도로 많이 오고

나라의 이진 이는 모임 자리에 끼워주었네.

오만하여 예절을 소홀히 할 수 있었고

광간狂簡해서 전균田畇에게 복종하지 않았네.

안개 때문에 숨으니 표범 털이 한창 울창하고

산에서 옥을 다듬으매 비로소 조화로운 빛이 났으며

하늘에서 학이 울자 메아리 멀리 울리고

뭍에서 큰기러기 날갯짓하니 그 자태가 성대했다.

붓 아래에 바람과 구름이 색을 나타내고

옷에는 비와 이슬 같은 성은이 젖어듦을 느껴

자미궁에서 선객仙客의 짝이 되어

황갑급제에 장원한 몸.

반악潘岳의 귀밑머리는 연화年華, 흰머리가 곱고

노래자老萊子의 적삼은 월계수 가지 꽂아 새로웠다.

성인의 옛 말씀에 깊이 감격하여 띠에 적어 새기고

군주의 은혜가 무거워 눈물이 수건을 적시기도 하여

마침내 푸른 명주실로 만든 고삐를 끼고

도성 길에 이는 먼지를 따랐더니

객창에는 기러기 돌아오는 밤이 찾아오고

순라군 딱딱이 소리와 새벽 닭울음소리를 들었도다.

태평성대라 밝혀주고 보익해숨이 낳아

영재들이 기린처럼 뛰어올라

세속에선 삼대三代의 성대함을 칭송하고

조정에선 구공九功의 빈賓이 있었건만

되레 사박沙璞, 박옥이 침몰함을 비웃었으니

어찌 승진乘珍, 수레의 옥장식이 번쩍거림을 견뎠겠는가?

해진 담비가죽옷으로 흰 초가집을 찾고

마른 말을 타고가며 현귀顯貴한 자의 붉은 수레를 피했네.

봉새는 오동나무에서 모인다만

굴뚝새는 탱자나무 대추나무에 익숙한 법.
마음은 해바라기처럼 해를 향하고
얼굴은 봄에 돋아난 나물이 있네.
초췌하게 골짝에 뒹굴 것을 근심하고
안절부절 나루터 묻기가 겁나네.
띠 풀은 낙서洛西의 언덕에 날고
쑥은 해동海東의 끝자락에 쌓이네.
갈 적에는 살모사와 구렁이가 길을 막고
이리와 승냥이가 이웃이 되었도다.
벼슬에 나아가서 모름지기 독석毒螫을 막아야 했고
집에 거처해서는 신산辛酸을 실컷 맛보았네.
땅이 궁벽하여 남쪽 오랑캐 지역과 닿아 있고
풍습이 쇠퇴하여 재판과 다툼을 좋아하며
장독 낀 구름은 맑게 갠 날에도 무성하고
비릿한 아지랑이는 낮에 잔뜩 들어차므로
그윽한 감상에서 깨어나 트이게 되었다만
나그네 마음은 다시 찡그려지네.
이 삶은 귀양사는 객이 아니다만
어디 간들 유랑민이 아니랴.
계수나무는 무성하여 기댈 만하고
향기로운 난초는 아름다워 찰 만하네.
큰 사슴과 벗하여 골짝 어구를 생각하고
해오라기와 맹세해서 강 어구에 살 곳을 정했네.

고요히 공적과 명예가 부합함을 헤아려보고

조용하게 비색否塞과 통태通泰가 서로 인함을 생각하니.

남쪽으로 가서 복조鵩鳥에게 묻고

서쪽으로 사냥 가선 기린을 통곡하노라.

균수龜手의 약으로 오나라에서 봉작되고

양두羊頭 삶던 이는 한나라의 관내후關內侯 벼슬을 얻었네.

각각 그 분수에 따라 정해지니

어찌 능한 바로써 가리랴.

현철賢喆은 어려움과 근심거리가 함께 하고

문장文章은 액운이 이르는 법이요

낭융朗融은 조화造化를 사사로이 하고

추탁椎琢, 갈고 다듬음은 천진天眞을 상실하는 법이라.

기운은 강산의 빼어남을 무색하게 하고

정신은 해와 달의 침륜沈淪을 놀라게 하니

거령巨靈은 마음을 바꾸어 노하고

뭇 귀신은 눈을 더욱 부릅떴도다.

곤궁함과 근심만 쌓인다면

어느 누가 마음에 품은 지의를 펴게 하랴.

관문을 닫아 양자楊子는 곤궁하고

다리기둥에 글 적었던 사마장경사마상여은 가난했다네.

사향노루가 배꼽 밑 사향을 물어뜯어 후회한들 어쩌랴

조충雕蟲의 재주가 운명과 더불어 균평했으니

밭갈지 않고 풍년을 생각할 뿐이요

태평성세에 보답할 길이 없구나.
그릇되이 《시》와 《서》의 중함에 기대고
헛되이 붓과 먹을 가까이 하여
경經을 갉아먹으니 좀벌레라 일컬어지고
베옷 걸치니 매달린 메추라기의 깃털같아라.
하나씩 하나씩 지난날 잘못을 징계하고
어둑어둑하게 고대의 순박함을 기뻐하여
흉금 터놓는 이야기는 관리의 수레를 멈춘 뒤 드러났다만
잠고箴誥는 띠紳에 써둘 줄을 몰랐다니.
농사에 있어서는 봄에 칡을 불사르고
나무꾼 노래 부르며 저녁에 땔감을 채취하나니
벗과 지인들아 비웃지도 말고 의아해하지도 말라
아내와 자식들아 얼굴 찌푸리고 끙끙대지 말아다오.
몸은 안일에 빠져 싫증내지 않고자 기약하고
집안은 평안하여 윤서倫序 있음을 즐거워하나니
옛 동산에는 벽려薜荔, 왕모람가 황량하다만
좋은 터엔 솔과 대가 자라났다.
풀을 깔고앉아 옷깃을 연하여 환히 빛나고
꽃으로 셈하며 술잔을 마음껏 돌려 마시네.
벗과의 우의는 물처럼 맑고
풍미는 진한 술처럼 순후하다네.
가자꾸나! 읊조림은 월나라 소리를 이루고
돌아가자! 진陳에 있음을 탄식하네.

사람 시켜서 언덕의 밤나무를 마름질하게 하고
함께 시냇가 채소를 캐리라고 약속했으니
비 내리는 밭두둑에서 도롱이 삿갓 쓰고 일하고
안개 낀 낚시터에서 낚시를 드리운다.
인생 백년의 편안함이 오직 임금님 덕택이니
등 쬐는 따스함을 풍신楓宸, 궁궐에 바치노라.

모두 60운 120구의 장편이다. 신유한은 이 장편을 "인생 백년의 편안함은 오직 임금님 덕택이니, 햇볕에 등 따스한 기운을 풍신楓宸에 바치노라"라고 맺었다. 《열자》에 나오는 송나라 농부가 '등 쬐는 따뜻함負背之暄'을 임금에게 바치려 했듯이, 미력이나마 태평세월을 수식하는 데 보탬이 되고자 한다는 뜻을 말한 것이다.

신유한은 1681년숙종 7 4월 15일 밀양 죽원竹院에서 태어났는데, 서얼 출신이기에 일생 굴곡이 많았다. 32세 되던 1712년, 소북 출신의 문인으로서 당시 22세였던 최성대崔成大, 1691~1761와 교분을 맺었다. 33세 되던 1713년, 증광시에 갑과 장원으로 급제했으나, 이렇다 할 벼슬을 얻지 못했다. 1714년 봄에 고령 양전리로 이사했지만, 서울과 영남을 오가며 명사들과 교유했다. 1719년 4월에는 제술관으로서 통신사 홍치중洪致中을 따라 일본에 갔다가, 1720년 1월에 복명했다. 그 해에 승문원 부정자를 거쳐 성균관 전적이 되었다. 1721년경종 원년에는 봉상시판관, 1722년에는 무장현감, 1727년영조 3에는 평해군수가 되었다.

53세 되던 1733년에 생모가 돌아가시자 칩복하였다. 그 무렵에 도가와 불교에서 위안을 얻었다. 정준鄭儁에게 준 서한에서 그는 이렇게 말했다.

제가 티끌세상에서 미친 소리를 했던 것은 불가에서 말하는 전생의 악업에서 나온 것으로, 닦아 벗어나지 못하고 또 회피하지도 못해서, 그릇되게 시문을 깨우쳐 외람되이 과거에 장원을 하여, 시기하고 의심함이 많고 가시나무가 길에 퍼졌으며, 능력이 아닌 일을 하고 이리가 제 살을 밟고 양이 굴러넘어짐과 같아 진퇴양난이니, 이 모두가 운명이 시킨 바였습니다. 《금강경》에서 석가가 말씀하신 "모든 세간의 법은 꿈과 환상 같고 물거품과 그림자 같으며 이슬 같고 또 번개 같으니 응당 이와 같이 보아야 한다"라는 부분을 읽다가 이 말에 담긴 뜻을 자득하고는, 문득 좋아하고 싫어하는 마음, 번민하고 부러워하는 마음, 장점을 다투고 단점을 감싸려는 마음이 휙 하고 소멸되어, 구름이 오면 구름이고 번개가 지나가면 번개여서, 모두 자아의 관념을 용납하지 않았으며, 손에는 다만 평생 베낀 《역경》《시경》《서경》과 도경·불경 그리고 《산해경》 등 몇 권만 있습니다.

삼년상을 치룬 뒤 1736년영조 12에 봉상시 판관에 제수되었으나 취임하지 않았다. 하지만 1737년 10월, 영의정 이광좌李光佐의 천거로 향후 줄곧 봉상시 첨정의 직함을 띠게 되었다. 59세 되던 1739년에는 연천현감이 되었다. 그리고 1743년 4월에 봉상시제조 원경하元景夏의 천거로 《태상지》를 편찬했다.

1745년에는 부안현감으로 재직했는데, 그해 8월에 사헌부는 "사람됨이 간사하여 남의 지적을 받은 지 이미 오래이며 가는 곳마다 해독을 끼쳐 백성들이 견디지 못하니, 체차하는 것이 마땅합니다"라고 그를 탄핵했다. 그래서 벼슬이 갈려 연일延日현감에 제수되었다. 69세 되던 1749년

6월에 벼슬을 그만두고 영천고령으로 돌아갔다. 이듬해에는 최치원을 흠모하여 향리 고화동에 경운재景雲齋를 짓고 가야초수伽倻樵叟를 호로 삼았다. 1752년 6월 9일, 경운재에서 세상을 떠나, 10월에 고령 좌랑봉에 장사지내졌다.

신유한은 기이한 책들을 좋아하고 《장자》《노자》와 더불어 불경을 즐겨 읽었다. 그리고 불교 이론가들이 사용하는 격의格義의 사유방법으로 여러 종파를 통섭하려 했다. 또한 사명당의 일기인 《분충서난록》에 주를 달고 직접 고증했다. 〈신각송운대사분충서난록발新刻松雲大師奮忠紓難錄跋〉에서는, 불교의 정혜定慧는 육경이나 오륜과 다르지 않다고 주장하고, 송운대사가 온갖 고비를 극복하며 충군애민을 구현한 것은 오륜을 실천한 것이라고 했다. 곧, "임금을 위해 몸을 아끼지 않은 것은 선정禪定이요, 나라를 위해 계책을 낸 것은 지혜智慧이며, 일본에 건너가 동포를 구출한 것은 자비慈悲이다"라고 그는 말했다.

1743년계해 가을, 서울에서 셋방살이할 때 심광수가 그를 찾아왔다. 심광수는 신광수의 자리 옆에 《금강경》《원각경》《유마경》 등 불서가 있는 것을 보고서 손뼉을 치며 말하길, "이 길에는 묶는 것도 없고 풀 것도 없어 증오證悟하기가 매우 좋으니 세간의 법과 비교해보면 쾌활하다"고 했다. 신유한은 그 일을 회상하여, 김광수가 세속에서 벗어나려고 불교를 좋아했다고 논했다. 그 자신도 불교의 그러한 측면을 승인했던 것이다.

신유한은 신분상의 차별에 불만을 지녔다. 그는 어느 날 남산에 올라가보고, 도성안의 즐비한 저택들이 관리를 배출하는 현실을 개탄했다. 인재는 대부분 도성안에서 나오는데, 그것도 세록世祿이라 하여 대대로 고

위관리를 배출하는 가문에서 나온다. 이것을 당연하다고 받아들일 것인가? 세록의 자제들은 이미 성장기에 관리로 나갈 준비가 되어 있어서 국가정치를 담당할 수 있지만, 시골에 사는 인사는 미관말직에 봉사할 수도 없을 만큼 재주가 모자란단 말인가? 그는 〈목멱산기木覓山記〉를 지어, 인재 등용의 불균형과 지역적 편협성을 비판했다.

신유한은 문장가로서의 자부심이 컸다. 그는 또 다른 자서전인 〈자서〉에서는 자신의 문장 학습에 대해서만 적었다.

예전에 내가 불손하여 옛 문사文辭를 사모하여, 왕왕 스스로 서기序記·잡저雜著 쓰기 좋아했고, 벽촌에서 생장하여 또한 당대의 박식하고 고아한 군자에게 질정한 적이 없었다.
나이 35세에 처음으로 서울에 올라와 곤륜昆侖 최학사최성대崔成大를 뵈니, 옹이 내가 젊었을 적 지은 문고文藁를 다 찾아서 보고 기뻐하면서 말하기를 "그대는 진실로 옛것을 좋아하고 기력이 있어 옛 것으로 나아갈 수 있으나, 까마득히 어느 길로 가야 하는지를 모르는 도다. 그대는 터럭으로만 옛사람을 닮고자 하고 근육·골수와 신기神氣로써 옛사람을 구하지 않는다. 그러므로 편마다의 자구가 사마천과 흡사하고 좌구명左丘明과 흡사하며 장주莊周와 흡사하고 양자운楊子雲, 양웅과 흡사하다. 그러나 무릇 흡사하다고 말한 것은 모두 진짜가 아니라는 것이니, 이는 초나라 장왕 때 우맹優孟이 죽은 재상 손숙오孫叔敖의 흉내를 내어 장왕을 일시 감동시켰던 것에 불과하다. 자기 자신에게 만일 좋은 집이 있다면 어찌 고달프게 남의 담장 밑에서 기숙寄宿하겠는가"라고 하고, 이어서 나의 평소 문장이 지닌 병폐의 근원을 진단하기를 마치 한나라 때 명의 창공倉公 순우의淳于意와 춘추시대 명의 편작扁鵲이 남의 간과 폐를 들여다보며 진맥하고 병증을 따지는 것과 같이 하고는, 즉시 책상 위에 있던 《당송팔대가문초》 중에서 증남풍曾南豊, 증공의 2권을 뽑아 나에게 주며 말하기를, "시험 삼아 돌아가서 이것을 읽으면 병폐를 치료할 수 있을 것이다"라고 했다.

나는 고마운 뜻에 감사하여 책을 가지고 집으로 돌아와 완미翫味하고 연역演繹하기를 오래함에, 다만 샘의 근원이 넓고 넓어 부연敷衍함이 지나침을 볼 뿐이어서, 한 번 읽음에 만족할 뿐이요 두 번을 넘으면 졸리게 만들었다. 생각건대 추호秋毫도 용납容納됨이 없는 것이 남영주南榮趎가 열흘을 혼자 근심하다가 다시 노자老子를 만나봤던 것과 같아서, 책을 넣어가지고 돌아가 또 물었다. "이 약은 나의 병폐를 치료할 수 없으니, 나의 고황膏肓을 어찌하겠습니까"라고 하니, 옹이 웃으며 말하길 "이는, 그대의 오장五臟이 꼬인 것을 풀지 않으면 병을 어쩔 수 없는 것이다. 치료를 그만두지 않겠다면 《한서》를 전공하는 것만 한 게 없으니, 그대는 표습剽習과 모의摸擬를 버리고 간략함에 처하면서 간략하게 행동하면 오랜 뒤에는 절로 변화될 것이다"라고 하였다. 나는 "삼가 가르침을 받겠습니다"라고 했다.

《한서》에 대해서는 이미 익히 좋아했던 것이기에, 돌아와 수십 편의 〈전〉 가운데 마음에 맞는 것을 손수 베껴 글자마다 깊은 뜻을 찾아 청색과 황색으로 비점批點을 찍고, 점점 배어든 지 수개월 이후에 간간히 일상의 사물을 취해 기술하여 글을 지으니, 마치 손무孫武와 오기吳起의 진영에 서있으면서 깃발과 북을 잡고 군령을 듣는 것과 같아 한 걸음도 마음대로 할 수 없음을 깨달았으니, 마음에서 나와서 손으로 쓰는 것이 구속되어 뜻을 드러낼 수 없어 매우 답답했다. 다시 새로 얻은 한 편을 갖고 옹에게 나아가 질정하니, 옹이 갑자기 보고 놀라며 말하기를 "근래에 《한서》를 몇 번 읽었는가. 지금 이미 예전 버릇의 십중팔구를 벗어버려서 갑자기 그 본바탕을 드러내는구나. 이는 다소 껄끄러우나 궁려矜厲한 것이니, 글이 처음 바뀔 때에 잘 잡아서 잃지 말고 믿고 의심하지 않아서, 날로 젖어들고 달로 융화融化되어, 소리는 섞이지 않아 순수하고 색色은 거짓 없이 진실하여, 자연스럽게 습관習慣이 됨에 이르러야 하니, 이렇게 해나간다면 나는 그대가 세상에 이름을 드러낼 것임을 알 수 있다"라고 했다.

그 몇 년 뒤 공의 장례를 치른 후로는, 달리 다시 지기의 비평을 들은 적이 없었고, 나도 또한 세상일에 얽매이고 하늘이 준 분수가 한도가 있어 끝내 큰 발전을 하지 못했다. 그러나 옹의 말씀에 스스로 힘써서 《한서》를 떠나지 않은 것이 이미 삼년을 하루같이 했다. 생각건대 옹이 나를 아주 대단히 아껴서, 처음에는 송나라 문장 중에 가장 쉬운 것으로 한번 나의 광간狂簡함을 바꾸려고 했으나, 물이 돌에 스미지 못하듯 그 좋아하지 않는 것을 억지로 시키기 어려웠으므로, 나의 천성이 구애되고 막힘을 알고 내가 행할 수 없음을 헤아려서, 오로지 《한서》만 공부하게 하셨으니, 지금의 일말의 발전은 오직 옹의 말씀에 힘입은 것이다.

가의賈誼가 말하길 "좋아하는 것을 택하여 반드시 먼저 수업하여야 비로소 맛볼 수 있고, 즐기는 것을 택하여 반드시 먼저 익혀야 비로소 잘할 수 있다"라고 했으니 내가 여기에서 문장의 공功은 각자 하늘에게 받은 것이 있어, 임천臨川, 왕안석의 집요함이 절대로 설당雪堂, 소식의 소방疎放함이 될 수 없음을 더욱 믿게 되었다. 부족하나마 나의 일을 기록하여 후생들을 권면勸勉하노라.

신유한은 많은 저술을 남겼다. 그 가운데 《해사동유록海槎東遊錄》 곧 《해유록》은 일본의 풍속과 세태를 구체적으로 서술한 '기행문학의 백미'이다. 그는 일본의 부국강병 실태와 자연경관을 면밀하게 관찰했으며, 바쿠후와 천황의 권력 이원화 체제, 인재등용의 미비, 이국적 풍속 등을 세밀하게 기술했다.

그리고 신유한은 여러 문헌의 출판에 직접 혹은 간접으로 간여했다. 고려 문인 임춘의 《서하집西河集》 중각에 간여하여 〈중각서하집발重刻西河集跋〉을 남긴 것은 그 일례다.

또한 그는 사상적인 면에서 영남 지역의 지식인들에게 깊은 영향을 끼쳤다. 이를테면 18세기 후반 경상도 군위 사람 정란鄭瀾은 바로 그에게서 수학하면서 인생관을 바꾸었다.

신유한은 자부심과 현실 사이의 괴리를 절감하면서, 차라리 개를 도살하며 실아있던 옛사람의 즐거움을 따르겠다고 했다. 〈동음 임용 사또에게 부친 오언절구 10수寄洞陰任使君瑢五言十絶〉의 서시序詩는 이러하다.

인생은 뜻 맞음을 귀하게 여긴다만
천지가 좁디좁은 걸 어떻게 하랴.
차라리 개 도살하는 이의 즐거움 따를지언정
소 먹이며 부르는 노래는 부르지 말자꾸나.

人生貴適意 인생귀적의　　　天地隘如何 천지애여하

寧從屠狗樂 영종도구락　　　　　不作飯牛歌 부작반우가

저 연燕나라 저자에 숨어살던 형가荊軻는 얼마나 자유로웠던가, 나는 이제 반우가는 부르지 않겠다. 신유한은 이렇게 마음 먹었다.

춘추시대 위나라 사람 영척甯戚은 소를 치며 살았는데, 제나라 환공이 궁궐 밖으로 나와 시찰할 때, 소뿔을 두드리며 노래하기를 "요순을 만나지 못해 무명옷 입고 소를 먹이나니, 긴긴 밤은 언제나 밝아지려나"라고 했다. 환공이 듣고 만나 본 후 그에게 대부의 벼슬을 주었다.

신유한이 반우가를 부르지 않겠다고 말한 것은 초야에 버려진 고적감을 말하지도 않겠고, 남에게 등용을 애걸하지도 않겠다는 뜻이다. 의연한 자세다. 하지만 내심은 무척 쓸쓸했을 것이다.

참고문헌

- 신유한申維翰, 〈야성작객 뇌수울결 자서평생 육십운野城作客牢愁鬱結自敍平生六十韻〉, 《청천집靑泉集》 권1 시詩, 한국문집총간 200, 한국고전번역원, 1997. ; 〈자서自敍〉, 《청천집》 속집續集 권2 서序. ; 〈답회헌정백영준서答悔軒鄭伯英儁書〉, 《청천집》 권3 서書.
- 심경호, 〈신유한의 통섭적 사유방법과 문학세계〉, 《한문학논집》 28, 근역한문학회, 2009. 2, pp.59-89.

조관빈趙觀彬, 〈자술효고체自述效古體〉　8

하늘이 나를 낳으신 것은 어떤 뜻인가
天地生我亦何意 천지생아역하의

노론의 관료 조관빈趙觀彬, 1691~1757은 장편의 시로 〈자술自述〉을 지었다. 두 구마다 운자를 바꾼 장편고시다. 그는 선왕인 영조로부터 받은 은총을 회상하면서 그 은혜를 갚지 못한 아쉬움을 술회했다.

조관빈의 본관은 양주다. 영조를 세자로 추대하는 데 공을 세운 노론 4대신의 한 사람인 조태채趙泰采의 아들이다. 1714년숙종 40의 증광문과에 병과로 급제한 뒤 검열·수찬·전적을 지내고, 대간의 탄핵으로 파직되었다가 이조참의에 기용되었다. 1719년에는 승지가 되었다. 1721년경종 원년과 1722년에 신임사화가 일어나자, 부친 조태채는 화를 당하고, 조관빈은 연좌되어 흥양현으로 귀양갔다.

조관빈은 〈자술〉을 지어, 신임사화로 부친이 화를 당하고 자신도 연좌되어 흥양현에 귀양 온 일을 뼈아프게 생각했다. 심지어 "하늘이 나를 낳으신 것은 또한 어떤 뜻인가?"라고 반문했다. 그후 1725년영조 원년에 귀양에서 풀려나 제학에 기용되었다.

조씨의 가문은 양주楊州가 본관인데

관빈觀彬은 그 이름, 자字는 국보國甫라.

자호는 광재光齋이니 괘사卦辭에서 취했으며

태어나기는 숙종의 태평성대였도다.

신미년1691, 숙종17 3월 27일에

한양성 서쪽 집에서 태어났으니

어머니께서 날 품고 계실 때 온갖 병을 짊어지셔서

고작 아홉 살에 어머니를 여의고 말았다.

아이야, 슬퍼라 명이 어쩜 그리도 기구했던가

장성할 수 있음을 사람들은 기약하지 않았다만

그래도 글자를 익혀 나날이 소홀히 하지 않았으며

열세 살 이전에 경서에 통했다.

무자년1708, 숙종34에 소과, 갑오년에 대과에 합격해서

묘년妙年, 스무 살 전후에 명성을 드날렸다만 실질에 부끄러움이 많았는데

한림원에 선발되매 합격자 가운데 제일 영화로워

날마다 황금 궁궐에서 향안香案을 뫼셨으니

왕께서 돌아보고 보살펴주심은 무엇을 보아서인가

네 아비 때문이지 너 때문이 아니었다.

이 때문에 감격하여 한 번 죽기를 허락하여

끓는 물에 들어가고 불 밟는 것을 마음으로 맹서하되

간혹 벼슬에 나아가길 어려워 한 것은 거만함 때문이 아니요

염치를 못 버려서요 건전치 못함을 병으로 여겨서였으니

세상과 어긋나서 모난 자루와 둥근 구멍이 맞지 않듯 했고

임명하는 왕명이 있을 때마다 거절하여 죄려를 쌓았다.

기랑騎郎이 된 것이 두 번, 궁료宮僚는 네 번

백부栢府, 사헌부와 미원薇垣, 사간원은 모두 세 번 피혐했다.

등영登瀛하여학사관에 듦 장고掌誥, 군주의 각종 명령을 문서로 작성하는 일을 맡음함은 아무래도 분수에 넘쳤고

24개의 직함을 헛되이 지녔을 뿐이었다.

신하가 굳이 사직하려 하거늘 왕께서는 그러지 말라고 하시니

열 줄의 은혜로운 말씀을 내린 일은 옛적에 없던 일,

마침내 억지로 나아가 사은숙배를 올리고

왕께서 온천에 행차하시니 어가御駕를 호종하매

목욕을 허락하시기에 탕에 들어감은 오직 법을 따른 일이었으니

은혜로운 물결이 넘실넘실 머리끝에서 발끝까지 넘쳐났다.

그러다가 귀거래해서 쉬는 것은 의리에 합당하니

어살의 사다새소인를 부끄러워해야 하지 봉황새가 어찌 웅크려 앉으리오.

분수로 보면 외직에 처힘이 마땅하여 쟁기괸칠사 깃벌을 빌렸는데

말의 뱃대끈처럼 풀어버리니 마음먹은 계획이 어그러졌다.

저이는 어떤 사람이기에 증오하여 말이 많은가

우리 부자를 무고함은 유감이 오래도록 쌓였기 때문

굽음과 곧음이 절로 나뉨은 하늘의 해처럼 분명하거늘

어찌 이 세도世道는 끝내 행하기 어려운가.

금성金城 작은 고을은 산수가 유명한 고장

5월에 부임한 것은 한 주머니의 시낭 때문이었으니

병든 몰골로 교자轎子에 걸터앉자 대관大官이 성을 내기에

조개早蓋와 동장銅章을 똥처럼 버렸다.

밖에도 안에도 거처할 곳이 없으매

이를 포신逋臣이라 이르니 어찌 너를 쓰겠는가.

천조天曹의 병필秉筆은 더구나 중요한 지위라

성만盛滿, 극도로 가득 참을 근심하기에 더욱 머뭇거렸건만

차례를 뛰어넘은 관직 제수로 후사喉司, 승정원에 발탁되니

전후로 남다른 은총을 베푸심은 아버지를 이은 자식으로서 영광이었다.

당시 왕께서 질병을 만나 섬긴 날이 짧았는데

돌보아주시고 또 그냥 두지 않으시니 신이 감히 태만했겠습니까.

출납出納의 책무는 모두 네 번 주어졌고

주원廚院, 사옹원에서 어찬을 맡아보니 신진으로서 과분했다.

양궁兩宮을 출입하길 이른 새벽부터 늦은 밤까지 하여

힘이 약해 쉽게 지쳐서 문득 휴가 신청하려다가

상감께서는 일어나 앉으시지 못하면서도 신을 기억하시니

어느 겨를에 내 몸 돌볼까, 신하의 마음은 불에 타는 듯했거늘

하늘은 어찌하여 재앙을 내렸는가, 저 경자년1720, 숙종46의 해에

현궁玄宮이 한 번 닫히자 만사가 그쳤도다.

은덕을 갚고자 하나 끝내 어찌 미치랴

선왕을 잊지 못해 한밤에 흐느낀다.

하늘이 나를 낳으심은 또한 어떤 뜻인가

끝내 나로 하여금 오래도록 죽지 않게 만들다니.

장수하여 아흔까지 살고 만종萬鍾의 녹을 받은들

어찌 선조先朝의 성대한 조우遭遇만 하겠는가.

더구나 나는 세상에 본래 무용하거늘
하늘은 울퉁불퉁한 나무에도 우로雨露를 내려주셨도다.
오직 구학丘壑에 있으려는 초심만 있으니
거친 밥 먹고 물 마시면서 밭갈고 우물 파는 일을 즐기련다.
이후로는 굳이 기록할 필요가 없으니
서른 해 일이 모두 여기에 있도다.
옥주沃州에서 스스로 평생을 서술하니
때는 임인년1722, 경종 2 7월 가을이다.

조관빈이 지은 장편의 〈술회〉 가운데 일부다.

1721년경종 원년과 1722년에 신임사화가 일어나 부친 조태채가 화를 당하였을 때, 조관빈은 연좌되어 흥양현으로 귀양갔다. 이 장편시는 그때 지은 것이다. 1725년영조 원년에 풀려나와 제학에 기용되고, 동지의금부사를 거쳐 1727년에 동지돈녕부사로 있으면서 노론 4대신을 죄적罪籍에서 삭제할 것을 상소했다. 1731년에는 소론의 영수 이광좌李光佐를 탄핵했다가, 제주도 대정大靜에 유배되었다. 그뒤 풀려나와 호조참판·평안도관찰사 등을 지냈다. 1753년에 대제학으로 있으면서 죽책문을 지어 올리라는 명령을 따르지 않아 성주목사로 좌천되었다가, 삼수부에 안치되고, 단천에 이배되었다. 그뒤에 풀려나와 지중추부사가 되었다.

조관빈은 노량진의 사육신 묘비명을 지은 것으로 유명하다. 그 비의 이름은 〈유명 조선국 육신묘비명 병서有明朝鮮國六臣墓碑銘幷序〉다. 영조 23년인 1747년에 지은 것인데, 당시 조관빈의 직함은 '태종백태학사'로 되어 있다. 글씨는 당나라 안진경 글씨를 집자했다. 조관빈은 남효온의 《병자육신열전丙子六臣列傳》에 근거해서 참판 박팽년, 승지 성삼문, 교리 이개, 사예 유성원, 참판 하위지, 도총관 유응부를 육신으로 꼽았으며, "박공이 못가에서 결심한 것, 성공이 옥새를 가슴에 안고 통곡한 것, 이공이 현릉의 송백을 슬퍼한 것, 유공이 집현전 조서를 통곡한 것, 하공이 봉급을 모아 창고에 둔 것, 유공이 열 식은 쇳조각을 땅바닥에 던진 것 등에서 그 실적을 짐작할 수 있다"고 했다. 그리고 신하의 충정에 대해 다음과 같이 논했다.

아! 신하가 임금을 위해 죽은 것은 대의이다. 그러나 국명이 바뀌지 않고 천운이 정해졌을 때는 제환공의 관중이나 당태종의 위징처럼 주군을 위해 죽지 않고 새 군주를 위해 큰 일을 한 자도 예로부터 몇 명이 있다. 그런데 육신은 그때를 당하여 차마 선왕이 어린 후사를 부탁했던 뜻을 저버리지 못해, 한 번 죽기로 결심하기를 명나라 방효유처럼 하였다. 육신이 세운 그 절개는 뛰어나다고 할 만하다.

사육신의 충절을 강조했던 이런 관점을, 조관빈은 이미 〈자술〉에서 자신의 삶을 서술할 때 관철시켰다.

조관빈이 신임사화 때 부친상을 당하자 소론의 박문수朴文秀가 기별을 넣고 문상을 갔다는 일화가 있다. 조관빈의 요청으로 박문수는 상청에서 곡을 마치고 나오면서 큰 소리로, "고인의 관을 당장 뜰 아래로 내가서 관을 열어보라"고 했다. 상주가 놀라자, 박문수는 "우리가 비록 원수지간이라고는 하지만, 고인을 욕되게 해서는 안 된다" 했다. 박문수는 관 안쪽

머리에 부러진 쇠 조각이 박혀있는 것을 가리키며 그것을 제거하라고 했다. 조관빈은 관을 새로 짜서 장례를 치렀으며, 그로부터 조씨와 박씨의 양 집안이 음으로 상부상조하게 되었다고 전한다.

영조는 조태채 등 노론 4대신의 도움으로 세자에 추대되어 등극하였지만, 숙종과 경종 때 벌어진 당쟁의 폐단을 해소하고자, 즉위하던 1725년에 탕평하교蕩平下敎를 내리고 1731년영조6에는 탕평 인사를 단행했다. 영조는 조태채의 아들 조관빈을 껄끄럽게 생각해서, 박문수를 이용해서 조관빈을 견제하려고 했다. 영조는 박문수에게 조관빈은 네 원수가 아니냐고 귀띔을 했다. 박문수는 "사사롭게는 원수이지만 공적으로는 그에게 죄가 없습니다"라 하고, "전하께서 조관빈을 죽이려 하시거든 소신의 원수를 갚기 위한 것이라는 그 사실을 안팎으로 널리 알린 다음에 결행해주십시오"라고 했다. 영조는 크게 감탄하여 뜻했던 바를 거두었다고 한다.

조관빈은 〈자술〉에서 군은을 입은 사실과 충절을 다한 사실만 적었다. 심지어 "하늘이 나를 낳으심은 또한 어떤 뜻인가? 끝내 나로 하여금 오래도록 죽지 않게 만들다니!"라고, 선왕을 여읜 짙은 슬픔을 토로했다. 그가 영조와의 껄끄러웠던 관계를 일절 언급하지 않은 것은 신하로서의 도리였는지 모른다. 그 점에 전근대시의 자서전적 글쓰기가 지닌 한계가 있다고도 할 수 있다.

참고문헌

- 조관빈趙觀彬, 〈자술효고체自述效古體〉, 《회헌집悔軒集》 권1, 한국문집총간 211, 한국고전번역원, 1998.

장혼張混, 〈자술自述〉

9

편안하게 쉬겠다고는
엄두도 내지 못하겠다

退宴息 意未出 퇴연식 의미출

장혼張混, 1759~1828은 중인 출신으로 우리나라 출판문화사에 위대한 족적을 남긴 인물이다. 그는 자기 삶을 되돌아보고 지극한 바람을 적은 〈자술自述〉이라는 제목의 시를 남겼다. 그는 〈자술〉시에서, 인간세상에서 쓰이길 포기하고 쑥대문과 사립문을 친 작은 집에서 유유자적하겠노라고 했다. 세속의 구속을 벗어나 자유롭게 살고 싶다고 한 것이다. 하지만 거친 밥도 나날이 대지 못하는 가난 때문에, 물러나 편히 지내겠다고는 엄두도 내지 못한다는 우울한 사실을 적었다.

장혼은 인왕산 옥류동 골짜기 동쪽에 이이엄而已广이라는 작은 집을 짓고 살면서, 그것을 호로 삼았다. 이이엄이라는 호는 "허물어진 집 세 간뿐이다破屋三間而已"라는 말에서 따온 것이다. 이 집의 그림이 서울대학교 도서관에 남아 있다. 정조의 부마 홍현주洪顯周는 〈이이엄기而已广記〉를 지어주었다.

장혼은 이이엄을 지은 후 평생의 바람이 이루어진 것을 기념해서 〈평생지平生志〉라는 글을 적었다. 40세에 〈자술〉을 적으면서 꿈꾸었던 바를 실현하고 그것을 기념한 것이다.

세상일을 생각하면

한 둘이 아니라서

나이 마흔에

서술할 것이 별로 없다.

실로 길을 헷갈렸기에

하찮은 관직이 얽어매어

산수 사이에 노닐려 해도

돌아볼 겨를이 없었으니

나의 처음 뜻을

혹여 잃지 않을까 걱정하여

진정한 상상이 있기에

지금 모두 고백한다.

인간세상에서 쓰이길 포기하고

쑥대 문과 사립문 집에서 유유자적하나니

달은 지게에 이르고

바람은 방으로 들어오누나.

줄 없는 거문고를 타고

도가의 책들을 펼쳐보면서

영화와 인색의 차이를 잊고

상황上皇 시대 사람처럼 편안하리라.

벌레 다리 고기 지느러미까지 주석하면서

자식과 조카들을 공부시키리니

평생의 뜻은

이것으로 그만이다.

실로 부귀는

기필하기 어렵다만

콩과 물의 조악한 먹을 것도

나날이 대지 못한다.

그렇기에 안달복달하고

항상 벌벌 떨어

물러나 편안하게 쉬겠다고는

엄두도 내지 못하겠노라.

念世故_{염세고}	非惟一_{비유일}	季四十_{이사십}	無所述_{무소술}
實迷塗_{실미도}	束殘袟_{속잔질}	林澤游_{임택유}	未遑恤_{미황휼}
我初服_{아초복}	恐或失_{공혹실}	有眞想_{유진상}	今告悉_{금고실}
絕人用_{절인용}	偃蓬蓽_{언봉필}	月當戶_{월당호}	風入室_{풍입실}
撫素琴_{무소금}	披道袟_{피도질}	榮吝喪_{영인상}	上皇逸_{상황일}
註蟲魚_{주충어}	課子姪_{과자질}	平生志_{평생지}	如玆畢_{여자필}
誠以富_{성이부}	尙難必_{상난필}	況菽水_{황숙수}	不給日_{불급일}
故營營_{고영영}	恒栗栗_{항율율}	退宴息_{퇴연식}	意未出_{의미출}

〈자술自述〉의 원문은 세 글자씩 이루어진 42개의 구를 사용하면서 짝수번째 구의 마지막에 입성의 글자를 압운했다.

장혼의 본관은 결성인데, 대대로 충남 연기군에 살다가 고조부 후석_{後錫} 때 서울로 올라왔다. 증조부 필한_{弼漢}은 시를 잘 지었다. 조부 서익_{瑞翼}은 동지중추부사로 한성판윤과 위도진수군첨절제사_{蝟島鎭水軍僉節制使}까지 지냈다. 아버지 우벽_{友璧}은 통례원 좌통례까지 지냈다. 시로 유명하여,

그의 언행이 《이향견문록里鄕見聞錄》과 《호산외사壺山外史》에 실려 있다.

장혼은 1759년영조 35 4월 4일에 서울 인왕산 아래 서벽정捿碧亭, 또는 栖碧亭, 지금의 배화여고 자리에서 태어났다. 대문 앞에는 단풍나무와 감천甘泉이 있었다고 한다. 여섯 살 때 개에게 물려 다리를 절게 되었다. 어려서 어머니 현풍곽씨의 가르침으로 문리를 깨쳤다.

1786년정조 10에 이르러 장혼은 천수경千壽慶 등과 함께 송석원시사를 결성하여 모임을 이끌어가는 중추적 구실을 담당했다. 그는 천수경과 특히 친하였으니, 1797년에 둘이서 《풍요속선風謠續選》 7권 3책을 편찬하여 운각인서체자라는 활자로 간행했다.

1790년에 옛 홍문관 자리에 감인소가 설치될 때 오재순吳載純의 추천으로 장혼은 사준司準이 되었다. 이후 1816년순조 16까지 관찬서적의 교정에 종사했다.

감인소를 그만둔 다음에는 도가풍의 생활을 했으며 많은 제자를 가르쳤다. 장지완張之琬·고진원高鎭遠·임유林瑜·유포柳逋 등이 그 문하생들이다. 1828년 9월 13일에 70세로 작고했을 때, 장례에는 김조순金祖淳·조민영趙萬永·이서구李書九 등 양반들도 많이 참여했다. 장지완은 〈장혼선생전〉을 남겼고, 장지연은 《일사유사逸士遺事》에서 그 글을 현토해서 소개했다. 조희룡趙熙龍도 〈장혼전〉을 지었다.

묘소는 경기도 고양군 벽제읍 대자리에 있었다. 지금의 고양시 관산동인데, 묘소는 찾을 수가 없다. 장혼은 삼남을 두었으나 둘째아들을 일찍 잃었다. 장남 창昶은 역사에 밝았고, 셋째아들 욱旭은 시집을 간행했다.

장혼이 감인소 사준으로 있을 때는 정유자·한구자·정리자·생생자·춘추경문대자, 그리고 연경에서 사온 목활자 등이 활용되었다. 장혼은 그러한 활자로 찍은 많은 책을 교정했다. 규장각에 있는 《내각일력內閣日曆》을 보면, 장혼은 매우 많은 관판본을 교정했음을 알 수 있다.

1793년	12월, 삼경三經·사서四書
1794년	2월, 규화명선奎華名選
	9월, 어정인서록御定人瑞錄
	12월, 주서백선朱書百選
1795년	4월, 정시문정正始文程
	5월, 풍패빈흥록豊沛賓興錄
	9월, 이충무공전서李忠武公全書
	9·10월, 여러 갱재축賡載軸
1796년	8월, 규장전운奎章全韻
	12월, 사기영선史記英選
1797년	6월, 육주약선陸奏約選
	7월, 오륜행실五倫行實
	12월, 춘추春秋·풍요속선風謠續選
1798년	4월, 원행을묘정리의궤園行乙卯整理儀軌
	7월, 두률분운杜律分韻, 오경백편五經百篇
1799년	2월, 임장군실기林將軍實記
	3월, 태학은배시집太學恩杯詩集
	10월, 아송雅誦
	12월, 두륙천선杜陸千選
1800년,	논맹인물류취論孟人物類聚

| 1801년 | 7월, 어정사부수권御定四部手圈 |
| | 9월, 화성성역의궤華城城役儀軌 · 서전인물류취書傳人物類聚 |

이 외에 《삼경사서정문三經四書正文》《당송팔자백선唐宋八子百選》과 장혼이 죽은 다음에 간행된 《전운옥편全韻玉篇》도 있다.

정조는 한 가지 책의 교정이 끝날 때마다 벼슬을 올려주려고 했지만, "적은 녹은 어버이를 모시기 위한 것입니다. 벼슬이 오르는 것은 바라는 바가 아닙니다"라고 하며 사양했다. 정조는 특별히 휴가를 주어 효도를 다하게 했다.

장혼은 관판본이 아닌 사가 출판물도 대관들의 부탁으로 교정을 보았다. 희현당자希顯堂字로 책을 찍기도 했고, 박종경朴宗慶이 만든 활자인 돈암자敦岩字로 찍어낸 책도 있다. 일생 58종의 책을 교정했다고 한다.

또한 장혼은 감인소에 재직중인 시절부터 시를 짓고 글을 썼으며, 많은 책을 지었거나 편찬했다. 간행되지는 않았으나 《비단집篚段集》이라는 시집은 당대의 문인학자 홍석주洪奭周가 여덟 권으로 편집한 것이 두 종류나 있다. 손수 쓴 《이이자초而已自艸》4책도 전한다. 장혼은 시를 잘 지었을 뿐 아니라 여러 시집을 편찬했다.

장혼은 개인적으로 붓글씨체의 작은 나무활자를 제작해서 많은 책을 찍어냈고, 그의 사후에도 이 활자가 활용되었다. 그 목활자를 이이엄자라고 하는데, 그 목활자를 이용한 책이 현재까지 23종 발견되었다. 장혼이 살아 있을 때는 9종을 찍어냈다. 장혼이 지은 책과 편찬한 책 그리고 그와 관계가 있는 사람의 시나 글을 모은 시문집, 시를 추려서 모은 시선이 대부분이다.

장혼은 특히 아동용 훈몽서를 엮거나 간행하는 데 공을 들였다. 《아희원람兒戲原覽》《몽유편蒙喩篇》《근취편近取篇》《계몽편啓蒙篇》 등이 그가 엮고 간행한 책들이다. 《아희원람》은 구한말까지 일곱 차례 간행되었고, 《계몽편》은 일제강점기 이후 20여 종이나 간행되었다. 그는 《동사촬요》라는 훈몽서 겸 역사서를 짓기도 했다.

장혼은 서른 살 이전에 옥류동에 이이암而已庵을 지을 계획을 세워, 평생의 소원을 〈평생지平生志〉에 적었다. 이이암은 이이엄而已广이라고도 한다. 실은 '广'은 '庵'과 같은 글자인데, '而已广'이라 적으면 '이이엄'이라고 읽는 것이 일종의 관습이 되었다. '而已'는 '따름'이라는 뜻으로 당나라 문인 한유가 〈노동에게 부치다寄盧소〉 시에서 "허물어진 집 서너 칸일 따름이다破屋數間而已矣"라고 한 데서 따온 것이다.

옥류동은 인왕산의 명승 가운데 하나다. 동구의 형상은 그늘이 우거진 듯이 서북쪽으로 숨어 있고 입을 벌린 듯이 동남쪽으로 터져 있다. 그 등은 푸른 벼랑과 오래된 소나무들이니 바라보면 멀고 아득하다. 그 남향은 천, 만의 집들이어서, 꼬불꼬불한 거리를 굽어보고 있다. 평평한 벌판이 그 오른쪽을 통괄하고 있으며 긴 언덕이 그 왼쪽을 걷어 올리고 있다. 한 번 가면 한 번 돌아오고 하여 마치 서로 보위하는 듯하다. 한가운데 푸른 시내가 꿰뚫고 있고, 꼬리에는 큰 계곡물이 서리고 있어서, 머리는 끊어진 골짜기로 쏟아져서 졸졸거리고 쟁글쟁글하여, 옥고리와 옥패, 거문고과 축의 소리를 낸다. 비가 오면 내달리는 폭포가 일백 번을 꺾어져서 아주 볼 만하다. 흐르는 샘물이 모이는 것을 열어젖히면서 좌우에 나무가 숲을 이루고 있어, 잔풀 떨기가 모이고 삼림과 어우러져 있다. 닭과 개가 그 위에 숨어 있고, 사는 사람이 그 사이에 집을 지어두었다. 동구의 너비는 수레 두 대를 나란히 용납하지는 않으며, 으슥하되 축축하고 음습하지는 않으며 고요하되 더욱 툭 틔어 밝다. 하지만 그 땅이 성곽 외문과 망루에 끼어 있고 세속의 태가 시정과 섞여 있어서, 지나가는 사람들이 그다지 사랑하지 않는다.

동구가 가다가 거의 다한 곳에 이르면, 산발치에 옛날에 아무개 씨의 버려진 집이 있었는데, 좁고 험하여 기울고 누추했다. 하지만 옥류동의 아름다움은 여기에 있었다. 그 더러움을 제거하고 그 옹색함을 제거하자, 사방이 10이랑 정도의 집을 둘 만했다. 집 앞에는 우물이 있어, 직경이 한 자 반이고, 깊이도 그만했으며, 원둘레는 그 삼분의 일이었다. 바위를 잘라서 캐내자 샘이 그 이음선을 따라 나오는데, 맛이 달고 아주 차며 가물어도 마르지 않았다. 우물에서 서쪽으로 대여섯 발자국 떨어진 곳에 여러 사람이 앉을 수 있는 반석이 있고, 집의 서쪽에는 언덕이 있어서 길고 넓으며 높고 평평했다. 형세가 집의 저마가 나온 듯하고 풀은 무성해서 담요를 깐 듯하다. 집안에는 괴이한 돌과 푸른 바위가 왕왕 바둑판처럼 놓여 있으니, 정말로 정도에 맞는 은둔을 하는 사람이 쉬어 거처할 만한 곳이다. 그 값을 물어보니 근 오십 관이었으므로 그 땅을 사게 했다. 그리고 그 형세를 따라서 서너 담장 크기의 집을 구획하여, 기와나 백회의 장식도 하지 않고 우람한 용마루나 지붕도 하지 않았다.

푸른 회화나무 한 그루가 문 앞에 심어져 있어 그늘을 이루고 있다. 푸른 오동나무 한 그루가 바깥채에 심어져 있어서 서쪽으로 달그림자를 받고, 포도의 시렁을 그 곁에 걸어두어 햇볕을 받는다. 잣나무 병풍 한 구비를 바깥채의 오른쪽에 심어서 문을 막고, 파초 한 뿌리를 그 왼쪽에 씨 뿌려 자라게 하여 빗소리를 듣는다. 뽕나무는 울타리 아래에 두고, 간간이 무궁화와 매괴로 그 틈새를 메우고, 구기자와 장미는 담장 모퉁이에 기대어 있다. 매화는 바깥사랑에 갈무리해두고 작약과 월계와 사계화는 안뜰에 두었다. 석류나무와 국화의 경우에는 안채와 바깥채로 나누어 저축해 두었다. 석죽과 계관화는 안채 계단과 섬돌에 씨를 뿌려두었고, 두견화와 철쭉과 목필화는 동산에 교대로 심어두었으며, 해아국孩兒菊과 고의苦薏 따위는 기슭에 분분하게 펼쳐두었다. 자죽慈竹은 알맞은 땅을 점유하고 있으며, 함도含桃를 안채 서남 구석에 빙 둘러서 기르고 복사꽃과 살구꽃은 그 바깥에 심었다. 양지바른 곳에는 임금林禽, 사과·단내丹柰, 능금·잣나무·밤나무를 나열하여 심었으며, 옥촉서玉수수는 비어있는 마른 땅에 파종해두었다. 나물 한 포圃, 겨울나물 한 포, 파 한 포를 동쪽 담장 동쪽에 얼기설기 가꾸고, 규채葵菜, 푸성귀·개채芥菜, 겨자·자소紫蘇, 차조기는 집 남쪽에 구획을 지어두어 종횡하게 했다. 내복萊菔 숭채菘菜는 집의 서쪽에 씨를 뿌려두어 밭두둑이 방석 한 두 개 정도의 너비로 떨어져 있게 해두었다. 가지는 채마밭가에 씨 뿌려두니 그 색이 자색과 백색이다. 감호甘瓠, 단호박·남라南瓝, 박는 사방 울타리에 늘어뜨려 나무들에 매달리게 한다.

이에 꽃들이 거기에 피어서 볼 만하고, 나무들이 거기에 자라서 쉴 만하며, 과실들이 거기에 익어서 딸 수가 있으며, 채소가 거기에 자라서 삶을 수가 있다. 정말로 우유優游하며 자득하는 것이 있으니, 어찌 유독 언덕과 동산과 숲과 샘의 아름다움뿐이겠는가? 혼자 거처하면 깨진 거문고를 켜고 옛 책을 열람하면서 그 사이에서 한가하게 누었다 일어났다 한다. 정취가 이르러오면 집을 나서서 산울타리 부근을 걸을 따름이다. 손님이 이르러오면 술을 내오라 명하고 시를 읊을 따름이다. 흥이 극에 달하면 휘파람을 불고 노래를 불고 할 따름이다. 굶주리면 내 밥을 먹을 따름이요, 목마르면 나의 우물물을 마실 따름이다. 추위와 더위에 따라 내 옷을 입을 따름이요, 해가 지면 내 집에서 쉴 따름이다. 비 내리는 아침과 눈 내리는 대낮, 저녁의 햇빛과 새벽의 달은 그윽한 살이에 신묘한 흥취를 자아내어 바깥사람에게 말을 해주기가 어렵고, 말을 해주어도 남도 또한 그것을 이해하지 못한다. 날마다 스스로 즐기고 나머지는 자손에게 끼쳐주니, 평생의 지원志願은 이와 같은 것으로 다 할 따름이다. 준屯, 막힘의 상태일지 형亨, 형통함의 상황일지, 수명이 길지 목숨이 짧을지는 나의 천명을 귀 기울여 들을 따름이다. 그러므로 나의 작은 집엄广에 편액을 달기를, '따름이다'는 뜻의 '이이而已'로 한다.

아아. 이 땅을 사서 이 집을 경영하는 것은 그 값이 불과 삼백 관貫이로되, 자나 깨나 고심한 것은 십수 년이나 되었어도 아직 이루지 못했있다. 아아, 세상을 가벼이 여기고 자기 뜻을 고상하게 가지는 자가 아니면 이것을 소유할 수가 없어서, 끝내 그러한 바람을 이룰 수가 없어서 그런 것이 아니겠는가. 자식들을 전부 시집보내고 장가보낸 뒤를 나는 기다리지 않는다. 늙은 여생을 잘 마칠 계획이 바로 여기에 있도다. 옥류동은 인왕산의 북쪽에 있고, 인왕산은 도성의 서쪽에 있다.

장혼은 〈평생지〉의 뒤에 청복清福 팔품八品을 부기했다.

첫째, 태평시대에 태어났다.

둘째, 서울에 살고 있다.

셋째, 다행이 의관衣冠 차린 벼슬아치의 열에 끼었다.

넷째, 문자문학를 조금 이해한다.

다섯째, 샘물과 골짝의 승경 한 구역을 가지고 있다.

여섯째, 꽃나무가 천 그루이다.

일곱째, 마음으로 맺은 친구를 얻었다.

여덟째, 좋은 책을 많이 가지고 있다.

그러고서 또 기호품인 청공淸供 80종, 맑은 일과인 청과淸課 34사, 좋은 책들인 청보淸寶 100부, 마음을 평온하게 하는 경치인 청경淸景 10단段, 마음과 정신을 맑고 즐겁게 하는 소일거리인 청연淸讌 6반般, 청정한 마음 상태를 유지하기 위한 규율인 청계淸戒 4칙則을 열거했다. 청계 4칙은 다음과 같다.

거처는 달팽이 뿔 같고 교정은 좀벌레 같이 하니

이미 졸렬함을 편안히 여기거늘

옷은 솜옷이요 나물죽은 명아주국에

어찌 이 궁함을 원망하랴.

한 자 거문고와 서너 권 책은

기구箕裘. 가업의 업이기에

감히 폐기하지 않으며

산의 꽃과 시내의 새는

빈천할 때의 지기이니

잊어서는 안 된다.

居蝸牛校蠹魚 기와우교두어, 旣安其拙 기안기졸.
衣縕袍糝藜羹 의온포삼려갱, 奚怨斯窮 해원사궁.
尺琴卷書 척금권서, 箕裘之業 기구지업, 莫敢廢焉 막감폐언.
山花溪鳥 산화계조, 貧賤之知 빈천지지, 不可忘也 불가망야.

참고문헌

- 장혼, 〈자술自述〉, 《이이엄집而已广集》 권3 삼언三言, 한국문집총간 270, 한국고전번역원, 2001. ; 〈평생지平生志〉, 《이이엄집》 권14 잡저雜著.
- 윤병태, 《조선후기의 활자와 책》, 범우사, 1992.
- 허경진, 《조선의 르네상스인 중인》, 랜덤하우스, 2008.
- 윤병태, 〈장혼전張混傳〉, 《경북도협慶北圖協》 3, 1977.2, pp.93-96.
- 윤병태, 〈평민 장혼의 편찬서와 간행서〉, 《서지학연구》 10, 서지학회, 1994.12, pp.45-72.

언어와 한평생 같이 살다보면 친근감이 몸에 배어 언어를 잡아당겨보고, 탐구해보고, 머리카락과 배를 뒤져보게 된다. 나는 이런 식으로 스페인어를 다루었다. 구어도 색다른 맛이 있으나 문어 또한 예상 외로 맛깔스러운 면이 있다. 작가의 개성은 언어를 옷이나 피부처럼 사용함으로써, 소매나 기운 자국이나 땀이나 핏자국을 통해서 드러난다. 이것이 문체다.

— 파블로 네루다 지음, 《파블로 네루다 자서전》, 박병규 옮김, 민음사, 2008.

5부

내 삶을 이런 식으로 말할 수도 있다

이층책장二層冊欌
19세기, 84×34×95

최치원崔致遠, 〈계원필경서桂苑筆耕序〉   1

여기서 된 죽도 먹고, 여기서 묽은 죽도 먹었습니다

饘於是, 粥於是 전어시, 죽어시

최치원崔致遠, 857~?은 신라 헌강왕에게 자신의 문집인 《계원필경집》을 헌정할 때 공식문건인 표表도 함께 올렸다. 이 글은 훗날 《계원필경집》이 간행될 때 서문으로 되어, 흔히 〈계월필경서〉라고 한다. 혹은 《계원필경집》은 신라 헌강왕이 아니라 당나라 황제에게 올린 것이라고도 한다.

최치원은 중국에 유학하고 종사관이나 관리로서 활동하다가 신라에 돌아와 중국에서 지은 시문을 엮은 문집을 헌강왕에게 헌정했다. 그동안 쌓은 문학적 재능과 정치상의 경륜을 인정받으려고 그렇게 한 것이다. 당나라 때 진사시에 응시하는 선비들이 습작들을 행권行卷으로 묶어 유력자에게 헌정하는 것과 같았다.

그때 그는 〈계월필경서〉를 올려, 그간의 경력을 서술하고 문집의 성립 배경에 대해 설명했다. 또한 유학을 가게 된 동기와 유학기간 동안 수학한 내용, 귀국하기 전까지 중국에서의 경력도 기록했다. 《사기》의 〈자서〉에서 알 수 있듯이, 본래 서적의 〈자서〉는 자전의 요소를 지닐 수 있었다. 최치원의 〈계원필경서〉는 그 전통을 이었다.

회남淮南에서 본국으로 들어올 때 송조서등사送詔書等使를 겸하고 전에 도통순관都統巡官 승무랑承務郎 시어사侍御史 내봉공內供奉을 지냈고 자금어대紫金魚袋를 하사받은 바 있는 신 최치원은 그간 저술한 잡시부雜詩賦와 표주表奏의 집集 28권을 올리면서 자세한 목록을 다음과 같이 갖춥니다.

사시금체부私試今體賦 5수 1권
오언칠언 금체시 모두 1백수 1권
잡시부 모두 30수 1권
중산복궤집 1부 5권
계원필경집 1부 20권

위는 제가 열두 살에 집을 떠나 서쪽으로 배를 타고 갔을 때부터의 것입니다. 뗏목을 타고 떠나듯 해외로 갈 때 돌아가신 부친이 훈계하기를, "십년 안에 진사시에 급제하지 못하면 내 아들이라고 일컫지 말라. 나도 자식이 있다고 생각하지 않겠다. 떠나라, 부지런해야 한다. 네 힘을 무너뜨리지 말라."

저는 부친이 가르침을 깊이 새겨 감히 잊지 않고서, 머리끝을 천정에 묶고 허벅지를 송곳으로 찌르는 등 각고의 노력을 하느라 겨를이 없었으며, 부모님의 뜻을 길러드리는 효도에 부합하기를 바랐습니다. 실로 남이 백 번에 하는 것을 나는 천 번이라도 해서 이루는 결과를 얻을 수 있어서, 관광觀光한 지 6년 만에 찬란한 이름이 과거 합격방의 끝에 실렸습니다. 이 때 성정性情을 풍영諷詠하고 명편名篇에 우물寓物하여, 부

賦라 하고 시詩라 하여, 시문이 상자에 넘쳐날 정도가 되었습니다. 다만 어린 아이가 글자를 적고 아로새기고 한 데 불과해서 장부로서는 부끄러이 여길 바였습니다. 그러다가 외람되이 득어得魚할 수 있게 되자 그간의 시문들을 모두 버렸습니다.

이윽고 동도東都에 낭적浪跡을 남기게 되면서 붓으로 밥주머니를 삼게 되어, 마침내 부賦 5수와 시 1백 수, 잡시부 30수 등 모두 세 편을 이루었습니다. 그 이후에 선주宣州 율수현위溧水縣尉를 조수調授받아, 봉록은 후하지만 관직은 한가하여 종일토록 배불리 먹고 벼슬살이가 넉넉하여 공부할 수가 있어서 촌음을 허비하지 않을 수 있게 되었습니다. 그래서 공적으로나 사적으로나 지은 것이 5권의 집集으로 되었습니다. 높은 산을 이루려는 뜻을 더욱 면려하여 이에 복궤覆簣라는 이름으로 표하고, 그 땅의 이름이 중산中山이었으므로 마침내 첫머리에 그 이름을 씌웠습니다.

그러다가 그 작은 관직을 그만둔 뒤 회남淮南에서 직무를 얻게 되었는데, 고시중高侍中 고변高騈이 빌연筆硯의 일을 선석으로 위임해 주시는 은혜를 입었기에, 군무의 문서가 폭주했지만 온 힘을 다해서 봉직했습니다. 그 4년 동안 마음을 써서 일만 여 수가 되었지만, 거의 다 쓸어버리고 없애버려서 열에 하나나 둘도 남지 않게 되었으니, 모래를 헤쳐 보물을 찾는 일에 감히 비견할 수 있겠습니까만, 깨진 기와와 무너진 담장에 그림장식한 것보다는 조금 나을 것입니다. 마침내 억지로 《계원집》 20권을 이루었습니다.

신은 난리의 때를 당해서 융막戎幕, 군막에 부쳐 살면서 먹을 것을 구했으니, 이른바 "여기서 된 죽도 먹고 여기서 묽은 죽도 먹는다"는 말처럼 살았습니다. 그래서 문득 '필경筆耕'이란 말로 제목을 삼았습니다. 그리고 왕소王韶의 말처럼 지난 일을 증빙해줄 수 있을 것 같기에, 비록 구부정하게 돌아와서 오리나 참새처럼 껑충껑충 뛰는 데는 부끄러운 면이 있으나, 이미 개간하고 또 이미 김을 매듯이 하여 정전情田을 있는 그대로 다 드러내었으므로, 스스로 미약한 저의 노고를 애석해 하고 있습니다. 부디 성스러운 군자의 감식에 이르기를 바라기에, 그 시·부·표·장 등의 집集 28권을 서면과 함께 받들어 올립니다.

중화中和 6년 정월 아무날, 전 도통순관 승무랑 시어사내공봉으로서 자금어대를 하사받은 신 최치원은 서면과 함께 《계원필경집》 20권을 올립니다.

자서전의 체재를 지닌 '자서'로서 가장 오래된 글은 사마천의 〈태사공자서太史公自序〉이다. 곧, 《사기》 130권의 끝인 제130권이다. 서문은 옛날에는 책의 끝에 붙어 있었으며, 책의 내용과 집필 경위를 기록하면서 저자 자신의 경력을 언급하는 일이 있었다. 〈태사공자서〉는 사마씨의 조상들에 대해 자세하게 기록하고 부친 사마담의 〈육가요지六家要旨〉를 길게 인용한 후, 사마천 자신의 행적을 적고 형벌을 받게 된 사정을 기록했다. 《사기》의 집필에 이르게 된 경위를 설명하는 것이 주된 목적이었지만, 사마천은 부친의 유언을 기록하고, 굴욕을 딛고 살아남아 역사서를 집필하게 되는 '발분저서發憤著書'의 뜻을 표명해 두어, 자서전의 면모를 지니고 있다.

최치원은 육두품 출신으로서 중국에 유학하여 과거에 급제하고, 황소의 난 때 격문을 지을 만큼 중국에서 문장을 인정받았다. 시조는 소벌도리이고, 아버지는 산윤山允, 일명 견일肩逸으로, 시랑의 벼슬을 지냈다.

최치원은 아버지의 권유로 12살 때인 868년 경문왕 8년에 진봉사 김윤金胤을 따라 당나라로 유학을 떠났다. 십년 안에 당나라의 과거에 급제하지 않으면 아들이라고 여기지 않겠다고 하는 아버지의 엄명을 잊지 않고, 최치원은 6년 만에 외국인에게 보이는 빈공진사과에 급제했다.

급제한 뒤 2년 동안 최치원은 문학에 전념했다. 그리고 약관의 나이에 현재 강소성에 속하는 율수라는 고을의 현위 벼슬을 받았다. 그 동안 창작을 계속하여 문집 5권을 만들어서 '중산복궤집'이라고 했다. 중산은 율수 부근의 지명에서 따온 것이다.

그런데 '복궤'란 말은 《논어》〈자한〉에서 따온 것이다. 공자는 "비여위산譬如爲山에 미성일궤未成一簣하여 지止도 오지야吾止也며 비여평지譬如平地에 수복일궤雖覆一簣나 진進도 오왕야吾往也니라"라고 했다. "비유하자면 산을 만들 때 마지막 한 삼태기의 흙을 붓지 않아 산을 못 이루고서 멈추는 것도 내 스스로 멈추는 것이다. 또 비유하자면 땅을 고를 때 비록 한 삼태기의 흙을 잎이서 나아가게 되는 것도 내가 앞으로 가는 것이다"라는 뜻이다.

젊은 최치원은 모든 것은 나로 말미암지 남으로부터 말미암지 않는다는 사실을 깨닫고 무한한 자율 앞에서 숙연해 했던 것이다.

그렇기에 최치원은 안주하지 않았다. 21세가 되던 겨울에 현위의 직을 사임하고 산 속으로 들어갔다. 진사시에 합격한 사람들을 대상으로 다시 시문에 뛰어난 인재를 뽑아 실질적인 관직을 배정하는 박학굉사과에 응시하기 위해 그 대비를 하려고 한 것이다. 하지만 현위의 직을 그만두자 봉급이 없어져서 양식조차 구하지 못하게 되었으므로 여러 관리들에게 사정을 호소하고 자신을 써 줄 것을 호소해야 했다. 하지만 뜻대로 되지 않았다. 〈촉규화蜀葵花〉 시에서는 소외감을 드러냈다.

쓸쓸한 거친 밭 가
탐스런 꽃송이가 어린 가지를 누르고,
향기는 장마 걷힐 무렵 가볍게 뜨고
그림자는 보리 바람 맞아 기울었네.
수레 탄 이가 누가 보아 주리
벌 나비만 부질없이 엿보누나.
출신이 천함을 스스로 부끄러워하거늘
남들의 버림받음을 어이 한하리.

寂寞荒田側 적막황전측	繁花壓柔枝 번화압유지
香輕梅雨歇 향경매우헐	影帶麥風欹 영대맥풍의
車馬誰見賞 거마수견상	蜂蝶徒相窺 봉접도상규
自慚生地賤 자참생지천	堪恨人棄遺 감한인기유

밭에 핀 접시꽃을 보고 자신의 심경을 가탁했다. 탐스럽게 핀 꽃을 수레 타는 귀한 이들은 돌아보지 않는다. 벌 나비만 엿볼 뿐이다.

그러던 중에 동년같은 과거 시험에 합격한 사람의 고운顧雲이 주선해 주어 제도행영병마도통諸道行營兵馬都統로 있던 고변高騈, 821~887과 인연을 맺게 되었다. 처음에는 관역순관館驛巡官으로 있다가 한 해 뒤 고변의 서기가 되었다. 최치원은 고변의 덕을 칭송하는 시를 무려 30수나 바쳤다. 마지막 수〈진정陳情〉은 이러하다.

> 빙설의 자태를 직접 보기 어렵더니
> 아침내 함께 소산 회남왕의 사당을 노래하네.
> 이 몸을 맡김은 개 닭과 같으니
> 다른 날 승천하시거든 날 버리지 마소서.

欲眼難窺氷雪姿 욕안난규빙설자   終朝共詠小山詞 종조공영소산사
此身依託同鷄犬 차신의탁동계견   他日昇天莫棄遺 타일승천막기유

고변을 회남왕 소산에 비유하고 자신을 그 집의 개와 닭에 비유했다. 회남왕은 도술을 익혀 승천했는데, 그 때 그의 집에서 기르던 개와 닭도 구름 속으로 승천했다고 한다. 여기서는 고변이 높은 벼슬로 올라가거든 나도 천거해달라고 부탁하는 뜻을 말한 것이다. 그의 호감을 사려는 뜻이 없지 않다.

이 무렵 황소의 난이 일어났다. 황소는 당나라 희종 때 군웅의 한 사람으로, 왕선지가 난을 일으키자 자신도 군사를 모집해서 양양·낙양·동관을 깨뜨리고 당나라 수도 장안을 함락시켰다. 제제齊帝라 일컫다가 이극용에게 패전하고 자살했다. 최치원은 고변이 황소의 난을 평정하는 군사를 이끌자, 그 군막에서 격문을 지었다. 전하는 말에, 황소가 격문을 읽다가 "오직 천하의 사람만이 너희를 죽이고자 할 뿐 아니라 땅 속의 귀신들까지도 너희를 죽이려고 의논했다"라는 대목에 이르러 자기도 모르게 무릎을 꿇었다고 한다.

이에 비해 고변의 융막军幕에서 생활하는 것은 '여기서 된 죽도 먹고 여기서 묽은 죽도 먹는' 호구지책에 불과했다. 공자의 선조인 정고보正考父는 세 차례 벼슬이 승진하는 삼명三命을 받자 그럴수록 더욱 공손하였으므로, 그의 사당에 있는 세발솥에 새겨진 명銘에는, "첫 번째 벼슬을 받자 머리를 숙였고, 두 번째 벼슬을 받자 몸을 굽혔고, 세 번째 벼슬을 받자 허리를 굽히고는 길 가운데를 피해 담장을 따라서 달아났으니, 아무도 나를 모욕하는 이 없었지. 이 솥에 뻑뻑한 죽을 쑤어 먹고 이 솥에 묽은 죽을 쑤어 먹음으로써 내 입에 풀칠하리"라고 적혀 있었다고 한다. 최치원은 고변의 막하에서 생활해서는 뜻을 펴기 어렵다는 것을 잘 알았다.

마침 고변이 당나라 조정에 추천했으므로 최치원은 도통순관 승무랑 시어사 내공봉에 승직되고 자금어대를 하사받았다. 박학굉사과에 응시하는 경로를 통하지 않았으며, 그 직책도 실권을 지닌 직책은 아니었다. 오히려 최치원은 고운 이외에도 나은羅隱, 배찬裴瓚, 장교張喬 등 당나라 문인들과 두루 사귀면서 명예를 드높일 기회를 살폈다. 하지만 외국인으로서의 한계는 분명했다. 최치원은 신라로 돌아오기로 결심하고, 28세 때 귀국 길에 올랐다.

최치원은 훗날 〈진감화상비명眞監和尙碑銘〉에서 진감선사가 중국에 들어가 불교의 교리를 공부한 의의를 논하면서, 자신의 당나라 유학이 지닌 의미를 드러내었다.

대개 도는 사람을 멀리하지 않고, 사람은 국토에 따라 다른 것이 아니다. 그러므로 우리나라 사람이 인도의 교教를 믿어 불자佛子가 되기도 하고 중국의 글을 배워 유자儒者가 되기도 한다. 반드시 서쪽으로 큰 바다를 건너 몇 나라 말의 통역을 거치면서 학업에 종사하는데, 목숨은 배에 의지하고 마음은 보배로운 땅에 달려 있어, 빈속으로 갔다가 가득 채워 돌아와, 처음은 어려웠지만 뒤에 많은 것을 얻는 것이다. 그것은 마치 옥을 캐는 사람이 곤륜산의 험준함을 꺼리지 않고, 진주를 탐색하는 사람이 여룡驪龍의 동굴의 깊음을 사양하지 않는 것과 같이 해야만 하는 것이다. 그리하여 마침내 불타의 지혜로운 횃불을 얻으면 빛이 오승五乘, 불교의 이치를 깨우치는 다섯 가지 방법에 융합하고, 옛 유학자의 아름다운 반찬을 얻으면 입맛이 육경六經에 배부를 수 있다. 그래서 모든 사람들로 하여금 다투어 선善에 들게 하고 온 나라로 하여금 인仁을 일으키게 할 수 있다.

최치원은 유학의 의미를 자각하고 있었으며, 그것은 곧 '옛 유학자의 아름다운 반찬으로 맛있게 육경에 배불릴 수 있었다'는 것, 그래서 '온 나라로 하여금 능히 인仁을 일으키게' 하려는 데 있었다.

최치원의 활동은 일본의 홍법대사弘法大師 구카이空海, 774~835와 비교된다. 구카이는 당나라에 유학하여 당시 유행하던 시론 서적들을 편집하여 《문경비부론文鏡秘府論》을 엮었다. 하지만 수준 높은 시문을 남기지는 못했다. 최치원은 시론 서적을 엮지 않았으나 높은 수준의 시문을 남겼다.

최치원은 신라에 돌아와 중국에서 지은 시문을 엮은 문집들을 헌강왕에게 헌정했다.

헌강왕은 시독 겸 한림학사 수병부시랑 지서서감知瑞西監이라는 벼슬을 내렸다. 최치원은 공문을 짓는 일에 종사했다. 하지만 귀족들로부터 미움을 받아, 태산군太山郡의 태수로 나갔다. 얼마 뒤 부성군 태수로 옮겼다. 이 무렵의 어두운 심경을 그는 이렇게 노래했다.

여관에 늦가을 비가 내려
차가운 창가에 등불만 고요하다.
가엾구나 시름 속에 앉은 모습
정녕 참선하는 중과 같아라.

旅館窮秋雨 여관궁추우   寒窓靜夜燈 한창정야등
自憐愁裏坐 자련수리좌   眞個定中僧 진개정중승

등불 앞에서 현실의 암담함을 생각하면서 시름하고 있는 모습은 흡사 참선하는 중의 모습과 같다고 했다. 무기력함을 잘 표현한 말이다.

얼마 뒤에는 왕명으로 중국에 다녀온 듯하지만 구체적인 활동은 알 수가 없다. 또 의창 천령군현재의 함양의 태수로 있으면서 진성왕에게 시무에 관련한 십여 조의 건의문을 올렸다. 이 건의문을 〈시무십여조〉라고 한다.

〈시무십여조〉에서 최치원은, "반드시 요·순을 따르고 우·탕의 정치를 펴리라"고 했고, "어진 신하는 그 임금이 요순처럼 되는 것을 우선으로 삼는다"고 했다. 또한 "불은 나무에서 생기지만 불이 사나우면 나무를 태우고, 물은 배를 뜨게 하나 물이 성하면 배를 뒤엎는다"고 하여, 서민과 군주의 관계를 물과 배의 관계에 견주었다. 정치체제는 반드시 인정仁政과 예교禮敎를 우선해야 하며, 통치자는 공평과 중정을 지켜야 한다고 논했다.

진성왕은 〈시무십여조〉를 가납하고 최치원을 아찬으로 삼았다. 하지만 정치 이념을 실현할 수 있는 가능성은 없었다. 42세의 최치원은 처자를 거느리고 가야산으로 들어갔다. 이때 남겼다는 시가 〈제가야산독서당 題伽倻山讀書堂〉이다. 그는 이 시에서 세상의 번다한 삶을 시비의 소리로 규정하고 그로부터 인연을 끊겠다는 의지를 드러냈다.

젊은 시절, "비록 한 삼태기의 흙을 엎어서 나아가게 되는 것도 내가 앞으로 가는 것이다"라고 삶의 무한한 자율을 깨달았기에, "여기서 된 죽도 먹고 여기서 묽은 죽도 먹는" 호구지책에 안주하지 못했던 최치원은, 그 문학적 재능과 정치적 역량을 고국 신라에서 제대로 발휘하지 못하고 "시비 소리가 귀에 들릴까 두려워" 가야산 시냇물이 첩첩 바위 사이로 미친 듯 뿜어 나와 겹겹 산에 포효하는 속으로 숨어 들어갔다.

〈계원필경서〉에서 최치원은 발분과 영광, 실망의 나날들을 회고했다. 그 앞의 길도 똑같은 일의 반복이라는 사실을 결코 알 수 없었으리라. 인생이란 그런 것인가 보다.

참고문헌

- 최치원, 〈계원필경집서桂苑筆耕集序〉, 《계원필경집桂苑筆耕集》, 한국문집총간 1, 한국고전번역원, 1988.; 〈진감화상비명眞鑑和尙碑銘〉, 《고운집孤雲集》권2 비碑.
- 이구의, 《최고운의 삶과 문학》, 국학자료원, 1995.4.
- 최영성, 《최치원의 사상 연구》, 아세아문화사, 1990.3.
- 파전한국학당坡田韓國學堂 편, 《고운 최치원의 생애》, 신지학술총서 6, 부산 : 신지서원, 1997.
- 김중렬, 《최치원의 문학 연구》, 고려대학교 박사학위논문, 1983.
- 이혜순, 〈신라말 빈공제자의 시에 관하여〉, 《한국한문학연구》 7, 한국한문학연구회, 1984, pp.1-29.

천책天頙, 〈답운대아감민호서答芸臺亞監閔昊書〉   2

몽환의 세상에서 몽환에 젖어 살고 있다
幻生於幻世 환생어환세

고려 승려 천책天頙, 1206~?은 1246년혹은 1241년에, 국자감 시절 동문이었던 민호閔昊라는 사람에게 천태종에 뜻을 두고 또 자신이 조직한 결사에 참여하라고 권하는 서찰을 보냈다. 〈답운대아감민호서答芸臺亞監閔昊書〉라고 한다. 천책은 진정국사眞靜國師, 또는 眞淨國師의 호를 받은 명승이다. 그는 이 서한에서 자신이 출가한 이유를 밝히고, 전란을 이기려면 불교의 법력이 유효하다는 점, 불교가 우리나라에 전파된 이후 우리나라에서 일어난 전란에서 백성들이 참화를 입는 것은 업보라는 점, 천태종은 왕실을 흥하게 할 것이라는 점을 상세하게 논했다. 그 가운데 그가 출가한 이유를 밝힌 부분은 바로 자서전적인 요소를 지니고 있다.

천책은 본래 상주 지역 토호이자 유학자 출신인데, 정명국사靜明國師 천인天因, 원환圓晥의 뒤를 이어 백련사 제4세가 되었다. 자는 몽저蒙且, 호는 내원당內院堂, 속성은 신申 씨다. 속명은 극정克貞으로 추정된다. 고려 개국공신 신염달申脈達의 11대손으로 부친은 정挺이다. 외가는 이씨로, 혁혁한 가문이다.

저는 일곱, 여덟 살 때 처음으로 독서를 일삼은 이후, 열다섯 살에 이르러 순임금·하나라·은나라·주나라의 사적을 기록한 《상서》가 지닌 호호灝灝, 드넓음하고 악악噩噩, 장엄함하고 요뇨淖淖, 흥건함한 맛을 멋대로 맛보았습니다. 그리고는 《시경》의 국풍과 《이소》에까지 이르고 굴원·송옥·사마천·반고, 왕발·양형·노조린·낙빈왕, 이백·두보·소식·황정견 등 문장의 양식이라 하는 것은 두루 익히고 두루 알려고 절실하게 바랐으니, 대개 옛사람이 흉중에 학문의 전당 국자감을 품고 있었던 것과 방불했습니다.

홀연 초한楚漢시대 사람 백직栢直이 한신韓信과 맞서려 했지만 아직 입의 젖내를 면하지 못한 그런 때였거늘, 처음으로 과거장에 달려가 봄에 사판仕版에 이름이 올랐고 가을에 벽옹국자감에 들어가서, 요행히 각하와 더불어서 동재東齋에 있게 되었습니다. 그래서 드나들 때 나를 버리지 않으시고, 대화하든 침묵하든 나를 배반하지 않아서, 어깨를 나란히 하거나 뒤를 따르거나 하여 인접했습니다.

보내주신 서찰에, "지난날 기숙사를 같이 하면서 마지 농포와도 같이 말을 주고받았다"고 하신 것은 정말 사실을 기록한 것입니다. 불과 한 해만에, 춘관예조 시험에서 발탁되고, 다시 학업을 열심히 하여, 늘 묵병墨兵, 서화書畵와 시문詩文과 황내黃嬭, 서권를 일용으로 삼았습니다. 그런데 홀연히 하루는 맹성猛省하여 유학자의 몸으로 불교의 교법을 위배했던 일이 잘못이었음을 깨달아서, 스스로 서글퍼하고 탄식하면서 이렇게 생각했습니다.

"자고로 유학을 본업으로 삼는 선비의 마음은 시어를 달月 옆구리에서 내듯 경발한 장구를 만들어, 혹은 변려문의 사육四六 문체와 고문의 지호자야之乎者也로 문집을 이루어 세상에 과시하니, 이것은 유탕流蕩의 마음이요 기희綺餰, 화려하게 꾸밈의 표현이어서, 그 죄가 작지 않거늘 무슨 보탬이 되겠는가! 더구나 우리 삼한으로 말하면 각 저작가의 문집을 이루어 세상에 유행하는 것이 대략 수십 명에 이른다. 처음에는 문창후 최치원이 12살에 중국에 가서 18세에 갑과과거에 합격해서 장두狀頭의 다섯번째로 급제하니, 문장이 중화를 감동시켰고 전후로 문집을 이룬 것이 모두 57권이나 된다. 근세에는 한림 김극기金克己가 135권을 지었으나, 자기 자신은 이미 구천황천의 객이 되었으며 헛된 이름만 사해천하에 흘러 돌아다니고 있어서 한 조각의 이득도 없거늘, 내게 무슨 관계가 있겠는가?"

나는 축경竺卿과 더불어 즐겨 불교의 경전을 들었는데, 저 사람은 마치 나의 마음을 미리 알아차린 듯하여, 마침내 이렇게 말했습니다.

"불교의 경전에 '비유하자면 하나의 큰 바위를 갈아서 하나의 작은 소를 만드는 것과 같아서, 공력은 이미 중하되 기대하는 것은 아주 가볍다'고 했는데, 세간의 재주와 학문은 정성스러운 근로와 힘겨운 고투가 역시 이와 같다."

나는 그 말을 한 번 듣고는 부끄러워 망연자실해졌습니다. 다시 현묘한 자취를 탐구하느라, 무릎이 나도 모르게 자리에서 앞으로 나아갔습니다. 그래서 출가하여 불법을 배어 황제의 은혜와 부처의 은혜를 일시에 보답하려고 절절하게 생각했습니다. 이로써 속마음이 그치지를 않아서 가만히 백부에게 얼추 출가의 사실을 알리자, 백부는 막으면서 이렇게 말했습니다.

"좋기는 좋다. 하지만 불교의 교법은 마음에 있거늘, 하필 출가해야만

하겠느냐. 불효에 세 가지가 있되 후사가 없는 것이 가장 큰 불효이니, 너는 잘 생각하거라. 지난날 삼한이 들끓고 태조왕건가 용흥龍興할 때 신염달申厭達이라는 신하가 있어서, 태조를 도와 대란을 평정하고 공을 세워서 기린각의 벽에 그 초상화를 걸었는데, 이로부터 아들로 손자로 이어지고 손자에서 또 그 아들로 이어지며 운잉雲仍, 구름처럼 이어짐하여 계속 이어져 끊이지 않았으니, 멀리는 신라왕의 외손으로부터 가까이는 성조聖祖의 후예에 이르기까지 모두 산동山東에서 자취를 일으키고 조정에 발을 담았다. 아래로 너의 조부 봉산蓬山은 백서栢署, 어사대에서 역사를 저술해서 문장과 청렴과 충효의 대강을 진작시키고 기강을 잡았다. 또 너의 부친에 이르러는 조부의 풍모를 지녔다작고하신 조부는 찰방 사察訪使가 일등으로 추천하였고, 돌아가신 부친도 역시 일등에 뽑혔다. 하물며 너의 외가 쪽은 또한 계림의 종실로서, 우리 태조 때에 서원경西原京, 청주의 수령으로 봉해졌으며, 시중 능희能熙로부터 너의 외조부에 이르기까지 모두 9대가 규옥과 인끈을 차는 고관의 직책을 이어와서 세상에서 현달하였나.

또 외조의 조부는 기거주 충약沖若인데, 비록 금방金榜에 이름이 올라서 자취를 옥당玉堂, 홍문관에 들여넣었으나 유학 외에 현풍을 숭상하고 현풍에 밝았다. 후에 배로 바다를 건너 송나라로 들어가 비요秘要를 모두 전수받아, 자부紫府와 단대丹坮에서 소요하고 신선이 먹는 현상玄霜과 강설絳雪을 호흡하였으므로 중국의 도가 학자들이 모두 탄복하고 옷깃을 여몄다. 귀국해서 상소하여서는 불사不死의 복정福庭을 두고서, 큰 종을 치고 현약玄鑰, 도에 통하는 문을 잠근 열쇠을 열어서 나날이 생령백성의 이목에 거울이 되었다. 그래서 지금 현명한 천자가 봉루鳳樓에 올라 봉조鳳詔를 반포할 때는 반드시 충약의 자손을 일컬어서 세세토록 잊지 않고자 했다. 다행히 네가 조상의 열烈을 이어서 약관에 과거급제하고 영명한 명성이 자자했으니, 어찌 전적으로 유학의 업을 전문으로 하여 벼슬살이하리라 기약하지 않느냐?"

저는 그 말씀을 자세히 듣고서, 물러나 마음속으로 이렇게 말했습니다. "비록 친가나 외가가 높은 벼슬을 하고 갑과와 을과에 합격해서 홍전紅牋을 받았다고 해도 이미 귀록鬼錄에 이름이 실렸으니, 내게 무슨 관계가 있으랴. 하물며 세간의 허환은 결코 견고하고 항구하게 계속되리라고 믿을 수가 없으니, 건성乾城, 건달파, 신기루이 생기했다가 소멸하고 와국蝸國, 달팽이 뿔 위의 나라에서 크고 작은 싸움을 한다고 해도 부싯돌에 불이 번쩍하고 물 위에 거품이 생멸하는 것과 같으며 파초잎에 서리가 내리고 목근화에 바람이 부는 것과 같다고 비유한다고 해도 비유가 부족할 정도다. 만약 나의 유한한 삶을 가지고 티끌세상에서 나오고 먼지세상으로 들어가면서 세상 흐름에 따라 밀려가고 옮겨간다면 아무리 포의의 신분으로서 남면하고 군림하는 군주와 같은 즐거움을 누린다고 해도 어찌 찰나의 바깥 즐거움을 쫓느라 상주常住하는 내면의 즐거움을 잊을 수 있단 말인가. 또 지금은 흉노가 노략질을 도모하여 국경 지역에서 군사를 일으켜 고래가 일으키는 포악한 기운이 하늘의 운행길까지 닿아 있으며 사람의 목숨을 개미나 땅강아지처럼 여기니, 비록 공경대부와 조정의 선비라고 해도 모두 몸뚱이를 보전해서 해악을 멀리하고자 바라고 있거늘, 하물며 초가나 간신히 지어 살며 아무 의지할 데 없는 사람의 경우에야 더 말해 무엇 하겠는가.

저 부유한 자제들의 경우에는 살면서 한 해에 글자 하나도 읽지 않고 오로지 경망하고 교만한 짓과 유협遊俠만을 일삼아, 그저 달 모양을 수식한 지팡이로 별 모양을 그려넣은 공을 치고 놀고, 황금으로 장식한 안장을 타고 옥으로 꾸민 재갈을 손에 잡고서 삼삼오오 열십 자 대로의 머리맡에서 의기양양하게 노닐어, 아침이든 저녁이든 구별 없이 거들먹거리며 동서남북을 오가니, 구경하는 이들이 담장을 이룬 듯이 빼곡하다. 아아, 나와 저자들은 모두 환몽幻夢의 세상에서 환생幻生했거늘, 저자들이 어찌 환몽의 몸으로 환몽의 말을 타고 환몽의 거리를 내달려 환몽의 기예를 공교롭게 하는 것인 줄을 알겠는가. 환몽의 사람이 환몽의 일을 보는 것은 다시 환몽의 위에서 환몽이요 또다시 환몽이다. 저들은 저들과 함께 단지 서로 실제인 줄 집착하지만, 하루아침에 망연하여 끝내 염라대왕에게 꺾이고 좌절을 당하면, 비록 일천 종류의 기계와 주산을 지니고 있다고 해도 어찌 저 당돌함을 면할 수 있겠는가. 그렇게 되면 어수선하고 분잡하게 되어 더욱 두려워 벌벌 떨게 될 따름이다.

혹은 시장의 점포들 사이를 지나가다가 좌상과 행상을 보면, 다만 반통半通, 반쪽의 관가 인장의 동전을 가지고 모두 시끌시끌 벌끈벌끈 시장의 이익을 투쟁하니, 일백 마리 일천 마리의 모기와 파리들이 하나의 항아리 속에서 웅얼웅얼 어지럽게 우는 것과 무엇이 다른가. 혹은 도살하는 자나 회치는 사람은 오로지 칼날의 일만 일삼는데, 이것은 멋대로 잔혹하게 다른 몸뚱이를 죽여 팔아서 자기 입을 봉양하는 것이니, 비린내와 누린내가 온몸에 가득하고 흑업黑業, 악업이 우람하거늘, 눈앞의 이익만 돌아보고 몸이 죽은 뒤의 재앙은 생각하지 않으니, 비록 말의 얼굴과 소의 머리라 하여도 이보다 더할 수 있겠는가.

이와 같이 하여 큰 거리를 크게 열어도 그 사이에 여유롭게 쉴만한 송곳 하나 꽂을 땅조차 없이 황황하게 이익을 추구하고 구구하게 재물을 쫓아가니, 단지 아침밥과 저녁밥이 넉넉하기만 바랄 뿐이어서 끝내 모두 다른 사람에게 속임을 당하고 후려침을 당하니, 저쪽이 이쪽과 거래하고 이쪽이 저쪽과 바꾸어서 물품과 물품이 서로서로 돌고 돌므로, 나날이 늘 이와 같을 따름이다. 그래서 전국시대 제나라 정승 맹상군의 식객이었던 풍환馮驩이 말하길, '군께서는 시장에 가는 사람들을 보지 않으셨습니까? 아침이면 앞 다투어 어깨를 비비고 들어가지만, 날이 저물면 아침에 시장에 갔던 자들이 팔을 휘두르며 돌아보지도 않고 돌아가버립니다. 이는 아침은 좋아하고 저녁은 싫어해서가 아니라 그들이 기대하는 이익이 저녁에는 시장에 없기 때문입니다' 라고 했던 것이다. 아아, 사람이 물건을 굴리지 못하고 물건이 도리어 사람을 부리니, 물품과 물품이 있고 없음을 가지고 사람들의 한가함과 분망함을 점친다. 생명을 탐하고 물품을 쫓는 것은 만고에 같아서 지금에 이르기까지 의례 모두 한결 같이 이와 같거늘 모두 들은 바와 본 바를 적중하지 않으니 가히 장대長大한 자들이라고 할 수 있으리라!"

나로 말하면 돌연 눈물을 쏟고 흐느껴 울면서 가까스로, "진실로 명교名敎의 장에서 하나의 죄인일 따름이다. 어찌 울적하게 이곳에 오래 머물겠는가?"라고 하였습니다. 다행히 단계주인丹桂主人, 과거 고시관, 좌주 청하상국淸河相國, 최자崔滋께서 은혜가 무거워 마치 공자가 안연顔淵을 주성鑄成했듯이 나를 주성해주시고, 언론이 높으셔서 공자가 증점曾點을 허여했듯이 나를 허여해주셨으며, 나로 하여금 금자金字로《연경蓮經》《묘법연화경》을 쓰라고 하셨습니다. 이로써 처음으로 제불세존諸佛世尊은 오로지 일대사인연一大事因緣 때문에 세상에 출현하셨음을 알았습니다. 또 말하길, "정직正直은 방편方便을 버리고, 다만 무상의 도를 말한다"고 하여, 얼른 은중殷重한 지성을 내어서 스스로 깨달음을 경하하여 "지난날 사위국舍衛國에 3억의 집이었으나 삼보三寶라는 이름은 전혀 듣지 못했고, 영산靈山에 3천 대중이 있었으나 역시 오시五時, 천태종의 오시의 종졸終卒, 끝을 듣지 못했다. 지금 나는 어떤 생生에서 어떤 선근善根을 심었는지 모르지만, 500세 뒤에 이와 같이 진정한 대법을 들으니, 이 어찌 숙연宿緣이 민몰되지 않고 숙성해서 그런 것이 아니겠는가?"라고 하였습니다.

이로부터서 세간에 있어야 할지 출세간을 해야 할지 주저주저하는 마음을 일도양단一刀兩斷하여, 부도씨浮屠氏, 부처를 따라서 《묘법연화경》을 외고 묘행妙行을 닦고자 절절하게 바랐습니다. 하지만 총총하여 판엄辦嚴, 행장을 꾸림할 겨를이 없었는데, 다행히 뜻을 같이 하는 두 사람과 함께 몰래 길을 떠나, 천리 길에서 어려움과 험난함을 죄다 맛보며, 한 달 하고도 열흘 만에 비로소 이른바 만덕산萬德山이라는 곳에서 참예하게 되었습니다. 이곳은 시세가 외시고 사람이 느물어 석석하게 아무노 내왕하지 않고, 다만 구름 낀 산봉우리와 아지랑이 낀 섬만이 창망한 사이에서 어른어른하고 긴 대나무 숲과 푸른 시내는 즐길 만하고 감상할 만한데, 오직 숱 많은 눈썹의 노납老衲, 노승 네다섯 분이 산문을 나와 웃으면서 맞아주었습니다. 마침내 도전稻田, 절에 거처하면서 장소章疏를 전주傳注하고 물가와 수풀 아래서 성태聖胎를 길이 기르니, 만상 바깥의 호중천壺中天에서 도안道眼을 비벼 떴습니다. 비로소 보현도량普賢道場을 세워서 개현開顯의 불승佛乘을 크게 드날려, 전대에 행하지 않았던 것을 힘써 행하고 후인이 깨우치지 못한 것을 깨우치게 하여, 지금 14

년이 되었습니다.

그 사이에 먼 곳을 유력遊歷하기를, 일화一花에서부터 오엽五葉, 육조 혜능의 법계에서 위앙·임제·조동·운문·법안의 5종이 일어난 것을 말함에 이르기까지 하고, 남종의 혜능慧能과 북종의 신수神秀, 정전正傳과 방전旁傳, 그리고 화엄華嚴과 기신起信, 유식唯識과 법상法相, 비니毘尼와 율종律宗, 대승大乘과 소승小乘, 돈설頓說과 점설漸說에 이르기까지, 비록 총명함은 지난 날에 미치지 못하지만, 그래도 이벽耳璧, 양이벽색兩耳璧塞의 들음을 부지런히 해서 짐짓 면장面墻하고 있다는 꾸짖음을 면하려고 해서, 심지心地를 봉송蓬松, 산란함하지 않게 하여 주망罣網에 장애됨이 업듯이 되어 정말로 스스로 경하하였습니다. 강남에 터를 잡은 후 안개와 노을이 멋진 승경 속에 편히 쉬고 바위와 시냇물 있는 곳에 그윽하게 숨어서, 멀리 인간세상과는 교류를 끊어 무엇 하러 산간에 사느냐고 묻는 질문조차 없었습니다.

근래에 운대芸臺, 비서성秘書省를 관장하시는 단월檀越께서 청하시기에 바람을 따라 와서는 만나자마자 희학을 하였으되, 도리어 사람 꼴을 갖추지 못한 것이 두렵고 일대사一大事에 전심하고 정일하지 못했으니, 오로지 계수나무에 메뚜기요 옥에 좀벌레와 같을 따름입니다. 하물며 지금 비서감학사秘書監學士께서는 횡사黌舍, 성균관에서 지난날 함께 바람을 쐬었던 일을 잊지 않으시고, 또 운대아감께서 불해佛海에 나가시기를 바라시는 데 대해 감격했습니다. 특별히 한 자 다섯 치의 서찰을 지으셔서 멀리 산곡의 저를 위로하시고, 아울러 승가리僧伽梨와 어납의御臘衣 각각 한 벌, 수침水沈, 방수포나 고무에 물을 넣은 베개의 일종 한 봉封, 납촉 두 매를 함께 보내셔서 두터운 정으로 지지支持하시니, 몸 둘 바를 몰라서 감동하고 부끄러워하기를 깊이깊이 하고 있습니다.

그리고 서찰 중에 특히 고인이 고복鼓腹, 세월이 태평해서 배불리 먹고 배를 두드림하고 퇴병退兵, 외적을 물리침한 일을 언급하시니, 이 산승山僧을 경계하여 다시 향화香火를 근실하게 해서 국가에 복을 받들어 올리고 낱 곡식 먹고 사는 백성들을 환하게 하고 편안하게 하라고 하시는 듯해서, 각하의 마음씀씀이가 능히 안으로는 불교를 숭상하고 밖으로는 백성들의 재앙을 극진히 여기심을 살필 수 있었습니다.

고려의 진정국사眞靜國師 천책天頙은 비서성秘書省의 아감亞監, 소감少監인 옛 동료 민호閔昊가 몽고전쟁으로 황폐해진 나라를 중흥할 방도에 대해 물어오자, 불교 가운데서도 천태종에 귀의하여 불력으로 나라를 일으키라고 권유하는 답장을 보냈다. 천책은 만덕사萬德寺 주지로 있으면서 천태종을 중흥한 고승이다.

민호에게 보낸 답장에서 천책은 자신의 출가 동기와 구도의 과정을 상당히 길게 이야기했다. 이 부분은 자서전의 요소를 매우 많이 지니고 있다. 천책은 자기 가문이 대대로 유학을 전공했고 자신도 성균관에서 유학을 공부했지만, 결국 불법에 귀의하여야만 삶을 충실하게 살아갈 수 있음을 깨달아 승려가 되었다고 했다.

천책은 자신이 출세간을 결심하게 된 동기를 이야기하면서, 부자 청년들이 허환의 세계 속에서 환몽의 몸으로 환몽의 말을 타고 환몽의 거리를 내달려 환몽의 기예를 공교롭게 하는 데도 자각하지 못하는 것이 서글프다고 말했다. 또한 저자의 상인들이 이익에만 몰두해서 염량세태炎涼世態의 변환 속에서 근근이 살아가는 것을 안타까워했다. 천책은 염량세태를 표현하기 위해 《사기》〈맹상군열전〉에 나오는 전국시대 제나라 정승 맹상군의 고사를 끌어왔다.

전국시대 제나라의 정승 맹상군孟嘗君이 정승에서 파직되자 문객들이 모두 떠나갔다. 후에 다시 복직되자 맹상군은 문객들이 자신을 보러올 면목이 없을 거라면서 벼르고 있었는데, 풍환馮驩이 말하기를, "군君께서는 시장 가는 사람들을 보지 않았습니까. 아침이면 앞 다투어 어깨를 비비고 들어가지만, 날이 저물면 아침에 시장에 갔던 자들이 팔을 휘두르며 돌아보지도 않고 돌아가버립니다. 이는 아침은 좋아하고 저녁은 싫어해서가 아니라 그들이 기대하는 이익이 저녁에는 시장에 없기 때문입니다"고 했다. 인간의 덧없는 영고성쇠와 염량세태를 풍자한 말이다.

고려 때는 왕족이나 귀족이 승려가 되는 일이 많았다. 고려 때의 명승들인 혜심慧諶·충지沖止·탁연卓然 등이 모두 과거에 급제하고도 불문의 귀의했다. 천책도 그 한 예이다.

1223년 국자감시에 합격한 천책은 민호閔昊, 허조許造 등과 동사생同舍生이 되었다. 1225년에는 예부시禮部試에 급제했다. 그는 1230년대부터 최씨 정권의 후원을 받고, 당대의 문인 관료들과 폭넓은 교류 관계를 가졌다.

천책이 불문에 귀의한 것은 물론 세간사가 도무지 허망하다는 것을 깨달았기 때문이었다. 하지만 그는 문학에의 꿈을 버리지 못했다. 천책은 최치원이 중국에 가서 문장으로 명성을 얻고, 김극기金克己가 135권이나 되는 문집을 출간하여 세상의 명예를 얻었으나 모두가 덧없다고 깨달았다고 술회했다. 그 고백의 이면에는 최치원이나 김극기처럼 문학적 성취를 이루고자 했던 바람을 숨겨 지니고 있다.

또한 그는 최자崔滋와 유경柳璥, 임계일林桂一, 이장용李藏用, 김구金坵, 이영李穎 등 당대의 문인들과 시를 주고받았다. 경상도 상주의 백련사 주지가 되었을 때 사불산을 유람하고 남긴 여행기는 하나의 문학작품이다.

　젊어서 천책은 유교 경전은 물론 여러 시문을 익히고, 15세 되던 해 봄에 과장에 나아가 가을에 국자감에 들어갔다. 그러나 축경이라는 승려로부터 불교 교리를 듣고는 백부의 만류를 뿌리치고 출가를 결심했다.

　1228년에 천인天因과 함께 천태종 승려인 원묘국사圓妙國師 요세了世의 문하에 들었다. 1232년에는 〈보현도량기시소普賢道場起始疏〉를 지었다. 보현도량은 《법화경》의 〈보현보살권발품普賢菩薩勸發品〉의 교의를 바탕으로 연명延命의 권화權化인 보현보살께 귀의하는 신행信行 모임이다. 천태종 사찰에서 연례적으로 거행하는 행사였던 듯하다. 그리고 1236년고종23에는 〈백련사결사문白蓮社結社文〉을 지었다. 바로 이 무렵에 요세가 백련결사를 시작한 것이다.

　최자崔滋의 비명碑銘에 따르면, 요세는 1198년 봄에 개경의 고봉사高峯寺 법회에 참석한 뒤로는 산림에 자취를 감추고 방장에 심의일발二衣一鉢만 둔 질박한 생활을 했다. 그는 참선을 하고 송수誦授를 하는 여가에 《법화경》을 외고 준제신주准提神呪 1천 변과 미타불호彌陀佛號 1만 성을 넘하는 것을 일과로 삼았다. 또한 요세는 '상구보리上求菩提, 위로 보리를 구함 하화중생下化衆生, 아래로 중생을 교화함'을 실천하고자 만덕산 백련사를 열었다. 천책은 그 정신을 계승한 듯하다.

　천책은 1244년에 최자의 요청으로 상락上洛 공덕산功德山, 오늘날의 경북 상주 미면사米麵寺 중창 낙성식에 참석해서 동백련東白蓮의 맹주가 되었다. 이때 〈유사불산기遊四佛山記〉라는 여행기를 적었다.

1246년에는 영흥산靈興山 보현사普賢社에 머물렀다. 이때 운대아감 민호가 서찰을 보내오자 앞서 본 장문의 답장을 적었다. 보현사는 백련사와는 별개의 결사다.

1252년경에는 완도에 유배되어 있던 이영李穎, ?~1278과 함께 완도 상왕산象王山 법화암에 있었다. 이영의 숙부는 만덕산 백련사 승려 혜일선사慧日禪師인데, 이영을 유배지로 따라가 이 사찰을 지었다.

1250년대 말까지 상왕산 법화암에 대장경을 읽으며 칩거를 계속했다. 1258년과 1262년에는 탁연卓然을 통해 송나라 서호西湖 연경사延慶寺 승려들에게 《조사찬祖師讚》과 《법화수품찬法華隨品讚》 등을 보냈다. 63세 되는 1268년 경에는 임계일林桂一에게 〈해동법화전홍록海東法華傳弘錄〉의 서문을 요청했다.

이때부터 만덕산 용혈암龍穴庵에 머무르며, 백련사 부흥운동을 전개했다. 당시는 고려가 전쟁에서 패배하여 몽고의 간섭기가 시작되었다. 하지만 백련사에는 사대부들이 참석하고 법석에는 군인들과 백성들이 신심을 내어 참여했다. 사대부들을 보면 임계일林桂一, 유경柳璥, 이장용李藏用, 김구金坵, 김녹연金祿延, 곽여필郭汝弼, 이영李穎, 정흥鄭興, 우면于勉 등이 있었다.

백련사의 천태종은 기적을 강조하는 수참修懺 신앙과 우매한 민중을 포용하는 결사 불교의 특징을 지녔다고 한다. 하지만 천책은 〈연경법석소蓮經法席疏〉에서 유교와 불교를 조화시킨 새로운 시대를 열 것을 기대했다.

원하건대 불일佛日의 부처님 자비 지혜가 장차 순임금의 날, 요임금의 해의 태평성대를 만나 세상을 밝히고, 조사祖師들의 기풍이 요임금의 유풍과 더불어 널리 퍼지게 해 주소서. 무변 원해願海에 하필 이 불문佛門만 고집하겠습니까? 모든 애하愛河 중생들이 다 함께 저 언덕을 오르기를 바랍니다.

백련사 결사운동은 천책의 부흥 운동 이후로 쇠퇴했다. 원나라의 지배체제 속에서 결사의 명분을 찾기 어려웠는지 모른다.

천책은 문집으로 《호산록湖山錄》을 남겼다. 이 문집은 조선후기에 다산 정약용이 강진에 귀양 와 있을 때 《만덕사지萬德寺誌》를 편찬하는 과정에서 읽어보고는 평문을 남겼다. 본래 4권 2질帙이었으나 그 절반은 이웃 절의 수좌승에게 도둑 맞고, 연담 유일蓮潭有一이 그것을 다시 찾으려고 했으나 끝내 얻지 못했다고 한다.

정약용은 그 시문에 발문을 적어, 신라와 고려에서 예원藝苑의 주관자를 뽑는다면 최치원과 천책, 이규보를 꼽을 것이라고까지 말했다.

이것은 고려의 명승으로 진정국사의 호를 받은 천책의 시문 유집이다. 본래는 4권 2질帙이었으나 그 절반은 이웃 절의 수좌승에게 도둑을 맞았다. 연담 유일이 언젠가 그것을 다시 찾으려고 했으나 끝내 얻지 못했다. 내 보기에 천책의 시는 감정이 넘치고 내용이 힘차서 승려의 담박한 병폐가 없다. 그의 학문은 해박하고 널리 통달했으며, 그의 재주는 용사用事에 민첩하여 위로는 명나라 고승 감산덕청憨山德清과 수레를 나란히 할 수 있고 아래로는 몽수蒙叟, 청나라 왕신王宸을 가리킨 듯함와 어깨를 겨룰 수 있을 정도인데, 아깝게도 그 이름이 이미 없어졌다. 만약 예술가의 사화를 주도하는 자가 신라와 고려에서 세 사람을 고른다면 최치원·천책·이규보를 뽑을 것이다.

내가 《동문선》을 보니, 천인天因의 시문이 몇 편 실렸는데, 천인은 천책의 재전 제자다. 천책은 본래 만덕산 사람이었는데 나중에 용혈龍穴에 옮겨 살았었다. 내가 다산에 온 이후부터는 해마다 한 번씩 용혈에 놀러가는데, 천책을 생각하고 슬퍼하며 애석해하지 않은 적이 없었다. 그처럼 뛰어난 인물이 어찌하여 불교에 빠졌단 말인가.

한편 1813년에 정약용은 초의선사에게 서찰을 보내어, 천책의 시권을 얻어 보고 그 재주를 아까워하는 심경을 드러냈다. 정약용은 우선 천책의 다음 두 말을 더 인용해서 동의했다.

《주역》의 글은 한 글자 한 구절이라도 괘상卦象에 말미암지 않은 것이 없다. 만약 성인이 가공적으로 강론하기를 선가禪家에서 참선의 화두를 한 사물에 전적으로 집중하듯이 한다면, 저절로 통하기 어려울 것이다. 왕필王弼은 설괘說卦를 버리고 《주역》을 풀이하려 했으니, 어리석지 아니한가?
혹 시전을 지나가다 보면 좌상이나 행상이 다만 조그만 엽전을 가지고 와글와글 떠들면서 시장의 이끗을 독점하려고 다툰다. 이는 수많은 모기가 항아리 속에서 어지러이 앵앵거리는 것과 무엇이 다르겠는가?

정약용은 천책이 역학에서 왕필의 의리역을 비판한 것에 동조했기에, 논평 없이 그 말을 인용한 것이다. 그리고 시장에서의 이익을 추구하는 욕망을 비판한 사실에 대해서는 "빠진 것이 선禪이라서 그렇지 말인즉 옳다"고 했다. 그리고 나서 정약용은 천책이 "딱하도다 나는 저들과 더불어 환세幻世에서 환생幻生하고 있다"고 한 말을 인용했으니, 천책이 현존재를 벗어나 본래성을 추구하려고 했던 의식지향에 공감했기 때문이다.

천책은 현존재를 환몽의 존재로 보고, 그 현실태를 초극하기를 바랐다. 하지만 그는 현실 속의 여러 문제들로부터 완전히 눈을 돌릴 수가 없었다. 특히 그는 몽고의 침략을 받고 있는 상태에서 민란이 빈발해서 왕권이 흔들리는 것을 좌시할 수 없었다. 그런데 천책은 법력에 의지하면 외침을 막을 수 있다고 여겼다. 그렇기에 민호에게 보낸 답장에서 다음과 같이 말했다.

유리왕은 술에 취한 코끼리를 놓아 석종釋種 500명을 밟아 죽이게 하려고 하였는데, 그 때 대중들은 다 근심과 번뇌에 쌓여 있었으되 도피할 곳은 없었습니다. 오직 우리 세존께서 맑은 얼굴로 환한 빛을 비치니 미소를 지으셔, 다문多聞의 아난이 성과聖果를 증하셨습니다. 술에 취한 코끼리도 계도되었거늘 범부 인간들이야 얼음이 녹듯이 풀어질 수 있지 않겠습니까?
또한 목련이 난難을 면하려고 쇠로 성곽을 만들기를 청했는데, 세존께서 성곽을 만들지 못하게 하셨습니다. 모든 것이 업보에서 기인되어 부처와 무관하고 중생과 관계있을 뿐이기 때문입니다. 진정으로 이와 같이 안다면 많은 의심과 힐난이 명확하게 판단될 수 있을 것입니다.

전국이 몽고군의 말발굽에 유린당한 때에, 천책은 군신과 민중이 부처의 힘으로 그 상태를 초극할 수 있다고 믿었던 것이다.

그리하여 천책은 민호에게 보낸 서찰에서, 그더러 불교에 귀의하라고 권하면서 이렇게 끝맺었다.

지난날 당나라의 고승 법신法慎은 법화묘혜法花妙慧를 통달하여 안과 밖에 두루 가르치고 문자글로 사람을 제도하였으므로 한묵翰墨, 시문에 공교로웠으며, 법으로 삼는 것이 모두 불법이었으므로 유학의 부류까지 아울러 채택해서, 당시의 공경대부와 명사들이 대부분 그를 따라 노닐었으니, 황문시랑 노장용盧藏用, 태자소보 육상陸象, 전 이부시랑 엄정지嚴挺之, 태위 방관房琯, 중서평장사 최환崔渙, 사인詞人, 문인 왕창령王昌齡 등이 모두 귀의해서 불법을 물었습니다. 지금 산야山野는 학업이 아직 정밀하지 못한데다가, 하물며 다섯 종류의 학문인 오명五明, 성명聲明·공교명工巧明·의방명醫方明·인명因明·내명內明에 대해서는 얼추 그 대강을 알 뿐입니다. 비록 법신에게 못 미치는 것이 아주 멀지만, 각하께서 도를 흠모하는 마음은 노장용과 왕창령의 무리보다 못하지 않으므로, 진실로 능히 시시때때로 반조反照하기를 마지않는다고 한다면, 산승의 죽은 말을 빌리지 않더라도 필시 저절로 긍정해서 한바탕 웃을 곳이 있을 것입니다. 간절히 축수하나이다.

산승은 법연法筵을 파하려 합니다만, 강남의 이월에 자고새가 비로소 울고 철쭉이 갓 피어나니, 만수천산萬水千山에서 내가 좋아하는 바를 따르려 합니다.

삼가 답장을 올립니다.

그런데 천책은 민중 반란군을 살상하는 것이 불법과 어긋나지 않는다고 보았다. 1237년에 일어난 이연년李延年의 난을 평정한 김경손金慶孫에게 보낸 답장에서, 천책은 이렇게 말했다.

> 선덕先德들이 말하기를 공사公事는 불사佛事 아님이 없고 군문軍門은 바로 법문法門이라고 했습니다. 활을 잡고 활시위를 당기면 각각 신통을 나타내는 것이며, 칼로 춤추고 창을 휘두르면 몸과 손이 하나로 움직입니다. 그런데 저자들이 이미 오역五逆, 살부殺父·살모殺母·살아라한殺阿羅漢·파화합승破和合僧·출불신혈出佛身血의 마음을 품고 하루아침에 여러 고을들을 석권하여 금성나주에 쳐들어왔습니다. 그들을 토벌하는 것은, 그들 가운데 한 사람을 죽여 그 죄를 받게 하여 그들로 하여금 살아서 한없는 악업을 짓게 하는 것보다 낫습니다. 이는 위대한 보살이 잠시도 마음을 놓지 않은 큰 사업입니다.

천책은 보살의 무염위범無染違犯을 강조했다. 《유가론》에서 말하기를, 보살이 보살의 정계淨戒와 율의律儀에 안주하여 여러 중생이 다른 많은 생명을 죽이는 것을 보면 이에 생각을 일으켜 "내가 만일 저 악한 중생의 목숨을 끊는다면 물론 지옥으로 떨어지겠지만 그들로 하여금 무간업無間業을 짓게 놓아 둘 수 없다" 한다고 했다. 보살이 이런 생각을 일으켜 악한 이의 목숨을 끊는다면 이는 무죄일뿐만 아니라 오히려 복을 받는다는 것이 보살의 무염위법이다.

천책은 불법이 곧 왕법이라고 보고, 왕법의 반대자를 '오역의 무리'로 간주하여 그들이 악업을 짓지 못하도록 죽이는 것을 보살의 자비행으로 보았다. 그리고 그러한 논리를 근거삼아, 전라도 반란의 진압을 자비행으로 합리화해주었다.

국가의 비호를 받는 불승들은 군주의 권력을 옹호하는 데 이데올로그가 되기 쉽다. 심지어 그들은 국가의 합법화된 폭력을 부인하지 않았다. 이미 무신집권기에 수선사修禪社는 최씨 정권과 밀착하고, 13세기 후반의 백련사白蓮社는 조인규趙仁規 세력과 긴밀한 관계를 유지했다고 한다. 천책도 당시의 체제와 긴밀한 관계를 맺으려 했다.

일본의 닛코日光에 가면 도쿠가와 이에야스의 신사인 도쇼궁東照宮과 3대 쇼군 도쿠가와 이에미쓰의 무덤인 다이유인大猷院 바로 가까이에 덴카이天海의 무덤인 지겐도慈眼堂가 있다. 덴카이는 바로 닛코의 도쇼궁을 창건하게 해서 도쿠가와 이에야스를 신격화하고 신불합일神佛合一 사상을 만든 장본인이었다. 천책에게도 그와 같은 이데올로그의 성향이 있었던 것이리라. 그리고 그것은 전란 이후의 혼란을 극복하려는 구세의 열정과 무관하지 않았으리라.

참고문헌

- 천책, 〈답운대아감민호서答芸臺亞監閔昊書〉,《만덕산백련사제사대진정국사호산록萬德山白蓮社第四代眞靜國師湖山錄》제4권, 한국불교전서 제6책, 동국대학교출판부, 2001.
- 천책, 〈답지휘사김공경손서答指揮使金公景孫書〉,《호산록》제4권.;〈유사불산기遊四佛山記,《호산록》제4권.
- 정약용, 〈제천책국사시권題天頙國師詩卷〉,《다산시문집》제14권,《여유당전서》1, 한국문집총간 281, 한국고전번역원. 2002.;〈초의승草衣僧 의순意洵에게 주는 말爲草衣僧意洵贈言〉,《다산시문집》제17권.

- 정약용 등편, 《만덕사지萬德寺志》, 아세아문화사 영인본, 1977.
- 허흥식, 《진정국사와 호산록》, 민족사, 1995.
- 고익진, 〈백련사의 사상성과 천책의 저술 문제〉, 《고려후기불교전개사연구》, 민족사, 1992, pp.119-167.
- 박노자, 〈삼국, 통일신라, 고려의 승병사僧兵史를 통해본 사명대사 의거의 의의와 인간적·종교적 비극성〉, 《불교연구》 17, 2000, pp.33-66.

휴정休靜, 〈상완산노부윤서上完山盧府尹書〉 3

문자법사가 되지 않았다

不作文字法師 부작문자법사

청허 휴정淸虛休靜, 1520~1604, 즉 서산대사西山大師는 완산 부윤 노수신盧守愼, 1515~1590에게 올린 서한에서 60세까지의 행적을 자서전식으로 서술했다. 서한은 〈상완산노부윤서上完山盧府尹書〉이며, 그 가운데 서산대사의 자서전 부분을 〈삼몽록 三夢錄〉이라고 한다.

서산의 일생에 대해서는 이정구李廷龜의 〈청허당휴정대사비명병서淸虛堂休靜大師碑 銘幷序〉, 장유張維의 〈청허대사비명병서淸虛大師碑銘幷序〉, 유정惟政·명조明照·편양 鞭羊·쌍걸雙乞 등이 쓴 〈청허대선사보장록淸虛堂大禪師寶藏錄〉, 편양의 〈청허당행장淸 虛堂行狀〉 등이 있다. 이 글들은 대개 37세에 불교에 귀의하기까지의 내용은 서술하지 않았다. 그런데 서산대사는 노수신에게 보낸 서찰에서, 37세에 이르기까지 생을 상 세히 밝혔다. 9세에 부모를 잃었을 때의 고통, 고을 원의 주선으로 상경하여 과거 공 부에 전념한 일, 고찰을 유람하다가 불가에 투신하게 된 사정, 참학하여 오도悟道에 이른 과정, 운수승으로서의 행각 등을 서술했다.

울적하던 차에 영감의 서찰을 받들고 영감의 뜻을 모두 알았습니다. 제 선조의 행적과 저의 소년 시절 행적, 그리고 출가한 인연과 운수승으로서의 행적을 하나하나 터럭만큼의 일도 숨기지 말라고 거듭거듭 하문하시니, 어찌 감히 묵묵히 있겠습니까. 대략 〈삼몽록〉으로 열거해서 기록하여 올리오니, 부디 살펴보시기 바랍니다.

기록은 다음과 같습니다.

저로 말하면 부친의 시조는 본래 완산 최씨이고, 모친의 시조는 본시 한남漢南 김씨입니다. 태종 때에 이르러 내외의 현고조가 각각 용호방龍虎榜, 문과와 무과의 급제방에 이름이 올라, 창화昌化로 이사했으므로, 부모는 모두 창화를 고향으로 삼게 되었습니다. 그러다가 현윤縣尹 김우金禹가 연산군에게 죄를 얻어 안릉安陵으로 유배되어, 부모는 물론 외조부의 식구들도 적몰되어 관리舘吏, 舘吏, 객관의 아전가 되었습니다. 8년이 지난 후에 따져서 특별히 은사恩赦를 입어, 본직本職에 통하여도 좋다는 허락을 받았습니다. 하지만 마침내 관서에 유랑하는 백성의 신세가 되고 말았습니다.

아버지최세창崔世昌는 스스로 부지런히 힘쓰는 성격이어서, 술을 마시기 좋아하고 시 읊기 좋아하는 습벽이 있음을 알고서 고치려고 했으나 고치지 못했습니다. 능한 것은 오로지 평생토록 남의 시비를 입밖으로 내지 않았다는 점입니다. 나이가 서른이 되자, 어떤 사람이 기성箕城, 평양 영전影殿의 미미한 관리로 천거하여, 관리가 와서 가자고 청하여 날짜를 점쳐서 알렸습니다. 부친은 웃으면서 "옛 산의 달에 안개가 어스름할 때 한 병의 백주白酒, 막걸리를 두고 처자식이 마음을 기쁘게 하면 그것으로 분수가 족합니다."라고 하고는, 즉시로 허리띠를 풀고 남쪽으로 머리를 하고 누워서는, 휘파람으로 서너 가락을 소리내었습니다. 관리는 즉시로 물러났습니다. 무릇 마을에서 의심으로 남은 옥사가 있으면 판결하고, 소송하는 자가 있으면 그만두게 하였습니다. 그러므로 향관鄕官에 임명된 것이 13년이었으며, 고을 사람들도 오히려 덕로德老라고 호하였습니다. 부친의 행적은 이 정도입니다.

어머니 김씨는 본디 그윽하고 유한한 성품이어서, 평상시에 말을 꺼내는 것은 완전히 잘했다고는 할 수 없었습니다. 잘한 것은 오로지 평생 얼굴에 마음 속의 화난 기색을 드러내지 않았으며, 가난한 사람을 보면 후하게 물품을 주고 존경할 사람을 보면 진정으로 공경하였으며, 술을 세 항아리 빚어서 자주자주 교체하여 부군에게 하루라도 손님과 더불어 취하지 못하는 날이 없게 한 점입니다. 비록 문밖에 사람과 말이 가득 들어차고 부군이 몇날 밤이고 술에 쩌들어 있을 때에도 다만 웃음을 머금고 술동이를 더할 따름이었으니, 실로 마음속에 거스르는 바가 없었습니다. 늘 부군에게 말하길, "당신이 만일 정든 친구나 옛 벗을 만나면 절대로 집이 가난하다는 이유로 박대하지 마십시오. 저의 누런 치마라도 전당잡힐 수 있습니다. 하물며 창고 하나 가득한 곡식을 어찌 인색하게 아끼겠으며, 설령 창고 하나 가득한 곡식이 없다고 해도 관가에서 꾸어올 수 있지 않겠습니까"라고 했다. 부친이 듣고서 늘 기뻐하였습니다. 어머니의 행적은 이 정도입니다.

정덕正德 기묘년조선 중종 14, 1519 여름, 어머니는 수 개월간 신기가 조화롭지 못했습니다. 하루는 작은 창가에서 얼풋 잠이 들었는데, 한 노파가 와서 예배를 하면서 "근심 말아요, 걱정 말아요. 한 건장한 남자 아이를 잉태할 것이기에, 이 노파가 와서 축하한다오"라고 했습니다. 또 예배를 하고는 떠나갔습니다. 어머니는 홀연 놀라 깨어나서 "기이하여라. 부부가 같은 나이로두 분 다 갑오년 생입니다 나이가 오십에 가깝거늘 어찌 오늘같은 일이 있겠는가?"라고 하여 의심을 하고 두려워했습니다. 다음해경진년 3월에 과연 아이가 태어났습니다. 아이는 처음 태어나서 부모를 성가시게 하지 않았으므로, 어머니도 기뻐서 기특하게 여겼습니다. 부모는 때때로 장난스레 "늙은 조개가 늘그막에 손바닥 가득한 옥구슬을 낳으니 역시 하늘의 점지로다"라고 하였습니다.

이윽고 세 살 되던 임오년 4월 초파일의 낮에, 아버지가 취하여 누헌에 누워 있는데, 꿈에 한 늙은이가 와서는 부친에게 "작은 사문승려 댁을 찾아왔소이다"라 하고는 늙은이는 두 손으로 소자小子를 쳐들어 서너 마디 말로 주문을 외는데, 그 소리는 범어같아서 알아들을 수가 없었습니다. 주문이 다 끝나고서 내려놓으면서, 소자의 정수리를 매만지며 "운학雲鶴 두 글자로 네 이름을 삼아라. 진중하라 진중하라"라고 했습니다. 어버지가 운학의 뜻이 무엇이냐고 묻자, 옹은 "이 아이의 일생 행농거지가 바로 운학과 같기 때문이오"라 하고는 말이 끝나자 마침내 문밖을 나가서 간 곳을 알 수가 없었습니다. 아버지도 역시 꿈이 깨어, 어머니와 함께 꿈 이야기를 하면서 더욱 기이하게 여겼습니다. 이로써 부모는 때때로 소자에게 혹은 "작은 사문"이라 부르기도 하고 혹은 "운학아"라고 부르기도 했습니다. 소자도 역시 아이들과 장난치고 놀면서 혹은 모래를 모아서 탑 모양을 이루기도 하고, 혹은 기와를 가지고 절을 세우기도 했습니다. 평소 일삼아 하는 것이 대개 이와 같았습니다.

소자는 불행히도, 나이 고작 아홉 살에 어머니가 먼저 돌아가시고, 또 한 봄이 지나 부친도 역시 뒤따라 서거하셔서 인생 백년의 생계가 하루

아침에 와해되어 천지망극天地罔極하여 여막에 엎디어 슬피 울 따름이었습니다. 고을의 원님 이사증李思曾이 소자의 이름을 듣고는 겨울에 불러서는 손가락으로 먼 숲의 소나무에 눈이 덮힌 광경을 가리키며 "애야, 운자를 하나 불러주면 구절 하나를 지을 수 있겠느냐?"라고 했습니다. 저는 고개를 낮추어 "감히 명을 따르지 않겠습니까?"라고 했습니다. 원님은 처음에 비낄 사斜 자를 불렀기에, 즉석에서 "향은 높은 누각에 엉기고 해는 막 저물기 시작하네香凝高閣日初斜"라고 했습니다. 또 꽃 화花 자를 부르기에, 즉석에서 "천리 강산에 눈은 꽃 같다千里江山雪若花"라고 했습니다. 그러자 원님은 제 손을 잡고 등을 어루만지면서 "내 아이로다"라고 했습니다. 당시 나이는 꼭 열 살이었습니다. 얼마 있다가 원님은 저를 데리고 서울로 가서, 반궁성균관에 가서 여러 유생들의 끄트머리에 제 이름을 등록시켰습니다. 다시 나이 열두 살이었습니다. 그 후 학문은 더 늘지 않고, 그저 여러 벗들을 따라 어슬렁거렸습니다. 하루는 한 나이 많은 학사가 소자를 보더니, "그대는 나를 모르겠는가? 네 고향이 여기서 멀지 않아서 네 작고하신 부친이 나와 평소 알고 지냈으니, 나를 남처럼 여기지 말게나" 라 하고는, 저를 이끌고 흥인문동대문 밖으로 가서, 사천沙川의 오래된 버드나무들이 서 있는 기슭을 가리키면서 "이곳이 네 부친이 옛날 사시던 곳이네"라고 했습니다. 그리고는 학사는 서너 칸 서당을 일으켜 짓고 자제들 대여섯 사람을 모아서 모두에게 다짐하기를 "너희들은 형제로 약속을 하여 여기서 공부하고 함부로 안일하게 굴지 말라"라고 했습니다. 그렇게 삼년간 스승을 골라서 공부하였는데, 한번 과거에 응시했으나 합격하지 못하였으므로 더욱 발분發憤했습니다. 당시 나이가 열 다섯 살이었습니다.

마침 수업을 하다가 선생이 호남으로 관직을 맡아 가시기에 즉시로 동학의 여러 친구들과 함께 뒤쫓아 갔는데, 선생은 부임한지 서너 달 만에 홀연 하늘의 도움을 받지 못하는 근심부친상을 만나 서울로 돌아가버렸습니다. 우리들은 머리를 맞대고 근심하고 울적해 하는 중에 한 동학이 말을 꺼내길, "스승을 찾아 천리 길을 왔는데, 일이 비록 그르고 말았지만, 이런 경승지에 이르러 빈손으로 돌아가기보다는 남쪽 지방의 산천을 느긋하게 구경하는 것만 못하지"라고 하니, 다른 모든 동학들이 "그렇지"라고 했습니다. 그래서 각자 가벼운 차림으로 나가서, 두류산, 화엄동, 연곡동, 칠불동, 의신동, 청학동의 크고 작은 가람들을 향해 달려가, 머물기도 하고 지나치기도 하면서 멋대로 질탕하게 떠도니 반년이나 그렇게 했습니다.

하루는 이름을 숭인崇仁이라 하는 한 노숙덕망 있는 승려이 저를 찾아와, "그대의 기골이 청수한 것을 보니 결단코 범상한 부류가 아니네. 심공급제心空及第로 회심하여 세간의 명리심을 영원히 끊어버리는 것이 마땅하네. 서생의 업이란 비록 송일토록 골몰하지만 인생 백년에 얻는 것이라고는 단지 헛된 이름 하나뿐이니, 실로 애석해 할 만하네"라고 했습니다. 저는 "무엇을 심공급제라고 합니까?" 했습니다. 노숙은 한참 동안 두 눈을 감고 있더니, "알았느냐?" 하기에 저는 "모르겠습니다" 했는데, 노숙은 "말하기 어렵도다" 했습니다. 그러더니《전등염송傳燈拈頌》《화엄경》《원각경》《능엄경》《법화경》《유마경》《반야경》등 수십 책의 경론經論을 꺼내어 보여주면서 "자세히 보고, 신중히 생각하면, 차츰 입문할 수가 있다"고 했습니다. 그리고는 영관대사靈觀大師에게 소개시켜 주었습니다. 대사는 한번 보시더니 기특하게 여겼습니다. 마침내 수업하길 삼년 동안 하여, 하루도 근실하지 않은 적이 없었습니다. 그래서 숨 내쉬고 들이마시고 묻고 변론하는 것을 한결같이 가려운 곳 긁듯이 했습니다.

이에 동학들 서너 친구들은 각자 서울로 돌아가고 저만 홀로 선방에 머물며 그대로 여러 불경들을 탐구하였는데, 명상名相에 더욱 얽어매어져서 해탈의 경지에 들어갈 수가 없었으므로 더욱 울적하고 답답해졌습니다. 어느 날 밤에 홀연 문자를 벗어나는 오묘함을 얻어서, 마침내 "홀연 두견이 창밖에 우는 소리를 들으니, 눈에 가득 보이는 봄 산이 모두다 고향이로다忽聞杜宇啼窓外, 滿眼春山盡故鄕"라고 읊었습니다. 하루는 또 "물 길어 돌아와서 홀연 머리 돌려 바라보니, 청산이 무수하게 백운 속에 떠 있네汲水歸來忽回首, 靑山無數白雲中"라고 읊었습니다. 다음 날 아침, 검푸른 머리카락을 스스로 끊어버리고는 "차라리 일생 치애한痴獃漢, 어리석은 놈이 될지언정, 결코 문자법사文字法師는 되지 않으리라"라고 했습니다.

그래서 일선대사一禪大師를 수계사授戒師로 삼고, 석희법사釋熙法師, 육공장로六空長老, 각원상좌覺圓上座를 증계사證戒師로 삼고, 영관대사靈觀大師를 전법사傳法師로 삼고, 숭인장로崇仁長老를 양육사養育師로 삼았습니다. 그리고 도솔산으로 가서 묵대사嘿大師에게 참학參學하였는데, 묵대사도 역시 무애하여 인증印證해 주셨습니다. 다시 두류산 삼철굴三鐵窟로 들어가 세 번의 하안거를 지내고는 대승사大乘寺에 들어가 두 번의 하안거를 지냈으며, 의신암義神菴, 원통암圓通菴, 원적암圓寂菴, 은신암隱神菴 등 여러 암자에서 참선한 것이 서너 해에 해당하며, 소소하게 머문 곳은 일일이 기억하지 못합니다.

하루는 용성龍城으로 친구를 방문하려고 하여 성촌星村을 지나가다가 대낮의 닭울음소리를 듣고는 장난삼아 두 게송을 읊었습니다.

머리 희어도 마음은 희지 않다고
옛 사람이 일찍이 누설했었지.
이제 닭 울음을 듣고
장부의 능사가 다 끝났다.

髮白非心白 발백비심백   古人曾漏洩 고인증누설
今聽一聲鷄 금청일성계   丈夫能事畢 장부능사필

홀연 자가自家의 것을 터득하니
모두가 다만 이러할 따름.
천이야 만이야 금보장대장경도
원래가 한낱 빈 종이일 뿐.

忽得自家底 홀득자가저   頭頭只此爾 두두지차이
萬千金寶藏 만천금보장   元是一空紙 원시일공지

즉시로 산으로 돌아왔습니다.

병오년명종 원년, 1546 가을에 홀연히 유방遊方, 방외에 노닒의 뜻이 일어나기에 표주박 하나와 납의 한 벌로 멀리 관동의 오대산에 들어가 반년을 지내다가 다시 풍악산에 들어가 미륵봉을 찾고, 구연동九淵洞에 머물기를 한 여름 동안 하고, 향로봉에서 한 여름 동안 하며, 성불암成佛菴, 영은암靈隱菴, 영대암靈臺菴 등이 암자에서 각각 하안거를 한번씩 하고는, 다시 함일각含日閣으로 이주하여 한 가을을 보냈습니다. 그 사이에 혹은 굶주리기도 하고 혹은 추위에 떤 것이 얼마나 되는지 모르는 채, 꿈에서 깨어나지 않기를 일곱, 여덟 해를 했습니다. 당시의 나이도 역시 서른 살이었습니다.

이 무렵에 성스러운 조정에서 다시 양종兩宗의 시험을 실시하였으므로 외인의 청을 따라 마지못해 응시하여, 대선大選이란 이름을 얻은 것이 한 여름, 주지住持란 이름을 얻은 것이 두 여름, 전법傳法이란 이름을 얻은 것이 석 달, 교판敎判이란 이름을 얻은 것이 석 달, 선판禪判란 이름을 얻은 것이 역시 삼년이었습니다. 그 사이에 혹 쓰라림을 겪거나 혹은 영광을 본 것이 얼마나 되는지 모른 채, 역시 꿈에서 깨어나지 않기를 대여섯 해 동안 했습니다. 당시 나이는 꼭 서른일곱 살이었습니다.

하루는 홀연이 초심을 돌이켜서 즉시로 인끈을 풀고는 한 가닥 청려장을 짚고는 금강산의 천석泉石 사이로 들어가 반년을 지내고, 또 두류산 내은적암內隱寂菴으로 가서 삼년을 지냈습니다. 다시 관동의 태백산, 오대산, 풍악산으로 향하여 다시 세 산을 두루 밟았습니다. 그런 뒤 멀리 관서의 묘향산에 있는 보현사 관음전으로 향하여 내운대內雲臺, 영운대靈雲臺, 백운대白雲臺, 심경대心鏡臺, 금선대金仙臺, 법왕대法王臺 등에 미치고 망망한 천지의 허다한 산수에 미쳐, 일신이 표표하기는 마치 기러기의 털과 같고 또 바람과 구름이 일정한 곳이 없는 것과 같았습니다.

소자의 행적은 역시 이와 같을 따름입니다.

하지만 남을 대하여서 입으로 남의 시비를 말하지 않을 수 없는 것은 돌아가신 엄부에게 부끄럽고, 모욕을 당하면 얼굴에 노여워하는 기색을 띠지 않을 수 없는 것은 돌아가신 자모에게 부끄럽습니다. 여기에 이르러 효라는 한 가지 행실은 남의 자식 된 자가 가장 행하기 어려운 것임을 더욱 알게 되었습니다.

아아, 한 붓을 놀려 지난 자취를 적으니 이것도 하나의 꿈입니다. 부디 잘 살펴보아 주시기 바랍니다.

서산이 노수신에게 보낸 서찰 가운데 흔히 〈삼몽록三夢錄〉이라 일컫는 부분을 발췌해 보았다.

서산의 이 편지글은 마치 구어를 옮긴 듯하여, 정통 고문의 문체라기보다 우리식 한문이 많이 섞여 있다. 어려서 동학들이 스승을 따라 호남에 갔다가 스승이 돌아간 뒤 그냥 돌아가면 빈손으로 돌아가는 격이 된다고 하여 공수이환空手而還이란 표현을 쓴 것이나, 숭인이란 승려가 서산에게 불교에 귀의하는 것을 심공급제心空及第라 표현한 것도 재미있다.

서산은 속성이 완산 최씨로, 이름은 여신汝信이다. 평안도 안주에서 태어났다. 아명은 운학, 법명은 휴정休靜, 호는 청허淸虛, 자字는 현응玄應인데, 묘향산에 석장을 머물렀기 때문에 서산西山 큰스님이라 불렀다.

서산은 연산군 때의 법난과 중종 때의 배불 정책으로 침체된 불교 교단을 중흥하기 위해 노력했다. 서산은 선교와 양종을 통합했고, 임진왜란 때는 의병을 일으켜 민족을 구원했다. 또한 유불도 삼교의 합일을 주장하여 《삼가귀감三家龜鑑》을 집필하고, 그밖에도 많은 저술을 남겼다. 문집으로 《청허당집淸虛堂集》을 남겼다.

서찰에 자서전적 글쓰기가 혼입되어 있는 예는 고려의 의천義天과 천책天頙, 조선의 김시습에게서 찾을 수 있다. 특히 천책의 〈답운대아감민호서答芸臺亞監閔昊書〉는 자서전의 요소가 매우 짙다. 서산이 노수신에게 보낸 서찰 가운데 〈삼몽록〉이라고 일컬어지는 부분도 역시 자서전이라고 할 수 있다

〈삼몽록〉은 세 가지 꿈을 기록했다는 뜻이다. 첫 번째 꿈은 어머니가 나이 오십에 꾼 태몽이다. 어머니의 꿈속에서 어느 노파가 나타나 하례하고 간 후 이듬해 삼월에 서산이 태어났다. 두 번째 꿈은 아버지가 꾼 꿈이다. 서산이 세 살 되던 해 사월 초파일에 아버지가 낮잠을 자다가 꿈속에서 한 노인을 만났는데, 노인은 어린 스님을 찾아 왔다고 하더니 아이의 손을 잡고 아이의 이마를 쓰다듬으면서 범어로 주문을 외고는 아버지에게 아이 이름을 운학雲鶴이라 지으라고 했다. 아이의 운명이 구름 위의 학과 같을 것이라고 한 것이다. 서산의 부모는 그를 '어린 스님'이나 '운학'이라 불렀다. 세 번째 꿈은 서산이 유방遊方하고 양종의 시험에 응시하고 교단에서 이름을 쌓아나간 운유雲遊, 승려로서의 이력를 말하는데, 그 운유가 꿈속에서의 일인 듯하다는 의미와 함께, 그 운유가 실상 부모의 한번 꿈속에서 일어난 일이라는 의미를 지닌다.

서산이 〈삼몽록〉을 지어 올리자 노수신은 몽세夢世 두 글자의 의미를 부연해 달라고 서찰을 보내왔다. 이에 서산은 답장을 적었는데, 그것이 〈완산 노부윤에게 다시 답하여 올린 서찰再答完山盧府尹書〉이다.

늘 우러러 존경하던 차에 다시 어르신의 서찰을 받아보고, 앞서 올린 〈삼몽록〉을 어르신께서 살펴보시고 총기를 머물러두시어, 하나하나

기억하시고 도리어 사례의 말씀을 하시니, 너무도 부끄럽습니다. 지금 다시 요청하시길 몽세夢世라는 두 글자의 뜻을 변석해서 불교의 교리를 가르쳐달라고 하셨기에 소자가 삼가 답장을 올리오니, 부디 살펴보아 주십시오.

소자로 말하면 부친의 한번 꿈으로 노옹이 일러준 운학이란 이름을 얻었고, 모친의 한번 꿈으로 노파가 일러준 장부를 얻었으며, 소자의 일생 운유雲遊, 승려로서의 이력는 역시 부모의 한번 꿈속 일입니다. 현몽한 것이 그토록 광대하지만 결코 베개머리에서 옮겨간 적이 없으며, 변한 것은 다만 찰나에 불과하거늘 이미 인생 백년이 되었으니, 꿈입니까 환상입니까. 잠깐 사이와 영구함이 융통하니, 참입니까 망상입니까. 하나의 것과 다른 것이 서로 무애하니, 일찰나이면서 능히 무량겁을 섭수攝受, 포괄함하고 무량겁이면서 능히 일찰나를 섭수합니다.

그러하므로 상주하는 것은 참이 아니고 꿈이라는 것은 망상이 아닙니다. 그렇기에 옛사람은 바람과 구름으로 법法을 제시할 수 있었고, 거문고와 죽관으로 마음을 선할 수 있었습니다. 극락불국極樂佛國에서는 바람이 나뭇가지 끝에 부는 소리를 듣고서 정념正念을 이루고, 향적세계香積世界에서는 향기로운 밥을 먹고는 삼매三昧가 드러납니다. 사의思議를 끊는 깊은 뜻은 말과 생각을 장애하지 않으며, 시청視聽을 초월하는 묘한 법은 보고 들음에 항시 통하지 않음이 없습니다.

삼가 현대玄大하신 어르신께 참문하오니, 한단邯鄲에서 베개에 기대어 잠들었다가 화서국華胥國에 들어갔다 온 사람을 비웃지 마시고, 의당 시야에 보이는 목전의 경계를 섭수하시고 몽자재삼매夢自在三昧에서 늘 유희遊戱하시겠지요. 마침내 삼몽사三夢詞를 짓습니다.

주인은 손님에게 꿈속에서 이야기하고
손님은 주인에게 꿈속에서 이야기 하니
지금 두 꿈을 이야기하는 손님도
역시 꿈속 사람이로다.

主人說夢客 주인설몽객　　客夢說主人 객몽설주인
今說二夢客 금설이몽객　　亦是夢中人 역시몽중인

삼가 살펴주십시오.

서산은 9살에 어머니를 여의고 이듬 해 아버지마저 잃었다. 군수 이사증李思曾이 서산의 조숙한 천재성을 알고 양아들로 삼았다. 12세에 성균관에 입학하고 15세에 과거에 응시했다가 낙방했다. 이 해 친구들과 함께 두류산을 유람하다가, 숭인崇仁 스님을 만나 "마음을 비우는 공문空門에 급제하도록 하라"는 말을 듣고, 혼자 그곳에 남아 삼년간 수도하여 홀연히 연구聯句를 짓고 스스로 머리를 깎았다. 그리하여 19세에 일선대사一禪大師를 수계사授戒師, 영관대사靈觀大師를 전법사傳法師로 삼아 출가했다. 7, 8년 후 어느 날 용성남원 성촌星村으로 친구를 방문하고 오다가 한낮의 닭 우는 소리를 듣고 깨달은 바가 있어 두 편의 게송을 읊었다. 〈봉성에서 대낮의 닭 울음을 듣고過鳳城聞午鷄〉라는 제목으로 알려져 있다. 한낮의 난데없는 닭 울음에 무無자 화두의 칠통漆桶을 깬 것이다.

인도의 4조 우파국다優婆國多 존자가 3조 상나화수商那和修 존자에게 "스님께서는 머리가 이미 희신데 머리가 하얀 것입니까 마음이 하얀 것입니까?" 하고 묻자, 3조는 "나는 머리털만 흴 뿐이지 마음은 희지 않다"고 했다. 첫번째 게는 그 고사를 들었다. 두번째 게에서 자가의 것을 터득했다는 것은 진리가 나에게 있음을 깨달았다는 뜻이다. 깨달음을 얻는 것은 나에게서 말미암기 때문에 대장경도 빈 종이에 불과할 다름이라고 했다.

서산은 38세에 양종판사兩宗判事를 사직하고 금강산에 들어갔다. 미륵봉에서 참선을 할 때 보름달이 천지를 밝게 비치는 것을 보고 〈금강산 미륵봉 우음金剛山彌勒峯偶吟〉이란 시를 읊었다.

> 만인이 못 끊는 분별심을 좌선하여 끊나니
> 허다한 생멸이 끝내 어디로 갔나.
> 참선을 오래하여 티끌 날아 들 틈을 막았고
> 외출이 드무니 풀이 층계까지 푸르네.
> 천지가 어찌 대용大用을 가두랴
> 귀신의 현기玄機를 찾을 곳 없네.
> 누가 알랴, 납의 걸친 전장千瘡 속에서
> 금빛 삼족오가 한밤에 날 줄을.

천지의 대용大用과 귀신의 현기玄機가 고름 주머니인 나의 내부에 있다는 것을 자각한 말이다.

편양鞭羊은 〈청허당행장〉에서, 서산이 이 시 때문에 정여립 사건 때 요승 무업無業의 무고를 입었다고 했다. 하지만 이정구의 〈휴정대사비명〉에 따르면 〈등향로봉登香爐峯〉이라는 시 때문에 서산과 사명이 무고를 입었다고 했다.

만국의 도성은 개밋둑 같고

천집 호걸은 초파리 같다.

창에 드는 명월 아래 청허를 베고 누으니

끝없는 솔바람 소리 운韻이 제각각.

萬國都城如蟻垤 만국도성여의질   千家豪傑若醯鷄 천가호걸약혜계

一窓明月清虛枕 일창명월청허침   無限松風韻不齊 무한송풍운부제

무업은 첫 두 구가 국왕을 비판한 것이라고 했다. 그러나 이 시는 인간 세계의 결함상을 지적하고 청허한 세계를 추구한다는 뜻을 말한 것이지, 직접 현실을 비판한 것은 아닌 듯하다.

서산은 1558년명종 13에 금강산에서 두류산지리산으로 옮겼다. 이 때 어떤 유학자가 서산에게 판사의 직을 잃어버려 마음이 울적하지 않느냐고 기롱했다. 서산은 〈자락가自樂歌〉를 지어, 오히려 흥취가 무궁하다고 답했다.

청허자가 가정嘉靖 을묘년명종 10, 1555 여름에 처음으로 판교종사判敎宗事가 되고 그 해 가을에 다시 판선종사判禪宗事가 되었으나, 정사년명종 12, 1557 겨울에 인끈을 풀어 두 판사의 직을 그만두고 풍악으로 들어갔고, 무오년1558 가을에는 석장을 날려 두류산으로 향했다. 한 유학자가 기롱하여 "처음에 판사의 직을 얻었을 때는 그 영광이 막심했으나 지금 판사의 직을 잃었으매 그 곤궁이 역시 막심하니, 몸에 번뇌가 일고 마음이 울적하지 않소?"라고 했다. 내가 웃으면서 대답했다. "제가 판사

의 직을 맡기 전에는 옷 한 벌과 도시락 밥 하나를 가지고 금강산에 높이 누워 있었습니다. 지금 판사의 직을 그만 둔 뒤에, 또 옷 한 벌과 도시락 밥 하나를 가지고 두류산에 높이 누워 있습니다. 앞으로는 일기생해一期生涯, 단 한 번의 생애를 산림에 두려고 하지, 티끌세상에 두지 않고자 합니다. 그렇기에 얻었다고 기뻐하고 잃었다고 슬퍼하는 일은 바깥에 있지 안에 있지 않습니다. 직위에 나아간다고 영광스럽게 여기고 물러난다고 모욕을 느끼는 일은 몸뚱이에 있지 본성에 있지 않습니다. 옛날 사람 가운데는 높은 당에 앉아 먹을 것이 방장方丈만큼 쌓여 있어도 기뻐하지 않은 사람이 있으니, 지금 판사의 직책을 얻는 따위가 그렇습니다. 누추한 골목에 누워 도시락의 밥과 콩죽을 먹어도 슬퍼하지 않은 사람이 있으니, 지금 판사의 직책을 잃는 따위가 그렇습니다. 무엇을 기뻐하고 무엇을 슬퍼하겠습니까? 그 희로애락이라는 것은 마음에서 발하여 마음에서 그치는 것이니, 마치 안개와 구름과 바람과 비가 허공에서 일어나 허공에서 소멸하는 것과 같습니다. 아아! 달인達人이 행하는 비에는, 사물이 오면 순순하게 응하고 사물이 떠나가면 편안하게 변화하여, 스스로 자심自心을 그치고 스스로 자성自性을 조절할 따름입니다. 그 흥취가 무궁하므로, 마침내 한 곡을 노래지어 노래하고자 합니다. 노래는 이러합니다.

그침도 여여하고, 행함도 서서하기에
우러러서는 웃고, 숙여서는 숨을 내뿜는다.
드나듦에 특별한 문이 따로 없고, 천지는 하나의 여관이로다.

其止也如如 기지야여여	其行也徐徐 기행야서서
仰之而笑 앙지이소	俯之而噓 부지이허
出入兮無門 출입혜무문	天地兮蘧廬 천지혜거려

여여如如는 정지正智에 계합하는 이체理體, 즉 진여眞如를 말한다. 만유제법萬有諸法의 이체는 동일 평등하므로 여如라 하고, 여가 하나만이 아니므로 여여라 한다고 한다. 혜능慧能의 《단경壇經》에, "만경이 스스로 여여하나니, 여여의 마음이 바로 진실이다萬境自如如, 如如之心, 卽是眞實"라고 했다.

서산은 지리산 내은적암에 청허당을 짓고 〈청허가淸虛歌〉를 불렀다. 녹수에서 청허한 마음의 상징을 보고 지은 것이다.

그대는 거문고 안고 큰 소나무에 기댔나니
큰 소나무여 마음 바꾸지 않는구나.
나는 긴 노래 부르며 녹수 가에 앉았나니
녹수여 청허한 마음이로다.
마음이여 마음이여
나와 그대로다.

君抱琴兮倚長松 군포금혜의장송	長松兮不改心 장송혜불개심
我長歌兮坐綠水 아장가혜좌녹수	綠水兮淸虛心 녹수혜청허심
心兮心兮 심혜심혜	我與君兮 아여군혜

서산은 임진왜란 때 의병을 이끌었다. 〈전장행戰場行〉 시에서는 대비에 게을렀기에 전쟁이 일어난 사실을 가슴 아파하고, 자연의 완전함에 비해 인간은 불완전함과 잔혹함을 드러내고 있음을 환기시켰다.

> 생각나네, 지난날 수전水戰하던 때
> 일만 배가 송골매처럼 바다를 날았던 일.
> 두 군사 서로 싸워 분별하기 어려웠고
> 아픔 참는 큰 소리에 물결도 마를 듯했지.
> 서릿발 칼날은 숲처럼 늘어서 햇빛에 번득이고
> 천 개 머리를 베길 머리카락 하나 베듯 했네.
> 망망 벽해에는 놀란 혼이 흐느끼고
> 달빛은 찬 모래밭의 백골을 비춘다만
> 백 리 봄 숲에는 제비가 날고
> 버들 숲 마을에는 사람도 없이 꾀꼬리 소리 매끄럽네.
> 그대는 듣지 못했나
> 태평의 날이 오래되어 인심이 완악해져서
> 방일하고 게으르기에 하늘도 벌을 내렸다는 것을.
> 나그네 하나 가을바람 속에 지팡이 끌고 지나가고
> 옛 절의 깨진 비석만 거친 풀 속에 묻혀 있다.

서산은 〈회심곡〉의 작가로도 알려져 왔다. 다만 〈회심곡〉에는 '저본회심곡' 회심곡, 회심가과 '변형된 회심곡' 별회심곡, 회심곡의 두 가지가 있는데, 전자는 1700년대 중반 이후 전국 사찰에서 판각될 때 작자를 서산대사로

정하여 전승의 힘이 커졌다. 후자가 1800년대 민중예술이 발흥할 때 대중의 노래로 발달한 것과는 차이가 있다고 한다. 이 서산대사 회심가가 곧 〈청허대사회심가〉다. 실제 작자는 서산이 아니라 기성 쾌선箕城快善, 1693-1764일 가능성이 높다고 보는 설도 있다. 하지만 〈삼몽록〉을 지어 자신의 일생을 회고한 품으로 보면, 서산에게는 〈회심가〉를 지을 만한 예술적 역량이 넉넉했던 듯하다.

    서산은 묘향산 원적암에서 대중을 불러 모아 설법을 마치고 자신의 초상 뒷면에 〈자찬自贊〉으로 칠자 게송을 적었다.

    팔십년 전에는 네가 나
    팔십년 후에는 내가 너.

    八十年前渠是我 팔십년전거시아
    八十年後我是渠 팔십년후아시거

이어 〈임종게臨終偈〉를 읊었다.

    천 생각 만 가지 헤아림도
    붉은 화로에 한 점의 눈.
    진흙 소가 물위를 가니
    천지와 허공이 찢어진다.

千思萬思量 천사만사량　　　紅爐一點雪 홍로일점설
泥牛水上行 니우수상행　　　天地虛空裂 천지허공열

《심우도尋牛圖》의 〈인우구망人牛俱忘〉에 보면, "붉은 화로의 화염이 어찌 흰 눈을 용납하랴, 여기에 이르러 정히 조종에 계합한다紅爐焰上爭容雪, 到此方能合祖宗"고 했다. 생사를 초월한 진리의 세계를 선어로 밝힌 것이다.

또한 영명永明 지각선사智覺禪師는 "화인이 환사에게 묻나니, 골짜기 메아리가 샘물 소리에 답한다. 우리 종지에 달하려고 한다면, 진흙 소가 물 위를 가야 하리化人間幻士, 谷響答泉聲. 欲達吾宗旨, 泥牛水上行"이라 했다. 진흙 소가 물 위를 간다는 것은 사량분별이 끊어진 진여의 경지를 말한다.

서산은 영명의 말을 끌어와 자신이 생사를 초월하고 사량분별이 끊어진 진여의 경지로 나아간다는 것을 밝힌 것이다. 입적했을 때 세수世壽 85세였다.

참고문헌

- 휴정休靜, 〈상완산노부윤서上完山盧府尹書〉 삼몽록三夢錄, 《청허당집淸虛堂集》 권7, 동국대학교 한국불교전서편찬위원회, 한국불교전서 제7, 10, 11권, 1986.; 〈재답완산노부윤서再答完山盧府尹書〉, 《청허당집》 권7. ; 〈자락가自樂歌〉, 《청허당집》 권6.
- 신익성申翼成, 〈청허당집서淸虛堂集序〉, 《낙전당집樂全堂集》 권6 서序, 한국문집총간 93, 한국고전번역원, 1992.
- 박경훈 역, 《(번역)청허당집》, 동국역경원, 1969.
- 이종찬, 《조선고승한시선》, 동국대학교 부설 역경원, 1978.
- 김승호, 〈고려불가의 자전적 글쓰기와 그 양상〉, 《고전문학연구》 23, 한국고전문학회, 2003, pp.121-146.

- 김승호, 〈불가佛家 자전自傳의 성격과 서술유형의 고찰-유일有一, 초암草广, 범해梵海의 자전自傳을 중심으로-〉, 《한국문학연구》 35, 동국대학교 문화학술원 한국문학연구소, 2008. 12, pp.7-35.
- 이승남, 〈회심가와 회심곡의 작품전개 방식〉, 《고전시가의 작품세계와 형상화》, 역락, 2003, pp.235-260.
- 이진오, 《조선후기 불가한문학의 유불교섭양상 연구》, 한국학대학원 박사학위논문, 1990.

박인로朴仁老, 〈무하옹전無何翁傳〉   4

꽃이 붉으니 눈물이 옷깃을 적시네
花紅淚濕襟 화홍루습금

시조 작가로 유명한 박인로朴仁老, 1561~1642는 〈무하옹전無何翁傳〉을 지었다.

이 글은 박인로가 입암으로 산림처사 장현광張顯光을 찾아가 도에 대해 깨달음을 얻었던 사실을 우의적으로 서술한 듯하다. 박인로가 지은 저 유명한 시조 〈조홍시가〉도 실은 이덕형의 집에서 지은 것이 아니라 장현광에게 성리학을 배우러 갔을 때 지은 것이라고 한다. 장현광은 생전에 입암 부근의 여러 빼어난 경치들을 〈입암십삼영立巖十三詠〉으로 노래하였다. 박인로는 장현광을 따라 노닐면서 1629년경에 〈입암 29곡〉을 지은 바 있다.

박인로의 〈무하옹전〉은 '무하옹 구인산기無何翁九仞山記'라고도 했다. 구인산이라는 이름은 구인의 높은 산을 거의 이루었다고 해도 한 삼태기의 흙을 더하지 않아 그 높이를 이루지 못하면 실패하고 만다는 공휴일궤功虧一簣의 교훈을 새기며, 나의 도덕적 완성은 나의 노력에 의해 이루어진다는 점을 자각해서 그렇게 이름을 정한 것이다. 장현광은 〈무하옹 구인산기〉에 글을 써주어 박인로의 구도 정신을 칭송했다.

옹은 어떤 사람인지 알 수 없다. 벼슬을 하지 않고 가난하게 살면서 늙음이 장차 이르는 것을 알지 못한다. 세상일에 어두운 것을 주위 사람들이 조롱해서 무하옹無何翁이라 불렀다.

옹은 지리산 아래 오수鳥叟라 일컫는 사람이 있어, 박학하고 다문多聞하다고 들었다. 그를 방문하자, 오수가 말했다.

"구인산 가운데 신령한 약초가 있어서 오랜 세월이 지나도 오히려 향기가 납니다. 세상 사람들이 이 산을 알지 못하거늘, 어찌 이 약초가 있는지 알겠습니까? 약초 캐는 도道는 8조가 있으니, 만일 그 도로 약초를 캐지 않으면 어찌 얻겠습니까? 저 한나라 고조 때 상산사호商山四皓는 은자였습니다. 다만 상산에서 지초를 캘 수 있기는 했으나, 약초 캐는 도는 터득하지 못하였으니, 반드시 성의誠意하고 정심正心한 연후에 비로소 캘 수가 있습니다. 그러므로 우왕·탕왕·문왕·무왕·공자·맹자가 서로 이어 캤으나, 그 후 수백 년 동안 캐는 사람이 아주 적막했습니다."

그러고는 시를 한 수 지었다.

만학의 골짝에 봄이 저물려 하니,
새 울음 소리에 꽃잎이 어지러이 날리네.
구인산은 어느 곳에 있는가.
천봉에 다가가니 문득 아니네.

萬壑春將暮 鳥啼花亂飛
九仞山何處 千峯近却非

무하옹이 재배하고 앞으로 나아가 말했다.

"대군자의 지론을 소자가 어찌 감히 엿보겠습니까? 다만 입덕入德의 문門과 성의誠意의 관關에 대해 다시 들었으면 합니다."

오수가 말했다.

"입덕의 문은 성의의 관을 통하여 한 안가女家를 이루며, 여기에 거처하는 자는 신명神明의 주인입니다. 집 앞의 큰 길은 그 곧기가 화살 같으니, 눈 있는 자라면 누군들 볼 수 없고 발 있는 자라면 누군들 밟을 수 없겠습니까? 정말로 앎이 밝고 나아감이 깊다면, 그칠 바를 알아서 그치고 편안한 바를 얻어서 편안할 수 있습니다. 높고 멀다고 말하지 마십시오. 다만 다리 아래 한 걸음 땅에 있을 따름입니다."

무하옹이 일어나서 사례하고 말했다.

"무예를 거칠게 익혔을 뿐, 《시》《서》를 일삼지 않았습니다. 십년 동안 가난한 여막에서 한갓 '그만두자' 하고 탄식을 간절히 하였는데, 참으로 다행스럽게 오늘 저녁 성대한 가르침을 얻게 되었습니다. 지금 비록 아주 늦었지만, 이 말을 일삼기를 청합니다."

그러고서 짧은 시를 지어 바쳤다.

구인산은 무슨 산인가,

빛을 머금고 빛을 숨김이 천산의 으뜸이로다.

분주하게 산을 찾는 많은 사람이,

인간 세상에 이 산이 있는 줄을 알지 못하네.

九仞爲山是底山 구인위산시저산   含輝隱耀冠千山 함휘은요관천산

許多奔走尋山者 허다분주심산자　　　不識人間有此山 불식인간유차산

오수가 화답하여 읊었다.

사람은 가도 만고의 산은 오히려 남고,
광풍제월光風霽月은 빈산에 가득하다.
산을 좋아하는 진정한 흥취는 문과 무가 따로 없으니,
그대와 더불어 이 산에서 함께 하길 원하네.

人去猶存萬古山 인거유존만고산　　　光風霽月滿空山 광풍제월만공산
樂山眞趣無文武 악산진취무문무　　　願與吾君共此山 원여오군공차산

곁에 동자가 하나 있어, 구석에 앉아 있다가 읊조렸다.

옥을 다듬는 것이 구인산을 가는 것과 같고,
공중에 떠서 푸른빛이 천산을 비추네.
어느 때 진흙과 모래의 더러움을 말끔히 씻고서,
노력해서 발로 밟고 손으로 더위잡으며 저 산에 올라갈까?

琢玉如磨九仞山 탁옥여마구인산　　　浮空積翠照千山 부공적취조천산
何時滌盡泥沙汚 하시척진니사오　　　努力躋攀陟彼山 노력제반척피산

조금 후에 무하옹이 돌아갈 것을 고하고 다시 시 한 수를 읊었다.

버들이 푸르니 이별의 근심을 드리우고,
꽃이 붉으니 눈물이 옷깃을 적시네.
가을의 기약을 약속하기 어려우니,
천 리 꿈속에서 서로 찾아봅시다.

柳碧離愁暗 류벽리수암   花紅淚濕襟 화홍루습금
秋期難可必 추기난가필   千里夢相尋 천리몽상심

오수가 화답하여 말했다.

초연히 한 마디 말이 없으니,
누구와 더불어 그윽한 회포를 펴리오.
지리산 단풍 아래에서,
지팡이 짚고 다시 찾기를 원하네.

愀然無一語 초연무일어   誰與敍幽襟 수여서유금
智異丹楓下 지이단풍하   扶筇願更尋 부공원갱심

동자가 또 읊으며 말했다.

오늘 상심하는 이 마당에,
어찌 노소의 회포가 다르겠는가?
가을에 만일 나를 방문한다면,

나 또한 공을 위해 찾으리다.

今日傷心地 금일상심지　　何殊老少襟 하수로소금
秋來如訪我 추래여방아　　吾亦爲公尋 오역위공심

시가 끝나자 마침내 돌아왔다.

이것을 자전이라고 할 수 있을까? 한 시기의 구도의 체험을 탁전의 형태로 적은 것이어서, 자전의 범주에 넣지 못할 것이 없다.

이 글의 제목은 〈무화옹전〉 혹은 〈무화옹구인산기〉이다. 박인로가 지은 이 글은 무하옹이라는 가공의 인물이 지리산 아래 거처하는 오수라는 가공의 인물을 만나 구인산의 약초를 캐는 방법을 듣고, 오수와 오수를 모시는 동자와 함께 구인산에 오르고자 하는 열망을 노래하고 서로 뜻을 같이하는 즐거움을 다한 후에 돌아왔다는 줄거리로 이루어져 있다.

무하옹의 무하는 무하지유無何之有, 즉 어떤 곳에도 없다는 뜻이다. 오수의 오는 오유烏有로 어떤 곳에도 없다는 뜻이다. 무하옹은 구인산의 도인과 구도의 방법에 대해 뜻이 서로 계합하게 된다.

이 〈무하옹전〉은 우언소설의 형식을 빌려, 인간의 마음을 도덕주의의 관점에서 분석하고 구도의 과정과 방법을 논한 것이다. 다만, 무하옹이라는 가공의 인물이 구인산의 도인과 계합하여 스스로 구도의 열망을 토로하게 되는 과정은 한 사람의 도학가가 깨달음을 이루어가는 과정을 그려 보였다고 할 수 있다. 곧 한 시점의 이야기가 아니라 일정한 시간 단위를 지닌 이야기인 것이다.

박인로는 이 글에서 상상의 구도처로 구인산을 거론했다. 구인이란 이름을 쓴 것은 《논어》〈자한〉에서 공휴일궤功虧一簣의 가르침을 끌어온 것이다. 산을 만들 때 마지막 한 삼태기의 흙을 붓지 않아 산을 못 이루고서 멈추는 것도 내 스스로 멈추는 것이요, 땅을 고를 때 비록 한 삼태기의 흙을 엎어서 나아가게 되는 것도 내가 앞으로 가는 것이다. 《상서》즉《서경》의〈여오旅獒〉에 보면 주나라 소공召公이 무왕武王에게 "소절을 삼가지 않으면 커다란 덕에 누를 끼쳐, 아홉 길의 산을 만드는데 한 삼태기 흙이 모자라 공이 무너지는 것과 같이 된다"고 했다.

박인로는 수양에서 성의관誠意關을 가장 중시했다. 성의관은 뜻을 성실히 하는 공부를 관문에 비유한 것이다. 이미 주희는《대학》을 설명하면서 성의의 관문을 통과하면 다시는 악행을 저지르지 않는다 하여, 성의야말로 선善·악惡이 판별되는 관문이라 했다.

박인로는 32세 되던 1592년선조 25에 왜란이 일어나자 정세아鄭世雅의 별시위로 종군했다. 1598년선조 31에는 수군절도사 성윤문成允文의 막객이 되었다가, 서울에 왜적이 물러가자〈태평사〉를 지어 군졸을 위로했다. 39세 되던 1599년선조 32에 비로소 무과에 급제하여, 수문장에 제수되었다가 곧 선전관이 되었으며, 조라포 만호가 되었다. 그러나 벼슬에 뜻이 없어 경전 연구에 몰두했다. 처음에는 노주蘆洲에 살았으나 곧 도천의 옛집에 살면서 정담鄭湛과 깊은 교분을 맺었다. 45세 되던 1605년선조 38에 통주사가 되어 부산에 부임해서〈선상탄船上歎〉을 지었다. 51세 때인 1611년광해군 3에 벼슬을 그만두고 고향에 내려갔다. 이 무렵〈사제곡〉과〈누항사〉를 지었다. 59세 때인 1619년광해군 11에는 정구鄭逑를 만났다. 또 경주 옥산의 독락당에서 이언적을 흠모하는 뜻의〈독락당獨樂堂〉가사를 지었다. 69세 때인 1629년인조 7에 입암으로 장현광을 찾아갔다. 이듬해 1630년인조 8에 용양위 부호군이 되었다. 1635년인조 13에는 〈영남가嶺南歌〉를, 1636년인조 145에는 〈노계가蘆溪歌〉를 지었다. 이 무렵 영남관찰사 이명李溟이 그를 독행특립지사獨行特立之士로 아뢰자, 인조가 복호하도록 명했다. 1642년인조 20 12월 6일에 졸하여, 영천 대랑산에 장사지내졌다. 향년 82세였다.

한편 장현광은 본관이 인동이고, 호는 여헌旅軒이다. 23세 때인 1576년선조 9에 경명행수經明行修의 선비로서 벼슬에 천거되었다. 그 뒤 여러 차례 벼슬이 내렸으나 한사코 사양했다. 인조반정 이후에도 벼슬에 나아가지 않다가, 1636년 12월에 병자호란이 일어났을 때 정경세鄭經世와 함께 호소사號召使가 되어 의병을 일으키게 하고 군량을 대었다. 이때 문인 조준도趙遵道를 의병장으로 임명하기도 했다. 장현광은 43세 되던 1596년선조 29에 경상도 영양영천의 입암으로 들어가 잠시 은둔했다. 그리고 1637년인조 15에는 권극립權極立의 아들이자 자신의 문도인 권봉權崶을 데리고 입암으로 다시 들어가, 그해에 84세로 별세했다.

장현광은 〈무하옹 구인산기〉에 글을 써주어, 박인로의 구도 정신을 칭송했다.

이웃에 무하옹은 성이 박씨이고 이름이 인로라는 분인데, 그는 참으로 인의의 사람이다. 항상 공부자의 말씀을 외며 자신을 책하기를 "아침에 도를 들으면 저녁에 죽어도 좋다. 이제 비록 늙고 병들었지만 어찌 그날그날을 그저 보내어 초목과 함께 썩을 수 있겠는가" 했다. 그리하여 새로운 각오로 대인의 도에 뜻을 두고는 구인산을 찾아 들어가 산의 아름다움을 두루 구경한 다음 분발하여 밥먹는 것도 잊고 공부하며 늙음이 장차 이르는 것도 모르니, 내가 보기에는 우리 동방의 호걸스러운 사람이라 할 것이다.

무하옹은 일찍이 활쏘기와 말 타는 재주가 있어 변방에서 병부兵符를 차고 병졸들과 고락을 함께했는데, 의롭지 않으면 취하지 않아 털끝만큼도 어김이 없었다. 그래서 정치를 잘한다는 명성이 자자했고 병사와 백성들이 사랑하며 떠받들었다. 2년 지나 체직되어 돌아왔는데, 돌아올 때의 행장行裝에는 몸을 지키는 장검 한 자루가 있을 뿐이었다. 그래서 송덕비가 세워지니, 이 말을 들은 자들이 모두 우러러 사모했다.

무하옹은 지려志慮가 높고 원대하며 판국辦局, 사무 처리의 도량이 크고 깊으며 언행을 삼가고 독실히 하여 사람들에게 신임을 받고 있으니, 비단 시골과 이웃에서 사랑할 뿐만 아니라, 또한 당대의 대인 선생들에게도 존경을 받는다.

나는 병든 가운데 일찍이 노인이 '무하옹전'을 지었다는 말을 듣고는 적이 나아가 보아 나의 근심을 잊고자 했으나 고질병이 깊어 소원을 이루지 못했다. 하루는 노인이 고맙게도 찾아와서 한동안 함께 회포를 나누었다. 내가 〈무하옹전〉을 보여줄 것을 청하자, 노인이 원고를 꺼내어 보여 주었는데, 문기文氣가 호방하면서도 일을 서술함이 자세하고 치밀했다. 문장이 기이하고 준걸스러워 보통보다 만에 만 번 뛰어났는데, 그 가운데에 구인산과 성의관 및 문답한 내용이 더욱 도리에 가까우니, 이 〈무하옹전〉이 어찌 우연한 것이겠는가.

그리고 장현광은 도를 보존하는 공부에 대해 가르침을 주었다.

도는 참으로 너르고 너르다. 도의 큰 근원은 하늘에서 나오고 사람에게 붙어 있어 편벽되지 않고 치우치지 아니하여 탁연卓然히 중립한다. 그리하여 비費와 은隱을 포괄하고 소小와 대大를 겸하여 소리도 없고 냄새도 없는 가운데 숨어 있고 일상 생활하는 동정動靜의 즈음에 드러나 인도人道의 표준이 되고 온갖 교화의 관건이 된다.

도를 보존하는 것은 누구인가? 삼재三才에 참여하여 우뚝이 서고 한 대臺를 세워 높이 건축하니, 그 대는 바로 영대靈臺이고 그 주인은 바로 성성옹惺惺翁이다. 영대 아래에는 누각이 있으니 이른바 성의관誠意關인데, 성성옹이 영대에 즉위하여 이 성의관에서 호령을 하는 바, 이것을 천군天君이라 한다. 선을 좋아하고 악을 미워하여 온갖 몸이 명령을 따라 자기 몸을 닦고 남을 다스리는 도가 반드시 이 관문으로부터 시작된다. 그러나 왕왕 해마害馬에게 유혹당하여 이리저리 치달리고 제멋대로 날아가서 그칠 바를 알지 못하면, 이 영대에 잡초가 무성해지고 이 관문이 황폐해져서 진흙과 모래가 뒤섞인 가운데 버려두고 찾을 줄을 모르는 경우가 많다. 그러므로 옛날 성인聖人과 신인神人이 이것을 두려워하여 교훈을 남겨 가르쳤으니, 사람으로서 이 도를 구하고 이 도를 밝히려는 자가 만약 격물格物·치지致知에 마음을 두고 성의誠意·공경恭敬에 대한 공부를 하여 아홉 길을 표준으로 삼아 나아가고 나아가 그치지 않으며, 날로 새롭게 하고 또 새롭게 하여 한 치를 얻으면 한 치를 지키고, 한 자를 얻으면 한 자를 지켜 참됨을 쌓고 힘쓰기를 오래하면, 좌우에서 근원을 만나게 될 것이다. 이렇게 되면 아래로 인간의 도리를 배우고 위로 천리天理에 통달하는 효험과 위로 통하고 아래로도 통하는 공부가 극진하게 될 것이니, 어찌 성현의 경지에 이르지 못함을 걱정하겠는가.

해마害馬는 말을 해치는 짐승 따위를 이르는데, 후대에는 사람의 본성을 해롭게 하는 물욕을 가리키게 되었다. 《장자》〈서무귀徐无鬼〉에 "천하를 다스리는 자는 또한 어찌 말을 기르는 것과 다르겠는가. 말을 기르는 자는 말 해치는 것을 제거할 뿐이다"라고 했다. 박인로는 장현광의 가르침을 따라 사사로운 욕망을 억제하는 공부를 했으며, 그 공부의 고투가 〈무극옹전〉에 드러났던 것이다.

참고문헌

- 장현광, 〈박인로朴仁老의 무하옹 구인산기無何翁九仞山記 뒤에 쓰다書朴無何翁九仞山記後〉, 《여헌집》 속집 권4, 한국문집총간 60, 한국고전번역원, 1988.
- 장현광 저, 성백효 역, 《(국역)여헌집》 4책(부록 색인 1책), 한국고전번역원, 1998.
- 고려대학교 민족문화연구원 한국사상연구소 편, 《여헌 장현광의 학문 세계, 우주와 인간》, 예문서원, 2004.

유희柳僖, 〈비옹칠가否翁七歌〉 5

내 삶의 행복과 운명은 농포에 있구나
此生福命在農圃 차생복명재농포

유희柳僖, 1773~1837는 27살에 자신의 삶을 돌아보며 〈비옹칠가否翁七歌〉를 지었다. 7수의 연작시다. 자신의 친척이나 지인을 불러 보면서 자신의 답답한 심경을 노래하는 방식은 두보의 〈동곡칠가同谷七歌〉를 본받았다.

유희의 본관은 진주로, 호는 남악南岳·서파西陂·방편자方便子·관청농부觀靑農夫 등이다. 처음 이름은 경儆이었으나 희僖로 바꾸었다. 그는 궁유한사窮儒寒士였지만 세간의 부조리를 광정하겠다는 의지를 잃지 않았다. 또한 다양한 사상 조류에 대해 연찬하고 서양 천문력을 받아들여 과학적 사고를 확장했다.

유희는 〈비옹칠가〉의 첫째 수인 서시序詩에서, 성취 없이 세월만 흐르는 것을 한탄했다. 그리고 그 뒤로 자신에게 영향을 준 이광려李匡呂·정철조鄭喆祚, 어머니 사주당師朱堂, 넷째누이, 윤형철尹衡喆을 그리워하며 그들의 기대를 저버리고 있는 자신을 한심해했으며, 마지막 수에서는 자신이 거처하는 용인의 관청觀靑을 이름 부르면서, 자연을 벗 삼아 안분지족하겠다는 뜻을 표명했다.

첫째 노래

사람아 사람아 비옹이라는 호의 사람아,

그 뜻과 그 자취가 어이 같지 않느냐.

동해의 큰 자라 낚으려고 긴 끈을 잣고,

오 땅의 큰 돼지 베려고 날카로운 칼날을 벼리듯.

남아라면 반드시 저렇게 목소리와 낯빛을 엄히 해야 하거늘,

어찌 구구하게 반딧불이같은 미충을 쫓아다닌단 말인가시문에 골몰한단 말인가.

온갖 일 이루어지지 않은 것도 꽤 되었으니,

소년의 나이에 백발이 어찌 부스스하단 말이냐.

아아 첫번째 노래여 노래하길 격렬하게 하나니,

큰 들판에 북풍은 끊이지 않누나.

有人有人號否翁 유인유인호비옹　　其志與迹何不同 기지여적하부동
欲釣巨鰲繰長絲 욕조거오조장사　　欲剬封豨淬利鋒 욕단봉희쉬이봉
男兒必若厲聲色 남아필약려성색　　孰肯區區逐微蟲 숙긍구구축미충
百事無成已多時 백사무성이다시　　少年白髮何鬖鬆 소년백발하봉송
嗚呼一歌兮歌激烈 오호일가혜가격렬　　大野北風不斷絕 대야북풍부단절

둘째 노래

비옹이여 비옹이여 지난날 아주 어렸을 때,

유씨 일가들이 신동이라고 경하하였지.

다섯 살에는 월암이광려李匡呂의 무릎에서 글을 지었고,

일곱 살에는 석치정철조鄭喆祚의 품에서 《주역》을 논했기에,

도성 사람들은 기이한 일이라고 입을 모아 칭송하여,

한 자 소나무가 동량의 재목이 되리라 기대했건만

나이 들지 않아도 이미 똑똑히 알았으니,

요동에선 기이한 흰 돼지라도 하동에선 흔해 빠진 것처럼 세간의 비웃음을 받았도다.

아아 두번째 노래여 노래하다가 가슴이 막히나니,

쓸쓸하게도 석양은 제 빛을 이루지 못하누나.

否翁否翁昔嬰孩 비옹비옹석영해   柳氏宗族賀神才 유씨종족하신재
五歲屬文月嚴膝 오세촉문월엄슬   七歲論易石癡懷 칠세논역석치회
都下噴噴誦異事 도하분분송이사   尺松待作棟樑材 척송대작동량재
未必老大亦了了 미필노대역료료   遼東白豕世所咍 요동백시세소해
嗚呼二歌兮歌抑塞 오호이가혜가억색   荒荒斜日不成色 황황사일불성색

셋째 노래

어머니 어머니 사주당이씨이시여,

나를 기르시고 나를 가르치시느라 심장이 쓰리셨다.

지난날 아버지께서 돌아가신 것은 그 상처가 너무도 커서,

일족이 흩어져 서로 보살필 수 없었기에,

아들과 어머니가 손을 이끌고 빈 산으로 들어가니,

가업은 가을풀과 더불어 황폐해졌으니,

《시경》 소아 〈육아蓼莪〉에서 말하듯 작은 술병이 비어 큰 항아리에게 부끄러울 겨를마저 없고,

엄자산에 저녁 해가 어둑어둑하여 빛을 흘리는 것이 엷어라.
아아 세번째 노래여 노래하길 처절하게 하나니,
깊은 골짝의 샘물 소리도 가늘게 흐느껴 지즐거리네.

有母有母師朱堂 유모유모사주당 育我敎我勞心腸 육아교아노심장
往日天崩其創鉅 왕일천붕기창거 宗黨散落不相將 종당산락불상장
子母挈手走空山 자모설수주공산 家業已隨秋草荒 가업이수추초황
缾罄未暇爲罍恥 병경미가위뢰치 崦嵫曖曖薄流光 엄자애애박류광
嗚呼三歌兮歌凄切 오호삼가혜가처절 幽谷泉聲細咽咽 유곡천성세열열

넷째 노래

누이여 누이여 서울에 있는 누이여,
어릴 때 글 읽기를 한 책상에서 하였네.
남자 몸으로 태어나지 못한 것을 한스러워하며,
한 손으로 쇠미한 문호를 늘어 일으켰노다.
내가 남자 형제 없이 태어난 것을 불쌍히 여겨,
시집을 가고서도 시집가지 않은 때와 같이 했다네.
이씨 집안넷째 자형 이재녕李在寧의 집안은 《시경》 소아 〈사간斯干〉에서 말하듯 곰 꿈의 태몽을 점치지 못했는지,
몇 년 동안을 몸져누워 양의의 치료도 받지 못하다니.
아아 네번째 노래여 노래하며 서글퍼하나니,
가을벌레는 나를 위해 밤이 다하도록 울어주누나.

有姊有姊在京師 유자유자재경사	幼時讀書同一几 유시독서동일기
自恨不作男子身 자한부작남자신	隻手擎起門戶衰 척수경기문호쇠
憐我之生寡兄弟 연아지생과형제	旣嫁猶似未嫁時 기가유사미가시
李家未占熊羆夢 이가미점웅비몽	積年臥病無良醫 적년와병무양의
嗚呼四歌兮歌愴惻 오호사가혜가창측	秋蟲爲我啼終夕 추충위아제종석

다섯째 노래

관청이여 관청이여 세 면이 막혀서,
하늘이 궁벽한 골짝을 보호하여 궁한 상의 사람을 기다렸구나.
한 해에 한 사람도 이르러 오지 않을 정도에,
애당초 전당 잡힐 술집도 없도다.
날마다 문 닫아두고 옹알옹알 독서하는 소리만 들리나니,
고인의 시문이 뱃속에 그득하다.
그대에게 묻나니 만 권 서적이 무슨 소용 있는가,
안에서는 굶주리고 목마르며 바깥에서는 비방이 시끄럽거늘.
아아 다섯번째 노래여 노래하다 근심하나니,
붉은 현의 거문고 있어도 뻑뻑하여 소리를 이루지 못하누나.

觀靑觀靑三面障 관청관청삼면장	天護窮谷待窮相 천호궁곡대궁상
一歲一客未必至 일세일객미필지	初無酒家可典當 초무주가가전당
日日閉戶聞咿唔 일일폐호문이오	古人文字腹中脹 고인문자복중창
問汝萬卷何所補 문여만권하소보	內苦飢渴外苦謗 내고기갈외고방
嗚呼五歌兮歌怲怲 오호오가혜가병병	朱絃澁滯不成聲 주현삽체불성성

여섯째 노래

동간 어르신윤형철尹衡喆 현감이 내게 길 가르쳐주시며

요해지로 통하는 나루터를 만날 수 있다 하셨지.

가벼운 배에 올라 노를 이제 저어보려 하는데

염여퇴와 여량 같은 물결이 너무도 두려웠다.

거룻배 막막한데 사나운 바람 일어나고

큰 미꾸라지가 파도 뿜으니 풍이가 노한 듯했다.

돌아와 한숨 크게 쉬며 쟁기를 단속하나니

이 삶의 복과 운명은 농포에 있구나.

아아! 여섯번째 노래여 수심을 노래하나니

듣는 친구들 머리털이 모두 서버렸도다.

東澗丈人指我路 동간장인지아로　要通之津云可遇 요통지진운가우
輕舟纔欲試一棹 경주재욕시일도　灩澦呂梁極惶怖 염여여량극황포
萑葦漠漠惡風起 추위막막악풍기　巨鰌噴波馮夷怒 거추분파풍이노
歸來太息緯厥耒 귀래대식위궐뢰　此生福命在農圃 차생복명재농포
嗚呼六歌兮歌牢騷 오호육가혜가뇌소　故人聞者竪髮毛 고인문자수발모

일곱째 노래

송나라 구슬인 결록도 양나라 구슬인 현려도 천하의 보물이지만,

박석에서 꺼내지 않는다면 누가 집어들어 칭송하랴.

한세상 일만 사람이 저마다 마음과 일이 다르매,

말을 하려다가 토해내지 못하고는 홀연 이미 늙었구나.

산비탈의 계수나무는 부여잡고 오를 만하기에,
십년 동안 이 뜻으로 오히려 스스로를 지켜왔다.
흰 구름이 말았다간 펼치는 것을 눈과 마음으로 즐기면서,
허리가 반나마 푸른 풀에 잠겨 있음을 모르노라.
아아 일곱번째 노래여 노래하여 유유자적하나니,
하늘의 외론 달이 맑은 내 시름을 비춰주누나.

結綠懸黎天下寶 결록현려천하보　未出頑璞誰拾道 미출완박수습도
一世萬人各心事 일세만인각심사　有言未吐忽已老 유언미토홀이로
山阿桂樹可攀援 산아계수가반원　十年此意猶自保 십년차의유자보
白雲卷舒娛心目 백운권서오심목　不知半腰沒青艸 부지반요몰청초
嗚呼七歌兮歌悠悠 오호칠가혜가유유　一天孤月照淸愁 일천고월조청수

이 일곱 노래는 1799년정조 23에 27세의 유희柳僖가 지은 〈비옹칠가否翁七歌〉이다. 자기가 사랑하는 사람이나 장소를 하나하나 거명하면서 추억을 노래하거나 의지를 가탁하는 방식은 두보의 〈동복칠가同福七歌〉에서 빌려온 것이다.

유희는 목천현감을 지낸 진주유씨 한규漢奎와 《태교신기胎敎新記》를 저술한 여류학자 전주이씨 사주당師朱堂의 둘째아들로 태어났다. 유희는 돌 무렵에 천연두를 앓아 모습은 초췌해지고 건강도 크게 해쳤고, 열한 살 때 아버지를 일찍 여의였으나, 어머니 사주당의 훈도로 글을 읽기 시작하였다. 이미 다섯 살 때 강화학파의 학자이자 문인인 이광려李匡呂에게서 글을 배웠고, 일곱 살 때는 천문학과 회화에도 조예가 깊었던 문인 정철조

鄭喆祚에게서 《주역》을 배웠다. 또한 자라서는 청하현감이던 윤형철尹衡喆 아래에서 거업擧業, 과거공부을 익혀, 16세와 18세에 감시監試에 응하기도 했다. 하지만 어머니의 가르침에 따라 과거공부를 그만두고, 고향 용인에서 천진天眞을 지키며 살았다.

　유희는 25세 되는 1797년 2월에 용인 모현촌의 관청동에 복거하고, 이듬해에 그동안 관청동에서 지은 한시들을 《관청농부집觀青農夫集》으로 엮었다. 그리고 27세 되는 1799년 1월 1일에 점을 쳐서 비괘否卦가 나오자, 스스로의 호를 비옹이라 했다. 1799년부터 이듬해 6월까지의 한시는 《비옹집否翁集》으로 엮었다. 1799년 4월 4일부터 5월 2일까지 해서지방을 유람한 후 여행에서 돌아와 〈서유시축西遊詩軸〉을 엮어 교유하던 이들에게 보냈다. 그리고 자신의 삶을 돌아보면서 〈비옹칠가〉를 지었다.

　비옹이라는 호는 《주역》 비괘否卦에서 따온 것이다. 1799년 정월 초하루에 《주역》으로 점을 쳤을 때, 처음 나온 본괘가 비괘, 지괘변괘가 해괘解卦였다. 비괘는 아래가 곤坤이고 위가 건乾이니, 음양이 고르지 못하여 일이 잘 이루어지지 않는 상이다. 비괘의 괘사는 "비否는 사람의 도가 아니니 군자의 곧음에 이롭지 못하다. 큰 것이 가고 작은 것이 온다否之匪人, 不利君子貞, 大往小來"이다. 하늘의 기운과 땅의 기운이 어울리지 못하고 만물이 통하지 않으며 위와 아래가 어울리지 못해 천하에 나라가 없는 것이나 다름없다는 것을 우려하는 말이다. 〈대상전〉에는 "하늘의 기운과 땅의 기운이 사귀지 않음이 비否이니, 군자가 그것을 보고서 덕을 검약하여 난을 피하고 봉록으로 영화롭게 하지 말아야 한다天地不交, 否. 君子以儉德辟難, 不可榮以祿"고 했다. 검소한 덕으로 난을 피한다는 검덕피난儉德辟難은 이제라도 망하지 않을까 염려하는 마음을 지니면서 자신의 덕을 자만하지 않고 노력한다면 험난한 형국을 벗어날 수 있으리라는 뜻이다. 비괘의 육이六二 효사는 "품고 있는 것이 순히 받드는 것이니, 소인은 길하고 대인은 비색하니, 형통하다包承, 小人吉, 大人否, 亨"라고 했고, 구오九五 효사는 "비색함을 그치게 하는지라 대인의 길함이니, 망할까 망할까 하고 두려워하여야 총생하는 뽕나무에 매어놓듯이 편안하리라休否, 大人吉, 其亡其亡, 繫于苞桑"라고 했으며, 상구上九 효사는 "비색함이 뒤집어엎어짐이니 먼저는 비색하고 뒤에는 기쁘다傾否, 先否, 後喜"고 했다. 유희는 〈대상전〉과 이러한 효사들을 참조하여, 이것이 바로 처세의 도리를 알려준 것이라고 여겼다. 그리고 앞으로는 과거시험에 응시하지 말아야 하겠다고 결심했다.

유희의 집안은 1755년 이른바 을해옥사 때 액화를 당하여 집안이 영락했다. 유희의 종조부 유수柳綏, 1678~1756가 옥사에 연루되었기 때문에 유희의 부친 한규漢奎는 유수의 조카라는 이유로 수감되었다가 풀려났고, 그 동생 한기漢箕는 자살을 했다. 유한규는 정조 재위 때 경릉령을 거쳐 1779년 6월에 목천 현감을 제수받았다. 하지만 당시 관찰사가 조카인 이병정李秉鼎이었으므로 친혐親嫌을 이유로 그 해 9월에 현감의 직을 그만두고 돌아와 1783년 6월에 세상을 떠났다.

유희는 부친의 세거지인 용인 마산 즉 남악 아래 모현촌慕賢村에서 태어났다. 부친 유한규는 네 명의 부인을 두고 2남 5녀를 얻었다. 그 네번째 부인이 사주당이며, 유희는 사주당의 소생이다. 그 위로 형이 있었으나 일찍 죽었고, 동복의 누나가 셋 있었다.

유희는 22세 되는 1794년 2월에 칠촌인 유성태柳聖台의 과거시험 사건에 휘말려 양지陽智의 옥에 수감되었다가 전라도 해남으로 귀양을 갔다.

그 후 28살 되는 1800년 3월 11일의 정시庭試에 응시하지 않고 시류에 부합하지 못하는 자신을 자조하는 〈기사가己巳歌〉를 짓고 고향으로 돌아갔다. 29살 되는 1801년에는 옴을 치료하기 위하여 온양으로 갔다. 33세 되는 1805년부터 경학을 깊이 공부했다.

유희는 37세 되는 1809년부터 10년간 충북 단양에서 생활했다. 그런데 1814년 6월에 부인 전주이씨가 세상을 떠나고, 12월에 이복형인 완俒이 숙병으로 죽었으며, 이듬해 6월에는 완의 아들 성장聖長이 34살의 나이로 죽고, 종형 숙儵도 세상을 떠나는 등 친족의 죽음을 목도해야 했다. 1819년 5월에 다시 용인으로 돌아갔다. 49세 되는 1821년 9월에는 모친 사주당이 돌아갔다.

54세 되는 1825년 2월에 이르러 초명 경儆을 버리고 희僖라는 글자를 사용하였다. 이 해에 둘째누이가 울며 권하자 부득이 소과에 응시하여 식년 사마시 생원과에 합격하였다. 1826년 6월에는 신진申縉·작綽·현絢 삼형제와 함께 남양주의 석호정石湖亭으로 가서 다음날 정약용을 만나 학문을 토론하였다. 신현은 1828년에, 신작은 1829년에 세상을 떠났다. 57세 되던 1829년에 황감제시黃柑製試에서 급제했다.

63세가 되는 1835년 3월에는 서파西陂에서 용인의 남악南嶽 아래로 이사하였다. 1837년 2월 초1일에 65세로 세상을 뜰 때까지 벼슬에 나아가지 않고, 농사를 지으면서 저술에 힘써 근 100권의 저서를 남겼다.

유희는 우리 지성사에서 중요한 위치를 차지한다. 그는 어려서 이광려와 정철조의 가르침을 받았을 뿐 아니라, 부친과의 친우였던 윤광안尹光顔에게서 경학을 배우고 정동유鄭東愈에게서 정음학을 배웠다.

유희는 가학적 전통과 강화학파의 학자·문인들과의 교유를 통해서 양명학에 대해 관심을 갖게 되고, 또 한학기초학인 소학을 중시하게 되었다. 유희는 52세 되는 1824년에 《언문지》를 완성했다. 유희는 정동유와 훈민정음에 대하여 수개월 강학한 뒤에 이 책을 저술하기 시작했는데, 15,6년이 지난 뒤 《사성통해四聲通解》를 구하여 읽고 의견을 보태어 완성했다. 그 과정에서 훈민정음 자체를 깊이 연구하게 되었다.

또한 1807년에는 이만영李晩永이 《재물보》1798년 완성를 가져와 그에게 질정해 오자, 유희는 그것을 정밀하게 검토해서 《물명고》를 지었다.

유희는 조정의 공문을 작성하는 관각문인도 아니고, 서울서 활동하는 동호인 집단에 속하지도 않았다. 유희는 농사를 짓는 한편, 유의儒醫로 생계를 꾸렸다. 1814년 6월에 손에 마비 증세가 왔을 때 쓴 〈수병手病〉이란 산문에서, "나는 빈천하면서 할 일이 많은 사람이다"라고 규정하고는 손이 다시 나으면 남의 병을 고치고 또 남의 서찰에 응수하며 남의 일을 떠맡아 힘쓰겠다고 했다. 또 1819년에 지은 〈희보본초이조戲補本艸二條〉 제2조와 1831년 9월에 지은 〈문책文責〉 등의 글에서 문학이 지닌 가치를 해학적으로 논했다.

〈희보본초〉는 '장난스레 《본초경》에 보충을 한다'는 뜻인데, 유희는 본초학의 글 형식을 빌려 통보通寶, 돈와 문장의 쓰임에 대해 논했다. 제2조에서는 문장이 본래 입언立言이란 이름을 지니고 있고 그 맛은 맵고 쓰다고 서술함으로써 문장의 본질을 규정했다. 〈희보본초〉 제2조의 해설부는 이렇다.

문장은 본래 이름이 입언立言이다. 맛은 맵고 쓰며, 기운은 차다. 양 가운데 양으로, 독이 없다. 어떤 본本, 텍스트에는 조금 독이 있다고 했다. 《심경》에 들어가 있고, 또 《간담경》에 들어가 있다. 약으로 먹으면 주로 장부의 온갖 병을 치료할 수 있다. 또 유아를 기를 수 있고, 부인을 조섭할 수 있으며, 일체의 탁한 기운을 낫게 할 수 있다. 가슴에 가득하고 마음을 열어, 귀와 눈을 아주 밝게 하며, 지식을 더하고 담을 장대하게 하며, 기격을 길러주고 음성을 윤기나게 하며, 더러운 때를 없애고 신명을 통하게 한다. 그 가운데 좋은 것은 조화를 움직이게 하고 천지를 편안하게 하며 온갖 잡무를 안정되게 하여 마침내 만물을 낳는 공이 곳곳마다 있게 된다. 본디 종자가 없이, 한 때에 감응하여 청수한 기가 명산대천 사이에서 태어난다. 채취에 정해진 시각이 없고 제약의 방법이 일정하지 않다. 대개 대부분 진부하고 오래된 조박糟粕, 옛 서적과 문장에서 취하여 삼키고 씹고 하기를 여러 번에 걸쳐 한다. 사용할 때는 소나무 그을음먹과 토끼털붓에 넣고 닥나무의 흰 껍질을 가지고 완성한다. 혹은 네 글자를 한 단으로 하되, 다섯 글자나 일곱 글자의 것도 있다. 혹은 낳고 석음에 구애받지 않고 길게 끌어서 크게 만들기도 한다. 혹은 두 단을 서로 같게 하는데, 그것을 하나의 대對라고 한다. 갖가지 형체들이 그때그때 만들 때마다 달라서 각각 명칭이 있으므로, 일일이 다 열거할 수가 없다. 이것을 복용하는 사람들은, 그 음향을 취하기도 하고, 그 빛깔을 취하기고 하며, 혹은 그 맛만 취하기도 하고, 혹은 그 성질까지 아울러 취하기도 한다. 혹은 그 뼈만 전적으로 사용하기도 하고 혹은 그 마음까지 아울러 쓰기도 한다. 복용을 다 하고 나면 문득 배와 대추나무목판에 얹혀서 후대 사람이 또 그것을 삼키고 씹도록 갖추어 둔다. 비록 연한이 오래되어 좀이 생기더라도 버리지 않는다. 하지만 이 약은 때때로 귀하기도 하지만 또 때때로 천하기도 하다. 귀하게 되면 무소뿔, 코끼리 상아, 구슬, 옥이라도 이것과 값을 따질 수 없다. 하지만 천하게 되면 한 시대의 박대를 당하고 온 사람의 짓밟힘을 입으니, 그 치욕스러운 꼴을 당하는 것이 도리어 견줄 데 없을 정도가 된다.

유희는 자신의 문학이 세상을 울릴 경국經國의 문학이 아니라는 것을 잘 알았다. 그는 문학이 사람을 망가뜨린다는 것을 알았지만 습벽 때문에 벗어날 수 없었다. 그에게 문학은 마성魔性을 지닌 것이었다.

유희는 본초학이나 의약학의 이름을 거론하면서 사실상 허구의 서적을 인용하는 방식으로 문장의 기능과 해악에 대해 우의적으로 말했다.

《난경難經》에 이렇게 나온다. "뼈가 썩는 것은 이것이 아니면 그칠 수가 없다. 안색을 좋게 하고 위장을 채우려고 한다면 사용하지 말라."

문학을 약재에 비유하여 그 기능을 정의한 것이다. 문학은 외관을 꾸미고 명예를 얻으려고 하는 것이 아니라 내면의 인간성을 추구하는 것이라는 뜻이다.

《지교론至敎論》에는 이리하다. "군신君臣이든 좌사佐使든 맞지 않는 것이 없다. 상행상소문 등 상행문자이든 하행교첩 등 하행문자이든 임의로 주된 약이 되기도 하고 보조약이 되기도 한다. 만약 진왕단陳王丹·사간탕射干湯에 넣는다면 안으로 좌사약佐使藥이 될 수 있다. 태평환太平丸·옥촉산玉燭散에 넣는다면 안으로 군주약君主藥이 될 수도 있고 신약臣藥이

될 수도 있다. 군자탕君子湯·지성단至聖丹에 넣는다면, 안으로 항경약行經藥이 될 수 있다. 해울탕解鬱湯·망우산忘憂散 등에 넣어 단방약單方藥을 만들면, 꽃과 새가 술이 잘 들어가도록 흥을 돋운다. 정말로 금·은과는 상반되어, 사갈蛇蝎의 성질을 두려워하고 양육梁肉의 기氣를 범하는 것을 꺼린다."

문학은 나라를 경영하는 수단일 수도 있고 개인의 덕목을 기르는 방편일 수도 있으며, 한때의 울적한 심사를 해소하고 흥을 돋우는 기예일 수도 있다. 유희 문학의 그 세 기능을 모두 인정하였고, 그 각각에서 도리에 합당한 역할을 하면 된다고 여겼다.

《직지방直指方》에는 이러하다. "이 약은 고금에 상용해오는 것으로 결코 빠뜨릴 수가 없다. 다만 성질이 두려워하고 기피하는 것이 많아, 즐겨 복용하여 장복하는 약으로 삼는다면 반드시 손상을 입게 된다. 또 시기를 어겨서는 안 된다. 시기에 어긋나는 깃을 금하거늘, 만일 시기에 어긋나게 사용한다면 도리어 진기眞氣를 누설하고 만다. 안으로 지키려고 하면 들들 볶는 고통이 있게 되고, 위로 올리려고 하면 아래로 얹히는 근심이 있게 되어, 뜻을 잃고 몸 망치는 일이 부지기수이다. 이것은 약이 해가 되어 그런 것이 아니고 그때그때의 시령時令이 달라서 그런 것이다. 또한 마귀가 뒤따라 반드시 그 천기의 조화를 해치기 때문에 그런 것이다."

문학은 반드시 긍정적인 기능만 지니는 것이 아니다. 시기에 맞지 않게 사용한다면 창작의 고통을 겪게 되고 도 문학작품 때문에 현실에서 소외되거나 비방을 받게 될 수 있다.

회벽옹懷璧翁의 《경험서經驗書》에는 이러하다. "옛날에 좌씨 성을 가진 사람좌구명左丘明은 이것을 사용해서 청죽과 건칠에 합해서 큰 제품《춘추좌씨전》을 만들었으나, 끝내 시력을 상실하는 일을 면하지 못했다. 또 굴씨屈原는 이것을 이용해서 풍소風瘙를 치료하려다가 안색이 마르고 쏙 빠져서 마침내 물에 투신하여 죽었다. 용문의 남자사마천는 이것으로 천하 사람들의 건망증을 치료하였으나 자신의 고환이 썩어 상하고 말았다. 촉蜀 땅 사람 양씨양웅는 이것을 태워서 검은색《태현경》으로 만들어서 복용하였는데, 돌연히 낙상해서 몸을 망친 좌증이 있었다. 율리 사람도연명은 산散을 만들어 복용했는데, 장이 떳떳한 굶주림을 울려내었다. 이백과 두보 두 사람은 동시에 술과 섞어서 복용했는데, 한 사람이백은 미쳐서 물에 빠져 죽고 한 사람두보은 곽란 때문에 죽었다. 조주潮州의 태수한유, 유주柳州의 태수유종원, 미산眉山의 소가蘇家 두 사람소식과 소철, 쌍정雙井의 황태사황정견는 모두 이 제품을 사용하는데 뛰어나 각각 처방을 만들어 천하에 전파했으나, 종신토록 병들고 피로했다. 북지北地의 군인의 손자이몽양는 힘껏 고인의 복용법을 뒤따라 시행해서, 거듭 고초를 겪다가 하남성 준현濬縣에서 죽었다. 노盧 땅의 소년미상은 일찍이 이것으로 기이한 처방을 만들어 그윽한 국얼술에 사용했는데, 현기증이 심하게 나서 미친병이 발했다. 이것은 그 가운데서도 이름이 널리 알려진 예들이다. 그 나머지 대대로 제생들 가운데 이것을 좋아하다가 그저 자기 몸만 고달프고 풀리지 않게 만든 정도로 그치지 않은 사람들은 하도 많아서 일일이 헤아릴 수도 없을 정도다. 돌연 그 독에 걸려서 죽은 자로는, 한나라 때 양운楊惲, 위나라 때 예형禰衡, 수나라 때 설도형薛道衡, 당나라 때 왕발王勃과 유정지劉庭芝, 우리나라의 이숭인李崇仁과 권필權韠이 있으니, 모두 세상의 본보기가 될 만하다. 그런데도 이것을 경계하지 않고 지금도 범해서 스스로 고통을 겪는 자들이 왕왕 그치지 않는다. 마치 이적李赤처럼 필시 뒷간에 빠지고 귀등歸登처럼 무리하게 수은을 복용하듯 하여, 스스로는 그 사이에 지극한 즐거움이 있다고 여기면서 마침내 자신의 목숨을 소홀히 하니, 나는 정말로 그것이 무슨 습벽 때문에 그러는 것인지 알지 못하겠다."

유희는 문학 때문에 몸을 망친 이들을 염려했다. 그리고 그런 해악이 있는데도 불구하고 벽癖 때문에 말래야 말 수 없는 창작의 모순을 해학적으로 이야기했다.

유희는 자신이 문장을 하는 것은 측간 귀신에게 현혹되고 수은의 금석악을 먹고 중독되는 것과도 같은 벽 때문이라고 간접적으로 말했다.

당나라 때 문인 이적은 자신의 시가 이백의 시와 같다고 여겨 호를 그렇게 붙였다. 뒷날 측간 귀신에게 현혹되어 죽었다. 귀등도 당나라 사람으로, 초서와 예서에도 뛰어난 문학가였다. 성격이 온화해서, 금석약 즉 단약을 먹어 거의 죽게 된 일이 있었지만 화를 내지 않았다고 한다. 유희는 자신의 문학이 이적이나 귀등의 경우와 같다고 자조했다. 유희의 이 문장벽은 '마귀'의 소행이다. 그 마귀는 정통의 문학세계가 형성한 극점으로부터의 이탈을 초래하고, 그 이탈을 달갑게 여기도록 만드는 것이다.

유희는 어머니 사주당 이씨1739~1821를 '조선의 어머니'로서 존경하고,

어머니의 일생을 기록한 행장行狀에서 어머니의 삶을 "본질은 장부요 바깥으로 드러난 행실은 부인이었다質丈夫, 行婦人"라고 했다. 사주당은 유희에게 과거 보는 것을 극구 만류하고 적절한 곳을 골라 살면서 천진天眞을 지키라 했다. 유희는 일생 어머니의 가르침을 따라, 자기 내면의 덕을 기르는 공부를 했다.

사주당은 경령군 이배李裶의 10대손으로, 청주에서 태어났다. 부모가 여인들의 집안일을 가르치려고 하자, 사주당은 "사람이 사람인 것이 어찌 여기에 있겠습니까?"라 하고, 유학의 가르침을 체득하는 공부를 하기 시작했다. 여성과 남성의 차별에 반대하고 스스로 여성군자로서의 삶을 살기로 결심한 것이다. 결혼한 후에는 남편과 학문을 토론하고 시문을 주고받았으며, 남편이 염치를 지닌 선비로 살아갈 수 있도록 조언했다. 팔십의 나이에 들어선 이후로도 고질병의 고통을 참고 서적에 마음을 붙였다. 1801년경에는 아이의 생육에 관한 옛 글들을 모아 《태교신기》를 엮었다. 이때 유희는 그 책을 장구에 따라 나누고 한글로 번역하였다. 사주당은 유희가 49세 때인 1821년 9월에 작고하면서 《태교신기》만 남기고 다른 글들은 모두 불사르라고 유언했다.

1822년에 유희는 어머니의 행장을 적었는데, 그 일부를 보면 다음과 같다.

정축년1757에 참최복의 거상을 하게 되자, 어머니는 솜옷을 입지 않고 고기를 먹지 않았으므로, 효성스럽다는 칭송이 멀리까지 전했다. 나의 돌아가신 부친께서 들으시고 폐백을 드리고 장가를 들었다. 그때는 계미년1763이었다. 화촉을 밝힌 후 아버지는 "내 어머니는 보령이 일흔

둘이신데, 눈이 어둡고 또 성을 자주 내시므로 스스로를 낮추시기 어렵소. 그대가 노력해주시구려"라고 했다. 어머니는 "세상에는 옳지 않은 부모란 없다고 했습니다. 무슨 어려움이 있겠습니까?"라고 응답했다. 아버지는 어머니가 실질과 이름이 부합함을 알고 기뻐하셔서, 같은 나라 안의 다른 사람처럼 대하지 않고 대단히 공경했다. 아버지는 어머니가 초抄하여 엮은 책에 서문을 적어, "《내훈》이나 《여범》과 백중하다"고 논평했다. 어머니는 시집온 후 문학과 역사에 밝으신 재능을 숨기고, 집안에서 마련해야 할 술과 음식에 대해서만 의견을 내시면서, 온 마음을 다해 시부모의 뜻을 받들어 기쁘게 해드렸으며, 오랜 시간이 지나도 조금도 게을리 하지 않았다. 시집 와서 8년 동안, 시댁의 유씨들이 모두, "신부는 자기의 수고로움을 자랑할 줄도 모르고 노여워할 줄도 모르며 남을 부드럽게 대한다"고 칭찬했다. 경인년1770 이후, 가정 내의 규범이 크게 일어나, 엄중하고 위엄이 있으면서 의젓하고 삼갔다. 동서분들은 본시 사대부집안의 따님들이고 작은 시누이분은 부귀한 살림이었으며 나이도 어머니보다 적셜 많았지만, 동서분들과 시누이분은 어머니를 꺼려서 함부로 이러저러 말하지 못했다. 아버지가 집에서 식사를 할 때는, 어머니가 경전에 관해 질의하면 아버지가 시로 응수하는 식이어서, 아버지와 어머니가 함께 덕이 빛나고 서로 지기로 추어주었다. 아버지가 벼슬을 얻게 되자 어머니는 오두미의 작은 봉급을 초개같이 여기고 사방 일백 리 고을을 거느리는 관직을 헌 신발처럼 여기도록 격려했다. 아버지더러 청한清寒을 본분으로 여기고, 당베옷을 걸치더라도 꺼리지 말고 거친 밥을 먹더라도 싫어하지 말아서, 마음을 평온하게 지니도록 했다.

사주당은 본연지성과 기질지성을 구분해서는 안 되며 욕망하는 마음 전부를 인정해야 한다고 보았다. 곧, 욕망하는 주체를 인정하였기에 인간의 '몸'을 중시하여 몸의 기원이 되는 '태아'의 문제를 탐색할 수 있었으며, 그 탐색의 결과 《태교신기》를 집필할 수 있었던 것이다.

유희는 여성들의 삶에 대해 각별한 관심을 지녔다. 이광사의 손녀이자 이긍익의 딸이 남편 윤섭尹涉, 곧 윤형철의 손자을 따라 자살했을 때는 정려문을 세워 줄 것을 요청하는 통문을 썼다.

유희는 민간신앙과 수련의 사실에 주목했다. 1796년에는 민간에 천주교가 전파되고 기복신앙이 유포되는 것을 우려해서 〈벽천주학책闢天主學策〉과 〈공과격변功過格辨〉을 지었다. 그런데 1803년 7월에 지은 〈홍씨환성변洪氏喚醒辨〉에서는 찰방 홍의영洪義泳이 짧은 노래를 지어 그 문도를 '환성喚醒' 시키고 그 노래를 간행하기까지 한 사실을 언급하고, 그의 '환성' 공부가 육상산의 '돈오설'에 의해 오도되었다고 비판했다. 육상산 운운한 것은 왕양명을 대칭代稱한 것이다. 유희는 이렇게 육왕학陸王學을 비판했지만, 민간의 '환성' 공부에 관심을 표시한 것 자체가 거꾸로 그의 양명학적 성향을 드러내준다고 하겠다.

참고문헌

- 장서각 고문서연구실 편, 《진주유씨 서파 유희 전서 Ⅰ》, 한국학중앙연구원, 2007.
- 장서각 고문서연구실 편, 《진주유씨 서파 유희 전서 Ⅱ》, 한국학중앙연구원, 2008.
- 정인보, 《담원 정인보전집》 6권, 연세대학교 출판부, 1983.
- 정인보 저, 정양완 역, 《담원문록》, 태학사, 2006.

- 김근태, 〈서파 유희의 생애와 학시 문로〉, 《온지논총》 14집, 온지학회, 2006, pp.219-254.
- 심경호, 〈유희의 시문 문집과 그 정신세계〉, 《진주유씨 서파 유희 전서 2》, 한국학중앙연구원, 2008 영인, pp.2-46.
- 심경호, 〈서파 유희의 한문학에 나타난 통속성〉, 《고전문학연구》 35, 한국고전문학회, 2009, pp.425-452.
- 심경호, 〈사주당 이씨의 삶과 학문〉, 《한국고전여성문학연구》 18, 한국고전여성문학회, 2009, pp.241-279.

여적餘滴

전근대 시기의 자서전적 글쓰기

도장圖章
조선후기, 5.0×6.0 이하

1

자서전과 자서전적 글쓰기

　자서전이란 무엇인가? 정의하기가 어렵다. 모든 문학작품이 자서전이라는 관점도 있을 수 있다. 신소설의 특성을 지닌 소설은 두말할 것 없고, 픽션이라고 해도 그 속에는 작가 자신의 삶과 정신, 의식을 반영하는 일이 많다. 한문 고전에서는 시든 문이든 작가가 자신의 생활 속에서 벌어지는 현실의 상황, 실제 사건, 거기서 생겨나는 감성이나 상념 따위를 글로 엮어 내는 것을 문학이라고 간주해 왔다. 따라서 시와 문은 작가 자신을 묘사하고 드러내는 경우가 많다.

　하지만 좁은 의미의 자서전이라고 하면 작가가 자기의 인생 전체나 일정 부분을 되돌아보고 그것에 대해 이야기하는 것을 말한다. 아우구스티누스·루소·괴테·톨스토이 등 서구의 대표적 자서전은 자기의 지난날을 자기 자신이 되돌아보는 성찰을 그 본질로 하고 있다. 따라서 자서전이라고 하면, 화자가 자신의 생애를 기술하되, 정신적 편력이나 방황을 통해서 자기 자신을 형성해온 과정을 생생하게 표출하는 글쓰기를 일컫는다.

서구에서 오늘날 자서전이라는 뜻으로 사용하는 'autobiography'라는 말은 18세기 말, 19세기 초에 나왔다. 곧, 1786년 'Autobiographical Narrative'라는 형용사형이 최초로 나타났고, 'autobiography'와 그 동의어 'selfbiography'는 18세기 후반 영국·독일에서 각각 따로 사용되었으며, 프랑스에서는 조금 늦게 1830년대부터 사용되었다고 한다.[1] 또한 루소를 효시로 하는 유럽의 근대적 자전은 18세기 말부터 19세기 전반에 걸쳐 성립했다.[2]

중국에서 서구 자전에 필적하는 가장 이른 시기의 것으로는 호적胡適, 1891~1962이 40세 때인 1931년에 쓴《사십자술四十自述》[3]을 꼽는다. 그〈자서〉에서 호적은 "나는 최근 십여 년간, 중국에는 전기문학이 없다는 사실을 깊이 느끼고, 기회 있을 때마다 선배나 친구들에게 자전을 쓰도록 권해왔다"고 술회했다. 같은 시기의 곽말약郭沫若, 1892~1978은《말약자전沫若自傳》4권을 엮었는데 그 4부작 가운데 제1책《소년시대》의 제1부〈나의 유년시대我的童年〉는 1928년에 썼고초판은 1929년, 제2부〈반정 전후反正前後〉는 1929년에 썼다.〈나의 유년시대〉의 전언前言[4]에서 곽말약은 "아우구스티누스나 루소처럼 참회를 적거나 괴테나 톨스토이같이 천재성을 묘사하기보다는 이러한 사회가 이러한 인간을 내었다는 사실" 혹은 "이러한 인간이 이러한 시대에 살았다는 사실"을 적고자 한다고 말했다.

---

1 가와이 코오조오, 심경호역,《중국의 자전문학》, 소명출판사, 2002, p. 89.
2 Robert Folkenflic ed., *The Culture of Autobiography*, Stanford University Press, 1993.
3 호적胡適,《사십자술四十自述》(중국:아동도서관亞東圖書館, 1933). 1939년 제5판의 1987년 상해서점上海書店 영인본.;《호적문존胡適文存》(대만:원동도서공사遠東圖書公司, 제2판, 1961)에 수록된《사십자술》.
4 곽말약郭沫若,〈아적동년我的童年〉,《소년시대少年時代》,《말약자전沫若自傳》제1권, 삼련서점三聯書店, 1978.

이렇게 근대에 들어와 중국에서도 서구식 자서전을 집필하기 시작했으나, 서구의 자서전과는 성격이 조금 다른 '자전적 문학'이 한자문화권에 존재했다. 즉 한자문화권에서는 자전自傳이라는 말이 일찍 성립했고, 그것과 관련이 깊은 자서自序·자술自述·자보自譜 등도 있었다. 이것들은 서양의 자서전과는 달리 고정된 자기의 상을 묘사해나가는 것이 중심을 이루었다.[5] 게다가 단어의 짜임이나 의미가 'autobiography'라는 어휘와 완전히 일치하는 자전自傳이라는 한자어가 이미 중당 시기에 나왔다

한편, 서구에서 자서전은 문학의 기본적 성격인 허구성과는 이질적인, 그것과는 별개의 원리 위에 성립하는 장르라고 할 수 있다. 하지만 한문 고전에서는, 다른 문학 장르와 마찬가지로 자전문학도 현실생활에 입각해 있다. 그런데 한문고전 가운데 자서전의 좋은 예로 거론되는 〈오류선생전五柳先生傳〉 등은 거꾸로 허구성을 수반하고 있다.

또한 한문 자서전은 생애의 전체나 생애의 상당 부분을 되돌아보고 기술하는 예가 별로 없다. 자서전적 글쓰기의 대표적 예로 손꼽히는 〈오류선생전〉도 생활의 한 단면을 묘사한 데 지나지 않는다. 서구로 《논어》〈위정爲政〉의 지우학志于學 장章은 인생 전체를 회고하기는 했지만 지나치게 간략하다. 대개 자전自傳·자서自敍·자서自序 혹은 자술自述 등은 편폭이 조금있고 내용도 정돈되어 있다.

당나라 유지기劉知幾, 661~721는 《사통史通》〈서전序傳〉에서 굴원의 《이소離騷》를 자서自敍의 효시로 보았다. 유지기는 자서의 조건으로, 씨족·조상·출생·이름을 기술하여야 한다고 했다. 《이소》는 주술과 문학의 중

---

[5] 中川久定, 《自傳の文學》, 岩波新書, 1979, p. 4.

간 단계라고 보기도 한다.⁶ 하지만 유지기는 《이소》가 어느 정도 정돈된 분량으로 작자가 자기의 출생 사실을 적고 인생을 회고하여 서술한 점에 주목했다. 유지기는 《이소》를 자서의 효시로 거론한 뒤에, 그뒤 사마상여司馬相如에 이르러 자서自敍라는 형태로 자전을 저술하게 되고 사마천司馬遷에 이르러 〈자서自序〉의 형태로 자전을 저술하게 되었다고 했다.

다만, 한문으로 쓴 자서전적 글들은 편폭이 그리 크지 않다. 청나라 말의 변법자강파變法自彊派 논객이었던 왕도王韜, 1828~1897는 서구문학의 영향을 받아 〈도원노민자전弢園老民自傳〉⁷을 작성했는데, 이 자전도 분량이 5천 글자에 지나지 않는다. 그밖에 전통시대의 자서전·자서·자술 등은 대개 길이가 짧다.

한편, 서구에서는 "자신의 인성의 역사를 중점적으로 이야기하고 있는, 산문으로 쓴 과거 회상형의 이야기"⁸라고 정의한다. 1936년민국 25에 곽등봉郭登峯은 《역대자서전문초歷代自敍傳文鈔》 상·하 책을 편집하여, 전한 시기부터 민국까지 140편의 자전 작품을 수집했으나, 운문의 형식은 제외했다.

하지만 종래의 한자문화권에서는 회상 이야기를 산문이 아니라 운문 양식으로도 작성했다. 이미 한시는 서술시와 서사시의 기능을 담당하므

---

6 일본의 학자는 《이소》의 첫머리 부분이, 《상서》〈금등金縢〉에서 주공단周公旦이 무왕의 병을 고치려고 조상에게 기도하였다고 되어 있는, 축사祝辭와 유사하다고 보아, 다음과 같은 공통점을 거론했다. 첫째, 1인칭으로 서술했다. 둘째, 조상과의 관계를 기술했다. 셋째, 자기의 재덕을 거론했다. 이렇게 대비한 끝에, 《이소》의 상기 부분은 고대의 축사에서 유래하는 것으로, 주술과 문학의 중간에 위치한다고 결론지었다. 藤野岩友, 《巫系文學論》, 大學書房, 1951, p.86.

7 왕도王韜, 〈도원노민자전弢園老民自傳〉, 《도원문록외편弢園文錄外編》, 중화서국中華書局, 1959, 배인본排印本.

8 필립 르죈, 윤진 옮김, 《자서전의 규약》, 문학과지성사, 1998, p.17.

로 회상체 이야기를 운문으로 풀어나가는 양식이 존재한다. 앞서 보았듯이 굴원의 《이소》는 화자가 작중인물임을 표방하는 자전적 시이다. 자서전을 산문으로 한정한 것은 근대 이후의 서구문학사나 서구지성사에서 산문이 발달하면서 인간 삶을 개괄하는 주류 문체로 확립된 데 따른 결과일 뿐이다.

2

전근대 시기 자서전적 글쓰기의 종류

한자문화권에서 자서전적 글쓰기는 대개 사마천의 〈자서〉에서 시작되고, 그 이후 자전自傳·자지自誌·자표自表 등이 나왔다고 할 수 있다. 자서自序가 서적의 서문을 겸하면서 일생을 서술하는 양식이라면, 자전은 적어도 한자문화권에서는 본격적인 자서전에 가깝다고 할 수 있다. 이에 비해 자지와 자표는 무덤에 묻거나 무덤 앞에 세우는 묘도문자이다.

우리나라 선인들도 자서전적 글쓰기에 그와 같은 여러 양식이 있음을 잘 알고 있었다. 《근재집近齋集》 권21에 실려 있는 〈석은옹행년록서石隱翁行年錄序〉를 보면, 행년록이라는 명칭에 대한 풀이에서, "태사공사마천의 〈자서自序〉 이후로, 자전自傳·자지自誌·자표自表라는 것이 있었거늘 서序·전傳·지誌·표表라 하지 않고 녹錄으로 대신한 것은 어째서인가?"라는 말이 나온다.[9] 자서·자전·자지·자표를 자서전적 글쓰기 양식으로 이해

---

[9] 박윤원朴胤源, 〈석은옹행년록서石隱翁行年錄序〉, 《근재집近齋集》 권21 서序.

한 좋은 예라고 할 수 있다. 그런데 이 〈석은옹행년록서〉에서 알 수 있듯이 자신의 삶을 연보 형태로 적는 행년록도 자서전적 글쓰기 양식으로 추가해야 할 것이다.

또한 근대 이전에는 자서전적 글쓰기를 산문으로 한 것만 아니라 운문으로도 행했다. 자술自述이라든가 술회述懷라든가 하는 이름으로 일생의 전체나 일부를 회고하는 방식은 그 대표적인 예이다. 또한 자신의 초상에 감상을 적거나 거울에 비친 자신의 모습을 바라보면서 감회를 적는 자찬自贊의 경우에도, 자기의 삶 전체나 일정한 기간 동안의 생활을 개괄해서 파악하고 그것에 대한 감정적 평결을 서술할 수가 있다. 이런 경우는 모두 근대 이전의 자서전적 글쓰기 양식들로서 분류할 수가 있을 것이다.

구체적인 자료를 검토한 결과 전근대시기의 자서전 글쓰기는 다음과 같은 양태 및 명칭들로 개괄할 수가 있다.

첫째, 자전自傳 계열 : 자전自傳·자서전自敍傳·자서문自序文·자서自敍·사서自序·자서진自序傳·자시설自敍說·자보自譜·자기自紀·지술연기自述年紀

둘째, 운문 술회述懷 계열 : 장편 술회述懷·단편 술회·자술自述·자서自序

셋째, 탁전托傳 계열 : 탁전托傳, 託傳

넷째, 자찬 묘도문자 계열 : 자지自誌·자찬묘지自撰墓誌·자명自銘·자표自表

다섯째, 자만自挽 계열 : 자만自挽, 자작뇌문自作誄文, 운문 유장遺狀

여섯째, 변형 계열 : 자찬自讚, 육가六歌, 혹은 칠가七歌, 서간書簡 및 상표上表 속의 자서전적 글쓰기

이밖에 왕충의 《논형》〈자기自紀〉, 조조曹操의 〈양현자명본지령讓縣自明本志令〉처럼, '자기自紀'나 '자면본지自明本志'라는 명칭을 사용한 예도 있다.

1. 자전自傳 계열

산문으로 작성한 자전적 글은 대개 자전自傳, 자서전自敍傳·자서전自序傳·자서自敍·자서自序·자술自述·자해自解·자서설自敍說·자보自譜·자기自紀·자술연기自述年紀 등의 제목을 사용한다.

㉠ 자전自傳

자전은 자기의 일생 사적을 기술한 전이다. 자전이라는 말이 작품 제목으로 사용된 것은 당 중엽 이후 육우陸羽, 733?~804?의 〈육문학자전陸文學自傳〉과 육우보다 한 세대 뒤 유우석劉禹錫, 772~842의 〈자류자자전子劉子自傳〉에서 비롯되었다.

우리나라에서 '자전'이라는 제목을 사용한 예는 아래와 같다.

조임도趙任道, 1585-1664, 〈자전自傳〉
유한준俞漢雋, 1732-1811, 〈자전自傳〉
조수삼趙秀三, 1762-1849, 〈경원선생자전經畹先生自傳〉
황오黃五, 1816-?, 〈자전自傳〉

㉡ 자서전自敍傳·자서전自序傳·자서문自敍文

중국에서는 자전적 글쓰기를 '자서自敍'라고 한 예는 있으나, '자서전自

敍傳'이나 '자서전自序傳' 혹은 '자서문自敍文'이라고 한 예가 없는 듯하다.

근세에 들어와 1936년민국 25에 곽등봉郭登峯은 《역대자서전문초歷代自敍傳文鈔》 상하 책을 편집했다. 하지만 근대 이전 시기에 중국에서 '자서전自敍傳'이라는 제목을 사용한 예는 발견할 수 없다.

그런데 우리나라의 신작申綽, 1760~1828은 〈자서전自敍傳〉이라는 말을 사용했다. 단, 이 글은 신작의 무덤 앞 묘비에 새겨져 있어 자찬묘비로도 간주된다.

한편, 그 이전에 양나라 강엄江淹, 444~504이 지은 글에 '자서전自序傳'이라는 이름의 작품이 있었다. 《예문유취藝文類聚》 권55 잡문부 1 사전史傳의 '전傳' 조항을 보면, "양나라 강엄의 〈자서전〉에 말하길"이라고 하여 그 일부를 인용해두었다. 하지만 강엄의 그 글을 〈자서전〉이라고 한 것은 《예문유취》와 청나라 양빈梁賓이 판각한 《강문통집江文通集》[10]뿐이고, 그 밖에는 모두 〈자서自序〉라고 했다.

하지만 우리나라에서는 범해梵海가 〈자서전自序傳〉이라는 이름을 사용해서 자서진직 글쓰기를 했다. 범해는 제자가 불교의 역년歷年, 유람의 지취, 전법의 역사에 대해 질문하는 말에 답변하는 형식으로 글을 써나갔다. 아마도 서적의 서문을 스스로 쓴다는 의미에서 '자서自序'라는 말을 사용하고, 자신의 일생 행적에 대해 서술한다는 의미에서 '자전自傳'이라는 말을 의식해서, 그 둘을 합해서 '자서전'이라고 한 듯하다.

또한 인조 때 소론계 문 여성제呂聖齊, 1625~1691는 자신의 일대기를 적

---

10 장부張溥의 《한위육조백삼명가집漢魏六朝百三名家集》을 저본으로 삼고 왕사현汪士賢의 《한위육조명가집漢魏六朝名家集》과 '탕가빈초본湯家斌鈔本'으로 교정한 책을 말한다.

은 글을 〈자서문自敍文〉이라 일컬었다.[11]

ⓒ 자서自敍

근대 이전의 중국에서 자서전적 글을 가리키는 말로 가장 널리 사용된 것은 '자서自敍'이다. 당나라 유지기劉知幾, 661~721의 《사통史通》〈서전序傳〉편은 《이소離騷》를 '자서自敍'의 효시로 보았다. 자서전적 글쓰기를 '자서自敍'라는 대표어를 사용해서 개괄했음을 알 수 있다.

근세에 들어와 용굉容閎, 1817~1912이 "My Life in China and America" 1909라고 제목 붙인 영문 자서전을 저술했는데, 서구의 자전을 모방하여 적은 자전 가운데 하나이다. 이것은 19세기 중반에 미국으로 건너가 귀화하기까지의 생애를 기록한 것으로, 1915년에 《서학동점기西學東漸記-용순보선생자서容純甫先生自敍》로 한역되었다. '자서自敍'로 한역한 것을 보면 '자서自敍'라는 말이 가장 널리 쓰이는 용어였음을 짐작할 수 있다.

이른 시기의 것으로는 동진 때 갈홍葛洪, 284~364의 《포박자抱朴子》 외편 제52 〈자서自敍〉가 있다. 《책부원귀》 권770 '자술2'에는 자서전적 글쓰기들이 개괄되어 있는데, 진나라 육희陸喜의 〈자서自敍〉, 진陳나라 강총江總의 〈자서自敍〉, 후주 때 풍도馮道의 〈장락노자서長樂老自敍〉 등이 '자서自敍'라는 명칭을 사용했음을 알 수 있다.

이 가운데 풍도는 일생 당唐·진晉·한漢·주周 네 왕조에 벼슬하면서 여섯 임금을 섬기고 스스로 '장락로長樂老'라고 자호自號하고, 〈장락로자서

---

[11] 여성제의 〈자서문自敍文〉은 그의 문집인 《운포유고雲浦遺稿》 제4권에 실려 있다. 《운포유고》는 목활자본 6권 3책인데, 현재 한국학중앙연구원 등에 소장되어 있다. 이 책에서는 여성제의 〈자서문〉은 다루지 않았다.

長樂老自敍〉를 지었다.[12]

그런데 저술의 서문에 해당하는 것을 자서自敍라고도 했다. 이때 자서自敍는 저술가가 자신에 대해 언급한 내용을 포함하기도 했다. 이를테면 위나라 문제 조비曹丕, 187~226의 《전론典論》에는 〈자서自敍〉가 있었던 듯하다. 이 사실은 《삼국지》 권2 〈문제기文帝紀〉에 인용되어 있는 배송지裴松之의 주注로부터 엿볼 수 있다. 즉 거기에는 "《전론》의 제帝의 〈자서〉에 이르길"이라고 한 뒤 상당한 분량이 전재되어 있다. 조비의 〈자서〉는 《전론》의 맨 마지막 편으로, 《전론》 전체의 서록序錄이었던 듯한데, 배송지가 인용한 것은 조비가 자기 자신에 대하여 언급한 부분일 것으로 추정된다.[13]

우리나라에서 서적의 서문이 아니면서 '자서'의 제목을 사용하여 자서전적 글쓰기를 한 예들은 다음과 같다.

이자李耔, 1480~1533, 〈자서自敍〉

신흠申欽, 1566~1628, 〈자서自敍〉.

이시발李時發, 1569~1626, 〈사서自敍〉

이식李植, 1584~1647, 〈택구거사 자서澤癯居士自敍〉, 〈자지 속편自誌 續篇〉

신익성申翊聖, 1588~1644, 〈낙전거사자서樂全居士自敍〉

정종노鄭宗魯, 1738~1816, 〈무적공자서無適公自敍〉

이국용李國容, 1834~1888, 〈몽취자서夢翠自敍〉

---

[12] 일설에는 5왕조 8성씨 11임금을 섬겼다고 전해진다. 《구오대사舊五代史》 卷126 〈풍도전馮道傳〉 《실빈녹實賓錄》 6 〈장낙노長樂老〉.

[13] 갈홍은 〈자서自敍〉편에서 "홍洪이 위나라 문제의 《전론》 〈자서自敍〉를 보건대, 그 끝에 바둑과 검술의 일을 언급하였다"라고 하여, 조비의 〈자서〉를 언급했다.

사성師誠, 〈세가자서世家自敍〉[14]

ⓒ 자서自序

자전적 글의 제목으로는 또한 자서自序라는 명칭을 사용하기도 한다. 옛날에는 저작물의 뒤에 자서自序를 붙여 저작의 경과를 기술하면서 자기의 가계·일생·사상을 기술하기도 했다. 태사공 사마천이 《사기》에 자서自序를 붙여 서적의 서문으로 삼으면서 동시에 자기 인생의 개괄을 한 이후로 간간이 그와 같은 사례가 있다.

우리나라의 자전적 글 가운데 저작의 서문이 아니면서 자서自序를 사용한 예는 다음과 같다.

김정국金正國, 1485~1541, 〈팔여거사자서八餘居士自序〉
이재李栽, 1659~1730, 〈자서自序〉
한장석韓章錫, 1832~1894, 〈삼관자자서三觀子自序〉

ⓜ 소전小傳

자전 계열의 글쓰기 가운데는 '소전小傳'이라는 제목을 사용한 예도 있다. 편폭이 짧다는 뜻이지만, 저자가 하찮은 자신의 이야기를 서술한다는 겸손의 뜻을 가탁한 것이기도 하다.

---

[14] 조선후기의 승려인 사성師誠의 글인데, 본서에서는 지면 관계상 이 글은 다루지 않았다. 규장각 소장 목각본 《극암집克庵集》 권3에 수록되어 있다. 《극암집》은 3권 2책의 목각본으로, 사성의 법손인 달현達玄과 서한기徐翰基 등이 간행하였다. 70여 편의 시와 만가挽歌 8편, 편지 25편, 기타 책의 서문 5편, 기記 3편, 찬贊 3편, 문文 7편 등이 수록되어 있다. 달현이 쓴 〈가장家狀〉에 따르면, 사성은 불교의 경전뿐 아니라 유가儒家·백가百家의 경전을 두루 섭렵했다고 한다.

박제가朴齊家, 1750~1805, 〈소전小傳〉

ⓑ 자해自解

자해自解는 대개 자신의 행사나 명명命名에 대해 다른 사람이 의문을 제기할 때 자신의 관점을 설득시키기 위해 사용하는 문체이다. 심대윤沈大允, 1806~1872의 〈동구자자해東邱子自解〉는 대표적인 예이다. 그런데 그 해명의 과정에서 자서전적 글쓰기를 행할 수도 있다. 하지만 이 문체를 이용해서 자서전적 요소까지 지니고 있는 예는 드물다. 심대윤의 〈동구자자해〉도 '동구자' 라는 호를 사용하는 이유를 해명하는 데 주안점을 두었지, 자서전적 글쓰기를 의도했다고는 보기 어렵다.

ⓢ 자서설自敍說

자전의 계열에는 '자서설自敍說' 이라는 제목을 붙인 예가 있다. 다음이 그것이다.

황윤석黃胤錫, 1729~1791, 〈자서설自叙說〉

ⓞ 자보自譜와 행년록行年錄

대개 스스로의 묘비를 남에게 부탁하기 이전에 자신의 일생 경력을 개괄하려는 목적으로 그러한 글을 지은 듯하다. 이를테면 이원익은 1634년 인조 12 금양시흥에 은퇴한 지 8년 만에 88세로 죽었는데, 생전에 "내가 죽은 뒤에 실없는 명예로 묘도墓道를 사치스럽게 꾸미는 것을 나는 심히 부끄럽게 여긴다" 하고, 자제를 시켜 평생의 일을 차례로 서술해서 이준李埈

에게 부탁하여 묘비를 짓게 했다. 이와는 별도로 일사逸事를 기록한 글이 있는데, 이는 이원익이 자술自述한 것이다. 이 예에서 나타나듯, 선인들은 죽음에 앞서 미리 자찬의 묘지墓誌를 작성해 두는 일이 많았다.

하지만 반드시 묘지의 제작과 관계없이도 스스로의 일생을 되돌아보고 새로운 삶을 살아나가기 위한 결심에서 일생을 서술하는 글을 남기기도 했다.

일생의 사적을 간단하게 연대기식으로 서술하는 것을 자보自譜나 행년록行年錄이라고 한 듯하다. 대개 작가의 양식을 본받지 않고 연보처럼 축단逐段의 방식으로 일생의 사적을 개괄한다는 뜻에서 그렇게 말하는 듯하다. 연담유일이 〈자보행업自譜行業〉을 작성해서 출가와 구도의 과정을 간단명료하게 계년화系年化한 것은 그 한 예이다.

그런데 자보나 행년록은 단순한 메모로 끝나는 것이 아니다. 비록 작가의 양식을 본받지 않고 단段을 나누어 순서대로 기록했기 때문에 저자와 저자의 삶에 관한 통일된 관념을 선명하게 제시하지는 않지만, 저자의 관념과 철학, 삶의 지향 등을 드러내면서 그 나름대로 문체를 갖추고 있었다. 박윤원朴胤源, 1734~1799은 〈석은옹행년록서石隱翁行年錄序〉에서 '행년록'의 제작 이유와 형식에 대해 다음과 같이 말했다.

《석은옹행년록石隱翁行年錄》이라는 것은 옹이 스스로 기록한 것이다. 실은 연보年譜의 체제를 본받았으면서도 보譜라 하지 않고 녹錄이라 한 것은 스스로 적어 만들었기 때문에 그런 것이다. 태사공사마천의 〈자서自序〉 이후로, 자전自傳·자지自誌·자표自表라는 것이 있었거늘 서序·전傳·지誌·표表라 하지 않고 녹錄으로 대신한 것은 어째서인가? 공은 대개 일들을 스스로 기록했을 따름이지, 작가를 모방하려고 한 것이 아니었기 때문이다. 더구나 단段을 나누어 순서대로 적어나가서, 전편全篇, 한 편의 글을 온전하게 구성함의 역사가 거대하여 성취하기 어려움과는 달라서, 그때그때 손 가는 대로 이룰 수 있다. 그러므로 이 행년록이 반드시 연보의 예를 취한 것이다.

무릇 기사記事의 법 가운데는 편년編年처럼 상세하고도 완비된 것이 없다. 해年를 기준으로 통괄하고 달月과 일日을 기준으로 연계하므로, 흩어져 어지러워지고 차서를 잃어버릴 걱정이 없으면서 열람에 편하다.

이 행년록은 기축년에 시작해서 계사년에서 그쳤다. 모두 65년간 통하거나 궁하며 길하거나 흉한 일들과 슬픔과 환락, 영광과 오욕, 그리고 실행과 그침, 나아감과 물러남에 관계된 사실들이라면 죄다 실어서 싣지 않은 것이 없다. 집안에서 생활하고 조정에 서서 정치를 행했던 본말과 시종을 하나하나 일일이 살필 수가 있다. 이것을 자손에게 남겨준다면 이것은 곧 가승家乘이다. 이것을 후세에 드리운다면 이것은 곧 본전本傳이다. 군자인 분이 있어 입언立言을 하여, 그 아름다움을 포미하고 찬양하려면 비碑·갈碣·뇌誄·장狀이 모두 여기에서 징험할 수가 있다. 처음에 비록 공이 스스로 기재하여 유실과 망각에 대비했으나, 끝내 죽은 뒤 어떤 행적이 있는지 징험할 수 있는 근거가 되어서, 공의 평생을 백년 천년 뒤에 환히 드러내 경·대부·사의 모범이 되게 한다면, 이 행년록이 관계하는 것이 어찌 작다고 하겠는가? 그 문자가 기굴奇崛하고 의론이 준위儁偉한 것을 보면 공의 기개를 상상할 수가 있고, 사이사이에 산수를 품제品題한 내용과 술잔으로 들면서 해학諧謔한 사실들이 끼어 있으며, 왕왕 마치 그림과도 같이 써낸 것이 있다. 공이 시에 공교롭기 때문에 문에서도 역시 이와 같은 것이 아니겠는가? 세사에 대한 시비와 인물에 대한 억양포폄의 경우에는 시류배가 본다면 반드시 꺼려할 자가 있을 것이니, 이것은 공을 아는 사람에게만 말해야 한다. 공이 거쳐온 이력은 지극히 힘들고 또 어려웠으나, 알선斡旋하고 구획區劃하는 때에 재주와 경략과 지혜와 사려는 일반적인 사람들의 생각 밖으로 탁월하게 벗어나 있으니, 여기서도 공이 당대에 크게 쓰이지 못한 것을 더욱 한탄할 만하다.

공은 계청啓請에 참여하지 않았기에 삼목三木, 법으로 논죄되기에 미칠 것임을 스스로 알았으므로, 곧바로 이 행년록을 가져다가 근실하게 깊이 갈무리를 해두었다. 얼마 있다가 임진년 11월의 사건이 있자, 집안의 서적은 모두 없어지고 말았으나, 유독 이 행년록과 약간의 유집遺集만 완전하게 보존되어 아무 탈이 없었으니, 정말로 옛날에 말한 "보옥은 겁화劫火에도 죄다 타 없어지지 않는다"라고 한 것이 이에 해당한다. 아아, 기이하도다!

행년록 가운데 심도沁都, 강화도의 유수留守 이후 일은, 공이 병이 나서 스스로 기록할 수 없었으므로, 공이 죽은 후 사위 이영원李英遠이 이어 기록해서 완성했다. 공이 절필할 때 지은 서너 행의 시도 그 속에 있는데, 열렬한 정충貞忠이 죽음에 이르도록 그치지 않았기에, 이것을 읽으면서 눈물을 흘리지 않을 수 있겠는가? 슬프도다!

공의 후사인 한석漢石이 이 행년록을 내게 보여주면서 나에게 서문을 지으라고 위촉을 했다. 나는 공의 사위인데다가, 일찍이 속록續錄의 한두 가지 사항은 나도 함께 들은 적이 있으므로, 의리상 감히 사양할 수가 없기에, 삼가 이 글을 적어서 돌려준다.

공은 휘가 언민彦民이고, 관직은 예조참판이었다. 석은石隱은 그의 호이다.[15]

《석은옹행년록》은 현전하지 않는 듯하다. 자보와 행년록의 형태로 이루어진 자서전의 예로는 다음 글이 있다.

연담유일蓮潭有一, 1720~1799, 〈자보행업自譜行業〉

2. 운문 술회述懷 계열

한시에는 영회詠懷 혹은 술회述懷라는 제목으로 현재의 심경과 미래의 지향을 진술하는 양식이 있다. 혹은 서회書懷라고도 한다. 이들을 모두 영회시라고 할 수 있다. 영회시는 정치적 포부를 실현시키지 못한 문인들이 갖는 회재불우懷才不遇의 소외감을 비유와 상징, 역사적 제재와 의론적 요소 등을 통해 기탁한다. 대개 완적阮籍, 210-263의 〈영회詠懷〉82수를 기원으로 하며, 당나라 두보杜甫와 이백李白에 이르러 크게 발전했다.

전근대시기의 지식인들은 자기 수양과 현실에의 참여를 행하는 과정에서 겪는 결단과 좌절의 감정을 영회시로 표출해왔다. 한국고전문학도 예외가 아니어서, 영회 혹은 술회의 제목을 지닌 수많은 한시가 창작되어 나왔다. 술회를 위주로 하는 한시 가운데는 자신의 인생 여정을 되돌아봄으로써 자전적 요소를 갖춘 예들이 적지 않다. 대개 장편의 술회가 그러

---

15 박윤원, 〈석은옹행년록서石隱翁行年錄序〉, 《근재집近齋集》 권21 서序.

한 기능을 갖지만 단형의 시도 그러한 기능을 갖기도 한다. 그리고 장편의 술회시이면서 '자서自序'라는 제목을 갖는 경우도 있다.

㉠ 장편 술회述懷

영회 혹은 술회를 제목으로 지닌 영회시들은 대다수가 단형이었다. 하지만 두보의 장편배율 〈추일기부영회일백운秋日夔府詠懷一百韻〉은 당시로서는 제일 긴 편폭으로, 만년의 객수와 은일 지향의식을 서술했다. 이후 중국과 한국의 많은 지식인들이 장편 영회시를 지었다. 그 가운데는 50운이 넘는 장편도 상당히 많다. 성수침成守琛, 1492~1564의 〈술회述懷〉는 80운에 이른다.

16세기 말 이후에는 한시의 장편화 현상이 두드러지게 되면서[16] 영회시들도 장편의 작품이 많이 나왔다. 성수침의 〈술회〉처럼 대개 현재의 처지를 반추하고 안분의 뜻을 노래한 것이 많지만, 서정시로 그치지 않고 노정기와 술회를 결합하든가, 자전적 요소를 지니는 것도 많아졌다. 이를테면 이민성李民宬의 〈연중기사 일백운燕中記事一百韻〉은 1603년 연경사행의 경험을 토대로 작성한 것으로, 노정기와 술회를 결합시켰다.[17]

그런데 이 장편 영회시 가운데는 자전적 요소를 갖춘 것도 많다. 그것들은 술회述懷라든가 자서自序라는 제목을 사용하는 것이 대부분이다.

---

16 이를테면 차천로車天輅의 〈대윤정춘송기제차야부경주부윤백운代尹靜春送其弟次野赴慶州府尹百韻〉, 〈송성칙우진사남귀공주백운送成則優進士南歸公州百韻〉, 유몽인柳夢寅의 〈관동기행이백운關東紀行二百韻〉, 〈송리정랑두봉양오부경일백삼십운送李正郞斗峯養吾赴京一百三十韻〉, 〈유두류산백운遊頭流山百韻〉등이 모두 100운 이상의 장편이다.

17 이민성李民宬, 〈연중기사일백운燕中記事一百韻 봉정량사령안봉呈兩使令案 겸이술회兼以述懷〉, 《경정선생집敬亭先生集》 권1. 또한 신현규, 〈장편 서사한시의 맥락 : 〈화삼백운시〉와 〈술회〉의 창작동기 중심으로〉, 《어문논집》 25, 중앙어문학회, 1997를 참조.

이수광李睟光, 1563~1628, 〈술회오백칠십언述懷五百七十言〉

임숙영任叔英, 1576~1623, 〈술회述懷〉

이경여李敬輿, 1585~1657, 〈합차공부술회북정양시운合次工部述懷北征兩詩韻〉

이민구李敏求, 1589~1670, 〈술회일백운述懷一百韻〉

홍여하洪汝河, 1621~1678, 〈술회述懷〉

이관명李觀命, 1661~1733, 〈우거임우중술회寓居霖雨中述懷〉[18]

조태억趙泰億, 1675~1728, 〈술회오십운 등하주초述懷五十韻, 燈下走草〉

신유한申維翰, 1681~1752, 〈야성에 객이 되어 수심이 맺혀 풀리지 않기에 내 일생을 스스로 적어 본다. 60운이다野城作客 牢愁鬱結 自叙平生 六十韻〉

ⓛ 단편 술회述懷

술회의 한시 가운데는 단형이면서도 자전적 요소를 갖춘 예들이 있다. 다음 예를 들 수 있다.

권필權韠, 1569~1612, 〈술회述懷〉.

ⓒ 자술自述

---

[18] 이관명李觀命은 본관이 전주全州로, 판서 이민서李敏敍의 아들이다. 이관명은 아우 이건명李健命도 정승, 아들 이휘지李徽之도 정승이 되었으며, 사돈 김재로金在魯, 사위 김치인金致仁도 정승이 되어 한때의 영광을 모두 누렸다. 하지만 젊어서 호우湖右의 '보령保寧'에 우거할 때는 답답한 마음을 풀어버리고 장편의 〈우거임우중술회寓居霖雨中述懷〉를 읊었다. 일종의 〈안분음〉이다. 이관명은 1687년에 사마시에 합격하고, 38세 되는 1698년에 함열현감으로 있다가 가을의 알성 문과에 급제했다. 1706년 5월에는 영의정 최석정의 천거로 응교가 되고, 1709년에 사간을 거쳐 동부승지가 되었다. 이해 정월, 민진원閔鎭遠과 민진후閔鎭厚의 권력 남용을 비판하고 최석정의 《예기유편禮記類編》을 비판했다가, 2월에 장령 윤회尹會의 탄핵으로 관작이 삭탈되었다. 11월에는 모친상을 당하였다. 이때 장편의 〈술회〉를 지은 것이다.

선인들은 자신의 일생을 스스로 서술하는 일이 많았다. 단, '자술'이라는 제목으로 한 시기의 심정을 토로한 영회시도 있다. 이러한 것은 자서전적 글쓰기로 보기는 어렵다. 이색·유방선·이황의 '자술'시는 후자의 대표적인 예이다.[19]

하지만 일생의 사적을 시간 축에 따라 나열하여 적은 자술自述도 대개 남겼다. 구체적인 예는 다음과 같다.

고경명高敬命, 1533~1592, 〈자술自述〉
권섭權燮, 1671~1759, 〈자술년기自述年紀〉
조관빈趙觀彬, 1691~1757, 〈자술 효고체自述效古體〉
오재순吳載純, 1727~1792, 〈자술自述〉
박제가朴齊家, 1750~1805, 〈자술 화윤사自述和胤思〉
이서구李書九, 1754~1825, 〈강산자술薑山自述〉
장혼張混, 1759~1828, 〈자술自述〉

ㄹ 운문 자서自敍

장편 한시의 자전적 글에 '자서自敍'라는 제목을 붙인 예도 있다. 신유한의 예에서 나타나듯 '자서평생自敍平生'의 의미에서 그러한 제목을 취한다.

남용익南龍翼, 1628~1692, 〈자서시自敍詩〉

---

19 이색 〈자술自述〉은 칠언절구, 유방선 〈자술自述〉은 칠언율시, 서거정 〈자술自述〉은 칠언율시, 이황 〈복몽천은伏蒙天恩 허수퇴한許遂退閒 차감차경且感且慶 자술팔절自述八絶〉은 칠언절구의 연작이다.

신유한申維翰, 1681~1752, 〈야성에 객이 되어 수심이 맺혀 풀리지 않기에 내 일생을 스스로 적어 본다. 60운이다野城作客 牢愁鬱結 自叙平生 六十韻〉

3. 탁전托傳

탁전의 형태로 지은 완적阮籍의 〈대인선생전大人先生傳〉, 도연명의 〈오류선생전五柳先生傳〉, 백거이白居易의 〈취음선생전醉吟先生傳〉 그리고 고려 때 최해崔瀣의 〈예산은자전猊山隱者傳〉과 같은 글들이 자서전自敍傳 양식에 속한다. 이러한 글들은 삶의 의미와 주체의 문제에 대한 성찰과 고뇌를 배경으로 이루어진다. 완적의 〈대인선생전〉처럼 허구라는 것을 명시하는 경우에도, 독자는 거기에서 어느 정도 자전적 성격을 감지해왔다. "이 것은 바로 완적의 흉회의 본취이다", "그 대의는 선생이 나와 다르지 않음을 말한 것이다", "그렇게 하여 품은 바를 기탁하였다"라는 언술은, 대인선생을 완적에 겹쳐 읽어왔음을 보여준다.

후구나가福永光司 씨는 이것을 완적의 "철학적 자서전이라고 말할 수 있다"[20]고 했다. 하지만 '철학적 자서전'이라고 하면, 예를 들면 아베 지로阿部次郎의 《산타로 일기三太郎の日記》, 이데 타카시出隆의 《철학이전哲學以前》 따위와 같이 근대 이후 철학자가 사상 편력을 회고한 책을 상기하겠지만, '대인선생'에게는 그러한 편력·방황, 다시 말해 탐구하면서 자기를 만들어간다는 변용의 과정이 기록되어 있지 않다. '대인선생'의 사상

---

[20] 福永光司, 〈'大人賦'の思想的系譜—辭賦の文學と老莊の哲學〉, 《道敎思想史硏究》, 岩波書店, 1987, p. 280.

은 당초부터 고정되고 확립되어 있어서, 〈전〉은 그것을 여러 측면에서 설명했다. 유가의 군자나 도가의 은자가 등장하는 것도 사상 편력을 말한 것이 아니라, 다른 사상과의 대화 속에서 대인선생의 윤곽을 분명히 그려내려 한 데 지나지 않는다. 탁전은 대개 인생의 경험을 통해 변화하는 자기를 추적한다는 성격이 희박하며, 대체로 초상화처럼 고정된 자기의 상을 묘사해나갈 뿐이다.

또한 강백년姜栢年, 1603-1681이 월과月課로 지은 〈희황상인전羲黃上人傳〉은 도연명의 〈오류선생전〉과 그 속에 나오는 희상상인의 정신세계를 이른바 사의寫意한 것이어서, 자전적 요소가 거의 없다.

우리나라의 탁전은 다음과 같다.

이규보李奎報, 1168~1241, 〈백운거사전白雲居士傳〉
최해崔瀣, 1287~1340, 〈예산은자전猊山隱者傳〉
성현成俔, 1439~1504, 〈부휴자전浮休子傳〉
최기남崔奇男, 1586~1669, 〈졸옹전拙翁傳〉
이익李瀷, 1681~1763, 〈동방일사전東方一士傳〉
안정복安鼎福, 1712~1791, 〈영장산객전靈長山客傳〉
이덕무李德懋, 1741~1793, 〈간서치전看書痴傳〉
이광언李光彦, 1780~?, 〈농암거사전聾巖居士傳〉
초암草广, 〈삼화전三花傳〉

근세 이후에도 여러 탁전이 나왔으나, 이 책에서는 생략하기로 한다.

4. 자찬 묘도문자

후한 때는 생전에 자신이 훗날 들어갈 무덤을 만드는 풍습이 있어서, 생전에 만든 무덤을 수장壽藏 혹은 춘추장春秋藏이라 했다. 《후한서》〈조기전趙岐傳〉에 보면, "조기가 손수 춘추장수장을 만든 다음 계찰季札·자산子産·안영晏嬰·숙향叔向 등 네 사람의 초상을 그려서 빈위賓位에 두고 자신의 초상을 그려서 주위主位에 두니, 모두 찬송讚頌을 했다. 이것이 생광의 시초이다"라고 했다.

그뒤 《당서》에 의하면, 요욱姚勖이 손수 수장壽藏을 만안산萬安山에 만들어놓고 광중은 '적거혈寂居穴'이라 하고 봉분은 '복진당復眞堂'이라 했으며, 또한 흙을 깎아 상牀을 만들고 '화대化臺'라 일컬었는가 하면 돌에 글을 새겨서 후세에 알렸다. 또 노조린盧照隣은 구자산具茨山 아래에 숨어 살면서 미리 묘구墓區를 만들어 그 속에서 편안히 누워 지냈고, 이적李適은 무덤을 만들고 소나무 열 그루를 심은 다음 미처 병이 나기도 전에 그 무덤으로 가서 석탑石榻 위에서 잠을 자고 그가 지은 《구경요구九經要句》와 소금素琴을 앞에 늘어놓았다 했다. 그리고 《당서》에 보면, 사공도司空圖도 생광生壙을 만들어놓고 매년 봄과 가을의 가일佳日에 빈우賓友를 맞아 그 옆에서 놀았다고 한다.

남송의 학자 주희朱熹도 수장을 만들었다.[21] 원·명·청 때도 지식인들이 수장을 만드는 풍조가 있었다. 우리나라 사람들은 주희의 사례를 모방해서 수장을 만든 사람들이 국초에 많았다. 생갈生碣과 생뢰生誄도 있다. 조선 말의 이유원은 산 사람의 무덤인 생광生壙과 수장기에 대해 언급했다.[22]

---

21 주희朱熹, 〈영암기寧菴記〉, 《회암집晦庵集》 권80 기記.

수장을 마련하면 그 기념으로 수장기壽藏記를 남에게 부탁하거나 스스로 지었다. 이 수장기는 종이 위에 글로 남기는 일이 많았지만, 동시에 돌에 새겨 묘표나 묘지로 삼기도 했다. 대개 후인의 '일미溢美, 분에 넘치는 찬미'를 막기 위해 간단한 이력 사항만을 적었다.

원·명 때는 수장이 성하면서, 남이 수장기를 써주는 경우가 많았으나,[23] 스스로 수장기를 지은 사람도 여럿 있었다. 원나라 왕운王惲의 〈혼원유씨세덕비명병서渾源劉氏世德碑銘并序〉를 보면 유급劉汲이라는 사람에 대해 서술한 내용 중에 유급이 수장기를 작성한 사실을 언급하고 있다. 또 원나라 진려陳旅는 스스로 〈진고사수장기陳高士壽藏記〉를 지어, 그 글이 문집 《안아당집安雅堂集》에 전한다. 명나라의 유대하劉大夏도 스스로 수장기를 지어서 돌에 새겼다는 기록이 있다. 소보邵寶는 〈동산공전전東山公前傳〉《용춘당집容春堂集》前集 권15에서 유劉 아무개자 시옹時雍가 수장기를 지은 사실을 언급했다.

우리나라에서도 남유용이 정형복鄭亨復, ?~1769을 위한 묘표를 지어준

---

22 이유원, 〈산 사람의 무덤生壙〉, 《임하필기林下筆記》 제33권 화동옥삼편華東玉糝編.
23 명나라의 예만을 들면 다음과 같다. 왕행王行, 〈발한처사수장기跋韓處士壽藏記〉《반헌집半軒集》 권8, 호엄胡儼, 〈영가대라산황공수장기永嘉大羅山黃公壽藏記〉《이암문선頤庵文選》 上, 왕직王直, 〈증선생수장기曾先生壽藏記〉《억암문후집抑菴文後集》 권3, 이시면李時勉, 〈호씨수장기胡氏壽藏記〉《고렴문집古廉文集》 권3, 서유정徐有貞, 〈전례부주사탕공수장기前禮部主事湯公壽藏記〉《무공집武功集》 권4 사관고史館稿, 심로沈魯, 〈정개암선생수장기鄭介菴先生壽藏記〉정문강鄭文康, 〈평교고平橋藁〉 부록, 정민정程敏政, 〈태감정공수장기太監鄭公壽藏記〉《황돈문집篁墩文集》 권21, 정민정程敏政, 〈태감하공수장기太監何公壽藏記〉《황돈문집篁墩文集》 권20, 오관吳寬, 〈일만옹수장기逸晩翁壽藏記〉《가장집家藏集》 권63, 소보邵寶, 〈화씨사산수장기華氏佘山壽藏記〉《용춘당容春堂》 속집 권10, 고청顧淸, 〈장동원수장기張東園壽藏記〉《동강가장집東江家藏集》 권38 후집 5, 왕세정王世貞, 〈한림원시독학사홍산화공수장기翰林院侍讀學士鴻山華公壽藏記〉《엄주사부고儼州四部稿》 권77 문부文部 기記, 도륭屠隆, 〈국태광록수장기國泰光祿壽藏記〉하부징賀復徵 편편, 《문장변체휘선文章辨體彙選》 권611 기기記52 잡기雜記 등이다.

예가 있다. 〈묘표자제墓表自題〉²⁴가 그것이다. 또 이유원을 위해 윤정현이 수장기를 지어준 것이 있다.²⁵

후한 때 수장에 묻을 묘지墓誌도 미리 작성하는 풍조가 있었는지는 알 수 없다. 수장을 마련하든 안 하든, 아직 살아 있는 사람을 위해 작성하는 묘지를 생지生誌라고 한다. 스스로 자신의 생지를 작성한 것은 자지自誌라고 한다.

㉠ 자지自誌

옛 사람들은 만년에 죽음을 의식하고 스스로의 묘지를 작성했다. 송나라 유학자 정향程珦, 자 伯溫은 스스로의 묘지를 적되, 관직이나 품계 및 경력, 졸년과 장사 일자는 글자를 비워두었다. 그가 죽은 뒤 자제들이나 문도들이 그러한 사항을 추가로 채워 넣었다.

우리나라의 현존하는 자찬 묘도문자로서 가장 오래된 것은 고려시대 김훤金晅의 〈자찬묘지自撰墓誌〉이다.

또한 고인들은 묘지는 자찬하고 명을 다른 사람에게 부탁하기도 했다. 율촌栗村 한장韓丈이 묘지를 스스로 짓고 이경석李景奭에게 명을 부탁한 예가 그것이다. 이경석은 자지自誌나 자만自輓을 지은 사례가 있지만 '객습지열客習之列'에 있는 사람이 미리 명을 지어주는 것은 비례非禮일 뿐만 아니라 의義로 보아서도 불가하여 옛날에 없던 일이라고 하면서, 대신

---

24 현재 탁본은 경기도박물관에 소장되어 있으며, 탁본한 연대는 1980년대로 추정된다. (단행본)경기도, 《경기금석대관》 6, 경기도, 1992.
25 이유원, 〈침계梣溪가 지은 글〉, 《임하필기林下筆記》 제26권 춘명일사春明逸史.

〈율헌사栗軒詞〉를 지어 올린다고 했다.[26]

김훤金晅, 1258~1305, 〈자찬묘지自撰墓誌〉

성혼成渾, 1535~1598, 〈자지自誌〉

송남수宋枏壽, 1537~1626, 〈자지문自誌文〉

윤민헌尹民獻, 1562~1628, 〈자지自誌〉

박미朴瀰, 1592~1645, 〈자지自誌〉

이신하李紳夏, 1623~1690, 〈자지문自誌文〉 이여李畬, 1645~1718, 〈先府君自誌文續錄〉

이선李選, 1631~1692, 〈지호거사자지芝湖居士自誌〉

남학명南鶴鳴, 1654~1722, 〈자서묘지自序墓誌〉

김주신金柱臣, 1661~1721, 〈수장자지壽葬自誌〉

이의현李宜顯, 1669~1745, 〈자지自誌〉

김광수金光遂, 1678~1737, 〈유명조선 상고자 김광수 생광지有明朝鮮尙古子金光遂生壙誌〉

박필주朴弼周, 1680~1748, 〈자지自誌〉

남유용南有容, 1698~1773, 〈자지自誌〉

강세황姜世晃, 1712~1791, 〈표옹자지豹翁自誌〉

유언호俞彦鎬, 1730~1796, 〈자지自誌〉

남공철南公轍, 1760~1840, 〈자지自誌〉

이건승李建昇, 1858~1924, 〈자지自誌〉

---

26 이경석李景奭, 〈율헌사栗軒詞〉, 《백헌선생집白軒先生集》 권14 시고詩稿 사부詞附.

기록에는 자찬의 사실이 나오지만 현전하지 않는 〈자지〉도 많은 듯하다. 이를테면 오원吳瑗, 1700~1740은 을사년에 〈본생고자술묘지후기本生考自述墓誌後記〉를 남겼으나, 생부 오진주吳晉周가 자술한 묘지에 대해서 언급했을 뿐, 오진주의 〈자지〉는 실어두지 않았다.[27] 이만수李晚秀의 친구 성정주成鼎柱도 533자의 〈자지自誌〉를 지었다. 이만수는 추가로 명을 지어주었다. 단, 《극원유고屐園遺稿》 권11 옥국집玉局集에는 〈성백상정주자지추명成伯象鼎柱自誌追銘〉을 싣고, 성정주의 〈자지〉는 싣지 않았다.

ⓛ 자명自銘

한문고전에는 자신의 무덤에 묻거나 무덤 앞에 세울 비명碑銘을 미리 지은 것들이 상당수 전한다. 자명은 자지와 같되, 운문으로 지은 것을 말한다. 이를테면 진요좌陳堯佐는 82세에 자명自誌를 지었는데, 상진尙震은 그를 본받되 〈자지〉가 아니라 〈자명自銘〉을 지었다. 또한 동한 때 조기趙岐, 자 邠卿는 나이 56세에 〈자명〉을 지었는데, 영조 38년임진에 당시 56세였던 이재李栽, 1657~1730는 조기의 예를 따라 이 해에 〈자명〉을 지었다.[28]

우리나라의 선인들이 지은 〈자명〉으로는 다음과 같은 예들이 있다.

조운흘趙云仡, 1332~1404, 〈자명自銘〉

이홍준李弘準, 〈자명自銘〉

---

[27] 이재李栽, 〈본생고자술묘지후기本生考自述墓誌後記〉, 《월곡집月谷集》 권11 묘지명墓誌銘. 오원吳瑗, 1700~1740은 오진주吳晉周의 아들인데 해창위海昌尉 오태주吳泰周의 후사로 갔다.

[28] 이재, 〈밀암자서密菴自序〉, 《밀암집(密菴集)》 권23 행장(行狀).; 〈자명(自銘)〉, 《밀암집》 권14 잠명(箴銘).

상진尙震, 1493~1564, 〈자명自銘〉

이황李滉, 1501~1570, 〈자명自銘〉

노수신盧守愼, 1515~1590, 〈암실선생자명暗室先生自銘〉

홍가신洪可臣, 1541~1615, 〈자명自銘〉

이준李埈, 1560~1635, 〈자명自銘〉

김상용金尙容, 1561~1637, 〈자술묘명自述墓銘〉

금각琴恪, 1569~1586, 〈자명自銘〉

김응조金應祖, 1587~1667, 〈자명自銘〉

허목許穆, 1595~1682, 〈자명비自銘碑〉

유척기俞拓基, 1691~1767, 〈미음노인자명渼陰老人自銘〉

조림曺霖, 1711~1790, 〈자명병서自銘幷序〉[29]

임희성任希聖, 1712~1783, 〈재간노인자명 병서在澗老人自銘 幷序〉

조경趙璥, 1727~1787, 〈자명自銘〉

자명 가운데는 현전하지 않는 것도 많다. 이를테면 《퇴우당집退憂堂集》 권10 〈좌참찬김공묘지명左參贊金公墓誌銘〉에 보면, 묘주 김광욱金光煜이 일찍이 묘명墓銘을 스스로 서술했다고 되어 있다. 그러나 그 묘명은 전하지 않는다.

또한 일제강점기에도 자명들이 지어졌다.

---

[29] 조림曺霖, 1711~1790은 조선 영조·정조 때 산림학자이다. 본관은 창녕昌寧, 자는 상보商輔, 호는 신재新齋로, 아버지는 세맹世孟이며, 큰아버지 세안世顔에게 입양되었다. 《신재문집》 5권 3책이 전한다.

유원성柳遠聲, 1851~1945, 〈모옹帽翁 지명誌銘〉.

ⓒ 자표自表

박영朴英, 1471~1540, 〈묘표자찬墓表自撰〉

조상치曹尙治, 〈자표自表〉

박세당朴世堂, 1629~1703, 〈서계초수묘표西溪樵叟墓表〉

서명응徐命膺, 1716~1787, 〈자표自表〉

김종수金鍾秀, 1728~1799, 〈자표自表〉

서유구徐有榘, 1764~1845, 〈오비거사생광자표五費居士生壙自表〉

서기수徐淇修, 1771~1834, 〈자표自表〉

ⓒ 자찬묘지명

이만수李晩秀, 1752~1820, 〈자지명自誌銘〉

정약용丁若鏞, 1762~1836, 〈자찬묘지명自撰墓誌銘〉

이유원李裕元, 1814~1888, 〈자갈명自碣銘〉

김택영金澤榮, 1850~1927, 〈자제묘지명自製墓誌銘〉

현계환玄啓煥, 〈자찬묘지명自撰墓誌銘〉

5 자만自輓 계열

동진 때 도잠陶潛, 자 연명淵明과 송宋나라 진관秦觀, 자 소유少游은 자기의 죽음을 사색하면서 스스로 만장輓章을 지었다. 또한 송나라 임포林逋, 자 화정和靖도 자만自挽의 시를 남겼다. 그들을 본떠서 스스로의 죽음을 애도하여 미리 적는 자만自挽, 自輓의 글 가운데도 자신의 일생을 개괄하는 자전적 글쓰기가 들어 있는 것들이 있다.

자만 계열의 글로는 자만自挽, 自輓, 자작뇌문自作誄文이 있다. 또한 임종에 운문으로 노래를 지어 유장遺狀으로 삼은 예가 있다. 그 속에 간혹 자서전적 요소가 포함되어 있기도 한 것이다.

㉠ 자만自挽, 自輓

스스로의 죽음을 애도하여 작성한 자만自挽, 自輓의 글 가운데 자서전적 요소가 들어 있다고 말할 수 있는 예로는 다음과 같은 것들이 있다.

남효온南孝溫, 1454~1492, 〈자만自挽〉
이정암李廷馣, 1541~1600, 〈자만自挽〉
임제林悌, 1549~1587, 〈자만自挽〉
정렴鄭磏, 1506~1549, 〈자만自挽〉

㉡ 자작뇌문自作誄文

본래 뇌誄는 병이 위중한 사람을 위해 천지신명에게 기도하거나 삶을 마친 사람을 애도하는 글이다. 스스로 지은 뇌誄 속에도 자서전적 요소가 들어 있을 수 있다. 다음의 예를 들 수 있다.

윤기尹愭, 1741~1826, 〈자작뇌문自作誄文〉

㉢ 운문 유장遺狀

임상원任相元의 친우 이필진李必進은 장가長歌를 지어 유장遺狀으로 삼았다고 한다. 그 사실은 임상원이 작성한 묘지명을 통해서 추측할 수가 있다.[30] 다만 그 묘지명에 장가가 수록되어 있지 않아서, 구체적 내용을 알 수는 없다.

6. 변형 형태의 자서전적 글쓰기

㉠ 자찬自讚

사진寫眞, 초상화의 찬 가운데 삶의 일정 기간을 회고하면서 자신의 심회를 드러내는 글쓰기가 있다. 단 편폭이 짧아서 서사성은 충분하지 않다.

장유張維, 1587~1638, 〈구염자 자찬臞髥子自贊〉

㉡ 육가六歌 혹은 칠가七歌

자신의 친척이나 지인을 불러보면서 자신의 답답한 심경을 노래하는 방식은 두보의 〈동곡칠가同谷七歌〉에서 확립된 양식이다. 이후 송나라의 지사 문천상文天祥, 1236~1282은 〈육가〉를 지었다. 이 육가나 칠가는 현재의 심경을 이야기할 뿐만 아니라, 자기 자신의 이야기를 펼쳐 보이는 경우가 있다. 다음의 두 작품은 그 대표적인 예이다.

김시습金時習, 1435~1493, 〈동봉육가東峯六歌〉

유희柳僖, 1773~1887, 〈비옹칠가否翁七歌〉

---

[30] 임상원任相元, 〈이처사묘지명李處士墓誌銘〉, 《염헌집恬軒集》 권33.

ⓒ 서간書簡 속의 자전적 글쓰기

남에게 부친 서간 속에서 자기 자신의 출생 및 성장에서부터 현재에 이르기까지의 경력을 이야기하는 경우가 있다. 전체는 서간의 양식이지만, 부분적으로 자전적 글쓰기가 혼입되어 있는 것이다. 다음 예들이 있다.

천책天頙, 1206~?, 〈답운대아감민호서答芸臺亞監閔昊書〉
김시습金時習, 〈상양양부사서上襄陽府使書〉
휴정休靜, 1520~1604, 〈상완산노부윤서上完山盧府尹書〉

ⓛ 상표上表 속의 자전적 글쓰기

군주에게 자신의 시문을 올리면서 자신의 이력과 문학 및 학문의 수련 과정을 밝힌 예가 있다. 바로 최치원의 〈계원필경서〉가 그 예이다. 이것은 최치원이 신라 헌강왕에게 자신의 《계원필경집》을 헌정하면서 함께 올린 상표上表로 알려져 있는데, 뒷날 《계원필경집》이 간행될 때 자찬의 서문으로 간주되어 권두에 수록되었다.

최치원崔致遠, 〈계원필경서桂苑筆耕序〉

참고문헌
- 김광순, 《한국의인소설연구》, 새문사, 1987.
- 김창룡 편역, 《한국의 가전문학》(상하), 태학사, 1997.
- 심경호, 《내면기행》, 이가서, 2009.
- 이은식, 《고려시대 자서전 연구》, 경상대학교 박사학위논문, 1997.

- 이진오, 《조선후기 불가한문학의 유불교섭양상 연구》, 한국학중앙연구원 박사학위논문, 1990.
- 조수학, 《한국의 탁전과 가전》, 영남대출판부, 1987.
- 김경남, 〈자서전으로서의 한등록 연구〉, 동국대학교 석사학위논문, 1992.
- 김승호, 〈고려불가의 자전적 글쓰기와 그 양상〉, 《고전문학연구》 23, 한국고전문학회, 2003.
- 김승호, 〈사찰연기설화의 소설적 조명-소위 붕학동지전과 보덕각시전을 중심으로〉, 《고소설연구》 13집, 한국고소설학회, 2002.
- 김승호, 〈불가 자전의 성격과 서술유형의 고찰-유일, 초암, 범해의 자전을 중심으로-〉, 《한국문학연구》 35, 동국대학교 문화학술원 한국문학연구소, 2008.12.
- 김우림, 〈조선시대 신도비·묘비 연구〉, 고려대학교 교육대학원 석사학위논문, 1998.
- 신현규, 〈장편 서사한시의 맥락 : 〈화삼백운시〉와 〈술회〉의 창작동기 중심으로〉, 《어문논집》 25. 중앙어문학회, 1997.
- 안대회, 〈조선후기 자찬묘지명 연구〉, 《한국한문학연구》 31, 한국한문학회, 2003.
- 여증동, 〈최졸옹과 예산은자전 고〉, 《진주교육대학논문집》 2, 진주교육대학교, 1968.
- 정민, 〈이용휴의 생지명 2편〉, 《문헌과해석》 여름호, 문헌과해석사, 2000.
- 정민, 〈18세기 우정론의 맥락에서 본 이용휴의 생지명 고〉, 《한국학논집》 34집, 한양대 한국학연구소, 2000.
- 조연미, 〈조선시대 신도비 연구〉, 숙명여자대학교 석사학위논문, 1999.
- 가와이 고조, 심경호역, 《중국의 자전문학》, 소명출판사, 2000.
- 알렌 셀스톤, 이경식 역, 《전기문학》, 서울대출판부, 1979.
- 필립 르죈, 윤진 옮김, 《자서전의 규약》, 문학과지성사, 1998.
- 中川久定, 《自傳の文學》, 岩波新書, 1979.
- 王韜, 〈弢園老民自傳〉, 《弢園文錄外編》, 中華書局, 1959, 排印本 所收.
- Robert Folkenflic ed., *The Culture of Autobiography*, Stanford University Press, 1993.

※ 참고문헌

기본자료

- 국사편찬위원회, 《중종실록》, 국사편찬위원회, 1955.
- 문화재청 편, 《문화유적총람(경상남도편)》, 문화공보부문화재관리국, 1977.
- 장서각 고문서연구실 편, 《진주유씨 서파 유희 전서 Ⅰ》, 한국학중앙연구원, 2007.
- 장서각 고문서연구실 편, 《진주유씨 서파 유희 전서 Ⅱ》, 한국학중앙연구원, 2008.
- 함안문화원, 《함안누정록》, 1986.
- 하남역사박물관 소장, 〈유홍신도비〉.
- 편자미상, 《황조인사적皇朝人事蹟》, 규장각 소장.

- 강석경姜碩慶, 《끽면공집喫眠公集》, 1920년 간행 목판본, 고려대학교 중앙도서관 소장.
- 고경명高敬命, 《제봉집霽峯集》, 한국문집총간 42, 한국고전번역원, 1988.
- 권두경權斗經, 《창설재집蒼雪齋集》, 한국문집총간 169, 한국고전번역원, 1996.
- 권섭權燮, 《옥소고玉所稿》 문경본聞慶本 12책 ; 《옥소고玉所稿》 제천본堤川本 40책 ; 《옥소집玉所集》 석인본石印本 13권 7책.
- 권필權韠, 《석주집石洲集》, 한국문집총간 75, 한국고전번역원, 1988.
- 김상헌金尙憲, 《청음집淸陰集》, 한국문집총간 77, 한국고전번역원, 1988.
- 김석주金錫胄, 《식암유고息庵遺稿》, 한국문집총간 145, 한국고전번역원, 1995.
- 김성일金誠一, 《학봉집鶴峯集》, 한국문집총간 48, 한국고전번역원, 1988.
- 김정국金正國, 《사재집思齋集》, 한국문집총간 23, 한국고전번역원, 1988.
- 남공철南公轍, 《금릉집金陵集》, 한국문집총간 272, 한국고전번역원, 2001.
- 남용익(南龍翼), 《호곡집壺谷集》, 한국문집총간 131, 한국고전번역원, 1994.
- 남유용(南有容), 《뇌연집雷淵集》, 한국문집총간 217-8, 한국고전번역원, 1998.
- 박동량(朴東亮), 《기재잡기寄齋雜記》 3, 이이화 편, 《조선당쟁관계자료집朝鮮黨爭關係資料集》, 여강출판사, 1984.

- 박제가朴齊家, 《정유각문집貞蕤閣文集》, 한국문집총간 261, 한국고전번역원, 2001.
- 성간成侃, 《진일유고眞逸遺稿》, 한국문집총간 12, 한국고전번역원 1988.
- 성현成俔, 《허백당집虛白堂集》, 한국문집총간 14, 한국고전번역원, 1988.
- 송시열宋時烈, 《송자대전宋子大全》, 한국문집총간 108-116, 한국고전번역원, 1988.
- 신경申暻, 《직암집直菴集》 권20, 한국문집총간 216, 한국고전번역원, 1998.
- 신경준申景濬, 《여암유고旅庵遺稿》, 한국문집총간 231, 한국고전번역원 1999.
- 신대우申大羽, 《완구유집宛丘遺集》 권1, 한국문집총간 251, 한국고전번역원, 2000.
- 신유한申維翰, 《청천집靑泉集》, 한국문집총간 200, 한국고전번역원, 1997.
- 신익성申翊聖, 《낙전당집樂全堂集》, 한국문집총간 93, 한국고전번역원, 1988. ; 《선집先集》속고續稿, 문중소장 필사본.
- 신흠申欽, 《상촌고象村稿》, 한국문집총간 71-72, 한국고전번역원, 1988.
- 안정복安鼎福, 《순암집順菴集》, 한국문집총간 229, 한국고전번역원, 1999.
- 양거안梁居安, 《육화집六化集》, 한국문집총간 속49, 한국고전번역원, 2007.
- 영조英祖, 〈어제자성옹자서御製自醒翁自敍〉, 1773년 간행 임진자 활자본, 한국학중앙연구원 장서각 소장.
- 오희상吳熙尙, 《척재선생행록보유惕齋先生行錄補遺》, 《강산전서薑山全書》, 성균관대학교 대동문화연구원, 2005.
- 원경하元景夏, 《창하선생문집蒼霞先生文集》, 한국역대문집총서 2435-6, 경인문화사, 1997.
- 유일有一, 《연담대사임하록蓮潭大師林下錄》, 한국불교전서 제10책, 1989.
- 유한준俞漢雋, 《자저自著》, 한국문집총간 249, 한국고전번역원, 2000.
- 유홍俞泓, 《송당집松塘集》, 한국문집총간 속3, 한국고전연구원, 2005.
- 이건창李建昌, 《명미당집明美堂集》, 한국문집총간 349, 한국고전번역원, 2005

- 이경여李敬輿, 《백강선생집白江先生集》, 한국문집총간 87, 한국고전번역원, 1988.
- 이규보李奎報, 《동국이상국집東國李相國集》, 한국문집총간 1-2, 한국고전번역원, 1988.
- 이규상李奎象, 《일몽고一夢稿》, 한국역대문집총서 568-70, 경인문화사, 1993.
- 이덕무李德懋, 《청장관전서靑莊館全書》, 한국문집총간 257-9, 한국고전번역원, 2000.
- 이민구李敏求, 《동주집東州集》, 한국문집총간 94, 한국고전번역원, 1992.
- 이수광李睟光, 《지봉선생집芝峯先生集》, 한국문집총간 66, 한국고전번역원, 1988.
- 이시발李時發, 《벽오유고碧梧遺稿》, 한국문집총간 74, 한국고전번역원, 1988.
- 이시선李時善, 《송월재집松月齋集》, 한국문집총간 속37, 한국고전번역원, 2007.
- 이여빈李汝馪, 《취사집炊沙集》, 한국문집총간 속9, 한국고전번역원, 2005.
- 이유장李惟樟, 《고산선생문집孤山先生文集》, 한국문집총간 126, 한국고전번역원, 1994.
- 이익李瀷, 《성호전집星湖全集》, 한국문집총간 198-9, 한국고전번역원, 1997.
- 이자李耔, 《음애집陰崖集》, 한국문집총간 21, 한국고전번역원, 1988.
- 이재李縡, 《도암집陶菴集》, 한국문집총간, 한국고전번역원 194-5, 1997.
- 이휘일李徽逸, 《존재선생문집存齋先生文集》, 한국문집총간 124, 한국고전번역원, 1994.
- 장유張維, 《계곡집谿谷集》, 한국문집총간 92, 한국고전번역원, 1988.
- 장현광張顯光, 《여헌집旅軒集》, 한국문집총간 60, 한국고전번역원, 1988.
- 장혼張混, 《이이엄집而已广集》, 한국문집총간 270, 한국고전번역원, 2001.
- 정식鄭栻, 《명암집明庵集》, 한국문집총간 속65, 한국고전번역원, 2008.
- 정약용丁若鏞, 《여유당전서與猶堂全書》, 한국문집총간 281, 한국고전번역원, 2002.
- 정약용 등편, 《만덕사지萬德寺志》, 아세아문화사 영인, 1977
- 정윤해鄭允諧, 《서귀자유고鋤歸子遺稿》, 안동대학교 퇴계학자료총서 16, 법인문화사, 1988.

- 정종로鄭宗魯, 《입재집立齋集》, 한국문집총간 253-4, 한국고전번역원, 2000.
- 조관빈趙觀彬, 《회헌집悔軒集》, 한국문집총간 211, 한국고전번역원, 1998.
- 조면호趙冕鎬, 《옥수선생집玉垂先生集》, 문중 소장 필사본(김용태 교수 제공).
- 조수삼趙秀三, 《추재집秋齋集》, 한국문집총간 271, 한국고전번역원, 2001.
- 조임도趙任道, 《간송집澗松集》, 한국문집총간 89, 한국고전번역원, 1992.
- 천만리千萬里, 《사암실기思庵實記》, 목판본, 1907년 간행, 국립중앙도서관 소장.
- 천책天頙, 《만덕산백련사제사대진정국사호산록萬德山白蓮社第四代眞靜國師湖山錄》, 한국불교전서 제6책, 동국대학교출판부, 2001.
- 초암草广, 《초암유고草广遺稿》, 한국불교전서 제12책, 동국대학교출판부, 1996.
- 최성대崔成大, 《두기시집杜機詩集》, 국립중앙도서관 소장 필사본.
- 최충성崔忠成, 《산당집山堂集》, 한국문집총간 16, 한국고전번역원, 1988.
- 최치원崔致遠, 《계원필경집桂苑筆耕集》, 한국문집총간 1, 한국고전번역원, 1988.
- 최해崔瀣, 《졸고천백拙藁千百》, 한국문집총간 3, 한국고전번역원 1988. ; 《농은집農隱集》, 후손 간행, 1912년 목판본, 부산, 1996년 영인.
- 홍한주洪翰周, 《지수염필智水拈筆》, 서벽외사해외수일본栖碧外史海外收佚本, 아세아문화사, 1984.
- 황오黃五, 《녹차십綠此集》, 한성노서주식회사, 1932.
- 황윤석黃胤錫, 《이재유고頤齋遺藁》, 한국문집총간 246, 한국고전번역원, 2000.
- 황윤석, 《이재난고頤齋亂藁》, 한국학중앙연구원, 2003년 영인.
- 휴정休靜, 《청허당집淸虛堂集》, 한국불교전서 제7, 10, 11권, 동국대학교출판부, 1986.

단행본

- 고려대학교 민족문화연구원 한국사상연구소 편, 《여헌 장현광의 학문 세계, 우주와 인간》, 예문서원, 2004.
- 문경새재박물관 편, 《옥소 권섭의 《유행록》-삼천에 구백리 머나먼 여행길》, 민속원, 2008.
- 파전한국학당坡田韓國學堂 편, 《고운 최치원의 생애》, 신지학술총서 6, 부산 : 신지서원, 1997.
- 한국고전번역원 편, 《국역계곡집》, 한국고전번역원, 1995-2002.
- 한국고전번역원 편, 《국역대동야승》, 한국고전번역원, 1971-1979.
- 한국고전번역원 편, 《국역동문선》, 솔출판사, 1998.
- 한국고전번역원 편, 《국역백호문집》, 한국고전번역원, 1995-2004.
- 한국고전번역원 편, 《국역상촌집》, 솔출판사, 1990-1997.
- 한국고전번역원 편, 《국역성호사설》, 한국고전번역원, 1977.
- 한국고전번역원 편, 《국역중종실록》, 민문고, 1989.
- 한국고전번역원 편, 《국역청장관전서》 1-9, 민문고, 1989.

- 강명관, 《조선후기 여항문학 연구》, 창작과비평사, 1997.
- 강신항·이종욱·권오영·정순우·정만조·이헌창·정성희·강관식 지음, 《이재난고로 보는 조선 지식인의 생활사》, 한국학중앙연구회, 2007.
- 김광순, 《한국의인소설연구》, 새문사, 1987.
- 김영복·정해렴 편역, 《홍기문 조선문화논선집洪起文朝鮮文化論選集》, 현대실학사, 1997.
- 김용태, 《옥수 조면호 한시 연구》, 성균관대학교 박사학위논문, 2004.
- 김용태, 《19세기 조선한시사의 탐색》, 돌베개, 2008.
- 김윤조, 《강산 이서구의 생애와 문학》, 성균관대 박사학위논문, 1991.
- 김은정, 《낙전당 신익성의 문학 연구》, 서울대학교 박사논문, 2005.

- 김중렬, 《최치원의 문학 연구》, 고려대 박사학위논문, 1983.
- 김창룡 편역, 《한국의 가전문학》상하, 태학사, 1997.
- 박경훈 역, 《번역 청허당집》, 동국역경원, 1969.
- 박우훈, 《호곡 남용익의 문학론 연구》, 충남대 박사학위논문, 1988.
- 박은숙, 《고경명 시 연구》, 집문당, 1999.
- 성백효 역, 《국역 여헌집》4책, 한국고전번역원, 1998.
- 신경숙 외, 《18세기 예술·사회사와 옥소 권섭》, 다운샘, 2007.
- 심경호, 《산문기행》, 이가서, 2007.
- 심경호, 《자기 책 몰래 고치는 사람》, 문학동네, 2008.
- 심경호, 《내면기행》, 이가서, 2009.
- 안대회, 《궁핍한 날의 벗》, 태학사, 2000.
- 유봉학, 《18-19세기 연암일파 북학사상의 연구》, 서울대 박사학위논문, 1991.
- 유홍, 《국역 송당집》, 송당집간행위원회松塘集刊行委員會, 1994.
- 윤병태, 《조선후기의 활자와 책》, 범우사, 1992.
- 윤재민, 《조선후기 중인층 한문학의 연구》, 고려대학교 민족문화연구소, 1999.
- 이구의, 《최고운의 삶과 문학》, 국학자료원, 1995.4.
- 이숙희, 《국역 횡녹차집 : 녹차 횡오의 문학 연구》, 충남대학교출판부, 2007.
- 이은식, 《고려시대 자서전 연구》, 경상대학교 박사학위논문, 1997.
- 이종찬, 《조선고승한시선》, 동국대학교 부설 역경원 , 1978.
- 이진오, 《조선후기 불가한문학의 유불교섭양상 연구》, 한국학중앙연구원 박사논문, 1990.
- 이창희 역주, 《내 사는 곳이 마치 그림 같은데》, 문경새재박물관, 2003.
- 임정기 역, 《국역 허백당집》1, 한국고전번역원, 2008.
- 임형택, 《옛 노래, 옛 사람들의 내면 풍경》, 소명출판, 2005.
- 정만조 외, 《음애 이자와 기묘사림》, 지식산업사, 2004.
- 정민·이승수·박수밀 외 역, 《정유각집》, 돌베개, 2010.

- 정민, 《목릉문단과 석주 권필》, 태학사, 1999.
- 정민 역, 《석주집》, 태학사, 2009.
- 정양완, 《조선조 후기 한시 연구》, 성신여대 출판부, 1983.
- 정양완·심경호, 《강화학파의 문학과 사상1》, 한국정신문화연구원, 1993.
- 정인보, 《담원 정인보전집》 6권, 연세대학교 출판부, 1983.
- 정인보 저, 정양완 역, 《담원문록》, 태학사, 2006.
- 조수학, 《한국의 탁전과 가전》, 영남대출판부, 1987.
- 최삼룡 외, 《이재 황윤석》, 민음사, 1986.
- 최영성, 《최치원의 사상 연구》, 아세아문화사, 1990.3.
- 최영성, 《한국유학사상사》, 아세아문화사, 1995.
- 최재남, 《사림의 향촌생활과 시가문학》, 국학자료원, 1997.
- 허경진, 《조선위항문학사》, 태학사, 1997.
- 허흥식, 《진정국사와 호산록》, 민족사, 1995.
- 홍윤기, 《암행어사열전》2 〈명종편 : 강원도 암행어사 유홍〉, 문광당, 1976.

- 가와이 고조, 심경호역, 《중국의 자전문학》, 소명출판사, 2000.
- 알렌 셀스톤, 이경식 역, 《전기문학》, 서울대출판부, 1979.
- 필립 르죈, 윤진 옮김, 《자서전의 규약》, 문학과지성사, 1998.
- 中川久定, 《自傳の文學》, 岩波新書, 1979.
- 王韜, 《弢園文錄外編》, 中華書局, 1959, 排印本 所收.
- Robert Folkenflic ed., *The Culture of Autobiography*, Stanford University Press, 1993.

논문, 단편역주 및 해제

- 고익진, 〈백련사의 사상성과 천책의 저술 문제〉, 《고려후기불교전개사연구》, 민족사, 1992.
- 권석환, 〈한·중 우언의 동질성에 관한 연구-《애자잡설艾子雜說》, 《욱리자郁李子》, 《부휴자담론浮休子談論》을 중심으로〉, 《중어중문학》 29, 한국중어중문학회, 2001.
- 권종천·차용걸·양기석, 〈벽오 이시발 소고〉, 《호서문화연구》 5, 충북대학교 호서문화연구소, 1985.12.
- 김경남, 〈자서전으로서의 한듕록 연구〉, 동국대학교 석사학위논문, 1992.
- 김근태, 〈서파西陂 유희柳僖의 생애와 학시學詩 문로門路〉, 《온지논총》 14집, 온지학회, 2006.
- 김명호, 〈옥수 조면호의 〈서사접절西事雜絕〉 전후편에 대하여-병인·신미양요의 시적 형상화-〉, 《고전문학연구古典文學研究》 20, 한국고전문학회, 2001.
- 김성규, 〈송월재 이시선〉, 《안동넷뉴스》, 2009년 3월 4일.
- 김승호, 〈고려불가의 자전적 글쓰기와 그 양상〉, 《고전문학연구》 23, 한국고전문학회, 2003.
- 김승호, 〈불가佛家 자전自傳의 성격과 서술유형의 고찰-유일有一, 초암草广, 범해梵海의 자전自傳을 중심으로-〉, 《한국문학연구》 35, 동국대학교 문학학술원 한국문학연구소, 2008.12.
- 김승호, 〈사찰연기설화의 소설적 조명-소위 붕학동지전과 보덕각시전을 중심으로〉, 《고소설연구》 13집, 한국고소설학회, 2002.
- 김우림, 〈조선시대 신도비·묘비 연구〉, 고려대학교 교육대학원 석사학위논문, 1998.
- 김우형, 〈간송 조임도의 학문과 사상-려헌 장현광과의 사상적 영향 관계를 중심으로-〉, 《동양고전연구》 29, 동양고전학회, 2007.12.
- 김윤조, 〈이서구 관계 설화의 양상과 의미〉, 《어문학》 63, 한국어문학회, 1998.
- 김윤조, 〈강산전서 해제〉, 《강산전서薑山全書》, 성균관대학교 대동문화연구원,

2005.
- 김주한, 〈지봉유설연구〉, 《영남어문학》, 영남어문학회, 1975.
- 남재철, 〈강산 이서구 시에 있어서 '진실'의 문제〉, 《한국한시연구》 5, 한국한시학회, 1997.
- 노혜경, 〈영조조 황조인에 대한 인식〉, 《동양고전연구》 39, 동양고전학회, 2009.12.
- 박경남, 〈유한준俞漢雋, 박윤원朴胤源의 도문분리 논쟁과 유한준의 각도기도론各道其道論〉, 《한국한문학연구》 42, 한국한문학회, 2008.
- 박노자, 〈삼국, 통일신라, 고려의 승병사僧兵史를 통해본 사명대사 의거의 의의와 인간적·종교적 비극성〉, 《불교연구》 17, 2000.
- 박영호, 〈입재 정종로의 삶과 문학세계〉, 《동방한문학》 25, 동방한문학회, 2003.
- 박은희, 〈권필 시의 표현기법 연구〉, 연세대학교 석사학위논문, 1994
- 박이정, 〈18세기 예술사 및 사상사의 흐름과 권섭權燮의 황강구곡가黃江九曲歌〉, 《관악어문연구》 27, 서울대학교 국어국문학과, 2002.
- 배규범, 〈연담유일론蓮潭有一論〉, 《조선후기한시작가론》 2, 이회문화사, 1998.
- 송기숙, 〈한국설화에 나타난 민중혁명사상 - 선운사 미륵비결 설화와 동학농민전쟁의 민중적 전개〉, 《우리시대 민족운동의 과제》, 한길사, 1986.
- 심경호, 〈성호학파의 계보〉, 《성호학보》 2호, 성호학회, 2006.4.
- 심경호, 〈신유한의 통섭적 사유방법과 문학세계〉, 《한문학논집》 28, 근역한문학회, 2009.
- 심경호, 〈신흠의 춘천 유배생활과 문학〉, 《한국한시의 이해》, 태학사, 2000.
- 심경호, 〈유희의 시문 문집과 그 정신세계〉, 《진주유씨 서파 유희 전서 2》, 한국학중앙연구원, 2008.
- 심경호, 〈황오의 문학과 지성사적 위치〉, 인산학회 기념강연, 2009.4.20.
- 신현규, 〈장편 서사한시의 맥락 : 〈화삼백운시〉와 〈술회〉의 창작동기 중심으로〉, 《어문논집》 25. 중앙어문학회, 1997.
- 안계복, 〈옥소 권섭의 꿈의 세계에 나타난 경관 특징〉, 《한국전통조경학회지》 22-

23, 한국전통조경학회지, 2004.
- 안대회, 〈조선후기 자찬묘지명 연구〉, 《한국한문학연구》 31, 한국한문학회, 2003.
- 안말숙, 〈남용익의 생애와 문학세계〉, 《부산한문학연구》 4, 부산한문학회, 1989.
- 여증동, 〈최졸옹과 예산은자전 고〉, 《진주교육대학논문집》 2, 진주교육대학교, 1968.
- 유지명, 〈귀화인 천만리·김충선의 문학 연구〉, 부산대학교 교육대학원 석사논문, 1988.
- 윤병태, 〈장혼전張混傳〉, 《경북도협慶北圖協》 3, 1977. 2.
- 윤병태, 〈평민平民 장혼의 편찬서와 간행서〉, 《서지학연구》 10, 서지학회, 1994. 12.
- 윤재민, 〈18세기 광주와 문학-순암 안정복의 〈영장산객전〉을 중심으로-〉, 《한국실학연구》 8, 한국실학학회, 2004. 12.
- 윤주필, 〈한문문명권의 우언론 비교 연구〉, 《동아시아 우언론과 한국의 우언문학》, 한국우언학회, 2004.
- 우인수, 〈입재 정종로의 영남남인 학계 내의 위상과 그의 현실대응〉, 《동방한문학》 25, 동방한문학회, 2003.
- 이성혜, 〈황오 문학에 나타난 유랑지식인적 자화상〉, 《동방한문학》, 동방한문학회, 2005.
- 이승남, 〈회심가와 회심곡의 작품전개 방식〉, 《고전시가의 작품세계와 형상화》, 역락, 2003.
- 이종묵, 〈《부휴자담론浮休子談論》과 《우언寓言》의 양식적 특징〉, 〈고전문학연구〉 5집, 한국고전문학연구회, 1990.
- 이종찬, 〈고경명론〉, 《조선시대한시작가론》, 이회문화사, 1996.
- 이종호, 〈서귀자유고 해제〉, 《퇴계학자료총서》 16, 범인문화사, 1988.
- 이종호, 〈조선중기 안동처사층의 자화상과 내재된 고민〉, 《안동문화》 16, 안동문화연구소, 1995.
- 이현호, 〈유한준 산문 연구〉, 한국학중앙연구원 석사학위논문, 2004.

- 혜순, 〈신라말 빈공제자의 시에 관하여〉, 《한국한문학연구》 7, 한국한문학연구회, 1984.
- 장진숙, 〈《부휴자담론》에 나타난 성현의 정치적 지향과 우언의 화법〉, 《어문연구》 35, 한국어문교육연구회, 2007.
- 정민, 〈이용휴의 생지명 2편〉, 《문헌과해석》 여름호, 문헌과해석사, 2000.
- 정민, 〈18세기 우정론의 맥락에서 본 이용휴의 생지명 고〉, 《한국학논집》 34집, 한양대학교 한국학연구소, 2000.
- 조성산, 〈옥소 권섭의 학풍과 현실관〉, 《동양학》 41, 단국대학교 동양학연구소, 2007.
- 조연미, 〈조선시대 신도비 연구〉, 숙명여자대학교 석사학위논문, 1999.
- 주재우, 〈고전 표현론의 관점에서 본 우언문학교육-성현의 《부휴자담론》 우언을 중심으로〉, 《고전문학과 교육》 13, 한국고전문학교육학회, 2007.
- 최봉영, 〈영조·정조 문집 해제〉, 《영조·정조문집》, 한국학중앙연구원, 1997.
- 최삼룡, 〈이서구의 인물과 설화에 대한 연구〉, 《한국사상사》, 원광대학교 출판국, 1991.
- 최웅, 〈조선 중기 시학연구〉, 《국문학연구》 32, 서울대학교 국문학연구회, 1975.
- 최윤오, 〈순암 안정복의 토지론〉, 《실학연구》 4, 실학연구회, 2003.
- 최재남, 〈김정국의 삶과 시세계〉, 《한시작가연구》 4, 태학사, 1988.
- 최재남, 〈〈향촌십일가〉의 성격과 조선전기 사림의 향촌생활〉, 《고전문학연구》 9, 한국고전문학연구회, 1994.
- 최제복, 〈입재 정정로의 생애, 성리사상, 문제의식〉, 《동방한문학》25, 동방한문학회, 2003.
- 피정희, 〈귀곡 최기남의 시세계연구〉, 성신여자대학교 석사학위논문, 1993.
- 허권수, 〈남명·퇴계 양학파의 융화를 위해 노력한 간송 조임도〉, 《남명학연구》 11, 경상대학교 남명학연구소, 2001.

◈ 본서에 다룬 자서전적 시문(저작자의 생년 순. 생년 미상일 경우 생몰년 참조)

1. 최치원崔致遠, 857~?, 〈계원필경서桂苑筆耕序〉· 531
2. 이규보李奎報, 1168~1241, 〈백운거사전白雲居士傳〉· 279
3. 천책天頙, 1206~?, 〈답운대아감민호서答芸臺亞監閔昊書〉· 542
4. 최해崔瀣, 1287~1340, 〈예산은자전猊山隱者傳〉· 290
5. 성간成侃, 1427~1456, 〈용부전慵夫傳〉· 298
6. 성현成俔, 1439~1504, 〈부휴자전浮休子傳〉· 305
7. 최충성崔忠成, 1458~1492, 〈산당서객전山堂書客傳〉· 316
8. 이자李耔, 1480~1533, 〈자서自敍〉· 124
9. 김정국金正國, 1485~1541, 〈팔여거사자서八餘居士自序〉· 135
10. 휴정休靜, 1520~1604, 〈상완산노부윤서上完山盧府尹書〉· 562
11. 유홍俞泓, 1524~1594, 〈용은거사전慵隱居士傳〉· 327
12. 고경명高敬命, 1533~1592, 〈자술自述〉· 441
13. 정윤해鄭允諧, 1553~1618, 〈자서自序〉· 161
14. 이여빈李汝馪, 1556~1631, 〈취사노옹전炊沙老翁傳〉· 332
15. 박인로朴仁老, 1561~1642, 〈무하옹전無何翁傳〉· 583
16. 권익창權益昌, 1562~1645, 〈호양자자전湖陽子自傳〉· 30
17. 이수광李睟光, 1563~1628, 〈술회오백칠십언述懷五百七十言〉· 431
18. 신흠申欽, 1566~1628, 〈자서自敍〉· 172
19. 천만리千萬里, ?~1597, 〈사암자서思庵自敍〉· 147
20. 권필權韠, 1569~1612, 〈술회述懷〉· 450
21. 이시발李時發, 1569~1626, 〈자서自敍〉· 184
22. 이경여李敬輿, 1585~1657, 〈합차공부술회북정양시운合次工部述懷北征兩詩韻〉· 460
23. 조임도趙任道, 1585~1664, 〈자전自傳〉· 39
24. 최기남崔奇男, 1586~?, 〈졸옹전拙翁傳〉· 337
25. 신익성申翊聖, 1588~1644, 〈낙전거사자서樂全居士自敍〉· 200

661

26. 이민구李敏求, 1589~1670, 〈술회일백운述懷一百韻〉· 472

27. 이시선李時善, 1625~1725, 〈송월자전松月子傳〉· 347

28. 남용익南龍翼, 1628~1692, 〈자서시自敍詩〉· 481

29. 이홍인李弘仁, 1630~?, 〈월호자서月湖自敍〉· 208

30. 양거안梁居安, 1652~1731, 〈육화옹전六化翁傳〉· 359

31. 강석경姜碩慶, 1666~1731, 〈끽면거사전喫眠居士傳〉· 367

32. 권섭權燮, 1671~1759, 〈자술년기自述年紀〉· 224

33. 신유한申維翰, 1681~1752, 〈야성에 객이 되어 수심이 맺혀 풀리지 않기에 내 일생을 스스로 적어 본다. 60운이다野城作客 牢愁鬱結 自敍平生 六十韻〉· 495

34. 이익李瀷, 1681~1763, 〈동방일사전東方一士傳〉· 382

35. 정식鄭栻, 1683~1746, 〈명암전明菴傳〉· 387

36. 조관빈趙觀彬, 1691~1757, 〈자술 효고체自述效古體〉· 509

37. 영조英祖, 1694~1776, 〈어제자성옹자서御製自醒翁自敍〉· 109

38. 안정복安鼎福, 1712~1791, 〈영장산객전靈長山客傳〉· 396

39. 연담유일蓮潭有一, 1720~1799, 〈자보행업自譜行業〉· 84

40. 황윤석黃胤錫, 1729~1791, 〈자서설自敍說〉· 234

41. 유한준俞漢雋, 1732~1811, 〈자전自傳〉· 50

42. 정종로鄭宗魯, 1738~1816, 〈무적공자서無適公自敍〉· 243

43. 이덕무李德懋, 1741~1793, 〈간서치전看書痴傳〉· 374

44. 박제가朴齊家, 1750~1805, 〈소전小傳〉· 21

45. 이서구李書九, 1754~1825, 〈강산자술薑山自述〉· 256

45. 장혼張混, 1759~1828, 〈자술自述〉· 516

47. 조수삼趙秀三, 1762~1849, 〈경원선생자전經畹先生自傳〉· 61

48. 유희柳僖, 1773~1837, 〈비옹칠가조翁七歌〉· 594

49. 조면호趙冕鎬, 1803~1887, 〈자지자부지선생전自知自不知先生傳〉· 404

50. 황오黃五, 1816~1863?, 〈자전自傳〉· 70

51. 초암草广, 〈삼화전三花傳〉· 413

◆ 본서에 수록된 도판 목록

• 성성자惺惺子 《남명집》 등의 기록을 토대로 복원, 유교문화박물관.

• 경의검敬義劍 《남명집》 등의 기록을 토대로 복원, 유교문화박물관.

• 어제자성편御製自省篇 영조英祖 편 1746(영조22), 2권 2책, 목판본, 20.6×12, 국립중앙박물관.

• 팔고조도八高祖圖 20세기, 필사본, 19.0×28.2, 유교문화박물관.

• 세계패世系牌 조선후기, 9.0×9.0, 유교문화박물관.

• 공경중마방古鏡重磨方 이황李滉 편 1744(영조20), 1책(54장), 목판본, 33.1×21.2, 국립중앙박물관.

• 이층책장二層冊欌 19세기, 84×34×95, 유교문화박물관.

• 도장圖章 조선후기, 5.0×6.0 이하, 유교문화박물관.

나는 어떤 사람인가

초　판 1쇄 발행일 | 2010년 5월 15일
초　판 3쇄 발행일 | 2011년 1월　7일

엮은이　|　심경호
펴낸이　|　하태복

펴낸곳　　이가서
주소　　　서울시 마포구 서교동 469-5 정서빌딩 2F
전화·팩스　02-336-3502~3　02-336-3009
홈페이지　www.leegaseo.com
등록번호　제10-2539호

ISBN　978-89-5864-280-0　03810

가격은 뒤표지에 있습니다.
잘못된 책은 바꾸어 드립니다.